U0905694

陝西省“十二五”古籍整理重大項目
陝西省社會科學基金重點項目

陝西古代文獻集成

【第六輯】

陝西古代文獻集成編纂委員會 編

主編◎賈三强

河汾教——[明]文翔鳳 撰　馬君毅 點校　趙望秦 審校

南華通——[清]屈復 撰　馬志林 點校　劉生良 審校

百硯銘——[清]屈復 撰　陳戰峯 點校　賈三强 審校

琴學練要——[清]王善 撰　姚亦登 點校　賈三强 審校

陝西新華出版傳媒集團
陝西人民出版社

圖書在版編目（C I P）數據

陝西古代文獻集成. 第六輯 / 賈三强主編. -- 西安:
陝西人民出版社, 2017
ISBN 978-7-224-12477-4

Ⅰ. ①陝… Ⅱ. ①賈… Ⅲ. ①地方文獻－彙編－陝西
－古代 Ⅳ. ①K294.1

中國版本圖書館CIP數據核字(2017)第265120號

《河汾教》 馬君毅 點校
趙望秦 審校
《南華通》 馬志林 點校
劉生良 審校
《百硯銘》 陳戰峯 點校
賈三强 審校
《琴學練要》 姚亦登 點校
賈三强 審校

陝西古代文獻集成·第六輯

編 者 賈三强
出版發行 陝西新華出版傳媒集團 陝西人民出版社
（西安北大街147號 郵編：710003）

印 刷 中煤地西安地圖制印有限公司
開 本 787mm×1092mm 16開 34印張 4插頁
字 數 480千字
版 次 2017年3月第1版 2017年3月第1次印刷
書 號 ISBN 978-7-224-12477-4
定 價 158.00元

ISBN 978-7-224-12477-4

陝西省古籍保護整理出版工作
領導小組編纂委員會

主　　任　莊長興　陝西省人民政府副省長

副 主 任　王曉馳　陝西省人民政府副秘書長

　　　　　鍾順虎　中共陝西省委宣傳部常務副部長

　　　　　劉寬忍　陝西省文化廳廳長

　　　　　任宗哲　陝西省社會科學院院長

委　　員　劉　强　陝西省發展和改革委員會副主任

　　　　　王建利　陝西省教育廳廳長

　　　　　史高領　陝西省科學技術廳副廳長

　　　　　張寧崗　陝西省民族事務委員會主任、陝西省宗教事務局局長

　　　　　習雲傑　陝西省財政廳總會計師

　　　　　錢遠剛　陝西省新聞出版廣電局局長

　　　　　趙　榮　陝西省文物局局長

　　　　　張祖培　陝西省人民政府參事室主任

　　　　　秦向東　陝西省地方志辦公室主任

　　　　　王建領　陝西省檔案局局長

　　　　　周天游　陝西省古籍整理專家委員會主任

　　　　　白寬犁　陝西省社會科學院副院長、陝西省古籍整理專家委員會副主任

　　　　　賈二强　陝西省古籍整理專家委員會副主任

顧　　問　任宗哲　郭立宏

主　　編　吴敏霞

副 主 編　王祥瑞

《陝西古代文獻集成》編纂工作領導小組

《陝西古代文獻集成》編纂委員會

特邀顧問

學術委員會

編纂委員會

前　言

陕西有着悠久的歷史，是文明隆盛之區。傳説中華夏民族的始祖炎帝和黄帝都曾在這片土地上活動，並且留下了相關的遺址遺跡。對今天中華文明和文化傳統影響最大的周秦漢唐王朝，肇興於這片土地，同樣留下了數不清的文物遺存。這些文化遺產雄辯地證明，陕西是中華民族的發祥地之一，也是中華民族一步步走向强盛的歷史見證。有越來越多的國内外人士來到這裏，觀賞半坡遺址、周原故地、秦兵馬俑、漢武帝陵、大夏統萬城、唐長安城以及終南風物等，領略這裏恢弘、悠遠、博大、精深的文化。

世界上很多地方的著名古跡，比如英國的史前巨石陣、復活節島上的巨人石像與秘魯納斯卡地畫，在相關的歷史文獻中，找不到絲毫的記載，因此只能是一個一個神秘的千古不解之謎，甚至有人將其解釋成外星人留下的奇跡，這當然大大影響了它們具有的文化意藴。而陕西的周秦漢唐遺跡和文物，絶大多數可以與傳世的文獻相印證。用文物與文獻相互印證研究歷史的方法，從漢代起就有學者運用。在清代乾嘉學者，尤其是後來的王國維先生那裏，成爲一種科學的學術研究手段，是歷史研究的利器。秦始皇陵兵馬俑坑棚木明顯被焚燒過，這在《史記》中有記載，是楚霸王項羽所爲；而遊客們在遊覽唐大明宫遺址，驚嘆其恢弘的氣勢時，也不由得會想到古代典籍中記載的發生在這裏的歷史事件，如盛唐時“九天閶闔開宫殿，萬國衣冠拜冕旒”的朝貢場面，大唐落日西沉時血雨腥風的“甘露之變”等，這些事件都深刻地影響了中國歷史的走向。設想一下，如果没有文獻的佐證，這些文物古跡將會怎樣地黯然失色。因此，如果將這些可視的文物古跡視作壁上之龍，那些可讀的傳世文獻就如同龍的眼睛，一經點畫，飛龍就會騰起在天，活靈活現。

與文物文化相輔相成的是，這裏同樣有着深厚的文獻文化傳統。陝西存世文獻的品質之高，舉世罕有。《周易》極力探究宇宙產生和運行的根本法則，《周禮》爲萬世定立典章制度的企望，《史記》“究天人之際，通古今之變，成一家之言”的抱負，展示了早在西漢以前這片土地上志士仁人的闊大胸襟。這種特質對於秦地之人已經浹髓淪肌，融入血脈。而《詩經》中產生於周秦故地的諸多詩篇，從莊嚴的宗廟祭祀到民間青年男女嘹亮的情歌，無所不包，則又體現出這裏人民生活的豐富多彩。漢唐時代在這裏產生的諸多歷史、哲學和文學作品，至今仍有着典範意義，是中華民族精神寶庫中異常珍貴的遺產。

無論在陝西生活或者工作的人，不僅有責任將這塊中華民族風水寶地產生的文化遺產保護好，而且還要發揚光大。新中國成立後的20世紀50年代，我們國家幾乎還是一窮二白的時候，國家投入鉅資發掘了半坡遺址，並修建了保護性的建築。70年代又發掘了震驚世界的秦始皇陵兵馬俑，並在遺址上建立了博物館。改革開放以來，特别是近年來，陝西省提出建設文化大省、强省的戰略目標，而這對文化遺產的保護無疑是重要内容。近年來，隨着經濟的發展，政府在文化遺產保護方面的投入不斷加大，周原遺址、西安漢城遺址、曲江遺址、大明宫遺址、大唐西市遺址的發掘保護，爲世人矚目，已成爲陝西和西安古代文化的亮眼名片。

但是對於古代文獻的保護和整理，則稍顯落後。正是意識到了這一點，陕西省政府决定在“十二五”和“十三五”期間，在這些方面加大投入，進行建設。《陕西古代文獻集成》是其中的重大課題。這裏説的陕西古代文獻，指的或專寫陕事，或作者爲陕人，或書籍爲陕版。前兩者是主要的整理内容，陕版圖書除了在圖書史或版本目録學史方面具有較重要的意義外，從内容方面來看，與其他地域出版的圖書並無本質區别的，不作爲此次整理的重點。由於人力、物力、財力的限制，這批整理的文獻，原則上只收録那些没有經近人整理過的古籍或雖經近人整理，但是整理品質不高的古籍。這樣，一些多次經前人整理的古籍，雖然有很高的歷史意義和學術價值，如上述的《周易》《史記》等書，就不再進入整理者的視域。經過專家推薦，課題組嚴格篩選，選取了300餘種古籍作爲整理對象。這些古籍，絶大多數是宋、金、元、明、清人撰作的。

毫無疑問，在以周原、豐鎬、咸陽和長安爲中心的周、秦、漢、唐文明之後，隨着我國政治、經濟、文化中心的東移南下，從宋代開始，在整個中華文明中，陕地風光不再，逐步被邊緣化，整體上處於衰落之勢。但它仍是中華文明的重要組成部分，有時甚至引領風華。這可以關學、明清文學和戲曲的傳世文獻爲例。

北宋的關中大儒張載是早期的理學家，他“爲天地立心，爲生民立命，爲往聖繼絶學，爲萬世開太平”的宏偉誓言，激勵了數不清的中華民族志士仁人修齊治平的理想。張載是宋明理學中導夫先路式的學者，他創立的關學深刻地影響了“二程”的洛學、朱熹的閩學，而這三者構成了理學鼎立的三足。張載奠定的重實踐功夫而相對輕視繁瑣論證的關學傳統沾溉陕西學風民風甚深。從宋代至近代，宋代藍田“四吕”，元代楊奂、蕭𣂏，明代王恕父子、吕柟、馬理、馮從吾，清代“三李”、王思敬，直至近現代的劉光蕡、賀瑞麟、牛兆濂等，歷時近千年，構成了不絶如縷的關學體系。這種不尚空談而重實踐的傳統也培育出了關中諸多磅礴豪放的義士和勤敬忠孝的百姓。

明清時代陝西的文學成就也同樣值得大書特書。明代前期度過了慷慨悲歌的改朝换代短暫風光，中國文學進入了百年孤獨時期，充斥文壇的是歌功頌德、神仙道化和説教衛道之風。張廷玉主編《明史·文苑傳》稱之爲："永宣以還，作者遞興，皆冲融演迤，不事鉤棘，而氣體漸弱。弘正之間，李東陽出入宋元，溯流唐代，擅聲館閣。"正是對這段時期文學柔靡之風的概括。而到了明弘治、正德、嘉靖年間，中國文學進入了復興時期，其標志是前七子翩然登上文壇。前七子中的主要人物李夢陽是慶陽人，時屬陝西，康海是武功人，王九思是户縣人。而前七子中的另一位領軍人物何景明，雖是河南信陽人，但卻與上述三人交往密切，還擔任過陝西提學副使之職。繼唐代之後，陝西文學又一次進入亂花迷眼的大好時期。萬斯同《明史稿·文苑傳》說："關中自李夢陽、康海、王九思後，作者迭興，若吕柟、馬理、韓邦奇、邦靖、馬汝驥、胡纘宗、趙時春、王維楨、楊爵輩，彬彬質有其文，而（張）治道輩鼓吹之，一時號爲極盛。"這段文字中提到的絶大多數人，都是科舉中高第中進士的文人。例如康海和吕柟，分别在明弘治十五年（1502）和正德三年（1508）先後中狀元，這也是陝西科舉史中的佳話。這個文人群體詩文創作成就極高，當時在北京官場中流行的"西翰林"之説，就是指翰林院中陝人極多的盛况。500年後的今天，追憶當年，仍令人神往。明嘉靖三十四年十二月（1556年1月）關中發生大地震，當時身在關中的文壇領軍人物馬理、韓邦奇、王維楨等人罹難，使陝西文學盛况戛然而止。但是清代初年，王又旦和"三李""一康"爲代表的三秦詩派又異軍突起，爲陝西文學赢得了聲譽。這一文學現象近年來也受到了學界的關注。

戲曲是我國獨有的藝術。如果將"代言體"作爲其起源和本質特徵，從青海大通縣孫家寨出土的新石器時期陶盆上帶尾飾的群舞、周穆王時傳入中國的傀儡戲和産生於周幽王時的俳優藝術等資料看，完全可以説周秦之地也是中國戲曲的發源地之一。而宋代以後，陝西代言體類的表演藝術總體走下坡路。明代大戲曲家康海、王九思的横空出世，使這一頹勢中止。而在明清之際作爲“亂彈之祖”的秦腔的出現，更是使流行了近400年之久的宫調聯曲體戲曲走向了窮途末路，而以秦腔爲代表的板腔體戲曲流行於大江南北、長城内外，成爲中國戲曲的主流。“花部亂彈”是清人對板腔體戲曲的俗稱，秦腔也因而被戲曲界稱爲“花部亂彈之首”，對包括京劇在内的近現代以板腔體爲主的各地戲曲影響深遠。

這些文獻，在這次整理中都有收録。我相信，這批文獻的整理出版，將會使學界和廣大對古代文化有興趣的讀者朋友們獲益良多。

我要衷心感謝從事這項課題的100多位省内外專家學者，正是你們數年的艱苦努力，爲實現我們陝西建設文化大省、强省的戰略目標做出了卓有成效的貢獻，也爲我們陝西文化增添了一項標志性的成果，在此謹致深深的謝忱。

賈三强

丁酉年秋

目録

總凡例

一、《陝西古代文獻集成》收録範圍，爲傳統近代以前陝西傳世文獻。陝西爲清代版圖所轄區域。陝西文獻概指陝人著述或述論陝事者。

二、本叢書僅收録未經今人整理，或雖經今人整理，然而品質尚有提升空間之古代文獻。

三、本叢書以點校爲主要整理方式，亦有個别作者前期已完成校注本，且有較多史實箋證，於讀者有裨益者，亦適當收入。

四、諸書底本之墨釘“■”、闕字“□”均一仍其舊，窄闕或漫漶之字亦示以“□”，部分残缺之字外框以“□”。

五、底本之誤，原則上不改，而在校記中説明。一些明顯之常識性錯誤，如古籍中常見“己、已、巳”不分者，則徑改，不出校記。

六、諸書各有特點，且其整理成於衆手，故點校前言、凡例和附録等不强求統一。

七、諸底本中原有之注，用小號字排印，置於原處。

八、本叢書多有一輯多種者，其前後排序按作者之生卒年月。

九、因本叢書諸作之整理完成時間不一，故每十輯爲一批次，按經、史、子、集和時代先後順序編排。

河汾教

[明]文翔鳳　撰
馬君毅　點校
趙望秦　審校

點校說明

文翔鳳，字太青，一曰字天瑞，西安府三水縣（今陝西旬邑）人[1]。明神宗萬曆三十八年（1610）考中進士。初任山東萊陽縣知縣，後調任河南伊陽知縣及洛陽知縣。升遷南京禮部主事，再遷任吏部。明熹宗天啟初年，改任提督山西學政副使。明思宗崇禎初年，擢升南京光禄寺少卿，但未上任，回鄉居住，"惟閉門著述，潛心皇極經世之學"。崇禎七年（1634），因母親去世，哀痛過甚，"遂得風疾"。後略好轉，便以左手寫字，著作更多。至崇禎十五年（1642），病情加劇，遂不治而逝。"所著有《太微經》；《九極篇》，曰《皇極》《南極》《西極》《東極》《北極》《天極》《地極》《人極》《物極》。著述甚多，世人咸以爲堯夫（案北宋理學家邵雍字堯夫）之後，一人而已"。又有《伊川》《海日》《雲門》等集。見《列朝詩集》丁集第十六、閏集第四，《明詩綜》卷六〇《文翔鳳》小傳，清同治十二年刻本《（同治）三水縣志》卷四"文翔鳳"條、卷七"文翔鳳"條。其中，《河汾教》是其衆多著述中比较重要的一部，可以說是文翔鳳根據自己在提學山西副使任上對學校與考生的巡視及測試結束後的一項總結性的文字成果。從文獻上講，有研究經學史和教育學史的雙重價值。

作爲一個特别重視傳統的士大夫，文翔鳳篤信孔孟之道，并自覺繼承儒學道統。在王學風靡的晚明時期，他卻依然堅守程朱理學的陣地，大力倡導宋明理

[1]潘榮盛《明清進士録》："文翔鳳，明萬曆三十八年（1610）三甲一百一十名進士。廣東三水人，字天瑞，號太青。"（中華書局2006年版，632頁）案，明代有兩個三水縣，一北一南。北三水，北魏太延二年（436）設置，在今陝西彬縣、旬邑一帶，治所屢有遷移，至蒙古至元七年（1270）廢，明成化十三年（1478）九月復置，治所即今陝西旬邑縣。見《魏書》卷一0六下《地形志》、《隋書》卷二九《地理志》、《元和郡縣圖志》卷三《關内道三》、《元史》卷六0《地理志》、《明史》卷四二《地理志》。南三水，明嘉靖五年（1526）五月分置南海、高要二縣之地設置，治所即今廣東三水市，屬於廣東府。見明曹學佺《名勝志》及《明史》卷四五《地理志》。據此，知《明清進士録》對文翔鳳籍貫未加細辨，而將北三水誤爲南三水。

學，而《河汾教》一書正集中體現了文翔鳳的理學思想。首先，文翔鳳將宋明理學奠基者之一的邵雍視作自己學習的榜樣，以飽滿的熱情對邵雍進行了高度的讚揚。如他在第九卷的“廣成人，教芮城縣學諸生”條中稱邵雍爲“亞聖之成”，在第十六卷“廣第一流人，教太原府等兩學諸生”條中說：“然則邵子者，又顔孟之合而爲一人者也，才力似孟子，而氣象似顔子。”對邵雍的評價如此之高，雖不無過譽之嫌，但也真實地反映出他對邵雍及其學說推崇備至的真情實感。其次，錢謙益在《列朝詩集》小傳中對文翔鳳的學術思想作出“論學以事天爲極，力排西來之教”的評價，而其經學思想呈現出“論學以事天爲極”的特點，正是對宋明理學“存天理”的自覺繼承。“論學以事天爲極”體現出文翔鳳極力維護儒學所構建的倫理道德準則，積極貫徹儒家思想中的“尊天”與“尊孔”的思想，認爲“世誠有學聖人而得其門者與之謁帝而禮聖人，然後知孔氏之爲天上、天下獨尊也”。此外，《河汾教》也鮮明地體現出文翔鳳“力排西來之教”的思想，尤其對佛教頗多微詞，認爲“佛氏之棄禮而不知返者，逆天道之自然矣”。由於佛教將儒學建立的倫理道德價值置之不顧，因此，他便以衛道士的口吻直接指斥佛教“棄禮而不知返”，認爲佛教將儒家傳統中夫婦、父子、兄弟、君臣的倫常關係擊碎，是“去夫婦以絶父子，遠父母兄弟，而逃租稅以絶君臣，獨托身于朋友之一倫不得已”。在他看來，佛教教義簡直就是對天道自然的悖逆，遂抱以貶低排斥的態度而加以口誅筆伐。對於從西洋傳入的基督教，文翔鳳也是加以排斥的，甚至認爲基督教與佛教相襲，是繼佛教傳入中國後影響中國儒學思想價值觀的第二大禍害，如在“廣君子如此教澤州學諸生”條中有這樣的論述：“西洋之説襲佛氏而又盜儒氏者也，曰：‘我即天。’……是故背六經，判孔子，蔑三王，非前聖，侮天地，壞人倫，則佛氏爲□之魁，而西洋氏又其助之者耳。”尊孔的文翔鳳將佛教與基督教視爲異端，認爲前有罪魁禍首的佛氏，後有推波助瀾的基督，給儒家的倫理道德體系造成了巨大的衝擊與破壞。所以，爲了維護儒家思想及倫理道德體系，以尊奉“聖人之教”，就必須“力排西來之教”。

作爲一個代表中央政府而巡視地方教育工作的官員，文翔鳳在任山西提學副使時，積極開展對學校檢查和對學生考試的工作，并在工作結束后編寫了這部具有爲準備參加科舉考試的學生指示門徑之用的教學參考書《河汾教》。衆所周知，八股文是明清科舉考試的重要形式，且命題範圍主要限于《四書》，而且題目較爲單一。但在我們整理《河汾教》的過程中，發現文翔鳳與其他教師比起來，所出試題，範圍既較廣泛，内容也較靈活，不宥于《四書》，幾乎涵蓋了《十三經》中除《爾雅》之外的其它十二經，命題的角度新穎獨到，如卷一“廣賈山《至言》，教太原縣等八學諸生”條是從賈山的《至言》出發來闡釋自己觀點的議論文，又如卷十四“廣《履》和《謙》尊，教澤州五學諸生”條則是從《周易》中選了《履》卦和《謙》卦進行解釋和發揮。這樣的命題方式，跳出了就《四書》《五經》中某一字句而代聖人立言的套路。可以説，文翔鳳《河汾教》在一定程度上反映了明朝後期官方儒學的教育方式和科舉考試的命題形式，爲我們審視和回顧明朝後期官方教育提供了生動詳實的研究資料。

我們經過各方面調查尋訪，目前所能知道《河汾教》僅有所謂明熹宗天啟元年一種刻本，而流傳至今日者又僅餘兩部殘本。北京大學圖書館收藏的一部殘本，僅存卷一、卷五至卷十六，而美國國會圖書館收藏的一部殘本略好一點，第一册書的封面已缺，卷首序文所殘損之字甚多，幾不可卒讀，卷十缺第十一頁和第十六頁，但已配補了空白頁，不知何人所爲。此本卷首爲文翔鳳自序，末有兩方圖章，一方的印文是“文翔鳳印”，篆體陰刻，另一方的印文是“太青”，篆體陽刻。每半頁六行，每行十二字，四周單邊，版心白口，單黑魚尾，魚尾下方標一“序”字，再下標“目某之某”字樣，或“某之某目”字樣，即目次及頁數，如“目一之一”、“目二之一”等，意謂目録卷第一第一頁、目録卷第二第一頁；又如“七之目一”、“八之目一”，意謂第七卷目録第一頁、第八卷目録第一頁，其它可由此類推。刻書字體爲毛晉汲古閣獨創之扁方黑體字。卷首爲總目，首行上端題“河汾教第一”、“河汾教第二”，至“河汾教第十六”。每條題目低二字。版式與後面的正文同，唯版心下方依次標“目某之某”字樣，如“目一之一”、“目二之一”，意謂總目河汾教第一第一頁、總目河汾教第二第二頁。其它可由此類推。卷一至卷十六爲正文，每半頁九行，每行二十字，四周單邊，版心白口，單黑魚尾，魚尾上方標“河汾教”三字，魚尾下方標“某之某”，即卷次及頁數，如“一之一”、“二之五”、“七之十二”等等，意謂第一卷第一頁、第二卷第五頁、第七卷第十二頁，其它可由此類推。但在每卷的首頁第一行卻無書名、卷數及作者與校刊者的姓名等字樣，這與一般的古籍刻本頗異。美國國會圖書館對此書寫有一段簡介文字，其中稱《河汾教》“共十六卷十六册”；北京大學圖書館在介紹《河汾教》的相關資料中亦說該書“十六卷”；《中國古籍總目》子部儒家類儒家之屬著録爲“《河汾教》十六卷”。其實，俱非確當。細檢原書，卷首總目乃獨立爲一卷，版心有明確標識，而正文是從卷一至卷十六，共十六卷，版心亦有明確標識，故合計二者，全書則爲十七卷無疑。底本分裝十七册，除第二册和第十一册缺封面外，其它十五册封面書簽上在“河汾教”三字之下有一小字，依次分别爲：“天”、“戾”、“飛”、“魚”、“躍”、“于”、“淵”、“豈”、“弟”、“君”、“子”、“遐”、“不”、“作”、“人”。案《詩經·大雅·文王之什》有句曰：“鳶飛戾天，魚躍于淵。豈弟君子，遐不作人。” 今觀書簽上乃一卷爲一字，則恰好十六字分題十六卷，由此益可証明《河汾教》的正文實爲十六卷。只是現在看到的這個底本上的書簽，或因誤粘而致有錯位者，或因誤題而致有錯字者。

美國國會圖書館在《簡介》一文中說“天启元年（1621）他在山西典学政时撰印此书”，即意謂《河汾教》是在天啟元年撰成并刻印出版；北大圖書館介紹說《河汾教》是明天啟元年刻印本；《中國古籍總目》也著録爲“明天啟元年刻本”。但都無直接證據，大概是依據文翔鳳《河汾教序》末的題署：“天啟之元季月，西極文翔鳳希有書。”所謂“天啟之元季月”，當指天啟改元之元年的歲末一月，即天啟元年十二月。案《河汾教序》曰：“予所九旬閱之者萬目，試之以經，輒書數語，以屬比而遠引之，則《河汾教》之所以枝□剿二百篇也。”據此可知《河汾教》是文翔鳳在山西境内巡視學校和測試考生後，用九十天即三個月的時間編纂而成的。又案《河汾教》卷一“顔淵仲弓司馬牛問仁三章”條曰：“使者以天啟之元二月朔典晉學，受事越三日，視學太原府學。”所謂“使者”，乃文翔鳳自稱，指其爲山西布政使司提督山西學政副使。由此可知文翔鳳于天啟元年二月初一日方抵達山西學政副使任上。再案卷一一“廣皆有”條曰：“五月二日試蒲州、安邑、臨晉三學之士”。卷一三“廣執熱”條曰：“六月四日涖上黨之衡文臺，以其七日試潞安……七學之士。”卷一六“廣示斯”條曰：“巡視之役竣，以七月三日抵平陽。十六日，進太原、陽曲兩學之士六百人試之。”由此三條資料可知文翔鳳直至天啟元年七月才完成本年巡視學校和測試學生的任務。然後，將在巡視和考試中發現的種種問題加以總結，於是編寫出這部具有指示門徑作用的應試教材——《河汾教》。何以稱爲《河汾教》，文翔鳳自序中有特别的說明。如從時間上看，天啟元年十二月才完成書稿，而且多達“十三萬餘言”，又要在本月内刻印出來，似無可能。故揆之情理，《河汾教》之刻印成書當在天啟二年以後。姑存疑於此，俟他日詳考。而今存殘本，則可判定爲後印本，而非初印本，因爲在不少的書頁上都有明顯的斷板、裂板痕迹。書中還有一種現象，可作爲旁證進一步說明這個問題。卷首總目卷一三、卷一四分别列有《廣臣佩，教潞安府等七學諸生》《廣外寧内憂，教澤州五學諸生》的篇目，但文翔鳳在《河汾教序》中清楚地說《河汾教》“有二百篇”，而卷首總目也確實列有二百個題目，可是在正文中有一百九十八篇，其中有三篇有目無文，即在相應的卷七、卷一三與卷一四的正文中既無其目也無其文的《廣戰克，教靈石縣等九學諸生》《廣臣佩，教潞安府等七學諸生》《廣外寧内憂，教澤州五學諸生》。而這三篇文章正好分别處於卷七、卷一三、卷一四的末尾，與上、下另外的文章不相連接，一旦書板因保存不善而出現殘損或散佚，後來再印時，即使空缺了這三篇文章，既不影響全書的聯貫性也不易被發現。由此可見，蓋以若干年之後在再次刷印此書時，這两片書板已經遺失，或這两片書板上的文字損壞嚴重，從而在後印本中少了三篇。案此書每篇文章在板刻上互不相連，各爲起訖，若丟失或抽去某一篇或某幾篇文章是很容易的事，并不影響全書的連貫性。

《河汾教》在古人編輯的《明史·藝文志》《千頃堂書目》及《四庫全書總目》等書目中無著録。此本幸在“世界數字圖書館”網站上有書影，方能得以利用。我們這次點校《河汾教》，就是以此爲底本進行整理工作的。爲保持底本原貌，這次整理時，不重新編次，凡遇異體字即改爲通行規範字，闕字即以方框（□）代替，不敢妄作臆補。原書各篇文章自爲起訖，互不相連，這次整理時，也以每卷自爲起訖，而卷内各篇文章則相連而下。原書有專卷目録，其中有一些題目與正文中相應的題目，在文字上略有異同，這可利用來作本校，故在我們這個新整理本中，仍保存原書卷首總目。但爲了方便讀者和研究者的閱讀、檢索，我們另外編制總目，冠於書前。

趙望秦　馬君毅

2014年10月於陝西師範大學文淵樓

目録

河汾教序

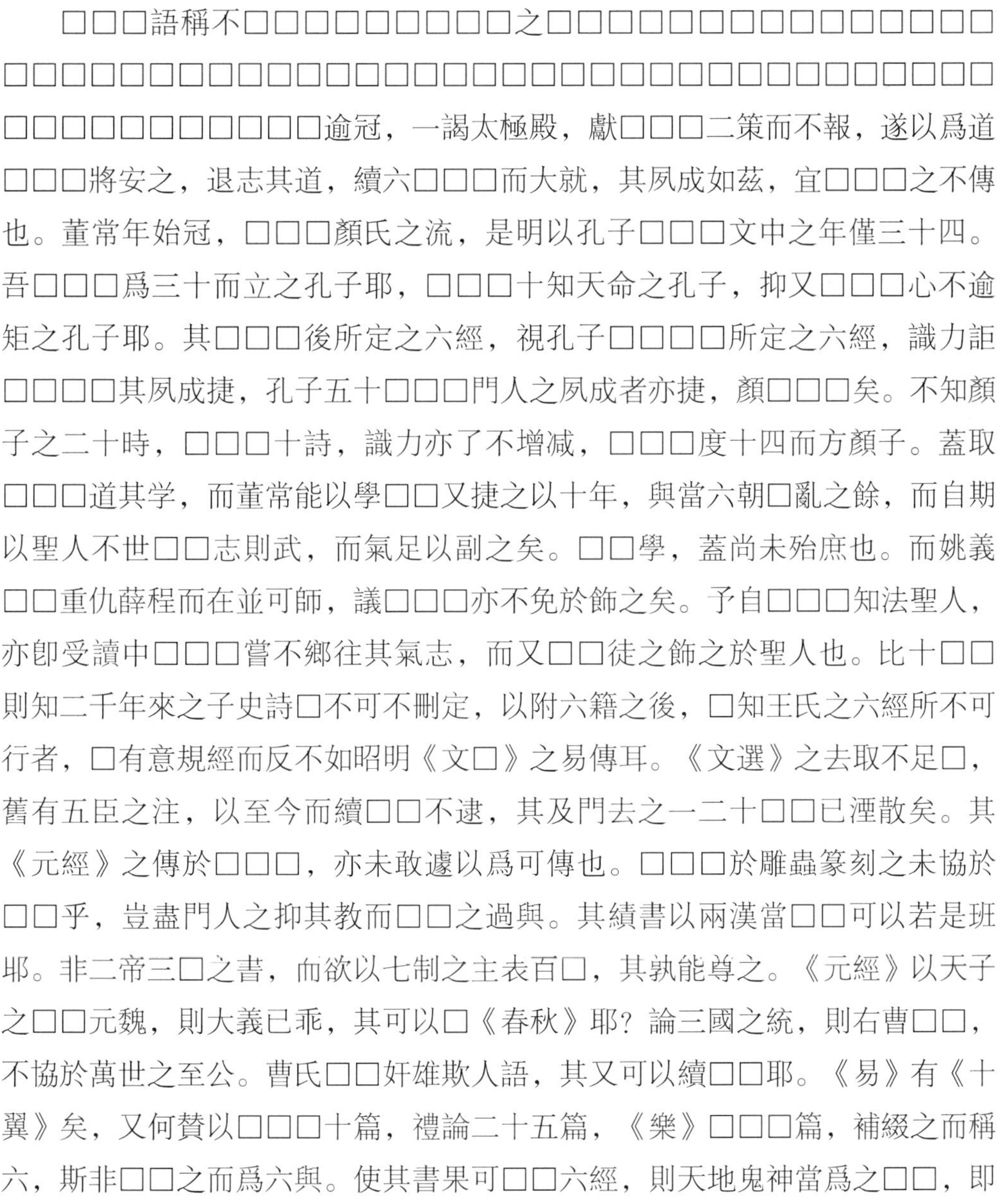

□□□語稱不□□□□□□□□□之□□□逾冠，一謁太極殿，獻□□□二策而不報，遂以爲道□□□將安之，退志其道，續六□□□而大就，其夙成如茲，宜□□□之不傳也。董常年始冠，□□□顏氏之流，是明以孔子□□□文中之年僅三十四。吾□□□爲三十而立之孔子耶，□□□十知天命之孔子，抑又□□□心不逾矩之孔子耶。其□□□後所定之六經，視孔子□□□□所定之六經，識力詎□□□□其夙成捷，孔子五十□□□門人之夙成者亦捷，顏□□□矣。不知顏子之二十時，□□□十詩，識力亦了不增減，□□□度十四而方顏子。蓋取□□□道其学，而董常能以學□□又捷之以十年，與當六朝□亂之餘，而自期以聖人不世□□志則武，而氣足以副之矣。□□學，蓋尚未殆庶也。而姚義□□重仇薛程而在並可師，議□□□亦不免於飾之矣。予自□□□知法聖人，亦卽受讀中□□□嘗不鄉往其氣志，而又□□徒之飾之於聖人也。比十□□則知二千年來之子史詩□不可不刪定，以附六籍之後，□知王氏之六經所不可行者，□有意規經而反不如昭明《文□》之易傳耳。《文選》之去取不足□，舊有五臣之注，以至今而續□□不逮，其及門去之一二十□□已湮散矣。其《元經》之傳於□□□，亦未敢遽以爲可傳也。□□□於雕蟲篆刻之未協於□□乎，豈盡門人之抑其教而□□之過與。其績書以兩漢當□□可以若是班邪。非二帝三□之書，而欲以七制之主表百□，其孰能尊之。《元經》以天子之□□元魏，則大義已乖，其可以□《春秋》耶？論三國之統，則右曹□□，不協於萬世之至公。曹氏□□奸雄欺人語，其又可以續□□耶。《易》有《十翼》矣，又何贊以□□□十篇，禮論二十五篇，《樂》□□□篇，補綴之而稱六，斯非□□之而爲六與。使其書果可□□六經，則天地鬼神當爲之□□，即

秦火不能爲之灾，而一□孫無忌，又安能使千載不可□滅之精神，遂湮沒而終晦耳。□天地而一孔子，則亘天地而□六經。如秦、漢以來又自有一□經，則六經特秦、漢以上之書，□□以逮天地之一元，當不知□□孔子幾六經耳？故予直以□□□堪再續，而生孔子之後，□□□聽百家六藝之爭鳴，而□□之所者，則亦不可不倣經□□，以刪定二千年以來之文，□故《周易》《尚書》《詩》《春秋》《周禮》《儀□》《曲禮》《爾雅》《孝經》《論語》《大學》《中□》《孟子》之十三經者，皆統之曰□經。四經、四子則應正其注，三□、《爾雅》《孝經》則應刪其所不出。□□人之舊者，諸子則自《家語》□□，以逮諸儒諸家爲一編，史□□編年、紀傳、書志之三體，爲□□□古史。朱氏之定《騷》，則苛□□□之賦，《詩準》《詩翼》亦未定□□也，是又王氏之續詩矣。宜□□賦詩之三體，倣三經而定□□，以歌者爲一編曰《古詩》，不□爲王氏之《五志》，以倣三緯也。□文王之可傳者爲一編，曰《古文》，□《漢選》《唐粹》《宋鑑》《元類》，以逮《英□》《正宗》《廣選》之諸集，可盡廢不□，□一規經而務存文章之可□，□期不詭於聖人之大體，亦□□其可耳。而舍可傳之文章，□□一學語録之近於俚者，以□□□之經，則亦非造化之自□□。不典不雅，焉詩焉書，其可□□百世而塗百世以後聖人□目耶？予又嘗疑邵康節之學□就，則止可以爲康節，而未可以爲孔子，王文中之學未既就，而其自處儼然似孔氏矣。而惜乎其限於年已，乃知文中之未□以爲孔氏，非徒以限於年，蓋□之事有未徹焉者也。以佛爲□人，以其教爲西方之教，與中□□胡、越之不相通，直以老莊、□迦衡孔子，曰詩、書盛而秦世滅，非仲尼之罪也；玄虛長而晉室亂，非老莊之罪也；齋戒修而梁國亡，非釋迦之罪也。苟非其人，道不虛行。夫秦以棄《詩》《書》而滅，《詩》《書》盛則秦安得滅？晉以旻虛玄亡，梁以修齋戒亡，正二氏流禍之罪，安得云非其罪？晉、梁行二氏之道者也，以爲非其人而虛行之，亦似矣。秦未嘗行孔氏之道，而安得云非其人而虛□之耶？如以爲詩、書之盛於漢□，秦不得不滅，則又不當概方之於晉、梁矣。大西方之於中國，誠如胡、越之不可通以冠冕、舟車然。西方豈詎無君臣、父子乎，而可盡去之以爲教，豈但不可行於中國，恐亦不可以行之夷狄矣。此其說大爲二氏闢門庭，曰安得圓機之士與之共言九流。不免導後世三教之說之漸，則智之事，信有未徹焉者。而邵□以其言如論心迹之判之類，□之化之言，又曰雖不逮聖人，□聖人之徒與。

陽明以其學爲幾乎具體而微，則文中誠非荀、揚之可方。而伊川謂其書有格言、心迹之畔之說則亂道，考亭謂其以天下爲心而根脚淺，其品當下孟氏一等與。程、朱或互有得失者也。

予十載公車，未嘗敢輕納一童子贄。使北面而出，而三爲令，南游涉江，則不得不與四方之士語，遂稍收至千七百士。茲又爲全晉師，奉璽書□□七郡，則有不得以責辭者，□生徒以瞿唐導人而止，又僅進之於李、何而止，又僅進之於程、朱、薛、王而止，則何敢不以其所聞與士質於此道。潛之三十年，而今已逾强仕之外矣，尚茫乎其未有岸也，則亦奚敢謂己幾於古之班白者，卽或可以論道耶。晉士至三萬人亦可以行予之志矣。

予所九旬閲之者萬目，試之以經，輒書數語，以屬比而遠引之，則《河汾教》之所以枝□有二百篇也。其說不剿宋語□□，不倣荀、楊著書之筆，蓋得之閲士之隙，期於士人人可披剝，而不敢必其聞風而悅，以爲古之道術或在是。然以四載前夢主帝堯大河書院，特以爲無何有之鄉，而臺駘之汾，實貫晉腹而赴大河。今之書稱《河汾》，且文中子之鄉矣。予旣以元中祠祀文中，並其門人之受經者，則茲之代昔人而教之，亦大有緣乎。夫備聞王氏六經之義者，後□□尚欲躋之洙泗之儕矣。晉□□三萬人從予游，奚不欲其備聞孔氏六經之義，而進一頭於舉子藝之外乎。肆予不得不饒舌於士，士尚起而應予，毋以師不必賢弟子，遂忽其言而枝之。予之教十三萬餘言，概未有詭六經者也。

天啟之元季月，西極文翔鳳希有書。

卷首總目[一]

河汾教第一

河汾教第二

廣東征，教汾州府九學諸生
廣治侮，教沁州三學諸生
廣知聖，教澤州五學諸生
廣譖愬，教盂縣學諸生
廣行與，教靜樂縣學諸生
廣容矜，教平定州學諸生
廣泄沓，教忻州學諸生
廣居養，教遼州學諸生
廣不爲，教和順縣學諸生
廣莫違，教榆社縣學諸生
廣乾坤父母，教潞安府等三十三學諸生
廣月星風雨，教潞安府等三十三學諸生
廣懲毖，教潞安府等三十三學諸生
廣稅甲，教潞安府等三十三學諸生
廣后嬪，教潞安府等三十三學諸生
廣聖主賢臣，教潞安府等三十三學諸生

河汾教第三

廣執其兩端，教榆次縣學諸生
廣以善養人，教祁縣學諸生
廣恭寬，教壽陽縣學諸生
廣難能，教代州學諸生
廣今之大夫，教繁峙縣學諸生
廣在於王所，教崞縣學諸生
廣爲文，教榆次縣等六學諸生
廣正僕，教榆次縣等六學諸生
廣天子、朋友，教榆次縣等六學諸生
廣元年獲麟，教榆次縣等六學諸生
廣王言如綸，教榆次縣等六學諸生
廣陰陽十一，教榆次縣等六學諸生

河汾教第四

廣一怒安民，教河曲縣學諸生
廣行遠登高，教五臺縣學諸生
廣藏身不恕，教岢嵐州學諸生
廣過化存神，教嵐縣學諸生
廣事君，教興縣學諸生
廣不屑，教保德州學諸生
廣登山小魯，教寧武所學諸生
廣法家拂士，教偏頭所學諸生
廣君子三樂，教老營所學諸生
廣制度，教河曲縣等九學諸生
廣分寶，教河曲縣等九學諸生
廣忘我，教河曲縣等九學諸生
廣歸田，教河曲縣等九學諸生
廣繹志，教河曲縣等九學諸生
廣七制，教河曲縣等九學諸生

河汾教第五

辨曾子子夏，教汾州府九學諸生
學而、賢賢、顔淵、求飽四章，教汾州府九學諸生
廣唯求非邦，教汾州府學諸生
廣善人、信人，教汾陽縣學諸生
廣豈徒順之，教平遥縣學諸生
廣根心生色，教介休縣學諸生
廣時行物生，教孝義縣學諸生
廣興詩立禮，教臨縣學諸生
廣進禮，教石樓縣學諸生
廣先知，教永寧州學諸生
廣三疾，教寧鄉縣學諸生

廣孚化，教汾州府九學諸生
廣疆㸌[二]，教汾州府九學諸生
廣俔天之妹，教汾州府九學諸生
廣禘廟伐郱，教汾州府九學諸生
廣天官六大，教汾州府九學諸生
廣體四用三，教汾州府九學諸生

河汾教第六

廣道之不明，教襄陵縣學諸生
廣如有能信，教洪洞縣學諸生
廣偃之言是，教浮山縣學諸生
廣唯堯則天，教趙城縣學諸生
廣不困不疚，教太平縣學諸生
廣不賢識小，教岳陽縣學諸生
廣切磋琢磨，教曲沃縣學諸生
廣上下揖授，教翼城縣學諸生
廣通月，教襄陵縣等八學諸生
廣石鈞，教襄陵縣等八學諸生
廣辟國，教襄陵縣等八學諸生
廣逆后，教襄陵縣等八學諸生
廣立賔，教襄陵縣等八學諸生
廣火體，教襄陵縣等八學諸生

河汾教第七

廣忿懥，教靈石縣學諸生
廣可使，教蒲縣學諸生
廣祖述，教汾西縣學諸生
廣難能，教滎河縣學諸生
廣求齊，教萬泉縣學諸生
廣素絢，教河津縣學諸生

廣愛妃，教絳縣學諸生
廣民信，教霍州學諸生
廣委去，教吉州學諸生
廣帥師，教靈石縣等九學諸生
廣恭命，教靈石縣等九學諸生
廣匪怒，教靈石縣等九學諸生
廣隳郈，教靈石縣等九學諸生
廣戰克，教靈石縣等九學諸生

河汾教第八

廣不可及者，教夏縣學諸生
廣利口覆邦，教絳州學諸生
廣依仁游藝，教稷山縣學諸生
廣海内之地，教垣曲縣學諸生
廣無敵，教鄉寧縣學諸生
廣伐奄，教永和縣學諸生
廣交愛，教夏縣等六學諸生
廣保邦，教夏縣等六學諸生
廣東征，教夏縣等六學諸生
廣山戎大鹵，教夏縣等六學諸生
廣鐘以立號，教夏縣等六學諸生
廣五星聚井，教夏縣等六學諸生[三]

河汾教第九

廣造端夫婦，教聞喜縣學諸生
廣夷狄患難，教猗氏縣學諸生
廣百官，教平陸縣學諸生
廣成人，教芮城縣學諸生
廣謀忠，教大寧縣學諸生
廣畏人，教隰州學諸生

廣重門擊柝，教聞喜縣等六學諸生

廣海隅出日，教聞喜縣等六學諸生

廣火體，教襄陵縣等八學諸生[四]

廣三星在罶，教聞喜縣等六學諸生

廣四月日食，教聞喜縣等六學諸生

廣威嚴，教聞喜縣等六學諸生

廣能成，教聞喜縣等六學諸生

河汾教第十

廣伐柯，教運鹽司學諸生

廣弗措，教解州學諸生

廣明夷，教運鹽司等兩學諸生

廣大同，教運鹽司等兩學諸生

廣立配，教運鹽司等兩學諸生

廣師次，教運鹽司等兩學諸生

廣夾振，教運鹽司等兩學諸生

廣指南，教運鹽司等兩學諸生

河汾教第十一

廣皆有，教蒲州學諸生

廣孰賢，教安邑縣學諸生

廣來安，教臨晉縣學諸生

廣聚正，教蒲州等三學諸生

廣日永，教蒲州等三學諸生

廣盡瘁，教蒲州等三學諸生

廣伐衛，教蒲州等三學諸生

廣闤市，教蒲州等三學諸生

廣斗數，教蒲州等三學諸生

河汾教第十二

廣雖有善者，教平陽府學諸生
廣明哲保身，教臨汾縣學諸生
廣設險守國，教平陽府等兩學諸生
廣百揆四岳，教平陽府等兩學諸生
廣以速諸父，教平陽府等兩學諸生
廣會鄧伐鄭，教平陽府等兩學諸生
廣天下陽事，教平陽府等兩學諸生
廣俊顧及厨，教平陽府等兩學諸生
廣和杜獻納，教平陽府等兩學諸生

河汾教第十三

廣執熱，教潞安府學諸生
廣尚志，教長子縣學諸生
廣必聞，教襄垣縣學諸生
廣所憂，教潞城縣學諸生
廣往救，教黎城縣學諸生
廣四體，教壺關縣學諸生
廣所貴，教平順縣學諸生
廣屯蒙，教潞安府等七學諸生
廣含怒，教潞安府等七學諸生
廣君宗，教潞安府等七學諸生
廣正月，教潞安府等七學諸生
廣臣佩，教潞安府等七學諸生[五]

河汾教第十四

廣君子如此，教澤州學諸生
廣昭告有罪，教高平縣學諸生
廣師行，教陽城縣學諸生

廣一道，教陵川縣學諸生

廣三愆，教沁水縣學諸生

廣《履》和《謙》尊，教澤州五學諸生

廣從繩則正，教澤州五學諸生

廣如組如舞，教澤州五學諸生

廣彭城虎牢，教澤州五學諸生

廣進笏書思，教澤州五學諸生

廣外寧内憂，教澤州五學諸生[六]

河汾教第十五

廣爲政用殺，教長治縣學諸生

廣作者七人，教屯留縣學諸生

廣萬鍾何加，教沁州學諸生

廣得志弗爲，教沁源縣學諸生

廣師尹具瞻，教武鄉縣學諸生

廣德薄位尊，教長治縣等五學諸生

廣三風十愆，教長治縣等五學諸生

廣京師，教長治縣等五學諸生

廣春王，教長治縣等五學諸生

廣山出，教長治縣等五學諸生

廣畫前刪後，教長治縣等五學諸生

廣舜巳禹午，教長治縣等五學諸生

河汾教第十六

廣示斯，教太原府學諸生

廣達天，教陽曲縣學諸生

廣益決，教太原府等兩學諸生

廣九德，教太原府等兩學諸生

廣詢爾仇方，教太原府等兩學諸生

廣伐陳侵蔡，教太原府等兩學諸生

廣不可以羸，教太原府等兩學諸生

廣第一流人，教太原府等兩學諸生

【校記】

［一］“卷首總目”，案原書無題，此爲整理者所擬。

［二］“彊”，據《尚書·洪範》，當作“彊”。

［三］“廣戰克教靈石縣等九學諸生”，案此條有目無文，即卷七正文中既無其目，亦無其文。

［四］“廣火體教襄陵縣等八學諸生”，案此條卷首總目原無，據卷九正文題目補。

［五］“廣臣佩教潞安府等七學諸生”，案此條有目無文，即卷十三正文中既無其目，亦無其文。

［六］“廣外寧内憂教澤州五學諸生”，案此條有目無文，即卷十四正文中既無其目，亦無其文。

河汾教卷一[一]

顏淵、仲弓、司馬牛問仁三章，教太原府學諸生

使者以天啟之元二月朔典晉學，受事越三日，視學太原府學。郭紀講《顏淵問仁》一章，黃遵講《仲弓問仁》一章，陳夢玉講《司馬牛問仁》一章，爰解剝其義而教諸生。

《顏淵問仁》與《夫子與點》之章相繼，直是一種道理，冉有、公西華之所謂"禮"，非"禮樂不可斯須去身"之"禮"，特□□賓客之禮。而禮之文，聖人之所謂以玉帛云禮□□□浴童冠數語，直寫却"克己復禮，天下歸仁"，逼□□□象矣。朱子所謂"人欲盡處，天理流行，隨處充滿，無少欠闕"者，爲"吾與點也"之嘆，傳神人惟爲嗜慾所縛，而其本來鳶飛魚躍之天真，遂作土偶人耳，何處有解脱靈通之竅。而物欲一去，韁鎖都抛，粉碎一我而爲虚空，渾全虚空而爲一我，滿腔生意風如流。如邵子所謂"拍拍滿懷都是春"，其醺酣情味，亦何異乎。君臣初際會，天地乍氤氲，直是難名狀，莫指陳者。而天地萬物，天下後世盡打作一片於五情之中矣。不論用與不用，而此際精神百脉俱到，居然塵垢粃糠，可陶鑄堯舜者。若必待宗廟賓客後爲禮,前此一切手之所持、足之所蹈處，是何情景也？可道足兵足食、有勇知方，與禮了不相涉乎？曾點則透徹見趣，顏淵則直截功夫。陳白沙云："舞雩三三兩兩，正在勿忘勿助之間。若無孟子功夫，驟而語之，以曾點見趣，一似說夢。"惟此數語，道得曾點非懸空之見。愚嘗喜誦而拈示之者，此等功夫，此等見趣，正可爲解人道。仲弓之識力不逮顏子，故語之以"如見大賓"、"如承大祭"，雖非如子華之但以賓祭當禮樂，而借賓祭之象以收攝其心力，以外象而制其内，終非立見本來者之批頂門而直下。若司馬牛則又不可示之以敬之全，姑使之借謹言以存心，特付以收放心之一法。牛之躁，正是率爾以下人，

而可使南面之，雍終是求赤之諸侯。觀其後來宰季氏，其視舍瑟、春風者，亦有間矣。今人以克己爲上乘之地步，而以春風浴詠爲狂夫之嘯傲，比於林棲之逃功名者，反譏朱子有誤解風浴之註之悔。此其見解尚盻盻於宋人之脚跟，而曾點之狂，豈真如傳者之誤爲倚門之歌哉？試看《家語・弟子解》引《論語》此條，以爲子晳“疾時禮教不行,欲修之”者，是何說。人止知恭敬、嚴整之爲禮，而不知點之從容自得之深於禮也。顏子行副乎其見，是謂中行。曾點見到而行不到，是謂狂，而豈謂其見之不足與乎此耶？《易》所謂“艮其背不獲其身”者，殆一日克己復禮之謂耶；“行其庭不見其人”者，殆天下歸仁之謂耶。而陸子靜以爲“無我”“無人”者，近之聖人“不獲其身”,而世人非身則無可獲者矣。所獲者，止“身”之一字，則本來之故，我已繫定於三歲不興之徽纆。其行也以身，行身與禮爲兩物之相畔，自然身與人爲兩物之相搏。其見大祭於宗廟，見大賓於會同，始相戒以爲《周官》威儀在焉者，吾不識其一生爲人，步步刻刻曾有一綫之可離禮處否？信乎不見宗廟之美、百官之富於宫牆之内矣。

【校記】

[一]“河汾教卷一”，案底本卷端不題書名、卷數，只在版心有簡單標識，兹據原書卷首總目及每卷版心所標，擬爲卷次。以下可由此類推，不再出校。

子張問明一章，教陽曲縣學諸生

其日，陽曲縣學周世英講《子張問明》一章，爰解剝其義而教諸生。

燈燭之明及於四壁，燎炬之明及於四野，列缺之明及於四境，日月之明，始及於四天下而無不到。其在於《易》，則爲《晉》、爲《大有》、爲《離》者，日月之明也。“懸象著明，莫大乎日月”，故始爲出地上之明，則君子以自昭明其德也。進而爲火在天上之明，則君子以遏惡揚善、順天休命也。繼而爲兩作之明，則大人以繼明照四方重明，以麗正而化成天下者也。爲《噬嗑》《爲豐》者，列缺之明也。雷而電則君子以折獄致刑也，電而雷則先王以明法敕罰也。爲《賁》爲《旅》者，燎炬之明也。山下之火，則君子以明庶政無敢折獄也；山上之火，則君子以明慎用刑而不留獄也。至入地中之明夷，此時燈燭用事而爝火可以然矣，則君子以涖衆用晦而明者也。其明之分量有遠近，故其照有到不到，而聖人之繫象者，其政有大小也。明與察異，聖人有明而無察，眾人有察而無明。靜以待照之謂明，以我伺人之謂察。子張蓋察之徒也，其問明，蓋問察也。人情之輾轉沉溺者，不過左右近習之間。武王所謂與其溺於人，寧溺於淵。溺於人，猶可游，溺於淵，不可救者也。譖愬正行於此矣。故曰灶一人則煬之，明作者善用察，摘左右近習之伏。申、韓之徒自以爲善刑名，而人亦以察嘗之，正乘其明而中之兩詐之相逐，荀子所谓以桀詐桀，巧拙有幸焉者。浸潤之譖膚受之愬，正行於此矣。聖人之心，不一一索之人情，莊子所謂聖人之心靜乎天地之鑑也，萬物之鏡也。非曰靜也，善故靜也。萬物無足以撓心者，故靜也。止水澄潭，窺之則妍媸辨，倘有激之者，平不能以中準，而明可以燭鬚眉乎？世人見諸葛武侯之智，其料敵决勝捷於影響，則未嘗不歎其奇才，而往往學之以料事。豈知武侯之得力處在“澹泊明志”、“寧靜致遠”二語，其一切神機鬼藏，皆從其真誠不二之心出耶。見邵堯夫之知物，則以爲别有推測之術，欲擬之而不可及，則以數短之。而不知堯夫一生不曾枉用心，惟朱晦翁獨知之，云其心虛明，自能知來。蓋少時不役於舉業，晚年不役於仕進，而獨游於先天一字無之環中，靜以玩天地之化，觀萬物之變，故聽鵑而察地氣之南北，觀遼之據燕而即知其三十年之外之終淪於夷狄也，皆實理也。聖人他日告子張十世之問，亦曰百世可知者，皆實理也。他日又曰三世、五世、十世希不失者，皆實理也。抑豈亦得之於數也耶？故知葛、邵二君子之用力者，亦可以定世之憧憧於往來者矣。

棘子成一章，[一]教陽曲縣學諸生

其日，陽曲縣學劉士龍講《棘子成》一章，爰解剝其義而教諸生。

奢與儉皆不美之名，卽交相勝之野史，而文與質則美名，以文滅質之說不待辨，惟是質之不可以無文。愚以爲人道之所以配天地而稱三才，皆文之用也。姑爲若譬之，陽文段干之美，有其質矣，而假若蓬鬢垢顏，蒙不潔，帶死蛇，則人方掩眸而不忍視，何質之可以動人者乎！而嘗試使之曳輕縞、御薌澤、鳴玉鏘金而步，而然後知其爲國姿也。巧笑之倩、美目之盼之不可以無飾，問之有目者而共知之矣。老杜之詠虢國，則云：“却嫌脂粉污顏色，淡掃娥眉朝至尊”，此特貴其質者也。然他詩之詠虢、秦兩麗人，既曰：“肌理細膩骨肉匀”，不又曰：“繡羅衣裳照暮春”乎？不又曰：“頭上何所有，翠微㔩葉垂鬢唇；背後何所見，珠壓腰衱穩趂身；足下何所着，紅蕖羅韈穿鐙銀”

乎？蛾眉豈終可以淡掃耶？太白則以雲想衣、以花想容，至以新糚憐飛燕，可謂得文質交尚之情者也。杜又云："美人爲黄土，況乃粉黛假。"粉黛假矣，爲黄土之美人詎非假？是卽人之所謂質者，亦文也。舍文，於何處見質耶？曾子、子貢之弗納於季氏之閽也，入於其廐而修容焉，涉内霤，則鄉大夫皆避位，公降一等而揖之，信乎盡飾之道之行之遠也。大略世界之所以立在人倫，人倫之所以立在禮樂，全恃文之一字爲間架。卽虞廷之十二章，亦不能不以日月、星辰、山龍、華蟲作之會，以宗彝、藻火、粉米、黼黻、絺繡之五采，彰施于五色者作之服。至今一鷺一鶴，一豸一麟，而百官以此辨，不然，則朝廷無以尊，而萬民之跂扈者，何恃而齊？太古之世，人與鹿豕相雜，父子麀矣。聖人爲之禮，始知有人道焉。而老、莊之説，賤禮爲忠信之薄，至欲搥提之剖斗折衡，而欲民之不爭，有是乎？至以大盜之不止，罪聖人之不死，甚乎哉！假如八卦不畫，文字不立，雖畫前之《易》在人心，而人之草草昧昧者，曾不如旁行畫革之書之夷狄尚有可譯之學矣，奚以教之，使别於禽獸耶？孔氏非《六經》，何以定萬世之趨？而亂臣賊子非《春秋》，亦何以懼公論之誅乎？今夫天，吾見其蒼蒼矣。蒼蒼者，其正色耶，日映之而成者也。其稱青天者，晝視之則青，青以日者也；夜視之則玄，故《易》稱天玄而地黄。玄其正色耶，星映之而成者也。玄天者，玄以星者也。日月星辰曰天文，日月星辰之謂天，非日月星辰於何處求天耶。故聖人之談天，以日月星辰爲域，而在璇璣玉衡以齊七政者，堯舜之欽天也。舍三光而談天，載之無聲無臭，吾恐其終日無可戴之天矣。聖人曰："繪事後素"，雖畫繢之事後素功。素稱功，則素亦文也。特文之始者耳，素不可無功，而謂絢可無耶。子貢贊聖人，亦必曰夫子之文章。青與赤謂之文，赤與白謂之章，然皆不離乎赤者，南方爲文明象也，日之所經也。天得日而青者，文之象也。日與月會者，章之象也。宋儒不達乎此，而專攻文章之士，徒欲以不文之詞垂世教，曰："吾有道存焉，何事於修詞。"命其説曰"語録"，而六經之典雅遂亡。余嘗欲以漢人、唐人之口吻，發宋人之肺腸，法六經之修詞，立誠以表世，而德行辭命之不可偏廢者，請以孟氏爲斷案矣。聖人以天之未喪斯文自予而曰："文王卽[二]沒，文不在兹乎。"聖人惟文王獨稱"文"。文王之所以爲文者，至與天地之日月星辰山川配。《詩》云："告于文人，文王之聖。"直贊之曰："文人可以經天緯地之文。"而欲一切剗鋤之，以入於異端、野人、夷狄、禽獸耶。

【校記】

［一］“棘子成”，案卷首總目作“棘子成曰”。

［二］“即”，據今本《論語·子罕》，“即”當爲“既”。

子張問士一章，教陽曲縣學諸生

是日，陽曲縣學崔嗣逵講《子張問士》一章，爰解剥其義而教諸生。

天下惟直則達，不直則不能達。如行道者之不入於岐旁，不阻於荆棘，而周道如砥，其直如矢，則萬里之遥，可計日而達也。卽如學使者之於諸生，惟直道以應之，據其才品而殿最之，而不着一分私意於其間，自可達之於諸生，而無不諒之者，精神之相照，卽煉成一片紫金霜矣。倘別有曲意之阿狥，而諸子能無咈然應且憎乎？如諸生之於我，惟專工其制業，以待主者之品題，而不他爲闗說希冀，此之謂直，而我未有不賞識器重者也。倘有曲道於其間，則我亦不免與之中忤矣。質直而又好義，好義似乎又濟之以曲矣，非曲也。行而宜之之謂義，吳季子所謂大雅曲而有直體者也。譬之於路焉，道固委蛇，卽一曲一直，而總之此直前一路也，非別有邪徑之托足也。倘別投一徑，則與本來發足之路中道而改他矣，安望其能至乎？黄河百里一小曲，千里一曲一直，而杭一葦於龍門之津者之終達於大人之市，則惟其止此一河道也。倘他溢而爲旁出，如江有汜，汝有濆，汶有瀾，洛有波，而能達之海若望洋之門乎？故又曰：“君子義以爲質。”可見君子之好義，卽所以爲質直也。禮以行之，遜以出之，特不至於傷物耳。所謂察言觀色，慮以卜人者也。而終未嘗不成之以信始，終惟此直此義也。《易》曰：“敬以直内，義以方外。”義所以濟其直者。義稱方，所以別於曲也。其行宜之於人情者，終未嘗不直也。吾與汝終身之所行，止有此一路。不然，則蹶松柏、掌蒺藜，爲項羽之誤陷澤中，失足於九曲之陰陵矣。

廣聚斂盗臣，教太原縣學諸生

河汾書院爲晉陽之衡文臺，使者初涖，首觀藝於諸侯，則太原、太谷、清源、徐溝、交城、文水、樂平、定襄八學之士才而至者六百人，以閏二月十一日合試之。太原縣試目爲：“與其有聚斂之臣，寧有盗臣。”爰廣其義而教諸生。

大同之世貨，惡其棄於地也，不必藏於己，力惡其不出於身也，不必爲已。而後世稱力如錙銖，非用之於其身若子，卽父母兄弟尚或吝之矣，敢望其大公而大同耶！《詩》云：“彼有不穫穉，此有不斂穧；彼有遺秉，此有滯穗，伊寡婦之利。”其尚有不必藏於己之遺意與？聖人曰：亦云人遺弓，人得之而已，何必楚也？茲所謂大道之公然其失。魯司寇將之荆，旣先之以子夏，又申之以冉有，卽聖人且不欲速貧者，而至以爲“與其有聚斂之臣，寧有盜臣”，無乃過不情乎？雖然盜固蠹人者也，然損此以益彼，既不能明以所餘予之人，而使人之窮乏者又不得請也，以至於盜，則亦有餘者之罪與？盜則盜矣，其尚損此以益彼，未爲甚不平者也。人，天地之盜；萬物，人之盜；人盜天地以自生養，而天地未嘗耗也。是天地明以盜聽之人，以成其益人之功。人以其心思運之於生養萬物，而人亦未嘗耗也。人之功，至與天地並而補其不及，亦何病之有？夫人生於天地之間，彼此均謂之太平，而至於享无妄之福，此既饒一分，則於彼必有虧一分者。况此全盈，彼全虧，則亦太不祥矣。使有盜焉，爲之少削其有餘，則或可以無盛滿之禍，又安知其非福乎？太有餘則不有人盜，卽有鬼瞰，而造物必有陰削而去之者，如小說所謂有掠剩使於冥間者，不誣也。夫人情之所惡者，宜無如大盜，然世未有盜清白之吏，發藜藿之瓻者。而一介書生倖而作官，借祖宗之廕，邀朝廷之澤，營子孫之業，剝生民之脂，蟲臂乎？鼠肝乎？何功於朝廷、生民而能享此！卽細如商賈，往往廉五貪三，於江湖市肆間而侈泰擬於王者，至動太史公之嘆也。此輩亦有何功於世間，而享用若是，茲所謂得罪於造物者與！而王法莫之裁，聖教莫之抑，儻非大盜之有道者爲之一掃而空之，以雪受害之冤，又誰望？則跖之徒，雖謂之天吏可也。

廣放勳勞來，教太谷縣學諸生

太谷縣試目爲：“放勳曰：‘勞之來之’。”爰廣其義而教諸生。

天地間惟教、養二事，功及於人爲最鉅，而教尤甚。養功於人之身，而教則功及於人之精神矣。功及於身者，百年而止，而功及於精神者，則貫天壤而不可磨滅之實理。精神一受其鑪錘，而至可以質鬼神，出天地。大哉教乎！契何幸而得爲堯所使，而天之報契者爲特厚，不止付之以六百年之商，而孔子實殷人也，契後也。以一人覽萬世之權衡，而六經之教似有祖脉者，玄鳥氏之支暢遠一至此。孔氏中庸之權衡，所以命令萬世斥百氏者，正以人倫之五教爲尊，則契之爲玄王，而孔氏安得不爲素王也！殷尚白，儻亦玄素之義耶？稷之養與契配，其後千年而爲文王，文王之第二子爲武王，有周之八百年天下者也。其第四子爲周公，有魯者也。魯之三桓，惟孟氏多賢，而其後爲孟孫氏，胤於鄒，曰孟子。孟子，周公之後也。孟子之後，至今與孔氏配，是周亡而魯未嘗亡，武王亡而周公未嘗亡也，周公未嘗亡，是武王亡而文王未嘗亡也。至今觀孔、孟二支之大且遠，而後知天之報稷、契者厚，後乃知教與養之功於天地不細也。堯推舜，舜推禹，禹有夏矣，稷、契有殷、周矣，益有秦矣。堯再興而爲漢，舜之後爲田齊，齊不足稱報，其尚有待者也。獨怪皋陶之後不甚顯，然譜稱李原於皋陶之大理，"理"與"李"同，《天官書》實有左李右李星焉，應刑官。則李之出於皋陶者確，老子之指李樹而生，妄也。老子之李，亦皋陶後也，宜其長道家。而唐之祖老子而不知祖皋陶，其君臣不學之過與。歐陽子《新唐書》之譜系安可盡非，則李唐之興，天之所以報皋陶也。外史稱益爲皋陶之子，不可信；儻可信，則或秦之不足報，而又報之以唐與。不可謂天地不照管於數千萬年之間也。而達人之立心於天地間，良不可無千萬年之遠。思天地間之大功德在仁，爲教養之二典而善爲子孫謀者，其仰體天地之大德，法孔孟無區區宦業家産間也。

廣南北之强，教清源縣學諸生

清源縣試目爲："南方之强與？北方之强與？"爰廣其義而教諸生。

聖人以南方之强爲君子之所居，北方之强爲强者之所居，此所謂南北，非如今之畫大江而論者也，無便以江南、江北之地形當之。蓋有天下之南北，有中國之南北。天下之勢，陸處北，水處南。中國者，陸之南也，當陸與水之間，故其氣中。此一章，盖道天下之南北，南盖謂中國，北盖謂北狄。寬柔以教，不報無道者，中國之以自勝爲强者也。衽金革，死而不厭者，北狄之以勝人爲强者也。昔者，由之瑟有北鄙殺伐之聲，而孔子曰："南者，生育之鄉；北者，殺伐之域"，正與此章之指相表裏。在天象則北陰而南陽，故北爲昴，南爲畢。昴，胡星也，謂之髦頭。昴、畢之間爲天街，是非北北狄而南中國乎？是以後之華夷衡而稱兄弟，如趙宋之於遼，則有南朝、北朝之目矣。今江南之客輒以君子自歸，而幾於以中原爲强者之鄉，豈知中國之地在三代以上，北不盡恒山，南不盡衡山，則衡山以南，猶夫恒山以北也。衡山之南，如今之廣、滇，卽非海島之蠻，然中國之南裔也。恒山之北，如今之宣、大，卽非旃裘之狄，然中國之北裔也。吳越雖在衡山之北，而中國之天地初開闢，其地氣實自北而南，是以三皇、五帝、三王、孔孟皆在北，謂之中原，而吳越之不斷髪文身，特自漢以後始。故《春秋》以夏盟歸齊晉，而《孟子》謂楚產之陳，良爲北學於中國也。豈非中國之地氣，北操其上游乎？地氣自北而南則治之漸，自南而北則亂之漸。如以江南爲聖人之所謂南，則邵子無乃反地氣乎？又何以聞鵑而操驗於後來也。文王之化自北而南者，以中國之地氣論也。舜歌《南風》之詩，而解慍阜財於民者，天道以南爲中國之野也。邵子曰："天之陽在南，故日處之。地之剛在北，故山處之。所以地高西北，天高東南也。"就天論，則中國勝於北狄，謂其近日之南，而又不可以日南爲天之正者，南之南非天中，而南之北則中也。就地論，則中原勝於江南者，謂其近山之北，而又不可以山北爲地之正者，北之北非地中，而北之南則中也。故天地之中氣，屬之中國之中原，此亦不易之公論也。

廣無違，教徐溝縣學諸生

徐溝縣試目爲："我對曰：'無違。'"爰廣其義而教諸生。

余嘗怪《凱風》之婦有七子而不安其室，至移人以去，孟子尚以爲親之過小者也。然較之《小弁》之移禍於國家，則甚矣。文姜失敝笱之防，而有蕩道之歸，歷《春秋》之所筆。至於齊之諸兒見殺，而又之莒，此雖《凱風》之征垢哉，然禍及於君父，而魯莊之從之如水，何也？此君太無策。唐之有武后之禍又甚於姜氏，《小弁》之大過何足云，而中宗至伏而存其六尺之不遑，雖經召還，汗顔與三思輩伍，嵩陽石淙之遊，日與諸張侍讌而不知耻也，則其人之才庸下不足齒。如無違而不要諸禮，則魯莊、唐中皆可稱孝，而《小弁》真小人之詩矣。屈氏之不從嗜芰之亂命也，可謂愛其親以道者也。若夫三年無改，蓋謂舊政與舊臣之可以未更者耳。豈果如宋人之不欲改青苗之政，以藉口鉗正人也。孔子論孝之大，至於尊爲天子，宗廟享之。而孟子亦云"莫大乎尊親"、"爲天子父，尊之至也"，然非大德莫勝焉。祭法：有虞氏禘黄帝而郊嚳，祖顓頊而宗堯。其不郊宗瞽瞍者，官天下之道也，所以愛其親者也。夏后氏亦禘黄帝而郊鯀，祖顓頊而宗禹，則家天下之道也，而鯀之德可配天而食乎？後之有天下者，至六朝五代，皆郊其親以配天，而越在日月星辰之上，不已僭乎？準四代而衡百世之大法，則《春秋》備之矣。

廣方員五音，教交城縣學諸生

交城縣試目爲："離婁之明、公輸子之巧，不以規矩，不能成方員；師曠之聰，不以六律，不能正五音。"爰廣其義而教諸生。

形而上者謂之道，形而下者謂之器。然則修道之與修器，則有形上、形下之別矣。揚子雲云："通天地人曰儒；通天地而不通人曰技。"夫所貴於通天地者，以其達天人之際，性與天道之所歸壹實際處也。通天文者，安可謂之通陰陽？通地理者，安可謂之通剛柔？《易》以道陰陽、剛柔者也，而以人道之仁義貫之元亨利貞，則聖人之能事。是故有術數之聖人，而不可以爲聖人之術數；有功業之聖人，而不可以爲聖人之功業；有文章之聖人，而不可以爲聖人之文章；有氣節之聖人，而不可以爲聖人之氣節。則巢父、許由、莊光之抗厲而不可致，屈、馬、李、杜之崢嶸而妙於藻，漢高帝、唐文皇之削平海内於布衣之手。以與離朱之索珠、輸盤之雲梯、子野之奏清角而玄鶴二八舞於庭也，聞《南風》而知楚之不競於中原也，與王子語爲之歌嶠而知其火色不壽也，朱建平、一行之占與算也，皆用其聰明於曲者也。數子者，修聰明之力者也。以聰明役心思，而其收功止可以當一體。聖人者思曰睿，睿作聖者也，以心思役聰明，而其收功遂可以該五行。非皇極之主，何以敘九疇之用？非先天之帝，何以總八卦之德乎？吾願天下之達者，學堯舜之道之治天下，而毋拘拘於術數、功業、文章、氣節，而聖人又非不術數、不功業、不文章、不氣節之聖人，比於木雕之鳳、金針譜繡之鴛鴦也。

廣諸父昆弟，教文水縣學諸生

文水縣試目爲："親親，則諸父昆弟不怨。"爰廣其義而教諸生。

人生有三綱，有六紀。君以綱臣，父以綱子，夫以綱妻。而兄不可以綱弟，師不可以綱友，故雖并列之五倫而不稱綱。諸父，父之兄弟之推也，合兄弟、族人、諸舅、師長、朋友之謂六紀。祖孫則卽父子，而可以綱之矣。諸大父，又祖之兄弟之推，亦諸父之紀也。詩首《關雎》，以道夫婦。夫婦，五倫之總也。有夫婦，然後有父子。有父子，然後有兄弟。有兄弟，然後有朋友、君臣。諸父，父子之餘也；諸昆弟，兄弟之餘也，其義皆屬之朋友。《四牡》

道父子也，《皇華》道君臣也，《常棣》道兄弟也，《伐木》道朋友也。首章道師友，曰："不求友生。"次章道諸父，曰："以速諸父。"末章道昆弟，曰："兄弟無遠。"是先王又以諸父、諸昆屬之於朋友，其以别於其父子、兄弟耶。周制，天子稱同姓諸侯之大國曰伯父、小國曰叔父，異姓之大國曰伯舅、小國曰叔舅，故《伐木》之次章兼稱諸舅，而虢叔之於武王，周公、康叔、畢公輩之於成王，其諸父之親禮特甚。是日，偶讀韓文，因感昌黎之善於人倫，是可爲諸父、昆弟之一模，請卽舉以訓諸生。韓子生而孤，蚤育於其兄會、嫂鄭，恩等於父母。嫂、叔禮無服者也，而退之爲之期以報。有兄子曰十二郎老成，與公年相亞也，而實相友。十二郎之蚤殂，而公有祭十二郎子文，昔人以爲讀之而不下淚者，其人必不友，則其於人倫良戚。十二郎有二子，曰湘，曰滂，退之實子之。退之之貶而之潮也，湘、滂皆侍行至藍關，而公作詩以示湘，至於望其收骨瘴江，而諸祖姪孫之誼迫切矣。二子他日侍文公北還，湘舉進士，而滂蚤殂，公又有祭滂文，則公之報鄭者不薄。外家以文公之闢佛，而其非老子又甚。於是老子之徒爲之説曰："湘，其猶子，而字清夫，有道術，能拈土爲蓮花。而有'雲横'、'雪擁'之一聯，至以爲潮州之驗，而湘之自遠迎諸途，爲二詩以答。"韓醒寤之，有"如子雄才世孰過"之句。誣哉！卽王元美之述八仙，亦祖之矣。湘字北渚，而彼不知，杜撰以字之，而又世系之不考。至如今昌黎縣之《韓仙傳》，又誕甚此，亦千古之疑案，聊洗之以增泰山之高，并以爲諸生之諸父、昆弟勸。

廣德行辭命，教樂平縣學諸生

樂平縣試目爲："宰我、子貢善爲説辭，冉牛、閔子、顔淵善言德行。孔子兼之，曰：'我於辭命，則不能也。'"爰廣其義而教諸生。

此題以"孔子兼之"一句作主，喫緊在一"兼"字，末句見"辭命"，亦不可輕。如以重行輕言探聖人，大非公孫丑之指，豈有重養氣而輕知言者乎？言外含蓄處，正見孟子地位近孔子，决不可疑其到不得也。如作疑語，則養氣、知言又是孟子自誇詡，應非實際語，又不可以心虚贊孔子，如云孔子不自聖，孟子又豈自滿足者耶？但聖門止言德行，而此云"善言德行"，是德行已兼言語矣；聖門止言言語，而此以"説辭"爲"辭命"，是言語已兼文學矣。觀孟子養氣、知言之論，推之政事而不動心於王霸，是德行、言語未嘗不政事通也。孔子謂：誦《詩》三百，即宜授之以政而達，使之於四方而能專對。則善爲文學者，亦未嘗不兼通言語、政事也。《周官》以三物賓興，而一曰六德：知、仁、聖、義、中、和；二曰六行：孝、友、婣、睦、任、□[一]，是德行又二物有内外之別；三曰六藝：禮、樂、射、御、書、數，則言語、政事、文學具此矣。意者，文學可屬書、數，政事可屬射、御，言語主對賓客，可屬禮樂，而禮樂又未嘗不兼文學、政事之林。聖門之徒三千，身通六藝者七十有七人。顔淵者，六德、六行、六藝無不該者也，不可以科律其專程之德行之一科者。閔冉輩耳，善言德行，如自家人說自家話，鑿鑿可據，非以舌本效靈者也。根德而行，是謂由衷而非象恭，本行而言，是謂允蹈而非華言。善爲說辭，則止能道人情世態之變，其於聖人宫牆以内事，如隔籬看芙蓉之豔，拂塵照夷則之輝，尚未必能親切而可味耳。蘇子瞻云："了然於心者，未必能了然於口。了然於口者，未必能了然於手。"然則了然於手者，又能了然於身，如誦《詩》矣，而使即專對。授之以政即達者，此輩非顔、閔以上，信不能。而後世之理學登座而抗領者，愚以爲此特解工言語，推之於詞而俚，授之於政而乖。吾不知其所學之道如何，而世果有無才之德以藏拙耶。信乎"鳳質而龍變，吾聞其語，未見其人"，如王元美之嘆也。

【校記】

[一]"□"，據今本《周禮·地官·大司徒》，此空缺之字當爲"恤"。

廣邦家無怨，教定襄縣學諸生

定襄縣試目爲："在邦無怨，在家無怨。"爰廣其義而教諸生。

吾嘗謂身在心内，而或笑之。人止以方寸之塊然者爲心，則謂其藏於身之中,而不知心之神，惺然者一息而萬里，一息而萬古，念到處即心之神已不疾而速、不行而至矣。如此則天地人物皆我心中之一物，如水之有萍荇而水不爲礙也。即我之四肢百骸，亦特心中之一物，而此心不以身之存亡而有增減也。特我見得此殼子而心之神雖自若，然不能伸縮自如，與太虚合克己者，即《易》所謂"焚如，棄如，死如"者也。合下掃空，此不能割舍之象，而我之太虚同體者，何物不在其渾同中雍之見，未能即空此身於心之中，不免使之緣身起敬，緣我對人。天下歸仁者，直就我之心境，言邦家無怨者，就人之心境，言天下則盡一切天地萬物。邦家則就其所歷而驗之，有以外制内之象焉。程子“四勿”之箴，制之於外，以安其内，明是仲弓作用，與克己豈相涉？克己者，自内排擊而出，盗不得入者也。

廣人文化成，教太原縣等八學諸生

《易》試目爲：“觀乎人文以化成天下。”爰廣其義而教諸生。

火在山下，居象也，人之居依山者也。火，飲食之所聚也。人相聚，則禮文生焉。故曰《賁》，火在山上。曰《旅》，山上非居所，有跋涉之象焉。食於道路之謂旅也。昔者，夫子嘗筮《易》而得《賁》，又嘗得《旅》，此二卦甚似夫子一生出處。《賁》之《繫》曰：“文明以止，人文也。觀乎天文，以察時變；觀乎人文，以化成天下。”文明以止，則六經之道不可施於當年。他日不曰：文王之文，在於兹乎。後死者，得與於斯文乎。人文化成，其以自道乎。山下之火，其亦異乎天上之火矣。其初曰：“賁其趾，舍車而徒”，是周流道路象也。五曰：“賁於丘園，束帛戔戔”，是諸侯之聘象也。戔戔者，不可以大有爲也。終曰：“白賁，无咎。”賁而白，此之謂素王。太白曰：“仲尼旅人，文王明夷，苟非其時，聖賢低眉。”“天將以夫子爲木鐸”，此之謂也。文王内文明而外柔順，卽風行二南，而文王之文亦不盡暴於天下。故“黄裳元吉”之爻，河汾諸弟子采之以謚文中子，曰：“吾師其至人乎，仲尼以來未之聞也。”亦《賁》之義也。

廣彤弓彤矢，教太原縣等八學諸生

《書》試目爲：“用賚爾秬鬯一卣，彤弓一，彤矢百，盧弓一，盧矢百，馬四匹。”爰廣其義而教諸生。

《詩》曰：“彤弓弨兮，受言藏之。我有嘉賓，中心貺之。鐘鼓既設，一朝饗之。”周之衰，尚能錫命於方伯，曰：“彤弓一，彤矢百，盧弓一，盧矢百。”是時也，周尚可以爲政於天下，而自委棄之於東遷。邵子謂《書》終於晉文侯者，道東遷之時也。《費誓》則周初，故稱終於《文侯之命》。其在《詩》，則在王、鄭間。王、鄭之相繼，《雅》降而《風》，而鄭之桓、武相繼爲周司徒，故以鄭繼王也。《春秋》始於平王之四十九，正此時。而周、鄭之交質而交惡，鄭伯至射王中肩。鈞，同姓之國也，其不如晉之尊王遠矣。晉之霸，實肇於文侯，文侯特以方伯翼周室，而其後遂有晉文公踐土河陽之朝王所，不可謂非先人之風尚在。終春秋之世，晉遂爲世霸，而鄭終貳於楚，晉、楚至以争鄭爲喫緊。子孫之必肖其始作者亦信，而秦穆之悔過一誓見伐於晉而不報，又跨晉一籌矣。秦之先，實亦有功於王，曰："王于興師，修我戈矛。"而此誓，其亦有不嗜殺人之義，與宜其子孫有王者也。著之於《書》末，所謂其或繼周者，雖百世可知者乎，可謂聖人之偶合耶。

廣敷時繹思，教太原縣等八學諸生

《詩》試目爲："敷時繹思。"爰廣其義而教諸生。

昔者，武王之伐紂，曰："予克受，非予武，維朕文考無罪。"未及下車，而封黄帝之後於薊，封帝堯之後於祝，封帝舜之後於陳。下車，而封夏后氏之後於杞，投殷之後於宋，將帥之士使爲諸侯。其大封功臣則曰："此文王功德之在人，可繹思者也，而我敷之耳。"武王之不敢自以爲功者，孝思維則者也。而又使之繹思，是以忠教楚之熊繹，辟在荆山，篳路籃縷，以處草莽，惟是桃弧棘矢以禦王事，亦得稱子而有五十里。後裔首稱王，繹思之義遂斬，而吴、越亦從之而僭。此三國者，東南之雄者也。而齊桓獨鞭笞之首，責包茅之貢，故北方之大國，尚知尊王之義。《春秋》所以作而獨惡楚也。"晉"、"楚"兩字，實一部《春秋》之衡。《詩》曰："戎狄是膺，荆舒是懲。"《孟子》曰："周公方且膺之，魯人至儕荆舒於戎狄。"嗟乎！君臣之義絶，則亦夷狄而已矣。

廣正月閏月，教太原縣等八學諸生

《春秋》試目爲："春，王正月隱公元年，閏月不告月文公六年。"爰廣其義而教諸生。

《春秋》之文謹嚴，而拈試目者嫌於復，於是有合比之例，蓋卽其傳中自有之。如僖文之雨，歷書總書以定其閔不閔者之類，當爲合目也。而今試者以意合，或三比、四比，蓋以我穿鑿以合經，而非書法之本意。然言之成理而無害於經，亦未嘗不可以翼經也。如隱公元年之"春王正月"，合文公六年之

“閏月不告月”，近時義皆以時言，而合之夏時月朔爲兩大法，亦奚不可。諸生以請余，余亦姑以此命之。然不如上下總以尊王爲主，亦義之大者。春正月，王之正月也，則閏月亦王之閏月也。春，始時；正，始月。而王者法天之始，以爲天下先，則朔之始日，亦人君之當日就月將者。此卽時令之政，而君臣之禮寓焉者也。

廣文章、廉隅，教太原縣等八學諸生

《禮記》試目爲：“近文章砥厲廉隅。”爰廣其義而教諸生。

聖賢所最貴者惟“文”之一字，稱堯則曰“文思”，稱舜則曰“文明”，而帝嚳之號曰“文祖”。益之贊堯曰“乃武乃文”者，始爲對待之言。然自聖而神，則文之優於武，亦卓矣。至禹，則不過曰“文命敷于四海”云爾。苗民之逆命而弗格，“帝乃誕敷文德”。則文之優於武，又卓矣。臯陶陳九德而不及文，文、德不可以分言，蓋德之總括也。其後，《夏》《商》二書，絶無一“文”字，卽《周書》絶無一字及“武”。王則湯武之不足與乎，此又卓矣。獨文王直號之曰“文”，而《國語》亦稱周公爲“周文公”，文不亦貴乎！《秦誓》稱“文考”，《詩》亦稱“文母”，則夫婦之二聖，信爲合德也。惟《武成》篇稱“偃武修文”，蓋曰：修文王之舊德云爾，亦未嘗以文德予之也。《洛誥》有“元祀咸秩無文”一語，蓋曰祀典無紀載之文者，咸秩序而祭之耳，於文德無涉也。又曰“單文祖德”，則又以文王爲文祖矣，故立政稱文子文孫。而《詩》獨於后稷稱“思文”，於文王曰“允文”，《大雅》直稱文王曰“文人”。自後，周人以“文”爲嘉美而著之謚，則其文亦有差等，而未必能爲德之總括之名矣。晉文侯亦謚“文”。平王曰：“追孝於前文人。”《傳》以爲唐叔，予以爲卽江漢之所謂文王乎。江漢之所謂矢其文德者，卽偃武修文之義，以上法於虞之干羽之舞乎。《魯頌》稱“允文允武”，《小雅》稱“文武吉甫”，則兼法二祖義耳。《雅》獨於文考聘文母則曰“文定厥祥”，他不輕道。而十五《國風》無“文”字，惟《秦風》有“文茵”二字。“文茵”者，《易》之炳虎蔚豹之文也。其尚有周之舊與，宜後之祖文章者，稱先秦孔子贊《易》，於《乾》則贊九二“見龍在田”之文，稱明焉，於《坤》則贊六五“黄裳元吉”之文，稱中焉。《小畜》曰“懿文德”，《同人》曰“文明以健”，《賁》則曰“文明以止”，又曰“觀乎天文以察時變，觀乎人文以化成天下”，則化天下之人者，獨在文。《革》則曰“大人虎變，其文炳”，“君子豹變，其文蔚”又繼之以小人之革面，惟君子爲能具虎豹之文。虎豹而不文，則革之鞟而已矣，小人焉而已矣，烏能睹其文變也？至其贊《乾》《坤》之辭，則曰《文言》，非人文不足以贊天地之文也。天文之文，昭而易見，地理之文，含而難知，故八卦之象，又獨以文繫之《坤》。即夫子之自道其得統於文王者，亦曰得與於斯文而文在。然自昔言文不言章，言章不言文，文與章各自爲兩色，交錯之象也。青得赤而爲文，白得赤而爲章。文，蓋日麗天之象也，故主總括之德焉。章，蓋日會月之象也，故主禮、樂、詩、書之則焉。而吳澄氏以文爲東南之巽，以章爲西南之坤。《詩》曰：“倬彼雲漢，爲章于天”，又曰：“追琢其章”。《易》於《坤》之三曰：“含章可貞。”於《姤》之四曰：“以杞包瓜，含章。”於《豐》之五曰：“來章有慶譽。”而《裳裳》之詩亦云：“維其有章矣，是以有慶矣。”《大傳》曰：“《易》六位而成章。”《都人士》云：“出言有章。”而虞廷之《衣裳》十二章，則見《傳》而不見《經》。至孔子始合之以贊堯曰“焕乎其有文章”，子貢贊聖人亦曰“夫子之文章”，則堯與孔子始可謂之文章。故堯之樂曰“大章”，若曰文章之大者也。《家語》之《儒行解》但曰“慎靜尚寬，砥厲廉隅，强毅以與人，博學以知服”，未嘗言文章也，而文章在。《戴記》之《儒行》，蓋推聖人之言而演之曰：“慎靜而尚寬，强毅以與人，博學以知服，近文章。”砥厲廉隅，善發聖人之蘊義也。而其喫緊在“近”字，訓詁家不知“近”字，曰姑近之而勿過文，過則文掩質。迂哉！“近”之爲言，蓋就之之辭也，日就月將以近之也。昔者，孔子於子路則嘗和之以文曰：“强乎武哉，文不勝其質。”其問成人則曰：“文之以禮樂。”然而夫子嘗野之喭之矣。觀其率爾一對，終未能和之以文也。然視其冠雄雞，佩豭豚，凌暴孔子，而設禮容以誘之之初，其近文章爲何如。故子華玄端章甫之禮樂，則又近矣。曾皙之舍瑟，鏗爾於春風裏，則又近之矣。顔淵之非禮勿視、聽、言、動，則又近矣。至聖人而喜怒哀樂無不節，仕止久速無不時，意必固我之四絶，可不可之兩無，而始可謂夫子之文章。行無轍迹者，德之文乎，文者也。《詩》曰：“抑抑威儀，維德之隅。”則士之廉隅，見之於威儀。蹈乎《禮》之謂廉隅、威儀者，士之文章也。近文章者，乃所以砥厲其德也。不然，無詩書禮樂以繩之，久之坎軻於風塵之陋，何廉隅之不模稜，失其觚者亦多矣。坤之德直方大而聖人賛之以文，賛之以章。不文不章，而曰“我有廉隅在是行”，行之氣節也，血氣之廉隅，非吾道之廉隅也。聖人曰：“君子不重則不威。”《詩》曰：“既見君子，樂且有儀。”大哉！聖人之威儀乎，爲溫、良、恭、儉、讓之五德。爲溫而厲、威而不猛、恭而安之三變，所謂從容中道，聖人也，動容周旋中禮者，聖德之至也。朱子云“威儀文辭之謂文章”，即威儀文辭而見聖人之性道，然後知聖人之德之文者，即湯武夷惠之所不可幾得，不日就月將以近之耶。若有廉隅而實無廉隅者，聖人之文章也。

廣賈山《至言》，教太原縣等八學諸生

論試目爲：“賈山《至言》。”爰廣其義而教諸生。是日，涖文明之堂無事事，因紬其所拈試爲之說，蓋十有四章。

賈山之戒文帝，其大略在賢才之在廷者，不當與之擊免伐狐，馳逐射獵。夫賢才不侍《詩》《書》之進講而與之狎，良不可。然予以爲天子之與人臣必親之如密友，而後不憚於進規。桓譚爲光武鼓琴，而宋弘至擬之鄭聲，亦過矣。孔門曾晳不鼓瑟春風之座端乎？程伊川折柳必戒而天子改容，望其精神之與臣下成一片安可得？又安怪其入而惟宦官、宮妾之是昵耶？古之人主有一佳詩行，宮掖即傳誦之。今高居簡出，即天下之文人、才子，豈知其姓名。而何有於一詩，則“日暮漢宮傳蠟燭，清烟散入五侯家”與此韓翃者，安得不爲盛事耶？《小雅·鹿鳴》之宴群臣，何嘗不與之宴樂，因而有周行之示。秦以後則君子不可見，止爲寺人之令，而僅與公之媚子從狩遊於北園而已。此即望栢梁、免苑之風不可追，而經筵一御，杳不交一語，何望進德？莊定山請罷宮詞，雅則雅矣，然古人歌《鹿鳴》之義寥，如儒者之知《禮》而不知《詩》，蓋如此。

河汾教卷二

廣新命，教潞安府九學諸生

其月十四日，潞安、汾州、沁州、澤州二十六學之以貢試至者，盂縣、靜樂、平定、忻州、遼州、和順、榆社七學之以科試至者，蓋六百人，合試之。試潞安、長治、長子、屯留、襄垣、潞城、黎城、壺關、平順九學之目，爲"《詩》曰：'周雖舊邦，其命維新'"。既甲乙其藝而廣教言。

"祈天永命"見於周、召之口，"樂天知命"見於孔、孟之口。使周、召而談安命，則不幾委政事於投暇乎，而又何以作成王之不敢康也。故《傳》有"敬之"諸頌，《書》有《無逸》諸篇，皆"祈天永命"之說，而《詩》《書》之編，語語道天人之際。至孔、孟則不然，曰："不義而富且貴，於我如浮雲"，"道之將行也與，命也"，"一簞食，一瓢飲，在陋巷，回也不改其樂"。孟子亦曰："天未欲平治天下也。"使孔、孟而談造命，則嫌於匹夫而邀富貴，以人力立功業者也，又豈畎畝傲王公之體與？然其理未嘗不一焉者，"樂天知命"乃所以"祈天永命"也。聖人"遯世不見知而不悔"，"回也不改其樂"。孟子無不豫者，知在我有常勝之天也，故曰："知我其天"，又曰："仰不愧於天"，"王天下不與存焉"，"修身以俟之立命也"，"窮居不損焉，分定故也"。常勝之天何在？曰萬世之下無弗尊孔、孟者，是謂萬世之帝王，其子孫則亦世公，且博士矣。而孔、孟之精神，後天而老者又安有盡時，即周、召、文、武何加焉。《詩》曰："文王在上，於昭于天。周雖舊邦，其命維新。有周不顯，帝命不時。文王陟降，在帝左右。"知文王之所以爲文，則知孔子之於與斯文者也。至於今而堯舜、文王、周公、孔子之光景，何嘗一日不新？故自帝王以至於士庶，無憂福祿之不厚，惟懼其不足以勝之，而天之或我厭也。使我之福祿舊，而天之照臨我之意常新，無使我之福祿方新，而天之照臨我之意已舊。語云："白首如新，傾蓋如故。"正可反借以爲天人間之誡。譬之於賓主之交，又燕，三燕之後，主人未有不倦者也。昔者，邵堯夫之居洛，以春秋間驅小車於天津之上，任意所之士大夫家，卽兒僮無弗歡迎者，至或留五、六日而主人弗倦，非其德容畏鄉人而何以使主之不舊我耶！此亦可以觀天人之際矣。周之天下，雖止於八百年，而文王之"於昭在天"者，帝心未嘗一日不以爲新，賓主之歡日濃，故特發其脉於孟氏與孔氏之後，並垂之於不可繹思之天地。大聖人牢籠元會之精神，自應如此。漢之四百年後，以諸葛武侯力振之，而終不可以還高、光之故者，天之舊之已在桓、靈之間矣。

廣東征，教汾州府九學諸生

試汾州、汾陽、平遙、介休、孝義、石樓、臨縣、永寧、寧鄉九學之目爲："有攸不爲臣東征。"既甲乙其藝而廣教言。

文王之時，雖周、召布化，風行二南，然亦未克東行也。其被文王之化者，則雍、豫、梁、荆、揚、徐之六州，而冀則紂都，青、兖其屬也，所謂助紂爲惡者，此三州之諸侯，其不期而會孟津之八百國，皆六州之屬也。武王之定天下，而西封周公於魯，所以化兖州也；封太公於齊，所以化青州也。自周公之封魯，則禮、樂之運已東行，而孔子之生已兆於此矣。武庚既叛，而遷殷民於洛，周公自監之，封康叔於衛，所以化冀州也。國風二南之後，卽繼之以《邶》《鄘》《衛》。《邶》《鄘》，皆衛詩也，著殷之化而爲周乎。《大武》之樂，所謂分周公左、召公右者也。其又繼之以王者，周之自西而東，昔之所以遷殷民者，今又都之，傷周之不能復祖宗之舊也。繼之以鄭者，鄭武公與晉文侯偕佐周於東遷之時者也。至交惡而與王抗，則王之權益不行於天下，又東遷後之一變也。次之以齊、以魏唐、以秦，齊、晉、秦皆次第而霸者也。五霸之興，關於王事，故《春秋》之筆與《詩》相表裏。

廣治侮，教沁州三學諸生

試沁州、沁源、武鄉之目爲："能治其國家，誰敢侮之？"既甲乙其藝而廣教言。

《詩》三百五篇，孔子皆絃歌之。其所贊以爲知道者二詩耳，非謂他詩不知道，括二詩而大略可概舉矣。《風》則取《鴟鴞》“尚迨天之未陰雨”一語，而信其或敢侮予也。《雅》則取《蒸民》“尚民之秉彝”一語，而信其好是懿德也。周公談治，尹吉甫談性，此可爲誦《詩》之法。周公蚤時則稱王子旦，已而稱叔旦，比封於魯，不云魯公而稱周公，直以周係之公，是周公之一生精力全在周。孔子曰：“吾乃知周公之聖與周之所以王也。”其勤如此，而成王猶不寤。文中子以爲成王終疑，則風遂變矣。非周公，其孰能正之。當其居東時，繫《易》之六爻，則謂之《周易》。其所爲書，《立政》《多方》《無逸》《君奭》諸篇，則謂之《周書》。其所爲詩，《清廟》《思文》《天作》《烈文》諸篇，則謂之《周頌》。其所定禮，大則天、地、春、夏、秋、冬之六官，小則冠、婚、喪、祭、鄉、相見之諸儀，謂之《周禮》。周公雕刻萬物，財成天地之手也。六經大半出其筆，功在萬世，是孔子之所取法，不徒治周之國家，故至今稱制作者必曰周孔。《詩品》曰：“如人倫之有周孔。”阮逸以爲周公聖之治，此之謂也，嗟周公以萬世之精神治成周。觀其營洛一事，所以諄切定殷之頑民者，厥心良亦苦矣。其營洛也，亦豈徒均朝貢之路，特爲此都，以使後世遠夷狄之禍也。而平王之東遷，乃大得其力，然後知聖人之前知其慮之遠也。周公未嘗至魯，禽父則稱魯公，可見周公不有魯，其居東，蓋居東都，非魯也。周公不治魯而魯衰，太公親治齊而齊强，於此見二公之優劣。周公者，官天下之心事，如堯舜者也。周公之謚則謂之“周文公”，以配文王。古之稱文者，“舜受終於文祖”，謂帝嚳也。而直號之“文”者，文王與周公而已。茲所謂經天緯地之文、觀乎人文以化成天下者乎。孔子誦《詩》，聖人之作與士庶、婦女之作等觀之，若不知爲周公作者。讀《豳》詩之《鴟鴞》，則曰能治國家之如此，雖欲侮之，豈可得乎？周自后稷，積行累功，以有爵土。公劉重之以仁，及至大王亶甫，敦以德讓，其樹根置本，備豫遠矣。初，大王都豳，翟人侵之，事之以皮幣，不得免焉。事之以珠玉，不得免焉，於是屬耆老而告之，所欲吾土地，吾聞之君子不以所養而害人，二三子何患乎無君。遂獨與大姜去之，逾梁山，邑于岐山之下。豳人曰：“仁人之君，不可失也。”從之如歸市焉。天之與周，民之去殷久矣，若此而不能天下，未之有也。武庚惡能侮，繹孔子之指，則周公可謂兼舉公劉、太王之精力者也。愚謂“侮”之一字最醒。昔者，隋煬帝據全勝之天下，至單于稽首，曰：“何如漢天子，空上單于臺。”盛無兩矣。而日爲淫荒，鑿海開河，幸江都而不返。其後，身死於從臣之手，無論宫妾爲他人有。而所謂春蘭秀一時之蕭后，非梁明帝出乎？一旦爲宇文化及所擄，從奔聊城。竇建德初佯拜而又據之，其婦至見妬，徙后於他邑，侮孰甚焉！而終爲匈奴所請，流落既久，唐太宗始爲蔡琰之贖。其來又時時侍讌禁中，供文皇之談笑。往在隋宫時所作賦以悼其後者，徒可爲悲惋。此非不治國家之驗與？宋徽宗時，築艮岳以收江南之奇石異卉，自謂太上道君，而以其妃爲九華安妃之仙媛，君臣相狎，使蔡京謁畫真京，至有"鏡中姑射未應真"之句，遂相見。宋方與金爭遼，而一旦金師渡河，帝、后盡入於虜廷矣，流落耻辱之狀，卽道路間不忍聞。其在虜，又奚問？固宋人之所諱而不談，卽金史亦耻而不忍下筆也，而其詳特見於諸小說。李空同曰："我聞宋徽宗，亦善貌此鷹。後來失天子，餓死五國城。"試取金史編年讀之，觀其所書宋事之諸條，書法亦大可耻。此又非不治國家之驗與？隋之侮，下民之侮也。宋之侮於夷狄，孟子所謂大國之侮也。"徹彼桑土，綢繆牖户"。嗟乎！國家之牖户何在？武王於户牖有箴銘，蓋念之矣。

廣知聖，教澤州五學諸生

試澤州、高平、陽城、陵川、沁水之目爲："知譬則巧也，聖譬則力也。"既甲乙其藝而廣教言。

昔有問知、仁、勇於我者，予曰："三德，仁爲主知，知此者也勇，成此者也仁。"卽吾聖人之所志之學也。然非知之知於前，則奚以有此志？又非勇之成於後，則奚以竟此志？伯夷、伊尹、柳下惠之與孔子同者，仁而已，惟其知之不足以盡仁之全，故其勇之限於清和任也。予又嘗借"巧力"二字以爲文章之案，而語意又差異。蓋病近世之以古文辭自命者，往往以小調爲工而病大什，此知巧而不知力者也。譬之於射，試使以竹爲弓，以棘爲矢，而射十步外之門扉，詎不卽中，中則中矣，抑非百步外之射也。我則不然，先務滿其筆力，如懸的於百步之外，而挽强用長以赴之，一時卽未必中，而臂力勁先務爲至，久之熟而中，則爲百步外之射法，可以威天下矣。視兒輩之所稱中，如何也？今爲文者，不先極才鋒之岸，而止務巧調以相加，其就也剪春蟲之股，戡秋蟬之翼而已矣，惡貴乎其蚤成也。予之說，雖若先力而後巧，其所知乎此者，亦以知之事爲之先鞭云爾。

廣譖愬，教盂縣學諸生

盂縣試目爲：“浸潤之譖，膚受之愬，不行焉，可謂遠也已矣。”既甲乙其藝而廣教言。

人有七情，可概之以愛、憎之二者。譖以中我之所憎，愬以恃我之所愛。自來宫妾宦官之固主盜權，與夫壬人媚子之變態，即戰國策士之所以摇七雄，三國謀臣之所説其主，總可概之以“浸潤膚受”之四字。韓非之《説難》，正工爲“浸潤膚受”之術者也。然其情狀，可售之於易喜易怒者之前，而不可以投之喜怒哀樂發而中節者。作惡出之於褊心，是人相之未化也；作好出之於愛根，是我相之未化也。仁者，克己復禮，則不獲其身，不見其人矣，是以能好人，能惡人。《書》曰：“無偏無陂，遵王之義。無有作好，遵王之道。無有作惡，遵王之路。無偏無黨，王道蕩蕩。無黨無偏，王道便便。無反無側，王道正直。”會其有極，歸其有極，君子建胸中之皇極，無好惡之可作，而人安得而誣之。今不務滌一生膠固之老根，而區區於人情之相射，不幾心勞而日拙乎。往予三作令，人告之曰：“須有術以馭百姓，不應也。”夫亦安用術爲？倘我以言餌百姓，一言之不信，百姓即疑我之不誠矣，又何以出令也？即歷定人命大疑獄與大盜，皆不用言餂，惟窮之以情理，彼未有不心折者也，即殺之，而彼亦爲之首肯也。此予所歷試。予生平不知有何術以馭人，惟矢誠之一字，自對妻子以至對天下無騈舌。即推之於一切事變，予以爲皆誠之所收功也。人止知諸葛武侯之多智，而不知皆自其一片爲漢氏真誠不二之心所出耳。《易》曰：“貞，固足以幹事。”其德屬之智誠而明。貞，智之謂也。

廣行與，教静樂縣學諸生

静樂縣試目爲：“吾無行而不與二三子者。”既甲乙其藝而廣教言。

昔者，黄魯直爲僧晦堂反覆談無隱，而彼不謂然。院中木犀花發，晦堂曰：“聞乎？”曰：“聞。”曰：“吾無隱乎爾。”魯直乃服。此其意蓋謂非不肯隱，直不能隱耳。但予意更有進於此者，即再以聞香爲喻。然花自有香不香之别，香則聞，不香則不可聞。如海棠之但以色勝是也。一説也。即花信香，然他香與木犀之香詎無别？又一説也。即木犀之初開與其盛開，香則同矣，而其聞之撲鼻與否無别乎？又一説也。花則香矣，偶有迎風，而㦗者鼻爲室，卽不克全聞矣。又一説也。其又有臭逐而痂嗜者，香羶薰蕕之不辨，而反惡香而喜羶，以羶爲香，以香爲羶，其可聞乎？又一説也。孔子者，盛開之木犀也，深則立斯立，道斯行，綏斯來，動斯和；淺則温、良、恭、儉、讓以得之者也。顔子者，初開之木犀也，發聖人之藴，教萬世無窮，而不能如孔氏之香聞三千里，益遠益清也。伯夷、柳下惠者，他花之香也，百世可使聞風而起，然其可聞者，特清和風耳。一切中賢者，不香之花也，其澤五世而斬焉者也。其香蓋有之數等。然不尚有不才之木，嗅之使人狂酲三日而不止者乎，此又宜有世俗人一等也。以聞論，則隔院而卽聞者，顔子也；入院而遂聞者，曾子也；倚樹而後聞者，子貢也；攀其枝嗅其花兒聞者，子路也；㥄而不全聞者，冉有、宰我也；鼻竅不通者，陳子亢也；臭逐而痂嗜，以木犀爲羶而不伐其木不已者，桓魋輩也。蓋又有之數等。杜詩云“心清聞妙香”，然則妙香信待心清者，故予以爲衆人皆行而無可與，惟孔子之行爲孔子之與。惟孔子之行乃可謂之行，故其行乃可謂之與也。衆人之行，各自行而與人無與，實未嘗行也。孔子之行，非一身之行，並二三子以及天下後世之精神皆在其推行之中矣。至於今而《易》《書》《詩》《春秋》不能不誦法而仰贊者，是孔子未嘗不行，未嘗不與也。卽我輩今日之能行，皆孔子之與，尚屬之孔子之行也，伯夷、伊尹可若是班乎，故予嘗謂有天行，有神行，有人行，有鬼行。鬼行者，世俗人也；人行者，中賢之行也；神行者，風雨驟至，不可方所者，仁人也，伯夷、柳下惠是也；孔子之謂天行。其行也，以天行乎所不得不行，時行則行，身代天事者也。天運於上而爲四時之行，然有孔子代之，而人始知至聖之爲上帝代身矣。孔子者，人之四時也。仕止久速者，時之四也。可以仕止久速，則士則止則久則速而無可無不可者，四時之行也。四時行則百物自生矣。天下後世之一切智、愚、賢、不肖，孔子所生之百物也。故邵子又以《易》《書》《詩》《春秋》爲聖人之四府，以比於生長收藏物之春、夏、秋、冬，殆不誣。

廣容矜，教平定州學諸生

平定州試目爲：“君子尊賢而容衆，嘉善而矜不能。”既甲乙其藝而廣教言。

“尊賢而容衆，嘉善而矜不能”，蓋孔子之言，其後四語則子張之所添足耳。讀者不察，並四語直贊之，豈有何所不容之大賢乎？卽孔子之於陽貨，亦辭之不得，避之不得，而姑與之一語，自後卽不涉。孟子之於王驩，同朝皆與言，孟子獨不與言，反齊滕之路，未嘗與言行事。樂正子一附其後車而謁孟子於齊，則謂之餔啜。泛交之嚴如此，則執業之交可知。如曰何所不容，則孔門三千人，盜跖輩盡可收之其列，爲天下逋逃主乎，亦何異於招集亡命之盜首耶？孔子止曰“容衆”。衆，蓋可以泛愛之衆，卽庸衆人耳，未嘗云何所不容也。亦止曰“矜不能”，未遽爲不賢。不賢之於不能信有辨，不賢則小人矣。泛交尚不可，況與之共學乎。卽以爲大賢無可無不可，而門人小子豈人人大賢耶？下不至於不賢，而上未必卽大賢者，正不能之衆耳。予以爲“交”字、“朋”字、“友”字俱有辨，泛交之“交”不可盡以爲朋友之“交”。所謂其交也，以道則受之者。交也，同業之謂朋，同道之謂友。容衆矜不能者，朋也，友則切磋琢磨恃之矣，故曰友其士之仁者。子游曰“堂堂乎張也，難與並爲仁矣”者，友也。賜也，悅不若己者處；商也，悅賢於己者處。孔子曰：“商也日益，賜也日損。”是子夏之善友，孔子已許之矣。不可則不賢者矣，非不能者也，安得不拒。蓋類才德之相亞者耳，戒之以無友，非盡不收之於朋也。不如己者，卽概以爲不可而拒之，將無隘，讀者止爲持平之論，至並尊賢二語，誤以爲子張之言並譏之，則謬矣。

廣泄沓，教忻州學諸生

忻州試目爲：“《詩》云：‘天之方蹶，無然泄泄。’泄泄，猶沓沓也。”既甲乙其藝而廣教言。

“沓沓”二字重，着眼須會孟子當時方言如何狀。如但曰“沓沓”卽“泄泄”之意，孟子既云“泄泄，猶沓沓”，而朱子卽云“沓沓，卽泄泄”。亦何用解說也？此二字蓋齊、鄒間所斥詈人之大不祥者，如所謂一竅不通、了不曉事、大可憎、大可唾棄、不足齒者也。觀下文所謂：“事君無義，進退無禮，言則非先王之道者。”則其爲乖僻不祥，亦卓矣。《左氏》曰：“天下之人謂之渾敦，謂之窮奇，謂之檮杌，謂之饕餮。”其語義正相似。孟子曰：“泄泄，猶沓沓也。”痛惡之之辭也。諸生僅以“猶”字作解証，漫曰風雅之訓之不殊於道路之口也，寬緩而味索然矣。

廣居養，教遼州學諸生

遼州試目爲："居移氣，養移體。"既甲乙其藝而廣教言。

此章重居不重養，《孟子》本文自明，而朱《註》謂："所居不同，故所養不同，而氣體有異也。"然所謂奉養者爲何事？不逾宫室、車馬、衣服等耳，而《孟子》已明言宫室、車馬、衣服之多與人同矣。所謂養不同者又何事耶？夫王子之宫室、車馬、衣服固非衆庶之可方，然亦不過土木、幣帛等耳，固不甚遠於人也，特所居之位異耳。故此首二句，直當以居爲主。蓋曰居則可以移人之氣，若養不過能移體耳。今夫鄉曲市井之子，其體貌、色澤亦豈能方？貴介之子者，獨其氣之不可以相方。如此，然後於本文不悖。"居天下之廣居"，正對王子之居。更進一頭，見聖賢浩然之氣，非帝王公卿之氣可持衡，非就其養方之，而又增一善。"養"字以配廣居也，善養卽在廣居内矣。

廣不爲，教和順縣學諸生

和順縣試目爲："在彼者，皆我所不爲也。"既甲乙其藝而廣教言。

《註》引揚氏謂孟子以己之長，方人之短，猶有此等氣象，在孔子則無此矣。吾輩將學聖人之精神乎？抑以氣象求聖人耶？程、朱議論，不重精神之透露，專重氣象之渾融。宜其有十五年學"恭而安"不成者，於顏子則許其化，於孟子則譏其迹著，於曾子、子思則譏其偏於弘毅。弘毅而可謂之偏耶？吾不知"仁以爲己任，死而後已"者之如何不得與於中和耶。於濂溪則推其爲先覺開人，於明道則推其爲龍德正中，於伊川則推其爲君子大成，而於邵子之英邁蓋世、駕風鞭霆者則譏之曰："太無禮。"此非以氣象求聖人耶？濁世之富貴，如所謂宫室、食色、車馬、田獵之過侈，大害道，孟子一言而開學者之眼耳，可謂其方人之短耶？此短之諱言，將使學者出見、入見之交戰於胸中耶。卽吾輩行乎富貴之途，而終有不得而富貴我者，我固未嘗富貴於人也。所以者何？正謂其有所不爲者耳。若一一倣他人爲之，又安取於誦法聖人耶？孟子於義利之關抽刀立斬，淋漓作兩截矣，千古痛快之第一手乎。宜其上配孔子而稱孔孟，萬世莫之能易。而孟子當時尚姑舍是於顔、閔矣，又安可以輕議其所造耶？至今配食稱"亞聖"，予竊不然。此特采宋儒"孟子大賢，亞聖之次"之語耳。宋儒蓋賢之，而尚謂其次亞聖，今顔、曾、思稱復、稱宗、稱述矣。予以爲孟子之力量尚在三聖之右，宜稱功聖，韓子所謂功不在禹下者也，何亞之云？宋儒之精神透露者，止一康節，而千載無知之者，往往止短之曰數。康節固嘗比孟子上贊孔子矣，試讀《皇極》之書之大體，豈他儒可方駕耶？

廣莫違，教榆社學諸生[一]

榆社縣試目爲："如其善而莫之違也，不亦善乎？"既甲乙其藝而廣教言。

"予無樂乎爲君，惟其言而莫予違也。"此本喪邦之一言。聖人姑就其語而導之，曰："如其善而莫之違也，不亦善乎？"此善字勿太贊，此非興王之嘉謨，蓋驕主之偶中於事理者也，其偶中之事理，適成其獨行之志耳，語語必點此意諷刺之，乃爲得解，爲文者竟直贊之矣，殊未當。况朝廷之善令，雖自朝廷，行之原不自人主之先，發啄爲謀府，其公論寔出之滿朝與通國，而後執兩端用之者，卽君言之善，亦奚取？於莫違，而姑云倘其善也，亦尚無害耳。聖人，化工之口，所以形容自是者之心。子思曰："君出言自以爲是，而卿大夫莫敢矯其非；卿大夫出言亦自以爲是，而國人莫敢矯其非。"《詩》云："具曰'予聖'，誰知烏之雌雄！"抑亦似衛之君臣乎，諸生以予說退而再訂其所爲文。

【校記】

［一］"榆社"，案卷首總目作"榆社縣"。

廣乾坤父母，教潞安府等三十三學諸生

《易》試目爲："乾，天也，故稱乎父；坤，地也，故稱乎母。"既甲乙其藝而廣教言。

《先天圖》雖未特表乾坤，然玩其象，則六子在乾坤之腹中矣。《後天圖》特表之以父母。蓋文王之立卦，與兩生四、四生八之義又别。文王蓋先以一《乾》卦爲主，《乾》三畫，卽三才之謂也，坤已在其内矣。人道與天道合法乾道，而君了之事畢矣。《坤》者，《乾》之配之變也，效法《乾》者也。《坤》三畫而六之，六之者，其三卽《乾》之三，而《坤》受其氣於腹中者也，已合三才之陰陽、柔剛、仁義而並具之。《乾》之未交於《坤》，已具有孟、仲、少之三氣，是《震》《坎》《艮》已含於《乾》體中，一交於《坤》，則《坤》之中有《乾》與《坤》之氣焉，故六之也。其六之也者，無

論《坤》得《乾》而三男已受氣，然《乾》得《坤》而三女亦授之於《坤》矣，此《坤》之畫三而六其數也者。又六子之象也，故曰："成象之謂乾，效法之謂坤。"其在《易》，則乾坤有父母之象，其在世，則天地有父母之實。乾道成男，坤道成女，則男女之形，若天地分成之。然本乎天者，親上；本乎地者，親下。則形，地之屬；性，天之屬也。性本乎天，故聖人之精神陟乎天；形本乎地，故聖人之功業附乎地。然人以蕩蕩蒼蒼者名天，以山川、丘陵者名地，而不知天之實有上帝以統天，不知地之實有后土以統地。天有紫微焉，天之中也，是謂帝座；地有崑崙焉，地之中也，是謂后宮。《大傳》曰："大哉乾元，萬物資始"，"至哉坤元，萬物資生"。實乾父坤母之嘉號，而可以悟上帝、后土之實矣。周穆王西陟之崑崙，中州之所謂崑崙者也。其所賓之西王母，得奇氣而長年竊王母之號者也。王母者，大母之稱也，猶言衆母之母也。《易》曰："受茲介福，于其王母。"然則衆父之父，非上帝而何？衆母之母，非后土而何？今世俗之口，不知其所以然。若以王母爲上帝之匹者，此真所謂坤元之母與。習聞地中之有崑崙，在西北之腦，又習聞大地之有后土，主地中則浪，以西極之山之奇人而當之儒者，誚世俗之誕以蒼蒼漫漫者，視天地直謂之茫無主。而於《易》所謂"乾稱父、坤稱母"者，特以文字目之耳，此可謂之知天地之化育耶。《易》也者，所以發天地之房，示人以三才之蘊者也。然則衆父之父，則實有天之泰元，衆母之母，則實有地之媼神。不但天子之父天、母地者，不敢一日而不奉天，而吾輩之畏且樂以事天者，果可如先儒之敢於無天、無帝、無鬼神耶？然《西銘》之篇道"仁孝實妙契乾坤之蘊"，正可爲此條註脚。

廣月星風雨，教潞安府等三十三學諸生

《書》試目爲："月之從星，則以風雨。"既甲乙其藝而廣教言。

昔者，孔子既沒，門人以有若似孔子而師之。因請於有子曰："夫子嘗出而命撰雨具，已而果雨。二三子請其故，夫子曰：'《詩》不云乎：月離于畢，俾滂沱矣。'夕蓋月離畢。他日，月又離畢，二三子復請爲雨具。夫子曰：'毋。'已而弗雨，則何故？"有子不能應，弟子曰："有子避之，此非子之座也。"《史記》於此作歇後語，不明暴其解。而楊用修則補之曰："夫子當時云向蓋月離畢之陰，故雨；疇昔蓋月離畢之陽，故不雨。"夫月之從畢

而雨，從箕而風，尚亦有陰陽之異，而應或舛此一條可爲註脚。天之陰陽有定，而地之陰陽無定。地陰陽以山川者也，山南謂之陽，山北謂之陰，水北謂之陽，水南謂之陰。大地之形，山蓋北而水蓋南。水之南則近於蠻山之北，則近於狄矣。水之北，山之南，蓋中國也，是以稱陽焉。所以放馬於華山之陽，蓋謂今雒南諸邑，而謬者以華陰當之。天以北爲陰，以南爲陽，故斗衡於北而日行於南，日月星辰見於南而隱於北。昴，胡星也，在北，而稱陰；畢，華星也，在南，而稱陽。人之目前全見，側半見，後全不見者，法天之陰陽也。故佛氏謂："目止八百，功德不克一千二百。"聖人曰："艮其背，不獲其身。"以道主靜，視思明；以道用世，則聖功之全矣。而人道又以中國爲陽，北狄爲陰。然太南則爲水之南，而爲蠻，亦不可謂之陽者，人兼天地而處其中也，斯亦《洪範》《皇極》之義也。

廣懲毖，教潞安府等三十三學諸生

《詩》試目爲："予其懲，而毖後患，莫予□蜂。"[一]既甲乙其藝而廣教言。

《雅》之有《小雅》以別體，《風》《雅》既殊調矣，而《雅》體之與《風》近者，則謂之《小雅》。在《小雅》之以小名篇者四焉：旻天疾威則謂之《小旻》，宛彼鳴鳩則謂之《小宛》，弁彼鷽斯則謂之《小弁》，明明上天則謂之《小明》。四詩者，皆《雅》之變者也。《大雅》之正者，則明明在下謂之《大明》，雖以別於小，而此詩之結句亦云："會朝清明"，其以爲周代商之際，天下大明於此乎。其變則有旻天疾威謂之《召旻》，不稱大。旻而稱召，以此詩之末章追懷召公之辟國，因以著戒，蓋云召公與旻天合。若旻天者，獨爲召公之天耳，遂以爲《大雅》之卒而《大明》之詩，實繼《文王》之篇，爲《雅》首篇次，蓋聖人有意焉於其間矣。至《頌》獨於"予其懲，而毖後患"之詩，則謂之《小毖》，蘇氏所謂欲謹之於小者也，其命篇不苟矣。《易》曰："小懲而大戒，小人之福。"君子亦然。天之懲人君也，嘗以小其不知毖也，而大懲之則不可爲矣。然則《小弁》之詩，亦安知不追憾其禍之自小而大，遂不可救也，而爲之戒成王。四詩至此篇始談管蔡、武庚之變，而知憂知懼之情，千載如新矣。是時也，邑姜想已繼武王而殂，不然，倘國母有邑姜之賢，而何至少主見疑於周公耶？漢昭帝十四而知上官桀之詐，以安霍光。

而成王時，召、畢盈庭，乃不能白周公之心，使借感於風雷耶，無乃遜漢昭乎。而周公往時所謂抗世子之法於伯禽，成王有過而撻其子者，猶幸成王之蚤得與於學也，而能爲無咎之悔，故《敬之》之詩則曰："學有緝熙于光明"。《詩》三百篇，止此一"學"字。而《書》有《周官》，爲成王所作者，亦曰："學古人入官"。自唐虞以來不言學，至高宗始言之，而傅說因申言之。自文武以來不言學，而言之者成王，然後知"學"之一字，周公所以教成王，其望之以高宗乎。茲所謂學而知之者耶。至孔氏而學遂爲萬世之綱領。讀《詩》《書》，得不潛思於《商書》《周頌》間耶。

【校記】

［一］"□"，據《詩・周頌・小毖》，此空缺之字當爲"荓"字。

廣稅甲，教潞安府等三十三學諸生

《春秋》試目爲："初稅畝，宣公十有五年二月作丘甲。成公元年"既甲乙其藝而廣教言。

宣公十有五年，初稅畝。左氏曰："非禮也，穀不過藉。"公羊子曰："譏始履畝而稅也。古者什一而藉，多乎什一，大桀、小桀。"穀梁子曰："古者三百步爲里，名曰井田。井田者，九百畝，公田居一。私田稼不善，則非吏；公田稼不善，則非民。初稅畝者，非公之去公田而履畝十取一也。"胡氏曰："書初稅畝者，譏宣公廢助法而用稅也。初者，志變法之始也。其後作丘甲，用田賦至於二，猶不足，則皆宣公啟之。"按此則魯之法周制爲用徹，至宣公始廢之。徹與藉貢皆什一，則宣公之取民，蓋逾什一之外，不止如《穀梁》之所說矣。至哀公則二，吾猶不足，三家分據，而魯日削，非專以敵國、外患之所致也。又四年而爲成公之元年，二月葬宣，三月卽作丘甲。左氏曰："爲齊難，故作丘甲。"胡氏曰："九夫爲井，四井爲邑，四邑爲丘，四丘为甸,甸地方八里，旁加一里爲成。所取於民者，出長轂一乘，此《司馬法》一成之賦也。"周制二十五人爲一甲，三甲七十五人爲一乘之數，蓋四丘爲具一乘也。作丘甲者，卽丘出一甲也，見益兵而數增三之一也。嗟乎！魯不能以禮裁三家，而加稅不能固人心，以獎率之而益兵，其於富國强兵不已疏乎？《春秋》之義尚始，故曰《春秋》有五始，然以元爲大元之爲言始也，仁也。《易》稱乾始，又曰"體仁。"《書》初書作"譏，始也。"不仁之始，《春秋》以爲戒。執古以按今，當其開採，四出稅使繼之，民疲已二十年，而遼陽一役，又計畝而加稅。夫計畝而加税者又有說山谷之邑，窮崖險澗、牛羊之所不牧處皆有稅，請蠲不可，請减不可，請灑、請均又不可，已不堪而爲逃户，户逃而稅不可罷，里甲人包之矣。拖不可追，吏與民之病俱其加之也。又巨邑之膏田等，此其所以不平也。况邑之大小，不在畝之多寡，在地之饒磽。小邑者，畝嘗多而磽，故加稅則巨邑之受病尚淺，而小邑益蹙矣。宜求之諸邊，而徵其軍需於諸邑以解邊，使爲募補，而司馬氏則邑邑派兵，邑邑派兵則家家泣遠出之子，無罪而獲戍，亦非法之平也。卽收其邑之不馴子弟以應募，然市人耳，又不可以戰。天下之大勢重中原，中原者，今之北五省是也，國家都燕，則北省之拱護近而派兵盡出於北。中原之擾則亦司馬氏之種害無孑遺也。

廣后嬪，示潞安府等三十三學諸生[一]

《禮記》試目爲："天子有后，有夫人，有世婦，有嬪，有妻，有妾。"既甲乙其藝而廣教言。

天子一，位一，生三爲三公，又三之爲九卿，又三之爲二十七大夫，又三之爲八十一元士，此之謂外官百二十，而下此則中士之屬矣。后一，位一，生三爲三夫人，又三之爲九嬪，又三之爲二十七世婦，又三之爲八十一御妻，此之謂内官百二十，而下此則妾之屬矣。《周禮》止有六卿，而成王之《周官》則有三公三孤，蔡氏以爲周公之書草創而未行耳。殆不然，三公者，六卿之兼官也。召公自武王時爲太保，而成王顧命時，太保奭領冢宰，畢公領司馬，毛公領司空，豈非三公兼六卿耶？《詩》曰："王命仲山甫，式是百辟，纘戎祖考，王躬是保。"是非以太保兼冢宰耶？而宋羅願之《内宫問》則謂："夫人，諸侯之妃耳，無所謂三夫人。"殊不然。夫諸侯之貴者曰"公"，而天子之下有三公，公侯之妃曰"夫人"，可謂后之下無夫人耶？羅氏據《周禮》折之曰："九嬪實亞后，而夫人不與焉。内宰以陰禮教内宫，以陰禮教九嬪，以婦職之法教九御。《内小臣》：'詔后之禮事，相九嬪之禮事。'皆自后而下輒及九嬪，無所謂夫人。"又引《内司服》："祭祀，其后之衣服及九嬪、世婦，凡命婦，共其衣服。追師掌王后之衣服，爲九嬪及外、内命婦之衣服，則冠服亦無所謂夫人者。"此泥於經文而不知制者也。三公，官不必備，惟其人三公既六卿兼之矣。愚以爲三夫人比三公，亦官不必備，惟其人亦必以九嬪兼之也。羅氏不知内官之有兼官，而遂謂其無，則《禮》之所謂三夫人，豈鑿空杜撰爲此説耶？“九嬪掌婦學之法，以教九御婦德、婦言、婦容、婦功，各帥其屬而以時御敘于王所。”九御者，卽八十一御妻也。一嬪統九御，是以稱九御也。“女御掌御敘于之王燕寢”。凡祭祀贊世婦、女御，蓋卽所謂九御妻者耶。其云“掌御敘於王之燕寢”，身既屬於嬪矣，又何掌是？所謂“有妻有妾”，蓋或一御妻必有妾爲之副與。而他如“女史掌王后之禮職”、“女祝掌王后之内祭祀”，則或在妾之列。以在妾之外又有等，而“典婦功掌婦式之法，以授嬪婦，及内人女功之事齎”。所謂嬪婦者，妃嬪與，二十七世婦耶。世婦則掌女宫之宿戒，詔王后之禮事，帥六宫之人共齍盛。其所謂六宫者，先儒以爲六宫之人，夫人以下分居之六宫，每宫九嬪一人、世婦三人、女御九人，其餘九嬪三人、世婦九人、女御二十七人，蓋天子有六卿於外，后有六宫於内。嬪雖九而嬪之大者六焉，以視六卿，爲六宫之長，其三嬪則在六宫之外矣。蓋虞有九官，周有六官，而《禮》又稱九卿、九嬪，實兼法虞制者也。先儒云九卿，謂六卿及三孤也，并三孤而列之則九，合之則六。如今之都，通大也，都察院次正卿，而通政大理次亞卿，亦倣虞周爲之者。羅氏則曰：“六宫之寢，嬪不在焉。”古者六宫九室，六宫以象王之六寢，王后之所治也。世婦爲后之屬，實分掌之九室，以象卿之九列，九嬪之所居也。女御爲九嬪之屬，實分處焉。《禮》所謂“后立六宫”，又曰“内有九室，九嬪居之；外有九室，九卿朝焉”者也。愚疑既以六宫當六官，六官卽九卿，則六宫不卽九室乎？蓋總括之名，六宫殆九室中之大者與，如九列之有六卿也，舉其大則稱六宫，合其全則稱九室。如今大則稱六部，合則稱大九卿也。其御敘之法，先儒以爲卑者先尊者！女御八十一人，當九夕；世婦二十七人，當三夕；九嬪九人，當一夕；三夫人，當一夕；后，當一夕。凡十五日一遍，蓋以后當望而逾十六，又自后遞降，以至晦也。楊用修非之，以爲豈可一夕九御女乎？是不然。所謂九人當一夕者，夕止一御，其八人遞及之，蓋百三十有五日而始徧耳。然羅氏之説，又别以爲夙夜在公，其貴者也；抱衾與裯，其賤者也。天子之后，夕皆進於王所，以正内治，取於休沐之義，以五日一休，一嬪與其御進，又五日一休，一嬪又與其御進，凡四十有五日而九嬪畢見，凡一時而再見，凡一歲而八見。此其説亦得尊后之體矣。但謂“世婦”，《周禮》不稱御敘，似先世女御之老而無子者爲之，則不可知矣，姑據此以推。愚謂當卽九御之既長者進之爲世婦，遂不復御耳，然不可謂以先世之女御爲内官也。是九御有時而爲房老，而九嬪之貴則終御不替，所謂與后俱至者，其媵娣之貴者也。以防妬，其然乎？

【校記】

［一］“示”，案卷首總目作“教”。

廣聖主賢臣，教潞安府等三十三學諸生

論試目爲：“聖主得賢臣頌。”既甲乙其藝而廣教言。

頌，容也，所以形容盛德者也。然古之人頌必以諷。虞則咎繇有賡載之二歌，以繼喜起之庸作。《商頌》則詠武湯、武丁，曾子獨喜歌之。《周頌》三十一篇，太半出周公手，善頌者繼之文、武、成、康之功德，斤斤如也。其報賽農功謂之《豳頌》，宣王中興，則吉甫作誦：“孔碩肆好，穆如清風。”古之人所貴於文章詠歌者，謂美盛德之形容以示後，嘉前休而勸來茲。而虞則皋陶之詠歌，在夔之搏拊、鳴戛之右。周之所以監二代，則周公之才之美，禮樂文章之郁郁，爲善鳴者之冠，而國體龍光矣。然天既生堯、舜、文、武，則必生稷、契、召、畢，生稷、契、召、畢，則必生皋陶、周公。漢之盛則有枚、馬、淵、雲之善鳴。枚叔嘗諫吳王，端人而有雅鑒，故其《七發》、十九首，皆賦詩之可諷可歌者。相如之《子虛》《上林》，曲終亦奏雅，《大人》一作可謂《大雅》思文王矣，《長門》《諫獵》有《小雅》《國風》之感焉。子雲之《甘泉》《羽獵》《長楊》皆善諷。而王子淵之《洞簫》一頌，宫人皆習之，可謂房中之樂矣。四子講德，天符章而人瑞明，孝宣見其作而命爲《聖主賢臣頌》。中宗之賢幾於周宣矣，而此頌之信，文王以多士寧者，卽《蒸民》《崧高》何啻？雖不敢上方皋、周二聖之手裁，然於吉甫豈遠焉？而其後如孟堅之賦兩都，極都邑之麗觀；平子之詠四愁，托君臣之雅契。唐則韓、柳之筆，幾於兩漢。淮西之平，韓子作頌，柳氏作雅，茲又《江漢》《常武》之再作與？宋卽不中興，而此道亦寥寥矣。試覆讀漢、唐之雅什，詎非虞、周以後之希聲，而世以文士爲無補。嗟乎！使廟堂之上皆閣筆而不能下，卽常日月而閣麒麟，又誰與之藻綴？雅頌豈盛世之細務？況吉甫之才，未嘗不伐玁狁，何必方叔、召虎、韓子勇奪三軍之帥，居然文、武憲萬邦之吉甫矣。然則文中子之續《詩》《書》，當不逾而可，徒以金馬碧雞之使節，短文學夫子之客。

河汾教卷三

廣執其兩端，教榆次縣學諸生

其月十八日，榆次、祁縣、壽陽、代州、繁峙、崞縣六學之士至者蓋六百人，合試之。榆次縣之目爲："執其兩端。"既甲乙其藝而進諸生。

兩者，千萬之總名，數有十、百、千、萬而概之爲兩。故人世之辨，止有善、惡，如《易》之有陰、陽。然善之中亦自有兩，如陽之有太少也，必太陽，然後謂之純。舜之取人善，一刀剖善而爲兩截，較其理之精粗者。如梁王之辨雙璧大小、瑕瑜同，而側睨其厚薄之相半，遂定一千金，一五百也。如寧王之辨雙駿强弱、疾遲同，而俯觀揚塵之微異，遂定一千金，一五百也。分之爲善、惡而兩矣，善之中又分之，則兩而兩矣，非兩儀四象之理與？孔子曰："我叩其兩端而竭焉。"非舜與孔子，孰能觀於兩而盡事物之理。舜之智，卽孔子之智之巧也；舜之執，卽孔子之聖之力也；舜之兩端，卽孔子之仕而止、久而速也。故楊、墨之執一，不善爲兩也；子莫之執中而無權，亦不善爲兩也。朱子曰："萬物到邵子前，便截作四片矣。"善哉！邵子之目無全牛也。邵子之四片，舜之兩端也。邵子之觀物，可謂善學聖人之盡事物之理者也。

廣以善養人，教祁縣諸生[一]

祁縣之目爲："以善養人，然後能服天下。"既甲乙其義而進諸生。

子見夫母之養子與其腹之也，我飲、我食、我勞、我逸、我喜、我怒之過節，則皆可以傷子，母則飲食、勞逸、喜怒之惟時，至於子之所以骨且肉五藏而百絡者，母亦不知也，三百日而居然生子矣。其出入腹之，顧且復之、飲之、食之、逸之、喜之，又非以服子也。而子之啼且笑於其母之懷，母不厭，故子不覺其長且育也。其父之教之也，包之、擊之、誦之、讀之、勤勞之、訶怒之，亦非以服若子也。而子之撻之而不怨，食之而不感，我父我母我子也，何怒且感之有？故其教不肅而成，不勞而就也。文王之於南國也，孔子之於七十子也，直以爲吾子焉而已矣。祝之曰類我，類我，欲其速肖之焉已矣。使文王有服天下之心，則虞、芮必不來質。子路之拔虎尾、舉石盤者，可使之陳、蔡、匡、蒲而不去耶。子貢之一出而存魯、亂齊、亡吴、霸越、强晉，其億且辯者，可使之六年廬，然後去耶。子試觀萬物之並育而不相害於天地，使天知日月星辰之我繫，則日月星辰未有不立墜者也。使地知華岳河海之我載，而我振華岳河海未有不重且洩者也。使天地知萬物之我覆且載，未有不以爲累者也。何哉？一之則萬物者，天地之手足毛髮；二之則萬物者，天地之瘤贅，天地不勝其苦矣。人之足載腹、手載指、首載髮而不重者，一之也。試以一寸之枝付之手，命之半日而不去，則勞不可堪，卽舉大木何加焉？無他，二之也。聖人之仁，其於天下，一之也。所謂以中國爲一人，天下爲一家者也，二之。則腹與手疑，足與腹疑，父厭其子食，而夫病其妻衣矣，能一日行且居耶？

【校記】

［一］“祁縣”，案卷首總目作“祁縣學”。

廣恭寬，教壽陽縣學諸生

壽陽縣之日爲：“恭則不侮，寬則得衆。”既甲乙其藝而進諸生。

《論語》撮帝王之治法，則爲寬、信、敏、公，而不及恭、惠。孔子告子張之心法，則爲“恭、寬、信、敏、惠”，而不及公。二帝三王，安仁者也。故直目之以寬而終之以公，終之以公則其寬、信、敏。聖人之寬、信、敏也，恭、惠不足與於此矣。行五者之仁學，聖人者也。故遂冠之以恭而終之以惠，其寬、信、敏，行仁者之寬、信、敏也。不始之以恭，則欲之攫理而不能寬，不足與乎其公，則惠而已矣。子游曰：“吾友張也，爲難能也，然而未仁。”曾子曰：“堂堂乎張也，難與並爲仁矣。”然子貢道子張之行曰：“不侮鰥寡。”孔子曰：“其不伐，猶可能；其不敝百姓，則仁矣。”孔子以其仁爲大，是子張已能行不侮人之恭矣。其問政，獨以告之以五美，曰：“惠而不費，勞而不怨，欲而不貪，泰而不驕，威而不猛。”抑何詳且大也！泰而不驕者，不侮之恭也；惠而不費者，足以使人之惠也；勞而不怨，其有功之敏耶；

威而不猛，其得衆之寬耶。其求仁而得仁，爲不貪之欲者，民信莫任於此矣。聖人之告子張者，獨異於諸弟子，此豈小人之樊須可望？故子張獨與聞君子尊賢、容衆、嘉善、矜不能之大，此仁者之量也。子張有仁者之量，而曾子弗之許者，仁者之誠弗足也。仁者，克己復禮，而天下歸仁焉者也。誠以踐其量者也，孔子之所大。子張者，仁之量焉已矣。

廣難能，教代州學諸生

代州之目爲："是難能也。"既甲乙其藝而進諸生。

"不知其子，視其父"，蓋言肖也。"孟獻子禫縣而不樂，比御而不入。夫子曰：'獻子加於人一等矣。'"有是父，宜其子之肖之也。良弓之子善箕，良冶之子善裘，孝子信有門乎？愚甲乙此題之義，諸生之最不善爲文者，則滿牘止道不祥字；其稍進者，則滿牘實之以臣與政矣；又進者，則以臣、政重冠之其首如贔屓，然總不肖。其達者則懸空而說，不犯死亡字，止模寫不忍改之情景，愚之所嘉獎也。代諸生之完璧少，而氣凌轢者衮衮矣。愚未暇至三關，未嘗見其武備如何，然以吾之文事衡之，東路則代州之文蕩逸而有氣致，中路則寧武之文氣足以實其肢，西路則偏關之文若不知有肅殺之感者，而反出之以豐潤，然氣亦微遜矣。張平子之《四愁》，於北則曰："我所思兮在鴈門，欲往從之雪紛紛。"諸生之以百牘獻，良不啻美人繡段之贈，愚何以益諸生以代玉案之報耶！

廣今之大夫，教繁峙縣學諸生

繁峙縣之目爲："故曰：今之大夫。"既甲乙其藝而進諸生。

愚令時見上大夫之注考有云："有古人風者，人則誚之矣。"曰此殆不足與有爲者也，其人亦咈然而弗善也。或目之以古君子，人則曰此嘲其拙朴而不慧。有云古貌古心者，上大夫卽據之，以爲應罷却矣。愚嘗嘆曰："何世之惡'古'之一字至此乎！"此其所以爲今之大夫、今之世界也與？而天下之所好者，至群舉而歸之於古銅、古磁、古漆、古玉，而獨於人否。昔者，邵氏謂孔子子三王而孫五霸。今之人至望其孫而不可扳，則爲曾、爲玄、爲仍、爲來、爲晜、爲雲而不可究詰矣。

廣在於王所,教崞縣學諸生

崞縣之目爲:“在於王所者,長幼卑尊皆薛居州也,王誰與爲不善?在王所者,長幼卑尊皆非薛居州也,王誰與爲善?”既甲乙其藝而進諸生。

愚嘗謬爲宫府籌之,莫如裁宦官而減其額,安用一選卽三千人也。司禮者,五品級耳,所謂不使之讀書識字者也,而内書堂之教,不可以已乎?以儒臣而爲奴隸之師,亦可謂負其所學矣,而奈何詞林諸君子不之争且辭也。愚以爲當倣周太宰法,使此輩屬於宗伯氏。司禮之長宜堂參其事,諸郎亦然,然後可以折其鋒。卽尚主者館甥至貴倨矣,不北面司郎耶,矧其家奴乎。其計之也,於天官氏一年一小汰,三年一大汰,而長司禮者必一年一代,雖賢慎不得淹焉。其代之也,則置之南,而其過之不至於汰者,如轉王官之法,置之各王府,則其權必不至於養亂矣。其不屬之於閣者,避内外之密邇,嫌閣臣之内逼也,本兵不得屬者,有兵柄則亦不應統内隸也。至宫妾之等,卽法周之内官百二十而定敘御之法,皆令習《詩》《書》,每進御,卽使以詩書勸,如所謂内講堂者,而其娱君,不過房中之樂。然御門經筵之暇日,則必三時在外廷,日以大臣四人議政事,詞林四人議文學,臺省各四人與之俱以因事引諫。此十六人者日一代,日與此十六人者遊,使君臣之間親如父子友朋,而上下之氣通。人主不畏難於臣下,而亦得以易成其德也。十六人者參而壬人亦不得乘間淆主聽也。至冲少,又宜選公侯子弟之才者四童子使之侍讀講,冲人之情又不至於畏難,此周公所抗世子法於禽父者也。而伊川之説特詳,甚至於游宴亦人主之所不廢,當略倣漢、唐之所以與臣子親者,而勿過爲隔絶,亦不必禁其游宴,正使賢人、君子得借是以親就於其側。《易》曰:“苦節不可,貞。”初九“不出户庭,無咎”。九三“不出門庭,凶”。門庭小閑,户庭大閑乎。《禮》稱“外户而不閉”,是户庭不可出者也。而亦不必使之至路窄無着身處,此亦不苦節而甘節之指也。

廣爲文,教榆次縣等六學諸生

《易》之目爲:“爲文,爲衆,爲柄。”既甲乙其藝而進諸生。

文者,兩色交之名,爻之奇畫不可以稱文,偶畫則兩色交之象也。而卦惟《坤》爲全偶,則文勝矣,故爲文陽一而陰二。故八卦之畫,合之爲三十六,而《乾》特三，《坤》特六，《巽》《離》《兑》之三女皆四，《震》《坎》《艮》之三男皆五。惟《坤》爲數之極也，故爲衆八卦之序，自《乾》一而至《坤》八，則《坤》獨在其後矣。《乾》南上而《坤》北下，《坤》中爲復，是曰天根，故爲柄。邵子曰："掌紋可以觀地。"蓋山川之象也。草木飛走爛熳於目睫之間矣，而人文特附乎地，禮樂文章皆麗焉者，故曰文。萬物者，天覆之，地載之者也。載之者，萬物之所宅也。天羅而爲一冒，地則限之以華夷而爲萬區，故曰衆地，最在萬有之下無弗依之者，故曰柄。其序當以文爲主，文則得衆。《易》曰"學以聚之"，《論語》曰"以文會友"是也。非禮樂文章，我不知其何以使之合而爲一統耳。衆則柄歸之矣。《易》曰："'何以守位？'曰：'人。'"《大學》曰"得衆則得國"、《孟子》曰"得乎丘民而爲天子"是也。柄者，天下之所推而與我，非我得而自操之者也。非先有柄以御衆，有衆則柄始歸於一人矣。秦始皇焚燒聖人之六經，是無文也。坑儒而愚黔首，偶語者棄市，至二世而深居不出，是無衆也。趙高盜權，而望夷宫中鹿爲馬，是無柄也。漢之興，使陸賈奏《新語》而建元，元、成之間，則表章六經，是得第一義也。我朝初定金陵，卽聘劉基、宋濂輩，亦先文之義與。其得衆而有柄，不亦宜乎。而諸生之爲說，往往引《中庸》，惡其文之著以相質，不知凡文皆著，而惟《坤》未嘗著。日月星辰之文，發揚於上者也，故《乾》《巽》《離》之文皆可謂之著。而《坤》之爲山川草木者，皆含藏於大地之中矣，故《坤》之五則黄其裳，裳而黄，正所謂衣錦而尚之以絅者。《詩》曰："緑衣黄裳。"是其文爲中之文，而非外之文。其二曰："含章可貞。"章而謂之含，正闇然而日章之章也。可貞者，守之也，非炫之也。《坤》之象不言文，至傳之廣《易》象者，獨予之非慎獨之君子，其惡可告之以元吉之文耶。

廣正僕，教榆次縣等六學諸生

《書》之目爲："正于群僕侍御之臣。"既甲乙其藝而進諸生。

周穆叫與有爲之君與，其尚有文、武、成、康之遺訓，末乃耄荒而淫於遊，其作《冏命》以命伯冏，則曰："昔在文武……其侍御僕從，罔匪正人，以旦夕承弼厥辟。出入起居，罔有不欽；發號施令，罔有不臧。……今予命汝作大正，正于群僕侍御之臣，懋乃后德，交修不逮。慎簡乃僚，無以巧言令色，便辟側媚，其惟吉士。"又曰："爾無昵于憸人，充耳目之官，迪上以非先王之典。”此其説，蓋大有《立政》“綴衣虎賁，知恤之雅指，肆乃聖人取之”。《周官》：“太僕，掌正王之服位，出入王之大命，掌諸侯之復逆。王眂朝，則前正位而退，入亦如之。建路鼓于大寢之門外而掌其政，以待達窮者与遽令；聞鼓聲，則速逆御僕與御庶子。……王出入，則其左馭而前驅。凡軍旅、田役，贊王鼓；……王燕飲，則相其法；王射，則贊弓矢；王眂燕朝，則正王位，掌擯相。王不眂朝，則辭於三公及孤卿。”按此，則太僕正匪徒如今之顓馬政而已。謂之僕臣者，君出入與俱者也，古者，天子三時在朝，故僕臣大爲近御之官。大馭，掌馭玉路者也。戎右，掌戎車之兵革使者也。齊右，掌祭祀，會同賔客，王乘則持馬，行則陪乘者也。道右，掌前道車者也。戎僕，掌馭戎車者也。齊僕，掌馭金路者也。道僕，掌象路者也。田僕，掌馭田路者也。馭夫，掌馭貳車者也。銜枚氏，掌司囂，禁無囂，禁詘歎嗚，行歌者也。司右，掌群右之政令者也。隸僕，掌五寢之埽除糞洒之事者也。虎賁氏，掌先後王而趨，舍則守王閑，王在國則守王宫，國有大故則守王門者也。旅賁氏，掌執戈盾，夾王車而趨者也。是所謂群僕侍御之臣、耳目之官與，實前後左右王其不可參以便辟側媚之朋居然矣。穆王之荒也，有車轍馬迹於天下，於是西征騖行至陽紆之山，河伯無夷之所都居，是惟河宗氏。河宗伯夭逆天子燕然之山，示天子以春山之珤，天子受命大朝于黄之山，披圖視典，用觀珤器，其珤則玉果、璇珠、燭銀、黄金之膏。蓋天子之珤萬金，諸侯之珤千金，大夫之珤百金，士之珤五十金，庶人之珤十金。天子之馬走千里，勝人猛獸。天子之狗走百里，執虎豹。伯夭曰：“征鳥使翼：烏鳶鸛雞飛八百里。名獸使足：狻猊、野馬走五百里，邛邛距虎走百里，麋走二十里。”此伯夭之致河典也。於是乘渠黄之乘，爲天子先，以極西土。伯夭不能止王之遠游而乃遂之，河伯之職詎如是，其又浮於慱望侯耶。天子命正公郊父受敕憲，以八駿之乘，飲枝湋之中：赤驥、盜驪、白義、逾輪、山子、渠黄、華騮、緑耳，其御造父、三百、耿翛、芍及。天子曰：“於乎！予一人不盈于德而辨於樂,後世亦追數吾過乎。”此即所謂輪臺之悔與，亦横汾秋風之樂極悲來者耶！而《上林賦》實師其意以爲諷，奏雅於曲終耳。是時，從天子而僕者不可盡稽，其可稽者，則初至鄘人。而河宗之子孫鄘栢絮獻豹皮十、良馬二六也，則使井利受之，是謂嬖臣。河宗束帛加璧，則使郛公受之。其至於赤烏之人獻酒千斛，穄麥百載，則使祭父受之，是即謀父。謀父諫犬戎之之征於發軔之初，而不能尼其行，終乃作祁招之傳以止之，亦晚矣。至曹奴之人獻食馬九百，穄米百車，則使逢固受之，是爲大夫。至重䍃氏之所守，則其人𦃃黛獻枝斯、璇瑰、瑤、琅玕、玪瑰、㐬口、玗琪、徵尾。至焚留之山，獻秋麥千車，膜稷三十車，則使栢夭受之，是謂河伯。至于文山，西膜之人獻食馬三百、穄米千車，則使畢矩受之，是蓋畢公之後。焚留之人獻枝斯之石四十，珌佩百雙，琅玕四十，則使造父受之，是謂主御。是其所從遊者與？其御則謂之七萃之士，而高奔戎爲之冠。其初至當水之陽，賜七萃之士。其至平衍之中，大饗正公諸侯王吏七萃之士于平衍之中。至于曠原，則大饗正公諸侯王勒七萃之士于羽琌之上。其渴于沙衍而求飲未至也，七萃之士高奔戎則刺其左驂之頸，取青血以飲天子。其歸而至于葭中，有虎，則七萃之士高奔戎請生捕虎必全之，乃生捕虎而獻之，押之東虞，是爲虎牢。當時右服騂騮而左绿耳，右驂赤薨而左白俄，天子主車，造父爲御，𦿈𦿈爲右。次車之乘，右服渠黃而左逾輪，右驂盜驪而左山子，栢夭主車，参百爲御，奔戎爲右。参百，是卽所謂造父、三百者與。𦿈𦿈者，不知其爲逢固乎？抑卽所命之伯冏也？而古文不可辨。伯冏，蓋終從行，在耿脩、芍及、栢夭、鄒父之列矣。强諫之難，信鮮克有終哉。周衰而秦熾，則公之媚子從公于狩，楚則左州侯、右夏侯輦從，鄢陵君與壽陵君皆所謂媚子，蓋穆之井利之流也。井利，蓋卽與天子博三日之井公與。而《上林賦》則曰："孫叔奉轡，衛公参乘，扈從横行，出乎四校之中。"衛青亦漢武之嬖臣，其邊功，蓋有翼之者也。群僕侍御之不正，歷代皆然。而魯桓公至有彭生之禍，宋華元至有羊斟之辱。孔子之御則樊遲、冉有、子路、子貢，誠慎之矣。

廣天子、朋友，教榆次縣等六學諸生

《詩》之目爲："云不可使，得罪于天子；亦云可使，怨及朋友。"卽甲乙其藝而進諸生。

《采菽》曰"彼交匪紓，天子葵之"，道得君子之難也。《逸詩》曰"翹翹車乘，招我以弓。豈不欲往，畏我友朋"，道得友之難也。《中庸》云："不信乎友，不獲乎上。"蓋欲得君者，則必有人乎其君之側耳。昔者，陽城自隱人召爲諫議大夫，三年而不言，韓子作《諍臣論》以刺之，而城自若。會天子欲罷陸贄，城乃言，遂見罷。城所謂畏朋友之怨以得罪者與。田晝諷鄒浩以直諫，則曰："予近作《墨子》詩耳，'知君既作青雲梯，應悔當年泣染絲。'"志完，遂力諫易后事，貶嶺南。見畫而雪涕，畫曰："使君寒疾，不汗五日死矣，豈徒嶺南可以死人哉！君毋以此舉自滿，士所當爲者，未止此也。"田畫可謂朋友之愛人以德者也。後世之朋友，有士無賢不肖入朝見疑而已。甲朋乙黨，自築一門户，以"天子"二字作藉口之資，而實不顧國體君德者也。含沙修怨，以伸其鋒，朋友乎？漢、唐之衰，以小人而攻君子。宋之衰以君子而攻君子。《桑柔》曰："君子實維，秉心無競。誰生厲階，至今爲梗。"古之君子無競，今之君子有競，至有競而君子無以遠於小人矣。然則得罪于天子者，可尤其君耶？則朋友任之矣。

廣元年獲麟，教榆次縣等六學诸生

《春秋》之目爲："元年，隐公元年春，西狩獲麟。哀公十有四年"既甲乙其藝而進諸生。

《乾》："元亨，利貞。"《坤》："元亨，利牝馬之貞。"而孔子贊乾坤之德，直目之曰乾元、坤元若字之者。若以乾元、坤元爲天地之徽稱，如孟子之直以放勳目堯也。元，仁也，又大也，首也。仁者，德之首，故獨大。大哉乾元，首出庶物者，堯則之矣。惟天爲大，堯與之準，準以仁也。《家語》曰："帝堯者，其仁如天。"内而聖，外而王，惟"元"之一字。是以《春秋》第一字即曰"元"，蓋尊天道以律王道也。而繫之曰"春王正月"，春即元也，配仁而稱始王，承春而統正月。王，惟歲春也者，天之始即王之始也。月，卿士象也，故王得而統之。春天之元德，王之所取則也。王能則天之元，然後可以首天下而稱大。不仁則王道絶，而天人之際不應矣。正月者，又春之始也，蓋冢宰象也，故《春秋》於隱元年之秋七月書："天王使宰咺來歸惠公、仲子之賵。"此開卷之大指，所以著王之不歲、卿之不月也。此一條實備三綱之義。天王使則君臣之體乖矣，賵仲子則夫婦之經拂矣。以仲子而當惠公爲其子者則不父矣，宰咺來則不王而又不宰矣。此所以謂《春秋》之第一義與？明王不作，道在孔子，孔子之道不行而作《春秋》。《春秋》方卒業，而麟忽至，天蓋應之以素王矣。麟，物之至仁者也。麟見獲則孔子之仁不得布於天下，是終不得以王道奉天道也。儒者多言孔子因麟至而作《春秋》，因絶筆於"獲麟"之一句焉者，誣麟不來，聖人不作《春秋》乎？《春秋》之作至哀公間，聖人之筆未絶也，有可紀則筆之，麟獲而遂絶焉者也，天應之也。始之以元，而終之以麟，以王道奉天道者，聖人之心法乎。未可謂始之以王道，而終之以天道也。但胡氏以麟、鳳爲文王、孔子之志動氣而先天，以圖書爲伏羲之氣動志而後天，則迂矣。先天、後天皆至聖之能事，其道皆先天而天弗違，其用皆後天而奉天時，而不繫一麟一鳳之至，以爲聖人重。其在《易》，先天、後天皆乾元之大人，奈何可割一乾德而二之耶。文王夢九齡而知其與武王三也，孔子夢兩楹而知其非明王之宗之也，亦聖人之後天也。伏羲先天之《易》，邵子表其圖，而胡氏反目之爲後天，可乎？可。《春秋》之以王道尊天道者，不可謂非後天而奉天時也。然《春秋》作而亂臣賊子懼，遂握萬世之權，不可謂非先天而天弗違者也。

廣王言如綸，教榆次縣等六學諸生

《禮記》之目爲："王言如綸。"既甲乙其藝而進諸生。

《禮》曰："王言如絲，其出如綸；王言如綸，其出如綍。"小若大，近而遠，蓋言機也。《易》曰："君子居其室，出其言，善則千里之外應之，况其邇者乎？居其室，出其言，不善則千里之外違之，况其邇者乎？言出乎身，加乎民；行發乎邇，見乎遠。言行，君子之樞機。樞機之出，榮辱之主也。言行，君子之所以動天地也，可不慎乎？"夫"鳴鶴在陰，其子和之"，豈惟子鶴鳴于九皋則聲聞于野，聲聞于天矣。而况言之有是非於其間乎，寧止比于鳥鳴耶。《白華》曰："鼓鐘于宫，聲聞于外。"李獻吉曰："黄昏競奏催花宴，天明猶聽打毬聲。"矧其政令之所出郵置八區者耶。舜之命龍則曰："朕堲讒説殄行，震驚朕師。命汝作納言，夙夜出納朕命，惟允！"而《咸有一德》則曰："大哉王言"，"一哉王心"。王心一，則出其言善，而千里之外應之矣。昔者，漢文帝發詔，山東父老曳杖者皆欲少緩須臾之死，以觀德化之成。而陸宣公爲德宗草詔，多罪己之辭，民是以懌。杜詩云："忽聞哀痛詔，又下聖明朝。"誠幸之矣。然至宦官而操君命，則秦、漢、唐之末造，皆中其禍，此輩顧可掌絲綸耶？

廣陰陽十一，教榆次縣等六學諸生

《論》之目爲："陰陽無一無十。"既甲乙其藝而進諸生。

邵子曰："陽無十，故不足於後；陰無一，故不足於首。"夫陽之無十，非謂其止于九耶；陰之無一，非謂其起於二耶。河圖之數：天一地二，天三地四，天五地六，天七地八，天九地十。是謂陰陽之全數。陰陽，蓋環抱而爲一體者也。其氣則一往一來，交相呼吸於其間矣。陽無後，卽以陰爲後；陰無首，卽以陽爲首。陽，君道、父道、夫道也；陰，臣道、子道、婦道也。臣可以自爲首乎？臣而伸其項領，是謂逼主，故地道無成而代有終也。君而可以自爲後乎？君非臣則將下行臣道，不信其臣而國空虛，猜忌之風成於上而孤立無朋矣。故曰："高而無位，貴而無民，賢人在下位而無輔，是以爲亢龍也。"孔子贊《乾》則曰："乃統天，首出庶物。"贊《坤》則曰："乃順承天，牝馬地類，行地無疆。"然《乾》之妙，在乎善用《坤》，故"見群龍無首，吉。"天德之不可爲首者，言其不自多其首，而特用《坤》以爲後也，此其可以首出也，《坤》六之，"龍戰于野，其血玄黄。"則臣疑於君矣。以馬而爲龍，至與陽交戰而不知避也。邵子曰："君行君事，臣行臣事，父行父事，子行子事，夫行夫事，妻行妻事，君子行君子事，小人行小人事，中國行中國事，夷狄行夷狄事，謂之正道。反是者謂之邪道。"至哉！邵子之說乎。豈但君臣、父子、夫妻爲陰陽之正哉。君子之不能無小人，中國之不能無夷狄，自有陰陽以來而已然矣。不必有陽而無陰也，但率其陰陽之正而已矣。賈生曰："冠雖敝，不以苴履，履雖新，不加於枕。"蓋道陽首陰後之定分與。

河汾教卷四

廣一怒安民，教河曲縣學諸生

其月之二十七日，河曲、五臺、岢嵐縣、興縣、保德、寧武、偏頭、老營九學之士至者，蓋六百人，合試之。河曲縣之目爲："今王亦一怒而安天下之民。"既甲乙之，遂廣以教之。

爲此義重"天下"二字，不重"怒"。蓋孟子之指不欲怒，小國怒則不可以事大而不智，大國怒則不可以事小而不仁。畏天者，不敢怒；樂天者，不肯怒。而齊王志在吞小，故稱疾。孟子卽就其勇詰之曰："按劍而裂眥，一夫耳。王如有不可遏之怒乎，則奚不一怒而安天下之民？"正直誚其不武耳。如後世愎諫之朝，憑雷霆之威以摧挫，議士則仰而請之曰："君如怒乎,奚不北擊抗命之胡，南擊不賓之蠻？而乃區區壓泰山於庭階間耶！"秦始皇嘗謂天子之怒，伏尸數萬，血流千里，此正所謂匹夫之雄耳。唐玄宗入武廟而撤白起之座，曰:"坑降卒四十萬,不武之甚。"幾於知言。然孟子形容文王之神武在一"怒"字，形容武王之神武在一"耻"字。豈徒王者有神武，則士亦有之。大鵬之氣在一怒：怒而飛則翼若垂天之雲，羊角九萬里，而剛風勁氣皆在其羽毛下矣。鳥何所怒？怒與群鳥伍，不負青天而不止。士之怒，亦怒與鄉人伍，不登道岸平揖聖人而不止。君子之戰，勝於吾心，理欲之關，不啻如王者之我陵、我阿、我泉、我池於遏密全阮之兵。故曰：以肝怒者，其色青；以肺怒者，其色白；以腎怒者，其色黝；以脾怒者，其色黄；以心怒者，其色赤。荆軻獨以神怒者也："風蕭蕭兮易水寒，壯士一去兮不復還。"一去而不復還，然後可謂之壯士。士之學聖人，亦一去而不復還者耶！神怒者，非志仁之士而誰望耶？然必有所耻，乃能怒。伊尹耻其君不爲堯、舜。孔子論士，先之以行己有耻。程子曰："吾以忘生狥慾爲深耻。"聖學皆從耻入。孟子曰："不耻不若人，何若人有？”舜爲法於天下，可傳於後世，我猶未免爲鄉人也，此恥之之辭也。今士子不耻其不聖賢，而區區以訟逮鄉人而逮之獄以自豪也，其怒僅至此，亦可笑也。昔人之窮者，嘗引錐刺其骨，誠耻之也，誠怒之也，士其以此意鞭其力於聖人之學。嗟！嗟！越王不嘗式怒鼃乎，以避其銃也，矧士君子之神怒耶。士誠神怒於聖賢之林，真將風雲爲爲之中遏，[一]鬼神爲之讓座，而千古以上之聖人，且虛左席以待之矣。

【校記】

[一]“爲爲”，據上下文意，似衍一“爲”字。

廣行遠登高，教五臺縣學諸生

五臺縣之目爲：“君子之道，辟如行遠必自邇，辟如登高必自卑。”既甲乙之，遂廣以教之。

語云：“天道遠，人道邇。”又曰：“天處高而聽卑。”是可以定遠邇、高卑之定名矣。人之學期於達天者也，然舍人倫，别無達天之第一步，故曰：“聖人，人倫之至也。”而佛氏欲逃之人倫之外，别爲出世之術。邵子曰“先能了盡世間事，然後方言出世間”者，蓋出世間之術，卽盡於世間事也。子思子曰：“君子之道，造端乎夫婦，及其至也，察乎天地。”而此章論孝友，亦先道妻子。若懼人以妻子之私奪孝友之本心者，然則夫婦之於五倫百行，猶甘草之於藥餌也。豈但父子、兄弟間爲喫緊耶？在朝在野，惟此君臣、父子、兄弟、朋友之四倫，而夫婦之一倫卽寓於四倫中矣。故言君而后在，言父而母在，言兄而嫂在，言師而姆在，未有不夫婦之君臣、父子、兄弟、朋友也。人類之始，實惟夫婦，故舉世皆一夫一婦之子孫，父母卽夫婦也。有夫婦則有父子，有父子則有兄弟，合衆父子、兄弟則有朋友，朋友之推而尊一人如父子者，則君臣亦具矣。故能爲師卽能爲長，能爲長卽能爲君，君臣之倫實自朋友出也。君子之心，惟不固膠於夫婦之私愛，是以能散其心爲天地間之公愛，故曰造端。佛氏之徒，先逃夫婦，繼逃父子、兄弟、君臣，而卒不能逃朋友之倫。爲祖父之子孫，而不肯爲子孫之祖父，止欲其平等而爲朋友，不欲其等次而爲君臣。天地之道，以生生爲大。夫婦者，生生之道也，人類之所出，仁之至也。而欲舉人類而空之，亦惑矣。堯、舜，君臣之至，然其道在孝弟。至堯之得舜，實以夫婦之善處觀之。乾天而稱父，坤地而稱母，人孰知天地之實爲父母者乎，天父地母之夫婦於六合之外者乎？觀六子之各三索而男女也，則風、雷、山、澤、日、月之實際，亦必有夫婦於其間矣。

廣藏身不恕，教岢嵐州學諸生

岢嵐州之目爲："所藏乎身不恕。"既甲乙之，遂廣以教之。

自天子以至於庶人，未有不以藏身爲貴者也。人與人，恩怨之所交也。恩人者，人亦恩之；怨人者，人亦怨之。豈無有藏其身於曲室邃閣，而爲怨家之所屠者乎？亦豈無坦腹枕石於市井之間，而鼾鼻無恙者耶？則藏固有道與。桀之藏其身也，太行在其南，孟門在其北；紂之藏其身也，大河以爲限，鹿臺以爲棲，亦何異暴之於周行之道？莊子曰："藏山於澤，可謂固矣，夜半有力者負之而走。"夫有力者，孰如造化之善轉移者耶。"高岸爲谷，深谷爲陵"，天地信有力矣。一切之所稱善藏者，有重於山、深於澤者乎？天之力付之於丘民，丘民者，善發人主之房者也。故聖人之藏身也，藏之於"恕"之一念，非九重萬雉之謂也，此所謂納須彌於芥子者也。而桀、紂者，方野處露宿而不知懼，亦可憐矣。以殺戮威天下而使之不敢犯，以財貨結私人而使之爲我守，豈不欲藏其身哉？凡所以藏其身者，皆出之於不恕。雉之藏也，以首而不救其尾，似之矣。

廣過化存神，教嵐縣學諸生

嵐縣之目爲："夫君子所過者化，所存者神，上下與天地同流。"既甲乙之，遂廣以教之。

"神"、"化"二字，至孔子之贊《易》始備。其合言之則曰："窮神知化，德之盛也。"而張横渠則曰："推行有漸爲化，合一不測爲神。"又曰："一故神，兩故化。"一兩之義，抉神化之解矣。凡兩之則化，故曰："金火相守而流，木火相守而然。"其流且然者，化也。其所以流且然者，神也，如夫婦之生生兩之而化也。然有神於其間者一也，父子、君臣皆兩也。父子之化於仁，君臣之化於義，則神之一也。故專言化，則兩地之義，兼言神，則參天之義也。地爲體，則稱兩焉，體必偶而後成，凡兩之對待者，皆地之道也。天爲用，則稱參焉，有一於其兩之中，故謂之參也，凡一之參於其兩中者，皆天之道也。人兼法天地者也，故天地謂之兩，有人之一焉，參之矣。三才之間，則天地兩而化人其一而神者也，人與人交則兩之矣。地之體具矣，然天之用行乎其間，非神惡乎化。卽天之有陰陽，地之有剛柔，人之有仁義。然有陰陽不測之神，則剛柔可知矣。故曰："神也者，妙萬物而爲言者也。"仁者見之謂之仁，知者見之謂之知，截然而不能兩，則各據其一，而動靜判如山川矣，伯夷、柳下惠是也。聖人聰明睿智之全，足以有容，足以有敬，足以有執，足以有別者也。聖人者，兩之者也，能一之乎？其兩而參者也，故曰："所過者化，則所存者神，而上下與天地同流。"孔子者，至於今而未嘗一日不化，不啻其過之也，卽未嘗一日而不神，有不可朽者也。天之氣上流而爲高明，地之氣下流而爲慱厚，天地未嘗一日不流，是未嘗一日而不化且神也。天之氣嘗下降於地，地之氣嘗上騰於天，天地未嘗一日不同流，是未嘗一日而不化且神也。聖人者，其精神與之同流，於上下流正參與。配之實際，與天俱上、與地俱下之謂流，自天而地、自地而天之謂流，非聖人之成位乎其中，則天地且兩而不能一，惡乎其神而化，非聖人則生之之脉絶，而天崩地墜之患無日矣。奚以明其然也？有室於此矣，無以處之，則壁日以損，而墁日以剝矣。穴處者，一土室而可支數百年，人之生氣存乎其間也。流亡者，去之數年而其巔遂陷，蓋無生氣以固之也。聖人之精神，天地之生氣也，承天之八柱，擊地之五索，其一切生生之衆。聖人之精神，所胎孕吹噓於萬古之天地者也。譬之於人身然，地其精乎，天其氣乎，聖人其神乎。神運則氣運，氣運則精運，故萬物之形本地、氣本天，而聖人之爲天地立心者，天地之神運處也。

廣事君，教興縣學諸生

興縣之目爲："有事君人者，事是君。"旣甲乙之，遂廣而進諸生。

昔秦之圍邯鄲，而救趙之魏將辛垣衍至以爲六國之事秦，猶僕之數十人而從一人者，誠畏之。魯連則責而歸之。彼其意，盖以帝秦爲當然矣。愚以爲人臣之事一帝，亦豈可遽方之於僕。盖天子自有家奴，宦官是也。君臣，義合者也。尊則父子，道則朋友，兼朋友、父子之二倫而爲君臣者也。假如人臣辭吐愛君之者曰："吾輩爲人主役，官守如僕之家督於主人翁也，不可以負若翁也。"此其意則善矣。然出宦官之口乃可耳，非君臣之正也。君之於臣，可殺之而不可辱之者也。辱之者，徒以勢，非義也。豈君臣宜有此一格耶？故孟子於容悅以事君者不謂之臣，但目之曰"事君人"。若曰此特爲天子樹一奴僕耳，增一僕役之人，以補黑衣之數耳，安可謂之臣？有是君則有是臣，如是之君必收如是之臣，所謂"夔憐蚿，蚿憐虵"者與。然小人之心則曰："是君也，不過尋常主耳。彼豈能爲堯舜乎，乃欲我爲皋、夔、稷、契耶？此等庸主，世界是我輩光陰，肥家保妻子而已矣。"愚之截句於此，正欲模寫小人之腹也。是君也，何不幸而遇此臣！倘得賢臣爲之翼，則亦豈遽止於是？昔者，宋徽宗常越垣，使王黼肩承之。徽宗曰："司馬光竦上肩。"黼曰："神宗皇帝伸下足。"嗟乎！此所謂"有事君人者，事是君"者也。

廣不屑，教保德州學諸生

保德州之目爲："欲得不屑不潔之士而與之。"既甲乙之，遂廣以教之。

太史公贊屈原則曰："其志潔，故其稱物芳。"《離騷》一篇，可想其芳潔之五情，殆類乎獧者也。李太白云："大雅久不作，吾衰竟誰陳。"又云："我志在刪述，重暉映千春。希聖如有立，絶筆於獲麟。"殆近乎狂者也。孟子以琴張、曾晳、牧皮爲孔子之所謂狂者，而《檀弓》則云："季武之喪也，曾晳倚其門而歌。"此誣前賢者也。按昭公七年冬十有一月癸未，季孫宿卒，卽武子也。而孔子之生則在襄公之二十二年庚戌十一月，襄公盖三十一年，則昭公之七年，是時孔子年特十有七耳。孔子弟子惟顏路少孔子六歲，子路少九歲，是時則顏路十一歲，子路八歲。曾晳不知其齒如何，然曾子少孔子四十六歲，是孔子四十七時生也。倘晳之二十而生子，則少孔子二十六矣；三十而生子，則少孔子十有六矣。孔門言志以序，則點當在由求之間，求少孔子二十九歲，又安知點之卽與由年相若也。則季武子卒，點盖或未生，卽與由年相若乎，亦特六七歲耳。卽倚門而歌，未可責孺子以禮，而可謂孔子之所尚其進取者，卽在此六七歲孺子之謠且歌者耶？是狂之說，不在放於禮之外，亦明矣。狂者有必爲聖人之志，不肯爲賢人而行不掩焉者也。下顏子一等，則其最高者莊子，見孔子、簡子、桑伯子，卽曰子桑、户子、琴張臨喪而歌，此道家之誤傳以侮聖人之徒者與！

廣登山小魯，教寧武所學諸生

寧武所之目爲："孔子登東山而小魯。"既甲乙之，遂廣以教之。

孔子，生知者也，從來卽登泰山之巔矣，非以漸陟者，又安得一足復登東山耶？然邵子之自道則曰："寫字吟詩爲潤色，通經達道是鎡基。經綸亦可爲餘事，性命方能盡所爲。"是知聖人誠有精以治己，粗以治天下者。夫子之文章，其所登之東山與！夫子之言性與天道，其所登之泰山與！故曰："大德敦化，小德川流。"賢者識其大者，不賢者識其小者，就其所登之東山，則已足以小魯矣。凡諸子百家、九流、六藝之士，其概之以魯耶。至其所登之泰山，則直難乎其爲天下而"青未了"于八區也。堯舜百王、伯夷、伊尹之群聖，盡可概之於天下中矣。然今之爲訓詁者，則曰孔子在魯則爲魯之東山，在天下則爲天下之泰山。說亦未嘗不員正。如冠藝國之才子，試於其里而冠，曰里之第一人矣，未也，在里則冠里；其試於其鄉而又冠，曰鄉之第一人矣，未也，在鄉則冠鄉；其試於天下而又冠之，曰天下之第一人矣，曰茲固冠天下之才也。故聖人生於魯則爲魯之東山，其於天下則爲天下之泰山，七十子不得方其江漢秋陽之光，伯夷、伊尹、柳下惠不得探其時中之蘊，百王莫之京，卽堯舜莫之匹也。曰未也，前乎孔子，固莫有盛焉者，卽後有作者，亦莫有盛焉者。其功業之在地，萬古之人世固莫之抗焉者。其精神之在天，卽萬古之天班亦莫之代焉者。所謂天上天下，惟其獨尊者，則孔氏當之矣。然愚嘗過魯、鄒之間，登泰山者一，登嶧山者再。嶧山者，東山也。泰山南面而垂旒，魯之後屏也。東山當其巽之隅，實維鄒鎮，非泰山莫生孔子，非東山莫生孟子。自有兩山以來，則天地若蚤築孔孟之宅於開闢之初矣。然則孟子之知言者，其亦孟子之東山耶。其善養吾浩然之氣、知性知天者，其亦孟子之泰山耶。

廣法家拂士，教偏頭所學諸生

偏頭之目爲："入則無法家拂士。"旣甲乙之，遂廣以教之。

不稱世家稱法家，不稱吉士稱拂士。《禮》曰"大臣法"，法家之謂也。君之所欲爲者，逆之使不得，遂之謂之拂。拂之於口，則卽唐虞吁咈之義，如折若木以拂日，然畜君何尤？畜君者，拂士之謂也。天垣太微有左右執法，而議士亦在焉，則法家拂士象之也。拂也，佛也，弼也，其詁通。然有宜拂而不宜弼者焉。《詩》曰："佛時仔肩。"《註》曰："佛，弼也。"《學記》曰："其施之也悖，其求之也佛。"《註》曰："師之施者，常至於悖逆。學者之所求，每見其拂戾也。"則佛也者，拂也。《荀子》曰："君有過謀過事，將危國家，殞社稷之具也。"大臣、父子、兄弟有能進言於君，用則可，不用則去，謂之諫。有能進言於君，用則可，不用則死，謂之爭。有能比知同力，率群臣百吏而相與彊君撟君，君雖不安，不能不體，遂以解國之大患，除國之大害，成於尊君安國，謂之輔。有能抗君之命，竊君之重，反君之事，以安國之危，除君之辱，功伐足以成國之大利，謂之拂。故諫、爭、輔、拂之人，社稷之臣也，國君之寶也，明君所尊厚也。而暗主惑之，以爲己賊也。伊尹、箕子可謂諫矣，比干、子胥可謂爭矣，平原君之於趙也可謂輔矣，信陵君之於魏也可謂拂矣。《傳》曰："從道不從君。"此之謂也。《註》曰："拂，讀謂弼。"弼所以輔正弓弩者也。或讀謂佛，違君之意也，謂若信陵君違魏王之命，竊其兵符殺晉鄙，反君不救趙之事，遂破秦而存趙。朱《註》以"拂"爲"弼"者，其前一說也。愚以爲違之義長，以爲弼，則與輔亦奚以異？然天垣紫宫有左輔右弼星焉，則弼之義與輔當亦有辨。輔，盖輔其善之謂與。弼，蓋弼其違之謂與。如《周官》之有師氏掌以媺詔王，保氏掌諫王惡也。則拂與弼，其義當爲一也。

廣君子三樂，教老營所學諸生

老營所之目爲："君子有三樂，而王天下不與存焉。"既甲乙之，遂廣以教之。

世人直以富貴當功業，若富貴可以爲功業，則舉世何人不富貴，亦何人不功業乎？功業者，世人藉口以富貴之稱也。功業而可目之以富貴，則古帝王之功業，亦何足道於戴晉人前耶。愚嘗謂王天下不可謂勢分者，正以王天下正性分中事也。齊、梁、趙、魏謂之富貴，堯、舜、文、武謂之功業，王天下不與存者，孟子蓋有賢於堯、舜之思矣。曾點之樂，止道春風沂水、童冠三兩、如江月鏡霞在髣髴間，孟子則實之以三樂，而孝友、天人、教育之真境步步踐之矣。曾點之所傲者，兵食、禮樂之由、求、赤也，而孟子之所傲者，王天下之堯舜、文武。至此始見舍瑟一對，了非空景，而孟子若更拖出一盤瑪瑙冰漿矣。白沙謂有孟氏功夫，然後可以語曾點見趣。讀此章而味孟氏之所謂所性不存焉者，其根心生色之妙，又若起曾點於春風之座而印證其喟然之情也。

廣制度，教河曲縣等九學諸生

《易》之目爲："節以制度，不傷財，不害民。《象》曰：'澤上有水，節；君子以制數度，議德行。’”既甲乙之，遂廣以教之。

水之性，流濫而不止，然盈科而後進，故有可節之道焉：遇平地則淫，遇澤則節。今夫江漢之匯而爲湖者，節之以澤也；四瀆百川之歸而爲海者，亦節之以澤之象。程、朱之說，皆謂澤上有水。其澤之容有限焉，水滿則不可容爲節之象，肖聖人節以制度而訓之者也。有國者，節財之説也，其象則澤爲國象，水爲財象也。而愚則欲爲士之節情欲者戒，故以水爲情，以澤爲坊，以誥多士。萬物惟竹有節，故曰："菉竹猗猗，以至於青。"青以至於如簀，貫四時而不改，柯易葉者，節也。如竹箭之有筠，以比於松柏之有心者。筠其青青者也，節之，故能爲筠也。李賀所謂"斫取青光寫楚詞"者，筠也。士女之能止欲者，皆謂之節。天地節而四時成者，非聖人之仕止久遠，惟其時不足以當之矣。帝王之節莫大乎財，故曰："節以制度，不傷財，不害民。"傷財則不免於害民矣，《象》之所謂"制數度"者，《詩》云"民之質矣，日用飲食"是也。所謂"議德行"者，《詩》云"群黎百姓，徧爲爾德"是也。議之者，卽善言之謂也。議之以中節，則自無肯軼於數度之外矣。孔子他日美顔子，曰："不傷財，不害民，不繁詞，則顔氏之子有之矣。"不繁詞者，非德行不議焉者也。《大學》曰："生之者衆，食之者寡，爲之者疾，用之者舒。"此所謂節以制度者與。《周官》以九式均節財用：一曰祭祀之式；二曰賓客之式，諸侯之君曰賓，諸侯之臣曰客；三曰喪荒之式，喪有賵賻含禭之禮，荒有散利遺民之費；四曰羞服之式；五曰工事之式；六曰幣帛之式，贈勞有數；七曰芻秣之式，牛馬各當；八曰匪頒之式；九曰好用之式。此所謂用之之舒與。以九職任萬民：一曰三農，生九穀、山澤、平地；二曰園圃，毓草木；三曰虞衡，作山澤之材；四曰藪牧，養蕃鳥獸；五曰百工，飭化八材，珠切象磋，玉琢石磨，木刻金鏤，草剝羽析；六曰商賈，阜遷貨賄，行商坐賈；七曰嬪婦，化治絲枲，有夫者嬪，有姑者婦；八曰臣妾，聚斂疏材，百草根實之謂疏材；九曰間民，無常職，轉移職事。此所謂爲之之疾與。以官之六事正群吏：一曰以敘正其位，公、卿、大夫、上、中、下士是爲六位；二曰以敘進其治，正、師、司、旅、府史、胥徒各有所治；三曰以敘作其事，大事從長，小事專達；四曰以敘制其食，稽事制録；五曰以敘交其會，政事財用；六曰以敘聽其情，爭訟納訪。以聽官府之六計弊群吏之治：一曰廉善，邦治欲端；二曰廉能，邦教欲勵；三曰廉敬，邦禮欲慤；四曰廉正，邦政欲勁；五曰廉法，邦刑欲守；六曰廉辨，邦土欲决。此所謂食之之寡與。以九賦斂財賄：一曰邦中之賦，王城内外之地；二曰四郊之賦，百里内六鄉、六遂之地；三曰邦甸之賦，去國二百里，六遂之餘地；四曰家削之賦，去國三百里，大夫之采地；五曰邦縣之賦，去國四百里，卿及王子弟疏者之采地；六曰邦都之賦，去國五百里，公及王子弟親者之采地；七曰關市之賦，貨之出入所在；八曰山澤之賦，丱人、角人之所取；九曰幣餘之賦，所斂十事之餘財。以九貢致邦國之用：一曰祀貢，犧牲菁茅；二曰嬪貢，絲枲絺紵；三曰器貢，銀鐵砮丹；四曰幣貢，玉馬皮帛；五曰材貢，栝栢篠蕩；六曰貨貢，金玉瓊珠；七曰服貢，玄纁纖纊；八曰斿貢，羽毛璣珇；九曰物貢，魚鹽橘柚。此所謂生之之衆與。然則所謂節以制度者，信無備於《周官》，而周公之於《易》，豈徒空繫之爻辭以詔後，實一一用之於周之禮樂矣。天地節而四時成，周公之《六官》，蓋天地四時之道也。

廣分寶，教河曲縣等九學諸生

《書》之目爲："分寶玉於伯叔之國。"旣甲乙之，遂廣以教之。

昔在舜，在琁璣、玉衡以齊七政、輯五端，肆覲群后修五禮、五玉。《禹貢》：楊州厥貢瑶、琨，[一]荆州厥貢璣、珇，梁州厥貢磬、璆，雍州厥貢球琳、琅玕。聖人不厭寶玉，然用之於國家者，非徒以玩好而已。周之初興，貢一獒而召公戒其爲侈志之漸矣，至以"分寶玉於伯叔之國"爲訓。然伊尹之相湯，不嘗致四方之產乎？正東則符婁、仇州伊慮、漚深、九夷、十蠻、越漚、鬋文身之諸國，请令以魚支之鞞、鮫瞂、利劍爲獻。正南則甌鄧、桂國、損子、產里、百濮、九菌之諸國，請令以殊璣、瑇瑁、象齒、文犀、翠羽、菌鶴、短狗爲獻。正西則崑崙、狗國、鬼親、枳已、闟耳、貫胞、雕題、離丘、漆齒之諸國，請令以丹青、白旄、紕罽、江歷、龍角、神龜爲獻。正北則空同、大夏、莎車、姑他、旦略、貌胡、戎翟、匈奴、樓煩、月氏、孅犁、其龍、東胡之諸國，請令以橐駝、句玉、野馬、騊駼、駃騠、良弓爲獻。此皆因其地勢之所有易得而不貴者耳。然已馳於四海之外，不可謂不珍奇矣。使召公當此時，其駴目而視殆如何？至周公之盛，四裔畢至，王會一圖，方物琦異，有如稷慎之大麈似鹿者也，穢人之前兒若彌猴立行者也，良夷之在子獸身而人首者也，揚州之禺禺魚之奇者也，解之隃冠亦奇如禺禺者也，發人之鹿鹿若鹿而迅走者也，俞人之雖馬有大角者也，青丘之狐九尾者也，周頭之煇羝羊之出海東者也，黑齒之白鹿出西遠者也，白民之乘黄似騏而背有兩角者也，東越之海蛤有文者也，歐人之蟬蛇可順食者也，姑於越之納口姑妹珍屬越者也，且甌之文蜃蛤之大者也，若人之玄貝照貝之出蠻者也，海陽之大蟹一可盈車者也，自深之桂出南蠻者也，會稽之鼉皮可鼓者也。其西嚮者，有如此矣。又如義渠之茲白，白若馬鋸牙而食虎豹，亦名駮者也；史林之尊耳若虎豹而食之者也；北唐戎之閭閻與隃冠，蓋閭象之可爲射器者也；渠叟之鼩犬，蓋露犬之飛食虎豹者也；樓煩之星施，蓋可爲珥旄者也；十盧之牛，小牛之出盧人者也；區陽之鼈封，蓋若口而前後首者也；規矩之麟，戎之一角而馬蹄者也；西申之鳳鳥，戴仁抱義掖信而歸有德者也；丘羌之鸞鳥，大於鳳而歸仁義者也；巴人之比翼鳥，其名曰鶼鶼者也；方揚之黄鳥，配於鳳者也；蜀人之文翰，似皋鷄澤特者也；方人之孔鳥，與鸞配者也；蠻揚之翟，蓋鳥之貢自揚之蠻者也；倉吾之翡翠，所以取羽者也。其北嚮者，有如此矣。吾不知召公當此時，其以周公爲有侈德乎？亦以爲聖德之所致耶？他日侍成王遊卷阿之上，有“鳳凰于飛，翽翽其羽”之詠，蓋目睹之，皆周公致之矣。則周公之留召公也，恐其去而鳴鳥不復聞，又遜鳳之瑞於召公耳。而鳳麟又非特自至，實有貢自外方者焉，其服遠，亦睹矣。周公盛之，至籠蓋天下而財成之者也。召公者，賢之貞者也。周公之制禮：“以玉作六瑞，以等邦國，王執鎮圭。”鎮，安也。所以安鎮四方也，以四鎮之山爲玉飾者也。“公執桓圭”。桓，柱也。雙植謂之桓，象宫室有桓楹，二伯執之，以柱石國者也。“侯執信圭，伯執躬圭。”二圭皆琢人形，其直者曰信，其鞠躬者曰躬。信之文縟細，躬之文粗略者也。“子執穀璧，男執蒲璧。”穀以粟粒，蒲蓬蓬如花敷者也，肉倍好之謂璧也。“以玉作六器，以禮天地四方，以蒼璧禮天。”圜，象天者也。以黄琮禮地八方，象地者也。以青圭禮東方，剡上而鋭，以象物初生者也。以赤璋禮南方，半圭曰璋夏，蓋陰陽半者也。以白琥禮西方，剡狀而虎形者也。以玄璜禮北方，半璧曰璜冬，亦陰陽半者也。又以寶玉爲世守，以垂祖宗之遺。故顧命之日，西序則赤刀、弘璧、琬琰與大訓參；東序則大玉、夷玉、天球與河圖參；西房則胤之舞衣、大貝、鼖鼓；東方則兑之戈，和之弓，垂之竹矢。此所謂宗器之陳者，其伯叔之頒，不可盡稽。然楚靈王曰：“昔我先王熊繹與吕伋、王孫牟、燮父、禽父並事康王，四國皆有分，我獨無有。”令尹子革曰：“齊，王舅也；晉及魯、衛，王母弟也。楚是以無分氏而彼皆有。”是蓋召公作相，終分寶玉於同姓，而踐其訓者與。《明堂位》曰：“有虞氏之兩敦，夏后氏之四璉，殷之六瑚，周之八簋，四代之服器，魯兼用之。”故衛子魚曰：“周公相王室，以尹天下，分魯公以大路、大旂、夏后氏之璜、封父之繁弱、殷民六族條氏、徐氏、蕭氏、索氏、長勺氏、尾勺氏，封之少皋之虚；分康叔以大路、少帛、綪茷、旃旌、大吕，殷民七族陶氏、施氏、繁氏、錡氏、樊氏、饑氏、終葵氏，封之殷虚；分唐叔以大路、密須之鼓、闕鞏姑洗、懷姓九宗、職官五正、封之夏虚。”三者皆叔也，而有令德，故昭之以分物。按此則分之已自武王、成王時矣，而陳之所分，則爲肅慎氏之矢，又同姓異姓之别。故陽貨盜寶玉大弓，《春秋》則書“盜竊寶玉大弓”；其得之，則書“得寶玉大弓”。穀梁子曰：“封圭與武王之戎弓也。”胡氏曰：“夏璜與繁弱也。”然則寶玉者，國命之所托也。《詩》曰：“錫爾介圭，以作爾寶。”是可以知旅獒之義。

【校記】

[一]“楊”，案中華書局影印清阮元校刻《十三經注疏》本《尚書正義》卷六《禹貢》作“揚”，又本篇下文亦作“揚”。

廣忘我，教河曲縣等九學諸生

《詩》之目爲：“如何如何，忘我實多。”既甲乙之，遂廣以教之。

愚嘗誦樂府壽陽樂，至“可憐八公山在壽陽，别後莫相忘，亭亭百尺臺淩風雲，别後不忘君”，命童子歌之，慨伉乎動千載之感哉！李空同云：“萬年永福昌，寤言莫相忘。”則諷之指痛切矣！以百里奚之賢，而至使其妻爲扊扅之歌：“今日富貴忘我爲！”昔人嘗以棄婦托君臣之思矣。漢文、賈生，千古良契，一旦以絳、灌之譖疏，比宣室之對，則曰：“吾久不見賈生。”自以爲過之，今不及也，令人惆悵感悽於異代之下，賈生而可使久不見耶。唐玄宗既退張九齡，然每用一人，卽曰：“丰度得如九齡不？”此可謂之不忘事耶。宋哲宗則貶吕大防而不知，曰：“何以至虔州？”此又可謂大强記者耶。昔者，薄后與管夫人善，約無相忘。管夫人幸矣，而薄不得引見。管夫人以聞，漢高悽然，遂爲成蒼龍據腹之兆。朋友之交，大略朱門先達笑彈冠耳，其孰能誦老杜“朝覲從容問幽側，勿云江漢有垂綸”之句乎？曾管姬之弗若耶！昔之善忘者，徙宅而至忘其妻。孔子曰：“桀、紂至忘其身。”此真所謂“忘我實多”者與。

廣歸田，教河曲縣等九學諸生

《春秋》之目爲：“齊人來歸鄆、讙、龜陰、田。定公十年齊人歸讙及闡。哀公八年”既甲乙之，遂廣以教之。

夫子夾谷之會，責齊人以禮，而齊即歸鄆、讙、龜陰之田。書曰：“來歸者，心服之也。”聖人信無不可化之强禦。哀公七年秋，公伐邾。八月己酉，入邾，以邾子益來。邾子者，齊出也。於是八年之夏，齊人怒，而取我之讙及闡矣。哀公懼，而歸邾子益于邾。《易》曰：“《震》：‘無咎者，存乎。’”《悔》又曰：“無咎者，善補過也。”哀之謂也。冬十二月，齊人歸讙及闡。何必聖人，信無人不可以禮謝人者。昔者，苗民逆命，以禹之聖，而用師者三旬，尚不悛。帝乃誕敷文德，舞干羽于兩階，而有苗格。以舜、禹之聖，豈其不克以天下屈有苗？舜惟不忍以天下屈有苗，此有苗之所以心服與。楚圍宋，至炊骨矣，尚耻城下之盟，退之十里而後成。春秋之無禮者莫如楚，而弱國尚可以禮馴之矣。秦圍邯鄲，聞魯仲連“不帝秦”之一語，而卻軍至五十里。戰國之無禮者莫如秦，此亦可以禮馴者也。回紇入寇，臨涇水，郭令公以數騎免胄喻之水濱而去，以得應見大人之兆爲幸，即夷狄亦無不可以禮馴者。我知孟子交鄰國之道與所爲五年、七年，欲爲政於天下者，其運用信，非徒以兵革之力矣。

廣繹志，教河曲縣等九學諸生

《禮記》之目爲：“繹者，各繹己之志也。”既甲乙之，遂廣以教之。

孔子曰：“君子無所爭，必也射乎。”則又曰：“射有似乎君子。”孟子曰：“仁者如射。”射，藝也，其“發彼有的，以祈爾爵”者。繹，其所志之象與。孟子以巧言中，以力言至，而擬以聖人之智聖，此所謂繹己之志與。而以弧矢射天地四方、縱横六指之極，則《周禮》六官之作用皆在其所射之中矣。昔者，陳音之論射，則曰：“身若戴板，頭若激卵，左蹉右足横，左手若附枝，右手若抱兒，翕心咽烟，與氣俱發，神定思去，去止分離，右手發機，左手不知。”此射法之所繹其志者耶。邵子曰：“遠舉必至之謂志。”不至乎，其的與。至而弗中焉者，非遠舉之志也。伯夷至孔子至而中，然則持弩之初，伯夷之所繹與孔子已判然矣！

廣七制，教河曲縣等九學諸生

論之目爲："七制如二典體例。"既甲乙之，遂廣以教之。太原一案，凡四試之，其所訓諸生者，蓋五十有八章。

漢有七制之主，前漢則高、文、武、宣，後漢則光武、明、章，他如景帝之賢，尚不得與焉。漢之臣子之事君，猶爲近古也。唐盡稱宗，宋因之，而帝號不挂於學士之口矣。以六朝而望西漢，何啻雲漢之倬章於天，故文中子之續《書》止於漢，續《詩》則備六代，而《元經》自晉以至南北朝也，其以七制方帝典也良過。然自漢以來之典册文章，可聽其繁廡而不一爲之所乎？然文中子之續《書》，其體例尊而援引重，世顧弗傳焉。梁昭明爲《文選》，去取未盡恊，又不裁之於道，而反行之，千古無斁，五臣注之，李善輯之，而家誦持至今者，何也？昭明就其文章之精者收之，而文中子有意爲之也。有意於擬經，而文章之精者或見擯，則不傳。愚嘗謂二千年以來之詩文，必不可以不删而存之，然不可一一有意以規經也。正《四經》《三禮》《孝經》《爾雅》、四子之注，是謂聖經。删古文爲一編，删古詩爲一編，删諸子爲一編，定綱目爲一編，删本紀、世家、列傳爲一編。《書》之有二典、三謨者，紀傳之祖也；其訓、誥、誓、命，則古文之祖也。《書》蓋兼二體焉。而《詩》則騷一、賦二、詩三，可當風、雅、頌之三經。專尚文而無道以衡之，則蕭統之《文選》也。徒知擬道之迹，而不儀無文之不可行，則王仲淹之續經也。愚自十六七，嘗有志於斯而未之逮,茫茫幾三十年。今兹稱河汾之主者，竊汗出於談經之座矣！

河汾教卷五

辨曾子子夏，教汾州府九學諸生

按部西河，以三月二十二日過卜山，二十三日視學晉諸生，而教以“曾子子夏之辨”。

朱考亭云：“聖門自顏子下，穎悟莫若子貢；自曾子下，篤實莫若子夏。”愚以爲子貢與子夏，未可以若是班也。子貢與聞於性與天道，而日月升天之喻，的見孔氏冠生民以來之百王，說辭開孟子之先，可謂顏、曾之亞匹矣。《論語》所記子夏諸說，皆文學之緒論，而無能名夫子之大者。孔子沒，子夏、子游、子張皆欲以事孔子者事有若，則其知孔子亦謭矣。視子貢六年築場之思，與曾子江漢秋陽之嘆，良有間，及其老於西河之上，則使西河之人疑之於夫子，而無能暢聖人之蘊已，爲曾子所督責矣。蓋子夏之學，不出於文學詞贊之間，是以不足以盡孔子之大，其所教門人小子者，不過灑掃應對之末，子游已譏之矣。其門人疑其拒交之褊，亦轉而問之子張，子張亦譏之矣。二子者，與之同事有若者也。子游者，又譏曾子之言不如有子之似孔子者也，而亦與之不無異同，則其學之不足盡聖蘊可知。故其學一傳而爲田子方，先儒病其驕，是田子方已不受子夏之牢籠矣。再得而爲莊周，至於詆孔子。莊子者，其才鋒與孟子齊肩者也。彼見其師承之說，止於訓詁詞章而已，□已陋之，曰“聖人内圣外王”之學之全，豈僅爾爾。其逍遙崢嶸之論，方術曠蕩之言，曠然獨立，遂至於以詆子夏者詆孔子。是莊子之才，非子夏之學所可收而鑄之也。曾子之學，學其大者，足以盡孔子之大。是以一傳而爲子思，再傳而爲孟子。向使田子方得游曾子之門，安得流而爲驕？使莊子而得子思而事之，親聞天命天載至聖至誠之極論，將首肯之不暇，其爲孟子無疑也。又何至於詆孔氏之徒乎？然則莊子之不得爲孟子者，亦子夏之過也。孟、莊同時而道不同，均之出於孔子，而所從來之宗固已殊矣。故孟子品曾子、子夏之似黝舍有差别，而獨尊曾子以大勇耳。諸生生於西河之里，爲子夏之鄉，其流風想可挹將爲子夏之學與？抑爲曾子之學耶？得無有莊周其才而願聞聖人之大全者，吾且願與之偕歸於孟子矣。

學而、賢賢、顏淵、求飽四章，教汾州府九學諸生

是日，汾州府學賈守珍講"學而時習之"一章，汾陽縣學牛柄講"賢賢易色"一章，介休縣學郝民極講"顏淵問仁"一章，寧鄉縣學王守履講"君子食無求飽"一章。爰解剝其義而教諸生。

聖人之學曰仁。仁者，混物我而一之，則其量而其要在無欲，無欲則無我，而後可以混物我而一之。故己之念不能舍却者，爲人之欲之根蒂而食色重，故曰："飲食男女，人之大欲存焉。"而色尤甚。人生於色，故尤嗜色，惟賢賢乃可以易色之嗜。易之爲言，猶云代毛易骨，如仙家之有换骨丹也。聖學先化色念而食繼之，故云："食無求飽，居無求安。"居無求安，蓋包色而爲言者矣。色之屬目，愛之根也。然佛氏又稱觸欲兼視，與觸而色之義備。故孟子所云目之於色、四肢之於安逸者，可合之以証色之害。聖人之所謂學而習者，其必先學習於食色之間矣。食色者，克己之最先者也。君子之道，造端乎夫婦。夫婦正，則不以少艾妻子之慕奪慕父母之初念，而後可達之君臣、朋友之間。則朋來之不能不樂，有道之不能不正，事言之不得不敏慎，人不知之不能不忘情也，所謂復禮而天下歸之仁者也。《易》之卦位，自《乾》而《坎》，蓋天性一落於形氣，則人欲困之矣。故曰習《坎》，習於《坎》而得《艮》。《艮》，止也。止者，止乎食色者也。止乎食色，而後可以漸返之《乾》。賢，《乾》也；色，《坎》也。返之於《乾》者，仁者也，習之於《坎》者，克己之謂也。

廣唯求非邦，教汾州府學諸生

其月二十四日，合試汾州、汾陽、平遙、介休、孝義、石樓、臨縣、永寧、寧鄉九學之士，蓋七百人。汾州府之目爲："唯求則非邦也與。"爰廣諸以教言。

朱《註》解曾皙之問，有不可解者四。既許之以有堯舜氣象，堯舜非不

用世者也，何至三子之用世而卽疑之。此似出自沮、溺之口，豈學聖人者之所宜有者與，則向之所謂堯舜氣象者安在？此不可解者一。聖人旣明言哂由之故，止在不讓，不在爲邦。何至於求、赤之爲邦而疑之，何向之透徹悟而轉盼之間，遂成愚矇？此不可解者二。點有童冠與偕之雅，其與人爲善之氣象藹然矣。而必欲聖人笑人，曰夫子“何不哂求？何不哂赤”？惟欲以聖人之笑人爲快，是何肺腸也，殊甚不類。天下豈有專欲其師之笑人以爲快者乎？此不可解者三。據《註》，則點之問，以求、赤之欲得國而治之，爲當哂者也。而夫子之答之則曰：“爾安見其非邦乎？”點之所問，旣正以爲邦治可哂，而聖人卽實之以爲邦，所答與所問，了不相應，從來無此問答也。此不可解者四。愚以爲《論語》之文勢本淺而人反求之於深，其指意本易解而人反鶩之於難，此其指所以經、傳、註而反晦，而夫子、曾點之問答，直茫然乎千載之後耳。夫曾點之敏妙爲聖門第一流，聖人之贊嘆爲七十子之不再見，豈有前神悟而後癡愚，明於聖學之絶岸而昧於啓齒之片言者乎？蓋曾點之志與聖人同，則雖不言用世，而其與物同春之雅，已可想其治天下之概矣。點之志，蓋治天下者也；三子者，蓋在治一國者也。點以三子治一國之局，不足以章大儒之效，以其學術爲未圓也。故欲與聖人一明質其出處之大略，問三子者之言何如？聖人曰“亦各言其志也”者，固不欲以一律程人者也。治天下之與一國，志與才固有等矣，必不可以强而同之。三子之用世之具雖小而卻實，點之用世之具雖大而未蹈。蓋點止有堯舜之志，未必有堯舜之具，而三子雖不可語之以上聖之規模，然其才可試之而卽效者，此聖人之所以兼許三子也。點問夫子“何哂由也”者，蓋云夫子旣不病其規模之小，則由可以不哂矣。聖人以爲非哂其規模之不足與於天下，特病其不知爲國之在禮讓，此一截哂由之指已洞然矣。故下二則之問與哂無涉，直以爲求不如由則又小，赤不如求則又小。故問“唯求則非邦也與”者，以爲由之千乘之國尚可以稱一邦而展其駕馭之略，至如求之方六七十如五六十，小小甚矣。此與一邑何異？有邦之名，無可布之實者也，似乎不足以稱邦矣。聖人曰：“是亦足以爲邦也。”安見方六七十如五六十而便不可謂之邦？有社稷，有人民，亦足以試宜民、宜人之才矣。先王制國，七十里而伯，五十里而子、男，亦不聞當年封建之賢者以爲小而病之耳。點又曰“惟赤則非邦也與”者，蓋云求之說尚有封疆之規模，是志在爲小國之諸侯者也，赤乃僅欲作一大夫，事端章甫以立於人主之前，則其下求又當一等矣。不志乎小邦之君，而願爲邦君之大夫，此何爲者也？聖人曰："是亦欲爲諸侯也。"宗廟會同非諸侯，安有此一國之禮樂，赤豈小於二子者耶？足兵足食，固爲邦之具，宗廟會同，亦爲國之具，是赤亦二子之流，皆下天子一等，爲諸侯南面之才者也。此其説聖人直以點爲座上之第一客，而許之以内聖外王之學，以諸侯南面之事許三子，學術差等，判然如人物一表。是點之説，原無前後之兩截，而聖人之許之者，始終以點爲太上之撰，不得其問答之語，而謬以爲若於點有憾焉者，則矛盾而不通矣。而諸生之爲文，或至有以聖人之所答爲曾晳之所問，則語意總蒼茫而不似耳。

廣善人、信人，教汾陽縣學諸生

汾陽縣之目爲："善人也，信人也。"爰廣諸以教言。

善，性體也，至聖神而後能盡其性，則止至善者也。顔子願無伐善，善而至於不自有之，非大而化之，其能忘其善耶？孟子又嘗謂樂正子其爲人也好善。善，性體也；仁，善長也。好善者，率其秉彝之性，志於仁者也。是樂正子之學，直從性宗立根，爲聖神之嫡派。從來未有不從性宗立根，而可終止於至善者。他人之學，不過分求之强與知慮多聞識之間，支離零丁之而爲二、三，爲十、百、千、萬，而非一也。一也者，立根於性之善人，雜立於善與惡之間，而謬意乎聖神之界，此學之所以岐出而爲百氏也。

廣豈徒順之，教平遙縣學諸生

平遙縣之目爲："豈徒順之。"爰廣諸以教言。

天地之化，一順一逆，陽順而陰逆。陽主生生之謂順，陰主戕戕之謂逆。《易》先天之位，自《震》至《乾》者，順也；自《巽》至《坤》者，逆也。自《震》至《乾》之謂順者，陽漸長也，自《復》之一陽以至於《乾》之六陽，而陽極，故謂之順；自《巽》至《坤》之謂逆者，陽漸消也，自《姤》之一陰以至於《坤》之六陰，而陰極，故謂之逆。先天之序，自《乾》一而至《震》四，是由陽之極以至於陽之初也；自《巽》五而至《坤》八，是由陽之盛以至於陽之衰也。總之，陽漸退而陰漸長，故以《易》爲逆數者，先天之序也。一順一逆者，先天之位也。人生而有性情，性本天而屬陽，情本地而屬陰，故性宜順，情宜逆。遇理境則宜用順，遇欲境則宜用逆。陽可順也，而陰不可順也。聖人之扶陽而抑陰，善之芽則奬進之，惡之漸則坊杜之。性善者也，故率之而爲道。孟子所謂“言性者以利爲本”，比之於水之就下也。情，善惡之分，而惡之始也。任其情之所之，則飲食男女之欲，不至於桀、紂不止也。荀子所謂“桀、紂性，堯、舜僞”者，誤認情以爲性也。認情以爲性，故以爲性惡也。孟子謂性善，而情亦善者，率性而爲情，則情亦善，是陰爲陽用也。任情以滅性，則情卽惡，是陰爲陽害也。楊子所謂“人之性也善惡混氣也”者，所以適善惡之馬者，亦誤認情以爲性也，認情以爲性，故以爲善惡混也。《震》宫之《復》謂之天根，天之根是性之初也。一陽之《復》而至純陽之《乾》，則性之分盡，是天之陽，聖人之所扶也。《巽》宫之《姤》謂之月窟，月之窟是情之初也，自一陰之《姤》而至純陰之《坤》，則情之流極，是地之陰，聖人之所抑也。然陽之始謂之春，卽吾性之初。陽固可謂之春，而陰亦可謂之春者，率性而爲情，則情亦性也，而陰亦陽也。夏固春之積，而秋冬亦未始非春之運於其間矣。故曰：“天根月窟閑來往，三十六宫都是春。”六陰，數也。三十六者，亦六六之而陰數之全也。其中有往來之生意焉謂之春，是有一陽以暴之，而衆陰莫不嘘此春也。天地之間皆陰也，惟日之一陽爲春，有此一陽而萬物莫不化而爲春矣。人之一身百骸皆陰也，惟心之一陽爲春，有此一陽而百骸莫不化而爲春矣。以一身而遊於天地之間，所歷皆謂之宫，皆謂之陰，而惟率吾心生生之性而爲道，則所歷之宫皆爲春也。皆春之於吾性之春也，皆春則順，固順也而逆，亦順也。故《易》曰：“聖人之作《易》，將以順性命之情。”情而本之於性，故謂之順，是《易》之數逆，而《易》之理順者也。

廣根心生色，教介休縣學諸生

介休縣之目爲：“根於心，其生色也。”爰廣諸以教言。

《註》云：“氣禀清明，無物欲之累，則性之四德根本於心。”愚謂此所性，謂人生而有至善之性也，非謂其性之之人也。如《註》説，則全歸之生知矣。君子之所性者，仁、義、禮、智也，根於心則得之於人工之養矣。人之所性，雖均而養不齊，無養則其性隱而不見，而其心爲無根之心。性從心從生，蓋心之生理也。有養則有根生、理生，生於心之中，自生之於色矣。《太玄》曰：“潛心於淵，美厥靈根。”堯夫以陽生爲天根。《易》曰：“《復》，其見天地之心。”此所謂根於心也。愚嘗謂人倘的於何年何月何日何時而真有作聖之志乎，此志立時便是混沌立基，是更生一我也，是我更立一甲子也。而自此以往，我心始有根矣。故自赤子以來，童體初虧，便是吾身之月窟，自紛擾中一念還元而顧母，便是吾心之天根。

廣時行物生，教孝義縣學諸生

孝義縣之目爲：“天何言哉？四時行焉，百物生焉。”爰廣諸以教言。

邵子曰：“春爲生物之府，夏爲長物之府，秋爲收物之府，冬爲藏物之府。”號物之數謂之萬，雖曰萬之又萬，其庶能出此昊天之四府者乎？物之所生長收藏者，則四時之收功也。長之、收之、藏之，皆所以生之也，故曰：“天何言哉？四時行焉，百物生焉。”是天道之妙在運行，信不假於諄諄然命之矣。聖人以“行”字破“言”字，正吾無行而不與之意與？日爲暑，月爲寒，星爲晝，辰爲夜，天道運而無所積，而日月星辰分其令，故錯行而爲四時。聖人者，上律天時者也。《易》六十四卦皆時也。孔子聖之時以仕止久遠，當春夏秋冬者也，《陰符經》曰“觀天之道，執天之行，盡矣”者，聖人之能事也。

廣興詩立禮，教臨縣學諸生

臨縣之目爲：“興於詩，立於禮。”爰廣諸以教言。

人之赴聖賢之程者，必先開其步驟，使之視萬里如咫尺，無輒先嚴之以繩。繩之太早，則其收功必不大且遠。故曾點之志如矯鳳凰之羽於千仞之上，一切世界皆在其顧盼之下，而一歸之於秋實，則堯舜欛柄在手矣。伊川以來，其教人長於禮而短於詩，考亭則步步踵伊川者也。其流大約可以成就中人之寡過者，使之望大道之津，不免其膠於尺尺寸寸也。二程蚤歲見濂溪吟風弄月，以歸陸氏，曰：“伊川後來並此意亦失卻。”其説雖過，然其病亦自可見。伊川之遜明道一籌，亦豈非以坐一月春風之趣短耶？陽明《送人還新安》詩：“紫陽山下多豪俊，應有吟風弄月人。”則興詩之意可概見，可謂善解人之桎梏者也。予童子時，嘗以太白、堯夫、伯安三君子之詩可歌咢者爲一衰，諷誦之於雲行月流之會，是其所入處也，請以質之二三子。

廣進禮，教石樓縣學諸生

石樓縣之目爲："孔子進以禮。"爰廣諸以教言。

孔子論儒行，曰"難進易退"。進以禮，故難；退以義，故易。曰有命者，非徒爲破鬱之詞也。天繩人之律令在禮義，獲罪於天不可禱。人之所進，安知不爲天之所退乎？人之所退，又安知不爲天之所進耶？孔孟之終退而不輕進者，知天之有以終進之也。昔者，小人之與朝議者欲逐朱子，下其旨於朝，宰相趙汝愚持之不下。小人曰："朱某易退，徑予之命，彼必不肯留。"朱子得命，即日出國門。宰相聞之方議留，而朱子之去已有間。彼明知朱子之爲君子，又明知朱子之不可苟榮以禄也，而即以其所自守之節，爲去之之術。程、朱所以不可以及者，正爲於富貴一途放手得耳。無論下士，即韓、范輩所以遜程、朱一步者，或其立脚處亦不能輙出宦情一格之上，使宦情不到其胸中，則程、朱氏矣。世之所贊以爲名臣者，出處終不如大儒爲有體，而世之相期以名臣不相期以大儒也，則宜其周旋世套而不能自解免也。然大儒不可望，惟真文人之全精神在文章不在富貴者，爲放手得也。蓋自恃有不朽之具，則雖罷官而有以自處也。

廣先知，教永寧州學諸生

永寧州之目爲："見乎蓍龜，動乎四體，禍福將至，善必先知之。"爰廣諸以教言。

待其將至而知之者，後天也；不待將至而先知之者，先天也。禍福後天而應善，不善先天而感不善者，先天中之後天而原無不善之天。善者，先天中之先天而爲天之命，人得之以爲性者也。故天道賞善而罰不善，人道爲善而去不善。天人之間，捷於影響，至誠自吾一動念之初，以操券於千萬里之遠、千萬世之後，惟其知天而知人，故以天道自處，而即以天道律天地萬物、天下萬世，而莫之爽也。是故觀堯之官天下，而知其後之必再興而爲劉漢也；觀皋陶之淑問，而知其後之必有天下而爲李唐也；觀稷之養，而知其子孫之宜有八百年之天下也，觀其以養爲主，而知其後之有天下者之尚親也；觀契之教，而知其子孫之宜有天下，又宜其後之有天下者之尚賢也，又宜教之功，其子孫之有孔子以教萬世也，又宜養之功，其子孫之有周公以定治天下之禮樂於後世也；

觀周公之定禮樂於後世，而知其後之宜有孟子以佐孔子也；觀周之尚文，而知其後之當化而爲縱橫之世界也；觀益之掌火以焚山林，而知其後之有天下而爲秦者，終以烈政行而不可久也；觀《秦誓》一作，而知其可以繼周也；觀舜之官天下，而知其後之必有天下，不僅以田齊應也；觀漢高之輕士嫚駡，而知其後之無仗節之士也；觀光武之重子陵，而知其後之有三君八俊，而孔明爲之結局也；觀唐之華夷一家，而知其化而爲五代之以夷人割十六州也；觀石晉之割十六州，而知胡元之主中國也；觀宋之表韓通，而知其後之有文文山也；觀宋之得天下不以兵戈，而知其後之武功不競；觀其不都關中，而知汴之不可守也；觀光義之負太祖，而知其子孫之北狩；觀太祖之負周，而知其亦失天下以小兒也；觀告子之性無善，不善墨子之兼愛，而知佛説之必入中國也；觀老莊之輕禮教，而知其不至於無君無父、髡頂赤足不止也；觀漢武之好通外夷，而知中國之終化而爲五胡也；觀周之遞而爲五霸、聚而爲七雄，而知後之有三國之吳魏、六朝之南北、五代之南北以應其分也；觀三皇之法三才，而知其有三王之三統也；觀三代之異尚迭興，而知後之有漢、唐、宋之一統以應其合也；觀孔子之教在萬世，而知其子孫之世爲賓師、超出於帝王之系也；觀孟子之推孔子，而知其子孫之附孔氏以遠也；觀孟子賢孔子於堯舜，而知諸儒之報之過於夔、龍、畢、散也；觀太公之以取天下之才親治齊，而知其必爲霸之首也；觀晉文侯之有功於東周，而知其後之宜世霸也；觀召公之夾輔王室，而知燕之姬姓獨後亡；觀其布化似周公，而知其後之宜有邵子也；觀孔子之删六經以垂萬世，而知必有續之者也；觀文中子續經不行，而知其必有真可以續之者，在孔子二千年之後也。吾蓋即往日之世變而覆按之，即孔子之决十世之可知，亦必以殷周之因革而知之，其十世、五世、四世、三世希不失之論亦按之於往，孟子之五百年亦按之於往也。不按之於往，無徵則不信，故知來之逆，即可按之於知往之順也。

廣三疾，教寧鄉縣學諸生

寧鄉縣之目爲："古者民有三疾。"爰廣諸以教言。

人生而無氣質之病者，惟天下之至聖。其他但假人道以修持之者，則不能無偏陂之害矣。《洪範》剛克柔克之論，[一]正欲以救其高明沉潛之疾也。伯夷之隘、伯夷之疾，柳下惠之不恭、柳下惠之疾，去其疾則可以爲孔子。而惟其有此疾，所以成清和之品，不苟同於世人也，故狂狷皆疾也。鄉原雖無疾，實不知痛癢之頑夫而不可藥者也。然則聖人之教人，非不欲狂狷者之不藥其疾以遂之也，正以爲狂狷而後可藥耳。扁、倉之針，可以一用而立効者，其本症現也。聖人蓋得狂狷之脉矣，不知痛痒之頑夫已化而爲形骸之土木，是無脉之人也，又何所用其藥石耶？夫葛之誕節而覃施欲理之而爲匣中剪，剪之輕霜則必曰："是刈是濩。"刈以取其材，即聖人所謂"無所取材，不知所以裁之"之"材"也。濩以和其性，即聖人所謂"和之以文"之"和"也。取材和性之說，大可爲變化氣質之喻，然朱子有治藥之喻矣。醫家以生藥爲不可用，其性足以殺人，須治之以和其性，亦本扁、倉以來之遺法。朱子即借以喻學，曰："吾正恐其治之太過，而藥之本性失耳。"夫辛，不辛則不可以達；酸，不酸則不可以收。人之有狂狷之性也，善治之，則化而爲中和；不善治之，則反化而爲涉世之套中之士。然則藥可以喻疾民之有三疾，猶藥材之本性之辛與酸也。治之過而不能達，不能收，則藥材可委而棄之矣。今之所謂善涉世者，太半相於頑鈍，而不知耻者也。漢人曰"不過教我以諂耳"。昔之所誚以爲諂，又今之所稱以爲良藥也。然則今之自以爲無疾者，正謬治之以至於不知痛痒耳。故有應疾而不疾者，則不爲狂狷之鄉原是也；不應疾而疾者，溺於貨色勇之鄉人、鄉訕是也。齊宣王亦自以爲有三疾，曰："寡人有疾，而好貨、好色、好勇。"是人人有之，而自以爲奇疾而不可藥，而又不受藥也，亦惑矣。是三疾者，尚可化而爲神情之游戲，何况狂狷之疾乎？故無疾則爲木、爲石，而非人人有血脉□周流者也。是以以疾爲苦，亦以疾尚有可治之症，□□不可藥者也。

【校記】

［一］"洪"　底本原作"鸿"，誤，兹據清阮元校刻《十三經注疏》本《尚書正義》改。

廣孚化，教汾州府九學諸生

《易》之目爲："說而巽，孚乃化邦也。"爰廣諸以教言。

聖人卦《中孚》而繫之"豚魚"，程《傳》曰："豚，躁魚，宴物之難感者也；孚信，能感於豚魚則無不至矣。"《本義》曰："豚魚無知之物，至信可感豚魚。"是以豚、魚爲二物也。豚與魚之二物，與風豈相涉？凡水族之於陸產無不具，故魚而似豚者謂之豚魚，如魚而似人者謂之美人魚，其種無不肖也。豚魚即今所謂江豚也，唐詩云："石燕拂雲晴亦雨，江豚吹浪夜還風。"蓋石燕飛則雨之信，江豚出則風之信，如白雁來爲霜信也。故江人以豚魚出爲拜風，風將至則豚魚先知之，每以爲風占也。豚魚處澤中者也。巽，風象；兑，澤象。風上而澤下，其應之者孚之也。蓋豚魚之性說風，風之來，彼獨信之而不失其期。然則《中孚》，豚魚之義，非以孚其愚而奇之，正以其有常而可孚信之爲定理也。

廣彊燮，[一]教汾州府九學諸生

《書》之目爲："彊弗友，剛克；燮友，柔克。"爰廣諸以教言。

剛柔之克，亦五行相勝之義也。柔克剛如水之克火，剛克剛如火之克金，剛克柔如金之克木，柔克柔如木之克土，土之克水也。儒氏以沉潛高明爲氣質之偏，主乎人彊弗友燮友爲習俗之過主乎世，愚以爲四者之病亦有淺深焉。高明沉潛雖失中而近之者也，彊、燮又觭於一致。剛克剛，如醫家所謂火攻火也，孔子之於子路斥之以野，斥之以不得其死是也；柔克剛，如於子貢夫我則不暇、使賜多言之類是也；柔克柔，如魯人獵較，亦與之爲獵較是也；剛克柔，如於冉求"求無乃爾是過與"、"汝弗能救與"之類是也。剛克剛以伏其不馴之氣，柔克柔以引而進之而賈生斧斤髖髀之論，亦剛克剛之義與？韓子《原毁》云"苟能如是，是亦足矣"之論，柔克柔之義。

【校記】

[一]"彊"，案卷首總目誤作"疆"。

廣俔天之妹，教汾州府九學諸生

《詩》之目爲："俔天之妹。"爰廣諸以教言。

諸生之爲文者，皆以妹爲兄妹，至云太姒與上帝爲同氣天，萬法之祖也。而人顧可兄目之耶？侮天莫兹甚。周公不如是之悖戾，如若說，則上帝者，周公之所舅目之耶？不大可絶倒耶！愚不知何處得此學究解，以流傳於副墨家耳。妹，蓋少女之稱也。《易》卦有《歸妹》，曰"《歸妹》，人之終始也"。《註》亦稱"少女"也。又曰："帝乙歸妹。"如以爲兄妹之妹，則嫁娶必以妹，將長女不嫁，如襄公時之齊俗耶。"天妹"云者，猶言天人云爾。

卽如贊太白之才者，曰是子天才英特，西極之馬稱天馬之類，蓋云其人不似自人間來耳。孔子作《春秋》，冠“王”以“天”，而孟子亦曰“天吏”，則天妹之義與。以妹爲兄妹，則嵇康《幽憤》之詩：“田恃愛肆，姐姐嬌也。”亦豈女兄之稱耶?

廣禘廟伐邾，教汾州府九學諸生

《春秋》之目爲：“秋七月，禘于太廟，用致夫人。僖公八年春，公伐邾，取須句。僖公二十有二年公伐邾，取訾婁。秋，公子遂帥師伐邾。僖公三十有三年”爰廣諸以教言。

母之當尊，不待有功於己而後尊之。成風事季友而屬僖公，僖公以立，既厚賜季氏以汶費，而開强私室之漸。德其母而致於始祖之廟以嫡妾也，尊其母不卑其父若祖耶。人生主祖父，而越禮以事母，故《春秋》不之與也。須句，母姓，而邾子滅之，公伐邾而取之，報怨於母家，此亦情之所至乎。而《春秋》之書“取”，亦責備賢者以非王命之過與。又十年而訾婁之取不已，遂之師又踵出矣，終身念母而報之怨。胡氏所以方之於平王之戍申與。詩人賢僖公而頌之曰“壽母”，然《春秋》之不以其致母爲禮、報怨爲義而譏之，則孝固自有應止之善則與。

廣天官六大，教汾州府九學諸生

《禮記》之目爲：“天子建天官，先六大。”爰廣諸以言教。

《曲禮》曰：“天子建天官，先六大，曰大宰、大宗、大史、大祝、大壬、大卜，典司六典。”大宰掌建邦之六典，以佐王治邦國，六官之長也。六典者，六官之職，大宰總之。大史掌建邦之六典，以逆邦國之治，史官之長也，則春官屬也。大祝掌六祝之辭，以事鬼神示，祈福祥，求永貞，掌六祈以同鬼神示，作六辭以通上下、親疏、遠近，辨六號，辨九祭，辨九擽，亦春官屬也。太卜掌三兆之法，掌《三易》之法，掌三梦之法，以邦事作龜之八命，亦春官屬也。而吳澄氏以爲當屬天官也，又奚不據《曲禮》以大史、大祝並屬之天官耶？大宗、大士，《周官》不載，不知當作何官？惟春官有内宗、外宗，皆掌宗廟之祭，都宗人掌都祭祀之禮，家宗人掌家祭祀之禮，然惟大宗伯可稱大宗，豈其所掌在邦禮，與天官獨相同乎，乃與之並大耶？然不可曰“建天官”也。夏官則有司士，掌羣臣之版，以治其政令。然司士既衡司徒、司馬、司空、司寇而稱五，似不當爲大士也。秋官則有士師，掌國之五禁之法、掌士之八成而列於鄉士、遂士、縣士、朝士、方士、訝士、都士、家士之前，則似當爲大夫，然亦非天官屬也。諸生之爲此文，以“六大”概舉，似未當命題者，截下句即不應舉大宰，然不可不云大之中更有大者焉，以此意挈其綱也。挈其綱，乃可協“建天官”之義。張子曰：“天官之職，須襟懷洪大，方看得。”蓋其規模至大，若不得此心，欲事事上致曲窮究湊合，此心如是之大，必不能得也。則天官之職，實兼五官，五官之屬，皆天官得而屬之者。上古止有五正，木、火、金、水之四正，則春、夏、秋、冬之四官，而土正即地官也。土中央，故兼四正而長之。然必合五行而後可謂之天，故《周官》以天覆之而稱六也。六合之義，萬古不易者也。用世者不可不學天官。

廣體四用三，教汾州府九學諸生

論之目爲：“天地體四用三。”爰廣諸以教言。

邵子曰：“天數五，地數五，合而爲十，數之全也。天以一而變四，地以一而變四，四者有體，而其一者無體也，是謂有無之極也。天之體四而用者三，不用者一也；地之體四而用者三，不用者一也。是故無體之一，以况自然也，不用之一，以况道也，用之者三，以况天地也。”又曰：“天有四時，一時四月，一月四十日，四四十六而各去其一，是以一時三月，一月三十日也。四時體數也，三月三十日用數。體雖具四，而其一常不用也。故用者，止于三而極於九也。”愚謂天有四時而有中氣，故其數五；地有四方而有中央，故其數五。天則五星，地則五行，皆五也，合之而爲數之全爲十也。至於十而陰陽之數全矣，百、千、萬、億、兆皆十也，非增之也。《河圖》之有十而方則五也，其五配之也。《洛書》之有九而正則五也，其四隅之也。陰陽分而天地各五焉。一者天也，一天而變四時。一者地也，一地而變四方。四有體而一無體，合四時而爲天，天以四時爲體；合四方而爲地，地以四方爲體。然四之中止用其三焉，何也？三才之道也。道止於三才，故四之中，又有不用之一也。老氏曰：“王法地，地法天，天法道，道法自然。”正與此合。王，人也，合天地而爲三也，故用之者三，以况天、地、人也。合天、地、人而爲道，故不用之一，以况道也。道，自然者也，故無體之一，以况自然也。以四時論，如皇極之數之有十有六也，則當有春春、春夏、春秋、春冬、夏春、夏夏、夏秋、夏冬、秋春、秋夏、秋秋、秋冬、冬春、冬夏、冬秋、冬冬之十六月矣。而時止三月，月止三旬，去其用之三也。旬之有十日者，又天地之全也。故春之三月，卽夏、秋、冬也；夏之三月，卽春、秋、冬也；秋之三月，卽春、夏、冬也；冬之三月，卽春、夏、秋也。春、夏、秋、冬，各自爲不用之一也。聖人之作《易》也，有八卦，八卦者，體四之變也，四卽四象，象各有變而爲八；有六爻，六爻者，用三之變也，三卽三才，才各有變而爲六。蓋以天之四體，合地之四體，遂爲八卦。乾，天不用之一也，震、坎、艮者，其用之三也。坤，地不用之一也，巽、離、兑者，其用之三也。以天之三才合地之三才，遂爲六爻。故二爲地中之人，五爲天中之人，而二、五貴也。邵子又曰："體者八變，用者六變，是以八卦之象，不易者四，反易者二，以六卦而成八也，故爻止于六，卦盡于八。"愚謂不易之四者：乾、坤、坎、離；反易之二者：震反易而爲艮，巽反易而爲兑，故并四而爲二也。以六卦而成八者，則體四、用三之象具焉。愚之説，補邵説者也。邵子又曰："用者，止于三而極于九。"則天之中有天、地、人焉，地之中有天、地、人焉，人之中亦有天、地、人焉。《太玄》之所以有九贊而家，夫子所欲廣《易》而爲九爻也，愚之爲太微有畢、堯、雎、顥之四象，體四也，有上、中、下之三位，用三也。六位者，合天地之用數而爲六，四象者，分天地之體數而爲四也。

河汾教卷六

廣道之不明，教襄陵縣學諸生

是月十三日，合試襄陵、洪洞、浮山、趙城、太平、岳陽、曲沃、翼城八學之士，蓋五百人。試襄陵縣爲："道之不明也，我知之矣。"爰廣厥說而教之。

昔者，陽明以知行合一說詁"格物"，以爲格物者，正之於物也，正之於物而知，乃至謂非行到不能知。此其意欲督實行，而於《大學》之序，終爲倒行逆施之說也。如即已行矣，則意已誠矣，心已正矣，身已修矣，國家已齊且治矣，天下已平矣，又安用誠、正以下之六目也？愚嘗謬謂有行前之知，有行後之知。行前之知，開其關；行後之知，振其全。聖人五十而知天命，是行後之知也。然不可謂十五志學以來不已生而知之，此又所謂行前之知矣。譬如登山者，必至其顛而後知天外三峰之景色，然不可謂不先知此山之奇絶。不先知其奇絶，亦奚爲蹈其峽坪而捫嶂以上耶？譬如諸生之應制公車者，必得雋就宴而後知其榮然，亦不可謂不先知之也。不先知之，肯鞭其力於三年茹苦之呻吟耶？聖人論道之不行，則歸之知與愚，註以爲不明，故不行也，此行前之知與？論道之不明，則歸之賢不肖，註以爲不行，故不明也，此行後之知與？有智之事而後有聖之事者，行前之知也。堯舜以至孔子止稱聞見而知之者，行在其中也，是行後之知也。《易》稱仁者見之謂之仁者，賢者之過之也。知者見之謂之知者，知者之過之也。百姓日用而不知者愚，不肖者之不及也。君子之道鮮矣者，中庸其至矣乎，民鮮久矣者也。乾以易知，坤以簡能。易則易知，簡則易從。易知則有親，易從則有功。有親則可久，有功則可大。可久則賢人之德可大，則賢人之業易簡，而天下之理得矣。天下之理得而成位乎其中矣者，君子之中庸也。然乾知大始，而坤作成物，則行未有不先之以知者久且大，而總歸之賢人之德業，未有不行而可謂之知者，茲所謂合一之說與？

廣如有能信，教洪洞縣學諸生

試洪洞縣爲："如有能信之者，則不遠秦、楚之路。"爰廣厥說而教之。

邵子曰："指節可以觀天，掌文可以察地。"卽一手而周身之全象具。又吾身之一小天地也，諸指皆可屈伸，而惟第四指不可伸。其不可伸者，靜象也。蓋拇爲斗象，其四指有十二節，實象十二辰，以拇衡之，如斗之指十二位也。第四指之下一位，卽屬子。子，北方之位也，爲十二辰之首。而辰極實在北，是以爲靜象也。惟其靜，故用少而稱無名，倘其可伸，則可得而名者也。如按十二節之中，則爲十位，虛其中二，而甲亦起於此。蓋下一位爲子，卽坎位，上一位爲庚，卽兑位，故拇之之小指也。[一]則若不足其之食、中二指也，則若有餘而按之，卽正當子位，亦可以知數之所自起矣。中指之上一位爲午，爲巳，是真可以定陰陽之位。道家以拇按子爲印訣，殆不誕。周身皆動，而惟背靜，故稱敦、艮亦無名之義。靜者，常爲動樞，故五藏皆繫於背，而心實與背對。《易》曰："艮其背，不獲其身。"又曰："洗心退藏于密。"是亦吾身之甲子，心齋坐忘之妙實在此。故孟子又以失肩背者爲狼疾人也。

【校記】

[一]"之之"，案似衍一"之"字。

廣偃之言是，教浮山縣學諸生

試浮山縣爲："二三子，偃之言是也。"爰廣厥說而教之。

邵子曰："遇程伯淳不得不少，遇司馬君實不得不多。"蓋人之氣質各别，故應之者亦有差。聖門惟子路粗喭，故其率爾，則哂之；其强對，則佞之；其不可與之解也，則矢之；其迂聖人也，則野之。又嘗督之曰："久矣，由之行詐。"曰："死而無悔者，吾不與。"曰："不得其死然。"蓋由之氣象如此，則聖人亦不得不以直律之矣。此所謂强弗友，則剛克之者也。至子貢則不然，其人疏達不免，婉以諭之。曰："賜也，賢乎哉！夫我則不暇。"及其病也，聞歌而入，則曰："賜，爾來何遲也？"則其達亦可想見矣。至曾點舍瑟，則曰："何傷乎，亦各言其志也。"已矣。至顏子則並"言說不事，與之言，有終日不違焉”。已矣。文學之士卽通禮樂，故子游之氣象近文章。其爲宰，則詢之曰：“女得人焉爾乎？”亦甚婉。聞弦歌則莞爾而笑曰：“割雞焉用牛刀。”既而曰：“二三子，偃之言是也。前言戲之耳。”其視“賜也賢乎哉”之語，更婉一則矣。士誠不應爲違心之論以佞其師，然由之直目聖人曰“迂”，則其不達、不文之氣象亦可想見。其治國也，兵食信有餘，恐未可聞弦歌之聲也。卽其瑟終，不免有殺伐之音如北鄙，爲聖人所深病。聖人獨於偃曰：“偃之言是。”又於雍曰“雍之言然”，“仲弓之可使南面”。蓋深於禮樂者也。邵子云：“遇伯淳不得不少”者，達也，文也，且幾於顔子之不事言說矣。

廣唯堯則天，教趙城縣學諸生

試趙城縣爲：“巍巍乎，唯天爲大，唯堯則之。蕩蕩乎，民無能名焉。巍巍乎，其有成功也。”爰廣厥說而教之。

《註》謂：物之高大莫過於天，而獨堯之德能與之準。故其德之廣遠，亦如天之不可言語形容也。是此一巍巍者道天德，而堯以蕩蕩當之矣。又曰：堯之德不可名，其可見者此爾。又引尹氏謂所可名者，其功業文章巍然焕然而已。均一巍巍也，在天則爲不可名，在堯則爲可名。上文則以蕩蕩當巍巍之大，下文則巍巍者又蕩蕩者之迹也，此豈駢舌於立言者乎？愚以爲其成功之巍巍也，茲其所以不可名也與。而上文原不曾拈“德”字，成功與德，豈可析言？“焕乎其有文章”，正所以贊其成功也。“文章”兩字，從來無耦之者，孔子獨以贊堯。文章不焕然，不足以爲成功。成功不巍巍，不足見堯之大之不可名也。然堯之大，所以獨巍且焕者，其惟公天下而任舜之效與。

廣不困不疚，教太平縣學諸生

試太平縣爲：“事前定則不困，行前定則不疚。”爰廣厥說而教之。

昔者，朱子之格物致知，凡事皆欲先求一定之理以爲典要，於是由一善以求之萬善。吾不知物何日格盡，知何日致至，以築誠意之門庭，而天下之事果皆可以典要求之與？陽明所謂如“舜之不告而娶”、“武之不葬而興師”，得以考諸何典、問諸何人而爲此耶？抑亦自求其心，權輕重之宜，不得已而爲之，是可以得孔氏前定之說。言、事、行、道，蓋一步深一步而推言之。然所謂前定者，非言、事、行、道各一定，又非言言、事事、行行、道道各一一定之以典要也，即所謂知止而定者矣。定則静安，而自能慮焉矣，即所謂知至而誠意者矣。意誠則心正身修，而自能齊、治、平焉矣。知止者，物格知至之謂也；定者，意誠之謂也；静者，心正之謂也；安者，身修之謂也；慮者，家齊、國治、天下平之謂也。則前定之定於一定於誠也。聖學信止有此一宗也。《易》曰“修詞，立其誠”。是爲言前定也。貞固足以幹事，是爲事前定也。忠信所以進德也，是爲行前定也。“大哉乾乎，剛健中正，純粹精也”，“時乘六龍，以御天也”，是爲道前定也。道前定其總乎，而言事行統是矣。擬之而後言，議之而後動者，必先有以一之，而後可以權輕重之宜於擬議變化間也。世人不知道、不知誠，而日營營於言與事之間，前定之機權術數以待之。此其胸中不勝其勞且拙乎，而惡乎其爲行之以一也。

廣不賢識小，教岳陽縣學諸生

試岳陽縣爲：“不賢者，識其小者。”爰廣厥説而教之。

自來有大小之二端，形而上者謂之道，形而下者謂之器。凡形上之道，是學者則爲識大之大賢；形下之器，是學者則爲識小之小賢。莊子方術之論，幾於見其大者。其説曰：“天下之治方術者多矣，皆以其有爲不可加矣。古之所謂道術者，果惡乎在？”曰：“無乎不在。”曰：“神何由降？明何由出？聖有所生，王有所成，皆原於一。不離於宗，謂之天人；不離於精，謂之神人；不離於真，謂之至人。以天爲宗，以德爲本，以道爲門，兆於變化，謂之聖人。以仁爲恩，以義爲理，以禮爲行，以樂爲和，薰然慈仁，謂之君子。”又曰：“古之人其備乎！配神明，淳天地，育萬物，和天下，澤及百姓。明於本數，係於末度，六通四辟，小大精粗，其運無乎不在其明而在數度者，舊法世傳之史尚多有之。其在於《詩》《書》《禮》《樂》者，鄒魯之士搢紳先生多能明之。《詩》以道志，《書》以道事，《禮》以道行，《樂》以道和，《易》以道陰陽，《春秋》以道名分。其數散於天下而設於中國者，百家之學時或稱而道之。天下大亂，賢聖不明，道德不一，天下多得一察焉以自好。譬如耳目鼻口，皆有所明，不能相通，犹百家衆技也，皆有所長，時有所用。雖然不該不遍，一曲之士也。判天地之美，析萬物之理，察古人之全，寡能備於天地之美，稱神明之容。是故内聖外王之道，闇而不明，鬱而不發，天下之人各爲其所欲焉以自爲方。悲夫，百家往而不反，必不合後世之學者，不幸不見天地之純，古人之大體，道術將爲天下裂。”味莊子之言，則以内聖外王之學爲不可裂之道術者也。故其初卽云“聖有所生，王有所成”，信可謂見聖人之大者。雖其以道德爲聖人，以仁義爲君子，不知仁義之卽道德。然謂聖人以天爲宗，而若以爲兼天人、神人、至人之全者，良亦卓矣。蓋謂六經之學，世或不能盡其全，而六經之後，道術遂裂，似未嘗詭於孔子也。善哉，莊子之可與游於聖人之大乎！是知内聖外王之學，則賢者之所識之大也；百家衆技之學，則不賢者所識之小也。以大爲賢，則小者不可謂之賢矣。故曰不賢以大者爲大賢，則小者不可不謂之小賢矣。孔子者，以道挈器而一以貫之者也。《易》象有大小，則《畜》《過》《有》《壯》焉而繫。《詩》雅有大小，則《明》《旻》《宛》《弁》焉而誦。三代之學兼大小，則八歲十五焉而入。而《學記》稱大德不官，大道不器，孔子獨於堯舜稱大道之行焉。卽三代尚謂之大道之隱，曰“小道可觀，君子不爲”，則道器之辨久矣。獨大堯之爲君，而於舜稱大德，曰“大德者，必得其禄位名壽而受命”。受命者，不官之謂也。皋陶之所謂日宣三德者，夙夜浚明有家而大夫，日嚴祇敬六德者，亮采有邦而諸侯。然則撫五辰、凝庶績者，非九德不可。大德則九兼之矣，故曰不官。是故大人之學謂之大學，學大道者也；小學者，學稼圃之小人焉矣。故言不必信，行不必果，惟義所在，孟子謂之大人；言必信，行必果，硜硜然者，孔子則謂之小人。而學之大小，良有區别。《學記》又云“大信不約，大時不齊”者，此之謂也。百家之馳於器也，而或以詞章，或以訓詁，或以才智，或以技藝，大道於是乎終隱，聖人未嘗不貫之於形下之器，貫之以道焉已矣。《易》之《大畜》云：“多識前言往行，以畜其德”，則大小兼識之。而其象爲“天在山中”，所謂“以天爲宗，兆於變化”之聖人，請以歸之孔氏。

廣切磋琢磨，教曲沃縣學諸生

試曲沃縣爲：“《詩》云：‘瞻彼淇澳，菉竹猗猗。有斐君子，如切如磋，如琢如磨。瑟兮僩兮，赫兮喧兮。有斐君子，終不可諠兮。’”爰廣厥說而教之。

《註》云：切以刀鋸，琢以椎鑿，皆裁物使成形質也；磋以鑢鍚，磨以沙石，皆治物使其滑澤也。治骨角者，既切而復磋之；治玉石者，既琢而復磨之。治之有緒，而益致其精也。而《周官・太宰・九職》：“五曰百工，飭化八材。”《註》云：“珠曰切，象曰磋，玉曰琢，石曰磨，木曰刻，金曰鏤，草曰剥，羽曰析。”則切、磋、琢、磨，截然爲四工之事矣。愚謂珠稱切，則采之於珠，孔之其腹，皆可稱切也。《長楊賦》云“椎夜光之流離，剖明月之胎珠”者，道其采之也。《戰國策》稱貫珠者在堂下，道其孔之也。玉稱琢，則采之於璞，汰之其肉，皆可稱琢也。語云“良工不示人以璞”，恐其見斧鑿痕者，道其采之也。《詩》曰：“金玉其相，追琢其章。”金曰追，玉曰琢，蓋道其汰之也。意者，珠之肌細，止切之而可無事於磋耶，象則切而不能不磋繼之耶；玉之理縝，止琢之而可無事於磨耶，石則琢而不能不磨繼之耶？其於學，珠、玉蓋如中人以上者焉，薄用其力而已精矣，其生質固天然，特薄裁成之而可矣；象、石蓋如困質勉行者焉，非人一已，百人十已，十而不克逮，其質固不可以珠、玉方之矣。象亦骨也，角亦骨也，蜯亦骨也，珠房於骨而精焉者也。璞亦石也，玉房於石而精焉者也。故琢從“玉”，磨從“石”，其字義若有差别矣。然《詩》有“他山之石，可以攻玉”，朱《註》引邵、程之説，以爲兩玉不相磨，必以石磨之，而後可以成器。如善人之困衡於惡人也，是玉亦待於磨之矣。又意者，攻玉之説，非如攻木、攻金、攻皮之攻與，特所謂石雖惡而韞玉可以攻而取之與，玆所謂憎當知其美也。《考工記》：“攻木之工七，[一]攻金之工六，攻皮之工五。”然“玉”不言攻也，止稱“刮摩之工五”，則玉楖雕矢磬而玉冠之。至玉人之事，不言所以治之者，而磬實兼玉、石二種。磬氏已上則摩其旁，已下則摩其耑。已上者，聲清而太上也；已下者，聲濁而太下也。摩者，摩鑢之也，則磨之功，玉固有之，特以沙而不以石耳。又意者，沙亦可以稱石乎，然珠之無待於磋，卓矣。是以朱《註》稱骨角而不及珠，其於學，則生質之美如珠玉者，卽或不可無磋磨，但精而益進之。精者，固自有珠玉之琢磨，但不如骨石之苦耳。而孔子之於顔子，何事諄諄命之矣。

【校記】

[一]“工”，案底本原作“攻”，以涉上文致誤，玆據引文的下兩句及《周禮·考工記》改。

廣上下揖授，教翼城縣學諸生

試翼城縣爲：“上如揖，下如授。”爰廣厥説而教之。

註云“執圭平衡，手與心齊，高不過揖，卑不過授”者，謂未嘗有上下也。蓋從上視之如揖，從下視之如授。而諸生之爲文，則稱有時而上，有時而下，如此則安得爲手與心齊而平衡之執乎？《詩》曰："戎車既安，如輊如軒。"《註》云：輊，車之覆而前也；軒，車之却而後也。凡車從後視之如輊，從前視之如軒，然後適調也。與此文勢正相似，豈所謂有時而輊有時而軒者乎？是不前不後之謂安也，不上不下之謂衡也。如云時而上，時而下，是不爲邾隱公與魯定公乎？昔者，邾隱公來朝，執玉高其容仰，定公受玉，卑其容俯。子貢曰："以禮觀之，二君者皆有死亡焉。高仰，驕也；卑俯，替也。驕近亂，替近疾。君爲主，其先亡乎。"君子徵賜之言中，知聖人之手容之爲化工也。"孔子與門人立拱而尚右，二三子皆尚右。孔子曰：'二三子之嗜學也，我則有姊之喪故也。'二三子皆尚左。"夫吉尚左，凶尚右，聖人之有時而左右者，所謂左之左之，無不宜之；右之右之，無不有之者也。則聖人謂治天下如視諸掌也，亶其然乎。今天下有南北之禮矣。南人揖尚右，其行坐則尚左。如北，北人病南人之尚右也，曰：國家立官，左加於右，彼奈何尚右？嘻！南人亦未嘗尚右也，特其所謂左者未審耳。北人以手爲左右，南人以地爲左右。今朝班，文列東，武列西，是非東左而西右乎？《禮》稱東海爲左海，是亦以前後左右爲南北東西也。如以南人爲尚右，則坐與行奚而不右。然夫子不以東階之上爲在阼，西階之上爲賔之乎？則揖之於階上而賓在西者，以手之左爲左也，冠於阼階以著代也。阼階爲主人之位，則客位非西階乎？以手爲左右，則室不必皆南向而禮員。南人明以阼階爲客位，則是尚右而行凶禮矣。朝班之文武分者，東西也，非左右也。文象春生，武象秋殺，是以列東西，非以東爲左也。東西，定者也，左右，活者也。東西以方，左右以手。昔者，孔子從老聃助葬，日有食之，老聃曰："止柩就道右。"《註》云"北向而出道右"，則道之東也。是北向者，以東爲右也，審矣。豈有車書一家之天下，而南北各一禮者？議禮者尚裁之以先王之定禮乎，毋漫然於左右東西塗於方與手之辨也。

廣通月，教襄陵縣等八學諸生

《易》試目爲："爲通爲月。"爰廣厥說而教之。

觀水之通，不在流而在坎。坎，重坎也。水洊至曰習坎，坎而習之，終無能坎者，水不能保地中峽者、墳者之不坎，而能保其習之也。習則通，君子之自有生以來，卽行乎坎之遠矣。蓋天一生水，而八卦之位，西北之乾，次而爲正北之坎，是天一生水之象也，是卽《訟》卦象也。人生而靜，以上純乎天，一生而有氣質，則有理欲之交爭而爲坎。天與水違行者也，遂成《訟》象。訟也者，理欲之交爭也。習也者，鳥雛數飛之義也。《禮》云：鳫乃學習聖人。觀水之善處坎也，而目之以習。水，柔也，而石可穿，習也。惡乎！善習而有能坎之者？故聖人以"時習"爲學之第一義。《坤》之爻曰："不習，无不利。"是習之，詁爲熟之之義也。君子自齊家應世以往，又行乎事變之坎，而是、非、榮、辱、利、害、死、生之八者交至，是又一坎也。天與水違行而不能不訟焉者也，亦在習之而已矣。習則通，非人通我，有所以通之者也。通與月而虛實有本末不可平稱，而諸生並舉之者，非言□□及月者。月卽水之從來處也。其性也，火出於日，水出於月，故陽燧方諸收其功。君子觀月而知水之所從來，則已發之情，信不得不先養之於未發之性矣。愚嘗謂日月者，寒暑之宗也。有月而無日，則天下人應當躁殺；有日而無月，則天下人應當凛殺。陰陽相制，而人遂葆冲合之氣，故水之晝減而夜增者，以從月也。江海之潮汐，亦應月者也，蚌兔之應月，亦以爲陰宗也。

廣石鈞，教襄陵縣等八學諸生

《書》試目爲："關石和鈞。"爰廣厥說而教之。

舜巡守，"協時月正日，同律度量衡。"度量衡生於律者也，律生於曆者也。九十分黃鐘之長一爲一分，十分爲寸，十寸爲尺，十尺爲丈，十丈爲引，是審度而度長短出黃鐘。黃鐘之管，其容子穀秬黍中者，一千二百以爲龠，而十龠爲合，十合爲升，十升爲斗，十斗爲斛，是審量而量多少出黃鐘。黃鐘龠所容千二百黍，其重十二銖，兩龠則二十四銖爲兩，十六兩爲斤，三十斤爲鈞，四鈞爲石，是平衡而權輕重出黃鐘。十二律生於十二辰者也，是以先協時月正日也。《五子歌》：禹曰"關石和均"。王府則有石之關而通均之和而平也，所謂同之也。百二十斤爲石者，所謂四鈞爲石，鈞三十斤而稱，五權之最重者也。注稱，法度之制始於權，權與物鈞而生衡，衡運生規，規圓生矩，矩方生繩，繩直生準。權衡又法度之所出，故稱鈞石焉。愚按五行之應，東，動也，陽氣動物於中春，蠢也。物蠢生，乃運動。木曲直，仁者生。生者圜，故爲規也。南，任也，陽氣任養物。夏，假也，物假大，乃宣平，火炎上。禮者齊，齊者平，故爲衡也。西，遷也，陽氣遷落萬物，秋揫也。物揫斂，乃成熟。金從革，義者成。成者方，故爲矩也。北，伏也，陽氣伏於下。冬，終也，物終藏，乃可稱。水潤下，智者謀。謀者重，故爲權也。中央者，陰陽之經緯通達，乃能爲端直也。於時爲四季，土稼穡蕃息。信者誠，誠者直，故爲繩也。五則揆物而鈞之，起於數。數者，一、十、百、千、萬，始於一而三之，三三積之，歷十二辰之數，十有七萬七千一百四十七，而五數訖也。規矩準繩者，所以制器者也；權衡度量者，所以揆物者也。聖人之所竭耳目之力，以前民用者也。故武王伐商，首亦謹權量。王制八政，度量數制居其四。仲春之月日夜分，則同度量，鈞衡石，角斗甬，正權概。仲秋亦云法虞巡也，王者之所以持平天下在權衡。莊子不功聖人，而尤聖人曰“聖人不死，大盜不止”，“剖斗折衡，而民不爭”。激於世之矯僞而爲言，宜韓子《原道》之罪之也。權衡者，天爲之。莊子不知天，故欲剖折之以還於混沌之無事。《天官》：北斗七星，所謂“璇璣、玉衡以齊七政”。第四星謂之權，第五星謂之衡，自第一至第四謂之魁，自第五至第七謂之杓。杓攜龍角，魁枕参首，而徵殷南，斗建夜半而下，當中州河濟之間，天地之中也。斗爲帝車，運於中央，臨制四鄉，分陰陽，建四時，均五行，移節度，定諸紀，皆繫於斗。是非人世之權量，聖人實尚其象以制器者與。南宫朱鳥亦云權、衡，軒轅爲權，太微爲衡。衡，太微，三光之廷也。軒轅，十七星，黄龍之體也。故候曆斗之會，以定填星之位，填星色黄而九芒。音曰黄鐘、太紫之二垣，天之帝位，故曰權衡之所從出者天也。是以帝王位大寶，而操之柄曰御世之權法。北斗、天權、天衡，所以制列宿者也，聖人中萬物之帝，則亦曰可立而可權。斗中央而指十二辰運焉，聖人之心法亦出諸此也。而權於五行爲水，四序爲冬，是十二辰之首，當冬至子之半，稱天根肆，乃德始於智，而權又揆物之主與。

廣辟國，教襄陵縣等八學諸生

《詩》試目爲：“昔先王受命，有如召公，日辟國百里，今也日蹙國百里，於乎哀哉！雖今之人，不尚有舊。”爰廣厥説而教之。

昔者，有苗不格，禹征之，三旬而苗民逆命。舜以爲兵力不必遂也，歲月不必持也，班師而舞干羽於兩階。三旬，有苗格，是詘力之與詘心效不侔。文王之假弓矢而伯，雖伐密、伐崇，一再用武，亦未嘗遂其兵力。而其所以風行二南者，則周公左、召公右，陝東主之以周公而稱周南，陝西主之以召公而稱召南。虞、芮質厥成，而歸之者四十國，遂至三分有二，非以兵力收之也。武王伐紂，不期而會盟津者八百國，茲豈顓以武收功者乎？向使武王不伐紂，紂亦必至於衆叛親離而自亡，特不忍百姓之烹屠而速數日耳。戰國七雄相啖，如魚蠏之互持，而孟子特以反手易之者，有以收人心而控之，不必善戰如孫、吳也。諸葛武侯當吳、魏之際，殫智窮力，以至於志决身殲軍務勞而終，不能以食少事繁之身相持久。愚謬意其布化施仁之力微，不勝其用武之勤，與文王辟國之道或少異。武侯沒而蜀遂亡者，格心致主之術未暇也。向使武侯以其全格君心而撫百姓，卽不一統，亦何至身亡而蜀繼之？辟國之果，不全繫於用武也。

廣逆后，教襄陵縣等八學諸生

《春秋》試目爲："祭公來，遂逆王后于紀。桓公八年劉夏逆王后于齊。襄公十有五年"爰廣厥説而教之。

《左氏》以祭公逆后爲禮，而胡氏非之，云："三公之貴，而使之命魯侯以婚姻之事，是輕師傅之官也。祭公緣此義得專命，不報遂行如紀卿往，而公監之可也。劉夏之逆王后于齊，《公》《穀》以爲過，我故志之。"胡氏以爲士而逆后，是輕后也。夫輕公之與輕后，其失鈞。愚以爲后之貴，母天下者也；公雖貴，逆天下之母后，未遽輕師傅也。而《春秋》譏之者，公冠諸侯者也，而使於諸侯，是侯躋公也。命魯主后之謀，其典重，然使於魯，則不可逆王后，其典重。然后在紀而使逆之，則不可嫌於尊侯而役公耳。公而逆后於侯氏尚不可，况天王使宰咺來歸惠公仲子之賵乎。故《春秋》者，制事之權衡，仁之至、義之盡也。

廣立賔，教襄陵縣等八學諸生

《禮記》試目爲："立賓以象天。"爰廣厥説而教之。

《禮》曰："賔主，象天地也。介僎，象陰陽也。立賔，象三光也。讓之三，象月之三日而成魄也。四面之坐，象四時也。"又以爲天地之義氣始西南而盛西北，故坐賔於西北，而坐介於西南，以輔賔也；天地之盛德始東北而盛東南，故坐主於東南，而坐僎於東北，以輔主人也。賔者，接人以義者也；主人者，接人以仁者也。又曰："立賔以象天，立主以象地，設介僎以象日月，立三賔以象三光。”古之制禮也，經之以天地，紀之以日月，參之以三光，政教之本也。愚於是知聖學之果在於律天也。聖人之作《易》，先立乾、坤爲父母、賔主之象也。三賔者，震、坎、艮之象也。賔西北，乾之位也；主東南，巽之位也；介西南，坤之位也；僎東北，艮之位也。天地、日月又先天乾、坤、坎、離之位也，豈直禮而已？《書》有四代，以律四時；《詩》有四始，亦以律四時。《書》百篇，日百刻之象也；《詩》三百，歲三百日之象也；《春秋》十二公，十二月之象也，二百四十有二年、二十四氣之象也。聖人舍天，而將焉所取法以制作耶？吾與汝既生於天地之間，則宜一一取法於天地之陰陽，是爲聖宗。而佛氏之棄禮而不知返者，逆天道之自然矣。

廣火體，教襄陵縣等八學諸生

論試目爲："天地有無火體。”爰廣厥說而教之。

邵子曰："天火，無體之火也；地火，有體之火也。”而《註》以爲天火有二：雷火、飛火。天火也，陽燧之火，天交於地之火也。地火有二：石火、木火。地火也，野鬼之火，地交於天之火也。愚以爲天火日，地火木。火生於木而傳於木，故有體也；日運於天而火之所從出者，故無體也。唯水亦然，月其無體之水也。孔子之贊《易》：離之象在天爲日，在地爲火。人之生也，形本乎地而性來乎天者也。形，有體之人也；性，無體之人也。知水火之功而不知日月爲寒暑之宗，可乎？晝減而夜增，日月之分行也，陰陽應從其類也。陽燧方諸之，可取水火於天，然後知日月之果爲無體之水火也。然則功業附乎地，而精神麗乎天，亦不易之說也。

河汾教卷七

廣忿懥，教靈石縣學諸生

是月十六日，試靈石、蒲縣、汾西、滎河、萬泉、河津、絳縣、霍州、吉州之士，盖五百人。試靈石縣則："身有所忿懥。"爰廣詁以教諸生。

喜、怒、哀、樂，皆情之自然之名也；忿懥、恐懼、好樂、憂患，皆情之不正之名也。盖由"忿懥"二字可想見。故一有所忿懥、恐懼、好樂、憂患，而卽不得其正。不然，但有所喜、怒、哀、樂，而未問其中節與否，可卽目之以不正耶？曰忿懥，則怒之不中節睹矣。恐懼以下，可以此義括之耳。下文親愛、賤惡、畏敬、哀矜、敖惰，亦情不正之名也。觀"賤惡"、"敖惰"字，卽可括之矣。故但敖惰卽辟非，又有辟不辟之二岐也。今不問發之中節與否，而但曰"不可有喜、怒、哀、樂"，人豈有無情之人耶？

廣可使，教蒲縣學諸生

試蒲縣則："'可使有勇，且知方也。'夫子哂之；'求，爾何如？'對曰：'方六七十，如五六十，求也爲之，比及三年，可使足民。'"爰廣詁以教諸生。

凡才有餘而學不足者，其失也必卽其所長而現其短。由之才長於勇者也，其究則有孔悝之難，終以勇見而不免輕死以害義也。求之才長於生財者也，其究則有聚斂之謀，終以生財見而不免枉己以狥人也。以吾衡世之論，有才者往往以治生爲良善。治生者，未有不遠於道者也。未有孔孟之徒而移其心於治生者，卽子貢之賢，終與孔、顏之飯疏、簞瓢大有間。今之世有宦遊而貧者乎，未有不賢者也，然人亦未有不笑之者，相目之曰"無用無用"乎，抑不屑人之用之也。嗟乎！世有不廉而可以足國者乎？貪夫而持籌，惡乎其不爲盗臣也。

求之志在足國，其品尚不能自擢拔，矧有治生之心者耶！

廣祖述，教汾西縣學諸生

試汾西縣則："仲尼祖述堯舜。"爰廣詁以教諸生。

《周官》：内史掌三皇五帝之書，而左史倚相能讀《三墳》《五典》。孔安國曰："伏羲、神農、皇帝之書謂之《三墳》，[一]少昊、顓頊、高嚳、[二]堯、舜之書謂之《五典》。"孔子序《書》，削《三墳》與《三典》，斷自堯、舜而下。帝嚳以上，家天下者也，堯、舜，公天下者也。天下者，天下之天下，而天之天下，故公天下者，始協上帝之心精。孔子於堯、舜則稱大道之行，於三王則稱三代之英，曰："大道之行，天下爲公。"是謂大同。大道既隱，大人世及以爲禮，是謂小康。而以禹、湯、文、武、成王、周公爲六君子，列文王於三王之中，而列周公於成王之次。則其辭，視堯、舜亦大有軒輊於其间矣。堯、舜者，固後之三王所不得而班，卽前之三皇三帝亦不得與之方駕。故孔子於賛《易》則曰："伏羲氏之王天下，伏羲氏沒，神農氏作。神農氏沒，黄帝、堯、舜氏作。"至此，始略著三皇之號矣。而少昊、顓頊、帝嚳之三帝，則號亦不之存也。以《易》追三皇於太古之初，而以《書》尊堯、舜於中天之會。《易》也者，道之所自來，故推三皇以繼天書也者。政事之權衡而位育之極準，故獨尊堯、舜以配天典，稱常公天下之謂天常。天之生人，卽不能世世生堯、舜，然必有其世之第一人者焉。以其第一人者相繼而治天下，而守堯、舜之舊，則天下奚有不世唐而世虞者乎？故虞、夏之間，一升一降，是陽之極而陰之始。禹之王而不帝，則王乎其所不得不王。王道之與帝道自截然而爲兩級，而有夏則有商，有商則有周。周雖以文王、周公之聖而不能追堯、舜之成功文章，則文王伯而不王，周公相而不王，武王王而僅可以追夏、商而三之。堯、舜飛而九五，文、周躍而九四。文、周能爲堯、舜而不堯、舜，則豈亦天之不能不三代與？三代者，自以爲法天、地、人而統三，曰：夏《連山》而人，商《歸藏》而地，周《周易》而天。人生寅，地闢丑，天開子。愚以爲二帝以法兩儀，三王以法三光，如唐天而虞地，則當夏日、商月而周五星也，此生生之序。故唐虞如父，三代如三索之子也。然周之才盛於商，商之才盛於夏。夏則禹、益，止一君而一臣，而商則有湯、伊尹、武丁、傅說、二老、三仁之多才，周則有泰伯、虞仲、文王、武王、周公、太公、召公、畢榮、四友、夷逸、朱張、柳下惠、少連之多才，以逮孔子之徒之冠萬古者而亦周人，則才且盛於唐虞之際矣。豈所謂“天覆地，地載人”乎。夫周之跨夏、商之右者蓋有四：文王、周公之聖可以追堯、舜，一也；多才可以追唐、虞，二也；《易》《詩》《書》《禮》《樂》至周而集其成，三也；此孔子之所以獨憲章之與，又有孔氏之提萬事之柄者，以表相祖宗而殿其後，四也。其爲天統，不亦宜乎？自開闢以至獲麟，而孔子獨生之千聖百王之後，譬之用兵者，大將獨殿於玄武以總大軍耳，而千聖百王實爲至聖之一人前驅者也，此孔子之所以定皇、帝、王、伯之準也。愚嘗欲推天地生成之數以爲人物表，自一一之一，以極於十十之百，而冠孔氏一一之而一，則夫子法一元；二二之而四，則神堯、大舜、文王、周公法四時；三三之而九，則伏羲、神農、黄帝之皇而三，少昊、顓頊、帝嚳之帝而三，大禹、成湯、武王之王而三法九州，皇、帝、王亦不可以若是班矣，然皆君之矣，故可以九而列之也；四四之而十六，則皋陶、稷、契、伯益、伊尹、傅説、泰伯、伯夷、箕子、柳下惠、顏子、曾子、子思、孟子、諸葛孔明、邵康節以法天之八極，地之八方。而五五以次，則便不可以更僕數。蓋欲次第其《河圖》之數，以表人極而總之。堯、舜可以偶出，而孔子不可以偶出。舜偶堯，周公偶文王，而顏子不可以偶孔子。堯、舜、文王者，生於天地之偶，孔子生於天地之奇，奇主之而偶翼之。天一而地二，萬世之地之割而爲華、夷之别區，總翹首而戴一天。天，萬世而一之者也，孔子亦萬古而一之者也。孔子，人中之天一，是以終萬世更無可配之者也。自堯、舜以下，以至於吾與汝之百、千、萬、億、兆、京，總之爲偶數之所生，而孔子獨自爲一奇數。三、四、五、六、七、八、九、十皆二也，百、千、萬、億、兆、京皆二也，三、五、七、九皆二之偶之推也，而非奇。孔子者，蓋天、地、人自爲一氣者與。

【校記】

［一］“皇帝”，案《史記》卷一《五帝本紀》及本篇下文均作“黄帝”，是。

［二］“高嚳”，案《史記》卷一《五帝本紀》及本篇下文均作“帝嚳”，是。

廣難能，教滎河縣學諸生

試滎河縣則爲：“難能也。”爰廣詁以教諸生。

昔者孔子有四友，方於文王之四友，而子張居其一，以方之閎夭之先後，則子張之地步亦卓逈矣。有六侍而子張亦居其一，曰容貌不脩則子張侍。有四賢而子張亦居其一，曰師之莊賢於丘。聖門亦多君子矣，而師獨與顔淵、由、賜列，曾子、子游皆以爲未仁，而子貢述其行曰："美功不伐，貴位不善，不侮不佚，不傲無告。"道孔子之言曰："其不伐則猶可能也，其不獘百姓，則仁也。《詩》云：'愷悌君子，民之父母。'"夫子以其仁爲大學之深，是夫子已仁之矣。而二子皆以爲未仁，何也？孔子之所猶可能者，其諸子張之爲難能者乎。愚以爲子張誠有仁者之量，其所不足者，克己之實耳。觀其問仁、問政，獨告之加詳，有治天下之概，而尊賢、容衆、嘉善、矜不能，良亦大賢之體矣。則今之廟庭進之十哲，以補顔淵之闕維允 。

廣求齊，教萬泉縣學諸生

試萬泉縣則："雖日撻而求其齊也，不可得矣。引而置之莊嶽之間數年，雖日撻而求其楚，亦不可得矣。"爰廣詁以教諸生。

教之施於中人之上者，則當直捷下頂門之針爲閑心之法，心閑而迹自與之俱閑矣。故欲辨吾心之齊楚者，先當定吾心之莊嶽，吾心之莊嶽是所致之知也。知之於本而非知之於末也。知之於末者，畢世而不可窮，而與吾之意有何涉？不爲誠意而致之者，卽日致之，而意之不得收秋毫之功也，曰知本而已矣。本者何？中也者，天下之大本也，至誠之所立者。此中也，則性之謂也。然則知本也者，知性而已矣。知性者，知性之所自命。知天而後可以知性，知天而知性，而天人相與之際，斬關而直入，意未有不立誠者也。《詩》曰："慎爾優游，勉爾遁思。"則閑心之說也。卽中人以下之教，亦豈有不爲心而設者，而必借迹以閑其欲騁之心。《詩》所謂折柳藩圃，而狂夫亦爲之瞿瞿者也。見可欲則心亂，耳目之所不涉則心亦可以退而藏之矣。《詩》所謂我不見兮，我心不悅者。悅生於見者也，未有坐市肆而可以內觀而至於忘，則艮背而後可以藏心與。故中人以下之教，其致知亦欲以知本也，非更有知末之路與之參，而特不能抽刀以斷流水，則不免有待於收視返聽之力矣。

廣素絢，教河津縣學諸生

試河津縣則："美目盼兮，素以爲絢兮。"爰廣詁以教諸生。

天下之至絢，非絢也。天下之至素，則其至絢者也。蘇子曰："不是平淡，乃絢爛之極也。”天地之始曰太素，而天之象則曰文，聖人則之。聖人之文者，文王也。聖人之素者，孔子也。西伯曰文王，而孔子曰素王。孔子，殷後也。殷之祖曰契，契稱玄王。玄，素之謂也。故殷人尚質而色用白，而孔子亦稱玄聖而素王。文王出於后稷，稷則稱思文，故周人尚文而色用赤。其於《易》，文王則離象也，離下於地而明夷，則文王當紂之事也，故内文明而外柔順，是文王亦以素免於難也。孔子則賁象也，故筮得賁而色不平，《賁》，餙也。餙之以素之謂賁，故曰：“白賁，無咎。”聖人之不平。以爲素則素矣，安用餙？抑聖人憫其道之不文明於天下，而王之素與天之象稱文，而天地實始於素。素，固天之所以爲天與。素也者，其卽文王之所以爲文與。不顯者，素之謂也。孔子素矣，而曰：“文王旣沒，文不在茲乎。天之未喪斯文也，匡人其如予何！”是孔子以文王之文自居。子貢曰：“夫子之文章可得聞也。夫子言天道與性命，弗可得聞也。”已性與天道者，聖人之素，而夫子之所以文章與。至於今以萬世爲土，而稱一元之帝，其尊崇之禮樂在百王之上。聖人之文又孰有文於孔子者乎？信乎大素之爲大絢也。

廣愛妃，教絳縣學諸生

試絳縣則：“愛厥妃。《詩》云：‘古公亶父，來朝走馬，率西水滸，至于岐下。爰及姜女，聿來胥宇。’當是時也，内無怨女。”爰廣詁以教諸生。

世之無教也，男多外淫，而怨抑之氣盡歸之於女。陰有所幽鬱而不暢，而陰陽之正乖。古之君子，盖未有不善處夫婦之間者。一夫一婦之不善處，而欲理天下、調萬物之情，直滕口耳。太王愛厥妃，《易》曰：“王假有家，交相愛也。”程氏曰：“男愛其内助，女愛其宜家。”而《詩》曰：“琴瑟友之。”友之者，愛之也。太史公曰：“國風好色而不淫”。故《關雎》之亂，以爲風始。《易》始乾、坤，而分於咸、恒。咸、恒，人之夫婦也；乾、坤，天之夫婦也。夫婦之義出於天，有夫婦，然後有父子。世之不夫婦而父子者有之，謂之善父子，萬不能。

廣民信，教霍州學諸生

試霍州爲：“民信之矣。”爰廣詁以教諸生。

五倫，仁之於父子，義之於君臣，至朋友則信之。文王爲人君，止仁；

爲人臣，止敬；爲人父，止慈；爲人子，止孝；與國人交，則止信。是君民之間，非可概以君臣目之也，實在君臣、朋友之間焉。盖臣之於君，爵禄之所出，時與之朝夕，義則相關。民雖稱市井、草莽之臣，率土皆王臣，而其恩義之相關，能如享爵禄者之朝夕於君乎。則朋友之信，正可行之於君民之間，必我可以使民信，而後民信之。晉文，霸之雄者也，亦伐原以示之信。商鞅，亂世之奸雄，亦立木以示之信，示之信則民終不信也。周豐曰：有虞未施信於民而民信，殷人作誥而民始畔，周人作誓而民始疑。則殷、周之誥誓尚阻一間，宜邵子有皇、帝、王、伯之辨也。可以使民信者，不待施之而民信之也。盖真有愛民之仁心、仁政焉，信之實也。如太王在邠，不以所養人者害人，而民信其仁人也，從之者如歸市。如湯之伐夏弔民，東征而西怨，[一]南征而北怨者，信其出己於水火之中也。如武伐紂，不期而至者八百國。所謂自東、自西、自南、自北，無思不服，如七十子之於孔子也。食，民天也，先足民而後足國。兵，凶器也，不得已而用之。而民皆信之也，是之謂中孚。《孟子》云："兵革非不堅利也，米粟非不多也，委而去之，是地利不如人和也。"此所謂民不信則兵食不爲用者也。

【校記】

[一]"東征而西怨"，案此句與下句"南征而北怨"爲對文，則"東"當爲"東"之形誤。

廣委去，教吉州學諸生

試吉州則："城非不高也，池非不深也，兵革非不堅利也，米粟非不多也，委而去之。"爰廣詁以教諸生。

昔者，樂毅能下齊七十二城，而不能拔莒與卽墨之二城於累月之間，則田单有以收人心耳。睢陽之守，至食愛妾、馬革而後斃，亦張巡有以收人心耳。從來拔城之易，未有如遼左之立破者也，以十二萬之衆經營於數載之間，具城周二十里，其民充牣其中，商賈之所集，財貨之所委，而虜乍來，乍戰而卻，而兵已四散矣，小西門失守，而開門迎敵僅半日耳。從來有半日而拔堅城者乎？則人心之不固一至此。人心外慴於虜而内苦於兵，其内應者又叛賊之黨也。兵之辱及民之妻孥，而當事者弗爲禁以寬撫兵心耳，而民心固已離矣，宜其内應以拒我兵，而城門遂立啟也。向使能持之數月而可援，卽持之數日而亦可以望援矣。乃僅以半日委而去之，而民予之虜，食予之虜，而虜又以富且强矣。向使兵力不分於城外而聚之城中，則尚可以勝叛黨之内應者。内應無人則城門未易失守。既無素閑之人心，又無臨機之識，具兵食未可以去而去，則亦可爲痛哭流涕太長息矣。

廣帥師，教靈石縣等九學諸生

試《易》則："田有禽，利執言，无咎。長子帥師。"爰廣詁以教諸生。

《師》之象"地中有師"，非如孟子所謂"水由地中行"之"中"也。中，盖地下也。關中土厚，則水深，故自寒門以北，南豳、北豳間，長川皆入地數百尺而爲澗，故所□□百水，所觀之流泉，所夾而遡之皇澗、過澗，皆在百尺之壑。而按其地形，則敝邑，卽當爲京師之野。豳之水皆《師》象也，京山而師水，是以曰京師也，則地中有水之象也。《師》之畫上八偶，則八陣之象也；五一奇，則大將之象也；下二偶，則卻月之形，八陣之游兵所握餘者也，而陣圖實出此。"長子帥師，弟子輿尸。"輿，衆也；尸，主也。衆主之而不能自爲帥也，古人之用字皆典奥。而朱《註》盡易之以淺俚，則曰輿尸而歸。吾不識師潰奔竄之時，伏尸盈野，尚及以輿載其尸而歸乎？恐無此閑暇也。且如《衛》詩曰："瑣兮尾兮，流離之子。"流離者，惡鳥名也。其子初好而後醜，黎大夫自言當時亦貴介也，而其後乃瑣細如此。尾也者，後也。言其尾，乃瑣細不如初也，是亦流離之子矣。而朱《傳》則以流離爲顛沛。如《虞書》："納于大麓。"孔子曰："使之大録萬幾之政也。"然則烈風、雷雨弗迷者，其陰陽和而風雨調，如所謂玉燭者乎，而以大麓爲山足，是非詁之以淺俚與？而六經典雅之文，盡化爲語録矣。

廣恭命，教靈石縣等九學諸生

試《書》則："左不攻于左，汝不恭命。"爰廣詁以教諸生。

《史記》稱：啟立，有扈不服，遂滅之。而蔡《傳》以唐孔氏謂"堯舜皆禪，啟獨繼父，以是不服"爲臆度也。茲按《誓辭》曰："有扈氏威侮五行，怠棄三正。"蔡《傳》曰："威，暴殄之也；侮，輕忽之也。鯀汨五行而殛死，况於威侮之者乎。三正，子、丑、寅之正也。夏正建寅，怠棄者不用正朔也。"吾不識五行何物，而如何以威且侮之耶，似假託未直之詞耳。至於不用正朔，則有扈氏不服啟之立義自可見，何臆度之有？《博物志》云："處士東鬼塊責禹亂天下事，禹退作三章。彊者攻，弱者守，敵戰城郭，盖禹始也。"然則當禹時已有不服者矣，則禹之立其子以嗣有據也，故處士非之。又有扈氏之開先與東鬼塊之名，盖當時目之以不馴之名與，抑亦非其本稱也。孔子贊堯舜而稱典，禹則列之謨，許其臣之也。《夏書》稱貢則虞事也，著傳天下以功也，不著禹王以後事，不許其君之家之與，而著《甘誓》。世道升降，截然在巳午之間，聖人不盡意之言，蓋可玩而推之與。

廣匪怒，教靈石縣等九學諸生

試《詩》爲："匪怒伊教。"爰廣詁以教諸生。

春、夏、秋、冬，天之教也；仁、義、禮、樂，聖人之教也。春、夏以生之，秋、冬以成之。聖人之教寬以生，其向道之心嚴，以成其去惡之志。然春夏之意欲多，而秋冬之意欲少，陽盛而物生，陰盛而物成，寬多而民順，嚴多而民拂。故和生於陽，敬生於陰，喜生於和，怒生於敬。和，有喜之狀焉；敬，有怒之狀焉。和也者，樂之所從生也；敬也者，禮之所從生也。柳下惠之和以樂勝也，故其失則流而爲不恭。伯夷之清以禮勝也，故其失則流而爲隘。不恭者，和之過者也，知樂而不知禮。隘者，敬之過者也，知禮而不知樂。《郊特牲》曰："樂由陽來者也，禮由陰作者也。"《樂記》曰："大樂與天地同和，大禮與天地同節。禮者，殊事合敬者也。樂者，異文合愛者也。"又曰："樂者，天地之和也。禮者，天地之序也。樂由天作，禮以地制。"又曰："春作夏長，仁也；秋斂冬藏，義也。仁近於樂，義近於禮。樂者敦和率神而從天，禮者别宜居鬼而從地。聖人作樂以應天，制禮以配地。"故聖人法天地而爲教者也。尚仁而樂以成之，以天教也；尚義而禮以立之，以地教也。天教以動其精神，地教以閑其步趨。故聖人之教有時而喜，亦有時而怒。如云"子悅"，云"子樂"，云"夫子莞爾而笑"，是以喜教之也。如云"仲尼聞而怒"，是以怒教之也，而喜之意嘗多。《詩》道魯僖頖宫之教曰："載色載笑，匪怒伊教。"此所謂以樂教者與，然昔人未嘗不繩之以嚴。《易》曰："擊蒙，利用刑人，用說桎梏。"《書》曰："扑作教刑。"《禮》曰："夏楚二物，收其威也。"又曰："撻以記之。"康叔、伯禽三見周公而三撻之，二子惑，以問史佚，曰："南山之陽有橋，南山之陰有梓，二子盍往觀之？"

視其橋則千雲而仰視，其梓則據巖而俯二子，得尊卑之義焉。故成王有過則撻伯禽以抗世子，法於成王，此以禮教之指與。禮以樂行，怒以喜出，則循循之善誘而天下並化於聖人之豈弟。《詩》曰：“鳶飛戾天，魚躍於淵。豈弟君子，遐不作人。”鼓之舞之之謂作鼓舞，皆樂之具也。豈弟者，文王之所以鼓之舞之之神。爲之天以容之，任鳶之所冲舉，總之在此天之内；爲之淵以涵之，任魚之所泳潜，總之在此淵之內。士之飛且躍者，止見文王之道大，而得以遂其遠舉必至之志，暢其從容不迫之懷，其化也，有不自知焉者也。而文王亦與之偕忘，則文王之教，盖藏地教於天教之中矣。明道和而伊川敬，故游於明道者如坐春風者，一月而侍於伊川者，至雪深尺餘而不敢去。明道可與論樂，伊川者禮勝於樂者也。教之以地而不知以天教，暢之者也。故士之從之者，束縛其手足，而或未必獎率其精神。然則欲士子之精神爲我用，則非教之以樂，必不可與之渾合而爲一耳。邵子謂伊川：“面前路徑須令寬，路窄則自無著身處，况能令人行也。”然則伊川亦有涉於隘之病矣，故大程許其尊嚴師道，不許其因材而成就之也。而其贈邵子之詩則曰：“儘把笑談親俗子，德容猶足畏鄉人。”是明道於康節近焉者也，伊川譏康節之太無禮，正不知樂之過已。

廣墮郈，教靈石縣等九學諸生

試《春秋》則：“叔孫州仇帥師墮郈，季孫斯、仲孫何忌帥師墮費。定公十有三年齊國書帥師伐我。哀公十有一年公會吴於槖皋。哀公十有二年”爰廣詁以教諸生。

叔孫之不能有郈，季孫之不能有費，己盜國而又爲家臣所盜也。孔子爲政，欲還大夫於公室，先還家臣於大夫。仲由爲宰，申句須、樂頎伐費人，而公山不狃、叔孫輒之謀不行，郈、費之墮，孔子之力也。“齊國書帥師來伐我”，冉求帥左師，樊遲爲右，求用矛於齊師，故能入其軍，齊人遁則冉有政事之力也。“公會吴于槖皋”，大宰嚭請尋盟，而子貢卻之，藩衛侯之舍而子貢請舍之，則子貢言語之力也。聖賢之爲宗國重，可概见。然其四友以颜淵當太颠之疏附，以子張當閎夭之先後，以子貢當散宜生之奔奏，以子路當南宫适之禦侮。而子西謂楚昭亦云：“王之輔相有如颜回者乎？王之将帥有如子路者乎？王之使使诸侯有如子貢者乎？王之官尹有如宰予者乎？”而孔子固嘗云：冉雍，可使南面。公西赤爲诸侯，由、求所自許，皆候國也。則聖人得人之盛，皆身教而成之。季氏見冉有有功，則曰："子之兵法學之乎？性之乎？"曰："學之於仲尼。"而子貢一出，存魯、亂齊、弱晉、亡吴、霸越。言語之科，魯、衛賴焉。然則文王之多士，亦其壽考作人之效，如孔子之七十子也。

河汾教卷八

廣不可及者，教夏縣學諸生

是月十八日，試夏縣、絳州、稷山、垣曲、鄉寧、永和六學之士，盖五百人。夏縣則：“君子之所不可及者。”遂前諸生提教之。

朱子有言：“人之食而珍羞具焉者，則惟恐人之不共盤飧。如疏食菜羹，則須餐向自家屋底也。”盖人之情，每欲暴之於人所共見耳。觀孔子之氣象者，惟“嘗獨立”三字，卽可見獨處而儼然立者，是何心精也。堯夫詩“有時獨立常，拱手予童子，時亦有避人，拱手每沉思”之句。又曰：“半夜忽起禮，星辰其爲次。”家夫子詩亦云：“手持太古忘言偈，密夜惺惺帝座臨。”盖一生苦心不亟於暴人，止取自潤性靈耳。而人之所共見，或至唾之而不恤者，豈乏哉？吏有清旦衣冠而之市，遇鬻金者所則攫之詰之曰：“衆中安得爾？”曰：“取金之時，但見金不見人。”至於不見，而又焉恤矣。

廣利口覆邦，教絳州學諸生

絳州則：“惡利口之覆邦家者。”遂前諸生提教之。

孔子又嘗曰：“惡佞，恐其亂義也；惡利口，恐其亂信也。”皆似而非者也。然利口與佞，奚以别？佞，盖就理境言亂邪正之是非者也；利口，盖就事境言亂利害之是非者也。佞者，尚依傍名義；利口，則抵掌畫策。如七雄之策士，三國之說客，以害爲利，以利爲害者也。如張儀破合從之謀，而恐喝六國曰：“秦之强，如猛虎於群羊，天下後服者先亡。”而諸國惑其說，遂連衡也。如張儀誑楚，以商於之地六百里而終應以六里也，何信之有？讀屈原一傳，而楚懷之客死於秦者，利口誤之也。太史公曰：“王明，並受其福；王之不明，豈足福哉！”王之明，彼將舌撟然而不下矣。

廣依仁游藝，教稷山縣學諸生

稷山則："依於仁，游於藝。"遂前諸生提教之。

文中子曰："美哉乎！藝也。君子志於道，據於德，依於仁，而後藝可游也。"待依於仁而後游藝，則舞象、舞勺皆仁人以上事乎？陽明子曰："志如築基，據德如樹居，依仁如常棲，游藝如采畫也。"豈有先棲之而後采畫之者乎？亦不免於倒說矣。游藝者輔志道，據德、依仁之功也。志在道，游在藝，有所游而後志可顓也。據在德，游在藝，有所游而後據可確也。依在仁，游在藝，有所游而後依可忘也。然則志道時所游之藝，則所恃以興之，《詩》是也。據德時之藝，其所恃以立之，《禮》是也。依仁時之藝，其所恃以成之，《樂》是也。《學記》曰："未卜禘，不視學，游其志也。"五年而禘，不五年不視，以優游之也。游其志，正志道，時之游藝也。又曰："大學之教也，時教必有正業，退息必有居學。不學操縵，不能安弦；不學博依，不能安詩；不學雜服，不能安禮。不興其藝，不能樂學。故君子之於學也，藏焉，脩焉，息焉，游焉。夫然後安其學而視其師，樂其友而信其道，是以雖離師輔而不反也。"《兑命》曰："敬孫務時敏，厥脩乃來。"其此之謂乎？今之教者，呻其佔畢，多其訊言，及數進而不顧其安，使人不出其誠，故人不盡其材。其範之也悖，其求之也佛。夫教，故隐其學而疾其師，苦其難而不知其益也。雖終其業，其去之必速教之不刑，其此之由乎。《學記》之於學，可謂盡游之情者也。安詩、安禮、安體、安弦之論，尤得興詩立體成樂之情矣。《少儀》曰："士依於德，游於藝。士依於法，游於說。"《註》曰："依者，據以爲常游者出入無定。"尤可爲聖言注脚。

廣海内之地，教垣曲縣學諸生

垣曲則："海内之地方千里者九。"遂前諸生提教之。

舜肇十有二州，封十有二山，濬十有二川，而禹則庚定之以九。十有二，若法天之十有二辰也，九若法書之有九疇也。其實九州之方，則十有二也，一州御其中，而八州環其外。四正固四方，而四奇則方各二也。乾兼西北之二坤，兼西南之二巽，兼東南之二艮，兼東北之二也。昔者，虞夏之際，地限於荊、揚、梁，而今則有雲、貴、兩廣、福建。我朝之爲兩京十三行省，適協周之二南十三國，故愚嘗欲爲二京十三國之賦。然以天象揆之，當爲三都十二國，而始爲古今之定論焉。天有三垣，星家以爲紫微宫、太微朝、天市，愚以爲實三都象也。紫微象上都，太微象中都，而天市象下都也。十二國以象十二辰之分野，是謂體象天地，經緯陰陽。據坤靈之正位，倣太紫之圜方，以中原《禹貢》之舊爲九區，而三都控其中。雲貴者，梁州之餘，西南之荒服也；兩廣者，荆州之餘，正南之荒服也；福建者，揚州之餘，東南之荒服也。三荒服以輔九州而爲十二，而三都則控之於九州之内，不愈乎十三省之無所取乎，而舜、禹之制兼舉矣。是知周之十三國非十三國，衡也。豳國，實周先公之舊，與周公之事合二南而爲三，皆正風也。豳殿之後，還周之舊，以探二南之始，推之周公之事，以收二南之終也。卽以王畿論，王風合二南，皆天子之風，是三都十二國之説，與《詩》合而應天，又合於舜之十二、禹之九，斯不亦建海内九千里之地之定論與？愚嘗謂洛出書，天若告地，數之爲九，聖人之治，不過九州。盖以百年之身，萬里之遙，其文告之所往來，呼吸之可通，僅此而已。而其他方之四夷、五戎、六狄、八蠻、九貊之類，則止可風聞而已。佛氏之談天，則侈於諸天之外，談地，則侈於億萬土之外。如之何而結局，如之何而收功，聖人所以存而不論，而欲一一取效於目前也。然鄒衍八十一州之論，王公大人瞿然顧化，亦必有説矣。中國爲赤縣神州之一州，而外有八州以圍之。小裨海環之，其裨海之外，八方各有九州焉。如是者八而圍我之裨海，以内之九州也。然後有大瀛海環之，是爲天地之際。此其説雖迂，然我之中國固八十一州之中一州也，則外之八海各宜有一中州，而我又其中之中也。是以三皇五帝生焉，六經在焉，五倫具焉，上當天之心，下當地之腹，而他州必無有可方之聖人，必無有可方之道術也。佛氏之在西一隅者，安得不偏詖而詭於聖人之經乎？此其説正合尊華攘夷之大指，恐不可全迂之矣。而佛氏則以我爲震旦，如我之目東夷爲朝鮮、爲日本也，可乎？佛氏之説過此若干時，佛法當滅，若輩當乘此時以學我。吾不知聖人之道何時而大暢於天地，而佛氏之乍入而終出也，或亦數之偶然乎。而可以胡元之主中國，爲堯舜以來治統之當然耶？又可以佛之行教於中國，爲周孔以來道統之當然耶？

廣無敵，教鄉寧縣學諸生

鄉寧縣則：“如此則無敵於天下。”遂前諸生提教之。

孟子嘗欲善戰者服上刑，而在薛，聞戒爲兵，餽之而受，則孟子未嘗不治兵也。曰“可使治梃以撻秦楚之堅甲利兵“者，梃亦不可謂非兵也。”王往而征之，以天下之所順，攻親戚之所畔，君子有不戰，戰必勝”者，是孟子未嘗不欲征戰也。特拈“不嗜殺人者能一之”之一語，而古今治亂之案可定。當時以虎狼之秦蠶食六國而莫之支，僅欲寄命於蘇秦之手，則白馬之盟何可堅也。然秦終盡屠六國，似可以一天下者，不必不嗜殺人者矣。而二世而亡，直閏位耳。當孟子在時，秦始皇與漢高帝已並生，而漢高帝之爲真天子以寬大長者，定四百年之業，則秦始皇之不得爲真天子也，直先驅爲龍首之一浪耳。荀子云：魏氏之武卒，以度取之衣、三屬之甲，操十二石之弩，負服矢五十箇，置戈其上，冠軸帶劍，嬴三日之糧，日中而趨百里。中試則復其户，利其田宅。是數年而衰，而未可奪也，改造則不易周也。是故地雖大，其税必寡，是危國之兵也。秦人，其生民也狹隘，其使民也酷烈，劫之以勢，隱之以阨，忸之以慶賞，鰌之以刑罰。使天下之民，所以要利於上者，非鬥，無由也。阨而用之，得而後功之，功賞相長也。五甲首而隸五家，是嚴爲衆强長久多地以正，故四世有勝，非幸也，數也。故齊之技擊不可以遇魏氏之武卒，魏氏之武卒不可以遇秦之鋭士，秦之鋭士不可以當桓文之節制，桓文之節制不可以敵湯武之仁義。有遇之者，若以焦熬投石焉，兼是數國者，皆干賞蹈利之兵也，傭徒鬻賣之道也，未有貴上安制綦節之理也。諸侯有能微妙之以節，則作而兼殆之耳。其所謂桓文之節制者，則管子之内政、軍令是也。孟子之所謂五政，管子亦嘗行之矣。其書視孟子爲加密，然管子行之而霸，所謂假仁義者也。使孟子聽齊國之政，以四十年之久，未有不一天下而禮樂之者。大國五年，小國七年，亦不應如是之久淹矣。管子卽行政至百年，而終不可以禮樂，然使六國而有管子，則秦安得一天下，蘇秦非管子也。邵子觀南北朝而曰：“當時欠一管夷吾，則霸亦不可少也，猶可以禁殺人而嗜之者耳。”

廣伐奄，教永和縣學諸生

永和則：“伐奄三年，討其君，驅飛廉於海隅而戮之。”遂前諸生提教之。

孟子謂：“周公兼夷狄，驅猛獸而百姓寧。”夫虎豹兕象者，信荒淫之主所收之囿苑者也。其所兼之夷狄，則中國之夷狄，助紂惡者耳。紂之樂，則北鄙殺伐之聲，是夷狄之音也；紂之政，則舉國不知日，是夷狄無正朔之政也；紂之刑，至於炮烙、斮脛、剖心、刳孕，卽夷狄之慘不甚焉者，中國而夷狄之矣。文王之二南，以中國之氣勝之也。六州皆中國，而三州尚夷狄，以服事殷。而殷之屬爲東方之國者，尚未可以盡變之。武王伐紂，而東三州之夷狄之俗未盡變也。討奄君，戮飛廉，則渠魁盡殲，而人情然後可以盡變也。周之時，蓋有三變焉。文王之以二南化六州，一變也。武王之伐紂而兼中國之夷狄以化三州者，二變也。周公誅武庚而置殷之頑民於成周，而身監之者，則三變也。雖聖人之繼作，而化亦不易，人心風俗之污亦已久矣，而况後世之以夷狄主中國者百年，以夷狄之教亂中國者千年。而欲化其夷狄之俗之教，而還之聖人之舊，卽提朝政者尚難以立勝之，而况欲以空言救之於布衣之筆管乎，不亦難乎其爲力與！則欲揖聖人之真容者，惟人心之嗜尚與夷狄全相反，而後可以復中國之本。然中國之賢智者，尚惻然交念之矣。

廣交愛，教夏縣等六學諸生

《易》則："'王假有家'，交相愛也。"遂前諸生提教之。

文王，聖人之文者也。以太王、王季爲祖父，以武王、周公爲子，以成康爲孫，以太伯、仲雍爲諸父，以虢叔爲弟，以康叔、畢公爲諸子，以太姜、太任爲母，而以太姒爲妃，是五倫、五福之萃也。太姒者，女士之冠夐千古，稱女聖之第一人者。故其身有十子，而衆妾兼有百男也。則王假交愛之爻，惟太姒當之矣。《詩》稱天妹，蓋謂其爲天人，不自人間來耳。其求之以輾轉反側，其得之以琴瑟鐘鼓。"琴瑟友之"、"鐘鼓樂之"者，文王之所以愛厥妃也。"嗟我懷人，云何吁矣"者，姒妃之所以愛君子也。文王之愛其妃以德，故惟太姒爲能愛文王也。後世之愛其妃以色，以色則不能愛之以正，而其所愛之妃，反有不愛其君，而移其愛於他人者。人主之愛其妃，有如唐高宗之於天后者耶？三十之尼而后之，以至六十而益堅，而天下稱二聖，惟其隱先帝之私，則愛之不以其道也。龍瞳鳳頸、天庭月偃之女郎，至稱天后，以配天皇，宜乎？專其愛於君，而當時椒房卽以隱詬聞。至其後，則有面蓮花而騎木鶴稱王子晉者。崔融有"中郎才貌是，藏史姓名非"之句。藏史者，蓋老子而李氏，此譏高宗之空膺其名，而中郎實主之耳，則其后之不能愛若君也。明皇之愛玉真則尤甚，明皇進十年之子婦，而度之以道士，是又一向來尼也。而所謂宫中第一之飛燕，冠侍女八千人者，長生殿中之誓，願世世偕之矣。死而尚飛精八極，以求之目之，曰仙媛。然不能禁其有洗兒之愛也，則妃之不能愛明皇也。雖微馬嵬之變，亦可殺也矣。孟子曰："昔者，太王好色，愛厥妃。"《史》曰："國色好色而不淫。"若太王、文王者，乃可謂之好色。又曰："人少則慕父母，知好色則慕少艾，有妻子則慕妻子，仕則慕君。不得於君，則熱中。"愚謂慕父母之慕，是第一念也；慕少艾，則其意岐出而爲二三、爲千百矣。有妻子而慕之者，正也；子，父我者也，父子交相慕，正也；妻，夫我者也，其交相慕，亦正也；君，臣我者也，其交相慕，亦正也。未有不慕父母而能慕妻子與君者也。不得於君而熱中，則其不慕君，明矣。唐之二君，止知有少艾之慕，故上不知有其父，下不知有其子，而二妃亦不知有其君也，各自行其好色之一念，而人類安得不禽獸耶？色，亦聖人之所不能不好，而獨歸之以不淫。故曰"《家人》：利女貞。"女貞者自貞，則女亦貞其交相愛以正家，又何所不吉而恤之耶？

廣保邦，教夏縣等六學諸生

《書》則："保邦於未危。"遂前諸生提教之。

《周官》曰："制治於未亂，保邦於未危。"《易》六十四卦而終之以《未濟》，曰未濟，男之窮也。未濟而求濟者，以卽吉也。未亂而求已亂，未危而求持危者，以去凶也。火在水上，曰未濟。火亢而上，水沉而下，而陰陽不相爲用。在吾身，則精日搖、神日躁之象也；在天下，則君日驕、臣日諂之象也。成王之所欲制且保者，盖歸之於建官。曰明王立政，不惟其官，惟其人。不善官人，則貴而無位，高而無民。賢人在下而無輔，是爲亢龍，則濡首濡尾而不克濟也。尾，事之終也。首，事之始也。始終不可濟者，火亢之過也。十二子，六月爲未，是二陰之月，二陰而四陽，陰尚未甚，而陽尚未衰也，然聖人坊之矣。七月則申，曰陰用事以申賊萬物也。八月則酉，言萬物老於陰也。九月則戌，言萬物盡滅也。未之爲言，盖云未賊、未老、未滅。然聖人之抑陰以扶陽者，已坊其漸矣。北方之宿曰危。危，垝也。言陽氣之危垝，故曰危，是爲十月。十二子爲亥。亥，該也，言陽氣藏於下，故該也。六陰之極，陽氣該藏，故稱危。故六月者，未至於危，而蚤已危之矣。武王曰："予有亂臣十臣。"治亂之臣，卽目之曰亂臣，正所以爲戒也。《詩》曰："乘彼垝垣，以望復關。"垝，盖云屋壞。復，盖云門庭復也。《易》曰："城復于隍。”城之復而爲隍者，則垝矣。是復之於敝者也，垝之而復爲闕者，復之於完者也。危垝而後復之，不如復之於未危也。復，盖十一月之卦，繼十月之危垝者。乘垝而望，復則十月象也，亂而思治之時也。

廣東征，教夏縣等六學諸生

《詩》則：“武人東征，不遑他矣。”遂前諸生提教之。

《註》：以豕涉波，月離畢，爲將雨之驗。又引張子以豕之負塗曳泥，其常性而足皆白，衆與涉波，爲水患之多，不亦矛盾其說乎？盖豕白蹢而涉波者，雨甚也。而月離畢，則又將復雨之驗也。而以豕涉波爲將雨之驗，則未析耳。盖俗以黑雲入天漢爲豕渡河，曰雨徵如注，稱將雨之驗。則當以豕爲雲象，庶與月畢符，而《易》之《坎》爲豕爲雲，固一象也。“武人東征，不遑他”者，《註》以爲他事，而諸生之爲文者，卽以爲境外之他事，枝矣。境外之他事，何俟道他，盖卽室家之念。不遑他者，並不暇念室家之蕭索艱迫矣。卽唐詩所謂“閨中只是空相憶，不見沙場愁殺人”者也。

廣山戎大鹵，教夏縣等六學諸生

《春秋》則：“齊人伐山戎。莊公三十年晉荀吳帥師敗狄于大鹵。昭公元年”遂前諸生提教之。

齊桓伐山戎，《公》《穀》皆以稱人爲貶。而《穀梁》以爲内無因國，外無從諸侯，而越千里之險，危之而又善之。而胡氏亦以爲譏其捨近政而貴遠略也。大鹵之戰，魏舒曰：“彼徒我車，所遇又阨，以什其車，必克。困諸阨，又克。請皆卒。”乃毀車以爲行，爲五陳，以相離，兩於前，伍於後，專爲右角，參爲左角，偏爲前拒，以誘之。翟人笑之，未陳而薄之，大敗之。胡氏亦以爲譏其毀車崇卒，以詐誘狄人而敗之，非王者之師。使後世車戰法亡，崇尚步卒，爭以變詐相高而日趨苟簡耳。夫所貴於霸者，謂其扶弱、抑强、恤鄰而畏簡書耳。况夷狄病中國，能不爲之所乎？燕召公之後而病於戎，戎盖近孤竹，與齊僅阻海而鄰，而出師以伐之，以張周室而攘外夷，何必過之深也。其人之者，盖遠夷，止可以命將行，而齊侯舍其國政，身涉千里之外以驅戎，則過矣，故不侯之。而人之曰謂之侯，則未有遠出至戎境者也。故《春秋》之譏，其義在自將以遠出，而不在遠略之不當勤也。太原之地，山之所阻，其西北則轂擊而不可車，所謂阨也。而車或未可以速得志，即因地制變而詭敵以收功，未可深譏也。以誘爲諱，則宋襄公之不擊未濟，不鼓不成列者，是又爲王者之師矣。書“大鹵”者，蓋著狄深入而驅之之晚也。宣王時，都豐鎬，薄伐玁狁，至于太原，則美其能驅之於遠。而晉陽實唐叔虞之舊地，晉之封内也。使狄得志焉，而後驅之則晚矣。故《春秋》之譏其義，在于大鹵而不在敗之也。

廣鐘以立號，教夏縣等六學諸生

《禮記》則：“鐘以立號。”遂前諸生提教之。

音有八而子夏舉其五，曰鐘聲鏗鏗以立號，號以立横，横以立武。君子聽鐘聲，則思武臣。石聲磬磬以立辨，辨以致死。君子聽磬聲，則思死封疆之臣。絲聲哀哀以立廉，廉以立志，君子聽琴瑟之聲，則思志義之臣。竹聲濫濫以立會，會以聚衆，君子聽竽笙蕭管之聲，則思畜聚之臣。鼓鼙之聲讙，讙以立動，動以進衆，君子聽鼓鼙之聲，則思將帥之臣。武臣者，偏裨以下概之也。將帥者，《易》之所謂丈人長子也。死封疆者，邊垣與守土者也。鐘金而聲，商生於兑也，是西方之音也。《考工記》曰：“鳧氏爲鐘，兩欒謂之銑。銑間謂之于，于上謂之鼓，鼓上謂之鉦，鉦上謂之武[一]，武上謂之甬[二]，甬上謂之衡，衡謂之旋，旋蟲謂之幹，鐘帶謂之篆，篆間謂之枚，枚謂之景，于上之攠謂之隧。”鐘，動也。又踵也，黄鐘、應鐘皆動，而踵之以出也。又種也，夾鐘、林鐘皆種類也。鐘與鍾同，故鐘鼎皆執上少錫之冶。故鼎可以食，而鐘可以量也。《小雅》曰：“鉦人伐鼓。”兵以鼓進，而以金止也。《西山經》：“有鍾山，其子曰鼓。”鼓，蓋于上之鼓與。《中山經》：“豐山有九鍾焉。”是知霜鳴其上多金，霜降則鍾鳴，是鐘爲西方之氣也。鼓革而聲羽，生於坎，是北方之音也。《陳風》曰：“坎其擊鼓。”《小雅》曰：“坎坎鼓我。”是坎象也。又曰：“伐鼓淵淵。”淵淵者，水之淵有九之謂也。《考工記》曰：“韗人爲皋陶，長六尺有六寸。爲皋鼓，長尋有四尺。”陶作鞠，鼓木也。皋鼓者，《大雅》之所謂“鼛鼓弗勝”者也。昌鼓以啟蟄之日聞，聞雷聲而動，鼓所取象也。而屬之北者，坎爲雲爲雨。雲雨者，雷之所藏也。管蕭，竹而聲角，生於震，是東方之音也。王褒《洞簫賦》曰：“聽其巨音，則周流汜濫。并包以含，若慈父之畜子也。其妙音，則清淨厭瘱，順敘卑达，若孝子之事父也。科條譬類，誠應義理，澎濞慷慨，一何壯士。故其武聲，則若雷霆輘輷，佚豫以沸渭。其仁聲，則若凱風紛披，容與而施惠。或雜遝以聚斂，或拔擏以奮棄。”此可謂得畜聚之義。“雷霆輘輷”，又肖其方者也。琴瑟，絲而聲徵，生於離，是南方之音也。嵇康《琴賦》曰：“豐融披離，斐韡奂爛。”又曰：“瓌豔奇偉，殫不可識。”又曰：“閑舒都雅，洪纖有宜。清和條昶，案衍陸離。”又曰：“譻如離鵾鳴清池，翼若游鴻翔曾崖。紛文斐尾，綝縿離纚。”亦可謂肖其卦與方者也。又曰：“伯夷以之廉，顏回以之仁，比干以之忠，尾生以之信，惠施以之辨給，萬石以之訥慎。”可謂得志義之義。《樂記》曰：“清廟之瑟，朱弦而疏越，一倡而三嘆，有遺音者矣。”一人倡之，三人從嘆之，則志義之思勃然矣。磬，石而聲商羽之間，生於乾，是西北方之音也。乾，老金也。金出於石，故兑金而乾石也。是以金聲而玉振之，爲樂之始終條理也。磬在鐘鼓之間，故鼓之制，亦倨句磬。折磬，盖盡也。《小雅》曰：“罄無不宜。”笙，匏而聲羽角之間，生於艮，是東北方之音也。列管匏中，施簧管端。《小雅》曰：“吹笙鼓簧。”潘岳《笙賦》曰：“河汾之寶，有曲沃之懸匏焉；鄒魯之珍，有汶陽之孤篠焉。”是竹匏之交也東北方，今遼西，其山鎮曰醫無閭，與萊陽之豯養澤，古合二爲一州。故笙之音與簫管偕爲東音，而所思並在畜聚也。柷敔，木而聲角徵之間，生於巽，東南方之音也。柷如漆桶，擊以起樂，敔詩作圉如伏虎，櫟以止樂。巽與乾對，乾專振之，而巽兼起止。起止者，盖一闋之始終也。聲振者，盖九成之始終也。《易》：巽爲水，又以擊鼓，是風行水上之象也。塤，土而聲徵商之間，西南方之音也。《小雅》曰：“伯氏吹壎，仲氏吹篪。” 壎即塤，壎土而篪竹，吹壎而篪應之，是震應坤，雷動乎地中之象也。金石、革匏、竹木、絲土者，天之自然也。鐘磬、鼓笙、管柷、琴塤者，人爲之而本乎地氣，故鐘、磬、鼓者，西北之音也。其氣剛，是以聽之則思武臣，思死封疆之臣，思將帥之臣也。竽笙、蕭管、琴瑟者，東南之音也。其氣柔，是以聽之則思畜聚之臣，思志義之臣也。笙雖用匏，而所思如竹。東北方本與東爲一州，而今之遼東、西尚屬之山東，不以海限也，是可以知樂之與地氣通矣。師曠聞鐘曰：“鐘音不調，後世必有知音者。”《商頌》曰：“鞉鼓淵淵，嘒嘒管聲。既和且平，依我磬聲。”《周頌》曰：“簫管備舉，喤喤厥聲。”簫雝和鳴，舉四方之音而無不調之以和者，以中氣平之也。是以五臣者，無不宜以中裁其剛柔之氣也。

【校記】

[一][二]"武"，案今本《周禮·考工記》均作"舞"。

廣五星聚井，教夏縣等六學諸生

表則："五星聚于東井。"遂前諸生提教之。

木曰歲，火曰熒惑，土曰鎮，金曰太白，水曰辰。木主角、亢、氐、房、心、尾、箕，火主輿、鬼、柳、星、張、翼、軫，土主東井，金主奎、婁、胃、昴、畢、觜、參，水主斗、牛、女、虛、危、室、壁。木主東嶽，徐、青、兖三州；火主南嶽，荊、揚二州；土主中嶽，豫州；金主西嶽，雍、梁二州；辰立北嶽，冀州。金、水，一年一周天；火，二年一小周天，七十九年一大周天；木，十二年一周天；土，二十八年一周天。木之精變，攙搶；火之精變，蚩尤旗；土之精變，天賊；金之精變，天狗；水之精變，枉矢。東行曰順，西行曰逆。順則進而疾，逆則退而遲。不東不西，與日相近，而不見曰伏，與日同度曰合，五星相陵曰鬥，行各宿。次舍其環域曰入，留其左右曰守。木、土、火三星經天，金、木二星不經天，豈亦有合於參兩之義與？金星與日同南北之行爲贏，與日分南北之次爲縮，出早爲月食，出晚爲天妖，主兵象。木星所在，國不可伐，而可以伐人。超舍爲盈，退舍爲縮，出入不當其次，必有天變時災，當其軌，則國有徵祥。水星出早爲日食，出晚爲彗孛，四時不出，則天下大饑，出於房間主地動，出於星紀主大水。火星行一舍、二舍爲不祥，東行疾則兵聚於東方，西行疾則兵聚於西方，南行主火，北行主旱。土星失次而上一舍、三舍，則爲大水，失次下二舍，有后戚之變。木行天，所以導和生氣也。火行天，所以佐理化氣也。土行天，所以升降日月鎮四氣也。金行天，所以導輔太陽出沒也。水行天，所以輔相太陽出沒也。人君有德，則歲得其位，色青而潤澤；人君有禮，則熒惑得其位，色赤而潤澤；人君有福，則鎮得其位，色黄而潤澤；人君兵强，則太白得其位，色精明而有光；人君順陰陽之氣，則辰得其位，色蒼而微有光。營室曰清廟，是爲太歲之廟。心曰明堂，是爲熒惑之廟。南斗曰文太室，是爲鎮星之廟。亢曰疏廟，是爲太白之廟。七星曰員宫，是爲辰星之廟。歲星順入廟，其野歲穰；熒惑順入廟，其國喜昌；鎮星順入廟，其國有德令；太白順入廟，其國兵强；辰星順入廟，其野徙都市。五星色青，比參左肩；五星色赤，比心大星；五星色黄，比參右肩；

五星色白，比狼星；五星色黑，比奎大星。歲星，春青而有精光，仲春有芒角，冬色白精光芒角，夏色赤黃而精明，四季色青微黑，秋色細不明，是爲常色。熒惑，夏赤而有精明，仲夏有芒角，春色精明無芒角，四季色黑黃精明，秋色清白不明，冬色黑黃細而不明，是爲常色。鎮星，四季色正黃，精明有芒角，秋色無精明，冬色赤黑細小不明，春色青白細小不明，是爲常色。太白，秋色精明而有色，仲秋有芒角，四季色精明無芒角，冬無精明無光，春色青黃無芒角，夏色細小而不明，秋無精明，是爲常色。辰星，冬色精明有光，冬至有芒角，秋色精明無芒角不搖光，春色蒼黃微小無精明，夏色黃小黑如不明，是爲常色。五星入月，見月中，爲星蝕月。月奄星，星滅，爲月蝕星。月蝕歲則有饑，蝕熒惑則有亂，蝕鎮則有殺，蝕太白則强國以戰，蝕辰則有女亂。漢孝宣地節元年，月蝕熒惑，而有楚王延壽之變；漢孝成建始四年，月蝕鎮星，而流民入函關；漢明帝永平十五年，太白入月，而國有喪，是其占也。然唐玄宗太白入月而祿山滅，太白詩“太白入月敵可摧”，先道之矣。豈漢之入月爲月蝕，唐之入月爲星蝕乎？五星同舍爲合，相陵爲鬥。漢孝成建始四年，熒惑逾歲星，而民食榆皮，太后避居。晉惠帝永寧二年，熒惑、太白鬥于虛、危，而有齊王冏之變。此二星鬥之占也。漢孝文七年，土與水合於危，而膠西、膠東、淄川三國之攻齊，爲周亞夫所敗。漢孝景元年，金、水合於婺、女，二年火與水晨出斗、牛，又水、火合於斗，而有七國之變。中元三年，金、水合於觜、觿，又金、木俱在東井，而梁王殺漢臣入關謝罪，金、水又合於虚。四年，金、水合於東井，五年，水、火合於參，而梁孝王、陽城王、濟陰王死。晉惠帝光熙元年，鎮與歲合，而司馬超專權，又太白合鎮星，而河間爲東海王所殺。晉元帝建武元年，太白、熒惑合於東井，愍帝蒙塵而崩。大興二年，歲星、熒惑合於東井，又太白與歲星合於房，而王敦攻京師。晉成帝咸康七年，[一]太白、熒惑合於太微，而有顯宗之變。晉穆帝永和七年，歲星、熒惑合於奎，而諸胡亂中土。晉安帝元興三年，太白、熒惑合於羽林，而桓玄篡。義熙六年，熒惑、太白皆入羽林，又合於壁，而慕容超寇淮北。此兩星合之占也。三星合，是謂驚立絶行。漢孝文後元二年，水、木、火三星合於東井，而誅反者周殷於長安市。又應文帝孝景元年，金、木、火三星合於張而七國反。孝成河平二年，鎮星貫輿、鬼，歲星、熒惑亦貫，而夜郎王韻大逆。和帝永元七年，水、土、金俱在軫，而樂成王、北海王死。晉惠帝元康三年，鎮星、歲星、太白聚於畢、昴，而賈后陷太子。懷帝永嘉六年，熒惑、歲星、太白聚牛、女之間，而元帝中興於揚。此三星合之占也。四星合，是謂太盪。晉孝武大元十九年，[二]太白、鎮星、熒惑、辰星合於氐，而王恭等舉兵。晉安帝義熙三年，火、土、金、水聚於奎、婁，而慕容超僭號於齊。九年木、火、土、金聚東井，劉穆定關中。此四星合之占也。五星合，是謂易行，有德受慶，改立大人，奄有四方，子孫蕃昌，無德受殃。若亡紂三十二年，五星聚於房，亦不知其從何星也。漢元年，五星從歲星而汁於東井，遂定關中。井，秦分也。歲星所在，五星皆從，而聚於一舍，其下之國可以義致天下；熒惑所在，五星皆從，而聚於一舍，其下之國可以禮致天下；鎮星所在，五星皆從，而聚於一舍，其下之國可重致天下；太白所在，五星皆從，聚於一舍，其所舍之國可以兵從天下；辰星所在，五星皆從，而聚於一舍，其下之國可以法致天下。漢高帝之誅無道秦，可謂以義致天下者也。而奎爲魯野，宋之五星聚於奎，則邵、周、程、張生，實爲五子開朱子之先，而爲鄒魯之學之翼。則後之談河清星聚者，固爲時王之瑞，亦道統昌之兆也。

【校記】

[一] 康，底本原作“原”，誤，兹據《晉書》卷七《成帝紀》改。

[二] 大，案《晉書》卷九《考武紀》作“太”。

河汾教卷九

廣造端夫婦，教聞喜縣學諸生

是月二十二日，聞喜、猗氏、平陸、芮城、大寧、隰州六學之士試者盖五百人。試聞喜縣則以："造端乎夫婦，及其至也。"遂副之以教言。

夫婦之愚可以與知焉，及其至也，雖聖人亦有所不知焉。夫婦之不肖可以能行焉，及其至也，雖聖人亦有所不能焉。可以與知，可以能行，則亦求之於可知可能而已矣，不必舍夫婦以他求也。有所不知，有所不能，則求之於聖人之不可知、不可能，又何爲？卽夫婦而至焉者，已在也。道之終，以天地爲圍，而佛氏則小之矣；道之始，以夫婦爲鑰，而佛氏則遺之矣。《易》始於乾、坤，以道天地也，分於咸、恒，以道夫婦也。不學天地，不可謂之道，而不學之於夫婦，亦無以肖天地也。天地交而有男女，男女交而爲夫婦，夫婦交而有父子，子之再三索而有兄弟，兄弟復爲夫婦而有父子，又有兄弟也。親之則兄弟，疏之則朋友矣。衡之則朋友，統之則君臣矣。君臣，本朋友也；朋友，本兄弟也；兄弟，本父子也。父子始於夫婦，是以配天地而有三才也。君臣、父子、兄弟、朋友，未有不夫婦者也。故夫婦之一倫卽藏於君臣、父子、兄弟、朋友四倫之中，而君臣、父子、兄弟、朋友之四倫，則夫婦之一倫盡之矣。佛氏先逃夫婦，逃夫婦以絶父子，逃父子以鮮兄弟，逃兄弟以叛君臣，而卒不能逃於朋友一倫之外。能自絶其夫婦、父子、兄弟，而不能使天下之皆絶其夫婦以絶父子、兄弟也。使人皆絶夫婦以絶父子、兄弟，則無人而亦無有朋友之可偕矣，况其逃之也。而以師弟爲父子，以長幼爲兄弟，是終不能逃而去之也。而徒親其疏，疏其親，逆天理之自然，然實欲滅人生之類以盡歸之於寂滅，而人生之類終不可滅也。欲盡滅形而存性，而不知形之不足以累性也。欲人間之形而爲夫婦、君臣、父子、兄弟者，盡滅而存性，以常住於寂滅而稱朋友，而不知其爲氣化之自然也。欲盡化天下之女而男之，而不知男女之異形而同性，而女終不能不感坤道以成也。惟不知夫婦爲生生之仁之分，是以不知天地爲生生之仁之合，其逃天地卽逃夫婦之念，擴而充之，以至盡耳。而君子之道之造端，信自夫婦始，故《詩》首《關雎》以風天下，以至於《小雅》之賓客，《大雅》之政事，《三頌》之郊廟。而天人生死之理皆從此一念以推之，而還天理之自然。以夫婦還夫婦，以父子還父子，以兄弟還兄弟，以朋友還朋友，以君臣還君臣，以天地還天地，而卽人情爲天理。不得舍人以求天也，又不得舍天地以求道也。舍天地以求道，舍人以求天，而日騖之於不可知、不可能。其所知且能者，如捉風上壁之不可以實課，而君子獨求之於可以與知、可以能行者，則果知而果能之。而理爲實理之可窮，性爲實性之可盡，命爲實命之可至也，曰肖天地之夫婦而止矣。

廣夷狄患難，教猗氏縣學諸生

試猗氏縣則以："素夷狄，行乎夷狄，素患難，行乎患難。"遂副之以教言。

世境之不可過，非世境之不可過，則心境之不可過也。而心之所最難過者，是非、榮辱、利害、死生而已矣。四者，愈進則愈艱，然人生之苦趣盡此矣。至夷狄患難，則榮辱不足道，輕之則利害當其前，重之則死生尾其後。而人心之堅定，至於可以過死生之境，則利害又有不足言者。文文山之在北廷也，正氣伸而處之，毅不可奪，若無事者，是非其死生之不入其胸中乎？死生之不入其胸中，則天下誠無有不可處之變。若天下自變而爲千萬，而我所以應之者一耳。然文王之於羑里，以閎夭之計解；孔子之於向魋，以微服解。聖人之於不可處之變，誠有以處之者，故曰聖人無死地。楊子云："龍以不制爲龍，聖人以不手爲聖人。"聖人，飛而不亢者也，安得手行無轍迹，而人亦安得而死之？奚啻無死地而已矣。聖人嘗欲居九夷矣，嘗欲乘桴以浮海矣。使聖人而處夷狄，安見夷狄之口可以至誠馴之也。夷狄亦人也，卽不可以中國之禮義馴其去禽獸，亦有間矣。箕子治朝鮮，而朝鮮之人至漢時尚不知淫盜。漢人有竊其人之貲者，朝鮮人驗之曰："此何爲？"曰："此之謂盜。"於是夷人始知盜。是盜固中國人教之也。則箕子者，固聖人之能事，而居夷之效亦可睹矣。卽老氏不嘗西游而化諸國乎，而佛氏之教之重譯、三譯、四譯而至中國，是其所歷之諸夷皆可以教入者。卽西竺之獨悍於諸夷，而佛氏之生其間亦知爲清虛之說矣。使佛氏之徒而遇聖人，其一變而爲老氏，再變而爲吾道，而奈何謂不可化之夷狄耶？况所謂患難者，特中國之夷狄，其於人性更近以虛丹狎漚者。與之處，尚嗒然喪我，而况聖人之以天臨其上者乎。然則君子小人之相戕，亦君子之所以處小人者有未盡耳。君子以君子待小人，則小人不疑，以小人待小人，則小人不怨，而亦與之相安於天地之間而已矣。夫虎狼之於忘機之人尚爲之役，而謂小人必甚於虎狼，恐未然。

廣百官，教平陸縣學諸生

試平陸縣則以："百官之富。"遂副之以教言。

耳、目、鼻、口，皆官也。五官，唯心之官獨尊。心之官，官而君之矣。其於四官，長之也，卽君之也。耳、目、鼻、口不相通，然有短長焉。佛氏謂眼前全見，左右隱見，半後全隱，特具八百功德。而耳與口則無礙，具千二百功德。夫心也者，又眼、耳、鼻、舌、身之主。眼、耳、鼻、舌、身之所至，而心未有不立通焉者。故心之官，若無定位，而四官皆其所歷之位。不侵四官之事，而四官之事皆其事也，卽心一也。而性之生，生於心中者，亦有四焉，仁、義、禮、智是也。孟子曰："仁，天之尊爵也。"是仁爲天，君而當一；王禮爲天，公而當三；事義爲天，卿而當九；列智爲天，大夫而當二十七司也。故仁可以兼禮、義、智。而乾元、亨、利、貞之四德，獨稱乾元，而大之也。故聖人之學心學，而非岐之於耳、目、鼻、口之學。其所謂心學者，仁而已矣。禮、義、智卽仁之條理之事也。仁則天君而非徒官，而何官之不可以神馭，故曰"大德不官"。卽仁亦有安利强之弗可齊者焉。仁者安仁，智者利仁，畏罪者强仁。强則官之於一司，而弗能通。利則具體而微可以儲，且相而不可以君之也。安仁之仁，則聖人之官而以天君臨之矣。聖人之胸中富百官，誠有所以君之者。天有三十五舍曰天官，而統之者曰帝。《周官》三百六十，以象天之三百六十度，而統之以六官，曰天、地、春、夏、秋、冬，以象六合。春、夏、秋、冬者，東、南、西、北之謂也，卽木、火、金、水之四正，而地卽中央之土也。天則兼地之五行而爲官，非與五行之官對立而分局者也，故天官咸有五官之司焉。而吳澄氏不知天官之大，輒謬爲考正之，而曰某當爲春官，某當爲夏與秋也。是以天官自爲一官也。故周之時，周公爲天官。周公者，天君而行天官之事者也，君而相之矣。繼周公則召公爲冢宰，芮伯爲司徒，彤伯爲宗伯，畢公爲司馬，衛侯爲司寇，毛公爲司空。召公以下之於周公，如蔣琬、費禕輩之於孔明耳。[一]五官者，耳、目、鼻、口也。[二]天官者，心也。天王者，心之尊、爵之仁也。聖人者，仁之安者也。中心安仁者，天下一人而已矣，孔子者安之。安而萬世一人者也，其於昭于天。而左右帝則當爲天官之第一，長其北斗之天樞乎。而羲、黄、堯、舜、文、周之諸聖尚其所雁次之璇璣與。而九官四友，臣之矣。故星家客星有老子，其聃乎，然則佛氏又其客之客者乎。客星主奇令，非德星、少微比也，皆斗魁之所總挈也。嗟乎！天之貴聖人也如此，而世乃欲奪其陪臣之司寇，聖人豈以司寇重者哉。世誠有學聖人而得其門者，與之謁帝而禮聖人，然後知孔氏之爲天上、天下獨尊也。

【校記】

［一］“禕”，案底本原作“瑋”，誤，兹據《三国志》卷四十四《蜀書·蔣琬費禕姜維傳》改。

［二］“五官耳目鼻口也”，案依本篇上文所論，此處之“五官”，似爲“四官”之誤。

廣成人，教芮城縣學諸生

試芮城縣則以：“今之成人者何必然？見利思義，見危授命，久要不忘平生之言。”遂副之以教言。

昔者公孫龍有白馬之辯，曰：“白馬非馬也。”白，所以名色。馬，所以名形也。形之不可以爲色，則白馬果非馬也。此盖名實之辨也。然則成人非人也，衆人之不可以爲成人，其奚異於馬之不可以爲白馬乎？究成人之至，則非聖人不可。故曰誠者自成也，非徒成己而已也，所以成物也。成己，仁也；成物，知也。是聖人之成也。孟子曰：“有成德者，閔、冉當之矣。”是太賢之成也。明道狀康節，而曰“就其所至，可謂安且成矣”。安，盖謂居安。成，盖謂成德也。然邵氏當在時雨化之科，謂之爲“安且成”則可，謂之爲成德之成則未盡。邵子者，亞聖之成也。成德者，卽聖人所謂文之以禮樂，可以爲成人者也。可以爲者，非其全者也。今之成人者，則姑取其忠信而已矣，子路、公綽、冉有輩也，故兼之以禮樂而成之。子貢專對，才也，故兼之以行己之耻而士之。聖人之再次而士之者，今之所謂成人者也。斗筲之從政者，亦可謂不成人矣。愚之所自律者，卽不敢遠附，然行己有耻、見利思義之訓聞之熟。諸生之所應愚者，獨奈何舍耻與義而旁騖之他一途也。愚而可以請託奪也，則愚之不成人也，不白之馬而已矣。而諸生其忍以此望其師乎？其忍以爲斗筲之從政者乎？是師之所以望弟子者以聖賢，而弟子之望其師者以禽獸也。其亦未之思乎下人一等，更有何地步？諸生其毋以愚言爲過深，非徒告芮人、告晉之人不知其師者也。虞、芮之間，所謂讓畔讓道之國也。《儒行》曰："道塗不爭險易之利，冬夏不爭陰陽之和。"倘爭名而以他途進，其亦孰能尸之。

廣謀忠，教大寧縣學諸生

試大寧縣則以："爲人謀而不忠乎。"遂副之以教言。

聖人之學以仁爲主。誠，其踐之者也。不知仁，則其意必不可誠，而不能誠之於欺慊之間，未有可止。仁之至善者誠，卽仁也。誠，此仁而已矣。合人已之謂仁，誠豈徒以自成而已乎？卽世之學佛、仙者，其術固自私自利之徒矣。然僅欲自脱其死生，則其誠亦小結果。佛、仙之大者，亦未有不以接引爲大緣，以及物爲陰功者也，而况聖人之與天地合其德者乎。故先見人、己之不當兩視，則其欺人以自欺者，自不可留之於心矣，得不忠耶。朋友視人之泛交者，則密矣。信，則以道義相成，非止謀其事而已矣。誠，見朋友之所以相成者，得不信之耶。自天地以來，其意卽傳之於聖賢，自聖賢以來，其意卽傳之於師，師之傳我，是以聖賢傳我也。傳而不習，是天地聖賢之脉自我絶，而我不得與於斯也。以我爲天地以來不可少之我，則合天地聖賢爲一身之我也，得不習耶。何所傳而何所習之，曰仁而已矣，誠而已矣。卽其交人、謀人者也，何所交而何所謀之，曰仁而已矣，誠而已矣。傳我者，卽師之仁也，是誠傳我也，非僞也。交於我者，卽友之仁也，是誠交於我者也，非僞也。待我而謀者，卽人之仁也，誠見我之可與謀者也，非僞也。而我之習之、交之、謀之者，非卽我之仁乎？仁又忍出之於假耶？故天下有必不能不傳之師，不能不交之朋友，不能不待謀之人，亦天地之仁之自然，而我之不能不忠、不能不信、不能不習也，亦性之自然而不容已者也。

廣畏人，教隰州學諸生

試隰州則以："未聞以千里畏人者也。"遂副之以教言。

昔之兵農出於一，以農爲兵，故終日亟農而不亟兵，而農得其田，則兵實於國矣。後世則農專食而兵專戰，而兵愈增而日見其不足也，餉愈增而日見其不足也。久之，民病而兵亦潰。民猶土也，兵猶土偶人也。兵潰而復爲民，猶土偶人之復還而爲土也。而誠知土之卽土偶人也，安得舍土以求土偶乎？齊千里而畏人，知兵而不知政者也。管子之内政，非文王之政也，而尚可以跨諸侯，故戰國之談五伯者，七雄皆豔追之而不知政卽兵也。七雄皆專尚力，故秦得以其力之更大者而兼之。使秦之商鞅、范雎、李斯與孟子遇，未有不潰者也。以項羽而當漢高之寬大尚不支，況聖人之仁政乎。觀秦人望漢高之入關而王，秦與西楚之諸臣之叛而之漢也，亦可以想見孟子用齊之一斑矣。

廣重門擊柝，教聞喜縣等六學諸生

試《易》則以："重門擊柝，以待暴客。"遂副之以教言。

《豫》之象，上震而下坤。坤，土盖其國象也。震，盖其暴客之警於外之象也。其畫則震之上二畫偶者，重門象也。震之下一畫奇者，門内擊柝之象也。門與柝皆木爲之，故象震，而震木而有聲，故柝象之也。豫，本和樂之義，陽潛閉之極，初出於地，而有聲則和暢也。卦稱"建侯行師"者，震爲長男，盖君道而雷之驚至百里。百里者，侯封也。行師，亦雷震土之象也。《彖》則稱"刑罰清而民服"者，天之所以可畏，以雷霆臨其上，而人之所以可畏，亦以刑罰臨其上也。刑罰，亦雷震土之象也。侯百里而君之，君可震畏而不使民畏之者，立君正所以安民，故人樂乎其有君也。豫也，君則不能不用兵。兵雖可震畏，正君之所以勘亂而安民者也，故人亦不厭其兵之也。豫也，君則不能不用刑。刑雖可震畏，正君之所以鋤奸而安民者也，故人亦不厭其刑之也。豫也，《象》則稱"作樂崇德"，以"殷薦之上帝"者。聲莫大乎雷霆，故雷霆者，天地自然之樂也。又豫之大者也，於八音又特象革，故外家以雷爲連鼓之象，而鼓以進師。故《詩》曰"鉦人伐鼓"，以動衆。故《詩》曰"鼛鼓弗勝"，是軍中亦自有樂也。豫者，則有正不正之岐情矣。故六爻多繫之以凶，以戒樂不可過也。則豫蚤之義，寓其中而未嘗明暴之耳。至《繫辭》之"重門擊柝，以待暴客"者，乃始爲豫蚤之義，如《中庸》之"凡事豫則立"之"豫"也。重門者，經國體野之義，自"建侯"推之也。擊柝以待暴客者，自"行師"推之也。取諸豫者，自六爻之豫而凶者推之也。其於卦，則當《月令》之雷，乃發聲，宜爲二月象矣。然二月之卦爲《大壯》，則雷在天上而又陽之四也。復者，雷動乎地中，陽氣雖以冬至達地上，而聲未出者也。二月而聲出地，卽騰乎天之上而爲大壯矣。豫者，盖雷聲之初出地，尚未騰天之時與。故初出地之時，卽知其必騰乎天者，是豫蚤之義，而聖人之所以戒也。

廣海隅出日，教聞喜縣等六學諸生

試《書》則以："丕冒海隅出日，罔不率俾。"遂副之以教言。

說者謂日出於海中，予嘗登泰山之日觀峰觀日出矣。日之將出也，東方有明霞浮天。已而，日不自明中出，乃自其霞内之暗中出。人曰："其暗者，海水也。"此觀其似而不知日者也。然明星之初上也，俯視其下之暗處，亦有一星焉。久之，漸上漸南，如弓箕之曲，而陟疾如奔馬，而下之一星隱矣。是時，日尚未出也。乃知下之一星者，明星下映乎海，而有此重星也。久之，不見下星者，則漸臨乎中華之地界，或在南海之澨矣。然則明星亦豈出於海水中乎？此大地而小天，大海而小地者也。自朱文公以來，皆以爲天殼之穹之半皆水也，以浮地，是海大於地而接天。夫海，豈果有浮地之理哉？海附乎地而海之外固有地也。人止見海之極東而無際，而不知海之外尚自有地岸耳。盖地之於海，盂盛水之象，非水浮舟之象也。日盖出乎地之外，是在天地之間之太虛而非海也。日初出之有明霞，以天氣清朗而日映之而霞耳。其出乎霞内之暗者，是在天地之間，若從海出而實非海。盧肇之《海潮賦》，則小兒辯日之類矣。肇之言曰："日傅於天，天右旋入海，而日隨之。日之至也，[一]水其可以附之乎？故因其灼激而退焉。退於彼，盈於此，則潮之往來不足怪也。"又曰："日激水而潮生，月離日而潮大。""日之入海，其必然之理乎。"又曰："輒依洛下閎、張平子、何承天等以渾天爲法，水與地居其半，日月繞乎其下，以證日激而成潮之理。[二]"又曰："地浮於水，[三]天在水外，天道右轉，七政左旋，日入則晚潮激於左，日出則早潮激於右。潮之小大則隨於月。"又引何承天曰："迺觀渾儀，研求天意，乃悟天形正圓，水居其半，中高外卑，水周其下。"又曰："諸家能言天形，而未知日之激水而成潮也。天右旋入水爲夕，則天在水下，於卦爲《需》。天左旋昇出爲朝，於卦爲《訟》。[四]日出水上，卦爲《未濟》。濟之言涉也，[五]日東出而未西涉水，[六]此其象也。日入水下，卦爲《既濟》。日右隨天入，已涉於海。[七]《周易》之象，其事較然。"是其說以日激海水而成潮，爲渾天諸家之所未悟而已，獨祛千載之惑而不自知其謬也。援其說，似乎天亦入海者，而豈果有入海之天乎？有大於天之海乎？

星辰傅天，彼欲明星辰之入海，而遂云天右旋入海，亦惑矣。日行乎地外之空虛者也，海在地上而地周之。《中庸》曰："振河海而不洩"。是地載海之驗也，未有海浮地之説，可勝於聖賢之持論者。地之下爲空虛，是爲日月之道。謂潮因乎月之大小，則其説是月爲水母。故枚乘謂觀濤以八月之望，其謂日激之而潮生，則謬矣。凡水晝減而夜增。水，陰也，遇陰則生，遇陽則減。故夜增者，日在地下而陰用事也；晝減者，日在地上而陽用事也。是水者，氣之所爲也。水見日則消，故日之出也，則在東海之東。自東而旁射之，水之氣避之而西，是以日出則早潮以向右，非以日從海出而激之者。日之入也，則在西海之西，日自西而返射之。水之氣避之而東，是以日入則晚潮以向左，非以日入於海水之中而激之者。中國無西海，則肇之所見者，東南海耳。極西之大海不可見，姑就肇説以評之。而四海固自通也，愚嘗至東海矣。東海之早潮，以天將曉，以泰山之上計之，日已在天而地未曉，卽以肇説實之，則此時日已離海矣，又安得謂之激而潮，是非水氣之避之而潮生乎？早潮之退以卯辰間，是非日至中華之地而水氣又避之而東乎？晚潮則在未申間，是時人間尚未昏，卽以肇説實之，則此時日尚未入海水中，又安得激之而潮乎，是非日已過海而水氣避之以西乎？其潮退以向晦者，日去海遠而入地，而水復其故乎。東海之潮汐，亦無左右之可辨。但見其有進退之候，盖合東西之大勢衡之，當有此左右進退之氣機耳。而三江之潮，又因四海爲吹息矣。至日行天之中，則其水氣平，故潮特見於朝夕之旁射，或不易之理。愚之説，其略與肇似。彼以爲日激水，愚以爲水避日，此其持論不同之大略耳。至《未濟》《既濟》之義，日經天而過海卽爲濟，不必濺水中而後爲濟也。褰裳而涉之爲濟，浮梁而過之者獨不爲濟乎？愚嘗有詩云"别嶼齊開渡，日橋正既濟"之謂也。所謂日在水下者，在地下卽水下，非必水中而後爲濟也。如肇之固於持論，則地下尚有水，亦安得謂日入地中乎？至謂缩而地就之，[八]以北游也，氣漸東漸下而又爲春，是地非有游也，氣有游而盈於此，縮於彼。故地因之，以有四方上下氣之游，則因乎天之運。天有一晝一夜之小運，實又有春夏秋冬之大運，則通乎地之游，乃可以達天地之氣，化而海潮日出，無煩於强爲支離也。肇者，蓋溺於水而不知氣者也。

【校記】

[一]"至"，底本原作"出"，誤，兹據《全唐文》卷七六八《海潮賦》改。

［二］“日”，案《全唐文》卷七六八《海潮賦後序》作“夫。

［三］“水”，底本原作“天”，誤，兹據《全唐文》卷七六八《海潮賦後序》改。

［四］“爲”，案《全唐文》卷六七八《海潮賦後序》作“在”。

［五］“涉”，底本原作“陟”，誤，兹據《全唐文》卷七六八《海潮賦後序》改。

［六］“涉”，校改同上條。

［七］“涉”，校改同上條。

［八］“至謂縮而地就之”至“蓋溺於水而不知氣者也”，案此段文字，底本原错簡于“廣火體，教襄陵縣等八學諸生”篇之後，與論題不合，而與文義頗合，今據以移正。

廣火體，教襄陵縣等八學諸生

論試目爲：“天地有無火體。”爰廣厥說而教之。

邵子曰：“天火，無體之火也。地火，有體之火也。”而《註》以爲“天火有二：雷火、飛火。天火也，陽燧之火，天交於地之火也。地火有二：石火、木火。地火也，野鬼之火，地交於天之火也”。愚以爲天火日，地火木，火生於木而傳於木，故有體也。日運於天而火之所從出者，故無體也。唯水亦然。月，其無體之水也。孔子之賛《易·離》之象，在天爲日，在地爲火。人之生也，形本乎地，而性來乎天者也。形，有體之人也。性，無體之人也。知水火之功而不知日月爲寒暑之宗，可乎？水晝減而夜增，日月之分行也，陰陽應從其類也。陽燧方諸之可取水火於天，然後知日月之果爲無體之水火也。然則功業附乎地，而精神麗乎天，亦不易之說也。

廣三星在罶，教聞喜縣等六學諸生

試《詩》則以：“三星在罶。”遂副之以教言。

余嘗見江村海邦之人無蝗旱之恐，云魚不可勝食耳。天地總此氣化，大祲大亂，而氣之竭於陸者，亦竭於澤矣。抑所謂絶流而漁，焚林而獸者，亦乏樽節之人工與。孟子曰：“數罟不入污池，魚鱉不可勝食也。”是王政及於澤之實與。三星者，非必心之謂也。心爲三星，中大王，前太子，未庶子，而心字即三星象也。三星之在天在隅在户者，謂心也。此盖“嘒彼小星，三五在東”之謂與。三非心，五非緯，則“三星在罶”，固詩人之善爲詞與。猶云“遠浦漁舟釣月明”耳。牂羊羵首，魴魚赤尾，以首狀羊，以尾狀魚，可謂善言物理者也。昔人謂迎之而不見其首，隨之而不見其後，盖善言象之大以詁《易》，殆可方言之矣。

廣四月日食，教聞喜縣等六學諸生

試《春秋》則以："夏四月甲辰朔，日有食之。昭公七年"遂副之以教言。

《詩》曰："十月之交，朔日辛卯。日有食之，亦孔之醜。"十月，純陰之月也。四月，純陽之月也。純陰而日食，是陰用事也。純陽而日食，是陽失柄也。十月固可醜，四月尤可醜也。《詩》曰："正月繁霜，我心憂傷。"正陽之月謂四月也，霜固可憂，日食尤可憂也。是歲四月壬申，日有食之。又在昴度，壬占恒山以北。愚按《春秋》，二百四十二年間，而日食以三十六，視近世亦可謂不數數矣。其爲冬十月者二，襄之二十年丙辰朔，二十有一年庚辰朔是也。然周之十月，非今十月，蓋建酉之八月也。其爲夏四月者二，宣之十年丙辰，昭之七年甲辰朔是也。然周之四月非今四月，蓋建卯之二月也。隱之三年己巳，爲《春秋》書日食之始，巳占中州河濟。文之元年癸亥，癸占恒山以北。襄之十有四年乙未朔，乙四海之外不占。二十有三年癸酉朔，癸占恒山以北。余亦不盡究其徵應，想魯近河、濟間，則隱公或當之。至有兩月而再食者，襄之二十有一年九月庚戌朔，冬十月庚辰朔，庚占華山以西。二十有四年秋七月甲子朔，日有食之，既八月癸巳朔，甲四海之外不占。八月則十月也，癸占恒山以北，而三氏皆不傳，則天人之間亦難言之矣。

廣威嚴，教聞喜縣等六學諸生

試《禮記》則以："非禮，威嚴不行。"遂副之以教言。

《曲禮》曰："班朝治軍，涖官行法。非禮，威嚴不行。"聖人之於民，曰："齊之以刑，民免而無耻。齊之以禮，有耻且格。"又曰："有武事者必有文備，夫民之悍而黨也。"馳一役以郎當之，而數十百人者可組而至耳，豈力之不敵耶？曰禮以齊之也。役之翹而列者，以一人涖廳事，俾之箠則箠，俾之鞭則鞭，豈力之不敵耶？曰禮以齊之也。卽卒之虓而猛至千萬衆也，而將以一人提之，弗敢不律者，力之不敵耶？曰禮以齊之也。信陵君一得兵符，而晉鄙之衆得以軍法裁之者，力之不敵耶？曰心之不得不然之禮，故可以禮裁之耳。而威嚴乃在禮，卽有跋扈之將，一束之以周旋之禮，汗流終日而不敢揮。故惟禮可以已亂而爲國也。漢高帝未央之燕羣臣，多使酒狂呼，叔孫爲綿蕞之儀以習之，而武臣遂骨慄而不敢縱，曰“吾乃知天子之貴也”。貴以禮而已矣。唐肅宗之卽位靈武，朝班不滿百，武臣有背闕而坐者，一御史以不敬糾之，請付法而武臣皆膽薄，帝曰“吾得此御史而成朝廷。”亦成之以禮而已矣。

廣能成，教聞喜縣等六學諸生

試論則以：“能成又能不失其正。”遂副之以教言。

予爲南考功時，科臣有九年滿而試於吏部者，予嘗以此目試之矣。亦以東垣方棘而臣子報國之時也，故發此論。盖邵子之言曰：“呂、武旣擅權矣，臣不能不希矣。非臣之希，是臣難乎其爲忠矣。”能爲其忠者，不亦希乎？是知任天下事易，死天下事難；死天下事易，成天下事難。苟成之，又何計乎死與生也。如其不成，雖死奚益，况其有正與不正者乎。與其死于不正，孰若生于正；與其生于不正，孰若死于正，在乎忠與智者之一擇焉。死固可惜，貴乎成天下之事也，如其敗天下之事，一死奚以塞責；生固可愛，貴乎成天下之事也，如其敗天下之事，一生何以收功。噫！能成天下之事，又能不失其正而生者，非漢之留侯、唐之梁公而何？微斯二人，則漢、唐之祚或幾乎移矣，豈若虛生虛死者焉。夫虛生虛死者，譬之蕭艾，忠與智者不由乎其間矣。是邵子之所以取二君子者，以其善處呂、武之事也。呂、武之事尚可以善處，况禍不至於呂、武者乎。以身殉國者，臣節也，亦佳名也。以他人當之，不爲開國家之釁，卽至潰國家而身從之，忠與智乎何居？伯溫曰：“古之成大事者，不務爲區區之小忠以投人之耳目，志於遠者大者而已。”嗟乎！小忠者，大忠之賊與。然邵子生平不數數及諸葛氏，而獨及留侯氏。留侯氏身在事外,而以我用天下之君與臣者，故其身終在天下之外。諸葛氏身在事中而用其君，其終以鞠躬盡瘁,死而後已。故邵子獨諄諄於留侯也。則邵子之作用，盖與武侯異。然梁公之相武后，則人臣之報國者爲之，而爲聖人之學者，則女主或可以不事也，又安能與昌宗雙陸而周旋於嵩陽之讌，與婞臣輩和詩乎？留侯輕萬户侯如脱屣，高帝以其道高，子房之而不名，而終不可羈也，則輕士嫚罵之辱必不至。但其躡足附耳，則朱子所謂武侯有不爲者。武侯以伊尹之才，行伯夷之志，我可以制人而不爲人制，則忠智全乎其間矣。愚所爲數數贊之不厭者也。

河汾教卷十

廣伐柯，教運鹽司學諸生

其月二十二日，運司、解州兩學之士，試者盖五百人。試運鹽司則：“《詩》云：‘伐柯伐柯，其則不遠。’執柯以伐柯，睨而視之，猶以爲遠。”於是說伐柯。

自程、朱以來，其教皆執柯以伐柯者也。木之性同也，柯之形亦同，然兩柯也，必有不可强同者矣。而執此以律彼，是揚子之所謂鑄人者與人可以一型鑄之耶？造物之生人，耳、目、鼻、口同也，而其爲耳、目、鼻、口者，迫而察之，千萬人可立辨。使其一一同，則父子兄弟以及於途之人，皆不相辨矣。則人生之妙固在同，又在同而異耳。人之性，仁、義、禮、智同也，而其出之爲情者，其喜、怒、哀、樂之中節，亦有不得而同者矣。子夏篤信聖人，而曾子獨求之於己已。固即一聖人而學聖人之迹，不如使我自得其心，以自得其心爲主，則我之天常適而爲鳶魚之飛，躍雩沂之風，浴滄浪之纓。足手足之舞蹈求之於聖人之迹，則如琢石而爲正叔，镕金而爲晦菴耳。其生意何處求乎？宋人有號長嘯者，已而曰長嘯非聖門持敬之道，而更之。夫長嘯，何至不持敬？則諸葛氏爲不持敬者耶？而孔子何以終日弦歌無所不佩耶？曾子何以歌《商頌》聲滿天地若金石出耶？邵子之到忘言處只謳歌，飲未微酡，口先吟哦，吟哦不足，遂及浩歌，浩歌不足，無可奈何者，宜程氏譏其爲太無禮矣。陽明子與諸生歌於天泉橋，曰：“老夫今夜狂歌發，化作鈞天滿太清。”又曰：“鏗然舍瑟春風裏，點也雖狂得我情。”又何至詭於聖人之禮？而曾點氏之春風咏歸者，又何以爲欲興禮教者耶？禮樂不可斯須去，禮之中固有樂矣。宋儒知禮而不知樂，則知敬而不知和者也。知樂而不知禮者，謂之夔，是之謂一足，然則廢樂而以爲禮者，亦一足之夔也。

廣弗措，教解州學諸生

試解州則："有弗學，學之弗能，弗措也。有弗問，問之弗知，弗措也。有弗思，思之弗得，弗措也。有弗辨，辨之弗明，弗措也。有弗行，行之弗篤，弗措也。"於是說弗措。

學，目之事也。問，耳之事也。思，心之事也。辨，口之事也。行，身之事也。《洪範》則爲五事：貌恭而作肅者，身之行也；言從而作乂者，口之辨也；視明而作哲者，目之學也；聽聰而作謀者，耳之問也；思睿而作聖者，心之思也。貌澤而爲水，言揚而爲火，視散而爲目，聽收而爲金，思通而爲土。土中央而御四時，故《中庸》以慎思爲學問辨行之中也。博學之而視以應春，審問之而聽以應秋，明辨之而言以應夏，篤行之而貌以應冬。非禮勿視者，明以法天之春也；非禮勿聽者，聰以法天之秋也；非禮勿言者，從以法天之夏也；非禮勿動者，恭以法天之冬也。其四勿者卽思也。睿以法天之中者，所以能爲視、聽、言、動者也。視仁之官也，言禮之官也，聽義之官也，動智之官也，思信之官也。仁者善視，禮者善言，義者善聽，智者善動，信者善思。故《春官・宗伯》者，代天子之視者也。《夏官・司馬》者，代天子之言者也。《秋官・司寇》者，代天子之聽者也。《冬官・司空》者，代天子之動者也。《地官・司徒》者，代天子之思者也。《天官・冢宰》者，合五者而代之者也。視以仁，則天子無失禮，故瞽者能樂而不能禮也。言以禮，則天子無失兵。《易》曰"利執"，言長子帥師必有言，後可以令三軍耳。聽以義，則天子無失刑。聖人曰"聽訟，吾猶人也"，《詩》曰"淑問如皋陶"，《書》曰"皇帝請問下民"，問也者，聽之事也。動以智，則天子無失工。《易》曰"貞固足以幹事"，是幹事屬之智也。《傳》曰"人主當使知四方艱難，知之則不妄役人也"。思以信，則天子無失教。聖人曰"朋友信之"，《易》曰"澤上有地臨"。君子以教，思无窮容，保民无疆。是地生民，民求友，友待教，教出思，思本信也。合此五者，則天子無失治。是以仁者生，生者圜，故爲規也。禮者齊，齊者平，故爲衡也。義者成，成者方，故爲矩也。智者謀，謀者重，故爲權也。信者誠，誠者直，故爲繩也。規、矩、權、衡、繩者，天子之五柄；仁、義、禮、智、信者，聖人之五德。有是德則宜有是柄也，而總出之於天。天之德曰元、亨、利、貞，合乾而爲五。然則天以元視，故至春而發萌啟蟄也；天以亨言，故至夏而雷雨大行也；天以利聽，故至秋而雷收禾登也；天以貞動，故至冬而蟄俯氣閉也。萬物生於春，故人之初生，則目卽能視；長於夏，故人之少長，則口卽能言；收於秋，故人之既耄，則耳不能聽；藏於冬，故人之衰極，則身不能動。少之時，戒色目，欲擇視。壯之時，戒鬥口，欲擇言。衰之時，戒喧耳，欲擇聽。老之時，戒勞身，欲擇動。以法天時而節宣之，是爲學也。學之博，則其四目明，不以我視，而以天視。問之審，則其四聰達，不以我聽，而以天聽。辨之明，則善言德行，不以我言，而以天言。行之篤，則動容周旋中禮，不以我動，而以天動。思之慎，則定靜安慮而得无思也，无爲也。寂然不動，感而遂通天下之故，不以我通而以天通。《易》以生之，以當天之元春，是聖人以仁教天下之學者也，有目者共視之以《易》矣。不知《易》之道陰陽者，謂之盲。《書》以長之，以當天之亨夏，是聖人以禮教天下之辨者也，有口者共言之，以《書》矣。不知《書》之道政事者，謂之瘂。《詩》以收之，以當天之利秋，是聖人以義教天下之問者也，有耳者共聽之，以《詩》矣。不知《詩》之道性情者，謂之聾。《春秋》以藏之，以當天之貞冬，是聖人以智教天下之行者也，有體者共動之，以《春秋》矣。不知《春秋》之道名分者，謂之痿。禮樂以調之，以當天之和四時之玉燭，是聖人以中和教天下之思者也，有心者共思之於禮樂矣。不知禮樂之道中和者，謂之癡。故深於《易》者，絜靜精微而不賊，是作哲之明也，其應爲時燠。深於《書》者，疏通知遠而不誣，是作乂之從也，其應爲時暘。深於《詩》者，溫柔敦厚而不愚，是作謀之聰也，其應爲時寒。深於《春秋》者，屬辭比事而不亂，是作肅之恭也，其應爲時雨。深於禮樂者，恭儉莊敬而不煩，廣博易良而不奢，是作聖之睿也，其應爲時風。失之賊則不仁，角亂而憂其民，怨木不能曲直，爲豫之恒燠矣。失之誣則不禮，徵亂而衰，其事勤火不能炎上，爲僭之恒暘矣。失之愚則不義，商亂而陂，其臣壞金不能從革，爲急之恒寒矣。失之亂則不智，羽亂而危其財，匱水不能潤下，爲狂之恒雨矣。失之煩與奢則不中和，宫亂而荒其君，驕土不能稼穡，爲蒙之恒風矣。故有虞者，仁之至者也；有夏者，禮之至者也；有商者，義之至者也；有周者，智之至者也；孔子者，中和之至者也。有虞者，天之目；有夏者，天之口；有商者，天之耳；有周者，天之貌；孔子者，天之心。樂《韶》而時夏輅商而冕周者，孔子之所以配天而爲太和，而四代如四時也。乃所願則學孔子，夫亦學問思辨行於孔子之六經而已矣。

廣明夷，教運鹽司等兩學諸生

試《易》則："入于左腹，獲明夷。之心于出門庭。"於是說明夷。

十二辰，寅至未當晝，申至丑當夜。《明夷》之六爻，蓋夜之六辰與。初爲申，申之律曰夷，則夷則者，陰氣賊萬物而傷陽之天則者也。故日至申，則明之始夷也。《象》曰："六二之吉，順以則也。"又曰："後入于地，失則也。"蓋即夷則之則與。二爲酉，三爲戌，四爲亥，五爲子，六爲丑。凡體必有上、下、左、右、前、後焉。日至於申，則將下，即所謂高春也。故曰："明夷于飛，垂其翼。"垂其翼者，將下之象也。日之下也，右側而左昂，則翼盖當爲右也，在天，故稱翼稱飛。日至於酉，則當地之直西，即所謂懸車也，故曰："明夷夷於左股"。左者自東而西下，故傷在左也，日與地衡，故稱股。日至於戌，則初至地下，上與申應，即所謂虞泉也。故曰："明夷于南狩，得其大首。"戌在地下之西北，故爲南狩者所傷也。在地下，故傷首，如所云滅頂也。南而首，盖傷在頂與面，蔽而弗之見也。日至於亥，已入地下，上與未應，即所謂蒙谷也。故曰："入于左腹，獲明夷。之心于出門庭。"近地中，故爲腹爲心，自右而左行，故腹稱左也。日至於子，則上與午應，是謂地中晦更甚，故五特括言之。日至於丑，則上與巳應，而夷已終也，故括之以"初登于天，後入于地"以戒之。《象》稱上、稱前、稱左、稱右而不稱下與後者，日入地則直北，故傷前而不傷後，前地而後空虛也，故稱"南狩"不稱北狩也。當地下，故傷上而不傷下，上地而下空虛也，故稱"得首"不稱得足也。坤爲腹，離爲心，離入坤，故離之心即坤之心也。日入地之腹，心在腹中。坤之偶者，"門庭"象也，"入于左腹"者，日自右而入於左，横其腹而穿之，故獲腹中之心以出也。日過地中，則可以出地户而登天，故曰"出門庭"。人臣遇不可事之闇主，而至於難，非獲其心，而豈能出禍亂之門以遠出乎？盖有道於其間焉，所謂聖人無死地也。五爲箕子，故說者以四爲微子，其於獲心出門之義未協也。四，盖文王事也。地上而離下，以上之一當陰而爲闇主，以下五爻當陽而爲君子。上夷其明以夷人之明者也，下五爻其明爲人所夷者也。爻既五箕子矣，《象》直以明夷之卦屬文王，以"利艱貞"之辭屬箕子。箕子者，夷而不可明者也，即免害明，終不足以破晦。文王者，夷而可以終明者也，勢固不可方，或德亦有軒輕與。“南狩”者，武王也。武王渡河而北伐紂，其還，爲三成而南。“南狩”者，南而狩之於北者也。“得其大首”，則黄鉞之杖之事也。遲之又遲，至於不得已而後伐之，故爲“不可貞疾”也。夷于股，則不能行，故須馬以拯之。斮脛之主，真所謂夷股者與。紂使膠鬲視師，武王告師期，及期雨，武王必進師者，以成膠鬲之信，恐其得罪，以救膠鬲之死也，亦可謂拯之以馬與。“君子于行，三日不食”，明日遂行，在陳絶糧，固有之矣。《象》曰“義‘不食’也”者蜚雁之視道不合，故義不食而去之，其有絶糧之困，亦甘之耳。言“三日”，則終“不食”其禄，以“攸往”，如淵明之“歸去來”，其詩云“三旬九遇食，十年著一冠”之義也。伯夷避紂，終至於采薇以死，而不肯爲就養者，亦其事也。然則比干之剖心於明夷之主，與獲明夷之心者，亦有間矣。閎夭以有莘之女釋西伯之囚，正所謂入左腹獲明夷之心者也。不獲其心，必不可以出其腹，而獲心以能爲可出耳。卽不克格君心之非，而能獲之以自濟，此聖人之所以善於陰陽九六之窮與。

廣大同，教運鹽司等兩學諸生

試《書》則：“是之謂大同。”於是説大同。

《易》曰：“法象莫大乎天地，變通莫大乎四時，縣象著明莫大乎日月，崇高莫大乎富貴。備物致用，立成器，以爲天下利，莫大乎聖人。探賾索隱，鉤深致遠，以定天下之吉凶，成天下之亹亹者，莫大乎蓍龜。”是蓍龜之大，至與天地四時日月之法象、帝王之富貴、聖人之道等焉者也。自伏羲有卦，卽有筮。舜曰“朕志先定，龜筮協從”，則已參而用之。《洛書》出於龜而稽疑，又爲箕疇之七，則卜視筮爲重。卜有五：雨、霽、蒙、驛、克是也。筮有二：貞、悔是也。曰汝則從龜，從筮，從卿士，從庶民，從，“是之謂大同”。既曰三人占則從二人之言，而又五徵之而以人謀三之，未有不謀人而顓尚卜筮者也。然汝與卿士與民皆可以逆，而惟龜筮不可逆，龜從筮逆，猶可以作内，而筮人不能違龜而獨爲從也。則龜長筮短之説，或亦有本與。禮所謂“大事卜，小事筮”，盖必有説，豈以九洛之事之本出於龜耶。孔子贊《易》，兼稱蓍龜，然《易》，蓍也。曰幽贊于神明而生蓍，蓍之德員而神，卦之德方以智，則蓍之變，似又不可以短目之矣。周公制禮，兼尚龜策，然其用，尤重龜。武王有疾，則曰：“今我卽命于元龜，乃卜三龜一習，吉。”啓籥見書，乃并是吉，則龜固自有卜兆之書，如《易》者與。其營洛，則曰："我卜河朔黎水，我乃卜澗水東瀍水西，惟洛食我。又卜瀍水東，亦惟洛食。伻來以圖及獻卜。"獻卜者，獻其兆辭也。故曰"卜世三十，卜年七百"，皆卽命於龜也。《周官》以太卜爲主而夢，與《易》之占繼之。太卜掌三兆之法，一曰玉兆，二曰瓦兆，三曰原兆。其經兆之體皆百有二十，其頌皆千有二百。卜，赴也，赴來者之心也。陽兆謂之玉，陰兆謂之瓦，再推謂之原。掌《三易》之法，一曰《連山》，二曰《歸藏》，三曰《周易》。其經卦皆八，其別皆六十有四。夏首艮，謂之《連山》。連山者，《易》所謂兼山艮也。殷首坤，謂之《歸藏》。地者，萬物之所歸而藏之者也。周首乾，謂之《周易》，周代名，亦周天之義也。《三易》者，天、地、人之統之三也。掌三夢之法，一曰致夢，二曰觭夢，三曰咸陟。其經運十，其別九。十致者，有因而至者也。角之一俯一仰，謂之觭。觭者，晝之所仰而俯者，夜形之於夢者也。無心感物之謂咸，升之謂陟。咸而陟，自然而然者也。運謂眡祲所掌之十煇王者，有夢則晝視之日傍之氣者也。《詩》曰"大人占之"，謂太卜與占夢也。以邦事作龜之八命，一曰征，二曰象，三曰與，四曰謀，五曰果，六曰至，七曰雨，八曰瘳。以八命者贊三兆、三易、三夢之占，以觀國家之吉凶，以詔救政。征，謂王師出征，而卜其乂速也。象，謂天象變動，而卜其妖祥也。與，謂與人共事而卜其成虧也。謀者，謀事於人而卜其得失也。果者，卜其行之果與否也。雨者，卜雩祈乏雨與否也。瘳者，卜疾疢之瘳與否也。作龜之八命者，卜也，而兼三易、三夢則叅之於簭矣。故曰："凡國之大事，先簭而後卜也。"又有卜師以掌開龜之四兆焉，一曰方兆，二曰弓兆，三曰義兆，四曰弓兆。開龜者，開其下體，去其外甲，而視其下甲中之直文，以分左右陰陽者也，横五文以分十二位者，象五行與辰次也。四兆者，上下之不可以爲兆，而開鑿之以燋者也。有龜人以掌六龜之屬焉，天龜曰靈屬，地龜曰繹屬，東龜曰果屬，西龜曰靁屬，南龜曰獵屬，北龜曰若屬。天龜師否謂之環，有占夢以掌歲時，觀天地之會，辨陰陽之氣，以日、月、星、辰占六夢之吉凶焉。一曰正夢，二曰噩夢，三曰思夢，四曰寤夢，五曰喜夢，六曰懼夢。安静而夢謂之正，高宗之夢賚良弼是也。驚懼而夢謂之噩，武王之夢與九齡是也。覺時所想謂之思，孔子之夢見周公是也。覺時所道謂之寤，狐突之夢太子申生是也。喜而夢，漢文之黄頭郎推上天是也。懼而夢，漢光武之夢乘龍上天而驚悸是也。

正，正也，餘五者，變也，皆占之以其日月星辰者也。有眂祲以掌十煇之法，以觀妖祥辨吉凶焉。一曰祲，二曰象，三曰鑴，四曰監，五曰闇，六曰瞢，七曰彌，八曰敘，九曰隮，十曰想。日之光氣謂之煇，陰邪侵之謂之祲。陰柔附日，凝結如赤烏，謂之象。陰氣刺日，如童所佩，謂之鑴。陰氣抱日，如冠珥而背璚，謂之監。陰氣蔽而晝晦，謂之闇。陰氣蔽日而光瞢，謂之瞢。陰氣貫日而彌天，謂之彌。雲有次序，如山日上，謂之敘。螮蝀升氣於日旁，謂之隮。雜氣無迹，形似可想，謂之想。是七官者，皆佐太卜之法者也。古之所謂經人理而緯神怪，蓋深達天人之故者也。予嘗爲象索，以《易》爲經，而《易林》與《太玄》佐之者也；爲靈囊，以《易》爲經，而《潛虛》與《洪範》、《皇極内篇》佐之者也。三占而從二之謂也。而更爲五六以繼之，以申十甲十二子之義，是《周官》之推及於日月星辰者也，亦一說也。然必人謀之所不逮，乃用占。不謀而占，與不必占而占，不當謀而謀者，皆鬼神之所弗聽也。故《易》不爲小人用也。

廣立配，教運鹽司等兩學諸生

試《詩》則："串夷載路，天立厥配。"於是說立配。

《詩》云："爰及姜女，聿來胥宇。"則避狄之艱難，太姜與太王共籌之，以立室家於岐下也。而諸生之不善爲文者，至謂串夷之既去，而遂得賢配，則似非胥宇之太姜，而又自爲一妃矣。爲《詩》之固，無乃甚於高叟乎。姜，蓋神農氏之裔。周之生民，始姜嫄氏，至太姜有二姜焉。齊姜之姜，其後出者也。甘泉有川曰姜嫄，爲敝邑之南竟者，蓋或姜女之誤，其或姜女之里與。姜嫄，有邰氏也，在武功，又在豳、岐之間矣。而今之新平，蓋南豳，其市有生后稷之隘巷者，誤。稷，邰也，安得豳北。豳，蓋彭原，其遷而南爲豳之谷也，則敝邑是也。自公劉始，豳之不可以爲邰，審也。太王之遷岐，實近后稷之故國，亦若有數者。姜，蓋豳女，後來齊爲大國，故姜女最貴。《衛》詩稱"美孟姜矣"，《鄭》詩稱"彼美孟姜"，《陳》詩有"豈其娶妻，必齊之姜"。齊襄公之姑姊妹不得嫁，令齊俗長女皆不得嫁，豈所謂美孟姜者耶？今俗稱長城之役，有烈女求其夫骨以歸者，曰孟姜。而同官之有姜女祠，至今娼優過其祠者輒病，志以爲楚澧水之女也。而晉之澮水之岸有手痕焉，云孟姜欲求夫於塞上，而不克渡，拍岸而哭，水爲之淺。至今土岸之手痕，則千層而如新焉，似當別有其人。姜則姜矣，何必孟，豈亦追附於《詩》之孟姜耶？今衛輝有孟姜橋，而又安知秦、豳間所稱姜女者，不爲太姜祠耶？今伊洛間薄太后之祠，盖亦在。在，有之矣。見於《詩》者有三姜，莊姜賢而失位，文姜、宣姜之不妻不母也，則姜之詬之不可洗乎！謚妻，從其夫。故太姒稱文母，以從文王。而文姜之不從其夫之“桓”也而“文”之，至竊美謚焉。盖文姜與乎弑，則不可以從其夫，盖衆論不與也。而莊公特以私意文之，與詩曰：“舍爾介狄。”盖謂婦寺如傳，所謂女戎者，文姜之罪，盖尤浮於宣姜，兹所謂“介狄”與，宜鄭忽之果於辭婚也。而《春秋》崔杼之妻爲齊莊公所私以被弑者，亦再嫁之棠姜也。豈姜女固多異乎，又何賢不肖之相懸也。

廣師次，教運鹽司等兩學諸生

試《春秋》則：“師次于郎，以俟陳人、蔡人。莊公八年齊師、宋師、曹師次于聶北，救邢。僖公元年公會齊侯、宋公、陳侯、衛侯、鄭伯、許男、曹伯，侵蔡。蔡潰，遂伐楚，次于陘。僖公四年公會齊侯、宋公、陳侯、衛侯、鄭伯、許男、曹伯，盟于牡丘，遂次于匡。僖公十有五年”於是說師次。

郎之次，胡氏以爲有二義焉。一曰陳蔡將過，我俟而邀之也。一曰魯將與陳蔡有事於鄰國，而陳蔡不至，故次於郎以待之也。愚意兩國合兵以遠出，魯以偏師邀擊，其何利之與？有則二國之有所期，而後之者殆然與。曰秦之有事於鄭，過周北門而超乘，其還也，移師以入滑，其師亦武矣。而晉邀之於殽而擊之，安知魯之不出於此與？是不然。晉與秦釁，秦千里而襲人，蹇叔料其必不可以掩取也，而曰“吾見師之出，而不見其入”。且料其子必死於殽之二陵間，盖逆知晉之必邀之矣。殽與晉阻一河，此可以邀擊之地，而晉人及姜戎敗之，是以二而俟一者，其力易，不如以魯之一，俟陳蔡之二之難也。曰然則以專譏陳蔡與？是不然。夫書俟而不書其後之至於何徂也，則二國之終不至也。二國固不信，然魯期之而不至，則魯之貪而無名，宜其不義於鄰國也。與人期而不至，則我亦不足以令諸侯矣。魯爲主，宜尤以責魯也。故伐而次者，以整兵慎戰而善之。惟齊桓之伐楚，次陘，爲近於不暴之義也。聶北之次，以救邢而緩師不進，邢滅於狄矣，雖有夷儀之遷，而亦已後矣。匡之次，以救徐而緩師不進，楚人遂敗徐於婁林，雖爲徐伐英氏以報之，而亦已後矣。曰大武之樂備戒之已久，病不得其衆也，咏嘆之，淫液之，恐不逮事也。發揚蹈厲之已蚤，及時事也。遲之，遲而又遲，“久立於綴，以待諸侯之至”，此亦何異乎郎之俟後至者與？諸侯之後至，而武王待之，亦何異乎聶北與匡之次與？是不然。前三年，諸侯之不期而會者至八百，皆曰“紂可伐”，而武王弗之許。則此行，豈果有不如期之諸侯？樂之，長歌之，以致其望慕之情者，既以狀其弔民之速，又以狀其得天下之心以伐之，而非私耳。遲之又遲以待者，又以狀不欲伐，不得不伐之情，而非有愆期之友邦也。乃若韓、彭後漢高之約，則其後來屠戮之罪，實始於此。是不臣之大者，又非但如《春秋》之緩於與國而輕簡書耳。按以臣子之義，豈但武事，即玉帛之會而後至之防風，禹亦執而誅之矣。况兵之界於呼吸，其堪需於郊耶？然則平陳與，宋州吁能得之於河南之二國，而黎不能得之比鄰之衛，宜衛之終有狄禍而又待命於盟主之齊桓也。

廣夾振，教運鹽司等兩學諸生

試《禮記》則：“夾振之而駟伐，盛威於中國也。分夾而進，事蚤濟也。久立於綴，以待諸侯之至也。”於是說夾振。

武王滅商之後，始定諸叛國，故其樂始而北出者，紂在河北，周之洛在河南也。再成而滅商者，牧野之事也。三成而南者，反周也。四成而南國是疆者，經營南國，以布文王之舊化也。則伐奄驅廉，滅國五十，遠虎豹兕象之類，皆括之於滅商之中矣。五成而分周公左、召公右者，脩文王二南之舊，終之以文德也。六成而復其綴位以崇天子者，武王之大武收功也。然當時南國皆久服周矣。所未服者，青、兗、冀耳，皆東北之國也。滅商之後，不言疆東北而云疆南國者，盖武王既滅商，則三州亦自服，特五十餘國之不可馴者，兵之耳。其云南國是疆者，東北既定，而始一一疆理六州也。文王之於南國也，以服事殷，盖臣其人不臣其地，至武王而始臣其地而疆之耳。“夾振之而駟伐”者，人夾舞而振鐸以爲節也。舞者，以戈矛四方擊刺之示出兵，欲以定四方也。初出兵而北向，然四方以此定，故四伐之也。紂與其屬國皆用夷狄之俗，故伐紂爲兼夷狄，而周自謂“盛威於中國也”。“分夾而進，事蚤濟”者，將渡河而北，如《泰誓》之者三也。“久立於綴，以待諸侯之至”者，謂諸侯之會者八百國也。武王之初觀兵也，諸侯不期而會盟津者八百，皆曰“紂可伐”矣，武王曰：“女未知天命，未可也。”乃還師。又三年，聞紂殺王子比干，囚箕子，太師疵、少師強抱其樂器而奔周，於是武王遍告諸侯曰：“殷有重罪，不可以不畢伐。”既遍告之，故遲以待之也 。禹之時，諸侯萬國；湯之時，三千；周有千八百國焉。二百一十國而州，九州當有千八百九十國也。三州屬紂，而六州屬周，則周盖有千二百六十國矣。王畿之内，其從征者也，梁州道遠，則選而命之耳。《牧誓》曰“逖矣，西土之人”者，其畿内之國也。曰“庸、蜀、羌、髳、微、盧、彭、濮人”者，庸、濮在江漢之南，羌在西蜀，髳、微在巴蜀，盧、彭在西北，八國者，選而命之者也。豫、荆、揚、徐當有八百四十國焉。則其所待之於河上，而誓之於牧野，所謂友邦冢君者也。然州二百一[一]

【校記】

[一]“然州二百一”，底本此下闕。

廣指南，教運鹽司等兩學諸生

試論則：“浮海作《指南録》。”於是說指南。

昔者周在豐鎬，其臣子歌之曰：“誰將西歸，懷之好音。”望北斗則曰：“西柄之揭”。又曰：“行歸于周，萬民所望。”又曰：“顧瞻周道。”唐亦周京之舊，老杜在劍南則曰：“北極朝廷終不改，西山寇盜莫相侵。”洛，其東京也，故又曰：“即從巴峽穿巫峽，便下襄陽向洛陽。”太白在江南則曰：“西入長安到日邊。”又曰：“長安不見使人愁。”岳鄂王之死，隴樹無弗南枝者，又非徒形之咏歌而已矣。文山鎮江之逃於虜，其自述有十五難，紀之以詩，讀之垂涕，自通泰以抵海門，而浮於海以南歸也，其詩爲《指南録》。如所謂“惶恐灘頭說惶恐，零丁洋裏嘆零丁。人生自古誰無死，留取丹心照汗青”者，可與西山之歌齊驅矣。論者謂文山志大而才疏，愚謂才之疏必試之以權與勢，而後見文山當時原未當國也。本以外鎮入援，陳宜中實爲相，使之入虜議和，特以右丞相之空名行，是可責之以宰相之任耶？比其南歸，則宋已不可爲，而張世傑、陸秀夫輩又不使之至行在，以再歸之身，收烏合之衆，而欲使之爲諸葛武侯事，則事勢固不侔矣。天下事，止有三人可師耳。知事之可爲也，而挺身以爲之，則諸葛武侯之於漢是也。知其不可爲而先去之，期於自全節，如陶靖節制於晉是也。既不可爲又不可去，以身殉之以至於終，不可爲而終不去以就義，如文信國之於宋是也。三君子者，道不同而仁同，伯仲夷齊者也。

河汾教卷十一

廣皆有，教蒲州學諸生

五月二日試蒲州、安邑、臨晉三學之士，蓋五百人。試蒲州以："惻隱之心，人皆有之。羞惡之心，人皆有之。恭敬之心，人皆有之。是非之心，人皆有之。"於是爲之説皆有。

諸生之爲文，有以惻隱爲主者，愚謂此章與"人皆有不忍人之心"之章異。彼以不忍爲主，故其惻隱、辭讓、羞惡、是非之四端者，以仁、禮、義、智而序者也。如天之有元、亨、利、貞，時之有春、夏、秋、冬也，以序相生，故仁可以爲宗，而以惻隱之一端貫之。此章立言則以羞惡繼惻隱，是仁義並舉也。仁義並舉，如"仁之實，事親是也，義之實，從兄是也"之章之指，其下智、禮、樂皆從仁義推之耳。如以惻隱爲主，則其序乖矣。仁，春也。義，秋也。春秋者，時之中，皆陰陽分也。故孔子作《春秋》，以二時表之，亦尚中之義與。春陽之進夏，陽極而陰生也。秋陰之進冬，陰極而陽生也。故其書首重春正月而繫之王，秋七月卽無事事而必書也。孟子開口卽稱仁義，曰："入則孝，出則弟。"守先王之道，以自比於孔子之作《春秋》，其論幾希，而終之以孔子之《春秋》，亦以爲舜由仁義行也。《春秋》者，仁義並舉之指也，《易》冠以元、亨、利、貞之四德，是四象也，而孔子終之以立天之道曰陰與陽，立地之道曰柔與剛，立人之道曰仁與義，是亦以仁義凖天地，爲"兼三才而兩之"之實也，是兩儀也。然心本一也，而析之以四，心豈果有四耶？一性而已矣。見以爲仁，又見以爲義，又見以爲禮且智也，如邵子之所謂又溫柔、又峻烈、又風流、又激切也。《中庸》以仁、義、禮、智各析之爲四，是爲寬裕、溫柔、齊莊、中正、發强、剛毅、文理、密察之十六德，是謂以一生四，四生十有六也，邵子之數也。十有六而又各四之，則爲六十四，卽愚之《太微》之數也。是以合之爲暈、雎、堯、顥之四德，而統之爲一微也。微也者，性也，道心之惟微也。心，一也，而舜分之爲道與人，則性情之畔而善惡於此分矣。一道心而分之爲四，則四端是也。人心，亦可分之爲四，爲十六，爲六十四，則反其情之善而出之不善，用六十四卦之德者也。諸生爲文，於“惻隱”等之八字，止可還之以八字，不必更爲訓詁，更以豈弟慈祥等襯之，則不止有四心，而心不可勝數矣。孟子之文已煩，爾輩又安可繁稱也。

廣孰賢，教安邑縣學諸生

試安邑縣以：“孟施舍似曾子，北宫黝似子夏，夫二子之勇，未知其孰賢。”於是爲之說孰賢。

“未知其孰賢”，當爲含蓄之辭，而諸生直道之曰：“果不可以辨也。”則“孟施舍守約”之一語作何解？善學者，於天地間之理宜，莫如破象为第一義。不破象，則心光不可透出。其束於萬物之象者，無論矣。卽以聖人爲可學，而步步擬之，以求之於聖人之迹，是亦象也。吾心日營營於追尋，亦得無勞乎？則亦求之於其心之不得不然處而已矣。曾子者，破象者也，故反求諸已也。北宫黝，則人之象横其胸中而務勝之，見人而不見已，又安見有我之當然者。告子者，佛氏之先鞭，中國固自來有此佛氏之一派矣，不必其法之入中國而後有之。告子之性無善無不善，卽佛氏所謂無善無惡，而陽明“無善無惡者心之體”，亦近之矣。告子之不動心，不得言，不得心，總置之而不動，卽所謂一切善惡都莫思量者乎。而聖人則不然。以性善爲主，則其不動也，復其本然之善而已，而不爲强持也。然則可懼而懼，而本然卒，何憂懼之有？孟施舍之以無懼爲主者，亦告子之類也。告子者，佛之内一格也。墨子者，佛之外一格也。内無善惡之辨而以莫思量者，置之而爲不動心。外無親疏之辨而以無差等者，視之而爲兼愛内外一切平等，則佛氏之說無剩指矣。佛氏之道，遺其身以養心，故其學無處人倫之實行，又無治天下之實政，止可安居而冥坐，比於枯株。然聖人者，反身而誠壹，是皆以脩身爲本。曾子之啟手啟足，卽孟子之所謂踐形。踐形者，集義之謂也。集義者，求之於吾心之不得不然而求自慊，非一一擬之於聖人之迹也，是爲《大學》誠意、正心、脩身之學。今之解《大學》之正心者，不論其情之所發之正不正，而云但有所發，則不正此正，告子之說也。而正心實根於誠意，誠其爲善去惡之意，正異乎不思量善惡之義，如意爲無善無惡之意，心爲無善無惡之心，身亦爲無善無惡之身，則家國天下亦當爲無善無惡之家國天下，是何世界而天地間果有無陰陽地一片否耶？

廣來安，教臨晉縣學諸生

試臨晉縣以："既來之，則安之。今由與求也，相夫子，遠人不服而不能來也，邦分崩離析而不能守也。"於是爲之説來安。

如此截出，當以"來"爲主，"安"字□□點如曰卽既來之矣。尚當有所以安之，猶不止徒爲來之者，而况於不能來乎。豈止不能來之於四境之外、邦域之中，且不克守之矣。而諸生之詁"安"字太重，則"來"字不得力。此蓋截題之指其實。安我者，卽所以來人。安我者，卽所以守也。葉公問政，子曰："政在來遠附邇。"附邇者，安而守之者耶。《詩》云："庶民子來。"是邦域之來也。放勳之教曰："來之不止，得其力，且可移之以教矣。王往也，天下之所往也。"二老曰："盍歸乎來，吾聞西伯善養老者"。茲安我以安遠人之效與？鄭人教青青之衿，而彼不來曰："縱我不往，子寧不來。"是徒責人之不可教，而不自責，其所以教之也，不往而求其來，宜乎子衿之不應耳。禮尚往來，往而不來，非禮也。來而不往，亦非禮也。□人不往而望其來，亦可笑也。《易》小往而大來，故治不出四境，而天下可以風而動之耳。文王之二南有所以來之者也，厚往而薄來者，聖人之所以善交鄰也。《春秋》之書"來"，如云"祭伯來"、"滕薛來朝"、"來求車"、"來求金"、"來求賻"、"來歸賵"、"來歸祊"、"來言田"、"來乞師"、"來奔使"、"來盟"、"來歸"、"衛俘伯姬來"、"伯姬來朝"、"其子使鄫子來"、"來獻捷"、"來獻戎捷"、"自齊逃來"、"以郲子來"之類，不當來而來者也，聖人之所不貴也。"來聘使"、"來聘"、"來盟于師"、"季子來歸"、"來納幣"、"來媵"、"來錫命"之類，此往而來者也，禮也。齊人來歸鄆、讙、龜陰田者，聖人服遠人之化，所謂脩文德以來之者也。然天地之化，日往則月來，暑往則寒來。往者屈，來者伸，陰往而陽來爲順，陽往而陰來爲逆。故仲秋鴻雁來，季秋鴻雁來賓者，避寒以就我者也。仲春，玄鳥至，至也者，來也。"無可奈何春又去，似曾相識燕歸來。"燕來，則春來。人之所不欲春之去者，就陽以避陰耳。"天狼月窟閑來往，三十六宫都是春。"月窟之來，亦可謂之春。是陽固春也，陰亦春也，來固來也，往亦來也，吾心固自有常來之陽春乎！聖人者，法天之陽春，善調陰陽之氣者也。

廣聚正，教蒲州等三學諸生

試《易》以：“利見大人，亨。聚以正也。用大牲，吉，利有攸往，順天命也。觀其所聚，而天地萬物之情可見矣。《象》曰：‘澤上于地萃，君子以除戎器，戒不虞。’”於是爲之說聚正。

“澤上有地臨”者，其澤爲深潤絶壑之澤，而地自上臨之也。《詩》所謂“夾其皇澗，遡其過澗”者，臨象也。“澤上于地萃”者，其澤爲原鹵隰泮之澤，而地自周萃之也。《詩》所謂“彼澤之陂，維蒲與荷”者，萃象也。澤也者，非地非水，地與水之間也。大約高峻者卽爲山，原鹵者卽爲地，卑隰者卽爲澤，是爲三地。立地之道曰柔與剛，山剛而澤柔也。兑澤之所以可說者，主受之象也。受，故說老氏稱玄牝，凡物之主受者皆稱牝，主施者皆牡也，玄也。橐爲牝，籥爲牡。鎖爲牝，鑰爲牡。在玉謂之好玉之好，倍肉者謂之環肉，倍好者謂之瑗肉，好均者謂之璧好如澤，肉如地，是萃之象也，瀆渠之所歸焉者也。地之有澤，如所謂淇之有隰，泮汾之有沮洳也，小則爲地塘，大則爲湖蕩，雖水也而異乎川浸，是亦水中之澤也。“鄱陽”亦云“彭澤”，“具區”亦云“震澤”也。大地之主受者，莫如澤。《禹貢》九州之地，冀土白壤、大陸，其澤也；兖土黑墳、雷夏，其澤也；青土白墳、海濱，其澤也；徐土赤埴墳、大野，其澤也；揚土塗泥、震澤，其澤也；荊土塗泥、雲夢，其澤也；豫土壤下土墳壚，孟豬，其澤也。梁土青黎、和夷，其澤也；雍土黄壤、豬野，其澤也。《周官·職方》之九州則有幽、并而無梁、徐，并割冀，幽割青，徐入兖，梁入雍也。東南揚，其澤藪曰具區。正南荊，其澤藪曰雲夢。河南豫，其澤藪曰圃田。正東青，其澤藪曰望諸。河東兖，其澤藪曰大野。正西雍，其澤藪曰弦蒲。東北幽，其澤藪曰貕養。河内冀，其澤藪曰揚紆。正北并，其澤藪曰昭餘。祁與其州之山鎮川浸配而參其土壤之產，是以揚有其利金錫竹箭，其畜鳥獸，其穀稻之萃；荊有其利丹銀齒革，其畜鳥獸，其穀稻之萃；豫有其利林漆絲枲，其畜六擾，其穀六種之萃；青有其利蒲魚，其畜雞狗，其穀稻麥之萃；兖有其利蒲魚，其畜六擾，其穀四種之萃；雍有其利玉石，其畜牛馬，其穀黍稷之萃；幽有其利魚鹽，其畜四擾，其穀三種之萃；冀有其利松柏，其畜牛羊，其穀黍稷之萃；并有其利布帛，其畜五擾，其穀五種之萃。《爾雅》十藪：周有焦護，秦有陽陓，鄭有圃田，宋有孟諸，魯有大野，齊有海隅，楚有雲夢，燕有昭餘，祁吳有具區，晉有大陸。或一澤而騈名，或同區而異表，此其澤之大者。而其他繁如礨空者，未嘗不與支山支川錯也。然地絡有陰陽焉，澤藪者卽山鎮之牝也，有一山卽應有一澤。莊子云："藏山於澤，有力者負之而走。"是主受之象也。故華實之毛貢上腴於陸海狩獵之囿，兼饒利於鹽泉，是澤氣之達地而上，而萃之收功也，則聖人之所取則也。欲人之爲我萃，我先有所以萃之，則假廟而用大牲者，爲第一義也。人本乎祖，萬物本乎天，有天乃有祖，率之以假其祖，示之以一本，玆所謂順天命也。我率之以事天事親，是爲合衆人而爲一人，人乃大人，不能不利見之也。周公旣作洛邑，則立清廟而率來朝之諸侯以祀文王，又爲明堂以享帝，而奉文王以配之，爲南郊以祀天，而奉后稷以配之，是萃道也。其聚正，非要結狙詐之也，其往而之於天下也，無不利聖人，信可謂"見天地萬物之情"者也。孔子曰："我戰則克，祭則受福。"俎豆軍旅之事，未之或岐出也。故兵之動大眾者，必本於人和。澤之象地四周之，是四面受敵之象也。故又以"戒不虞"，爲之坊也。

廣日永，教蒲州等三學諸生

試《書》以："敬致日永星火以正仲夏，厥民因。"於是爲之說日永。

日中星鳥以殷仲春，日永星火以正仲夏，日中星虛以殷仲秋，日短星昴以正仲冬。春分之刻，晝夜皆五十，故中。夏至之刻，晝六十，故永。秋分之刻，晝夜皆五十，故中。冬至之刻，晝四十，故短。星鳥者，昏中以鶉火之次也。星火者，昏中以大火之次也。星虛者，昏中以玄枵之次也。星昴者，昏中以大樑之次也。秋稱虛，冬稱昴，則春當稱星而概稱鳥，夏當稱房不稱房而稱火心，卽大火也。蓋舍雖有二十八，而度有多少之不均，故酌而稱之月令。則仲春之月，日在奎，昏弧中，旦建星中。仲夏之月，日在東井，昏亢中，旦危中。仲秋之月，日在角，昏牽牛中，旦觜觿中。仲冬之月，日在斗，昏東辟中，旦軫中。顧氏以爲月令之在奎則書之冬也，在東井則書之春也，在角則書之夏也，在斗則書之秋也。天道三十年小變，百年中變，五百年大變，伏羲、神農之曆不可用於堯舜之時，堯舜之曆不可用於夏商之際。金氏以爲歲差之法，當以七十三年爲稍的。堯時冬至，日在虛七度，昏昴中，至月令一千九百餘年而冬至。日在斗二十二度，昏奎中也，至宋初而一千七百餘年冬至。日在斗初度，昏壁中也，延祐又經四十餘年而冬至。日在箕八度，昏亦壁中也。按此，則周之於堯，蓋差二十七度，而宋之於周則差二十四度。今則冬至日在箕四度，是視延祐又差以四度矣。天啟元年辛在酉，十一月之九日丙午爲冬至，日在箕四度也。逆推之，前十年爲辛亥十一月之十九日甲寅冬至，日在箕四度。又前十年爲辛丑十一月之二十七日辛酉冬至，則在箕三度。又前十年爲辛卯十一月之七日己巳冬至，則在箕四度。又前十年爲辛巳十一月之十七日丁丑冬至，則在箕四度。又前十年爲辛未十一月之二十六日甲申冬至，則在箕四度。又前十年爲辛酉十一月之六日壬辰冬至，則在箕五度。卽以嘉靖甲子論二月三十日癸酉春分，日在壁三度，五月四日乙巳夏至，日在参十度，八月七日丙子秋分，日在翼十八度，十一月八日丁未冬至，日在箕四度。視唐虞計，差五十三度，則古今之春夏秋冬頗易位，其日之長短不知。視今日爲如何，必更有增減於其間者，是爲一元之四時，更有大增減於其間者，爲五萬萬元之四時耶！太玄終於養而始於中，養以準十月日，舍斗宿二十二度中，以準冬至日，舍牽牛初度，其說於宋爲近，此蓋泛論曆法日行之度。未卽爲漢曆，然班氏以爲與太初曆合，亦有顓頊曆焉。按曆書，太初元年，年名焉。逢攝提格，月名畢聚。日得甲子，夜半朔旦。冬至，日月若連珠，俱起於牽牛之初，亦與太玄差應。

廣盡瘁，教蒲州等三學諸生

試《詩》以："或燕燕居息，或盡瘁事國，或息偃在牀，或不已于行，或不知叫號，或慘慘劬勞，或栖遲偃仰，或王事鞅掌，或湛樂飲酒，或慘慘畏咎，或出入風議，或靡事不爲。"於是爲之說盡瘁。

此詩三章，凡六韻，了是五言古，以十二"或"字起之。韓退之《南山》，以一"或"字演千言之大什，然不出雅人之變。《蝃蝀》之詩末章曰："乃如之人也，懷昏姻也，大無信也，不知命也。"歐陽永叔之《醉翁亭》，以一"也"字演環滁之雅記，然不出風人之變。善文者，以第一格之議論，運第一格之筆鋒，故《北山》以"盡瘁事國"之一語，曲寫其獨賢不均之歎。《蝃蝀》以"不知命"之一語，點化其風流水濫之思，神出於文章之外，而氣行於文章之中，不區區在字句間求之。韓、歐有用之文，其議論可佐佑六經，而其筆期於達其意，初非以字句襲故人者也。而謝叠山之品韓文，以其句之長短爲法，宜乎何“胎簪有法亡於韓”之誚，則謝氏之不善品古人耳。善爲文者，用眼。不善爲文者，用手。手者，眼之卒徒。眼者，手之將帥，卽千乘萬騎，僅指麾之於幄帳之間。有眼力不患無腕力，眼枯而欲腕力之捷於成風，吾弗信。昔者漢高帝以獵事白酇侯之功，以折十八侯之心，曰：“擊兔者，狗也。發縱指使者，人也。列侯之奔走於步伍矢石者，狗也。蕭何者，其發縱指使之人也。”以狗馬之材，欲與人爭功不能。然則手，亦行文者之狗馬；眼，其發縱指示之人也。文之惟其手所塗抹以成行者，狗馬之技也。開眼力以抽奇論而命令筆，精墨浪以軒飛者，始可謂之人之才也。嗟乎！癡兒以狗馬爲文，而哲匠以人爲文，以出之於狗馬者，而欲與人之才相角抗，亦何異鳥迹兔蹄之擬工垂之指乎？吾未見狗馬之具人眼，亦未見具人之腕也，而安得不反噬之耶？如欲追韓、歐於八代之上，則直須洞擅千古之眼力，臨青天而直下，以驅役其削堊之風斧，勿忽漫憑手腕如鋒灌[一]、樊噲等之類狗，爲籠罩群雄之赤龍“大風飛揚”之舌所笑也。

【校記】

［一］“鋒”，當爲“絳“之誤。“絳灌”指漢初絳侯周勃和潁陰侯灌嬰，見今本《史記》卷五七《絳侯周勃世家》。

廣伐衛，教蒲州等三學諸生

試《春秋》以：“冬，公會齊人、宋人、陳人、蔡人伐衛莊公五年。春，王正月，王人子突救衛莊公六年。春，齊侯、宋人、陳人、蔡人會于北杏莊公十有三年。正月癸丑，公會齊侯、晉侯、宋公、蔡侯、鄭伯、衛子、莒子，盟于踐土僖公二十有八年。”於是爲之說伐衛。

莊公七年夏四月辛卯夜，恒星不見夜中，星隕如雨，胡氏以爲人事感於下，則天變動於上。前此五國連衡旅，拒王命。後此齊桓、晉文，更霸中國，政歸盟主而王室遂虛。《春秋》謹天象也。夫恒星不見，星隕如雨，變之大者也。未遽以五國之逆王命而納衛侯，遂感變以至此。然五國之連衡以拒王命，實五霸之漸也。五霸者，七雄之漸也。七雄者，秦之漸也。自有天地以來，卽有生民，有生民卽有君臣，有君臣卽有封建。至秦而烹滅以至盡，至此始截然更爲一世界，豈非古今之大變而開闢所未有乎？禹會諸侯執玉帛者，萬國呑噬之者，四百年而七千國滅矣。湯之時，尚三千國耳，吞噬之，又六百年而一千二百國又滅矣。武王之時，僅一千八百國耳，又五百餘年而至獲麟，其見於《春秋》者，止百四十國。又二百年而至戰國，則南面稱寡者，僅二十有四。其大者爲七雄，他如魯、衛、滕、薛、宋、任、中山之屬，凌雜如米鹽，而未幾並盡於七雄之吞噬，又未幾而並盡於一秦，是非天地以來之第一變耶？自有伏羲之圖書以來卽有《易》，歷三皇五帝而有《書》，歷三王而有《詩》、孔子之六經立萬世之人紀。而三皇五帝三王之書也，幾爲秦火之所盡，而欲愚黔首於無知，是豈非自有生民以來之大變與？故五霸者，三王之罪人也，然猶知有王也。七雄則君臣之倫絶矣，然尚知追慕五霸也。至秦則六經幾盡於一炬，而道脉幾不傳，則宜乎其有恒星不見之異與？或云佛氏以此時生西域，或云在昭王時。時不可盡知，然在昭穆時爲近之，亦不必其生於此時，而遂致變，但百王以及夫子之徂，而道統支離。至於漢之衰而佛教入，歷唐歷宋而君臣父子半絶於人類。漢之零丁而爲魏晉六朝也，唐之零丁而爲五代也。已不啻五霸七雄之慘，至宋之剗絶而爲胡元也。遂以夷狄之主涖中國而繼皇王之後者，百年人類委於禽獸，其變乃甚於秦六朝之亂，亂於五胡五代之亂，亂於契丹。以及胡元之剗絶治統，實佛教爲之陰持之。總之道統與治統雙剗絶，則恒星之變之應之遠應如此，不區區一齊桓、晉文之爭霸也。《春秋》者，萬世之書也，孔子筆之於千載，而吾輩覆驗於千載之後，鑿鑿乎其如響也。夫天之不示人以恒象，豈亦逆知千載之後有逆天之說之混於人心乎？而乃示之異，則佛教之變爲甚，而胡元之變次之，秦之變又次之。吾輩之生於功高萬古之朝者，其尚本六經以尊天命，掃異說而植人倫，毋自陷於夷狄而莫之返也，則日、月、星、辰之運應大明於此時者也。

廣閭市，教蒲州等三學諸生

試《禮記》以：“門閭毋閉，關市毋索，挺重囚，益其食。”於是爲之說閭市。

蒼帝行德，天門爲之開。赤帝行德，天牢爲之空。黄帝行德，天矢爲之起。白帝行德，畢昴爲之圍。黑帝行德，天關爲之動。天門者，左右角間也，左角李，右角將，一曰左角爲天田，右角爲天門，大角爲天廷，則東宫也。天牢六星在北斗魁下，一曰句圜，十五星屬杓，曰賤人之牢。其牢中星，實則囚多，虚則開出，一曰貫索，一曰連索，一曰連營。牢口一星爲門，欲其開，占星主見則獄事繁，不見則刑務簡，動搖則斧鉞用，中虚則改元，口開則有赦。一星不見有小喜，二星不見則賜禄，三星不見則人主德令且赦遠。十七日近十六日，則中宫也。觜觿南四星曰天廁，在屏主溷廁。下一星曰天矢，矢黄則吉，青白黑凶。昴畢間爲天街，日月五星所出入要道，若津梁者也。天街三星在畢昴間，主國界，街南華，街北狄。天一星在五軍南、畢西北，爲天關。五軍，盖卽天。五潢，五帝車舍，主載穀者，皆西宫也。謂王者乘時氣以布德，則上應五帝座天門開者，左角理物以起，右角將率以動發，德化象也。天牢空者，中星虚而口開，改元而有赦也。天矢起者，其色黄也。天街圍者，以正月二十日、二十一日，月暈圍，常大赦。圍，三暮乃成，漢高帝之平城月暈。參畢者，七重圍畢不圍昴，故災主中國，不爲行德之應也。天關動者，蓋三柱見而倉庫實，邊將明而遠夷貢之驗也。然三垣有天市、東宫、旗中，四星曰天帝，中六星曰市樓，星衆者實其虚則耗，實下應人事。月令以仲夏行令，則門閭毋閉，欲其通時氣，亦以散暑氣也。是爲開天門關市毋索，不搜其匿税，以行寬大之政也。是爲動天關實天市，挺重囚以寬，其禁繫則輕者，盖赦之矣。是爲空天牢，暈天街，挺之而又益其食以實其腹，是爲起天矢爾者，東郊連墮名城奸細，滿郊當五月而都門閉以諸御使主之，安得行門閭毋閉令耶？吾固願其開天門以應蒼帝也。山海關以丸泥封而逃兵、逃民自一片石密度矣。都市之搜索奸細者無虚日，安得行關市毋索令耶？吾固願其動天關實天市以應黑帝也。盛暑行戮，檻車四逮，失志於邊垣者，望風以解組者，胥繫矣。大司馬請逮鉞臣矣，而追論失事之罰，日以數上，安得行挺重囚令耶？吾固願其空天牢以應赤帝也。天下有道卻走馬以糞餉，日告匱而履畝之徵無已，安得行益其食令耶？吾固願其起天矢以應黄帝也。春初，歲在昴，而胡猖獗，入夏則歲逾天街以福我，其胡無人，漢道昌乎！吾固願其暈天街以應白帝也。騷人曰："吾令帝閽開關兮，倚閶闔而望予。"老杜曰："天門日射黄金榜，春殿晴薰赤羽旗。"家夫子亦曰："吾將騎鳳出天牢。"予少時，嘗有《天門開》之篇，曰："五億天門洞曠開，兩曜軒光燭上台。"比釋褐與觀於圜土，惻然曰："安得淑問如皋陶，使帝行德空天牢。"並爲諸生誦之，以激憂時之苦思云爾。

廣斗數，教蒲州等三學諸生

試論以："觀斗數。"於是爲之説斗數。

邵子曰："天渾，渾於上而不可測也。"故觀斗數以占天也。北斗七星，所謂璇璣、玉衡以齊七政。第一，天樞。第二，璇。第三，璣。第四，權。第五，衡。第六，開陽。第七，搖光。第一至第四爲魁，第五至第七爲杓，合而爲斗。玉衡屬杓，魁爲璇璣。第一曰主日，法天。第二曰主月，法地。第三曰命火，謂熒惑。第四曰煞土，謂塡星。第五曰伐水，謂辰星。第六曰危木，謂歲星。第七曰罰金，謂太白。日月五星曰七政，卽七緯也，是七政皆受成於斗也。杓攜龍角，衡殷南斗，魁枕參首。用昏建者杓，杓自華以西南；夜半建者衡，衡殷中州河濟之間；平旦建者魁，魁海岱以東北也。一主秦，二主楚，三主梁，四主吳，五主趙，六主燕，七主齊。四宫各七宿者，應斗之七也。二十八舍，主十二州。角、亢，鄭分，曰兗州。氐、房、心，宋分，曰豫州。尾、箕，燕分，曰幽州。南斗、牽牛，吳越分，曰揚州。須、女、虛，齊分，曰青州。危、室、壁，衛分，曰并州。虛、婁，魯分，曰徐州。胃、昴，趙分，曰冀州。畢、觜、參，魏分，曰益州。東井、輿、鬼，秦分，曰雍州。柳、星、張，周分，曰三河。翼、軫，楚分，曰荆州。斗秉兼之，故十二月則指星紀而爲丑，應揚州；十一月則指玄枵而爲子，應青州；十月則指娵訾而爲亥，應并州；九月則指降婁而爲戌，應徐州；八月則指大梁而爲酉，應冀州；七月則指實沈而爲申，應益州；六月則指鶉首而爲未，應雍州；五月則指鶉火而爲午，應三河；四月則指鶉尾而爲巳，應荆州；三月則指壽星而爲辰，應兗州；二月則指大火而爲卯，應豫州；正月則指析木而爲寅，應幽州。壽星，其龍首。大火，其龍腹。析木，其龍尾也。星紀，其武首。玄枵，其武腹。娵訾，其武尾也。降婁，其虎首。大梁，其虎腹。實沈，其虎尾也。鶉首，其鳥首。鶉火，其鳥腹。鶉尾，其鳥尾也。太白曰："天之何爲，令北斗而知春兮，乃回指於東方。"斗豈止知春，實知四時與晝夜。故一歲之所指，則有十二辰以協日月之會。一日之所建，則有昏建、夜半建、平旦建，以定晝夜之分。《太玄》曰："斗一南而萬物生，斗一北而萬物死。日一北而萬物生，日一南而萬物死。"斗一南者，自冬至以後，斗漸南指也。斗一北者，自夏至以後，斗漸北指也。日一北者，自冬至以後，日漸北躔也。日一南者，自夏至以後，日漸南躔也。冬至者，斗之北之極也，故自子而丑以漸南也，陽長則物向生也。夏至者，斗之南之極也，故自午而未以漸北也，陰長則物向死也。冬至者，日之南之極也，故自冬而春以漸北也，漸北則漸長，物與之俱壯也。夏至者，日之北之極也，故自夏而秋以漸南也，漸南則漸短，物與之俱老也。故北斗者，天之喉舌，決萬首之狐疑而判混沌之案者，不觀斗則茫茫然，止見天象之旋而不知其爲，何以建月而成歲。日月星辰環其外，而斗柄制其中，權衡度量之所象以制器，則聖人之法度所自出者也。十二辰，則辰、巳、午、未、申在天上，戌、亥、子、丑、寅在地下，卯、酉在天地之際。卯東爲春正，午南爲夏正，酉西爲秋正，子北爲冬正。是地上無戌、亥、子、丑、寅，地下無辰、巳、午、未、申也。日百刻，長至五十有九刻，則或有時而日出，寅入戌，至歷時者九。短至四十有一，則或有時而日出，辰入申，僅歷時者五。二分，日出卯而晝夜均，寅戌之二辰有時而在地上者。夏至，則地下游而南，故辰之下而北者在地上，而日以此出入也。卯酉之二辰，有時而在地下者。冬至，則地上游而北，故辰之上而南者在地下，而日以此出入也。十二辰如其有十三行省也，七政如其有六曹也。聖人者，亦人中之北斗。六經，其七政也。是故夫子可以當天樞，伏羲可以當天璇，黄帝可以當天璣，神堯可以當天權，大舜可以當天衡，文王可以當開陽，周公可以當搖光也。是故《周易》可以當主日之政，《尚書》可以當主月之政，《四詩》可以當命火之政，《春秋》可以當煞土之政，《三禮》可以當伐水之政，《孝經》可以當危木之政，《論語》可以當伐金之政也。

河汾教卷十二

廣雖有善者，教平陽府學諸生

其月十一日，平陽、臨汾兩學之士，試者蓋五百人。平陽府則試以："彼爲善之小人之使爲國家，菑害並至，雖有善者。"遂說雖有善者之義。

財稱用，有用之謂財，有用之謂才，故財非有才者不能理。天、地、人謂之三才，《禮器》曰："天時有生也，地理有宜也，人官有能也。"日月星辰運而爲四時，風雨霜露以此出者，是天才也。山川土澤布而爲五行，草木鳥獸以此蕃者，是地才也。士農工賈修而爲六府，君臣父子以此安者，是人才也。人者也，善因於天地之財以爲財，是以三才，人爲主也。凡小人未有無才者也，小人亦自有小人之才。小人，逆天地之宜而拂人之情者也。小人之有才，人類之所共患也。而小人爲其才使，則一日而不肯安其常，才足以使其君，君不能不爲其所使，非君使小人，寔小人使君也。小人有可用之才，不理才而斂財，是爲天地人之盗。遇明主則化而爲治世之能臣，遇逸王則化而爲亂世之姦雄。是盗亦人也，晝則伏，夜則伺，盗起於奪財。奪財之謂盗，非吾之所有而取之以一介者，亦盗之類也。君子之於財，與天下共之，其理財以足國家者，亦爲天下理之耳，財用於天下者也，期於用。積而不用，則萬金與一銖均耳，亦奚以爲舜富有四海之内，非自藏富於一帑一庾也。舜至於公天下，則財何足云。晉之財可共之鄰國者，莫如鹽澤，則天時、地理之所萃矣。舜嘗於此歌《南風》矣，詩曰："南風之薰兮，可以解吾民之慍兮。南風之時兮，可以阜吾民之財兮。"薰以解慍，如《風賦》所謂"快哉！此風所與庶人共"者也，是因乎天者也。時以阜財，夏爲長物之府，如所謂"凱風自南，吹彼棘心，棘心夭夭"，因乎地者也。然南風之時，正南風之所以爲薰也，阜民之財正所以解民之慍也。五日一風，十日一雨，歲有七十二風，三十六雨，謂之時。《洪範》所謂“曰雨，曰暘，曰燠，曰寒，曰風。曰時，五者來備，各以其敘，庶草蕃廡。”又曰：“肅，時雨若；乂，時暘若；晢[一]，時燠若；謀，時寒若；聖，時風若”者也。風時，則雨、暘、寒、燠無不時。東曰谷風，以春生；南曰凱風，以夏生；西曰悽風，以秋收；北曰涼風，以冬藏。而獨九夏之南風長萬物，財以此成，故獨歌之也。《大雅》曰“飄風自南”，蓋亦以道夏也。晉人以解池在舜畿東，南風來，則鹽生，云舜之歌阜財，歌此澤也。夫天子者，以天下養天下者也，鹽之利未遽至於徧利天下。縈懷於境内之產者，諸侯事耳，非天子所以平四海之悦怒者也。則舜之不可以鹽質，審矣。天地之大寤在夏，萬物之所以遂其性以養人者莫如夏，故阜財之感獨有意乎南風之時也。晉人生於晉，止知有此澤之利，遂以舜私之於此澤之畔，富有四海之内，乃僅縈懷於尺寸之產耶。即使舜果感於此澤，其所以託興者不在此，以暢其懷於天地之歲功，則天王之用心如是焉矣。吾聞沃土之民淫，以有所以利之耳。故生於有財之地者，易染於財，生鄒魯者，口不出禮樂之外，固其教也。吾恐禮樂之士之生於此澤之畔者，遂以“阜財”兩字横其中，至染鹽之風味不自覺。當南風之至，將爲曾蒧舞雩之思乎？抑亦止曰：鹽長數尺，飴且形者，可以爲盤中水晶之供耶？

【校記】

[一]“晢”，底本原作“哲”，誤，兹據中華書局影印清阮元校刻《十三經註疏》本《尚書正義》改。

廣明哲保身，教臨汾縣學諸生

臨汾縣則試以：“《詩》曰：‘既明且哲，以保其身。’其此之謂與。”遂説明哲保身之義。

聖人之於世，其猶龍也。夫馬可以啣勒而控，可以鞭扑而威，可以烙之、撾之而使之，寄命於僕夫之手。龍以長空爲程途，以風雲爲芻秣，一馳而千萬里無可礙者耶，豈可責之以馬耶？故乾爲龍，坤爲馬，聖人之道乾，而賢人之道坤。比干以下者，行地之馬也。文王者，行天之龍也。乾之卦曰“時乘六龍以御天”，乾之《姤》曰“潛龍”，乾之《同人》曰“見龍”，乾之《履》曰“惕龍”，乾之《小畜》曰“躍龍”，乾之《大有》曰“飛龍”，乾之《夬》曰“亢龍”。下卦則見龍主之，然不難爲見，難爲潛與惕也。潛則能爲見，惕則能保其見也。未可見而見，則不善用者也，可以愓而不愓，則非善見者也。乾乾者，即乾上乾下之謂。乾乾者，天行之健，而尤繼之以愓也。上卦則飛龍主之，然不難爲飛，難爲躍與亢也。“或躍在淵”，或之者，疑之也。上下无常，非爲邪也；進退无恒，非離羣也；進德修業，欲及時也。未可飛而飛，非躍之義也。飛之而至有首，則亢矣。亢之爲言，知進而不知退，知存而不知亡。聖人知進退存亡，而不失其正者也。故撮《乾》之“用”曰：“見群龍无首，吉。”天德之不可爲首者，天則也。群龍者，即大人之一龍也，以其有六位之時，乗其利見之，即以爲群龍，而實一龍也。歷六位而總言之不見其首者，龍之所以善藏其用也。故居上不驕，時飛而飛，而不爲亢也。爲下不倍，時見而見，而善爲愓也。有道足以興，能爲躍；無道足以容，能爲潛也。聖人之身，天地萬物所托命之身，天下萬世所樹表之身也。倘身之不能保，性命尚屬之他人，而可以師表萬首、稱教父者乎？故不足以保身者，《小雅》之材，其於《大雅》則未也。

廣設險守國，教平陽府等兩學諸生

《易》則試以：“地險，山川丘陵也。王公設險以守其國。”遂說設險守國之義。

天險，不可升也。“地險，山川丘陵也。王公設險以守其國”，程《傳》曰：“山河城池，設險之大端。若夫尊卑之辨，貴賤之分，明等威，異物采。凡所以杜絶陵僭，限隔上下者，皆體險之用也。”愚以爲：山河，地險也；王公之守國，固據山河之險，不敢有失地。然亦有無高山大川可據以爲險者，則千里之曠垣難以借險於山河矣。即有山河之險可據，然亦必有所以據之，則設險以守之者，亦自有道也。築城固以法山，鑿池固以法河，然必有兵食器械之類以待暴客而固藩籬者，皆法險於地者也。莊子所謂“莫險於人心”，而山川之險次之，則人謀所以成其險耳。至於辨尊卑，分貴賤，明等威，異物采，以杜陵僭而限上下者，皆法險於天者也。天險，不可升，故王公之禮樂刑政亦使之不可逾也，王公所以平天下者也。堯，平章百姓，平秩東作，平秩南訛，平秩西成，平在朔易。平，所以平人之不平者也。人之不肯平者，險也。人險則不得不與之俱險，我有險則人不得升而可以守耳，斯之謂平其不平者也。是以聖人雖法天地之易簡，而亦不敢去禮、去刑、去兵三者，所以平人心之險者也。

廣百揆四岳，教平陽府等兩學諸生

《書》則試以："内有百揆四岳，外有州牧侯伯。"遂説百揆四岳之義。

《周官》曰："唐虞稽古建官，惟百内有百揆四岳，外有州牧侯伯。"侯伯，總諸侯者也。州牧，總侯伯者也。四岳，總州牧者也。百揆，又總四岳者也。堯嘗咨四岳矣，舜嘗納于百揆矣。舜之攝政，嘗覲四岳群牧矣。舜之既格于文祖，則咨于四岳，咨十有二牧，命禹以司空宅百揆，棄作后稷，契作司徒，臯陶作士，垂作共工，益作虞，伯夷作秩宗，夔作典樂，龍作納言，是爲九官，合四岳一人與十二州之牧爲二十有二人。四岳與十二牧，不知其爲誰何，而殳斨伯與朱虎熊羆之七人，亦不知作何官耳。周制九州，州方千里，州建百里之國三十，七十里之國六十，五十里之國百有二十，凡二百一十國，名山大澤不以封，其餘以爲附庸間田。八州，州二百一十國，天子之縣内方百里之國九，七十里之國二十有一，五十里之國六十有三，凡九十三國，名山大澤不以勝，其餘以禄士以爲間田。凡九州千七百七十三國，天子之元士，諸侯之附庸，不與按此，則稱千八百國者當爲成數也。而鄭氏以爲畿内之九大國者，三爲三公之田，又三爲三公致仕之田，餘三以待封王子弟也。次國之二十一者，六爲六卿之田，又六爲六卿致仕者之田，又三爲三孤之田，餘六亦以待封王子弟也。小國之六十三者，二十七大夫之田，并大夫致仕之田，共五十四，餘九亦以待封王子弟也。而朱子以爲出於諸儒之算，恐其制未必然者，或近之矣。千里之外設方伯五國以爲屬，屬有長，十國以爲連，連有帥，二十國以爲卒，卒有正，二百一十國以爲州，州有伯。八州八伯，五十六正，百六十八帥，三百三十六長，八伯各以其屬，屬於天子之老，二人分天下以爲左右曰二伯。公羊子曰："自陝以東，周公主之。自陝以西，召公主之。"而《白虎通》以爲東方被聖人化日少，西方被聖人化日多，故分東、西，使聖人主其難者，賢者主其易者。然康王之初立，則大保率西方諸侯入應門左，畢公率東方諸侯入應門右。召伯，蓋仍其舊職，而畢公，繼周公爲東伯，以保釐東郊者也。按舜時已有《八伯》歌、《卿雲》之歌，而管氏伐楚，道成王之命太公曰："五侯九伯，汝寔征之。"九伯，蓋即八伯中一州，寔天子之畿與五侯者，豈侯、甸、男、采、衛之五服，各有侯以長之與？而《八伯》之歌，抑亦後人之所傳會耶？天子、三公、九卿、二十七大夫、八十一元士，凡百二十應十二子。一公置三卿，故九卿。天三光，日月星也，地三形，高下平也，人三尊，君父師也。一公，三卿佐之，一卿，三大夫佐之；一大夫，三元士佐之。《周禮》始有六卿，而成王之周官則太師、太傅、太保爲三公，曰："官不必備，惟其人。"少師、少傅、少保爲三孤，以爲三公之貳。六卿分職，各率其屬，以倡九牧，每卿六十屬，六卿三百六十屬也。冢宰，雖統五官而併數之爲六者，綱在網中，如乾坤之與六子並列於八方也。愚以爲春、夏、秋、冬之四官如四體；司徒，其腹也；冢宰，其首也。三公，官不必備，惟其人。故三公者，六卿之兼官也。武王時，太公爲太師，周公爲太傅，召公爲太保；成王時，則周公以太師兼冢宰，而召公仍爲太保也；顧命時，召公以太保兼冢宰，畢公爲司馬，毛公爲司空，皆以公兼之。六卿合三孤而爲九卿，故三孤者，亦當爲六卿之兼官也。

廣以速諸父，教平陽府等兩學諸生

《詩》則試以："以速諸父。"遂說以速諸父之義。

《易》曰："有不速之客三人來。"速，猶促也。《詩》曰："以速諸父。"速者，已召而再召之也。今之邀賓，即以所諏之日速之，盖古賓主之禮之遺與！諸父者，六紀之一也。六紀，輔三綱者也。君臣、父子、夫婦之謂三綱，諸父、兄弟、族人、諸舅、師長、朋友之謂六紀。諸父、兄弟、族人之三紀者，父子之餘也。諸舅之一紀者，夫婦之餘也。師長、朋友之二紀者，君臣之餘也。《白虎通》詳之矣，其說曰："敬諸父兄，六紀道行，諸舅有義，族人有序，昆弟有親，師長有尊，朋友有舊。"綱，疆也。紀，理也。大者爲綱，小者爲紀，所以疆理上下，整齊人道者也。若羅網之有紀綱而萬目張也。《詩》云："綱紀四方。"君臣、父子、夫婦之六人稱王綱者，一陰一陽相配而爲三綱也。三綱法天地人，六紀法六合。君臣法天象日月之屈信也，父子法地象五行之轉相生也，夫婦法人象陰陽之有施化也。六紀者，三綱之紀也，師長、君臣之紀也，諸父、兄弟、父子之紀也，諸舅、朋友、夫婦之紀也。君，群也，群下之所歸心。臣，繵堅也，屬志自堅固也。父，矩也，以法度教子也。子，孳孳無已也。夫，扶也，以道扶接也。婦，服也，以禮屈服也。朋，黨也，同門曰朋友，有也，同志曰友。男稱兄弟，女稱姊妹。男女異姓，故別稱之父之昆，曰世父之弟，曰叔，别稱之者，内也。父之女昆弟皆稱姑者，外也。姊妹亦外適爲别稱之者。姑禮等，姊妹禮異也。舅，舊也。姑，故也。舊故之者，老人之稱也。姊，恣也。妹，末也。兄，况也，况父法也。弟，悌也，心順而行篤也。愚謂其以朋友爲夫婦之紀者，誤。朋友者，君臣之紀也，臣偕事其君，則臣自相爲朋友。師長，盖君道。朋友，盖臣道。友，有也者，盖不可相無之義也。君臣者，父子之推也，尊如父而非父者，君也。師友者，君臣之推也，尊如君而非君者，師也。故三綱有父子，則有兄弟，有父之兄弟則有諸父，有諸父兄弟則有族人爲最親也，有夫婦則有諸舅。使無婚姻之道，則與世更有何親，故諸舅生於夫婦也，親踈之間也。有君臣則有朋友，是最踈也，而人類盡於此矣。然夫婦者，尤綱紀之總也。有夫婦則有父子，有父子則有兄弟，有兄弟則有朋友，有朋友則有君臣，君臣最後出者也。是天下之大，父子也。而父子、兄弟、朋友、君臣之四倫，則莫不有夫婦焉。故君有后，父有母，兄有嫂，臣子弟友皆有婦，而師之婦亦可母，友之婦亦可嫂，皆推之以義也。其不言祖孫者，祖生父者也，孫生於子者也，祖孫即父子也。六紀而括之於五倫，則止有兄弟、朋友之二倫者。同父之兄弟始爲兄弟，其諸父、族人、諸舅、師長、朋友之五紀，皆朋友之一倫也。諸子者，諸父之推也，諸父之子之兄弟亦諸父之推也，非同父之兄弟也。族人者，又諸父之兄弟之推也。《詩》曰“不如我同父”者，親兄弟也，是五倫六紀之兄弟也。“不如我同姓”者，諸父之子之兄弟也，是六紀之諸父之推也。《伐木》之詩，道朋友也。首章曰“求其友生”，盖六紀之師長、朋友也。次章曰“以速諸父”，盖六紀之諸父，以逮族人之父行者也。曰“以速諸舅”，盖六紀之諸舅也。三章曰“兄弟無遠”，則六紀之諸父之子，以逮族人之我行者也。《吕刑》曰：“伯父、伯兄、仲叔、季弟、幼子、童孫皆聽朕言。”伯父、仲叔者，諸父也。伯兄、季弟者，諸父之子也。幼子者，諸父之孫，於我爲諸子也。童孫者，諸父之曾孫，於我爲諸孫也。故諸兄弟、子孫皆括之於諸父之一紀，而親者爲諸父，踈者爲族人，其於五倫皆朋友，而惟同父之兄弟爲兄弟，然後兄可以况父法而紀其弟。聖人曰：“有父兄在，如之何其行之。”故兄之尊不如諸父，而有命之可稟者兄，况父者也，諸父則與父均而岐出矣。聖人曰：“有酒食，先生饌。”先生，父兄也，父兄教其子弟者也，故可以稱先生，而友亦稱弟子也。鄧伯道視兄之子過於子，是賊之也。第五倫之諸子病，夜十起，臥乃安。子病，夜不起，臥不安者，情也。兄之子可以過其子，則諸父亦可以過父，而族人可以方諸父耶。故九世同居，有非之者矣。若然，則諸舅、朋友皆可以等宗族，夷狄亦可以等中國，禽獸可以等人類耶。親親之殺禮，所生天性之不得不然者也。順之，則爲聖人之道，若私而實公。逆之，而欲平等視之者，則爲墨、爲佛，若公而實賊之。故曰父子之情不可解於心，君臣之義無所逃於天地之間。父子，仁也。君臣，義也。兄弟者，仁之餘，然亦義也。朋友者，義之餘也。夫婦者，義而近於仁者也。故曰如兄如弟。故以父子還父子，以君臣還君臣，以兄弟還兄弟，以朋友還朋友，以夫婦還夫婦。佛氏去夫婦以絶父子，遠父母兄弟，而逃租稅以絶君臣，獨託身於朋友之一倫，不得已又自相父子兄弟於其間，則亦終不可得而逃之矣。聖人者，親親而仁民，仁民而愛物。佛氏者，物亦民也，民亦親也，不君不父，不祖不天，摠之出於不知天。天之生人物，以一本理一而分殊，譬之於一身，百骸之痛癢莫不相關，然可腓、可刖而必不可以剖心折首者，即一身亦自有差等耳。輕重之等，先後之序，天之道也。一本而萬殊，合之則同，本於一天，而人物皆一體分之，則亦有必不可齊之等殺也。

廣會鄧伐鄭，教平陽府等兩學諸生

《春秋》則試以："蔡侯、鄭伯會于鄧桓公二年。秋九月，荊敗蔡師于莘，以蔡侯獻舞，歸莊公十年。冬，會陳人、蔡人、楚人、鄭人盟于齊僖公十有九年。公會晉侯、宋公、衛侯、曹伯、齊世子、光莒子、邾子、滕子、薛伯、杞伯、小邾子。伐鄭，會于蕭魚，楚人執鄭行人良霄襄公十有一年。夏，楚子、蔡侯、陳侯、鄭伯、許男、徐子、滕子、頓子、胡子、沈子、小邾子、宋世子佐淮夷，會于申昭公四年。"遂說會鄧伐鄭之義。

鄧之會，蔡懼楚，以交二國也。三國鄰於楚而懼之，不能修德政以自强，而徒欲交鄰以抗楚，三國之交不可恃，而終病於楚也。其後蔡侯見執，鄭首朝楚，以有齊之盟。《春秋》以楚冠鄭而沒公，固以責魯與陳、蔡，又以大責鄭也，是懼人之無益於策也。蕭魚之會，晉悼公三駕以服楚也。鄭不叛晉，而楚人執鄭行人，鄭之不叛晉者至二十四年，然終不免病於楚也，晉亦不可恃也。申至會，《春秋》冠楚子於十二國之上而不殊淮夷者，諸侯皆化而爲夷狄也，是恃人之無益於策也。六國之苦於秦也，蘇秦亦嘗爲會六國之策矣，六國之必不能堅其盟也，而終入於秦。向使用孟子而脩王政，齊、魏皆可以王。不用孟子而用蘇秦，猶得中策焉。至不用蘇秦而用張儀，則無策矣。又安怪蔡、鄭之終病於楚也。五伯長齊、晉，而晉又爲世伯，然江、黄、徐皆舍楚以歸齊，而齊終不能庇鄭，舍楚以歸晉，而晉亦終不能庇。晉、楚之爭，鄭爲春秋之大公案。愚嘗曰：晉楚爭鄭，如爭婦。迨晉分於六卿，而楚亦憊矣，兩虎皆入秦之手。故春秋之罪之大者莫如楚，戰國之罪之大者莫如秦。故春秋之時，人心在晉，戰國之時，人心在六國。晉尚尊王以令諸侯，而六國不知有王矣。漢之衰，人心日望漢興，而蜀終不克振也。人心猶願吳之不入於魏也，思存吳，亦思存六國之義也。唐之衰，終不免朱梁之篡，而人心猶幸李克用之盛也。克用之唐，非唐也，思存克用者，亦思存六國之義也。

廣天下陽事，教平陽府等兩學諸生

《禮記》則試以："蕩天下之陽事。"遂說天下陽事之義。

《昏義》曰："男教不脩，陽事不得，適見於天，日爲之食。婦順不脩，陰事不得，適見於天，月爲之食。是故日食則天子素服而脩六官之職，蕩天下之陽事；月食則后素服而脩六官之職，蕩天下之陰事。故天子之與后，猶日之與月、陰之與陽，相須而后成者也。天子修男教，父道也；后修女順，母道也。故曰天子之與后，猶父之與母也。"蕩也者，滌也，猶所謂滌殷蕩周之滌也。夫天變見於上而聖人之救者，豈果以弓、以矢爲足以救日月之食與？亦脩其人事而已矣。人事脩而七緯順軌，豈必登天而手正其參差耶？譬之於醫藥然，病在首而藥之於其腹，則病自脫，耳、目、口、鼻雖官於上，而實樞於五藏。故肝氣不足，則目失明；心氣不足，則耳失聰；脾氣不足，則口失聲；肺氣不足，則鼻失通；人附地而應天，如五藏之藴於腹也。腹爲首樞者，藏主之也。地爲天樞者，人主之也。天子者，五藴之陽，其心也。后，其五藴之陰氣，其腎也。心與腎乖，則夫妻反目之象也，《易》則爲水火《未濟》。心與腎合，則二人同心之象也，《易》則爲水火《既濟》。仙家坎離交濟之學，寔出於《易》，是文王之能事也。悟真之說本於《參同》，《參同》之說本於《易》，非傅會也。文王之八卦，不尚乾坤而尚坎離。坎離者，乾坤之真氣，是心、腎交之義也。"一池金水向東流"者，金爲水母，其氣自震而達於離耳。相見在黄庭之間，故離之下即位之以坤也。一身之坎、離交，然後一家之坎、離交。故文王、后妃之好逑而反且樂者，調一家以調天下之坎離耳。文王者，天下之日，以應目也。太姒者，天下之月，以應耳也。天有日、月爲二曜，人有文王、后妃爲二聖，故《詩》三百起於風，風始於二南，二南始於《關雎》也。《上經》始於《乾》《坤》而終《坎》《離》，蓋明天道坎離者，乾坤之用也。《下經》始《咸》《恒》而終《既濟》《未濟》，蓋明人道也。咸、恒者，一家之夫婦也。既濟者，一身之夫婦也。文王、后妃者，又日月之精華結而爲人者也，是天地之坎離之主也。

廣俊顧及厨，教平陽府等兩學諸生

試論則："俊顧及厨。"遂說顧俊及厨之義。

三君：以天下忠□竇游平爲之冠，則大將軍槐里侯扶風武也；而天□義府，則太傅高陽鄉侯汝南陳仲舉蕃；天下德弘，則侍中河間劉仲承淑。君者，一世之所宗也。八俊：以天下模楷李元禮爲之冠，則少傅潁川膺也；而天下英秀，則司空山陽王叔茂暢；天下良輔，則太僕潁川杜周甫密；天下冰凌，則司隸校尉沛國朱季陵寓；天下忠貞，則尚書會稽魏少英朗；天下好交，則沛國荀伯條翌；天下稽古，則大司農慱陵劉伯祖祐；天下才英，則太常蜀郡趙仲經典。俊者，人之英也，八顧：以天下和雍郭林宗爲之冠，則有道太原泰也；而天下慕恃，則太常陳留夏子治馥；天下英藩，則尚書令河南尹伯元勳；天下清苦，則河南尹太山羊嗣祖陟；天下琁金，則議郎東郡劉叔林儒；天下雅志，則冀州刺史陳國蔡孟喜衍；天下臥虎，則潁川太守渤海包恭祖肅；天下通儒，則議郎南陽宗孝初□。顧者，能以德行引人者也。八及：□海內貴珍□□□爲之冠，則御史中丞汝南翔也；而海內忠烈，則衛尉山陽張元節儉；海內謇諤，則太尉掾汝南范孟慱滂；海內通士，則蒙令山陽檀文友敷；海內才珍，則洛陽令魯國孔世元昱；海內彬彬，則太山太守渤海范仲貞康；海內珍好，則太尉掾南陽岑公孝晊；海內所稱，則鎮南將軍荊州牧武城侯山陽劉景升表。及者，能導人追宗者也。八厨：以海內賢智王伯義爲之冠，則少府東萊章也；而海內修整，則郎中魯國蕃嘉景嚮；海內貞良，則北海相陳留秦平王周；海內珍奇，則侍御史太山胡母季皮班；海內光光，則太尉掾潁川劉子相翊；海內依怙，則冀州刺史東平王文祖考；海內嚴恪，則陳留相東平張孟卓邈；海內清明，則荊州刺史山陽度慱平尚。厨者，能以財救人者也。此三十五人者，經太學之三萬舌，方之八元、八愷之才子。而惟郭林宗翛然於羅網之外，游平、仲舉、元禮、周甫、孟慱、伯義之抗郎矯矯，竟不能以遠舉脫。昔人所謂東漢人才，可與立而獨以可與權歸之三國者，謂有一諸葛武侯耳。司馬氏既服其名，士亦贊之曰“天下奇才”，則又在君、俊、顧之上矣。陳子昂亦稱海内文宗，而近有以榜于鱗者，元美亟歎，以爲吐文章之氣。子昂之不能脫射洪之慘，所謂“公生揚、馬後，名與日月懸”者，徒愀然超異代之歎矣。故予以爲士不明哲，終不登於大雅之座，而自來有兩李、杜。范滂之母云：“與李杜齊名，死亦何恨！”則膺與密。而惟唐之李、杜，遂張千古之幟，其氣節可映蓋古人者也。杜詩云“李杜齊名真竊忝”，蓋若自道。

賡和杜獻納，教平陽府等兩學諸生

平陽三十六學之士，往往有獻詩以自表者。試既竣，於是使和杜少陵《贈獻納起居田舍人澄》之詩，遂說和杜獻納之義。平陽一案，凡七試之，其所訓諸生者，蓋七十有八章。

其詩曰：“獻納思存雨露邊，地分清切任才賢。舍人退食收封事，宫女開函近御筵。曉漏追隨青瑣闥，晴窗點檢《白雲篇》。楊雄更有《河東賦》，惟待吹噓送上天。”愚之欲諸生和此詩也，蓋以“楊雄更有《河東賦》”之句。二三子，河東人，即以其古詩，道我與諸子相與之況。愚以進賢爲職，是所謂“獻納思存雨露邊，地分清切任才賢”者也。我之收諸生之藝，是爲“退食收封事”也。“曉漏追隨青瑣闥”者，如我之蚤作而登掄臺，其他日之籍而入朝，是爲近御筵也。“晴窗點檢《白雲篇》”者，若之文即各各《白雲篇》也，我乃於“晴窗點檢”之耳。昔者，漢祀天於甘泉，祀地於汾陰。《河東賦》者，楊雄從祀汾脽而作也。諸子，河東人，故楊雄方之，以其藝方於賦，若待我而吹噓之，以送上天耳。楊雄四賦，而《河東》最後出。少陵當時既獻《三大禮賦》，將更獻《封西嶽賦》，故云更有《河東賦》者以自況，欲田舍人爲之吹噓。予則例其指而借詠之，以田舍人自處，而以子雲、少陵待諸生也，倘亦有叶於比興之意乎？於是自爲一和章以示之：“滿朝尺組請行邊，舌本雄鋒繫左賢。碣石頻騰防海議，文華亦御說書筵。廵行謬握六經印，授受將函五極篇。自應文昌稱上將，得人誰更補媧天。”

河汾教卷十三

廣執熱，教潞安府學諸生

六月四日，涖上黨之衡文臺，以其七日試潞安、長子、襄垣、潞城、黎城、壺關、平順七學之士，蓋六百人。試潞安府以："是猶執熱而不以濯也。《詩》云：'誰能執熱'。"遂爲之廣執熱。

自二帝以至周末爲世界之一截也，自兩漢以至宋末爲世界之一截也。虞夏如孟春，商如仲春，周之盛如季春。其陽中入夏則陽極，五霸如孟夏，則漸熱；七雄如仲夏，則又熱；秦如季夏，則熱至於金石可爍流，崑岡可一炬，故其病在殺戮之已甚。其救之則當濯，以解毒淫之苦，是以漢興焉。漢之興以寬大，是濯之以清涼之水矣。前漢如孟秋，東漢如仲秋，唐如季秋。其陰中入冬則陰極。北宋如孟冬，則漸寒；南宋如仲冬，則又寒；胡元如季冬，則寒至於丘山可坼裂，川澤可堅凝也，故其病在萎弱之已甚。其救之則當暄，以生融和之氣，是以我朝興焉。我朝之興以英武，是暄之以春陽之風矣，玆四千年之變，若以千歲爲春、千歲爲夏、千歲爲秋、千歲爲冬者，而總之以春爲氣運之正，則唐虞三代之爲行德之蒼帝也。

廣尚志，教長子縣學諸生

試長子縣以："王子墊問曰：'士何事？'孟子曰：'尚志。'曰：'何謂尚志？'"遂爲之廣尚志。

兩"何"字可想見王子之氣大不平，欲以勢屈士者也，曰："士何事？"應以士爲無用之堅瓠耳，孟子直應之曰："尚志。"辭甚毅，則曰："何謂尚志？"若以志爲空空無與於事者，爲此文須折王子之不知士。而諸生反有以王子爲善問者，無誤與孟子論聖人之同，則曰："行一不義，殺一無辜，而得天下，不爲。”論士之尚志，則亦曰居仁由義，非其有而取之，非義殺一無罪，非仁。夫戰國之主皆取非義殺無罪者也，士視之不啻如芻狗，然在隱居即未有取人殺人之權，然非義而一介之不受，則實有其事也。取非義之財者，則不免有術以行乎其間，而以之殺人者有之矣。世之不法之士，豈無有速人於訟獄，而使之爲我引謝者乎？豈無有請託於公，而因以誣及善良使之不得伸者乎？則無罪之不波及，則亦實有其事也。有其事則其志已步步允蹈之矣，非徒空懸之以待得志而後弗爲之者也。士之以志爲事，聖人道之矣。曰：“士志於道。”又曰：“志士仁人，無求生以害人，有殺身以成仁。”仁與義，定名也。道，虛位也，不以生害人，不以生易義，則身殉之於仁義，是之謂志士，是之謂志於道。邵子曰：“遠舉必至之謂志遠，舉而必至則已有其事矣。”不可以爲無事，事而空懸其志於萬物之上也。大人者，聖人而在上位，堯、舜、湯武是也。世之所謂居高位之大人則小人耳，非孟子之所謂大人也。予庚戌在京華曾夢陟太虛之上，口吟以自快，曰：“天地頂上有太虛，太虛頂上有吾儒，吾儒頂上有周孔，我與孔丘爲第一。”豈其書之所謂志，夜形之於夢乎？而壬子有之萊之遊，登其紀堂之麓有小峰，而或表之曰：大人者。予笑曰：“是尚有出青天之外而杯巨海者矣，玆不可捫大人之足跟。惡乎！其可以爲大人也。”命門人改題之曰“小兒峰”。而或有罪我者矣，曰：“若奈何以今之所謂大人者爲小兒耶？”予聞之又大笑：“昔者，小兒戲於沙，際而去。或視之，則遺黃白諸器，委之而不顧，而不知惜也。王介甫歎曰：‘人生世上，視富貴如群兒作息，乃可耳。’嗟乎！予尚恐大人之不能爲沙上之小兒也，而乃欲以謬自大以方於古之人耶？”

廣必聞，教襄垣縣學諸生

試襄垣縣以：“在邦必聞，在家必聞。子曰：‘是聞也。’”遂爲之廣必聞。

子張欲問士，則宜問何如，斯可謂士。其問士則曰何如，斯可謂之達，是明欲問聞也。非士之所以士也，故聖人即詰之以其所謂達，而子張遂獻其肺腸耳。達之義，我之耳聞人之義也。聞之義，人之耳聞我之義也。《書》曰：“達四聰。”是我之聰達於四方也。《詩》曰“聞于四國”者，人聞我之謂也。聖人曰：“聽思聰。”止計我之聽不聽，何暇計人之聞不聞也，止計我聰之達不達，何暇計人耳之聰不聰也。佛氏稱耳有千二百功德，止一四聰括之矣，恐懼乎其所不聞。人之所不聞者，我之私也。《詩》曰：“不聞亦式。”我之所不聞者，我生而靜之性也。《詩》曰：“上天之載，無聲無臭。”聖人聽於無聲，則我之性根達，又不止耳根達也。六十而耳順者，性根達之於耳根也。故秋香滿院，問之，人曰：“聞乎？”曰：“聞。”曰：“吾無隱乎爾香之不能不聞於彼者，自然之理也。吾惟恐其花之不香，何患人之不我聞也。”故我聞人謂之達，是謂耳之聰達。耳爲心司聽之官，受命於心者也，耳方聽而心即聽，無時刻。然聽之聲耳司之者，聲之理則心司之者也。心不能思，則耳縱能聽，而裒如其有充而弗之聞也。故聽德之聰，是謂心之睿達。佛氏以聲爲塵，聽爲識，耳爲根。予又以心爲府，思爲主，睿爲權，故心爲欲中，則不睿而不能達之而爲聰矣，是内不足以達之於外也。達如達道之達，自二達以至九達，皆步步自近而遠，非别有捷徑之可越，亦非果有縮地之法之可一蹴而至也。達道有五，皆自我而達之彼者也。和則達，不和則不能達。孝之達，尊之達，皆自我而達之，彼孟子所謂無他達之天下者也。

廣所憂，教潞城縣學諸生

試潞城縣以：“無一朝之患也，乃若所憂則有之。”遂爲之廣所憂。

一朝之患在横逆，終身之憂在存心。吾請廣孟子之指亘萬古而不磨滅之精神，是吾之大，終身也。住世百年而與之，是非利害於其間者，是吾之大，一朝也。先天而來後天而往之精神，可聽其沈淪而隳墜耶，則惡得不沈憂耶？聖人曰：“樂天知命，故不憂。”吾誠事天而立命，則我已自分爲登天之客。其樂莫甚焉者，我之命已立之於不滅之天階矣，我之自知審矣，又何憂之有。終身之憂正在此，欲以解此憂，則非事天而立命，真自知其有可樂之天命。此憂終不能解患，如疾病之患苦於形骸而呻吟之者。既有此世界，自應有此小人之坎纏，其是非利害之交迕，不過爲身患，不能爲此心之精神患。故人之所患，我弗患焉者。直欲以此百年之暫而立此萬古之大命，如士子之以爲文之一日，而遂得科第以去，不再淹此學宫耳，則一勞而永逸之計與。吾又嘗以爲横逆不在人世，而在吾心，吾心之欲念即理念之横逆，所謂雖上智不能無人心者也。故就欲消欲則欲愈熾，緣情滅情則情愈濃，太白所謂“抽刀斷水水更流”，康節所謂“妄欲斷緣緣愈重”。故性根透悟，則幻景勘落，真知性而知天，則知本而意未有不立誠者也。人生而有此善惡之兩念，猶天地間不能無善惡人之兩途。人性先天而至善，故惡念終不能爲之患，天道萬古而常正，故小人終不能爲君子患也。情可化而爲性，故小人可化而爲君子，亂世可化而爲治世，其爲小人與亂世者，暫也。雖下愚不能無道，心即流蕩忘返，歷千萬世而終未有不還其性之先天者，即亂世未有無持世之君子，以定人心之狂惑，而立天地之心、生民之命者也。邵子所謂“有溫泉而無寒，火陰從陽，陽不從陰”者也。乾道變化，各正性命，是造化之常也。

廣往救，教黎城縣學諸生

試黎城縣以：“雖被髪纓冠而救之，可也。鄉鄰有鬬者，被髪纓冠而往救之。”遂爲之廣往救。

《春秋》之義，夷狄相攻，不志。楚子伐陸渾之戎，則志之。陸渾在伊洛間，其伐之，遂觀兵於周疆而問鼎，則迫於天王之門庭矣，故不可以不志也。夷狄相攻，鄉鄰之鬬也；觀兵周疆，同室之鬬也。聖人非不欲盡天之所覆，而胥養之以仁政，然身不踰七尺，齒不過百年，步不過萬里，勢必不能周之於遐遠，是以治不過九州也。日月之食，是謂日月之鬬也，救之以弓矢者，戴在天也。然丙、丁、戊、己、庚、辛、壬、癸之日，日食則占，而甲、乙則不占者，應在四海之外也 。夫四海之外而我又安用占之，是故以中國之道治中國，其於夷狄則風聲之所施，非可以教養齊之者。而世之引夷狄之教以加於先主之教之上者，則又引賊入家，操戈入室，而以同室之人供鄉鄰之拳楚者耳。

廣四體，教壺關縣學諸生

試壺關縣以：“猶其有四體也。”遂爲之廣四體。

《洛書》：二、四爲肩，六、八爲足。地二生火，火屬禮。地四生金，金屬義。地六成水，水屬智。地八成木，木屬仁。是亦猶四體之象也。是謂左足履仁，右足履智，左手握義，右手握禮，是仁義禮智之實，弗去而節，文之以至於樂之，生而惡可已，直不知手之舞之足之蹈之者也，聖人之事也。人生而即全體一，聖人特自折而自刖之耳。儒者稱四體，佛氏稱五體，五體兼首而舉之也。首則有四官，目爲仁，耳爲義，口爲禮，鼻爲智。合五體，則首其信，而四體其四德也。予嘗廣易象而稱六體，六體者兼腹而舉之也。腹有五蘊：則肝之木，仁也；心之火，禮也；肺之金，義也；腎之水，智也；脾之土，信也。腹應首，而心之官又爲四官之長，則心蘊於腹，以樞首與手足之五體者也。腹也者，兼四體之仁、義、禮、智與首之信，而合爲一人者也。故天地之象，聖人生於地，而應天以布德於四方也。在易象則艮爲手，震爲足。山峰者，乎指之象，山在地上如手在腹上也。震出乎地中而有聲，如足在腹下而行，即聲橐橐也。艮之畫一覆四，手指以一衡四者也。震之畫一載四，咸其拇，則趾從之以舉者也。拱手則拇在上，故艮之一覆四之上也。行則拇與趾俱，故震之一列四之中也。邵子於天根則足躡之於月窟，則手探之。探月窟而知物者，應天下之事爲吾心之陰也。躡天根而識人者，立吾之所以爲人之命，爲吾之陽也。天根，仁也；月窟，義也。自天根而之月窟者，禮也，克己復禮爲仁是也。自月窟而之天根者，智也，方如行義，圓如用智是也。仁，禮者，陽之進。義，智者，陰之退。足自右而左也，是亦左足仁，而右足智。智者，姤之極而向乎復者也，是又左手禮而右手義。禮者，復之極而向乎姤者也。施四體而喻者，其根心之仁義禮智不假於言者也。凡人行則先左足，故《易》稱夷于左股，右之從左，是智之從仁，而冬之不能不春也，《姤》極則《復》也，故以仁存心智輔之者也，知人之智即愛人之仁也。用則便右手，故謂稱斷其右臂，左之從右，是禮之從義，而夏之不能不秋也，《復》極則《姤》也。故以義制事，禮輔之者也。行之之禮，即爲質之義也。《先天圖》坤生復，是自右而左也。自右而左，是右足從左足而躡之。躡之者，仁而智即寓焉者也。乾生姤，是自左而右也。自左而右，是左手從右手而探之。探之者，義而禮即寓焉者也。

廣所貴，教平順縣學諸生

試平順縣以："君子所貴乎道者三。"遂爲之廣所貴。

曾子之學始終以身爲主，其自課則三省其身，垂教則"自天子以至於庶人，壹是皆以修身爲本"，而其終則啟手啟足以至於易華睆之簀正而斃焉者，始終求之於身也。其告孟敬子者，其將死之言，惟動容貌、出辭氣、正顏色之三者，亦止求之於身而已矣。動容貌者，《洪範》之所謂恭，作肅也，貌也。出辭氣者，《洪範》之所謂從，作乂也，言也。正顏色者，洪範之所謂明，作哲聰，作謀也，視聽也。其所近之信即所謂睿，作聖也，思也。三"斯"字即屬思其所以斯遠、斯近者，即思之收功也。顏子克己復禮，亦復之於視聽言動間，故《大學》之“正心修身”爲一章。正心者，正其忿懥、恐懼、好樂、憂患之心，而驗之於視、聽、食，心與身未有截然爲兩物者也。二氏之學欲養其心於身之外，徒知謹食色以治心，不知謹言行以治身，所謂不得於心，勿求於氣，仁內而義外者乎？集義之學，蓋發曾子之藴矣。不集義，則其身與心割之而爲二，其於身止知養之而不知脩之也，其於心止知清之而不知正之也。不集義，則其所謂仁者，亦幻景耳。無用之體亦不可謂之體矣，心即清亦不可謂之正矣，豈有心正而施之於身則垂者乎，豈有純仁之人而推之於事境，則窒而不通者乎？故脩身之學，既節食色又謹言行，非徒固精調氣兀坐延年者之所能盡也。

廣屯蒙，教潞安府等七學諸生

試《易》以：“屯，見而不失其居。蒙，雜而著。”遂爲之廣屯蒙。

震在坎上，則坎謂之雨，而稱解雷動乎上而雨霈乎下之象也。震在坎下，則坎謂之雲，而稱屯雷在雲中而未成雨之象也。雲雷之初交而雨，是天地之氣初交也。氣交而天地晦冥，是草昧之象，宜以經綸應天造之時也，故曰見。見而不失其居者，不失其守也。元亨，故見利貞，故不失其居也。當亂世而欲有爲，我可以易世而不爲世易。孔子曰：“天下有道，吾不與易。”又曰：“不曰白乎？涅而不淄。不曰堅乎？磨而不磷。”荷蕢荷蓧，沮、溺、接輿之流，隱而不失其居者也。惟恐失其居，是以不敢見也，君子見而不失其居者也。而諸生之爲文者，皆以不失其居爲將見未見之義，以居爲隱居之故所矣，如此則於失之義未叶也。將見而未見，是爲不出其居，未可以爲不失也。蒙，泉初出於山之象也。蒙之爲言，童也。初出，故童也，故《易》稱童蒙又雜也。泉本於山，其源一出，則清濁之雜矣。杜詩曰：“在山泉水清，出山泉水濁。”《詩》曰“蒙伐有苑，蒙亦交雜”之義也，畫雜羽之文於盾也。蒙，蓋情之初發，而爲情之時，是意之乍動而有善惡，故雜之也。如《易》所謂玄黄者，天地之雜也，君子正於此截，然辨之如易牙之舌，不可欺以淄澠，如李贊皇之辨石頭城下水之非金山之清泠也。爲善以去惡，雖理欲之雜之際，而我未嘗不著也，自有不雜之知也。屯，蓋自亂而之治，故君子以經綸。蒙，蓋自性而之情，故君子以果行育德，故屯爲君道，而蒙爲師道，屯欲建侯，而蒙欲求我也，則經綸育德之别也。

廣含怒，教潞安府等七學諸生

試《書》以："允若時，不啻不敢含怒。"遂爲之廣含怒。

《無逸》曰："自殷王中宗，及高宗，及祖甲，及我周文王，兹四人迪哲。厥或告之曰：'小人怨汝詈汝。'則皇自敬德。厥愆，曰：'朕之愆。'允若時，不啻不敢含怒。"文王者，一怒而安天下之民者也，是未嘗不怒也，怒在殘民者也。怒，密不怒阮也。怨詈者，聖人之所不能免，愚嘗見旅人之苦於雨而失足山坂者，至仰而詈天，夫小人亦豈知天地之大哉？則宜其有怨而詈之者。愚爲諸生時，見視學之師秉道而蹈，以繩士於禮，而士有怨之者，殆近於詈。抑或有繩士之不律者於法，則他人有代爲之詈者矣。人心如三峻之嶺之不可平，如九淵之水之不可測，亦何極之有文王之聖。其囚羑里時，人或辱駡於玉門，則寔有詈之者矣。當鬼蜮並作之時，而欲人之不詈。惡乎！能君子方憐之不暇，而又暇怒、又暇含之耶？乃若所怒則有之，怒已之淹滯於人欲之塲而不克奮飛耳，則自怨其不果者也，如大鵬之怒而飛，而翼若垂天之雲，不怒則無氣而不足以飛耳。蘇秦之引錐刺其股、血流至踵者，亦自怒者也。惜乎！其不知所以怒之者耳。

廣君宗，教潞安府等七學諸生

試《詩》以："君之宗之。"遂爲之廣君宗。

《豳雅》曰："君之宗之。"朱《傳》曰："嫡子孫主祭祀，而族人尊之以爲主也。"吕東萊曰："定經制以整屬其民，上則皆統於君，下則各統於宗，盖古者建國立宗，其事相須。楚執戎蠻子而致邑，立宗以誘其遺民，即其事也。"朱、吕之説不啻舉燭，而時義家謬解之曰："以君道治其異姓，以宗道治其同姓。"是以宗子爲即君也，則所謂下則各統於宗者，作何解。自時義之坊刻盛傳，而士以此屬文，上以此録士，寧悖傳注而决不敢悖坊刻者，恐注説之不見收也。甚矣！坊刻之權之尊於傳注也，朱子家禮所謂民間之宗法詳矣。宗子者，每民間之族各有嫡子孫之長者，爲一族之主，以祀其祖，而一族人皆屬之也。故納婦者，先禮宗子，夫婦即仕而歸以祀其祖者，不敢自爲主，必以宗子主而躬從之，宗法立而民間之系不亂。故民之不馴者，宗子得而治之，民之大不律者，有司就宗子以收之，而天下無逋，民無流亡而不返之籍，而天下之亂不得起。治一宗子而族人束手以聽矣，此所謂以簡御煩之道也。今之王府弁冑尚用此法，而民間之宗法蕩無餘矣。族人以叔、季之晚出者爲尊，行而侮宗子，宗子方請罪之不暇，而惡乎其長之宗法不立，而宗族之中往往叔、季之支擅其權，此散亂而無紀之漸，非聖人之所整屬天下之道也。有宗法而君之於其上者，執其大綱而一舉，則萬應於治，何有"故宗之者，佐君之"之制也。

廣正月，教潞安府等七學諸生

試《春秋》以："春，王正月隱公元年。春，王正月，公即位桓公元年。春，王正月莊公元年。春，王正月，公即位文公元年。"遂爲之廣正月。

隱不書即位，以上不稟命於天子，内不承國於先君也。書即位者，正也。桓之與聞乎，故而書即位，著其弒立之罪，以深絶之美惡，不嫌同辭也。莊不書即位，亦以上無所稟，内無所承也。文之書即位，告廟臨群臣，禮之正也。謂正月爲建子之十一月者，則孔子道之矣。《家語》曰："季康子問於孔子曰：'今周十二月，夏之十月，而猶有螽，何也？'孔子曰：'火伏而後蟄者，畢。今火猶西流，司歷過也。'季康子曰：'所失者幾月也？'孔子曰：'於夏十月，火既沒矣。今火見再，失閏也。'"據聖人之言，則周之改月亦居可睹矣。謂春爲夏時而冠之，則尚有疑焉。周三月本夏正月，則稱春宜也。正月、二月本十一、十二月，奈何可以冬爲春也。周不改時而聖人改之，殊不順，且聖人自改時而行天子之事，以冬爲春無乃失其實乎？其義亦何所取也。陽明曰："周亦□□問十一、十二月之冬可以爲春乎？曰：一陽、二陽、三陽謂之春。四陽、五陽、六陽謂之夏。一陰、二陰、三陰謂之秋。四陰、五陰、六陰謂之冬。"陽明於朱子之說無弗駁者，獨於改月無他說。愚疑惟周之改四時，故孔子欲行夏時。行夏時者，欲以春還春自寅始，夏還夏自巳始，秋還秋自申始，冬還冬自亥始也。不但以正月還寅而已，《春秋》之所書春、夏、秋、冬者，周時也。則聖人蓋欲得志於天下而行夏之時者也。

河汾教卷十四

廣君子如此,教澤州學諸生

其月十二日，試澤州、高平、陽城、陵川、沁水五學之士，蓋六百人。澤州則：“君子未有不如此。”於是與之論君子如此。

道之大，原出於天。天地者，聖人之教父。聖人者，天地之元子。知天而後可以知人，知人而後可以本身，本身而後可以徵民。三王者，後聖之師；天地者，鬼神之祖；鬼神者，三王之契也；知天者，知人之訣也。是故君臣之禮出於天地之崇卑，夫婦之禮出於日月之升恒，父子兄弟之禮出於五星之生克，朋友之禮出於列宿之聯貫，經曲之禮出於山川之名者，各三百支者。各三千史家以爲車因於風蓬，蓋因於雲脚，字因於鳥跡，而蝌形數因於龍圖而龜書。愚以爲其議禮、制度、考文之詳，太半出於天文之縣象，如北斗之有魁，有杓則斗形也。房之四柱，如房二間也；心之二星，如心字也；尾之九子曲鈎，則似尾形，又似“尾”字也；箕四星二踵二口，則箕形也；南斗亦斗形，特柄微短耳；畢則羅冒形也；参則居然一虎四足形也；井如井，翼如翼，其他紫微象宫，太微象朝，天市象市。凡人世一切凌雜瑣細者，無不畢布之於天官，可一一按而求也。兩漢之《天官書》《天文志》所不盡載者，求之《甘石》之遺説，則無不備。故予以爲三重皆出於天文也，以爲道出於《河圖》《洛書》者，亦未也。《洛書》之前有堯舜，則焉取法矣，《河圖》之前有槃古，遂皇又焉取法矣。《河圖》《洛書》亦天爲之，寔亦爲後天也。《易》曰：“仰則觀象於天，俯則觀法於地。遠取諸物，近取諸身。”以物印身，以身印地，以地印天，而天象又其曲備。燦乎其可一一紀者也！贊堯之則，天曰巍巍有成功。焕乎有文章！堯之文章即天之文章，聖人雖以制器尚象之法，總歸之《易》，其實《易》亦出之天象耳。故稱天官者，示禮之所自議也；稱天象者，示度之所自制也；稱天文者，示文之所自考也。《易》始於乾坤，曰：“參天兩地而倚數。”《書》始於堯舜，曰：“欽若昊天。”曰：“在璇璣、玉衡以齊七政。”《詩》極於雅頌，曰：“於昭于天，在帝左右。”曰：“對越在天。”《春秋》之元年，乾之元也。春，王正月，天之春與正也。王，天之王也，是以天爲聖人之教父，聖人之學事天单之矣。而得其全者爲天之元子，則孔子是也。當其心者爲貴子，則伏羲、神農、黄帝、堯、舜、文王、周公是也。若其令者爲愛子，則少昊、高陽、高辛、禹、皋陶、稷、契、湯武是也。分其體者爲支子，則伊尹、伯夷、柳下惠是也。失其指而無胥遠者爲孽子，則老聃、莊周、楊朱、墨翟是也。梗其命而逆之者爲叛子，則佛氏之徒以逮今之西洋之教是也。聖人之所以持天下者，在議禮、制度、考文之三重，故禹、湯、文、武、成王、周公之六君子，未有不謹於禮者也，是所謂三王之可考者也。老氏以禮爲亂首，莊子欲剖斗折衡舍三重而欲以治天下，然所病在曲禮，而經禮未全廢也。佛氏出則曰：“我在天之上。”而欲盡去人倫之大，經又以其重譯、三譯、四譯之書，而盡翻千聖百王之局，則天地之一大變矣。西洋之説襲佛氏而又盜儒氏者也，曰：“我即天。”欲混天人而一之，天之必不可以爲人，審也。其所持之夷文，天子之所不考之文也。其所持之方物，天子之所不制之度也，其所傳之經咒，天子之所不議之禮也。是故背六經，判孔子，蔑三王，非前聖，侮天地，壞人倫，則佛氏爲□之魁，而西洋氏又其助之者耳。安得韓昌黎之神武，揮一戈以撞之。昌黎，信吾道之北斗，爲天之禦侮之好兒子耶!

廣昭告有罪，教高平縣學諸生

高平縣則：“敢昭告於皇皇后，帝有罪不敢赦。”於是與之論昭告有罪。

此題之指，則琦也，得其大略，直以“人心惟危，道心惟微，惟精惟一，允執厥中”之十六字爲主，湯法堯舜之執中者也。以定自心之危微者，定天心之危微，則良得大指。夫聖人，爲天地立心者也，合天下之人心，即可以見天心，有罪人以禍天下，則天地之心危矣。自堯舜以來，未嘗有此征伐之一格，而自我見之，非我也。天心應如是也，是精之至也。堯舜以來之所未嘗爲而自我行之，非我也，天心應如是也，是一之至也。人受天地之中以生，則宜以中養不中。彼不中者，應天順人以安其危，是執天之中也。其實桀即天地之人心，湯即天地之道心，湯放桀，是天之道心勝人心也。是堯舜之時，天地無人心。商周者，以道心而勝欲危之人心者也。而六國與秦之時，魏晉六朝五代胡元之間，天地之道心僅留一綫。漢唐宋者，道心、人心之雜也。孔明之不能勝魏、吴，是天之道心不勝其人心也。孔孟能定萬世之道心之準，而不能驟勝春秋戰國之人心，然六經持世而異端不能爲之亂者，是道心終定，而人心終不能爲之害也。嘗疑三代以上之天道正，而鬼神之賞罰應；三代以下之天道垂，而鬼神之賞罰不應。豈亦有治世之鬼神，有亂世之鬼神乎？非也，萬古無不正之鬼神。鬼神奉天命以布之者也，以其幽中之賞罰合孔子《春秋》之賞罰者而已矣。孔子之《春秋》即天地之刑書，亂臣賊子而不知懼，是不知鬼神之情狀與天道者也。

廣師行，教陽城縣學諸生

陽城縣則："師行而糧食，饑者弗食，勞者弗息，睊睊胥讒，民乃作慝，方命虐民，飲食若流，流連荒亡。"於是與之論師行。

此題當於"民乃作慝"截，師行至於弗食、弗息，民已讒而慝之矣。乃又方王命以虐之，益飲食之無厭，以至於流連荒亡也，則民情將有不止於慝者耳。《書》曰："方命圮族。"又曰："外作禽荒。"太康畋於有洛之表，十旬弗反，有窮距之於河，則荒之謂也。紂之沉湎於酒，至忘其日，以問箕子，箕子曰："我亦不之知也。"則亡之謂也。王叔恬曰："舜一歲而巡五岳，國不費而民不勞者，何也？"文中子曰："無他，道也。兵衛少而徵求寡也。"古之游觀以詢民隱，君民親，故不假於兵衛之衆。後世君民離，則不敢不厚衛以坊之，博浪之錐是其事也。漢濵之老，至羞觀天子駕亦何用。游觀爲古之好游者，莫如周穆王幾有徐偃王之變，去成康未遠，故未遽至於亡國耳。又莫如秦始皇沙丘之變，太子易而宦官執政，秦遂以亡。又莫如漢武帝幸有輪臺一悔，又方繼文景之節儉，故未遽至於亡國也。又莫如隋煬帝江都一幸而不反，即微李淵而已，身懸於庸夫之手矣。讀《穆大子傳》《秦本紀》《封禪書》《開河記》之四編，則又有出於流連荒亡之上者，人欲亦安有極？而隋煬庸主，止戀女色，三君則賓王母宴上元訪，安期下百神，若欲排九雲而直上，而特無登天之八翼是患，豈誠知神遊八極之實際之即憂世恤民之主耶。

廣一道，教陵川縣學諸生

陵川縣則："夫豈不義而曾子言之，是或一道也。"於是與之論一道。

一鄉之尊曰齒，止足以表里人；一世之尊曰爵，遂可以制天下；萬世之尊曰德，直可以命古今。百年之齒曰齒，以視聽年，蓋小年。百世之齒曰爵，以統系年，蓋中年。萬世之齒曰德，以聲名年，蓋大年。人中之壽曰齒，是無位之壽而百夫之爵，爵在多飲食，其爵下。地上之爵曰爵，是得其位之爵，而九州之爵，爵在多貢賦，其爵中。天上之爵曰德，是位於天之爵而八極之爵，爵在多景仰，其爵尊。一身之德曰齒，謹起居食色之節，止可以保一身，是養生之德曰小德。天下之德曰爵，執禮樂刑政之權，遂可以保四海，是及物之德曰中德。萬世之德曰德，作詩書教化之主，直可以表無窮，是垂世之德曰大德。是故德莫踰乎聖人，爵莫踰乎帝王，壽莫踰乎神仙。聖人者，内而聖，外而王，不隨生而存，不隨死而亡，功業表當年，而教化流後世，長生而久視以盡年，神遊而佐帝以配天，是所謂挾三長以凌駕域中者也。邵子曰："意若兼三事，情如擁萬兵。"其所謂三事者，謂三公。愚竊以齒、德、爵爲三事，盡屬之於聖人。舜之德，聖人而尊，天子以大德得禄位。名壽者，固大德之應，而孔氏之以師道垂萬世者，則尤以萬世爲土，萬世爲年者也。安知顔、孟、邵、朱之徒之不賢於咎、夔、益、稷也？

廣三愆，教沁水縣學諸生

沁水縣則："侍於君子有三愆。"於是與之論三愆。

言未及之而言，謂之躁。《易》曰："吉人之辭寡，躁人之辭多。"是躁嘗失之多也。言及之而不言，謂之隱。《中庸》曰："言前定則不跲。"是隱之病失於不定之於豫也。未見顔色而言，謂之瞽。《詩》曰："莫捫朕舌。"言不可逝矣。又曰："視爾友君子，輯柔爾顔，不遐有愆。"是言又待於君子之是視也，時然後言人不厭其言，蓋聖賢之事。《易》曰："擬之而後言，議之而後動。"擬議以成其變化，擬議者前定之謂與？言之審顔色者，是口爲政而又通之於目也。審及不及者，是通之目又兼通之於耳也。侍於君子而坊其愆，是又通之於貌也。一言而管視聽動之三事，其所以言者思也。《易》曰："將叛者，其辭慙。中心疑者，其辭枝。吉人之辭寡，躁人之辭多。誣善之人，其辭游。失其守者，其辭屈。”孟子曰：“詖辭知其所蔽”，是中心疑者，其辭枝也；“淫辭知其所陷”，是失其守者，其辭屈也；“邪辭知其所離”，是誣善之人，其辭游也；“遁辭知其所窮”，是將叛者，其辭慙也。又曰：“生於其心，害於其政。發於其政，害於其事。”是言之樞機出於思也。《繫辭》之末結之以言辭，《論語》之末結之以不知言無以知人，孟子之學蓋出於此，而孔子獨於辭寡稱吉，是寡之一字即可以消三愆。躁瞽之病固可消，而寡則自未有言及之而不言者矣，何也？神不馳於多，則亦不誤於寡也。心之音曰意，動之於念曰音，曰意，出之於口，曰聲、曰言。當意動時，則吾之心已有無聲之音，雷動於吾之胸中，而五藏百骸萬孔之神，已無不傳布而相告，是意不可以爲無知者也。意之善惡不待出諸口，而後露天地間之鬼神已先知之矣。故意之字從心、從音，意即心之音也。二三子試驗之於其體，凡咀嚼時不應思，一事一有思則意動，意動則音生，音生則氣上而喉嘗有噴嗽者矣，此實理之不可易者也。邵子曰：“思慮未起，鬼神莫知，不由乎我，更由乎誰？”故思一起則鬼神即知之，而君子之戒慎恐懼，直在我之所不睹聞以養未發之中。

廣《履》和《謙》尊，教澤州五學諸生

《易》則：“《履》，和而至；《謙》，尊而光；《復》，小而辨於物；《恒》，雜而不厭；《損》，先難而後易；《益》，長裕而不設；《困》，窮而通；《井》，居其所而遷；《巽》，稱而隱。”於是與之論《履》和《謙》尊。

《繫辭傳》曰：“《易》之興也，其於中古乎！作《易》者，其有憂患乎！是故《履》，德之基也；《謙》，德之柄也；《復》，德之本也；《恒》，德之固也；《損》，德之修也；《益》，德之裕也；《困》，德之辨也；《井》，德之地也；《巽》，德之制也。《履》，和而至；《謙》，尊而光；《復》，小而辨於物；《恒》，雜而不厭；《損》，先難而後易；《益》，長裕而不設；《困》，窮而通；《井》，居其所而遷；《巽》，稱而隱。《履》以和行，《謙》以制禮，《復》以自知，《恒》以一德，《損》以遠害，《益》以興利，《困》以寡怨，《井》以辨義，《巽》以行權。”六十四卦而獨稱九，皆道反身修德以處憂患之事也。八卦止取《巽》，而取

《震》之子卦二，曰《復》曰《益》；《巽》之子卦二，曰《恒》曰《井》；《坎》之子卦一，曰《困》；《艮》之子卦一，曰《謙》；《兑》之子卦二，曰《履》曰《損》；是八卦取其五也。《履》有《乾》，以天尊，紂也；《謙》有《坤》，以山自處，欲其卑；《復》有《坤》，以雷自處，欲其藏；不言離者，文王文明之德當明夷，不敢以明自炫也。《損》《益》反對爲一宫，《困》《井》反對爲一宫，雖九德而似又當爲七。時《履》與《謙》錯，《損》與《益》綜，《困》與《井》綜，雖九德而似又當爲六事。復，仁也；履、謙，禮也；井，義也；損、益、困、巽，智也；恒，信也。是九德即五性之德也。先之以禮，遇變而能自屈也，繼之以仁，能自反也；繼之以信，能久而積誠以動之也；繼之以智，有以濟其患難之中者也；繼之以義，不失其守也。而又終之以智，始終以智出者，如閎夭之事所謂可與權也。故五德者，四德經而智，權五氣之序，仁、禮、信、義而終之以智者，終之以權也。故冬之閉藏者，天之權也。仁、義、信皆一卦，而禮有二者，遇變則以禮下人爲主也。智有四者，始終委曲而濟之以智也，本義曰如《書》之九德。九德泛論全德，而《易》專主憂患，似差異，然處憂患之德，即全德，即立言，各不同而亦若可以相質者，皋陶之所謂寬而栗者，其似《履》之和而至耶。《履》以和行而爲德基者，不亦寬弘而莊栗者耶？栗其所履，禮寬其行之以和者耶？柔而立者，其似謙之尊而光耶？謙以制禮而爲德柄者，不亦柔順而植立者耶？柔其以禮，自謙立其能爲尊而光之柄耶？愿而恭者，其似損之先難而後易耶？德修之於懲忿窒慾者，其難以遠害者，其易耶？不亦謹愿而恭恪者耶？懲忿其愿，窒慾其恭耶？愿而恭，寧有不遠害者耶？亂而敬者，其似恒之雜而不厭耶？德固之以一者，不亦有治亂之才而又出之敬畏者耶？無小大、無衆寡、無敢慢者，其善治亂者耶？擾而毅者，其似《巽》之稱而隱耶？稱物之宜而潛隱不露以制事變之來者，不亦擾而毅者耶？馴擾以應之者，其權毅而不可窮之以變者，其制耶？直而溫者，其似《益》之長裕而不設耶？德裕之於遷，善改過以興利者，不亦徑直而溫和者耶？直莫直於見善之遷，而有過之改，和莫和於德裕，又奚有不興利者耶？簡而廉者，其似《復》之小而辨於物耶？陽雖微而不爲，群陰之所亂能自知之，炯然而爲德本者，不亦簡易而廉隅者耶？一念之復若甚，簡其本之辨於群物者，其德之隅耶？剛而塞者，其似困之窮而通耶？德之辨以寡怨於人者，不亦剛健而篤實者耶？剛與人拂而易阻，實則爲人諒而易通者耶？彊而義者，其似井之居其所而遷耶？所謂安，安而能遷，安而能慮，居之安則資之深，而左之右之逢其源，無不宜者耶？以辨義而爲物地者，不亦彊勇而好義者耶？彊則能居其所，義則能遷以及物者耶？六十四卦而可攝之以九，斯予之太微有六十四，而亦可攝之以九爲峻。首化之三陽爲泠，固罔道之三陰爲介，大師之總陰陽爲極之總，八而合之以爲九也。

廣從繩則正，教澤州五學諸生

《書》則：“惟木從繩則正。”於是與之論從繩則正。

昔者蘇頲、李嶠之子見於朝，問：“何所讀？”曰：“《書》。”使之各誦所受《書》。頲之子曰：“惟木從繩則正，惟后從諫則正。”嶠之子曰：“斮朝涉之脛，剖賢人之心。”上乃嘆頲有子，嶠無兒也。予十二三時，嘗侍家大人觴，諸生使之各誦古文辭，耦語以二姓名者，或曰伊尹煎熬易矛調和，或曰魯連飛一矢而蹶千金，虞卿以顧盼而捐相印。前固可嗤，後之捐印亦非佳語。予則誦殷説夢發於傅巖，周望兆動於渭濵，而或亦有誦《皋陶謨》《虞箕子》《訪周》者，大人以四字語太易，然訪周亦非佳語。詩言志，盖亦有不知其所以然而然者耶。

廣如組如舞，教澤州五學諸生

《詩》則：“執轡如組，兩驂如舞。”於是與之論如組如舞。

《家語》：“孔子讀《鄭》詩‘執轡如組，兩驂如舞’，曰‘爲此詩者，其知政乎？夫爲組者，總紕於此，成文於彼，言其動於近，行於遠也。執此法以御民，豈不化乎？竿旄之忠告至矣哉’。”《詩》三百，聖人之所取以爲知道者，《鴟鴞》《烝民》二詩。所取以爲知政者，《大叔于田》一詩而已。是詩也，聖人獨有取於如組，而因有取乎干旄之忠告。夫干旄之詩，素絲紕之，又曰：“素絲組之。”織組之謂紕，織組以維干首之旄耳。末曰：“彼姝者，子何以告之。”聖人因借紕於此爲有近之義焉，借組於彼爲有遠之義焉，而御民者在近而不在遠耳，因借“素絲紕之”之義以爲即干旄之忠告也。聖人之胸中有全政，故所見無非政者。文人之讀《詩》，則取之於文辭而已矣。或以問楊用脩：“《詩》三百，無狀馬之善行者？”用脩曰：“有之，子自不察耳。《詩》云：‘兩驂如舞，兩驂如手。’夫如手者，盖雁行之義，而如舞者則狀馬之善行曲至者也。”用脩亦可謂善言《詩》。然《山海經》海外太樂之野夏后啟於此舞九代之馬，杜氏《通典》鳳花廄有蹀馬，俯仰騰躍，皆合節奏。明皇嘗令教舞馬百駟，又施三層板床，乘馬而上，抃轉如飛，或命壯士舉榻而馬舞其上，杜詩“舞馬使登床”，蓋實録也。而《南史》河南國進赤龍駒，能拜伏善舞，則誠有善舞之馬，又不啻如之矣。然解舞亦何所用之，何不以其教馬者以教人，使之諧於政。

廣彭城虎牢，教澤州五學諸生

《春秋》則：“仲孫蔑會晉欒黶、宋華元、衛寧殖、曹人、莒人、邾人、滕人、薛人，圍宋彭城襄公元年。冬，仲孫蔑會晉荀罃、齊崔杼、宋華元、衛孫林父、曹人、邾人、滕人、薛人、小邾人于戚，遂城虎牢襄公二年。”於是與之論彭城虎牢。

彭城爲楚所取，而封宋之魚石矣，諸侯圍之，追書而繫之宋，著楚之不得專宋地也，是增一“宋”字以折楚也。鄭人屢叛而晉率諸侯以城虎牢，使鄭失其險也。鄭之虎牢而不繫之鄭，著鄭之不能有也，是去一“鄭”字以責鄭也。衛爲狄滅，而齊桓封之於楚丘而城之，不書衛，何也？衛已舉國而委之狄矣，安得稱衛不稱城，衛而稱楚丘又以責齊桓之不請於王而自封之也。其稱城邢而不稱城夷儀，何也？邢未亡也，病於狄而自遷於夷儀，著齊桓之救緩，不及事也。又書城邢終美其救患之功也。至於虎牢，不著諸侯之所以城、鄭之所以失者，而獨以險責鄭人之當守，何也？凡制人者必扼其項，吭而後可以制之，鄭人所以北面而敢於叛晉者，恃虎牢之在北鄙也，據虎牢則鄭之北垣撤矣。鄭又何恃而不服，此制人之道也。至後世而虎牢直當中原之中，故漢爲成皋。漢王之所據以抗楚，正以有此險於中原也。敖倉在旃，然之上與虎牢鄰，故後之爭天下者必以先據敖倉之道爲得策也。是故函谷可以衛關中，井陘可以衛晉，棧道可以衛蜀。我朝割函谷而授之中州，割井陘而授之燕趙，割棧道而授之關中，其他一切故疆之險皆割之以歸鄰省，若有深意焉。函谷，數百里之視天如劍者，既已歸之中州，其潼關一塞雖官之以關西，而地終予之於畿内也。潼關嘗直隸於南矣，是時都金陵也，已而都燕京，則又直隸於北，潼關之重於天下如此。蒲、解二州，宋亦爲關中地，遂自河而割之，使蒲津關與晉共之也。夷陵之屬楚，亦以割三峽之險之半於蜀也。虎牢在大地之中無可割，故委而制之，洛之險不如秦。然虎牢阻其東，河阻其北，轘轅、伊闕阻其南，西通關中，亦可以爲關中之門庭，而宋之有金獨不知遷之，以爲就關中之便道，株守汴都之一城，以至於淪也。汴都者，堯舜之官天下則可以都之，而家天下者之所忌也。此宋太宗之所以不逮太祖也。漢祖舍洛陽而都關中得上策，東漢都洛得中策，唐都關中而以洛爲東京，兼舉之。宋之所以不逮漢唐也。周之有兩都，諸侯不得入關中，而内以遠諸侯之變也。夷狄有警，則洛爲家也。函谷在兩垂，而門庭居其中，是以王在鎬京，周公鎮東郊，而畢公繼之也，豈徒監殷民，寔以鎮諸侯耳。平公之有西戎之禍而不至於亡者，有東都之可家也，其遂舍西都以予秦，是以無以制諸侯也。此知夷狄之禍，而不知諸侯之禍者。爲國者必内足以制天下之人心，而外足以遠夷狄之禍，乃爲全策。吾不知今之兩都，其呼吸之氣何如？武王、周公之所以造周也。

廣進笏書思，教澤州五學諸生

《禮記》則："史進象笏，書思對命。"於是與之論進笏書思。

《玉藻》曰："將適公所，宿齋戒，居外寢，沐浴。史進象笏，書思對命。"《註》："以爲大夫而史，其掌文史者也；思謂所思，欲告君者也，對謂有問則對答之辭者也，命謂君所命令當行者也。"愚以爲可三亦可一也，亦曰思其所以對君命者而已矣。又曰："笏，天子以球玉，諸侯以象，大夫以魚須，文竹，士竹本，象可也。"注："大夫以近尊而屈，故飾竹以文。須士以遠尊而伸，故飾以象。"愚謂笏也者，勿也，忽也，蓋以恭手容則戒之以勿，忽亦以有所思對命者，即志之而勿忽耳。從竹者，大夫士以竹也。大夫則謂之笏，諸侯象則謂之荼，天子球玉則謂之珽，故又曰："天子搢珽，方正於天下也，諸侯荼，前詘後直讓於天子也，[一]大夫前詘後詘"，謂"無所不讓也"。注："珽即所謂大珪，長三尺，挺然無所詘，故謂之珽也。"荼，舒遲之義，前有所畏則其進舒遲也，是笏當專爲大夫之名矣。大夫竹而稱史進象笏，何也？此大夫者，盖夫子之大夫與天子之大夫視侯，故笏用象即所謂荼也。又曰："凡有指畫於君前，用笏造。受命於君前，則書於笏。笏，畢用也，因飾焉。"注："飾，文飾以爲上下之等級也。"愚謂諸侯象笏而以書思，爲大夫者諸侯各君其國，則其朝於天子有時未應頻對而頻書之也。故知其爲天子之大夫也。不稱天子之所而稱公所者，諸侯之大夫即不以象其書，法亦如此也。後之倒持手板者，其愆儀乃甚於說笏，故有以笏畫地而陳其不可某某者，用古指畫法也。有書其笏以對，而天子命取視之，盡行其說者，用古書笏法也。

【校記】

［一］前，底本原作“首”，誤，兹據後一句中“前詘”之詞及今本《禮記集解》卷二九《玉藻》改。子，底本原作“下”，誤，兹據今本《禮記集解》卷二九《玉藻》改。

河汾教卷十五

廣爲政用殺，教長治縣學諸生

其月二十一日試長治、屯留、沁州、沁源、武鄉五學之士，蓋六百人。長治之目曰："如殺無道以就有道，何如？孔子對曰：'子爲政，焉用殺？'"作爲政用殺教。

德，春也，曰聖人之仁，是爲養也。禮，夏也，曰聖人之禮，是爲教也。刑，秋也，曰聖人之義，是爲法也。兵，冬也，曰聖人之智，是爲政也。道之以德而不應，故以禮齊之，齊之以禮而不應，故以刑齊之，齊之以刑而不應，故以兵齊之。刑與兵，皆不得已而用之者也。刑之殺以待無道之民之不可教者也，兵之殺以待無道之國之不可刑者也。唐虞之時，未嘗不禮之刑之兵之也。然兵止用之於三旬，而即以干羽繼之矣。刑止象以示之期於惟明，而皋陶之淑問至於從欲以治矣。孔子以運論禮，是唐虞之五典、五禮，亦不至有三千三百之繁也。自禹家天下而民或弗服，於是肉辟三千，而刑乃繁。《甘誓》一征之後，而湯武皆以干戈興，而兵乃作。夏以忠，商以質，周以文，是爲三教，自三教之說興而事事有三。時有三，子、丑、寅之異建，則天時不可稽於上。色更尚白赤，而物采以及犧牛皆有別數，則因色以爲尚，而用七、用九、權衡、度量皆不可以□□。禹有征，湯有放，武王則伐而殺之矣。惟其禮無定節，樂無定音，而三教異，尚以相加於是。一《易》也，而分之爲三，則《連山》而《歸藏》而《周易》，《易》尚可割之而三，況其他則宜乎！老莊氏病其煩而異端之雜興，遂至有後世之三教之說也。孔子言夏商之禮尚欲以剪周末之文之過盛，又何怪老氏之徒之厭之與？孔子翼《周易》以戢《連》《歸》之枝，則《易》定書始於堯，舜獨稱典，而王不得以典與謨稱，則訓、誥、誓、命者，非堯舜之所欲聞也，而《書》定。《詩》獨尊文王之化以追堯、舜，刪三千之繁蕪，而《詩》定其折衷四代之微旨，更託之春秋之筆，而萬世之經以定，是得其道則上爲帝而下爲王，宜邵子以爲子，三王耳。殺運寖起於夏后氏肉辟之三千，以至湯武之征伐而又甚，而五霸又甚，而七雄又甚，而秦也，譬如一陰之生而不至於隆冬不止耳。孔子者，當隆冬而手寒梅之一枝，以見天地之心者乎！

廣作者七人，教屯留縣學諸生

屯留之目曰："子曰：'作者七人矣。'"作作者七人教。

《正蒙》曰："作者七人，伏羲、神農、黄帝、堯、舜、禹、湯。制法興王之道，非有述於人者也。"《聖賢群輔録》曰："七人謂接輿、荷蓧、長沮、桀溺、荷蕢、晨門、儀封人。"朱子以爲作而隱者，主陶說也，謂必求其人以實之，則鑿者謂陶之舉、接輿輩也。聖人曰："述而不作"，蓋有不知而作之者，横渠之所謂作也。又曰："君子見幾而作，不俟終日。"《易》曰："介如石，不終日，貞吉。"介如石焉，寧用終日斷可識矣，靖節之所謂作也。考亭從靖節者以上下文，皆隱逸之事也。謂之七人，則其人亦大有輕重者焉。所謂"皎皎白駒，在彼空谷，生芻一束，其人如玉"，又如"絶代有佳人，幽谷在空谷"，[一]又如"秦人相謂曰，吾屬可去矣。一往桃花源，千春隔流水"，蓋惜之也，又以重嗟世也。爲此文以愛惜賢才之去國者得之，督隱人之避世者味索然矣。

【校記】

[一]"幽谷在空谷"，案前一"谷"字，疑爲"居"字之誤。

廣萬鍾何加，教沁州學諸生

沁州之目曰："萬鍾於我何加焉？爲宫室之美、妻妾之奉、所識窮乏者得我與？"作萬鍾何加教。

人之自朝至暮，無不營營之時矣，然總之爲人而未嘗爲我耳。雞鳴而起，孳孳爲利者，其所入不過宫室之美、妻妾之奉，即推拓一步者亦所識窮乏者得我之類耳。宫室，我之宫室也；妻妾，我之妻妾也；所識，我之所識也。然不可謂宫室即我，妻妾即我，所識即我也。即我終日衣冠而豈嘗衣冠我，即我終日飲食而豈嘗飲食我，即我終日財色而豈嘗財色我，不可謂衣冠之、飲食之、財色之者即我，則衣冠之而飲食之而財色之者，身耳。可謂身即我耶？身既即我，當死生之際又何不以其身往，可謂身之外之不有我耶。當我未生之時，謂之未有此身則可，又可謂其未有我耶。身亦我之宫室耳，與蟣風（蠐）虹之所共處者耳，身既我矣，又安得有可與物共之者乎？其不可共者，則我也。不可共之我又何物得而加之，何物得入其中而共處之？聖賢爲我而衆人爲人，至聖賢而始可謂之善私其我者也。秦皇以其宫室公之人者也，唐之高宗、玄宗以其妻妾公之人者也，桀、紂、隋煬以其身公之人者也。可以共之人者，非我有也。蘇子曰："苟非吾之所有，雖一毫而莫取。"吾之所有者，我而已矣。然則可舍身以覔我與？曰：否。聖人之學本於脩身，非身則亦安從而脩之？雞鳴而起，孳孳爲善，即不離宫室、妻妾、所識之交，而爲我之能事步步皆其真享用。吾不敢謂所爲之善即吾性之善，亦不敢謂吾性之善之不待於所爲之善，三千八百之功行不必盡揮之爲性之塵，而集義以養氣者可謂與不動之心不相涉耶！

廣得志弗爲，教沁源縣學諸生

沁源縣之目曰："我得志，弗爲也。"作得志弗爲教。

昔者，宋庠兄弟之既第，祁也，羅妓樂盛宴，庠使人問之，曰："亦記破寺讀書時耶？"祁對曰："破寺讀書時欲何爲？"此祁之失言其學乃止爲妓樂宴會學耶？宋太祖衣三澣之衣，光義曰："陛下服用亦太草草！"太祖曰："爾不記夾馬營中時耶？"祁又何以代光義對耶？濂溪抗丘壑之姿於三十年之宦途，其詩曰："故人倘問吾何况，爲道舂陵只一般。"蓋宦况自不加於月巖觀太極時也。堯自十六歲之唐侯而後履帝位，在位七十載，又攝之者二十八載，而其堂則土階三尺，茅茨不剪，終身一鹿裘而已矣，是豈有享天下之樂者耶？其享如此，其約其勞天下如此，其甚宜，許由之不願受之也。孟子以堯舜之制自律者也，戰國之一蠻一觸不足以邀洞眼之一盼，宜其驕人以浩浩，視蘇、張輩之營營乞其羶，亦何異拄喙不前之螻蜡耶？

廣師尹具瞻，教武鄉縣學諸生

武鄉之目曰："節彼南山，維石巖巖。赫赫師尹，民具爾瞻。"作師尹具瞻教。

自有天地以來，即有封建，有封建則世及，而賢人多在下，而所傳者未必賢。堯、舜雖公其天下，而諸侯固自家耳。至夏而堯、舜之公不可追，湯執中，立賢無方，故商人多傳弟，尚有堯、舜之遺意。至周而以親親爲重，則天子之卿亦授地如諸侯而世之，即諸侯之師如魯之三家、晉之六家，皆世也。魯衰於三而哀公不卒於魯，晉裂於六而世霸者不復主夏盟矣。周公之子侯於魯君，陳其次子也，鄭氏《中庸注》可考也。於是世繼周公而稱周公，其後有宰周公、宰咺、宰孔，則宰周公也。召公之後爲燕，其次子亦繼而爲召公，如召穆公虎是也。宣王之際，周、召共和者，其後也。彼君子女謂之尹吉、尹吉甫，蓋尹後《詩》亦稱尹氏，幽王時之尹氏疑其子吉，蓋姞姓後即密須氏之裔也。厲王悦榮夷公，即榮公後也。祭伯來者，即祭公謀父後也。隱公三年爲平王之五十一年，三月庚戌，天王崩。夏四舜僞者誤認情以爲性也，認情以爲性，故以爲性惡也。孟子謂性善而情亦善者，率性而爲情，則情亦善，是陰爲陽用也。任情以滅性，則情即惡，是陰爲陽害也。楊子所謂人之性也。善惡，混氣也者，所以適善惡之馬者，亦誤認情以爲性也。認情以爲性，故以爲善惡混也。震宫之復謂之天根，天之根是性之初也，一陽之復而至純陽之乾，則性之分盡是天之陽，聖人之所扶也。巽宫之姤謂之月窟，月之窟是情之初也，自一陰之姤而至純陰之坤，則情之流極是地之陰，聖人之所抑也。然陽之始謂之春，即吾性之初。陽固可謂之春，而陰亦可謂之春者，率性而爲情，則情亦性也，而陰亦陽也。夏固春之積，而秋冬亦未始，非春之運於其間矣。故曰：天根月窟閑來往，三十六宫都是春。六，陰數也，三十六者亦六六之，而陰數之全也，其中有往來之生意焉。謂之春，是有一陽以暴之，而衆陰莫不噓此春也，天地之間皆陰也。惟日之一陽爲春，有此一陽而萬物莫不化而爲春矣。人之一身百骸皆陰也，惟心之一陽爲春，有此一陽而百骸莫diff，亦世卿也。七年，天王使凡伯來聘，亦世卿也，即刺厲王賦《板》詩者之後也。九年，天王使南季來聘，即南仲之後爲皇父之後，若族者與康王時有南宫毛，亦仲族也。桓公五年，天王使仍叔之子來聘，胡氏以爲譏世官，非公選也。八年，天王使家父來聘，按此則即刺尹氏賦《節南山》者與？則春秋之尹氏又當即爲幽王之尹氏矣，抑亦偶有同字者邪？秋，祭公來，亦謀父後也。十有五年，天王使家父來求車，是年桓王之二十三年，歷平王共七十四年，而又當幽王之時刺尹氏，其齒亦已久矣。莊公元年，王使榮叔來錫桓公命。榮叔，亦榮公後也。《春秋》歷書之以著，祿可世而官不可世，官而世之，故雖以孔子之聖仕魯，僅攝行相事而已，賢路之不通至此。宜其化而爲戰國，而蘇秦、張儀、范雎、蔡澤皆可以相大國，而秦遂爲郡縣，人遂不復有封建之思耳。秦以後天子雖家之，而天子之相以下則公之，是又一世運而可以通人才之氣者也。

廣德薄位尊，教長治縣等五學諸生

《易》之目曰："德薄而位尊，知小而謀大，力小而位重，鮮不及矣。《易》曰：'鼎折足，覆公餗，其形渥。凶。'"言不勝其任也，作德薄位尊教。

力有戡春蟲之股、剪秋蟬之翼者，有勝一匹雛者，有翹關者，有負米五斗日中而趨百里者，有扛千鈞者，有舉歊雲之鼎而色不撓者，有舉鼎以力不勝而絶脰以死者。力固不可强之，以其所不勝也。故五岳之重，惟地可以載之；大地之重，惟天之氣可以承之；天之日月星辰之繁麗，惟太虛可以周之。太虛者，大有力者也。法象莫大乎天地，崇高莫大乎富貴。富貴者，代天而首庶物者也。故有聖人之德者可以天子，有仁人之德者可以三公，有大賢之德者可以九卿，有中賢之德者可以二十七大夫，有小賢之德者可以八十一元士，有一行一能者可以中士、下士也。此天下之至平也。賈生曰："冠雖敝，不以苴履；履雖新，不加於枕。"言有不易之分，故地之重濁不得不沈，天之輕清不得不浮，翼則飛，脛則走，后妃貴主不可以覿面，而娼優不得不鬻歌於市也，貴賤之，則天定之矣。而聖人之不天子也，至以陪臣而攝相。而後世之追論孔子者，尚以爵驕之，曰孔子亦嘗爲魯司寇也；追論周公者，尚以爲宜在蕭何、曹參之列，而侍於漢、唐、宋、元之主之下也；追論文王者，尚以爲公侯而非天子，而不可以登之三皇、五帝、三王之座之列也。此非人心之大不平乎吕政、不韋之授腹子也，而可以兼三皇、五帝之號以烹三代之諸侯。自三王以上之開一代者皆聖人也，而自嬴氏始變之矣。曹操，夏侯氏之子而曹之孽也，託名於參後，而以劉帝堯之裔之四百年之統。朱溫，盜之魁，其首宜行萬里者也，而繼唐而稱梁，亦稱太祖高皇帝，以方劉季，而各以其先人配上帝之食，加之於日月星辰之上。嗚呼！其何德以加日月星辰耶？兹不亦僭踰之無等者與？故秦之閏也，即不可以削其紀，然正統當斷自始皇以下。莊襄時，周雖亡，不當以統歸之，世固有無統之時，不必强歸之一人耳。周之亡稱無統幾年可也，當以其年附之周紀之末，爲周之餘也。漢惠之崩而無主，當附之惠帝末爲惠帝之餘也。不必實之以少主、吕氏以亂天下之統也。漢平之後當屬之漢紀之末，稱無統幾年，以其年爲漢之餘也，不必附淮陽王也。魏已經綱目之改正，而晉以下當貶而稱志稱主，南北朝之分即南朝不可以方昭烈矣。五代當如南北朝之例，削其祖宗之號而貶之。胡元當又貶，豈有犬羊而可以帝目之，以加之中國之人之上者。彼直中國人之履耳。至我朝而天地始又一開闢，所謂天下文明者也。

廣三風十愆，教長治縣等五學諸生

《書》之目曰："敢有恒舞于宫，酣歌于室，時謂巫風。敢有殉于貨色，恒于遊畋，時謂淫風。敢有侮聖言，逆忠臣，遠耆德，比頑童，時謂亂風。惟兹三風十愆。"作三風十愆教。

虞夏之際，道在皋陶；夏商之際，道在伊尹；商周之際，文王、周公之外，則箕子其選也，亦聖人之徒與！皋陶陳九德而有三德、六德、九德之辨，是爲善之目也。伊尹列三風，而巫風之愆二、淫風之愆四、亂風之愆四，是去惡之目也。至箕子之九疇，則九德、三風括其中矣。九德者，一剛一柔交濟之義，疇之六，三德可括之也。三風者，德之不協於剛柔之義，疇之八，庶徵可括之也。文王之六十四卦而撮其義於時，周公之三百八十四爻而撮其位於中，則疇之皇極時若皆括之於其中而萬理爲曲，至是九德、三風者，即《易》之吉凶之義也。讀《易》而皋謨、伊訓、箕範，皆可以爲注脚耳。大學之三綱八目，又撮《易》之要而授之訣者耶?

廣京師，教長治縣五學諸生

《詩》之目曰："惠此京師，以綏四方。"作京師教。

《白虎德論》曰："京師，千里之邑號也。"京，大也，師，衆也，天子所居，故大、衆言之，明諸侯法日月之徑千里。《春秋傳》曰："京，天子所居也。"《王制》曰："天子之四方千里。"夏曰夏邑，殷曰商邑，周曰京師，此其説雖詳而不知京師之所自始也。《篤公劉》之詩曰："逝彼百泉，瞻彼溥原。廼陟南岡，乃覯于京。"京師之野，于時處處，于時廬旅，于時言言，于時語語，此京師之名寔始於公劉之豳也。民勞之，詩曰"惠此京師"

者，始爲周天子之鎬京矣。朱《傳》曰："京，高丘也。師，衆也。高山而衆居也。"愚，豳人也，其於豳之山川爲詳，《豳風》《豳雅》《豳頌》無道及其山川者，止有《篤公劉》之一篇可據以誦其故國之所在。考亭之詁此詩，蓋臆度語。予嘗按地絡而詳徵之，則敝邑即公劉之所立國於豳之谷之地，而朱《傳》以爲在敝邑者，是豳之地有巘、有岡、有原、有隰、有泉、有澗，其土爲原，其水入地百尋而爲澗，故城邑在澗以依水也。郊里在原，以宣居也，無他山止有石門擢立，是所謂陟則在巘者也。所謂于胥斯原復降在原者，蓋豳地皆廣原，惟溥原爲廣平之沃壤，當爲敝里之半川耳。半川者，原隰之間，與百泉者諸澗之泉，不啻以千百計。皇澗者，即敝邑所稱唐川者之訛也，澗在溥原北。澗大，故稱皇，故人可以夾而居之。過澗者，即敝邑所稱炭泉者之訛也，澗起自溥原，自北而西而南，側而過其境，故稱過。澗小，故人止可以溯而居之，文與可之《丹淵集》所稱三泉之炭泉是也。《禹貢》："雍州原隰底績。"蔡注云："廣平曰原，下隰曰隰。"《詩》曰"度其隰原"即指此。鄭氏曰："其地在豳。"蓋豳之地，一原一隰錯，隰即其澗之田也。我大王父之自稱廣平翁，蓋本此。南岡者即敝邑之所稱翠屏，下垂於水口之磯頭者，與京即敝邑之所謂雞阜也。師即敝邑之澗，視皇過爲更大，《易》曰："地中有水，師。"此地中非如孟子之所謂水由地中行之中也，謂入地深也。關中土厚而水深，至寒門、甘泉以北，而後可見秦州、豊鎬，涇渭之間尚不知其所以深也。故原之井深者，或以數百尺，此所謂土厚而水深，京山而師水，故曰京師之野。于京斯依而其隰可以收流泉之利，其原可以行徹田之法度。其夕陽者，蓋邠州以西，自涇以至於汭外者與？寧，古密須，爲北豳。邠，古新平；永壽，古滲縣，爲南豳。奚以知其建國不在南北之二豳也？諸境無所謂可陟之巘，而敝邑則有石門，漢武於此立石闕觀，則獨聳峻於甘泉之左，爲豳地之鎮。其東則耀之滲沮矣，滲縣之滲沮不可辨，而陶復、陶穴則豳地固有之。然或敝邑之鑿石爲洞，稱官家者與？官家者，帝王稱也，蓋古公之舊陶穴者，蓋言土陶復者，蓋言石石可復而穿，是爲貴者之棲與？蓋避戎狄之難而爲之，非了無室家以等於齊民也。聊爲之詁以補《白虎通》與朱《傳》之所未既。

廣春王，教長治縣等五學諸生

《春秋》之目曰："春，王正月桓公元年。春，正月桓公三年。春，王正月桓公六年。春，正月桓公十一年。夏五桓公十有四年。春，王正月桓公十有八年。春，王定公元年。”作春王教。

胡氏以爲桓無王，而元年書“春，王正月”，以天道王法正桓公之罪也。桓無王，而二年書“春，王正月”，以天道王法正宋督之罪也。三年不書王者，桓公弑君而立，於今三年，而諸侯之喪事畢，是入見受命於天子之時也。自是而後不書王者，見桓公無王與天王之失政而不王也。十年又書“春，王正月”，十，盈數也，天道十年則亦周矣，人事十年則亦變矣。桓公至是，其數已盈，宜見誅於天人矣。十年書王紀，常理也。至十有八年而又書“春，王正月”，是年桓公已終，復書王者，明弑君之賊，雖身已沒，而王法不得赦耳。定公之元年書“春，王”而不書“正月”者，昭公薨於乾侯，不得正其終，定公制在權臣，不得正其始也。桓公之十四年書“夏五”者，傳疑也。“夏五”之筆，其義與“春王”無涉，而愚并命以難之，此語亦應微爲點出，而爲文者了不及，非禮也。《春秋》之作以誅亂臣賊子，援天道王法以正萬世之天下，推其本而正之，故皆歸之王之不王，王之不王則王之不天也。天道之失其常者，并書之以正王之不能法天之過，故王法天則諸侯法王，而爲人臣子無弗法其君者也。

廣山出，教長治縣等五學諸生

《禮記》之目曰：“山出器車。”作山出教。

《禮運》曰：“天不愛其道，地不愛其寶，人不愛其情，故天降膏露，地出醴泉，山出器車，河出馬圖。”《註》：“以爲器銀甕、丹甑、車山車，垂鈎不待揉治而自圓曲者也。”晉時恒山大樹自拔，根下有璧七十、圭七十三，皆光色精奇，異常玉。又張掖、柳谷之石有八卦璜玦之象，亦此類。杜詩曰：“復道諸山得銀甕”，所謂山出器車者與？天地者，亘萬古而有之者也，人物亦亘萬古而有之者也。五行之用皆不自伏羲，以後經聖人之制作而始有之，則天地之前有天地，天地之前有人物，有五行之用。故八卦者，聖人之所作也。石上之八卦又誰作之，謂其在未有八卦之前有之與？然伏羲不以此石模之也，謂聖人之有八卦而地氣應之與？地亦不若是之有心也。伏羲之八卦雖伏羲作之，寔天地之心所自露，而伏羲不能作。伏羲之心非尋常思慮之心，即天地自然之心，而伏羲代之者伏羲可以畫八卦，而不能畫石上之八卦，則八卦者，天地之前有之矣。石形之如舟、如車者，如鳥獸者，如人形者，如衣冠而立者，如僧之髡者，是誰匠之？是非天地之前有之，而茲乃現之與？予嘗至泰山之谷矣，石有白紋而似蟾者，予名之曰：玉蟾，曰醉白臺。有紋巃起如欹叟之倚仗者，衣裝儼然，具不知其何年，乃有此拳石于名之曰：欹仙。然則山谷者，人類之影，如鏡之受形與？而張公善權諸洞，聞其中萬物之形，無不偏，亦孰爲之，故孔子之六經作之者聖人，而聖人不知其所以然，而五行之推而成世界，遂成世界之聖人，遂成聖人之文章，而欲以私意行乎其間，則非聖人也。天地之心不可見，見之於聖人之心，聖人之心見之於筆。吾輩之求天與聖人者，求之於自然者近之矣。

廣畫前刪後，教長治縣等五學諸生

論之目曰："畫前刪後。"作畫前刪後教。

昔人謂"須信畫前原有《易》，直從刪後更無《詩》"。謂"畫前之有《易》"者，以道先天也。伏羲之《易》，非伏羲之所作。伏羲以前之人之心莫有不《易》焉，徒求之於畫，則執象而滯意，知畫前之《易》而後可以知畫，後之《易》以尊伏羲也。謂"刪後之無《詩》"者，以道後天也。刪前之《詩》不必皆出於聖人之筆，而一經聖人之刪而成經，刪後之詩未必皆詭於聖人之情，而未經聖人之筆則止可謂之詞章而已矣。徒以詩爲詩，而不知求聖人之所以刪之心者，是知文章而不知性與天道者也。不敢以詩爲詩，而以聖人之筆爲詩者，以尊孔子也。故曰：庖羲可作三才主，孔子當爲萬世師。其實人心之《詩》即人心之《易》。《詩》以道性情，《易》以道陰陽，在天地爲陰陽，而在人爲性情，故《詩》之有比、興，即易之有象、爻。《易》之妙在水火之相濟，而其道在於定乾坤之位；《詩》之妙在夫婦之相宜，而其道至於立君臣之義。文王者，内盡坎離交濟之妙，而位胸中之天地；外盡男女交愛之經，而表世上之君臣。善發伏羲之蘊者，文王；而繼文王之文以殿諸聖人之全者，仲尼也。則《詩》三百丨一篇可以廣《易》之八十四卦，而其章之數千指，則可以廣《易》之三百八十四爻，即立蓍以占之，而亦未有不應者也。

廣舜巳禹午，教長治縣等五學諸生

策之目曰："問：舜、禹當巳、午之交，如何？"作舜巳禹午教。潞安一案，凡三試之，其所訓諸生者，蓋三十有四章。

《皇極經世》以舜當一元之巳會之終，是乾之上九也，以禹當一元之午會之始，是姤之初六也。吾不知天地之氣數的，如何而以舜爲天地之心之陽極，禹爲天地之心之陰始，則實有至意於其間。舜之公天下，是六陽之極也；禹之家天下，是一陰之初也。自經制未定，人類混處之始，以至於舜，則治之極，而自禹以後，則漸降湯之放巳，不如禹之揖遜，以得之、周之，殺又下於放一等矣，郁郁之文不如忠質之近古矣。降而爲漢、唐、宋，則宋遜唐，唐遜漢，而至胡元，則亂之極也，豈非自一陰以推之與？是禹之時，寔自治而之亂之始也。夫禹之道與堯、舜爲鴈次，其治功亦鴈次，然就其會運推之，則午雖當中天而寔昃之所自始也。既望之月雖不減於望，而寔晦之所自始也。《詩》曰："四月秀麥，五月鳴蜩"，正陰陽之交，即以動衣褐之思矣。故顔子之於孔子，則十四日之月也，其道則吾見其進，在大而入化之際；禹之於舜，則十六日之月也，其德則人疑其衰，在帝而降王之間。

河汾教卷十六

廣示斯，教太原府學諸生

巡視之役竣，以七月三日抵平陽。十六日，進太原、陽曲兩學之士六百人試之。試太原府則："其如示諸斯乎。"遂爲諸生詁示斯。

禘者，以始祖所自出之帝，祀之於始祖之廟，而以始祖配之。人本乎祖，萬物本乎天。故始祖者，人之本也。始祖所自出之帝，始祖之本也，天又始祖所自出之帝之本也。禘之祭，止於祖而因之以知天郊，又禘之推之也。言道而不言天，則道爲散殊之道而無所歸。言天而不言帝，則天爲空虛之天而無其實。故宋儒者，不知天之有帝而徒以蒼蒼者當之，則其郊爲無所取也。不知死之有神二人徒以茫茫者求之，則其禘爲不相涉也。事親者稱孝子，事天者稱仁人，通乎孝即可以通乎仁，推之於祖既可以推之於天，張子之西銘可謂知天矣。然其意指則亦未嘗曉然，著天之有帝也。而二程、張、朱四君子皆以死之爲無知，是滅其祖也，而又何祭焉，而又何禘焉，以天爲蒼蒼者而已矣，而又何郊焉。《堯典》始言天而《皋陶》詳之矣，《湯誓》始言上帝而《泰誓》繼之矣。《大雅》之言帝天可謂直諹慈父之面貌。以詩書之所稱，觀先王之典而叅之以四君子之說，則似有一間之未了然者，又何以定百家之說而堅天下仁孝之思耶。人惟不知上帝之爲慈父，是以又旁而騖之於不相涉之人鬼，以佛氏爲歸命之主矣。人惟不知作善降祥作不善降殃之實際，則以爲别有乞憐之術可以乞福而消罪，而以佛氏之經咒持名爲可以解脱之捷徑矣。夫帝者，人物之大本也。人各本其祖而本之於一，帝者也。孝衰於親，愛遺其祖，而以爲别有道出於仁孝之外焉者，吾弗信也。不父則不祖，不祖則不天，而以爲我之道出於帝天之上，吾又弗之信也。今之論道者，不知天必不可以爲知道，不知帝必不可以爲知天，不知佛氏之人必不可加於天之上，不可以爲知帝，故闢佛氏之說而友自以蒼蒼者，當天茫茫者當祖，則又何以折其喙之嘵嘵也。魯之禘之郊，諸儒以爲成王賜之，殆非然。成王以周公有大勳勞，使魯得用天子之禮樂以祀之。成王蓋真見周公之聖，武王即不以天下傳之而成王之心有重不安者，以天下傳賢者，堯舜之事也。以天下傳弟者，商人之事也。當時之賢而親者莫如周公，武王即傳奇弟亦僅可以追商人而已矣，未爲創見也。成王之賢又豈加於周公，周公之聖而成王尚幼，疑之久而後知其至聖也。其賜之以天子之禮樂者，即以補不傳天下之缺與古今非常之權，天之所設以待至聖之局也，萬不可以常法論。周公在周，爲周之至德至功，其在萬世則爲萬世之至德至功，《易》《詩》《書》《禮》《樂》者，皆出於周公之手。作之者，周公。述之者，孔子。孔子者，祖堯宗舜師文王而兄周公者也。故曰：大哉，堯之可以則天也。舜，君之也。文王之文，我與之而在乎兹也。吾乃知周公之聖與周之所以王也。久矣，吾之不夢見之也。其祖之宗之師之兄之亦可以觀矣。故孟子者，周公之後也，即文王之後而與孔子之後并縣於天地者也，是天以萬古之天下傳孔氏與孟氏矣。而又何待乎？武王之傳之成王之賜之也，成王止使魯以天子之禮樂祀周公一人耳。亦未必即使之禘以祀文王於周公之廟，亦未必又使之郊以祀天而以后稷配之，亦必不使其世世用之，而群公自伯禽以下皆可以天子禮祀之。周衰而諸侯僭，吴楚至稱王，魯人藉口以用之，而季氏亦遂得而用之，諸儒不推其所自二誣於漢人之勦說。則遂謂魯之郊禘世世僭禮樂爲成王之罪，則亦非曠然遠覽之矚矣。

廣達天，教陽曲縣學諸生

試陽曲縣則：“達天，德者。”遂爲諸生詁達天。

於太虚之中有天，於天之中有地，於地之上有人。積氣旋於外，故積塊結於中也。在積氣中爲光耀，則在積塊中爲流峙也，故日月星辰之謂天舍。日月星辰何處見天，故日月五星之光，緯之而爲天吏，若巡行者二十八宿之十二辰。經之而爲天官，若都畿以至州國。人之性本乎天，形本乎地，功業附乎地，而精神託乎天，以星爲譜系，以帝爲君父，而以世間爲暫游。游而不知返者，謂之忘歸之蕩子。太白曰：“錦城雖云樂，不如早還家。”則家何在，還之以何道？古詩曰：“蕩子行不歸，空房難獨守。”則房何在，守之者爲誰？君臣父子，人之大經，然必有天之君臣父子而後有人之君臣父子。人之事事物物無一而不肖乎其天，故未有天之所無而人有之者。夫海之於地，譬之影。地之所有海無不備焉者，此尚人物之形應之耳。况天之於人其本也。人之所有而謂不本於天，是性有不應者矣。故聖人者，非於天之外別有所見以爲奇，持肖上帝之心以仁天下，而吾事畢矣。以天視，以天聽，以天言，以天動，以天思，思慮不以我而以天，則我之心即天心也。施之於四體，而耳即天耳，目即天目，口即天口，身即天身也。形之不得障其性，而性之踐形也。本精神以立功業，則其功業真可以垂地，不至爲功利之詭曲。本功業以住精神，則其精神真可以配天，不至爲寂滅之玄虛，上爲皇而下爲主，是爲得之者也。玄虛者，上見光者也。非配天之實際功利者，下爲土者也。非垂地之實際功業之不可朽於地，則精神之不可朽於天，吾皆以其聲名驗之而他日之聲名之不朽，以吾之精神自驗之，勿以蒼蒼者名天，勿以慢慢者名地，勿以茫茫者名人。

廣益决，教太原府等兩學諸生

試《易》則："益而不已，必决。" 遂爲諸生詁益决。

諸生之爲文有以國用爲説者，本諸《彖》之損上益下，而謂多取之必潰，如所謂悖入則悖出也。有以聖學爲説者，本諸象之見善則遷有過則改。而謂厚積之必溢，如所謂資深則逢源也。前説則盛極而衰之象，後説則日新日盛之義也。然後説爲近之，蓋《易》之序曰："益而不已，必决。" 故受之以夬。夬者，决也。决必有所遇，故受之以姤。姤者，遇也。物相遇而後聚，故受之以萃。萃者，聚也。聚而上者，謂之升，故受之以升，升而不已，必困。故夬之後繼之以遇，以聚，以升，日新日盛之義也。直至於升而後極至，升而不已，必困。此不已始爲盛極而衰之義，而驟以益之，不已爲衰，則阻其進矣。吾見其進，未見其止，益之義也。如顏子之學有不善未嘗不如，既知未嘗復行也。如有所立卓爾者，遇之象也。遇則得之，萃以及人，升以配天，至此而不已則爲亢龍矣。是困之不已，不可遽以爲益之不已也。斯亦孟子所云於不可已而已者，無所不已者矣。聖人未嘗一一指，學問特泛論天地之間之理應如此而此説爲近之耳。

廣九德，教太原府等兩學諸生

試《書》則："何憂乎驩兜，何遷乎有苗，何畏乎巧言令色。孔壬皋陶曰：

‘都亦行有九德。’”亦言其人有德，乃言曰“戴采采”。遂爲諸生詁九德。

知人以安民者，皋陶之學也，禹之所贊以爲小人不足以亂之者也。而皋陶則以九德，試而知之，驗之於行，而乃知其人之德必事事而驗之者，猶所謂九徵而八觀之者與聖門德行二字，蓋本此。而皋陶之知人以事，孟子之知人以言。皋陶，官人者也，故可以事知之。孟子在下位，則以其言徵之而已矣。聖門亦稱善言德行。行不本之於德，亦未有善言之者也。然舜之命夔，則曰：“教胄子，直而溫，寬而栗，剛而無虐，簡而無傲。”簡而無傲者，即皋陶之所謂簡而廉也。剛而無虐者，即皋陶之所謂剛而塞也。寬直剛簡之四德則舜亦道之矣。然寔九德者，總欲其剛而濟之以柔，柔而濟之以剛也。即一德不可偏至，九德則氣質之盡化而聖人之事矣。故曰：三德則可以有家而爲大夫，六德則可以有邦而爲諸侯。九德者，蓋難其人，然唐虞之際有八元、八愷稱十六族之才子與九官、十二牧、四岳之二十有二人。此三十八人者，如皋陶則或以爲才子之庭堅，而他不可以盡知。然以三十八人之中而有九官，於九官之中而有五臣，於五臣而舉禹，禹又獨讓皋陶，皋陶卒，乃薦益，則益、稷以上至於可以有天下，蓋皆九德之品矣。其伯夷、后、夔、垂龍之四官亦六德以上而九德之亞，與四岳十二牧則亦六德之亮采，有邦者也。諸才子雖不齊，大畧可三德以上浚明有□者與。而朱子以爲稷、契、皋陶、夔、龍之五官，秀才之官也，所以使之，學掌教、掌刑、掌禮樂，皆秀才事也，如垂、益之類皆做麄嗇者也。聖人止使之以治山虞治工之事，止能做此等事而陳新安以爲益、禹、皋陶之亞，禹嘗薦之於天，可謂其止可做麄嗇事乎疑録之者誤如止以秀才律人，則治水、治刑、治農之事又麄嗇於契之司徒矣。如其止可以爲一事，則又可謂之有六德，亦豈必謂仁人必兼此六德，亦以其多寡衡之耳，又必徵之於孝友婣睦任衈之六行，即皋陶之所謂行，所謂載采采者也。即六藝亦未必其可人人兼之耳。士不能射則辭以有采薪之憂，固責之以其能，然可見其有不能者，亦未必不收之下士之列耳。周官之三物與孔門之四科，蓋皋陶九德采采之遺矣。

廣詢爾仇方，教太原府等兩學諸生

試《詩》則：“詢爾仇方。”遂爲諸生詁詢爾仇方。

《曲禮》曰：“父母之讐，不與共戴天。兄弟之讐，不反兵。交遊之讐，不同國。”而聖人曰：“以直報怨。”怨與讐奚以別？凡殺身者，謂之讐。其横逆之侮皆怨也，晉侯侵曹，晉侯伐衛，兩書晉侯，譏復怨也。而《春秋》之義又譏莊公之不報齊之讐，則讐怨之别著矣。秦穆公忘晉之怨，作《秦誓》以自悔，而至於見伐而不報。《春秋》以王事許之而列於《書》，引之於《大學》，則怨之不必報也，又著矣。崇侯虎譖文王於紂，而羑里之囚文王，幾有殺身之禍。文王之聖，天之所護持，人心之所戴，以爲父者也，而幾殺之，則天人之所共以爲讐者矣。故曰："詢爾仇方。"而文王亦不得而寬直，況近在邦域之中乎？武王伐紂，則誓其衆曰："獨夫紂，乃汝世讐。"蓋亦道羑里之事也。紂，君也，而讐之，可乎？夫文王之不讐，而武王讐之，武王蓋非獨爲文王讐，爲天下讐之也。紂之不至於屠天下，則其釋文王於囚，何可讐也。其讐之者，以天下之民塗炭而不堪耳。使紂不殺王子比干，則武王之兵不動，亦何讐之有？故《詩》稱帝謂文王，於武王亦曰："上帝臨汝，毋貳爾心。"則謂文王之謂也。

廣伐陳侵蔡，教太原府等兩學諸生

試《春秋》則："晉人、宋人、衛人、曹人同盟于清丘。宋師伐陳，衛人救陳宣公十二年。夏，楚子伐宋宣公十三年。秋九月，楚子圍宋宣公十四年。鄭人侵蔡，獲公子燮。冬，楚公子貞帥師伐鄭襄公八年。公會晉侯、宋公、衛侯、曹伯、莒子、邾子、齊世子光滕子、薛伯、杞伯小，邾子伐鄭襄公十年。"遂爲諸生詁"伐陳侵蔡"。

楚之滅蕭，將以脇宋也。於是諸侯有清丘之盟，欲以禦楚。而宋人伐陳，則攻及楚之與國，是以致楚之伐之也，楚子書爵失在宋也。蔡亦楚之與國也，無故而鄭侵之以怒楚，是以致楚之伐之也。既與楚平而以十一國之師至，而虎牢非其有矣，書侵蔡失在鄭也。春秋時爲楚之與國者二，則陳蔡是也。爲楚之所病亦有二，則宋鄭是也。然二國亦有優劣於其間焉。宋終與晉合，而鄭時與晉貳，宋累困之而不折，鄭一創之而即叛。晉楚之爭，鄭如兩虎之搏一物於中原也。晉之所以爭鄭者，鄭在王畿之比鄰，而當中原之中，非如宋之倚於東，衛之倚於北也。鄭不爭，則楚之兵力可以至中原之中，而迫在王畿矣。故春秋之爭鄭亦扼天下之喫緊之吭，如三國之角逐於荊州也。楚漢之割鴻溝，蓋亦在洛鄭之間。

廣不可以嬴，教太原府等兩學諸生

試《禮記》則："不可以嬴。"遂爲諸生詁不可以嬴。

月令以孟秋爲天地始肅，不可以贏。不可以贏者，蓋欲贊化者無使陰氣之贏也。《易》十二辟卦以孟春爲泰。泰，三陽之月也，積復大壯之二陽而成三，而天地之氣交，則可以爲春矣。以孟秋爲否。否，三陰之月也，積姤遯之二陰而成三，而天地之氣不交，則可以爲秋矣。五月當陰陽之間，聖人即以坊陰之漸。七月當夏秋之間，聖人又以謹秋之初，是以騷人有悲秋之感。然楚人之所悲者，季秋之秋。而背秋，遂涉冬者也，非新秋之秋也。七月當新秋，則炎蒸者至此而乍清，濃豔者至此而微爽。君子觀此有遠嗜，慫出富貴之遠致，故予登第之初，即有詩云"欲當春夏用秋冬"，以醒世之當秋而叩角絃者近又有友。《九辯》之賦爲新秋，《解嘲》則七月流火者，人之所謂寒之漸，而予以爲爽之初亦以道吾志。

廣第一流人，教太原府等兩學諸生

試論則："天下第一流人。"遂爲諸生詁第一流人。合十六試之教并諸說，蓋二百章[一]。

善取天下者，先取天下之第一人，其次則先取天下之第一地。漢高帝先取第一人者也，則張子房是也。唐太宗先取第一地者也，則定關中以取隋是也。二者皆可以取天下。隋唐之間無大勁敵，亦無第一流之才，故太宗自將，而手扼天下之項而取之。秦漢間則項氏大勁敵，即先入關中而不可據，幸有子房之才之可以制之也。故漢高帝用其人，以韓彭而定三秦，以定天下解鴻溝之約，成垓下之功。三國之時，天下之第一人則諸葛武侯，天下之第一地則中原。惟武侯之生之也晚，故曹操得而取其地，然不能得其才。昭烈初用兵時，武侯止六七齡耳，其馳騁之以二十載，尚無卓錐之地之可據，幸而得孔明，則先取天下之第一人不讓高祖之於子房矣，是昭烈之駕出於曹氏之上數倍。然孔明者，天生之以授昭烈，必非曹操之所能致也。操即得中原之地，而其第一人在羅網之外，得以嘯美其傍，激權而助瑜，遂以摧百萬之鋒向，微諸葛氏，吳其半入於魏人矣。荊州之師北伐，幾搗其胸而遷許都。漢中之地蚤據，又斷其臂而絕隴右。操之歷摧於漢者，以有諸葛氏也。夫惟其出之也晚，故天下之勢，魏得其上流之七，吳得其下流之三，亦既已中分天下矣。而孔明徐申其臂於不可爲之時，以收荊襄定益州而有室家，遂以窺中原而制東吳，孫曹之相顧而無奈。

昭烈何者，非臥龍之泥蟠而天飛耶？昭烈在時，諸葛亦有不得盡行其志者，是以有吞吳之恨。而永安付託之後，先定南蠻以杜內變，又通好於東，然後北伐。司馬懿、孫權皆大勁敵，權株守耳，懿受巾幗而不出門庭一步。於是使其兵雜耕於魏民之間，而魏民安之，非誠明之至耳能若是。使假之數年，懿豈能終忍而不出。而必有入其置而以尺組繫之者，而手自籌之云："某年定魏，某年定吳。"已在其目中而身不可逮矣。譬之於奕者，以十局計，而某與某可敵手，可四六，可三七，可二八，可一九，可十北之而不支，必試之，而後知懿不敢與之角。如之何而定其才之五倍十倍乎？天下奇才之歎，蓋心折之矣，豈但當時之第一人自三代以下應第一人。吾嘗謂其以伊尹之才，行伯夷之志，伯夷、伊尹之合而爲一人，而伯仲、伊吕之詠尚非知武侯者也。伊吕之伐夏商，非恢復漢室者之所忍聞也，非邵康節制內聖而外王，則武侯幾於獨立二千年而無與偶。葛之木牛而流馬，其陣圖之變與江流爲出沒；邵之推元會運，世於天地之前，而逆知宋之必淪於夷狄。此兩人者幾於神矣。故吾嘗以王之事許葛，以聖之事許邵，蓋大賢以上而聖之流亞與。然則邵子者，又顔孟之合而爲一人者也，才力似孟子而氣象似顔子。武侯者，三代以下之小周公；邵子者，三代以下之小伏羲乎！

【校記】

［一］案全書實有正文一百九十八章，其中"廣戰克"、"廣直佩"、"廣外亭內憂"等三章有目無文，"廣火體"一章有文无目。所謂"二百章"，蓋取成數而已。

附録：

美國國會圖書館藏《河汾教》簡介[一]

這部作品爲明末官員文翔鳳（1577–1642）撰。文翔鳳萬曆三十八年（1610）進士，歷官山西副使、光禄少卿，終太僕寺少卿等。但他大部分時間放在講學上，以理學家爲名。天啓元年（1621）他在山西典學政時撰印此書，共16卷16册，并自寫序。此書流傳甚少。在思想上文翔鳳追隨邵雍 （1011–77），一位宋代對新儒學具有很大影響的哲學家、天文家、詩人及歷史家。文翔鳳希望他的寫作遵守儒道思想，并熱衷于學習邵雍的代表作《皇極經世》。他稱他最高宗旨是極力保持道德準則，尊天（天是帝王的象徵父母），尊國，尊帝，尊孔。他也很竭力鼓吹天象數學融合儒道思想。他對歐洲傳教士帶來的基督教持有反見。文翔鳳的詩文詩集也聞名。

[一]案此文爲“世界數字圖書館網站”所收《河汾教》書影旁對此書及作者的介紹文字。

南華通

[清]屈　復　撰
馬志林　點校
劉生良　審校

點校說明

《南華通》一書，據清人李元春[1]輯録的《青照堂叢書》，是清代陝西人屈復所著。屈復（1668～1745）字見心、晦翁（亦作悔翁），陝西蒲城人。十九歲，試童子第一，旋卽棄去，遨遊於豫、齊、燕、趙、吳、越間，似隱非隱，似狂非狂。其爲人清高，屢次被舉薦，固辭不就。"沈德潛謂復以布衣遨遊公侯間，不屈志節，固是有守之士"。屈復以詩名滿天下。其詩沈鬱頓挫，悲壯蒼涼，筆驚風雨，詞泣鬼神。江南許元基評爲當時第一。屈復無子，妻死不再娶，時人比之林和靖。其生平事蹟見《清史列傳》[2]《蒲城縣新志》[3]等。

當然，《南華通》是否爲屈復所著，目前尚有爭議。《青照堂叢書》將該書列爲次編之一種，題爲《屈復南華通》。其卷六第五頁，有眉評曰："說得四通八達，吾讀此，乃知莊子，乃知悔翁。"又將屈復《楚辭新注》與該書次第同收一函。很顯然，李氏認爲《南華通》爲屈復所著。但《蒲城縣新志·藝文志》載屈復有《弱水集》二十二卷，《楚辭新注》八卷，《唐詩成法》八卷，《玉溪生詩意》八卷，《百研銘》一卷；《清史列傳》屈復本傳還載有《江東瑞草集》，但均不見有《南華通》。而《四庫全書總目》等，又以爲《南華通》爲清人孫嘉淦所著[4]。此次點校依據《青照堂叢書》，將該書視爲屈

[1]李元春，字時齋，自號桐閣主人，陝西朝邑（今陝西大荔）人，嘉慶三年舉人，年八十六卒。著有《諸經緒說》《經傳摭餘》《春秋三傳注疏說》等，凡百餘卷。又輯《關中詩文鈔》四十七卷，《青照堂叢書》（《清史列傳》本傳作《青照樓叢書》）三編，共九十餘卷。

[2]王鍾翰點校，中華書局1987年版，第十八册。

[3]清李體仁修，王學禮編纂，光緒三十一年刊本。

[4]《四庫全書總目》曰："國朝孫嘉淦撰。嘉淦有《春秋義》已著録。是編（《南華通》）取《莊子·内篇》以時文之法評之，使起承轉合，提掇呼應，一一易曉，亦頗以儒理文其說。"北京圖書館分館藏清乾隆刻本（《四庫全書存目叢書》影印）題"臨泉孫嘉淦著"，并有較長序言（見附録）。錢儀吉編《碑傳集》等文獻，亦有相關記載。

復的著作，至於其作者之爭議，留待方家考證，暫不涉及。

《南華通》選取《莊子》內七篇，以時文之法加以評注。在形式上，注重文義的起承轉合，以爲熟讀細玩《南華》，“則見其部如一篇，篇如一章，且如一句，如是其通也。又見其部如一章，且如一句，如是其通之甚也”。受評點之學的影響，書中對莊文時有精彩評點。這不能不説是該書的一大亮點。在思想上，該書“以孔孟程朱之理通之”，極力維護儒家道統，力詆佛老之非，明確指出“莊子親炙孔子之門人”，將莊子拉入儒家之門牆。認爲“《內篇》七篇中，初未嘗貶孔子”，偶有不滿於孔子者，大概是因爲“古人質直，心有未安，卽發于言”。或當莊文稱引孔子之言，不符於儒家聖人時，輒以爲“此非夫子之言”，説明莊子雖“得聖道之一端，而偏至焉”。甚至斷然以爲“凡其肆無忌憚，詆訾孔子者，皆《外篇》《雜篇》所載，乃後人贗作。”至此，我們也就不難明白《南華通》爲七卷的原因了。就著述目的而言，作者指出：“學者之得是術也，以往，將能盡通天下之文，而其所自作亦無不通。是則吾所以註《南華》之意。”

此次點校以清道光十五年《青照堂叢書》本（朝邑劉際清刊，李元春評閱）《南華通》爲底本，是書一册七卷，半頁九行，行二十字，版高16厘米，寬12.3厘米，頁眉有評語。正文的校勘以清光緒初年浙江書局《二十二子》本（上海古籍出版社影印，簡稱“書局本”）《莊子》，中華書局點校本《莊子集釋》（簡稱“集釋本”），評注以清乾隆刻本《南華通》爲校本。另外，將原書雙行小注皆改爲單行，將底本中的異體字、俗體字，做了一定校改，如將“囘”“囬”統一爲“回”，將“叚”“㪔”統一爲“段”，而“於”“于”則一仍其舊。

限於能力和學識，此次點校難免存在一些紕繆，懇請方家不吝指教。

馬志林　劉生良　於陝西師範大學

二〇一四年八月

目録

附録

屈註莊子引

屈徵君《莊子註》，以孔孟程朱之理通之，向郭外特識也，可以傳矣。原本得之莊浪門人崔生家修，家修得之三原王君衮。聞王君好古籍，見遺編輒購之，此則其手鈔云。時齋。

逍遥遊

《逍遥遊》者，莊子之志也。其求道也高，其閲世也熟。閲世熟則思遠害，求道高則入虛無。以爲天地並生，萬物爲一，而徒以有我之故，遂有功名，是生利害。故必無己，然後心大而能自得矣。《齊物論》之喪我，《養生主》之緣督，《人間世》之無用，《德充符》之忘形，《大宗師》之入於天一，《應帝王》之遊於無有，皆本諸此。實全書之綱領，故首發之，所謂“部如一篇，顛之倒之而不可”者也。

北溟有魚，其名爲鯤。鯤之大，不知其幾千里也。

人皆奇其忽然而來，我則以爲何奇之有。不過題既命爲“逍遥”，文卽從此入想，以爲凡人之心小則困苦，大乃逍遥，必心胸開廓，海闊天空，如鯤鵬之九萬，高飛無所夭閼，然後雖無可用，亦無困苦，則“鯤之大”句，卽從“安所困苦哉”一句而來，所謂“來卽注其去處”者也。

化而爲鳥，其名爲鵬。鵬之背，不知其幾千里也，怒而飛，其翼若垂天之雲。

極言其大也。

是鳥也，海運海風動也。則將徙於南溟。

一句總絜下文，乃層層承解。

南溟者，天池也。

解南溟。

齊諧周人。者，志怪者也。諧之言曰：“鵬之徙於南溟也，水擊張翼拍水也。三千里，摶扶搖而上者九萬里。

解徙。

去以六月息者也。”息，風也。以相吹，卽解此也。以，用也。“以六月息者”，兩間之風，隨陽氣以升降。周之六月，夏之四月，正純陽之天，風充足之候也。舊解多作半年而止，非是。

解海運。

野馬遊絲。也，塵埃也，生物之以息相吹也。呼吸之氣，謂之鼻息，風亦天地呼吸之氣也。

解息六月[一]。

天之蒼蒼，其正色耶？其遠而無所至極耶？其視下也，亦若是則已矣。

解九萬里。

舊註於此總不融浹，此層層承解之辭。言六月息者何？風也。九萬里者何？風之積之厚也。故下文卽以風積不厚反起。

且夫水之積也不厚，則其負大舟也無力。覆杯水於坳堂堂凹處也。之上，則芥爲之舟；置杯焉則膠，水淺而舟大也。

此本承上文，以爲乘時野馬、塵埃之息，上而至於天之蒼蒼之高者，蓋以其翼既大，必須風厚，乃無夭閼。而忽舍風、翼，先說水、舟，此正筆端挑脫，乃實是其見解高超。我讀"鳶飛魚躍"之什，及孔子川上之嘆，而知之也。今夫太極初兆，混沌未分，一氣之鼓盪，蒼蒼然而已也。俄而日月星辰，俄而山河土木，俄而人物鳥獸蟲魚，此皆蒼蒼之中偶然凝聚。其實空之與色，原是一片，無罅隙也。故人之在天地之間也，猶魚之在水也。人則以爲上者是天，下者是地，於其中間虛空無碍，而不知周身之外，乃通是氣；魚亦以爲浮者是天，沉者是地，於其中間空虛無碍，而不知周身之外，乃通是水也。魚以水爲空虛，墳羊以土爲空虛，蠹以木爲空虛，穿山之甲乃至以石爲空虛，何則？彼皆生長於中，而覺其遊行自如，呼吸無碍也。吾烏乎知此空虛者，不且如水之深，如土之實，如木石之堅，人特生長於中而不自知耶？人墮水而死，以爲其中至實，呼吸不通也。吾烏乎知魚在陸而死，不亦以爲其中至實，呼吸不通者耶？子在川上曰："逝者如斯夫，不舍晝夜。"斯非以此喻彼之辭也？天逝於上，水逝於下。川流之與造化，本是一物合體並運，故直指以示之也。然則，天之蒼蒼與水之洋洋，無辨也。日月星辰，水上之舟楫萍藻也；山林國都，水底之塵石泥沙也；人物鳥獸，水中之魚鼈蝦蟹也。鳶飛戾天，不啻以天爲水而躍之；魚躍于淵，不啻以水爲天而飛之也。故曰"言其上下察"也。由是觀之，風之負翼，水之負舟，道通爲一，其信然矣。古人妙文，既有奇情，必有至理，豈徒牛鬼蛇神以眩後人哉？

風之積也不厚，則其負大翼也無力。故九萬里，則風斯在下矣，而後乃今培風；培，當作掊，以翼擊風而飛也。背負青天而莫之夭閼者，夭閼，阻隔也。此句着眼，乃"逍遥"之意，與後"物無害者"相呼應。而後乃今將圖南。

自起至此，眞如奇峯亂峙，怒濤飛舞，合來只得一句，再合來只得一字。一句者，鵬徙南溟也；一字者，大也。

蜩小蟬。與鷽鳩小鳩。笑之曰："我决起而飛，搶榆枋，時則不至而控投也。於地而已矣，奚以之九萬里而南爲？"

决起，言竭盡心力，不復留餘也。時則，言屢屢如此，不止一遍也。而已矣，言一跌不起，更無別法也。見小者不能逍遥之意。

適莽蒼者，近郊草木之色。三飡而返，腹猶果然；飽貌。適百里者，宿舂糧，適千里者，三月聚糧。之二蟲又何知！二蟲，指蜩、鳩也。

言翼需風而飛，如人需糧而行。適遠則聚糧必多，翼大則積風必厚，而二蟲以小故，初不知也。

小知不及大知，小年不及大年。奚以知其然也？朝菌糞芝。不知晦朔，蟪蛄寒蟬。不知春秋，此小年也。楚之南有冥靈者，木名。以五百歲爲春，五百歲爲秋；上古有大椿者，木名。以八千歲爲春[二]，八千歲爲秋。而彭祖乃今以久特聞，衆人匹之，欲與齊壽。不亦悲乎！

此喻中設喻之法，言天地之間，風息吹噓，其境無窮，而大者知之，小者不知，等級相懸，有如朝菌、蟪蛄之與冥靈、大椿，眞非倍徙什百千萬之可計也[三]。世人止知彭祖，猶拘墟耳。

湯之問棘也是已。窮髮之北不毛。有溟海者，天池也。有魚焉，其廣數千里，未有知其修者，其名爲鯤。有鳥焉，其名爲鵬，背若泰山，翼若垂天之雲。摶扶搖羊角風名。而上者九萬里，絶雲氣，負青天，然後圖南，且適南溟也。

看其與前段參差詳畧處，離奇錯落，極似無心，又如有意，若朝暮之雲，氣味原同[四]，而態致各别也。

斥鷃笑之曰："彼且奚適也？我騰躍而上，不過數仞而下，翱翔蓬蒿之間，此亦飛之至也。而彼且奚適也？"

前後兩笑，一則曰"我决起而飛"，再則曰"我騰躍而上"，無邊障碍，皆以"我"字爲根，此至人所以無己也。

此小大之辨也。

總束一句，前文如"羣山萬壑赴荊門"矣。

晉人好談老莊，而其實不解。如此文明説大者無所夭閼，小者不亦可悲；明説小知不及大知；明説小大之辨；而晉人紛紛，必謂小大原無異致，鵬蜩總歸自然。向郭支許，同聲附和，我不知其是何故也。

故夫知効一官，行比一鄉，德合一君，而徵著聞也。一國者，其自視也亦若此矣。"此"字，指斥鷃[五]、蜩、鳩也。

此有名者也。

而宋榮子猶然笑貌。笑之。且舉世而譽之而不知勸，舉世而非之而不知沮，定乎内外之分，辨乎榮辱之境，斯已矣。不狥毁譽，是忘乎名也。定之、辨之，是猶有功也。彼其於世未數數然也。雖然，猶有未樹也。樹，立也，言其德猶有未至也。數數，猶言瑣瑣也。

此有功者也。

夫列子御風而行，泠然輕妙。善順利。也，旬有五日而後返。彼於致福猶圖功也。者，未數數然也。此雖免乎行，猶有所待者也。待者，對待之，言以我御風，以風載我。有已，與物相對待，而未通于大也。

此有已者也。

若夫乘天地之正，而御六氣之辨，六氣，陰陽、風雨、晦明。以遊無窮者，彼且烏乎待哉！

此則無而大之至矣。"乘天地之正""御六氣之辨"，應前"以六月息"、掊九萬之風也；"以遊無窮"，應前無所夭閼也。法脉謹嚴，精神融洽。

其見解亦甚高。孟子云："其爲氣也，塞乎天地之間。"《西銘》云："天地之塞，吾其體。"蓋身與太空，原是一體，去此一膜之隔，則天地萬物乃無非我，既無非我，則無我矣。乘天地之正，有似天地合德之體；御六氣之辨，有似時乘六龍之用；無已無待，有似大公無我之心。特其知性不眞，止見其氣之合，而不能細察乎理一分殊之大全。是以爲二氏之鼻祖，而非聖門之嫡派也。

故曰，至人無已，神人無功，聖人無名[六]。

至此始點正意，惟無乃能大也[七]。

堯讓天下於許由，曰："日月出矣，而爝火不息，其於光也，不亦難乎！時雨降矣，而猶浸灌，其於澤也，不亦勞乎！夫子立而天下治，而我猶尸之[八]，虛主其位。吾自視缺然。請致天下。"許由曰："子治天下，天下卽已治也。而我猶代子，吾將爲名乎？名者，實之賓也。吾將爲實乎？鷦鷯巢於深林，不過一枝；偃鼠飲河，不過滿腹。歸休乎君，句。予無所用天下爲！庖人雖不治庖，尸祝不越樽俎而代之矣。"

此講"聖人無名"也。

肩吾問於連叔曰："吾聞言於接輿，大而無當，往而不返。吾驚怖其言，猶河洋而無極也；大有逕庭，懸隔之意。不近人情焉。"連叔曰："其言謂何哉？"曰："'藐姑射之山，有神人居焉，肌若冰雪，綽約德性柔好。若處子。不食五穀，吸風飲露。乘云氣，御飛龍，而遊乎四海之外。其神凝，凝然不動也，乃無功之實義。使物不疵厲而年穀熟。'吾是以狂而不信也。"連叔曰："然。瞽者無以與乎文章之觀，聾者無以與乎鐘鼓之聲。豈惟形骸有聾盲哉？夫知亦有之。是其言也，猶時女也。猶是汝也。之人也，之德也，將磅礴萬物以爲一，世蘄乎亂，治也。孰弊弊焉以天下爲事！世自求治耳，非我去治之也。之人也，物莫之傷，大浸稽天而不溺，大旱金石流土山焦而不熱。極言其神之凝。是其塵垢粃糠，將猶陶鑄堯舜者也，出其餘緒，卽可治世，無庸數數然圖功也。孰肯以物爲事！”

此講“神人無功”也。

宋人資章甫而適諸越，越人斷髮文身，無所用之。堯治天下之民，平海内之政，往見四子藐姑射之山，汾水之陽，窅然喪其天下焉。言爽然自失其治天下之功也。

此段文，古今人被作者瞞過，遂令一篇文字再不得清。蓋人止着眼“喪天下”句，遂謂是言堯之無己，又疑喪天下當不得無己，遂謂此段不講無己。夫其通篇無數筆墨，止謂欲講無己，何故正當講時，忽然脫漏？且既惜墨如金，并其正意尚不欲講，則又何苦作此一段閒文？晉人謂《逍遥遊》難處，信不誣也。既而深思得之，乃知文自明白寫出，人自粗心放過。蓋此是言四子之無己，與堯無涉也。堯之治天下也，猶宋人之資章甫也；堯之往姑射也，猶宋人之適諸越也；堯之喪天下也，猶章甫之無所用也。止餘“斷髮文身”四字，爲墮體黜聰之對影，使人於堯之喪天下上想見四子之喪我物化，令人對之，冰炭俱消。斯爲鏤空刻影，水月鏡花之奇文；斯爲烘雲托月，寫烽畫香之妙法也。

惠子謂莊子曰：“魏王貽我大瓠之種，我樹之成而實五石，以盛水漿，其堅不能自舉也。剖之以爲瓢，則瓠落大貌。無所容。非不呺然大也，吾爲其無用而掊擊破。之。”莊子曰：“夫子固拙於用大矣。宋人有善爲不龜音均，手凍拆文。手之藥者，世世以洴澼絖絖，綿絮。洴澼，撻洗之也。爲事。客聞之，請買其方百金。聚族而謀曰：‘我世世爲洴澼絖，不過數金；今一朝而鬻技百金，請與之。’客得之，以説吳王。越有難，吳王使之將，冬與越人水戰，大敗越人，裂地而封之。能不龜手，一也；或以封，或不免於洴澼絖，則所用之異也。今子有五石之瓠，何不慮以爲大樽船也。而浮于江湖，而憂其瓠落無所容？則夫子猶有蓬之心也夫！”蓬草心亂生，故以喻人心之茅塞也。

忽將“大”字振筆一飜，説得無用，深得抑揚頓挫之妙。理既幹補完全，文亦波瀾不盡。

惠子謂莊子曰[九]：“吾有大樹，人謂之樗。其大本臃腫而不中繩墨，其小枝卷曲而不中規矩，立之塗，匠者不顧。今子之言，大而無用，衆所同去棄也。也。”莊子曰：“子獨不見夫狸狌乎？卑身而伏，以候敖者；東西跳梁，不避高下；中於機辟，死于網罟。此言爲人所用者之不逍遥也。今夫斄牛，其大若垂天之雲。此能爲大矣，而不能執鼠。此言大者不能爲人小用也。今子有大樹，患其無用，何不樹之於無何有之鄉，廣莫之野，彷徨乎無爲其側，逍遥乎寢卧其下。不夭斤斧，物無害者，此二句乃正講“逍遥”實義，與前“莫之夭閼”句相照應。無所可用，安所困苦哉？”結得警醒。

此與前段有淺深。前疑其無用，故言自有大用；此是疑無人用去，故言正以不爲人用乃得逍遥。雖似兩山並峙，却已峯迴路轉，既不單弱，又不合掌也。

此《逍遥遊》之忽然而去也。天下不乏好學深思之士，幸將此文反覆熟讀，當自知"鯤之大"句，卽從"安所困苦"而來；"安所困苦"句，實應"鯤之大"句而去。前既行乎不得不行，今亦止乎不得不止。首尾融洽，只如一句。一句者何？只言大者不困苦耳！莊生復起，不易斯言矣。

夫既已見其來去，又無奈其中間思之似若可通，言之終覺不順。我則不惜饒舌，重與衍說。此不過言人生世間，大都因己生功，因功生名，眼界既小，心胸自隘，種種糾纏，困苦不息，故欲逍遥，必須心大。試觀鯤鵬以背翼既大之故，遂至九萬，高翔無所夭閼，何等曠蕩；蜩、鳩以形骸既小之故，遂至飛搶榆枋，猶時控地，何等跼蹐。其小大相懸之數，如朝菌、蟪蛄之與靈、椿，不啻倍蓰什百千萬也。此非予之私言也，湯之問棘，已先我而言之也。其言鯤鵬，與吾所言鯤鵬，無異致也；其言斥鴳，與吾所言蜩鳩，相彷彿也。然則援古証今，因物察理，小者困苦，大者逍遥。小大之辨，昭昭然矣。物既有之，人亦如此。一切砥節礪行，得君行道，名一時而傳後世者皆是。以己圖功，以功得名，局於小而不見其大，如斥鴳之翔於蓬蒿，遂自詡爲飛躍之至也。宋榮忘名而猶有功，列子忘功而猶有己，是必形體盡化，與天同體，御六氣而遊無窮，如鵬之飛九萬而無夭閼，乃爲大之至而逍遥之至焉。此至人所以無己，神人所以無功，聖人所以無名也。許由之辭名，是無名之一証也；姑射之神凝，是無功之一証也；四子之化堯，是無己之一証也。無之至，斯大之至矣。而或者疑之，謂大則無用，不知有善用其大者，則自有大用，不困苦也。而或又疑之，謂大則人不去用，不知正以不爲人用，乃得全身遠害，愈見其不困苦也。通篇反覆，只以明大而後能逍遥之意，所謂"一篇如一句"也。南華之通，不信然哉！

【校記】

［一］"息六月"，當作"六月息"。

［二］"八千"，原作"八百"，今據集釋本改，後同。

［三］"徙"，當作"蓰"。

［四］"味"，原脱，今據乾隆刻本補。

［五］"斥"，原作"斤"，今據集釋本改。

［六］"故曰"至"無名"，原脱，今據集釋本補。

［七］　此句原脱，今據乾隆刻本補。

［八］"我"，原脱，今據集釋本補。

［九］"謂莊子"，原脱，今據集釋本補。

齊物論

物者彼我，論者是非，喪我物化，道通爲一，則皆齊矣。

此暢發前篇"至人無己"之義，故次《逍遥》也。通篇以"喪我"爲主，以"天"字爲骨。喪我則物論，齊天則所以喪之故也。

南郭子綦隱几而卧，仰天而嘘，嗒焉體解之貌。似喪其耦。耦，對也。喪耦者，不見物之與我相對，所謂"彼是莫得其耦"。

開口卽擒"天"字，卽出喪耦，與"鯤之大"句，是一副機杼也。家住山中，暮春種穀，細思穀粒，其小莫破，根幹枝葉，藏於何處？因而諦視，凡一粒之周徑圓積，皆屬糟魄。生意所聚，獨其粒臍之中，細若毫末，微若纖塵而已。此毫末纖塵之中，而遂有其夭夭之枝，蓁蓁之葉，垂垂之穗，爲天下之至奇也。夫穀猶其小焉者也，合抱之木，蔽日凌雲，本可爲舟，枝可爲楖，原其初生，不過一粒，非直一粒，亦其粒臍之中，毫末纖塵而已。我不知毫末纖塵之時，爲已有是凌雲蔽日者乎？爲尚不有是凌雲蔽日者乎？夫使毫末纖塵之時，而並未有其凌雲蔽日，則異時之凌雲蔽日，何因而生也？苟異時之凌雲蔽日，皆因此生，然則毫末纖塵之時，爲已有是凌雲蔽日，爲不誣也。我直不得與造物者爲人也。設與造物者爲人，而親覩雕刻衆形之巧，必能於此毫末纖塵之時，已如覩其凌雲蔽日之勢。夫以凌雲蔽日之勢，而悉聚於毫末纖塵之中，則其鬱葱盤曲之致，必更妙於凌雲蔽日之時，而我懵然不見，爲大恨也。既而得《齊物論》，則遂不復念此。夫以《齊物論》之烟波風濤、恢恑憰怪，則何止合抱之木，凌雲蔽日之奇而已。然而我嘗觀其始末，見此無數筆墨，皆從"仰天而嘘""嗒焉喪耦"二句而生。不寧惟是，凡此二語十字，猶是穀粒之周徑圓積，盡屬糟魄，妙義所生，則在二語中間，無字之處。言他仰天，何故忽有喪耦之事；嗒焉喪耦，何故必於仰天之時？因其仰天而得喪耦，則是喪耦之故，定由仰天。凡通篇之聞天籟而喪我，休天鈞而不知，和天倪而忘言，無數雲蒸霞蔚之觀，皆在此二語中間，無字之處，罔不覩形。然則一刻之景，眞可如年；一塵之空，眞可立國。彼粒臍中之凌雲蔽日，則更不足奇也。

顔成子游立侍乎側[一]，曰："何居乎？形固可使如槁木，而心固可使如死灰乎？今之隱几者，非昔之隱几者也。"

言此一刻之子綦，忽不同於前一刻之子綦，可知其仰天喪耦，是一眴眼時，補底忽脱也[二]。

子綦曰："偃，子游之名。不亦善乎，而問之也！今者吾喪我，卽無己也。汝知之乎？

喪我、喪耦，互相發明。《易》云："艮其背，不獲其身。"是喪我也；"行其庭，不見其人。"是喪耦也。理雖不同，語可互証。

汝聞人籟而未聞地籟，汝聞地籟而未聞天籟夫！"孔中有聲曰籟。

此直與後"物化"句相呼應。言汝不知喪我，只是未聞天籟，汝若得聞天籟，能知天君，自然休乎天鈞，止於天府，和以天倪，與物偕化，而我喪矣。通篇數千言，一氣呵成。

子游曰："敢問其方。"類也。子綦曰："夫大塊噫氣，其名爲風。首篇以風爲息，卽此意也。是惟無作，不特文勢頓挫，正見其自無而之有也，卽後來"未始有物，未始有始"之意。作則萬竅怒號，而獨不聞之翏翏乎！長風之聲。山林之畏佳，卽崔嵬也。大木百圍之竅穴，似鼻，兩孔對也。似口，一孔開也。似耳，孔斜入也。似枅，方也。似圈，圓而淺也。似臼，圓而深也。似洼者，長而曲也。似污者；廣而侈也，以上竅之形也。激者，驟而沸也。謞者，去而疾也。叱者，怒而猛也。吸者，入而細也。叫者，高而揚也。譹者，滯而濁也。宎者[三]，深而留也。咬者，吠而續也。以上竅之聲也。前者唱于聲輕。而隨者唱喁。聲重。泠風小風。則小和，飄風大風。則大和，厲風猛風。濟此如"濟河"之"濟"，言風過也。則衆竅爲虛。虛，無聲也，言其自有而之無也，卽後無謂有謂、有謂無謂之意。而獨不見之調調，之刁刁乎？"樹木搖動貌，以調調、刁刁，寫其無聲，與《詩經》"悠悠旆旌"句相似。

人之評此文者，僉曰風不可畫，此乃畫風；聲不可繪，此乃繪聲。我則又有進焉，夫丹青之畫風與聲也，意在風與聲也，意在於此而畫之，畫之而果如覩其東披西拂，果如聞其唱于唱喁，則人皆稱妙，而吾亦妙之。何則？意在於此而此已畢，斯稱絶妙，不必更有餘妙也。若行文之人之心，則奚畫風繪聲之與有，意不在此，而畫之繪之。此有至理鬱於其胷，因有妙文發於其手，不可以不察也。今夫大千世界，原其初生，虛空一氣而已。俄而一氣所化，萬物流形；俄而一氣所吹，萬竅發聲，山呼谷應，水嚮林鳴，鳥噪獸嘷，人語鬼哭，禺于唱和，一時并起。人則自謂言非吹也，我烏乎知吹非言耶？既已言猶吹，而吹猶言，則烏乎知山聲之颼飀，不是樂至而歌；水聲之潺湲，不是哀至而泣；鶯啼燕語，不是各寫其胸中之懷抱；驢鳴犬吠，不是互怪其語言之不通耶！夫以山川鳥獸之各寫懷抱，互相譏彈，而自人聽之，則以爲唱于唱喁而已，則烏乎知此炎炎而詹詹者？自山川鳥獸聽之，不亦以爲是泠風小和，飄風大和者耶！載籍所記，有通鳥語而識獸音者矣。是凡有聲者，莫不有言。胡越之人，對而爭辨，眉紅面赤，而各不知其所謂。然則言之無異於鷇音，雖善辨者不能自解免也。此誠無以易夫籟之一言也。籟者孔在而以氣吹之，有聲者也。一任大千世界，于禺之音，各寫懷抱，互相譏彈，而皆造物者一氣所吹，如奏笙竽，以及簫管，非不五音迭用，六律遞殊，而皆奏樂者一氣所吹，不得於此一氣之中，復爲差別也。然則耳目口鼻，是亦一竅也；語言歌哭，是亦一號也。俄而竅在而能號，是氣聚而生，風作則竅怒也；俄而竅雖在，而已不能號，是氣散而死，風濟則竅虛也。然則彼我又何別也，然則是非又何辨也。人不幸當局自迷，猶望其旁觀起悟。於是欲齊物，且先齊竅，欲齊論，且先齊號，欲齊號與竅，且先極狀其竅之異。異號之殊聲，一時萬有不齊，而却以風作則怒，風濟則虛。首尾指點，令人爽然自失，恍然有悟，則是通篇精神，皆於此處傳神。不然而謂風定是風，聲定是聲，縱極繪畫之工，只如泥塑神像，不過印板衣褶，曾不得復有別樣丰韻也。

子游曰："地籟則衆竅是已，人籟則比竹是已。敢問天籟。"

補"人籟"句，是其周到處，實其跳脱處。馬踈班密，莊子兼之。

子綦曰："夫吹萬不同，而使其自已也，咸其自取，怒者句。其誰耶？"

言吹萬不同，自已自怒，而使之者誰耶？下云"非彼無我"，是自已也；"非我無所取"，是自取怒也；"而不知其所爲"，是使者其誰耶。前後互証，文義自通。

自已者，自以爲已，彼我之府也，所謂物也。自怒者，自取怒號，是非之叢也，所謂論也。吹萬不同，自已自怒，而使之者天風；情萬不同，自我自取，而使之者天君。其致一也。數語承前起後，理融法密。

大知閑閑，暇豫之意，所謂"知者行其所無事"也。小知間間；辨別之意，乃察察之明也。大言炎炎，光明之意，所謂"李杜文章在，光燄萬丈長"。小言詹詹。辨給之意，所謂"嗇夫利口喋喋"。其寐也魂交，魂與魄交成夢也。其覺也形開，目開而視，口開而言之類。與接爲搆，與物接而爭也。日以心鬬。

知、言、形、心，一齊總出，有提綱挈領之勢。形者彼我之質也，言者是非之聲也，心者形之主，知者言之原。知忘則是非泯，形喪則是非一。一而不知，是謂葆光；知而不言，是謂天府。"齧缺"一段，不知之証。"長梧"一段[四]，不言之証。"罔兩"一段，"形如槁木"之原由。"蝴蝶"一段，"心如死灰"之極致也。通篇以"知"字、"言"字、"形"字、"心"字、"因"字，縱横繡錯，變化中條理井然。

縵者，柔縵無斷，懦人也。窖者，機深不測，險人也。密者。分銖較兩，細人也。小恐惴惴，心神不寧。大恐縵縵。氣餒自失。其發若機栝，其司是非之謂也；把持短長，發不可制，刁人也。其留如詛盟，其守勝之謂也；自以爲是，固守不移，拘人也。其殺如秋冬，以言其日消也；嗜欲日深，天機日淺，故神耗而有秋冬之氣也。其溺之句。所爲之，不可使復之也；沒溺于中，不可復改也。其厭也如緘，以言其老洫也；消沮閉藏，老愈深也。近死之心，莫使復陽也。擾擾至死，不復生也。喜怒哀樂，慮嘆變反覆不常。慹，遲疑不動。姚倘徉。佚放縱。啟發端。態；作態。樂出虛，蒸成菌。日夜相代乎前，而莫知其所萌。

"出虛""成菌"二語，精湛之極。樂出於孔，虛乃有聲；菌成於蒸，倏忽變滅。以喻大空無始之初，本無有物。俄而氣蒸成形，方生方死；俄而氣吹出聲，唱于唱喁。自無而之有，亦方有而忽無。必欲於此石火電光之中妄生分別，眞天下之至愚也。自"大知閑閑"，以至姚佚啟態，皆極狀人情之萬有不齊，與"激者”“謪者”一段相配，而必以此二語爲晨鐘發聲，令人深省者，應前“風作則怒，風濟則虚”之意也。

已乎，已乎！卽前“自己也”之“己”字。旦暮得此，其所由以生乎！“此”字，通指“大知閑閑”以下無數情態。非彼無我，言非彼種種情識，則不成个我，是自己也。非我無所取。言非有我，亦無處取此種種情態，是自取怒也。是亦近矣，而不知其所爲使。卽前“使者其誰”之意。

此與前“吹萬不同”數句相呼應。

吾有眞宰[五]，生也。而特不得其眹。作也[六]。可行已信，言眞宰之令，信可奉行也。而不見其形，有情而無形。

自此以下，乃言其皆原於天也。情信皆實有之意，分明實有，只不見形。朱子云：“無極而大極，只是無形而有理。”語意相似。

百骸、九竅、六藏，賅全也。而存焉，吾誰與爲親？汝皆說之乎？其有私焉？焉，亦詰問之辭。如是皆有爲臣妾乎？其臣妾不足以相治乎？其遞相爲君臣乎？

此卽“人身親切指點”，言一身所具，我無尺寸之膚不愛，亦無尺寸之膚偏愛，是皆不能自主，而受使令爲臣妾者爾。臣妾不能相治，而又非遞相爲君，然則必有眞君存矣。

其有眞君存焉？一句點出，與“小大之辨”句，俱有一筆千鈞之奇。如求得其情與不得，無益損乎其眞[七]。情，卽前“有情而無形”之“情”，言天君所存，聖不加益，愚不加損，本無不齊也。

自起至此爲一節，言物論之本齊也。聲萬不同，皆天風所推；情萬不同，皆天君所宰。任你聖賢仙佛，百般保全，愚頑不肖，日夜梏亡，而殺生者不死，生生者不生。一氣吹噓，振於無竟。大千世界，總無分別，卽後“一與不一兩行，然與不然無辨”之意。將通篇大勢，盡數籠起，而下乃反覆發揮之也。

一受其成形，不亡以待盡。亡，喪也。不忘形，不喪我也。盡，死也，言守其軀殼皮囊以待死也。與物相刃相逆。相靡，相順。其行盡如馳，五字眞可痛悲，抵多少嘆老悲秋之詩。而莫之能止，不亦悲乎！終身役役而不見其成功，薾然疲蔽之貌。罷役而不知其所歸[八]，可不哀耶！人謂之不死，奚益！其形化，其心與之然，言心與形俱化也。《外篇》云：“哀莫大於心死，而人死亦次之[九]。”此之謂也。《養生主》之義，已逗漏于此矣。可不謂大哀乎？

此段言人之域於形也。

人之生也，固若是芒乎？昧也。其獨我芒，而人亦有不芒者乎？夫隨其成心所以成吾心者，卽所謂“天君”也。而師之，誰獨且無師乎？奚必知代而心自取者有之？

愚者與有焉，“知”“代”二字，總括“大知閑閑”至“日夜相代”一段，言何必種種知識，日夜相代，而皆心自取之。人始有天君之明，即愚而無知者；“亦有焉”，即前“得情與不得，無益損乎其眞”之意也。未成乎心此句疑有脱誤，大約是不師成心。而有是非，到此方露“是非”二字，物論不齊，皆由于此。是今日適越而昔至也。只是言其以無有爲有也。是以無有爲有。此句覆解上句。無有爲有，雖有神禹，且不能知，吾獨且奈何哉！

此段言人之失其心也。

夫言非吹也，言者有言，其所言者特未定也。言亦號也，而顧謂非吹者，由於出言之人，自以爲確有幾句話説，不止唱于唱喁，而究其所言，是非無定，則於鷇音果無辨也。果有言邪？其未嘗有言邪？其以爲異於鷇鳥雛也。音，亦有辨乎？其無辨乎？

此段言人之執其言也。

道惡乎隱蔽也。而有眞僞？言惡乎隱而有是非？道惡乎往而不存？言惡乎存而不可？道隱於小成，言隱於榮華。道無不存，言無不可，何所隱蔽，遂生眞僞是非。皆由於人以小知執爲成見，又欲互相誇耀，是以蔽於一偏，妄生分别，即後“非所明而明之”，故以堅白之昧終意也。

此段言人之矜其知也。起處知、言、形、心，一氣總提；此處形、心、言、知，四段分應。

故有儒墨之是非，以是其所非而非其所是。

此句總頂上文，言知言形心，種種不齊，於是儒墨并起，是非混淆。此之所是，彼之所非，而必自以爲是，故曰“是其所非”；此之所非，彼之所是，而必以彼爲非，故曰“非其所是”。如此則分門别户，對逐互競，而物論不齊極矣。

自“一受其成形”至此爲一節，言物論所以不齊之故也。

欲是其所非而非其所是，則莫若以明。

此乃一篇轉身處也。我之所非，人之所是，今欲因人而亦是之，是是其所非也；我之所是，人之所非，今欲舍己而亦非之，是非其所是也。果欲如此，則必以明。明者，隱之反也。向以隱於小成之故，遂自是而相非，今欲不蹈覆輒[一〇]，莫若除去隱蔽，明通互觀，則物我元同，而是非一矣。通篇文勢，於此飜轉，却輕輕重疊上文八字，有壁壘不易，而旌旗變色之奇。

物無非彼，我以物爲彼，物亦以我爲彼，則是物無非彼也。物無非是。我自以爲是，物各自以爲是，則是物無非是也。是，猶我也。彼是，猶言彼此，與“是非”之“是”不同。自彼則不見，自知則知之。我自是而彼物，物亦自是而彼我。出自物者，我悉不見，出自我者，我則知之，此彼是之見所由生也。故曰彼出於是，是亦因彼。因，由也。言以物爲彼者，由于自以爲是；自以爲是者，由于以物爲彼也。

此言彼我之所從出也。

彼是方生之説也。此與"今日適越""謂之朝三"等同法，皆劈空提起，而下徐解之。言存是之見者，皆是據得自家一邊見識，忘却那人一邊見識。如物之方生者，止知生而不知死也，不知天下道理，既有這面，便有那面。方生卽死之機，方死卽生之漸，我方説可，人便説不可，我方説不可，人便説可，是是非非，皆由乎此也。雖然，方生方死，方死方生；方可方不可，方不可方可；因是因非，因非因是。此四"因"字，亦作"由"字解，與下"因是"之"因"不同。

此言是非之所由生也。

是以聖人不由，而照之於天，亦因是也。因，依也，隨也，往之也。

"天"字、"因"字，一篇實際，此其總點出題處也。言聖人知是非彼我，皆是妄念。故不由其途，而以天君之明，兼照並觀，則知一切物論，皆可因其自然，而我無與矣。蓋天者齊之理，因者齊之道，照於天者知之明，因者行之力也[一一]。

是亦彼也，我亦爲物所彼。彼亦是也。物亦自以爲我。彼亦一是非，此亦一是非。各自是而非彼。果且有彼是乎哉？果且無彼是乎哉？凡"是"字與"彼"字對者，皆作"我"字看。彼是莫得其偶，偶，對也。彼我分，則相對；合爲一，則莫得其偶矣。謂之道樞。户樞也。道樞，言居中守要，圓轉不窮。樞始得其環中，以應無窮。是亦一無窮，非亦一無窮也。故曰莫若以明。

此段言其下手入道之要。可知《齊物論》，亦是隨處體驗，眞積力久，而後一以貫之，不止如禪家機鋒，只作一場話説也。是亦彼，彼亦是，互觀而皆相同也；各一是，各一非，相反而特未定也。此其隨處體驗之實也，體驗久而后知彼是不可相耦。何謂不偶？物以我爲彼，我不復自以爲我，則物無非彼，更無有是，而彼莫得其耦矣。物自以爲是，我不復以物爲彼，則物無非是，更無有彼，而是不得其耦矣。不自以爲是，乃所謂"喪我"；不以物爲彼，乃所謂"喪耦"。物我大同，推而皆準，故曰"道樞"。樞者，居中以制外，守靜以馭動，執簡以馭煩，故可以應無窮。何謂無窮？物各自是，我復因是，則是無窮；物各相非，我復因非，則非亦無窮矣。可見，隱於小成，則生無邊障碍；照之於天，則斬多少葛藤，故曰"莫若以明也"。"喪我"近乎仁，"以明"近乎恕。仁者以天地萬物爲一體，立達之念，不煩推準，一時並到。其次不能無人我，故必取譬推度於人己之間，而得其同然之矩。於是乎可終身行，可平天下，所謂"忠恕一以貫之"也。"喪我"者，内不見己，外不見人，渾然無間，仁之體也；"以明者"，互觀於人己之間，而知是亦彼，彼亦是，各一是非取譬之方也。通于大同而不耦，得其環中以肆應，則所謂"一以貫之"也。其言最爲近道，特其因無彼我，而并無是非，則未免于一偏。蓋無彼我者仁之體，有是非者智之用。聖人規其大全，而立於無弊。諸子百家，皆卽所明而偏焉，其流弊遂有不可勝言者矣。學術可不慎哉！

以指喻喻，猶曉喻。指之非指，不若以非指喻指之非指也；以馬喻馬之非馬，不若以非馬喻馬之非馬也。天地一指也，萬物一馬也。雜舉指與馬者，當時公孫龍之徒，有白馬、指物之論。白馬論者，言白馬非馬也。白馬非馬者，謂槪求馬，則凡馬皆可以應；專求白馬，則黄、黑馬不可以應。黄、黑馬，馬也，而可以應有馬，不可以應有白馬，則是白馬非馬也。指物論之意，不可盡曉，按：《列子》書中有樂正子輿疑公孫龍“有意不心，有指不至”之語。公子牟解之曰：“無意則心同，不指則皆至。”則似所云指者，卽以手指物之謂。手不專指一物，則天地萬物，何莫非吾所指；若有所專指，則此物之外，皆非所指而不至矣。故曰“物莫非指，而指非指”也。今莊子乃卽其言而反之，謂言物皆指而指非指，此以指喻指之非指也。不若更以所謂非指者轉而觀之，指皆非指也。物莫非指，亦非指也。言馬是馬，而白馬非馬，是以馬喻馬之非馬也。不若卽以所謂非馬者轉而言之，馬皆非馬也。黄馬、黑馬，亦非馬也。天地雖大，萬物雖多，輾轉相非，莫不如是。

此暢發非，亦一無窮之義也。

可乎可，不可乎不可。道行之而成，物謂之而然。惡乎然？然於然。惡乎不然，不然於不然。物固有所然，物固有所可。無物不然，無物不可。

此暢發是，亦一無窮之義也。

故爲是舉莛屋梁。與楹，屋柱。厲醜者。與西施，美者。恢恑憰怪，道通爲一。莛横而楹直，厲惡而西施美，然非横則直不行[一二]，非惡則美不見。相反相成，本是一物，推而廣之，莫不如是。昔明道之徒語明道曰：“弟子昨日有怪事，室中有光。”明道曰：“某每日有怪事，每飯必飽。”是常之與怪，原無分别也。

此横言之，謂上下四旁，通爲一體也。

其分也，成也；分，破也。破者，復成之基也。其成也，毁也。成者，卽復毁之漸也。凡物無成與毁，復通爲一。

此豎言之，謂往古來今，通爲一息也。

惟達者知通爲一，爲是不用不執一己之意見也。而寓諸庸。託乎衆人所同然也。庸也者，用也；惟庸，乃可用以行於世也。用也者，通也；《易》曰：“推而行之，謂之道[一三]。”通也者[一四]，得也；通則得之。適得而幾矣。適，至也。至于得，則庶幾矣。因是已。結到“因”字，萬水歸源。

自“欲是其所非”至此，爲一節。言彼我是非，皆通爲一也。彼我，物也。是非，論也。一者，齊也。爲一篇之正面。

已而不知其然，謂之道[一五]。“已”字總頂上文，言已通爲一，而又并一之意見不留于中，若不知其然者，斯爲兩忘而入于道。勞神明爲一而不知其同也，謂之朝三。言若勞神明爲一，則是其然矣。一而知其然，未免生門户，立意見，亦與不一者同失，而尚不自知，眞衆狙朝三之見也。何謂朝三？曰狙公養狙之人。賦芧，賦，與也。芧，橡也。曰："朝三而暮四。"衆狙皆怒。曰："然則朝四而暮三。"衆狙皆喜。名實未虧而喜怒爲用，言衆狙止惑于朝暮之顛倒，而不知芧之本數原未嘗加，是名實未虧，而喜怒爲用也。"勞神明爲一，而不知其同"，正與此衆狙亦復相類也。亦因是也。言必欲與之較正是非，仍是一水濟水[一六]，故當因之，一者任其一，不一者任其不一而已。是以聖人和之以是非而休乎天鈞，同均。是之謂兩行。

"一而不知"，乃謂之道；"勞神爲一"等于朝三；必以一爲是，以不一爲非，則又生是非矣。蓋"求得其情與不得，無益損乎其眞"，是知與不知，其天本鈞，是以聖人和是非而止于天之鈞，一與不一，任其兩行而已。《大宗師》云："其一也一[一七]，其不一也一。"此之謂也。"天"字、"因"字，頻頻提點，法脉謹嚴。

古之人，其知有所至矣。"知"字着眼。不知其然，非不知也，知之至而知其無所用知也。惡乎至？有以爲未始有物者，至矣，盡矣，不可以有加矣[一八]。其次以爲有物矣，而未始有封也。封，界也，彼我之界也。其次以爲有封焉，而未始有是非也。是非之彰也，道之所以虧也。道之所以虧，愛之所以成。愛，所好也。成，自成一家也，所謂"道隱于小成"也。果且有成與虧乎哉？果且無成與虧乎哉？有成與虧，故故，已然之迹也。孟子曰："則故而已矣。"即此"故"字。昭氏之鼓琴也，無成與虧，故句。昭氏之不鼓琴也。昭文之鼓琴也，師曠之枝策也，策，擊樂之器。枝，執持之也。惠子之據梧也，梧，几也。據梧，憑几而談也。三子之知幾乎，"知"字着眼。皆其盛者也，故載之末年。事之終身。惟其好之也，以爲異於彼[一九]，句。其好之也，欲以明之。彼句。非所明而明之，故以堅白之昧終。而其子又以文之綸終，書之緒言。終身無成。

此段頗迂曲。言道虧則愛成，而究之道亦無虧，愛亦無成。人謂有成虧之迹者，昭文鼓琴之類是也，而其實昭文鼓琴亦無成虧。何則？昭文、師曠、惠子之徒，皆知之極盛，而事之終身，以異于人，而並欲使人知之，究之非所當知而强知。故當身昧于堅白，而其子惑于綸緒，然則惡乎知知者之非不知，而不知者之非知耶！故曰"古之人知有所至也"。

若是而可謂成乎？雖我亦成也。我，子綦自謂也。若是而不可謂成乎？物與我無成也。

此方歸到正意，言昭文、惠、師之徒，而可謂之成，則我之闇不知之道者亦成也。若不可謂成，則知與無知，總歸無成也。奚必不知之是，而知者之遂爲非乎？

是故滑疑之耀，滑，捉不定也。疑，見不殺也。滑疑之中而天光獨照，則不自用其明，乃正所以爲明之至也已。聖人之所圖也。爲是不用而寓諸庸，此之謂以明。結得周到。

自"已而不知其然"至此爲一節，總言其不當知也。

今且有言於此，“言”字着眼。此段又進一步，言不惟不當知，亦且不當言也。不知其與是類乎？其與是不類乎？類與不類，相與爲類，只此八字，已定齊物。則與彼無以異矣。雖然，請嘗言之。

此皆空中作勢，謂我今欲有所言，不知與自以爲是者類乎，不類乎？類與不類，自是一類，則與彼斷相類矣。蓋本欲闡不言之教，而又嫌此不言之言，是亦一言，自用無數語言文字，而乃謂闡不言之教，則是與走馬應不求聞達科何異？不幾自相矛盾乎？故先憑空作此周旋。孔子曰：“予欲無言。”夫此一言獨非言乎？而必且言此者，凡以爲世也，聖人之不得已也。

有始也者，有未始有始也者，有未始有夫未始有始也者。

有始，太極也。未始有始，無極也。未始有夫未始有始，則無極而亦無矣。

有有也者，有無也者，有未始有無也者，有未始有夫未始有無也者。

有無無也，未始有無無無也，未始有夫未始有無，則無無亦無矣。凡佛老之精意微言，俱不出此。此所以不經而爲百家之冠也。

俄而有無矣，而未知有無之果孰有孰無也。

此句精妙。言當初無有，亦并無無，俄而説無，便是空中落影，已不是無。再説個有，是乃幻上生幻。果眞有哉？則無未始非有，而有未始非無也，故曰“未知孰有孰無也”。色空、空色，此之謂也。

今我則已有謂矣，而未知吾所謂之其果有謂乎，其果無謂乎？

此卽當下親切指點。言我今説此，是謂有言，然既已有無不分，則未知言之果有果無也。

天下莫大于秋毫之末，而泰山爲小[二〇]；莫壽于殤子，而彭祖爲夭。天地與我并生，而萬物與我爲一[二一]。

舊註皆云大小壽夭一致，天地萬物一體，與前“道通爲一”“復通爲一”等語遂至重複。不知文章各有部位，前正言彼我是非之皆一，此承上文，極言有無之不分，以起下大道不言也。無有無無，道體難言；孰有孰無，幻體難定。有從無生，無因有見。有之與無，本一非二。秋毫之末，其有者小，其無轉大，至于泰山，其有者大，其無反小。殤子有促，故其無長；彭祖有長，其無反促。生天地之時，卽無我之時，不與我之有并生，實與我之無并生。凡無我之處，卽有物之處，既與我之無爲一，斯與我之有亦爲一。説至此，眞着不得語言文字，然既已説至此矣，尚得謂之無語言文字乎？故不若因而不言之爲愈也。

既已爲一矣，且得有言乎？既已謂之一矣，且得無言乎？一與言爲二，二與一爲三。其理微妙，伏羲畫卦，卽用此法。自此以往，巧歷精算之人。不能得，而況其凡乎？故自無適有以至於三，而況自有適有乎？無適焉，因是已。

言謂之一者，本是自無説起。已適於有，已至於三，況自有適有者，其數尚可計乎？今欲斬盡葛藤，絶無流弊，則惟有因之而已。頻點“因”字，迴龍顧祖。

夫道未始有對[二二]，道本至一，故未有對。言未始有常。道本無定，故未有常。爲是而有畛界限。也，請言其畛。有左，有右，相背曰左，相助曰右。有倫，有義，序物曰倫，處事曰義。有分，有辨，粗别曰分，細剖曰辨。有競，有爭，并逐曰競，互角曰爭。此之謂八德。六合之外，聖人存而不論。在其理而不言。六合之内，聖人論而不議。言及之而不必甚詳。春秋經世先王之志，聖人議而不辨。詳言之而不辨别爭論也。

世傳莊子爲子夏之徒，觀此等語，似亦有所授受。孟子曰："禹抑洪水而天下平，周公兼夷狄驅猛獸而百姓寧，孔子成《春秋》而亂臣賊子懼。"所謂"《春秋》經世先王之志"也。朱子曰："《春秋》不過直書其事，而義自見[二三]。"又曰："當時大亂，聖人據實書之，其是非得失，付諸後世公論，有言外之意。"所謂"聖人議而不辨"也。尊經仰聖，其言粹然，凡其肆無忌憚，詆訾孔子者，皆《外篇》《雜篇》所載，乃後人贋作，《内篇》初無是也。

故分也者，有不分也。辨也者，有不辨也。分辨，而是于道有未明也。曰：何也？聖人懷之，衆人辯之以相示也。故曰辯也者有不見也。夫大道不稱，猶無名也。大辯不言，談言微中。大仁不仁，不姑息也。大廉不嗛，未詳。大勇不忮。猶怒。道昭而不道，言辯而不及，仁常而不成，常，不變通也，則一味仁愛姑息，則事有難行，而不可成矣。廉清而不信，勇忮而不成，太清則不近情，盛怒則易僨事。五者圓而幾向方矣。道、辯、仁、勇、廉，本是好字，偏執不化，則露圭角而不可行。故知止其所不知[二四]，至矣。止，不言也。止所不知，言并其不知，亦不言也。不言，是此段正面，而又勾入"不知"一句，將前段一齊總收，以便于下文腰峽雙鎖，其法甚精。

自"今且有言於此"至此，爲一節，總言其不當言也。

孰知不言之辯[二五]，不道之道？若有能知，此之謂天府。不言，則天聚於内，故曰"天府"。注焉而不滿，酌焉而不竭，此二句就言上説，謂受人之言而不滿，向人言之而不竭。而不知其所由來，雖言而實出無心，忘其所由來也。此之謂葆光。不用其知，明藏于中，故語曰"葆光"。

通篇文勢皆散，至此以整。語腰間一束，如江下三峽，河出禹門，兩岸之山，壁立對峙，江河之水，一線中流，烟波蛟龍，隱伏于中而不動。行文至此，能事畢矣。

雖並束不言不知，而却於"不言之辯"下着"若有能知"，不知由來上着"酌焉不竭"，彼此鈎連，融成一片，可謂才大心細。

前總提照之于天，此雙結"天府""葆光"，脉絡分明。

故昔者堯問於舜曰："我欲伐宗、膾、胥敖，國名。南面而不釋然，其故何也？"舜曰："夫三子者，猶存乎蓬艾之間。若不釋然，何哉？昔者十日並出，萬物皆照，而况德之進乎日者乎！”

此“照之於天”之証也，以下數段，皆引証之辭。水落瞿塘，爭鬭奪隘，奇險皆在前半，後半則自在中流矣。

齧缺問乎王倪曰：“子知物之所同是乎？”曰：“吾惡乎知之!”“子知子之所不知邪？”曰：“吾惡乎知之！”“然則物無知邪？”曰：“吾惡乎知之！”雖然，嘗試言之。庸詎知吾所謂知之非不知邪？庸詎知吾所謂不知之非知邪？且吾嘗試問乎女：“民濕寢則腰疾偏死，鰌泥鰍。然乎哉？木處則惴慄恂懼，猿猴然乎哉？三者孰知正處？民食芻豢，麋鹿食薦，草名。蝍蛆蠑蚣。甘帶，蛇也。鴟鴉嗜鼠，四者孰知正味？猿猵狙似猿而小。以爲雌，麋與鹿交，鰌與魚游。毛嬙、麗姬，人之所美也，魚見之深入，鳥見之高飛，麋鹿見之决驟，四者孰知天下之正色哉？自我觀之，仁義之端，是非之塗，樊然猶紛然也。殽亂，吾惡能知其辨！齧缺曰：“子不知利害，則至人固不知利害乎？”利害猶言好歹。王倪曰：“至人神矣！大澤焚而不能熱，河漢冱而不能寒，疾雷破山風振海而不能驚。極言其不知也。若然者，乘雲氣，騎日月，而遊乎四海之外。死生無變於己，自生自死，己初不知，故無變也。而况利害之端乎？”

此段“不知”之証也。

瞿鵲子問於長梧子曰：“吾聞諸夫子，聖人不從事於務，不就利，不違害，不喜求，好而求之。不緣道，行道也。無謂有謂，有謂無謂，從無言而有言，雖有言而不異無言也。《外篇》云：“言無言，終身言，未嘗言；終身不言，未嘗不言。”此之謂也。而遊乎塵垢之外。夫子以爲孟浪之言，而我以爲妙道之行也。吾子以爲奚若？”長梧子曰：“是黄帝之所聽熒也，而丘夫子名也。也何足以知之？且汝亦大早計，見卵而求時夜，見彈而求鴞炙。”二句太早計之喻也。吾嘗爲汝妄言之[二六]，汝亦以妄聽之[二七]。奚旁同傍。日月，挾宇宙？奚，何也。傍日月，智之明也。挾宇宙，力之勇也。言何必爲此昭著卓絶之行乎！《外篇》曰：“汝昭昭乎，若揭日月而行。”即謂此也。爲其脗合，所謂“道通爲一”也。置其滑涽，紛亂也。置之所謂“不由而照于天”也。以隸等級也。相尊。衆人役役，聖人愚芚，言其以等級尊卑，衆人自謂此役役，而聖人則渾忘若愚芚者也。參萬歲而一成純，所謂通復爲一也。純者，一之至也。萬物盡然，而以是相藴。所謂“無物不然”也。以是相藴，謂以此包括萬物，無或有遁情也。予惡乎知説生之非惑邪？予惡乎知惡死之非弱喪自幼出亡之人。而不知歸者邪？麗之姬，艾封人之子也。晉國之始得之也，涕泣沾襟；及其至於王所，與王同住牀[二八]，食芻豢，而後悔其泣也。予惡乎知夫死者不悔其始之蘄求也。生乎？夢飲酒者，旦而哭泣；夢哭泣者，旦而田獵。方其夢也，不知其夢也。夢之中又占其夢焉，覺而後知其夢也。且有大覺而後知此其大夢也[二九]，而愚者自以爲覺，竊竊然知之。君乎，牧臣也。乎，固哉！固執不通。丘也與汝，皆夢也；予謂汝夢，亦夢也。是其言也，其名爲弔音的。詭[三〇]。猶至怪也。萬世之後而一遇大聖，知其解者，是旦暮遇之也。萬世一遇，而猶如旦暮，甚言其解者之難也。既使我與若辯矣，陡接此句，可知前文皆爲此而發，言死生無别，夢覺不分，而欲于此中辨人之是非，茫茫天壤，當誰証之也。若勝我，我不若勝，若果是也，我果非也邪？我勝若，若不我勝，我果是也，而爾也。果非也邪？其或是也，其或非也邪？其俱是也，其俱非也邪？我與若不能相知也，則人固受其黮黑也。闇，吾誰使正之？使同乎若者正之？既與若同矣，惡能正之！使同乎我者正之？既同乎我矣，惡能正之！使異乎我與若者正之？既異乎我與若矣，惡能正之！使同乎我與若者正之？既同乎我與若矣，惡能正之！然則我與若與人俱不能相知也，而待彼也邪？待，對也。言既不相知，則是非無辨矣，尚可自執意見，截然與彼相待耶！化聲言也。言，猶吹也，故曰“化聲”。之相待，若其不相待，和之以天倪倪，端也。化聲，亦天之所見端也。因之以曼衍，曼衍，漫汙無窮也。再點“因”字，法脉謹嚴。所以窮年也。猶終身也。何謂和之以天倪？曰：“是不是，是，我也。不是者，彼也。然不然。然，是也。不然者，非也。是若果是也，則是之所謂“因”也。異乎不是也亦無辨；然若果然也，則然之異乎不然也亦無辨。化聲之相待，若其不相待，和之以天倪，因之以曼衍，所以窮年也[三一]。忘年忘生死也。忘義，忘是死也。振於無竟，故寓諸無竟。”振，動也。竟，盡也。是非之生無窮，吾亦與爲無窮而已，奚必相待而互辨哉！

此段“不言”之証也。

罔兩即魍魎也。問景影也。曰：“曩子行，今子止；曩子坐，今子起，何其無特操猶常守也。與？景曰：“吾有待而然者邪？吾所待又有待而然者邪？影待形，形待天君也。吾待蛇蚹蜩翼邪？蛇蚹，蛇蜕。蜩翼，蟬蜕也。影之所待，如蛇蚹蜩翼，皆在外之空殼。彼軀殼之所以行止坐起者，尚别有物主宰鼓動于其中，形且不知而影烏乎知之？惡識其所以然！惡識其所以不然！”

此“眞宰”“眞君”之証也。

昔者莊周夢爲蝴蝶，栩栩然自得之貌。蝴蝶也，自喻適志與！不知周也。俄然覺，則蘧蘧然舒徐之貌。周也。不知周之夢爲蝴蝶與，胡蝶之夢爲周與？每誦此語，數日自疑，目前之我，尚不知是何物所夢。周與胡蝶，則必有分矣。此掉轉上文語言。周與胡蝶，必有辨矣，而乃至互夢，是我與物化也。此之謂物化。與“喪我”句，一氣呼吸。

此“喪耦”“喪我”之証也

須看其通篇大勢，前半順提，中間總鎖，後半倒應。千變萬化，一線穿來，如常山之蛇，擊首尾應，擊尾首應，擊中則首尾皆應也。

凡讀長篇，必分其段落。此篇乃是七節文字：自起至“無益損乎其眞”爲一節，言萬籟皆天而天本一也。自“一受其成形”至“儒墨之是非”爲一節，言物不師其天而遂不一也。自“欲是其所非”至“適得因是”爲一節，言聖人照於天，而皆通爲一也。自“已而不知其然”至“此之謂以明”爲一節，言并此一之一字，亦不當知也。自“今且有言於此”至“止其所不知”爲一節，言并此一之一字，亦不當言也。“天府”“葆光”爲一節，總鎖“不言”“不知”“照之於天”也。自此以下爲一節，皆引以証上文也。

凡讀長篇，必得其主腦。此篇乃是一句文字，只言照於天而喪我也。

文章既長，讀之不熟，則難融貫。故將大義，重爲衍說。天地之間，萬竅殊聲，萬物異情，皆出於天。眞君之存，聖不加益，愚不加損。物之與我，其天本一。故必喪我，乃能齊物。無如世人，一受成形，便執爲我。成心者天，不解師之。小言紛起，無異鷇音。小知相誇，大道隱蔽。是生物我，乃起是非。如此種種，皆是妄念。彼我之見，由于自私。是非之說，起於一偏。是以聖人，一概不由。照之於天，明通互觀。彼我不偶，是非無窮。天地指馬，萬物然可。恢恑憰怪，道通爲一。分合成毀，復通爲一。既無不一，斯無不齊。又必并此一之意見，渾忘不知。是何以故？太始之初，本無有物。其次有物，已是幻形。又于其中，妄生知識。是乃名爲幻上生幻也。自謂知幾，到底淪惑。是以聖人，藏其光耀。寓諸滑疑，不用其明，乃爲至明。又必并此一之一語，相忘不言。是何以故？太始之初，本無有物。豈惟無有，亦且無無。并此無無，以歸于無。但一言一，便適于有，便有流弊。是以聖人，知于不知[三二]，概置不言。孰能如此，道通爲一。而又不知，而又不言，是爲眞能。照之於天，故曰天府，故曰葆光。德進乎日，天照之証。王倪之語，不知之証。長梧之論，不言之証。所以然者，人生在世，形骸假借，天乃眞宰。蛇蚹蜩翼，中有天君。夫此天君，本一無二。又何以知物不爲我，又何以知我不爲物。莊周蝴蝶，物我雖分，實可混一。斯與物化，而我自喪。我且喪矣，又安有物，又安有論。焉知其齊，焉知不齊。抑又何必言其齊哉？分明一篇，只如一句。然而此言，亦名弔詭。茫茫天壤，誰使正之！

【校記】

［一］“側”，集釋本作“前”。

［二］“補”，乾隆刻本作“桶”。

［三］“宊”，集釋本作“宎”。

［四］“梧”，原脫，今據乾隆刻本補。

［五］“吾”，集釋本作“若”。

［六］“作”，乾隆刻本作“兆”。

［七］“其”，原脱，今據集釋本補。

［八］“知”下原脱“其”字，今據集釋本補。

［九］“亦”，原脱，今據集釋本補。

［一〇］“輒”，當作“轍”。

［一一］“因者”，原脱，今據乾隆刻本補。

［一二］“行”，乾隆刻本作“形”。

［一三］“道”，當作“通”，《周易本義》：推而行之謂之通。

［一四］“通”，原作“道”，今據集釋本改。

［一五］“謂之”，原互乙，今據集釋本改。

［一六］“一”，乾隆刻本作“以”。

［一七］“云其”，原互乙，今據集釋本改。

［一八］“有”，集釋本無此字。

［一九］“爲”，集釋本無此字。

［二〇］“泰”，集釋本作“大”，以下同。

［二一］“而”，原脱，今據集釋本補。

［二二］“對”，集釋本作“封”。

［二三］“而義自見”，《朱子語類》卷一百三十三作“美惡人自見”。

［二四］“所”，原脱，今據集釋本補。

［二五］“辯”，原作“言”，今據集釋本改。

［二六］“吾”，集釋本作“予”。

［二七］“亦”，集釋本無此字。

［二八］“住牀”，集釋本作“筐床”。

［二九］“且”，原作“旦”，今據集釋本改。

［三〇］“其”字原脱，今據集釋本補。

［三一］“然若”至“年也”，原脱，今據集釋本補。

［三二］“知于”，乾隆刻本作“止於”。

養生主

生不徒生，有其所以主此生者，能養其主，則長生矣。

此發前篇“眞宰”“眞君”之意。生者假借，其中有天君主宰。善養者，不養生而養其生之主，則薪雖盡而火傳，所以死生無變于己也。

吾生也有涯，涯，猶盡也。

生雖有涯，火傳無盡，首尾呼應甚緊。七篇起結皆奇絶，皆仔細，却是一色手法。

而知也無涯。

知者，吾心之思慮也。思慮之起，千頭萬緒，無有休息，故曰“無涯”。古詩云：“生年不滿百，常懷千歲憂。”此之謂也。

以有涯隨無涯，殆已；已而爲知者，殆而已矣。

以有涯之生，而役役于無涯之知，則生殆矣。已殆而尚不覺悟，益從事於知焉，殆而不可救矣。知，意也。人識意而不識心，故謂“心有生死”。此即佛氏所謂“認賊作子”者也。夫意誠而後心正，是心與意有别也。但意之所發，誠之而心自正，絶而去之，則偏枯矣。此莊生所以爲二氏之鼻祖，而非吾儒之嫡派也。

爲善無近名，爲惡無近刑。

此二語，亦從無人會得。不詳讀其通篇，而止就本句作解，遂云“爲善而第無求名，爲惡而第無犯刑”。夫《南華》不經，而實爲百家之冠，斷無公然教人爲惡之理。若謂不妨爲惡，而第無近刑，然則盜不受捕，淫不犯奸，殺人而不抵償者，皆漆園之高徒也哉！夫此篇文勢原以“善無近名”“惡無近刑”“緣督爲經”三句平提，而下文分應之：“庖丁”一段，講“緣督爲經”也；“右師”一段，講“惡無近刑”也；“澤雉”一段，講“善無近名”也。但玩“右師”“澤雉”之文，則知“善惡”二字，當就境遇上説。人生之境，順逆不一，窮通異致。順而且通，所謂善境也；窮而且逆者，所謂惡境也。吾之境而爲善歟？此時易于有名，而吾無求名之心，不惟不求而已，即德輝所著，自然有名，而吾亦淡然忘之，不以動于中，如澤雉之神王，而不自知其善也。吾之境而爲惡歟？此時難于免刑，而吾無致刑之道，不惟無以致之而已，即數奇命厄，卒不免刑，而吾亦恬然安之，不以神吾神[一]，如右師之刖足，而以爲天所生也。死生存亡、窮達貧富、毁譽、飢渴寒暑，不以滑和，不以入于靈府，而惟緣督以爲經，則外累不攖，内守不蕩，乃所以爲衛生之經也。作者不惜自爲解説，而注者必欲横生意見，何哉？

緣督以爲經，緣，循也。督者，人之脊脉骨節空虚處也。緣督者，神遊于虚也。經，常也。

天下之物，莫不有理。理者何也？間而已矣。肌肉之間，謂之腠理；字句之間，謂之文理；事之間，爲事理；物之間，爲物理。形而下者必有間，形而上者卽寓于間之中，所謂“彼節有間而刀刃無厚”也。木石至堅，順文可破；大道渾淪，條理可尋。得其間而入之，神不勞而事解，所謂“恢恢乎遊刃有餘”也。督者，背脊之脉，由尾間而至泥丸，骨節之間而精神之所遊也。推而廣之，物莫不有。養生者知之，内則緣吾身之督，使神于虚，而不滯于形氣之粗；外則緣事物之督，使神亦遊于虚，而不攖于盤錯之累。以此爲經，蓋庶幾乎聖人艮背時行之要道，而不止仙家尸解羽化之秘訣也。

可以保身，可以全家[二]，可以養親，可以盡年。

保身、全家、養親，皆是可以生；盡年，則是可以死。不可死，不足以爲養生之極功；可以死者，雖死而有不死者存也。後“秦失”一段卽是此意。

庖丁爲文惠君解牛，手之所觸，肩之所倚，足之所履，膝之所踦，砉然嚮然，奏刀騞然，奏刀之聲。莫不中音，合於桑林舞名。之舞，乃中經首咸池樂章。之會。節也。文惠君曰：“譆，善哉！技蓋至此乎？”庖丁釋刀着此二字，精細。對曰：“臣之所好者道也，進乎技矣。始臣之解牛之時，所見無非牛者。用功之至，參前倚衡，凡天下之物，皆作牛觀，思所以解之也。三年之後，未嘗見全牛也。用功既熟，遇牛卽見其理間可解之處也。凡學道者莫不如此，顔子高堅前後，卽見無非牛時也；如有立卓，卽目無全牛時也。邵子學《易》，凡坐卧處，皆貼“先天圖”，此見無非牛時也；晚而有得，凡見天下之物，卽作四段看，此目無全牛時也。惟實用功人，乃有此苦；亦惟實用功人，乃有此樂。方今之時，臣以神遇而不以目視，官五官。知止知所當止之處也。而神欲行。依乎天理，批擊也。大郤，隙也。導大窾，竅也。因其固然。有物各付物，行所無事之意。技經肯綮骨肉聯絡之處。之未嘗，而況大軱骨也。乎？良庖歲更刀，割也；族庖月更刀，族庖，衆庖。折也。用以折骨，故以月易。今臣之刀十九年矣，所解數千牛矣，而刀刃若新發磨也。於硎。礪也。彼節者有間，而刀刃者無厚。以無厚入有間，恢恢乎其於遊刃必有餘地矣，此數句，緣督之精意也。是以十九年而刀刃若新發於硎。雖然，每至于族，骨節盤旋之處。吾見其難爲，怵然爲戒，視爲止，行爲遲，動刀甚微，謋然開貌。已解，如土委地，言無用刀之痕。提刀而立，爲之四顧，爲之躊躇滿意[三]，善刀而藏之。”文惠君曰：“善哉！吾聞庖丁之言，得養生焉。”一語點睛，前文無數筆墨，俱化爲煙雲矣！

此講“緣督以爲經”也。因間遊刃，可以養刀；緣督遊神，可以養生，其致一也。

公文軒見右師而驚曰：“是何人也？惡乎介也？一足特立。天與，其人與？”

曰：“天也，非人也。天之生是使獨也，人之貌有與也。一足爲獨，兩足爲有與。言人皆兩足相與，而我獨一足，是天生之使異于衆也。以是知其天也，非人也。”

此講“惡無近刑”也。夫人不幸罹罪而刖一足，境亦可謂惡矣，乃恬然自安，謂是天生而非人致之，則所謂“不可奈何而安之若命”，乃“無近刑”之眞詮也。

澤雉十步一啄，百步一飲，不蘄求也。畜于樊籠也。中。神雖王，旺也。不善也。不自知其善也。

此講“善無近名”也。飲食自足，不攖樊籠，精神健旺，境亦可謂善矣，乃渾然忘之。初不知其善，則不惟逃名，而并不見吾之有可名，斯“善無近名”之極致也。

老聃死，只此三字，千古談黄老仙佛人，便當一齊痛自改悔。道經佛經，皆與燒却。幾千年來言不死者，必以老聃爲稱首；言老子者，必以莊子爲護法，然而莊子明言老聃死，是老聃果死無疑也。老聃且死，而后之人欲得老聃之術以不死，亦愚矣哉！秦失弔之，三號而出。弟子曰：“非夫子之友邪？”曰：“然。”“然則弔焉若此，可乎？”曰：“然。始也吾以爲其人也，而今非也。向吾入而弔焉，有老者哭之，如哭其子；少者哭之，如哭其母。彼其所以會之，猶言要結感動。必有不蘄言而言，不蘄哭而哭者。是遁天倍背也。情，忘其所受，古者謂之遁天之刑。言死生天道，天之情也，本無哀樂。今老聃至使人哭之極哀，必其生平不能超然于生死，有所以要結感動乎人者，故不期哭而人自哭之。是離天道而忘其所受之本然也，本無苦腦而自生苦腦，故曰“刑”也。適來，夫子時也；適去，夫子順也。安時而處順，哀樂不能入也，適然而來，生也；適然而去，死也。事之偶然，故曰時也；理之必然，故曰順也。雖生而生主不易[四]，故當安于時；雖死而生主不損，故當處其順。安之處之，死生無變于己也。死生無變于己，又何有哀有樂之有乎？古者謂是帝之懸解。”生者假借，附贅懸疣于大空之内，如帝之懸之，今而適死，是疣决癰潰，而帝之懸方解也。指物也，當時有“物算非指[五]”之論，故指可訓物，謂凡形氣之粗，可指者也。窮於爲薪，火傳也，不知其盡也。生者形質，譬猶薪也。生主者神理，譬猶火也。形有盡，故指有窮于爲薪之時，然形雖弊而理不息，如薪雖盡而火常傳也。

吾讀此而知莊生之高於仙佛也，可謂知死生之説矣。死生者，晝夜之道也。人之必死，猶晝之必夜也。幼爲生之始，壯爲生之盛，老爲生之衰，死爲生之終。物必成始而成終，故善吾始生，所以善吾死；善吾死，所以善吾生也。《洪範》五福，曰壽，曰考終命，此之謂也。題言養生而文兼言死，所謂“知始終之義，達性命之理”，而非如二氏之説，必謂可以不死也。曰：“然則，其言薪盡火傳，何也？”曰：“此自然之理也。生形有斃，生理不息，未生之初，此理已具，既死之後，此理常存。如薪與火，薪燃火發，薪盡火熄，然而此火之理，自在宇宙。後復有薪，復能燃火。前薪不同于後薪，形百變而不齊；後火無殊于前火，理亘古而不易。然必謂前薪盡時，將此火光截然封藏于太虚之中，以待後薪而附而然之，雖三尺童子，知其不然也。然則薪盡火傳，乃死生之正理，即此可以証輪迴羽化之謬也。故曰“莊生高於仙佛”也。

此段講“可以盡年”，而與“吾生有涯”句相呼應也。通篇文勢，前總提，中分講，後總結，脉絡分明，首尾融洽，如紀律之師，不敢亂走一步。而解者猶至支離破碎，而不可成篇，則眞莫如之何也。

【校記】

[一] 上“神”字，乾隆刻本作“傷”。

[二] “家”，集釋本作“生”。

[三] “意”，集釋本作“志”。

[四] “易”，當作“益”。

[五] “算”，當作“莫”。

人間世

言人間處世之道也。

此承前篇“無近名”“無近刑”之意，而欲以無名免刑也，故以“始往而刑”作起[一]，“僅免刑焉”作結。前半極言刑之難免，後半則其免刑之方也。《養生主》者，自修之實；《人間世》者，處世之方道；《養生主》所以袪其内憂；《人間世》所以遠其外患也。

顔回見仲尼，請行。曰：“奚之？”曰：“將之衛。”曰：“奚爲焉？”曰：“回聞衛君，其年壯，其行獨；獨，謂執己見，不聽人言也。萬病可醫，獨此不治，所謂“下愚不移”。輕用其國，而不見其過；輕用民死，死者以國量乎澤若蕉，量，比也，言國之死者，其多比于澤中之蕉也。民其無如矣。回嘗聞諸夫子曰：‘治國去之，亂國就之。即“天下有道，丘不與易”之意。醫門多疾。’願以所聞思其則，法也，謂法所聞而行之也。庶幾其國有瘳乎！”仲尼曰：“譆！嘆聲。若殆往而刑耳！

一唱山谷皆震，直至篇末“僅免刑焉”一句，其勢方住，首尾呼應甚緊，故曰“七篇起結，皆是一色手法”。

夫道不欲雜，雜則多，多則擾，擾則憂，憂而不救。雜，非但私欲纏擾之謂，即治己治人之念，紛然并起，亦謂之雜。雜則不虚，多則不一。不虚不一，心中擾亂，則内憂外患齊至矣。古之至人，先存諸己而後存諸人。所謂“有諸己，而后求諸人”。所存於己者未定，謂有雜多擾憂之患。何暇至於暴人謂衛君也。之所行！所處也。行，即前“請行”之“行”也。

欲治人，必先自治。今吾之心不度時勢，冒昧請行，則是不免雜多擾憂之患，方自救不暇，而何暇救人乎！爲第一層。

且若亦知夫德之所蕩流蕩。而知名爲人知。之所爲出生出。乎哉？德蕩乎名，知出乎爭。二句語氣不同。德之所以流蕩者因乎名，知之所生出者，則是爭也。名也者，相軋也；知也者，爭之器也。二句串講。名必相侵軋而後成，故求人知者，乃爭之器也。觀後“名聞不爭”可見。二者凶器，内蕩德而外出爭。非所以盡行也。言未盡處世之道也。

此承上文更進一步，言即存于己者定矣。然欲行于世，則名聞而知起，必相軋而相爭，所存于己之德蕩矣。德蕩於内，爭出於外，恐不可行也。爲第二層。

且德厚信矼，信，實也。矼，堅也。言積德之厚，堅實而不蕩也。未達人氣；達，通也。“氣”字微妙，人之相感，皆以氣通。名聞知也。不爭，未達人心。而强以仁義繩墨之言術同述。暴人之前者，是以人惡有其美也，名之曰菑人。言害人也。菑人者，人必反菑之，若殆爲人菑夫！

此承上文又進一步，言德信矼而不蕩矣[二]，名人知而不爭矣，然亦必相人之氣質，而曉人之心事，相信而後諫，未能如此而以美言述於惡人之前，則是彰人之惡，以形己之美，乃害人也，未有不反而爲人害者也。爲第三層。

且苟爲悅賢而惡不肖，惡平聲。用而汝也。求有以異？言衛君果能好賢，則彼自有人，何用汝去表異。今煩汝請行，則其賢不肖之辨可知也。若汝也。唯諾也。無詔，教也，言唯唯諾諾，無以教之也。王公必將乘人猶陵人也。而鬭其捷。誇其敏捷，所謂“禦人以口給”也。而汝也。目將熒之，眩惑。而色將平之，躊躇。口將營之，囁嚅。容將形之，屈服。心且成之。隨順。是以火救火，以水救水，名之曰益多。順始無窮，始，初心也。順吾之初心，與之辨論，而不爲所窮也。若殆以不信厚言，猶云交淺言深也。必死於暴人之前矣！

此承上文又進一步，言我卽善伺心氣，言不妄發，然彼固不知賢愚之辨，若唯唯諾諾，不敢力諫，則是適成其惡。若順吾初心，交淺言深，則必逢彼之怒矣。爲第四層。

且昔者桀殺關龍逢，紂殺王子比干，是皆修其身以下傴拊傴，愛也。拊，撫也。人之民，以下拂其上者也，故其君因其修以擠之。是好名者也。上不仁而下仁，是拂上，而予上以不美之名也。故君之好名者擠之，龍逢、比干之所以死也。昔明皇貶宋璟，而謂其賣直沽名；煬帝殺薛道衡，而妬其“空梁燕泥”之句。是皆好名而擠其臣下者也，獨桀紂也與哉！昔者堯攻叢枝、胥敖，禹攻有扈，國爲虚厲，身爲刑戮。其用兵不止，其求實無已，叢、胥、有扈，不愛其民，而民歸堯禹，則彼喪其實矣。乃欲求之，至于用兵相攻，身辱國亡，而求實之心未已也。求實，不就堯、禹身上說。是皆求名實者也，而獨不聞之乎？名實者，聖人之所不能勝也，以龍逢、比干之聖，不能勝桀紂之好名；以堯、禹之聖，不能勝叢、胥、有扈之求實。而况若乎！

承上文又進一步，言暴人豈特不悅賢，且深惡賢。何則？己不賢而人賢，則人擅其名，而己喪其實，故往往以賢爲仇，而必欲殺之，雖以聖人之過化存神，而不能勝也。爲第五層。

雖然，若必有以也，嘗以語我來。”

上文層層翻撥，幾於無可轉身，乃只輕輕一語，遂生下無數妙文，如深山幽谷，人徑胥絶，忽然峰頭一轉，又别開洞天福地也。

顔回曰：“端而虚，勉而一，則可乎？”

此從前“雜多擾憂”生來。道不欲雜，則貴於虛，虛不可强，必端莊嚴肅，以去神明之累，所謂“制外以養中”也；道不欲多，則貴于一，一難驟期，必勉强克治，以融物我之間，所謂“强恕以求仁”也。此實顏子工夫，他人見不及此，不可槩以爲異說而忽之也。

心齊之義[三]，不出虛一，其未化處，則在“端”與“勉”爾。

曰：“惡，嘆聲。惡可！夫以陽爲充孔揚，外爲充滿揚揚之狀也。孔，甚也。采色不定，喜怒無常。常人之所不違，人不敢違其意。因案人之所感，以求容與其心，言養成驕悍之性，人偶以言感觸，必案而治之，以求快其心也。名之曰日漸之德不成，而况大德乎！將執而不化，端而求虛，則是拘執而不化也。外合而内不勉而求一，則是外合而内否也。訾，句。訾議其過也。其庸詎可乎！”

言彼方拒諫飾非，我乃不化不合，而欲訾議之，必不可也。

曰[四]：“然則我内直而外曲，成而上比。述成語而上比于古人也。内直者，與天爲徒。與天爲徒者，知天子之與己，皆天之所子，而獨以己言蘄乎而人善之，蘄乎而人不善之邪？言人君與己並生于天，何爲以己之言求其喜好耶？若然者，人謂之童子，是之謂與天爲徒。外曲者，與人之爲徒也。擎跽曲拳，人臣之禮也。人皆爲之，吾敢不爲邪？爲人之所爲者，人亦無疵焉，是之謂與人爲徒。成而上比者，與古爲徒。其言雖教，謫之句。實也，古之有也，非吾有也。雖有教謫之語，實皆古人所有，非吾之私言也。若然者，雖直不爲病，是之謂與古爲徒。若是則可乎？”

此從“執而不化”三句生來。言我不能化，我第内直；我不能合，我第外曲；不能不訾，第述古之成語。内不計利害，外不立異同，旁証遠引，而不顯言其過，亦可謂曲盡處世之方矣。

仲尼曰：“惡，惡可！太多政法而不諜。政法，猶言方法。諜，安也。言方法太多，而終不妥當也。雖固亦無罪。雖然，止是爾矣，止于無罪而已。夫胡可以及化[五]！言不能化人也。猶師心者也。”

“師心”句，乃推所以不化之故，而起下“心齋”之義也。我不能無心，則人亦不能無心，兩心相鬬，嫌隙自生，任你百計調停，終有畛域，故不及化。夫人雖善忮，不怨飄瓦；人雖善怒，不詈虛舟。學語之兒，詈人而人喜之，爲其無心也。夫苟無心，雖詈不怒，而况于將順而匡救之乎！

顏回曰：“吾無以進矣，敢問其方。”仲尼曰：“齋，吾將語若。有而爲之，其易邪？言有心爲之，則功夫容易，與後“無行地難”“爲天使難”語意相對。易之者，皞天不宜。”有心，則與天不相合。顏回曰：“回之家貧，惟不飲酒不茹葷者數月矣[六]。若此，則可以爲齋乎？”曰：“是祭祀之齋，非心齋也。”回曰：“敢問心齋。”仲尼曰：“若一志，心志純一。無聽之以耳而聽之以心，無聽之以心而聽之以氣。克己之目，視聽言動兼之。此獨言聽者，舉一以例其餘也。聽止于耳，心止于符。合也。氣也者，虛而待物者也。惟道集虛。虛者，心齋也。”

聽以耳者，狗見聞之粗迹，與心全不相關，故曰“止于耳”。南榮趎曰：“趎勉聞道達耳矣[七]。”此之謂也。聽以心者，聲入心通，内外符合，初無間隔。孔子曰：“於吾言無所不說。”是也。然猶有心在，故曰“止于符”。氣則思慮不起，知識不萌，止此一腔生氣，與太空同體，乃爲虛之至。惟虛能受，惟虛能感，惟虛能靈，惟虛能應，故曰“道集虛”也。周子《通書》：“曰：‘聖可學乎？’曰：‘可。’‘有要乎？’曰：‘有，一爲要。一者，無欲也。無欲，則静虛動直。’”與此可相發明。凡《内篇》中所引孔顔之言，類皆精粹，似有所本。

顔回曰：“回之未始得使，使，教也，言未教之時也。實自回也；自以爲回，是有己也。得使之也，未始有回也，既聞教，則不知有己也。可謂虛乎？”

“未始有回”一語，即“喪我”“物化”“至人無己”之眞詮。“七篇”道理，一以貫之。

夫子曰：“盡矣，吾語若！若能入遊其樊而無感其名，人世最是“名”字害事，其難忘更勝于利，能忘名則庶幾矣。入則鳴，不入則止。合則言，不合則止也。無門無毒，毒，猶藥也。此從前文“醫門多疾”句生來，言無門亦無藥也。一宅宅心于一，所謂“若一志”也。而寓于不得已凡有所爲，皆不得已而後起，所謂“應時順應”也。則幾矣。絶迹易，無行地難。此二句身分甚高，言果欲屏棄一切，絶迹不行，此則容易。惟是天下原有所不得已，如事君父，諉不得，勢必須行，而又欲内不傷己，外能化人，如雖行而地上無迹，斯之爲難耳。不然而如隱士之果於忘世，釋氏之背絶君親，則未之難矣。爲人使易以僞，爲天使難以僞。僞，爲也，言用力也。此解“無行地”之所以難也。無行地，則非人爲而動以天，如爲天所使也。動以人者，尤可加以人功，所謂“大可爲”也；動以天者，則著不得人力，所謂“化不可爲”也。聞以有翼飛者矣，未聞以無翼飛者也；聞以有知知者矣，未聞以無知知者也。爲天使，則是以無爲爲，以無知知，如鳥無翼而自飛也。孔子曰：“吾有知乎哉？無知也。有鄙夫問於我，空空如也，我叩其兩端而竭焉。”則所謂“以無知知”也。瞻彼闋者，虛室生白，闋，牖也。室中惟虛，故牖生光明也。此總承上文而推原之辭。何謂無行地？只是爲天使。何謂爲天使？只是以無知知。何謂以無知知？只是人心虛則生明，如虛室之生白光也。吉祥止止。上止，萃也。下止，虛也。吉祥止于止，所謂“惟道集虛”也。夫且不止，是之謂坐馳。若吉祥不止，則是虛有未至，如閉目静坐，而心實馳于外也。夫狥耳目内通而外於心知，鬼神將來舍，而況於人乎[八]！狥，使也。耳目内通，故視返聽也。外于心知，屏除意見也。虛静之室，鬼神來聚，而況于人乎！是萬物之化也，物所由感化也。禹、舜之所紐也，以此爲德之樞紐也。伏羲、几蘧之所行終，造詣之極至也。而況散焉者乎！”極贊虛一之妙也。散，謂衆人也。

此段正言處世之道，所謂“入世法”也。

葉公子高將使於齊，問於仲尼曰："王使諸梁葉公名。也甚重。重其事也。齊之待使者，蓋將甚敬而不急。此甚字[九]，是今日富貴人秘訣。空文周旋而實不急人之難，最使人哭笑不得也。匹夫猶未可動也，而況諸侯乎！吾甚慄懼也。之。子常語諸梁也曰：'凡事若小若大，寡不道以懽成。道，言也。懽，願也。事無大小，鮮不言願成也。事若不成，則必有人道之患；刑也。事若成，則必有陰陽之患。致病疾也。若成若不成而後無患者，惟有德者能之。'吾食也執粗而不臧，言食粗厲，不求精好。爨無欲清之人。厨傳蕭然，司火之人，皆不苦熱，甚言自奉之薄也。今吾朝受命而夕飲冰，我其内熱與！言平日攻苦食淡，初無内熱之病，今甫受命而即發渴飲冰，是受陰陽之患也。吾未至乎事之情，而既有陰陽之患矣；若事不成，必有人道之患。是兩也，爲人臣者不足以任之，子其有以語我來！"仲尼曰："天下有大戒二：大戒，猶言大閑，不可踰越者也。其一，命也；性分之所固有曰命。其一，義也。職分之所當爲曰義。子之愛親，命也，不可解於心；親親，仁也。仁者，性也。性本于命而具于心，故愛親之念，與生俱來，固結于心，而不可解者也。臣之事君，義也，無適而非君也，無所逃於天地之間。君臣之分，原是吾性之義，義無往而不存，故君無適而非是，在國在野，猶在朝也。是之謂大戒。此數句，于性命、仁義、忠孝之理，體認眞切。此孔孟之心傳，不惟不同于楊墨佛老無父無君之教，而并非沮溺荷蕢之流所得望其項背也。誰謂莊生可槩以異端目之哉？是以夫事其親者，不擇地而安之，孝之至也；夫事其君者，不擇事而安之，忠之盛也；自事其心者，哀樂不易施乎前，知其不可奈何而安之若命，德之至也。爲人臣子者，固有所不得已。人皆以不得已爲不可奈何，非也。事親與事君，不可解而無容逃，忠孝之心，有所不容已也。行事之情而忘其身，何暇至于悅生而惡死！其性情篤摯乃爾，與"竭力致身"之語，若合符契。斯卜氏之所傳與！世言受業西河不虚也。夫子其行可矣！自此以上，所以免陰陽之患；自此以下，乃教以免人道之患也。丘請復以所聞：凡交近則必相靡以信，靡，從也。信，實也。遠則必忠之以言。忠者，盡心告之也。言必或傳之。夫傳兩喜兩怒之言，天下之難者也。夫兩喜必多溢過也。美之言，兩怒必多溢惡之言。凡溢之類也妄[一〇]，妄則其信之也莫，倒句法，言莫之信也。莫則傳言者殃。故法言曰：'傳其常情，無傳其溢言，則幾乎全。'庶幾可保全無殃也。且以巧鬭力者，始乎陽，明擊之也。常卒乎陰，暗算之也。泰至太甚也。則多奇巧；以禮飲酒者，始乎治，常卒乎亂，泰至則多奇樂。凡事亦然，始乎諒，誠也。常卒乎鄙；詐也。其作始也簡，其將畢也必巨。自"以巧鬭力"至此，皆譬喻之辭。凡事皆始乎此，而卒乎彼，初雖立意不溢，難保其終不溢也。言者，風波也；言易動而難測也。行者，行，即前"夫子其行"之行，言往而傳命也。實喪也。傳言易于無實，故曰"實喪"。夫風波易以動，實喪易以危。故忿設無由，巧言偏辭。言忿怒之住别無他故[一一]，皆由于巧言偏辭也。《書》曰：“惟口興戎。”此之謂也。獸死不擇音，氣息茀然，喘聲。於是並生心厲。言若粗心豪氣，不擇言而談，則我之氣不平，而人之氣亦激，怒厲之心並生矣。程子曰：“凡與人言者，理勝則辭明，氣忿則招拂。”此之謂也。剋核太至，則必有不肖之心應之而不知其然也。苟爲不知其然也，孰知其所終！言若機深縝密也，剋減太甚，人將疑爲奸險不測，以不肖之心相待，而己不知也，斯愈危矣。世情之難，眞是太淺露不得，太機深亦不得也。故法言曰：‘無遷令，遷改其辭令也。無勸成。强勸使和好也。過度益也。’遷令勸成殆事。分外求好，則殆事也。美成在久，惡成不及改，此殆事之實，遷而勸之，幸而成美，亦不過一時討好，未必能久。設因此而反生意外之隙，則其惡一成，噬臍何及。蓋天下儘有弄巧成拙之事，不可以不慮也。可不慎與！此與下段，皆頻呼“慎”字，多少深衷苦志，皆在于此。不得已而至于出世，亦此一字基之也。且夫乘物以遊心，所謂“物來順應”也。託不得已以養中，一宅而寓于不得已，所以養其心也。至矣。何作爲報也！報，傳命也。作爲，如遷令勸成之類。莫若爲致命，傳命也。此其難者。”

此段及下段，皆極言入世之難，以趨後“無用”之意。勢皆側注，如河流禹門，江下三峽，迅流直赴，初無停波。直至後言“無用”處，乃是平原廣澤，始作瀠迴停蓄之致也。

顔闔將傅衛靈公太子，而問于蘧伯玉曰：“有人於此，其德天殺。等殺也，言天限之，使不能長進也。與之爲無方法也，謂不以法度檢束也。則危吾國，與之爲有方則危吾身。其知去聲。適足以知人之過，而不知其所以過。忠則必誨，誨而至于犯，斯爲過矣。然其所以致過之由，則忠也。人君能因過而原其所以過，則忠臣之心明，而逆耳之言入。今太子之智，止足以知諫我者之忤我，而不知忤我者乃愛我也。此則所謂“天之殺之，人未如之何”也。若然者，吾奈之何？”蘧伯玉曰：“善哉問乎！戒之，慎之，正汝身哉！正身乃涉世之本。形莫若就，心莫若和。就，將順也。和，調停也。外爲恭敬將順之形，而内盡調和補救之心也。雖然，之二者有患。就不欲入，和不欲出。形就而入，則爲顛爲滅[一二]，爲崩爲蹶；心和而出，且爲聲爲名，爲妖爲孽。就止在形，若入于心，則依附逢迎，必有顛滅崩蹶之禍；和止于心，若出于形，則顯露圭角，必有聲名妖孽之災。彼且爲嬰兒，無知識也。亦與之爲嬰兒；彼且爲無町畦，町畦，界限，言無防閑節制。亦與之爲無町畦；彼且爲無崖，無止足也。亦與之爲無崖；達之，入於無疵。達之，導之也。因其所明而開導之，使歸於無過，所謂“和之也，事無大害且與曲從，機有可乘，從容開導，納約自牖”，此之謂也。鄴侯之于蕭代，宣公之于德宗，初無犯顔强爭之迹，而委屈敷奏，裨益弘多，此道得也，豈異說哉？汝不知夫螳螂乎？怒其臂以當車轍，不知其不勝任也，是其才之美者也。戒之，慎之，積伐而美者以犯之，幾矣！矜其才以犯君，則殆矣。此不就不和之害也。汝不知夫養虎者乎？不敢以生物與之，爲其殺之之怒也；不敢以全物與之，爲其决之之怒也。時其饑飽，達其怒心。虎之與人異類而媚養己者，順也；故其殺者，逆也。此能就能和之益也。夫愛馬者，以筐盛矢，以蜄盛溺。適有蚊寅僕緣，而拊之不時，則决銜毁首碎胸[一三]。意有所至而愛有所亡，一段正意，在此數句。夫愛之而爲拊蚊寅，可謂用意之至矣，而馬或决毁，是其意所至，而愛反有所亡也。然則雖就之和之，終無萬全之道也。比干非不愛殷，子胥非不愛吴，而卒有剖心浮江之患者，此則意至愛亡之明驗也。莊生豈欺我哉？可不慎邪？”兩段皆以“慎”字作結。

前段見立言之難，此見制行之難也。一入世網，觸處危機，窮思極慮，總無萬全之道，惟有歸于無用而後可也。

匠石之齊，至乎曲轅，見櫟社樹。其大蔽牛，絜之以手度之。百圍，其高臨山十仞而後有枝，其可以爲舟者旁十數。觀者如市，匠伯不顧，遂行不輟。弟子厭觀之，走及匠石，曰：“自吾執斧斤以隨夫子，未嘗見材如此其美也。先生不肯視，行不輟，何邪？”曰：“已矣，勿言之矣！散木也。散，猶壞也。以爲舟則沈，以爲棺槨則速腐，以爲器則速毁，以爲門户則液樠，津液流也。以爲柱則蠹，是不材之木也。無所可用，故能若是之壽。”匠石歸，櫟社見夢曰：“汝將惡乎比予哉？若將比予於文木邪？夫柤梨橘柚果蓏之屬，實熟則剝且辱，大枝折，小枝泄。此以其能苦其生者也，故不終其天年而中道夭，自掊擊於世俗者也。物莫不若是。且予求無所可用久矣，幾死，乃今得之，爲予大用。使予也而有用，且得有此大也邪？且也若與予也皆物也，奈何哉其相物也？相物色也。而幾死之散人，又惡知散木！”匠石覺而診占也。其夢。弟子曰：“趣取無用，則爲社何邪？”疑爲社卽是有用也。曰：“密！若無言！彼亦直寄焉！以爲不知己者詬厲也。言人立爲社，亦是不知己者相詬累耳，彼亦直寄焉已矣。不爲社者，且幾有翦乎[一四]！言卽不爲社，寧復有翦伐之者乎！且也彼其所保與衆異，而以義譽之，不亦遠乎！”言彼其所以保生者，不同于衆，以爲社不爲社之義論之，失之遠矣。

南伯子綦遊乎商之丘，見大木焉有異，結駟千乘，隱將芘其所藾。隱，影。芘，庇。藾，陰也[一五]。大約是謂影皆庇蔭之也。句法難解，疑有脱誤。子綦曰：“此何木也哉？此必有異材夫！”仰而視其細枝，則拳曲而不可以爲棟梁；俯而視其大根，則軸解而不可以爲棺槨；咶其葉，則口爛而傷；嗅之，則使人狂酲[一六]，三日而不已。子綦曰：“此果不材之木也，以至於此其大也。嗟乎神人，以此不材！”神人之所以大而常存，亦以不材之故耳。

宋有荆氏地名。者，宜楸柏桑。皆有用之木也。其拱把而上者，求狙猴之杙椿橛。

者斬之；三圍四圍，求高名門也。之麗欐也。者斬之；七圍八圍，貴人富商之家求樿棺也。旁者斬之[一七]。故未終其天年，而中道夭於斧斤[一八]，則材之患也[一九]。故解祭祀之名，《漢・郊祀志》云："古天子春有解。"是也。之以牛之白顙者，與豚之亢鼻者，與人有痔病者，不可以適河。適河，祭河也。以人祭河，疑如爲河伯娶婦之類。此皆巫祝以知之矣，所以爲不祥也。此乃神人之所以爲大祥也。言巫祝止知此等爲不祥，而不知以不用而全生，乃神人之所爲大祥也。支離疏疏，支離之名也。者，頤隱于齊，肩高於頂，會撮髻也。指天，五管在上，五臟之管，皆繫於背。背曲，則五管皆向上也。兩髀胯骨也。爲脅。掖也。挫鍼縫補也。治繲，浣濯也。足以餬口；鼓筴箕類。播精，播糠以取精也。足以食十人。上徵武士，則支離攘臂於其間；髀爲脅，則臂常攘，有似于武勇。上有大役，則支離以有常疾不受功；不受功役之苦。上與病者粟，則受三鍾與十束薪。夫支離其形者，猶足以養其身，終其天年，又况支離其德者乎！支離其德，言其不材而無用也。

此四段皆言無用之可以全生，所謂"出世法"也。

孔子適楚，楚狂接輿遊其門曰："鳳兮鳳兮，何如德之衰也。來世不可待，往世不可追也。來者，未來。往者，已過。我生不辰，獨丁斯時。陳子昂詩云："前不及見古人，後不及見來者。念天地之悠悠，獨潸然而涕下[二〇]。"天下有道，聖人成焉；天下無道，聖人生焉。方今之時，僅免刑焉！"免刑"二字，是一篇主意。天下有道，則聖人裁成天下；天下無道，則聖人獨善其身。至于周末，則無道之極，成固無望，生亦難保。桁楊相望，觸處危機，僅求免此，惟有無用而已。人謂其傲然肆志，而不知其上下千古，揆度身世，窮思極慮而出于此也。嗚呼，豈得已哉！福輕乎羽，莫之知載；禍重乎地，莫之知避。已乎已乎，臨人以德。已乎，禁止之辭，言慎無以德臨人也。殆乎殆乎，畫地而趨。殆乎，警戒之辭，言止當畫地而趨，不可妄走一步也。迷陽迷陽，蒺藜。無傷吾行。路也。迷陽多生路旁，以喻世途之荊棘也。吾行郤曲，路郤曲而又有迷陽，則易于傷足也。無傷吾足！"戒謹畏懼，與前"可不慎耶"相應。山木，自寇也；膏火，自煎也。桂可食，故伐之；漆可用，故割之。人皆知有用之用，此句結前半篇，將命傳君[二一]，是有用之用也。而不知無用之用也[二二]。此句結後半篇"不材全生"，是無用之用也。

此段總結通篇也。通篇皆言其當無用，此推原其所以無用之故也。"天下有道"六句，乃一篇之精意。以"往而刑"起，以"僅免刑"終，所謂"來去分明，只如一句"也。

吾讀此而悲莊子之志也。孔子曰："君子懷刑。"曾子曰："戰戰兢兢，如臨深淵，如履薄冰，而今而後，吾知免夫。"刑之難免也久矣。一入世網，觸處危機。心生機生，心死機死；機生身死，機死身生。

方舟而濟於河，有虚船來觸舟，雖褊心之人不怒。有一人在其上，則呼張歙之，一呼而不聞，再呼而不聞，於是三呼耶，則必以惡聲隨之。向也不怒而今也怒，向也虚而今也實。心齋虚也，虚則機忘，吉祥止焉。雖然，此亦道其常而已矣。居亂世，事暴君，禍患之來，匪情匪理。立言之難，雖不尅不溢，而猶有惡成不改之患；制行之難，雖能就能和，而終有意至愛忘之憂。此材入世，必爲世伐，與爲世用，寧與世忘，慎之慎之，而卒歸于無用，豈得已哉！非此不能免乎今之世也。君子讀其書，論其世，諒其遇，悲其心可也。

【校記】

[一]“始”，当作“殆”。

[二]“德”下當有“厚”字。

[三]“齊”，當作“齋”。

[四]“曰”，集釋本無此字。

[五]“夫”，原作“天”，今據集釋本改；“及”，原脱，今據集釋本補。

[六]“輩”，原作“暈”，今據集釋本改。

[七]“姝”，當作“趎”。

[八]“於”，集釋本無此字。

[九]“甚”，乾隆刻本作“五”。

[一〇]“也”，集釋本無此字。

[一一]“住”，乾隆刻本作“生”。

[一二]“則”，集釋本作“且”。

[一三]“决”，集釋本作“缺”。

[一四]“剪”，集釋本作“翦”，以後同。

[一五]“陰”，當作“蔭”。

[一六]“間”，集釋本作“則”。

[一七]“旁”，集釋本作“傍”。

[一八]“道”下集釋本有“之”字。

[一九]“則”，集釋本作“此”。

[二〇]《四部叢刊》影明本《陳子昂詩集》：前不見古人，後不見來者。念天地之悠悠，獨愴然而泣下。

[二一]“傳”，乾隆刻本作“傅”。

[二二]“不”，集釋本作“莫”。

德充符

德充于中而符于外也。

此總承前二篇也。《養生主》去其内憂，《人間世》遠其外患，皆爲吾德未成。故須内外交養，及工夫既到，心有所得，則德充于内，不養生而死生不變；且德符于外，不遠害而利害不攖，人事盡而合于天矣。卽前二篇之義而更進之，以啟下《大宗師》之旨，乃一部書之過脉也。

魯有兀刖足之人。者王駘，從之遊者與仲尼相若。常季問於仲尼曰："王駘，兀者也，從之遊者與夫子中分魯。立不教，坐不議。虛而往，實而歸。言其弟子往時空空無知，歸則實有所得也。固有不言之教，無形而心成者邪？是何人也？"

無形而心成，謂忘形骸而以心化成也。通篇以"心"字、"形"字作關鍵，故於此處總提一句，使通身皆振也。

仲尼曰："夫子，聖人也，丘也直後而未往耳。丘將以爲師，而况不若丘者乎！奚假魯國，何止魯國。丘將引天下而與從之。"常季曰："彼兀者也，而王先生，人稱爲王先生。其與庸亦遠矣。言去庸人遠矣。若然者，其用心也，"心"字着眼。獨若之何？"仲尼曰："死生亦大矣，一切仙佛衆生，皆被此五字壓縛定，不得出顯[一]。而不得與之變；既已死矣，是甚不變，須要體認眞切，不得模糊混過。雖天地覆墜，亦將不與之遺。此是實語，道生天地，天地有混沌之時，此理無變滅之事。審乎無假生者假借也。未生以前眞精妙合，所謂"人生而靜以上"也。審者，知明而守固之意。而不與物遷，物形萬變，此理不移。命物之化物之化者，此理所命，所謂"造化之根柢樞紐"也。而守其宗也。"宗，主也。守萬化之宗主，卽《大宗師》之義也。

三藏大乘中，無慮億萬言，誰能道得如此清澈？莊子親炙孔子之門人，得聖道之一端而偏至焉，遂能冠百家而祖二氏。内典丹經，皆《南華》之牙後慧也。而世遂神奇其説，太陽不耀，爝火詡光，悲夫！

吾儒之與仙釋，其死生不變同，其覆墜不遺同，其不與物遷同，其命物之化同，若是則皆同乎？曰："相似，而實絶不同也。蓋吾儒能知性之理，仙佛止識心之靈。心之靈則虛，性之理則實。虛則有待而後存，實則無爲而常在。此身雖死，此理不變。天地有壞，此理不移。未生之前，此理已具，品物流行，此理不遷。千變萬化，皆由此出，守化之宗，乃與天通。子思云："至誠無息。"朱子云："這箇何嘗動。"是也。二氏不知天命之性，而止據心之虚靈知覺以爲宗，欲於死生之際，常留此不昧之精魂，則是私意而非理之自然也。莊子之學，亦偏於氣，其言死生不變、命化守宗，亦指氣之靈，故曰"無形而心成"，曰"遊心乎德之和"，曰"心未嘗死"，曰"生時于心"，似亦未免乎知心而不知性之病。特其識高意遠，欲將此氣還之天地而通於萬物，不屑屑焉私爲己有而封而藏之，此則非二氏之所及也。故曰"莊生高於仙佛"也。

常季曰："何謂也？"仲尼曰："自其異者視之，肝膽楚越也；言無不異也。自其同者視之，萬物皆一也。言無不同也。無不異者，分之殊；無不同者，理之一也。夫若然者，且不知耳目之所宜，耳宜于聽，目宜于視，外之形也，所以視聽之神，則一點聰明而凝其神，故不知耳目之所宜也。而遊心乎德之和。通篇以此句爲主。後"使之和豫""不失于兑""與物爲春""成和之修"，皆是德之和；"聖人有所遊"，則是"遊心乎德之和"也。物視其所一而不見其所喪，物皆與我爲一，不見我有所喪。蓋德充之至，無少歉缺也。視喪其足猶遺土也。"德充于中，則忘乎外矣，所謂"内重而見外之輕"也。

前"命化守宗"，是言其德；此"不見所喪"，是言其充；下"保始之徵"是其符也。

常季曰："彼爲己，言彼自爲己耳，於人無益也。以其知得其心，以其心得其常心。常心，猶恒心也。返觀内照，識其心體，是以知得心也；守其心體而不遷變，是以心得常心也。物何爲最之哉？"最之，尊之也。言彼自爲己用功，人何爲尊之哉？仲尼曰："人莫鑑於流水而鑑於止水。惟止能止衆止。得常心，則能止也。世能止[二]，故能止天下之人，使之皆止于此，而亦如夫鑑于止水也。受命於地，惟松栢獨也，在冬夏青青；受命於天，惟舜獨也正，幸能正生，以正衆生。自正其生，卽所以正人之生，猶止能止衆止也。夫保始之徵，保始，卽前所謂守宗。徵，卽符也，德充于中而符于外也。不懼之實，德充而符，則心廣體胖，泰然自得，而常伸于萬物之上也。勇士一人，雄入於九軍。將求名而能自要者而猶若是，此是譬喻之辭。言其氣勇而不懼者，尚能雄于九軍，况德充不懼者，寧不高于一世哉！求名而能自要，眞是俠烈人精髓，被他看得破，又道得出。而况官天地，府萬物，直寓六骸，象耳目，一知之所知，而心未嘗死者乎！此極言不懼之實也。官天地，以天地爲肢體也；府萬物，以萬物爲臟腑也；寓形骸，以形骸爲旅舍也；象耳目，以面目爲象人也；一其知，思慮不雜也；心不死，生生無變也[三]。此勝于勇士之自要遠矣。寧不足以雄視一世，而爲物之所最哉？彼且擇日而登假，登假，猶升遐也。此後人尸解羽化之所從出也。人則從是也。彼且何肯以物爲事乎！"

此段乃《德充符》之實理精義也。前後六篇，其正意多在中間，或在末段發揮。此獨開頭先發正意，而下游衍而証足之，其機杼又别也。

申徒嘉，兀者也，而與鄭子產同師於伯昏無人。子產謂申屠嘉曰："我先出則子止，子先出則我止。”其明日，又與合堂同席而坐。子產謂申屠嘉曰：“我先出則子止，子先出則我止。今我將出，子可以止乎，其未邪？且子見執政而不違，不迴避也。子齊執政乎？”申屠嘉曰：“先生之門，固有執政焉如此哉？子而說子之執政而後人者也？先生之門，不當論爵，何爲自誇執政，而使人處其後也？聞之曰：‘鑑明則塵垢不止，止則不明也。久與賢人處則無過。’今子之所取大取法。者，先生也，而猶出言若是，不亦過乎！”子產曰：“子既若是矣，猶與堯爭善。“堯”字，未詳。計子之德，不足以自反邪？”申屠嘉曰：“自狀其過以不當亡者衆，不狀其過以不當存者寡。狀，猶“告狀”之“狀”。自狀，猶自訟也。言不幸罹刑而刖足，便自訟其過，以爲吾足不當亡，此等之人甚多。不自悔怨，以爲吾本無過，但吾原自不當存耳[四]，如此之人甚少也。此卽右師介而以爲天也非人也之意。知其不可奈何而安之若命[五]，惟有德者能之。遊於羿之彀中。中央者，中地也；言羿之善射，中物之中央，若中地耳。蓋決無不中之理也。然而不中者，命也。言遊于今之世，必被刑，如遊于羿之彀，必被中。幸而不被中者，是其命好，非果有以勝于人也。人以其全足笑吾不全足者衆矣，我怫然而怒，而適先生之所，則廢然而反。不知先生之洗我以善邪？吾與夫子遊十九年矣，而未嘗知吾兀者也。今子與我遊於形骸之内，形之内者，心之德也。而子索我於形骸之外，不亦過乎！”子產蹴然改容更貌曰：“子無乃稱！”稱，言也。

此段言泥于形者之淺也。

魯有兀者叔山無趾，踵見仲尼。無趾則以踵行，故曰“踵見”。仲尼曰：“子不謹，前既犯患若是矣。雖今來，何及矣！”無趾曰：“吾惟不知務不知事也。而輕用吾身，吾是以亡足。今吾來也，猶有尊足者存，尊于足者，乃形内之心也。吾是以務全之也。夫天無不覆，地無不載，吾以夫子爲天地，安知夫子之猶若是也！”孔子曰：“丘則陋矣。夫子胡不入乎？請講以所聞。”無趾出。不敘講以所聞之語，直接“無趾出”，而于夫子語弟子、“無趾語老聃”處補點之，避實取虛也。《孟子見梁襄王》一章，卽用此法也。孔子曰：“弟子勉之！夫無趾，兀者也，猶務學以復補前行之惡，此卽夫子所以教無趾者，于此補點之也。而况全德之人乎！”無趾語老聃曰：“孔丘之於至人，其未邪？彼何賓賓猶諄諄也。以學子爲？此卽前“講以所聞”中語，于此補點之也。彼且蘄以諔詭幻怪之名聞，不知至人之以是爲己桎梏邪？”言務學求名以補之惡[六]，則是不能超然無累，而有所纏縛也。老聃曰：“胡不直使彼以死生爲一條[七]，以可不可爲一貫者，解其桎梏，其可乎？”無趾曰：“天刑之，自取桎梏，則是天之刑之也。安可解！”

此段言補其形者之拘也。

《内篇》七篇中，初未嘗貶孔子。其不滿于孔子者，止有此條。蓋彼天资高曠，見孔子之務學守禮，以爲拘謹而不知内外一原，顯微無間，動容周旋，卽是天命流行。聖人之所以立極千古而無流弊者，正在此也。古人質直，心有未安，卽發于言，故載此條。如“子見南子，子路不説”是也。此條而外，若心齊之説[八]，義命之論，命化守宗之言，才全德不形之對，稱引孔子，不一而足。《大宗師》乃其極詣，而以孔顔之坐忘終之，則其所歸可知矣。世人見此，遂謂黜孔子而尊老聃，不知《養生主》篇，固嘗言老聃之非人也。莊子之意，以爲孔子事事好，只大拘謹；老聃雖非至人，而“死生一條”“可否一貫”二語，則實獲我心，乃其平心權衡之論，而初非右此而左彼也。若《外篇》《雜篇》中猖狂詆訾之言，皆後人之贋作，所謂“小人而無忌憚者”，莊生寧有此哉！

魯哀公問於仲尼曰：“衛有惡人焉，惡，貌醜也。曰哀駘它。丈夫與之處者，思而不能去也；婦人見之，請於父母曰‘與爲人妻，寧爲夫子妾’者，十數而未止也。未嘗有聞其唱者也，常和而已矣[九]。言彼不唱，而人自和之也。無君人之位以濟乎人之死，無聚祿以望滿也。人之腹，又以惡駭天下，和而不唱，知不出乎四域，“不”字疑訛“此”，言其名出乎四境也。且而雌雄合乎前，卽上所云婦人願爲其妾也。是必有異乎人者也。寡人召而觀之，果以惡駭天下。與寡人處，不至以月數，而寡人有意乎其爲人也；不至乎期年，而寡人信之。國無宰，而寡人傳國焉。悶然而後應，氾而若辭。悶然泛然，若應若辭，不經心也。寡人醜乎，卒授之國。無幾何也，去寡人而行。寡人卹焉若有亡也，所謂“忽忽如有所失”也。若無與樂是國也。是何人者也？”仲尼曰：“丘也嘗使於楚矣，適見㹠子食於其死母者。少焉眴若，驚貌。皆棄之而走。不見己焉爾，不得類焉爾。爲其目瞑而不見己也，形僵而不類己也。所愛其母者，非愛其形也，愛使其形者也。使其形者，心也。“形”字、“心”字，處處提清，法脉不亂。戰而死者，其人之葬也不以翣資；翣形似扇，所以障首，戰死者無首，故不用翣也。刖者之屨，無爲愛之；皆無其本矣。此非愛其形之証也。爲天子之諸御，不爪剪，不穿耳；取妻者止于外，不得復使。此句未詳。形全猶足以爲爾，而況全德之人乎！此愛使其形之証也。今哀駘它未言而信，無功而親，使人授己國，惟恐其不受也，是必才全而德不形者也。”才，自其賦于天者而言；德，自其成于己者而言。渾朴不斲曰全，深藏不露曰不形。哀公曰：“何謂才全？”仲尼曰：“死生存亡，窮達貧富，賢與不肖毁譽，飢渴寒暑，是事之變，命之行也。天人一體，凡事之變，皆命之流行。日夜相代乎前，而知去聲。不能規乎其始者也。言不知其所從起也。故不足以滑和，滑，亂也。心凝于一，則無彼此是非而常和同。凡外物之變遷，俱不足以亂之也。不可入於靈府。心者，虛靈之府，不可使事變入之也。使之和豫，此句就靜時說，靜中不可使枯寂，枯寂則間斷，故必保其太和，使常有欣欣豫悦之致，“子之燕居，申申夭夭”，即此意。通而不失於兑。兑，說也。此句就動時說，雖肆應流通，而和說之致常在也。使日夜無郤而於物爲春，郤，隙也。無郤，猶無間也。此句兼内外說。和兑之意，日夜初無間斷，積中形外，與物爲春。春者，和也。明道“接人渾是一團和氣”，此之謂也。是接而生時於心者也。此句統始終說。接，緒也，自上“無郤”生來。“時”字，自上“春”字生來。言四時之氣，轉相接緒而生于心，無止息也。首段言守宗保始，此則其所以保身之實也。看其言功夫處，深潛縝密，知其于心性上涵養純粹，不止曠達爲高而已也。是之謂才全。”“何謂德不形？”曰：“平者，水停之盛也。其可以爲法也，内保之而外不蕩也。可見不形亦非容易，必保于内，而後能不流露于外也。德者，成和之修也。上豫、兑、春、時，皆和之意，故云德者和之成也。德不形者，物不能離也。”惟和已成而又不形，斯不言而物自親之，若淺露矜張，則物情離矣。哀公異日以告閔子曰：“始也吾以南面而君天下，執民之紀而憂其死，吾自以爲至通矣。今吾聞至人之言，恐吾無其實，輕用吾身而亡吾國。吾與孔丘非君臣也，德友而已矣。”

此段言德盛則形雖惡，而不爲累也。

闉跂[一〇]支離無脤說衛靈公，靈公說之，而視全人，其脰頸也。肩肩。細長之貌。甕㼜大癭說齊桓公，桓公說之，而視全人，其脰肩肩。言心悦其人，不覺支離、大癭之醜，視形全之人，反覺頸大細長，不好看也。愛憎之極，美惡易位，眞有如此。昔之人有悦眇娼者，以天下之人皆多一目，千古喧傳以爲妙談，不知是自此脱胎去也[一一]。故德有所長，而形有所忘。言德盛則人忘其形，通篇皆是此意。此二句其點睛結穴處也。人不忘其所忘，而忘其所不忘，此謂誠忘。人悦德而忘形，是形者人之所忘，而德者人之所不忘也。今若不修德，而屑屑于形骸之末，則是不忘人之所忘，而反忘人之所不忘，此之謂眞忘也。

此段承前啟後，是一篇之關鍵。蓋“王駘”一段，是德有所長。“申屠嘉”“無趾”段，是形有所忘。“哀駘它”一段，總言德有所長，而形有所忘。下“聖人有所遊”一段，則是忘其所忘，而不忘其所不忘。“惠子”一段，則是忘其所不忘，而不忘其所忘也。其來處迤邐，去處飄忽，却于中間着此數語，結上起下，總挈首尾，使其通篇振宕流轉，而無鬆散拖沓之病。七篇花樣愈出愈新，眞文中之雄也。

故聖人有所遊，直接篇首“遊心乎德之和”一句來，波瀾大。而知爲孽，約爲膠，德爲接，工爲商。言聖人“遊心乎德之和”。其所謂德，非世俗之所謂德也。世俗之所謂德，明智約束新得才能而已矣。聖人則以知爲横生意見，反足害道，是妖孽也。約則强自檢束，多所粘滯，是膠固也；德則今之得補前之失，是接續其故也；工則以我之才，求售于人，是商賈之行也。聖人不謀，惡用知？不斲，惡用膠？無喪，惡用德？不貨，惡用商？聖人自誠而明，何思何慮，惡用察察之小知？質任自然，不雕不斲，惡用膠固而約束？其天常全，本無有失，惡用復得？進于無有[一二]，本無有貨，惡用求售？總言忘形而“無人之情”也。四者，即指上四句也。天鬻也。鬻，養也。以天自養其心也。天鬻也者，天食也。能以天自養，則天食之。蓋靜觀道妙，可以樂飢，有似于食之也。既受食於天，又惡用人！孔子蔬水曲肱而樂，顔子簞食瓢飲而亦樂，是皆受食于天，而無求于人者也。茫茫千載，誰其知之？有人之形，無人之情。無人之情者，忘形也。有人之形，故羣於人；無人之情，故是非不得於身。“是非”二字，總括前生死窮富、賢與不肖毁譽、飢渴寒暑等項也。不得于身，所謂“不以滑和”“不以入于靈府”也。惠可云：“覓心了不可得。”與此語意相似。眇[一三]乎小哉，所以屬於人也；謷乎大哉，獨成其天。此總結上文而詠歎之。言形則眇乎小哉，所以羣于人也；心則謷乎大哉，獨遊于天矣。通篇以“形”字、“心”字作眼，故于此雙結，而却不明點譬之。書家有時出鋒，有時藏鋒也。

此段言聖人之忘形而全其德，足以爲法也。

結處頻點“天”字，便與《大宗師》篇一脉相通。古人作書，凡其全部，無不血脉融貫，有如一篇，而後之解者，并其一篇而割裂之，可勝嘆哉！

惠子謂莊子曰：“人故與固同。無情乎？”此頂上“無人之情”一句來。莊子曰：“然。”惠子曰：“人而無情，何以謂之人？”莊子曰：“道與之貌，天與之形，惡得不謂之人？”惠子曰：“既謂之人，惡得無情？”惠子誤情爲心也。莊子曰：“是非吾所謂情也。吾所謂無情者，言人之不以好惡内傷其身，常因自然而不益生也。”言所謂無情，不是斷滅，正以人身生來皆是天道自然，無所作爲。今若多情識，横生好惡，則是不順自然，而多添益于所生之外，反足以傷其身。故欲無好惡，而不添益于性生之外也。惠子曰：“不益生，何以有其身？”惠子誤解益生作養生也。莊子曰：“道與之貌，天與之形，無以好惡内傷其身。天與之形，天在形中，不生好惡，順其自然，乃是其不益生也。今子外乎子之神，勞乎子之精，外神勞精，是忘其心德也。倚樹而吟，據槁梧而瞑。槁梧，几也。瞑，睡也。畫盡文人苦心勞神之態。天選子之形，選擇而授之也。子以堅白鳴。”鳴，自鳴于世也。此是當面指點，言你不知益生之傷身，只你便是樣子。天當初授子以人形，是選擇而生之。子乃不順其自然，疲精勞神，期以堅白之説鳴世，豈不是有人之情，而多所添益于本分之外，反足以傷其身哉？堅白者，當時惠施、公孫龍之徒，有堅白石三之論。鳴者，即前所謂“蘄以諔詭幻怪之名聞”也。

此段言惠子之忘德而疲其形，足以爲戒也。

通篇以“形”字、“心”字、“天”字作眼。人之明德本于天而具于心。形，其寄也。此德與生俱來，不與死去；與時俱接，不與物遷，乃造化之樞紐，品彙之根柢，所謂“人心之天”也。心遊於此，則塞乎天地，貫乎萬物，隨處圓滿，無得無喪，所謂充也。積中發外，保始有徵，浩然常伸，萬物信從，所謂符也。是以形雖渺然中處，德實參乎兩大，修德之士，但當涵養其心性，不必沾滯于形骸，不惟恃勢位而陵人，固俗而可羞，即務學問以自滿，猶拘而未化。試觀哀駘它惡駭天下，而以才全德，不形之故，遂令人親其德之美，而忘其形之惡。闉跂、甕㼜，亦復如是。然則德有所長，而形有所忘，其信然矣。人不忘其形之可忘者，反忘其德之不可忘者，則誠忘而惑之甚也。故聖人惟遊心乎德之和，而一切世情淡然無有。斯形忘心全，而獨成其天。不然而如惠施之徒，勞精神以博名稱，則遁天倍情，而心形皆弊矣。夸者務外，約者務內，淺者狥人，深者全天，心在形內，天在心中，無形而心成，則人盡而天見。此下學上達之極功，內聖外王，皆原于此。故以《大宗師》《應帝王》繼之。必忘形以全德，是以性爲有內外也；必絶人以成天，是以道爲有精粗也。夫性、道，一也，何有內外；費、隱，一也，何有精粗！形、色，天性也。動容周旋中禮者，盛德之至也。吾儒惟眞知之，故制外養內，而不弛其敬慎。異端妄生分別，故遺下騖上，而無所忌憚矣。若莊生者，狂而不知所以裁之者也，惜哉！

【校記】

［一］“顯”，乾隆刻本作“頭”。
［二］“世”，乾隆刻本“心”。
［三］“生生”，乾隆刻本作“死生”。
［四］乾隆刻本“吾”下有“足”字。
［五］集釋本“知”下無“其”字。
［六］乾隆刻本“補”下有“形”字。
［七］“直”，原脱，今據集釋本補。
［八］“齊”，當作“齋”。
［九］集釋本“和”下有“人”字。
［一〇］“跂”，原作“豉”，今據集釋本改。
［一一］“此脱”，原作“以胎”，今據乾隆刻本改。
［一二］“進”，乾隆刻本作“遊”。
［一三］“耴”，當作“眇”。

大宗師

天者化之宗，萬物之所歸，其道甚大，故曰“大宗師”也。

此承前篇“獨成其天”之義，而暢發天人性命之旨，起生死而貫物我，乃其盡性至命之學也。

知天之所爲，知人之所爲者，至矣。道之大原出于天，聖之至德合于天。道出于天，天之所爲；德合于天，人之所爲。盡人合天，聖之事也，而必以知始，所謂“始條理者，智之始也”。通篇大義，開口揭出，直與結處“命也夫”句一氣呼吸，故曰“七篇起結，皆一色手法也”。知天之所爲者，天而生也；天者，自然之謂。自然而生，天之道也。太極生兩儀，兩儀生四象，四象生八卦，自然生也；一生二，二生三，三生萬物，自然生也。一陰一陽，生生不已，易知簡能，毫無造作，故曰無心而化成也。知人之所爲者，以其知之所知，以養其知之所不知，終其天年而不中道夭者，是知之盛也。知之所知，卽後所謂“知能登假于道”也。知之所不知，卽後所謂“人有不得與”也。必以所知强與之，則以心捐道，以人助天，而其命戕矣。是以所知害所不知也。聖人不以私智戕其命，修其身以俟之則天全。故曰養也，所以有心而無爲也。雖然，有患。夫知有所待而後當，其所待者特未定也。庸詎知吾所謂天之非人乎？所謂人之非天乎？且有眞人，而後有眞知。言知所由當，必是兩物對待，然後能確指其彼此是非也。今天與人雖相待而寔未定。知天所爲，已屬之人；知人所爲，亦可合天。道通爲一，而未有分也。此天人合一之説。常人雖聞而解，必眞人而後眞知之。

自起至此爲一節，乃一篇之總冒。下文皆分疏知天所爲、知人所爲，末乃歸于天人之合一也。

何謂眞人？古之眞人，不逆寡，逆，拒也。寡，少也。不以少而拒之，所謂“勿以善小而不爲”也。泰山不讓土壤，故能成其高；河海不擇細流，故能成其深。此是眞人第一件本領，故首言之。不雄成，不逆寡，則所成者大矣，而不以雄于人，有大而能謙也。不謩士。成而不雄，多士歸之。然亦士自合耳，不規規以謩之也。若然者，過而弗悔，《易》曰：“不遠復，无祇悔。”程子曰：“有過則改之，不可常留在心爲悔”也。當而不自得也。聖不自聖。若然者，登高不慄，入水不濡，入火不熱。天定而不爲物所累。是知之能登假於道也若此。登假，猶言上達。道，卽後所謂“有情有信，無爲無形”者，乃天之所爲也。古之眞人，其寢不夢，心定而靜。其覺無憂，隨遇而安。其食不甘，有志在而不暇及。其息深深。涵養純密也，内典丹經秘要盡此。眞人之息以踵，深也。衆人之息以喉。淺也。屈服者，其嗌言若哇。淺之甚者也。其嗜欲深者，其天機淺。言衆人息淺，只是天機淺。其天機淺，只是嗜欲深。理、欲不容并立，欲長則理消，理消則氣餒矣。眞人忘嗜欲，以全心性，則天機深而息亦深。此與孟子集義養氣同功，非吐納導引家所得借口也。古之眞人，不知説生，不知惡死；言其天機之深也，妙在不知。不止不説惡而已[一]，下出入往來，始終受復，皆生死之義。其出不訢，其入不距；出入者，所謂“萬物皆出于機，而皆入于機也”。不知説惡，故無所訢拒。翛然而往，翛然而來而已矣。《養生主》曰：“適來，夫子時也；適去，夫子順也。安時而處順，哀樂不能入也。”不忘其所始，受于天者，守而不失，此存心養性工夫。能如此，則翛然往來，皆有主宰，非徒委懷任運也。不求其所終；夭壽不貳，俟之而已。釋氏必欲求其所終，遂言地獄輪迴則妄矣。故曰“莊生高於佛”也。受而喜之，不説生而又喜之，何也？物之生意自喜，所謂仁也。生自喜，非喜生；仁自樂，非樂仁也。中心安仁，孔子樂矣；必不違仁，顔子樂矣。必謂樂道，便是蛇足。忘而復之。不忘所始，而又忘之，何也？不忘者，守之也，以人合天也；忘之者，化之也，與天爲一也。復之者，所謂“全受而全歸”之也。求長生者，私所受而不歸則吝矣。故曰“莊生高于仙”也。是之謂不以心捐道，不以人助天，死亦道也，惡之而求不死，是以心捐道也；生乃天也，説之而求不死，是以人助天也。知死生之説，則二者之病皆去。是之謂眞人。

自此以上，言眞人之存于内者。

若然者，其心忘，心忘者，忘其心也。此總承上文之辭，乃一篇之要義。後“兩忘而化其道”“相忘乎道術”“相忘以生”“忘仁義”“忘禮樂”“坐忘”，皆本于此。俗本訛作“志”。其容寂，惟心忘，故容寂也。下文所言，皆從心忘發出。其顙頯；朴實之貌。淒然似秋，義之形也。暖然似春，仁之貌也。喜怒通四時，應乎天而時行也。與物有宜而莫知其極。因時制宜，其應不窮。故聖人之用兵也，亡國而不失人心；利澤施於萬世，不爲愛人。所謂“殺之而不怨，利之而不庸”也。故樂通物，非聖人也；聖無不通，故無樂。有親，非仁也；仁無不愛，故無親。天時，非賢也；生時于心，不在天也。利害不通，非君子也；無入不得，故利害通。行名失己，非士也；亡身不眞，非役人也。作僞心勞，乃人役也。若狐不偕、務光、伯夷、叔齊、箕子、胥餘、紀他、申徒狄，是役人之役，適人之適，而不自適其適者也。皆所謂“亡身不眞”者。古之眞人，其狀義而不朋，宜人而非黨也。若不足而不承，謙冲而非諂也。與乎其觚而不堅也，有廉隅而非堅僻也。張乎其虛而不華也；能闊大而非浮夸也。邴邴乎其似喜乎！崔乎其不得已乎！才捷敏而非好動也。滀乎進我色也，與乎止我德也；心日休而體自胖也。厲乎其似世乎！謷乎其未可制也；浩然常伸，非色厲也。連乎其似好閉也[二]，悗乎忘其言也。得意忘言，而非機深也。

自此以上，言眞人之著于外者。

以刑爲體，心中意念，皆斬除也。以禮爲翼，禮以行之，故爲翼。以知爲時，時而出之，故爲時。以德爲循。率而由之，故爲循。以刑爲體者，綽乎其殺也；斬除乾淨，無罣碍也。以禮爲翼者，所以行於世也；所謂“世法”。以知爲時者，不得已於事也；所謂“作用”。以德爲循者，言其與有足者至於丘也；而人眞以爲勤行者也。德本人所自有，順而循之則道也。如人本有足，所往自能行遠登高，而遂謂是勤苦修行，其寔何勤行之有！不過順其自然而已。

此合内外而言之也。莊生立言，不盡同于佛老，惟此數語，則二氏之微言也。夫克己去私，貴于勇决，吾儒自治，有時用刑，《易》曰“利用刑人”是也。然其去私也，乃所以存理也。刑其非吾體者，不以刑爲體也。異端不然，欲念理念，一槩删削，譬諸草木，苟有萌芽，卽行芟刈，獨留此兀然者而已。世謂黄老流爲刑名，不待流也。其體機深而肅殺，原種刑名之根。至于釋氏斬除尤勇，仁義之端一萌卽薙，敢于滅五倫而棄四大，綽乎其殺而已。殺體不可以行於世，則其用岐焉。故禮本吾性而謂行于世，是以禮爲僞也。知本吾情而謂不得已，是以性爲有内外也。惟以德爲循，有似率性之道，然不勤行而高語自然，則亦有非所循而循者矣。原其病根，皆由于以刑爲體故也。夫黄老高言清淨，釋氏矯語慈悲，而莊生乃謂“綽乎其殺”者，此則洞見其眞而質言之。二氏雖善辨，不能自解免也。昔者，孔子嘗言之矣，曰：“一陰一陽之謂道，繼之者善也，成之者性也。仁者見之謂之仁，知者見之謂之知。”儒者見性謂之仁，二氏見性謂之知。仁本陽，知本陰；陽舒則近禮，陰慘則近刑。故吾儒以禮爲用，而二氏以刑爲體，有由然也。知仁合一，則近道矣。不然者，寧偏于仁，毋偏于知。偏于仁，不失爲君子；偏于知，則流而入于忍，不可以不察也。

故其好之也一，其弗好之也一。其一也一，其不一也一。此總承上文。如刑、禮、智、德之類，是所好也；若狐不偕、務光之類，是所弗好也。然好與不好皆一。何謂皆一？道無彼此，亦無異同，一與不一，皆歸于一，則無不一矣。《齊物論》曰：“類與不類，相與爲類，則與彼無以異矣。”其一與天爲徒，其不一與人爲徒，天與人不相勝也，一者天所爲，不一者人所爲。然一與不一皆一，則無天之非人，而無人之非天矣。相待而非定，故曰“不相勝”也。是之謂眞人。

自此以上言“眞人”，自此以下言“眞知”也。

死生，命也，此句提綱挈領，一篇眉目所在。衆人貪生惡死，只是不知命；眞人不死不生，只是能至命。故首言天之所爲，此處言命也，結處言命也，夫如畫龍點睛也。其有夜旦之常，天也。死生如晝夜，皆天命之自然也。人之有所不得與[三]，皆物之情也。情，實也。死生之際，人不能爲力，皆實理如是，所謂“知之所不知”也。彼特以天爲父，倒句法，猶云“以父爲天”也。而身猶愛之，而况其卓乎！“卓”字精妙，“如有所立卓爾”，卽是此意。非眞顧諟明命，不解道此。人特以有君爲愈乎己，愈乎己，言勝無君也。孟子曰：“雖一日愈於己。”與此語相類。而身猶死之，而况其眞乎！“眞”字確實。天命無妄，皆實理也，故曰眞。言天命卓然，其理甚眞。生我成我，不啻君父。父生我而猶愛之，况天生我而敢不愛我乎！人有君而猶死之，况天命我而敢不死乎！可見修身俟命，懈不得一刻工夫，亦着不得一毫意見。此乃是聖學之薪傳，正不可以目爲異端而遂忽之也。泉涸，魚相與處於陸，相呴以濕，相濡以沫，不如相忘於江湖。與其譽堯而非桀也，不如兩忘而化其道。此皆喻辭，言養生而惡死，不如生死之兩忘也。夫大塊載我以形，勞我以生，佚我以老，息我以死。故善吾生者，乃所以善吾死也。生死一體，善則俱善。夫藏舟於壑，藏山於澤，謂之固矣。“藏”字最是養生秘訣。舟在水而云藏于壑，山在陸而云藏于澤者，天地間高下相因，通計大塊之體，水之兩旁必是山，山之四周必是澤也，如此藏法，幾于不得遯矣。然而猶有遯者，以其猶有藏也。然而夜半有力者負之而走，昧者不知也。讀此，令人魂夢皆驚矣。郭子元曰：“夫無力之力，莫大于造化者也。揭天地以趨新，負川嶽以舍故。故不暫停，忽已涉新，則天地萬物，無時而不移者也。今一交臂失之，皆在冥中去矣。故向者之我，非今我也。我與今俱去，豈常守故哉！而世莫之覺，謂今之所遇可係而在，豈不昧哉[四]！”藏大小有宜[五]，猶有所遯。若夫藏天下於天下而不得所遯，是恒物之大情也。不藏則無遯矣。特犯人之形言偶遇爲人也。而猶喜之。若人之形者，萬化而未始有極也，其爲樂可勝計邪？程子曰：“將此身放在萬物中一例看，小大快活[六]。”與此互相發明。程子横看，莊生豎看也。故聖人將遊于物之所不得遯而皆存。不藏于己而公于物，則物不遯，己常在，所謂“死生無變于己”也。凡以己爲有亡者，皆私己者也。至人無己，無己則無非己矣。物非無己，何亡之有！善夭善夭，則不夭矣，故以顔子爲夭者，非通論也。善老，善始善終，人猶效之，又况萬物之所係，而一化之所待乎！物不得遯，是萬物之所係也；皆存，是一化之所待也。所謂“品彙之根柢，造化之樞紐”也。夫道，有情有信，無爲無形；道者，天命之謂也。情信，卽所謂“眞卓”也。自其用之不息而言之，則曰有情；自其體之旡妄而言之，則曰有信。其不息者，自然而無爲，所謂“易知簡能”；其旡妄者，不滯于形氣，所謂“無聲無臭”也。只此八字，可抵一篇《太極圖說》。可傳而不可受，可得而不可見；有情有信，故可口傳心得；無爲無形，故不可見而受之。自本自根，道生物，無物生道，道自生也。道自生者，是自然而生，所謂“天而生”也。故曰“無自然而然[七]，自然之元”。未有天地，自古以固存；邵子曰“用在天地先，體立天地後”是也。神鬼神帝，鬼神者，造化之功用，而皆誠之不揜，是道神鬼也。帝者，造化之主宰，而皆誠之不息，是道神帝也。神者，靈也。無道，則鬼與帝不靈。理爲氣主也。觀其言眞卓，言情又言神，則周子所謂“誠神幾”者，莊生已知之矣。生天生地；觀“太極生兩儀”可見。在太極之先而不爲高，此句有語病。太極無先，彼以太極爲有，而謂無在有先，則是以有無爲二體，所謂“言有無，諸子之陋也”。在六極猶六合也。之下而不爲深，先天地生而不爲久，長於上古而不爲老。狶韋氏得之，以挈天地；伏羲氏得之，以襲氣母；維斗得之，終古不忒；日月得之，終古不息；堪坏得之[八]，以襲崑崙；馮夷得之，以遊大川；肩吾得之，以處泰山；黄帝得之，以登雲天；顓頊得之，以處玄宫；禺强得之，立乎北極；西王母得之，坐乎少廣，莫知其始，莫知其終；彭祖得之，上及有虞，下及五伯；傅説得之，以相武丁，奄有天下，乘東維，騎箕尾，而比於列星。

自“古之眞人”至此，爲一節。言眞人之眞知，所謂“知天之所爲者”也。可謂“通天人之道”，“知生死之説”矣。道之大原出於天，“維天之命，於穆不已”，天之所以爲天也。繼之者善也，成之者性也。率性之爲道，道本于性，性原于命，命出于天。故天命者，道之大宗也。命之大端，見于陰陽晝夜。死生，陰陽之大者也。陰陽兩化而一神，故晝夜死生，相待而成體。《易》曰：“通乎晝夜之道而知。”言晝夜之爲一也。又曰：“原始反終，故知死生之説。”始終者，一體之義也。無始不終，無終不始，終始合而後全，故生與死相成也。是命之著、道之行也，其理甚眞而不可易也。佛以性爲空，仙以人爲樂，故佛欲無生，而仙欲不死，皆不知天命者也。莊生其知之矣，曰：“死生，命也，其有夜旦之常天也。”是通死生于晝夜也。天道變化而曰卓，知其静而正也；天命於穆而曰眞，知其一而實也。静而正，一而實者，所謂誠也，誠則不息。其曰情者，誠之通也，道之用所以行也，誠則不妄；其曰信者，誠之復也，道之體所以立也。道各正而無妄，自通而自復，通復不已，而誠則一也。物亦各正而無妄，自生而自死，生死不已，而道則一也。故天道通乎晝夜，人性通乎死生；天道齊乎小大，人性公乎物我。性非有我之所得私而公乎物，形非一己之所能藏而隨乎化。氣推移而情信不損，人物變更而眞卓不遷。故可生可死，亦不死不生，遊於物所，不得遯而皆存。此天地之所以悠久，日月之所以貞明，山川之所以流峙，神聖之所以參天地，而配日星河嶽者也。佛欲無生，以生爲妄也，是不知眞卓情信也；仙欲不死，以死爲滅也，是不知晝夜始終也。通晝夜之道，知死生之説，究性命之原，一天人之理，其惟大《易》乎！《中庸》者，《易》之疏也。莊生噩噩，多與之合，此其所以冠百家而祖二氏也。

南伯子葵問乎女偊曰：“子之年長矣，而色若孺子，何也？”曰：“吾聞道矣。”即所謂“有情有信，無爲無形”也。南伯子葵曰：“道可得學邪？”曰：“惡！嘆聲。惡可！子非其人也。言無才也。夫卜梁倚有聖人之才，生質之美也。而無聖人之道，我有聖人之道，有之者，知之也。知之而欲得之，尚有多少工夫在！故知言頓悟者非也。而無聖人之才。吾欲以教之，庶幾其果爲聖人乎！不然，以聖人之道告聖人之才，亦易矣。吾猶守而告之，守之者，欲其功之純也。參日而後能外天下；外天下者，一切世故皆不以動其心也。已外天下矣，吾又守之，七日而後能外物；物者，吾身之物也。外物者，忘其肝膽，遺其耳目，故進于“外天下”也。已外物矣，吾又守之，九日而後能外生；所謂“不知説生，不知惡死”“兩忘而化其道”者，故進于“外物”也。已外生矣，而後能朝徹；人惟不忘其生，私己而欲藏之，故不與物通。今既外生，則無己而物化矣。故無徹。徹者，通也。朝徹者，一朝而徹，所謂“一旦豁然貫通”者也，所謂“一以貫之”者也，所謂“視天下無一物非己”者也，是吾性之量也。舊解作平旦之氣，淺矣！朝徹，而後能見獨；不能一貫，則有彼此，所謂“天下之物，無獨必有對”也。今既朝徹，則貫通矣。一以貫之，更無有兩，故曰獨也。物皆有對，惟道無對，惟心無對，惟性無對。道本于性，性具于心。三者同出而異名，其實一也。上天下地，止此一件，更無別物。鳶飛魚躍，舉目便見，不待閉目而冥索之，故曰“見獨”也。是吾性之體也。朝徹，則心公；見獨，則性定。得聞性道與一貫者，乃能解此。數千年來，尊莊子與闢莊子者，皆不知莊子者也。見獨，而後能無古今；此性之體無有彼此，亦無始終。上天下地，往古來今，其致一也。獨者，無貳無雜，無古今者，所謂“無間斷先後”也。程子曰：“但得道在，不係今與後、己與人。”大哉言乎，其性知者矣！無古今，而後能入于不死不生。古今不異，則死生無變矣。本無損而何死，未嘗益而何生乎！朱子有曰“這箇何嘗動”是也。殺生者不死，生生者不生。此覆解“不死不生”句。言不死者非不死也，殺生者自死，而道不死也；不生者非不生也，生生者自生，而道不生也。試觀古今來生生死死，晝夜不息。天地之道，初無盈虧，在人身者，猶其在天地者也。雖百般戕賊，終年斲喪，而放下屠刀，立地成佛，此性毫無虧損；雖涵養擴充，參贊位育，而極其分量，皆性命所固然，又何嘗少加毫末也哉！胡滄曉曰：“百川日夜歸虛谷[九]，消息盈虛水不知。”可謂通儒矣。其爲物，無不將也，往者過也。無不迎也；來者續也。無不毁也，化之也。無不成也。育之也。其名爲攖寧。二字精妙。所謂“靜亦靜，動亦靜”也，非不動之謂也。周子曰：“動而無靜，靜而無動，物也；動而無動，靜而無靜，神也。動而無動，靜而無靜，非不動不靜也。”此是攖寧眞解。非不動靜者，攖也；本無動靜者，寧也。攖寧也者，攖而後成者也。”道體本無動靜，故學道者不可厭動而求靜，必于攖虛得其靜體，則眞寧矣。所謂“制外以養中”“眞積力久”“日後一貫”者。其語道也，不入寂滅；其語學也，不求頓悟。斯孔氏之徒與，進于二氏矣。

南伯子葵曰：“子獨惡乎聞之？”曰：“聞諸副墨之子，書也。副墨之子聞諸洛誦之孫，讀書也。洛誦之孫聞之瞻明，見而知之。瞻明聞之聶許，聞而知之。聶許聞之需役，漸而知之。需役聞之於謳，行而樂之。於謳聞之玄冥，樂則天矣。玄冥聞之參寥，學至于天，止矣。然未有天地而道已存，故必當溯諸參寥也。參寥聞之疑始。”道在天下，萬物資始，然自本自根，不知其所以始，故曰“疑始”。

此段爲一節，言所以得道之方，所謂“知人之所爲者”也。《中庸》曰：“誠者天之道也，誠之者人之道也。”眞人、眞知，言天道也。眞人者誠也，眞知者明也。由誠而明，自然得道，所謂“從容中道”者也。其次必用力以求得之，所謂“人之道”也。其語道也，貫乎動靜；其語學也，兼乎知行。始于聞見，終于性天，由勉幾安，由大入化。用功之先後，得效之淺深，源流井井，本末具在。世乃有遺聞，見之知而捷言頓悟禪，力行之難而高語自然者，又莊生之罪人也。

自此以上，言《大宗師》之理已盡；自此以下，皆引証之辭也。

子祀、子輿、子梨[一〇]、子來四人相與語曰："孰能以無爲首，以生爲脊，以死爲尻，首、脊、尻是一體。孰知死生存亡之一體者，總承上三句。張子曰："聚亦吾體，散亦吾體。"此之謂也。吾與之友矣。"四人相視而笑，莫逆於心，遂相與爲友。俄而子輿有病，子祀往問之。曰："偉哉！夫造物者，將以予爲此拘拘也！曲僂發背，上有五管，頤隱於齊，肩高於頂，句贅指天。"形狀與支離疏相似。陰陽之氣有沴，亂也。其心閒而無事，氣沴而心自閒，此是何等本領。跰䟫而鑑於井，曰："嗟乎！夫造物者又將以予爲此拘拘也。""又"字妙，今生已過，來生又來也。子祀曰："女惡之乎？"曰："亡，無同。予何惡！浸假而化予之左臂以爲雞，予因以求時夜；浸假而化予之右臂以爲彈，予因以求鴞炙；浸假而化予之尻以爲輪，以神爲馬，予因而乘之，豈更駕哉！因物付物，因時制宜，目前便有此象，不待六道輪迴之後也。且夫得者，時也；失者，順也。安時而處順，哀樂不能入也。此古之所謂縣解也。縣解，見《養生主》篇。而不能自解者，物有結之。殺生者結病，養生者結丹。人謂丹成而無病，不知縣而不解，則丹亦病也，以物有結之也。物不勝天，終歸于化，故不如因而順之。且夫物不勝天久矣，吾又何惡焉！"俄而子來有病，喘喘然將死。其妻子環而泣之。子梨往問之，曰："叱！避！無怛化！"言無以哭驚其化也。倚其户與之語曰："偉哉造化！又將奚以汝爲，將奚以汝適？往也。以汝爲鼠肝乎？以汝爲蟲臂乎？"鼠無肝，蟲無臂，言將化爲無物也，與《楞嚴經》言"龜毛兔角"同義。子來曰："父母於子，東西南北，惟命之從。陰陽於人，不翅於父母。彼近吾死而我不聽，我則悍矣，彼何罪焉！"父猶愛之，而況其卓；君猶死之，而況其眞"，此之謂也。夫大塊載我以形，勞我以生，佚我以老，息我以死。故善吾生者，乃所以善吾死也。今大冶鑄金，金踴躍曰'我必且爲鏌鋣'，大冶必以爲不祥之金。妙喻，可令頑石點頭。今一犯人之形，而曰'人耳人耳'，夫造物者必以爲不祥之人。仙羽化而佛再來，恐皆不免此譏。今一以天地爲大鑪，以造化爲大冶，惡乎往而不可哉！"所謂"若人之形者，萬化而未始有極"也。其爲樂，可勝計也！成然寐，蘧然覺。前以生死爲夜旦，此以生死爲夢覺。以爲夜旦者，知天也；以爲夢覺者，知人也。子桑户、孟子反、子琴張三人相與友，曰："孰能相與於無相與，相爲於無相爲？孰能登天遊霧，撓挑無極，相忘以生，所謂"兩忘而化其道"，能外生者也。無所終窮？"忘生，則不死矣。三人相視而笑，莫逆於心，遂相與友[一一]。莫然有閒而子桑户死。未葬。孔子聞之，使子貢往待事焉。或編曲，或鼓琴，相和而歌曰："嗟來桑户乎！嗟來桑户乎！而已反其眞，而我猶爲人猗！”子貢趨而進曰：“敢問臨尸而歌，禮乎？”二人相視而笑曰：“是惡知禮意！”禮必有意，所謂和也，然臨尸而歌，則已甚矣，所謂“知和而和者”也。子貢反，以告孔子，曰：“彼何人者耶？修行無有，而外其形骸，臨尸而歌，顏色不變，無以命之，彼何人者邪？”孔子曰：“彼，遊方之外者也；而丘，遊方之内者也。道非外内，此非夫子之言也。外内不相及，而丘使女往弔之，丘則陋矣。彼方且與造物者爲人，與天爲徒也。而遊乎天地之一氣。三才異體，其氣一也。彼以生爲附贅縣疣，太虛之中，結此血肉之軀，有如贅疣也。以死爲决疣潰癰。形骸既化，復歸太虛，則贅疣消矣。夫若然者，又惡知死生先後之所在！先生後生，其生一也；先死後死，其死一也。先生後死，先死後生，生死循環，不知其先後之所在也。假於異物，託於同體；生者，假借也。五官百骸，異物合體，而非眞我也。忘其肝膽，遺其耳目，皆異物也，故可遺忘。反覆終始[一二]，不知端倪；貞元迭運，始終循環，程子曰：“動靜無端，陰陽無始。”非知道者，孰能知之？芒然彷徨乎塵垢之外，逍遥乎無爲之業。彼又惡能憒憒然爲世俗之禮，以觀衆人之耳目哉！”以禮爲觀衆人之耳目者，可謂不知禮矣。此非夫子之言也。子貢曰：“然則，夫子何方之依？”曰：“丘，天之戮民也。彼以方内爲結桎，如天之形之也。此非夫子之言也。雖然，吾與汝共之。”子貢曰：“敢問其方。”求所以免戮之方也。孔子曰：“魚相造乎水，人相造乎道。相造乎水者，穿池而養給；穿其池以通江湖也。相造乎道者，無事而生定。故曰，魚相忘乎江湖，人相忘乎道術。”所謂“兩忘而化其道”也。以池域水則失養，以方域道則事多。故池穿而養給，以其相忘于江湖也；方化而生定，以其相忘乎道術也。程子曰：“與其是内而非外，不若内外之兩忘也，兩忘則澄然無事矣。”子貢曰：“敢問畸人。”言如是則異于人也。曰：“畸人者，畸於人而侔於天。人盡則天合矣。故曰，天之小人，人之君子；人之君子，天之小人也。”天人一理，此非夫子之言也。顏回問仲尼曰：“孟孫才，其母死，哭泣無涕，中心不慼，居喪不哀。無是三者，以善喪蓋魯國。固有無其實而得其名者乎？回一怪之。”仲尼曰：“夫孟孫氏盡之矣，進於知矣。與前知天、知人、眞知，相照應。唯簡之而不得，夫已有所簡矣。于禮之中，存禮之意也。孟孫氏不知所以生，不知所以死；不知就先，不知就後；所謂不知死生先後所在。若化爲物，以待其所不知之化已乎！生者，化也。人亦物也，雖生爲人，若化爲物，此所化者不知又化何物，人與物皆化，而又何哀樂之有！且方將化，惡知不化哉？化爲異物，猶不化也，即前雞彈輪馬之説也。方將不化，惡知已化哉？目前生者無刻不化，即前藏舟藏山、夜半負走之説也。吾特與汝。其夢未始覺者邪！言生夢而死方覺也。且彼有駭形而無損心，形有死生，心無死生。其形化，其心與之然者，庸人也。聖人無形而心成，故形化而心無損焉。有旦宅而無情死。旦，暫也。

情，實也。心既無損，則其死也不過暫宅于地下，所謂“息我”也，而豈眞死哉！孟孫氏特覺，人哭亦哭，是自其所以乃。既無情死，果可不哭，然而人皆哭之，必與人異，則又非矣，所以人乃爾亦乃爾也。且也相與吾之耳矣。人哭亦哭，猶有人之見者存也。彼且相與吾之，萬物一體，原無彼我，人化亦吾化也，人哭亦吾哭也。程子曰：“仁者以天地萬物爲一體。”“其視天下，無一物非我”，卽所謂“相與吾之”也。郭子元曰：“夫死生變化，吾皆吾之。卽皆自吾，吾何失哉，未始失吾，吾又何憂哉！無逆，故人哭亦哭；無憂，故哭而不哀。”孫月峯曰：“‘吾’字與‘乃’字對，‘乃’作彼觀，‘吾’作我觀。”庸詎知吾所謂吾之乎？且汝夢爲鳥而厲乎天，夢爲魚而沒於淵。不識今之言者，其覺者乎，其夢者乎？相與吾之，猶有我之見存也。庸詎知所謂吾之者，何謂乎？汝不能知，但卽汝而觀，汝可夢爲物，則物亦可夢爲汝，惡知今之言者，非物之所夢也。然則生非果生，而死非實死，生死物我，未有分也。物我未分，故人哭亦哭，生死不分，則吾無哀矣。造適不及笑，獻笑不及排，造作求適，不如付之一笑；笑猶多事，不如任其推移。安排而去化，乃入於寥天一[一三]。郭子元曰：“安于推移，而與化俱去，乃入于寂寥，而與天爲一，自此以上，至于‘子祀’，其致一也。”

自“子祀”至此爲一節，言眞人之得道者。與前“死生命也”一段，互相印証，所謂“知天之所爲者”也，言天道也。

意而子見許由，許由曰：“堯何以資汝？”資，猶益也。意而子曰：“堯謂我：‘汝必躬服仁義而明言是非。’”許由曰：“爾奚來爲軹？只同，語辭也。夫堯既已黥汝以仁義，而劓汝以是非矣，汝將何以遊夫遥蕩恣睢轉徙之塗乎？”意而子曰：“雖然，吾願遊於[一四]其藩。”許由曰：“不然。夫盲者無以與乎眉目顔色之好，瞽者無以與乎青黄黼黻之觀。”意而子曰：“夫無莊之失其美，據梁之失其力，黄帝之亡其知，皆在鑪錘之間耳。言陶鎔也。庸詎知夫造物者之不息我黥而補我劓，使我得乘成以隨先生邪？”此數句，乃是要義。聖人之裁成萬物，而與夫輔相天地，皆是此理。大道非遥，欲之卽是；人性不死，復之卽全。天之所爲，卽在人之所爲之中。故仁義是非之内，卽可息黥補劓而底于成。蓋將陶鑄堯、許爲一矣。此天道所以可合，而人道所以有功也。許由曰：“噫！未可知也。意而數語，寔是至言，故許由不復置辨，但恐其未能至是耳。我爲汝言其大略。吾師乎！吾師乎！整萬物而不爲義，澤及萬世而不爲仁，不爲仁義，則黥息矣。長於上古而不爲老，覆載天地刻雕衆形而不爲巧。能古而拙，則是非之劓亦補矣。此所遊已。”顔回曰：“回益矣。”仲尼曰：“何謂也？”曰：“回忘仁義矣。”曰：“可矣，猶未也。”他日，復見，曰：“回益矣。”曰：“何謂也？”曰：“回忘禮樂矣。”曰：“可矣，猶未也。”他日，復見，曰：“回益矣。”曰：“何謂也？”曰：“回坐忘矣。”忘仁義禮樂，前所謂“外物”者，而坐忘則“外生”者也。仲尼蹵然曰："何謂坐忘？"顏回曰："墮肢體，黜聰明，離形去知，同於大通，此四字，括盡一篇要義。天地萬物，本通爲一，是謂大通。忘己而與之混同，則物我。一死生，合天人，而性命之眞體見矣。此謂坐忘。"仲尼曰："同則無好也，大同于物，則不喜人之形而藏之，故無好。化則無常也。遊于物所不得遯而皆存，則無常乃所以常存也。而果其賢乎！丘也請從而後乎。"

自"意而子"至此爲一節，言所以得道之方。與"南伯子葵"一段，互相印証，所謂"知人之所爲者"也，言人道也。

子輿與子桑友，而霖雨十日，子輿曰："子桑殆病矣！"裹飯而往食之。至子桑之門，則若歌若哭，鼓琴曰："父邪！母邪！天乎！人乎！"有不任其聲而趨舉其詩焉。飢則不成聲，其詩亦信口舉之也。子輿入，曰："子之歌詩，何故若是？"曰："吾思夫使我至此極者而弗得也。父母豈欲吾貧哉？天無私覆，地無私載，天地豈私貧我哉？求其爲之者而不得也。此數語須善會，若認作怨天尤人之辭，不惟低却子桑身分，且使一篇文義不明。此乃是心閒無事，仔細體認之辭。覺得造化之故，實不可解，則眞解出矣。何謂眞解？莫之爲而爲，乃是眞天；莫之致而至，乃是眞命也。故曰"知天之所爲者天而生也"。然而至此極者，命也夫！"點出"命"字作結，萬水歸源，一滴不漏。以見人之所爲，舉目信步，莫非天命之流行。無爲無形，而有情有信，卓然甚眞，盡性以至于命，則天人合，而《大宗師》之理盡矣。

此段爲一節，言天人之合一也。如此閎博奥衍之文，却以淡語冷結，使讀者悠然有會於言外，筆墨眞化爲煙矣。

通篇以"命"字作主。天之所爲，則是命人之所爲而已。人爲之盡，乃與天合，其歸一也。"眞人""眞知"，言"知天之所爲"；"南伯子葵"，言"知人之所爲"；"子祀"至"孟孫才"，証知天所爲者；"意而子""顏回"，証知人之所爲；子桑知命，証天人之合一，而啟人以至命之極功也。段落簡明，無煩衍說，其中齊物我之化，一生死之體，究性命之原，合天人之道，言多粹精，類非二氏所能及。特其既知大道之元同，而又言方有内外，既知天人之一致，又欲舉仁義禮樂而去之，則是形上形下，終判爲二域，下學上達，終分爲二候。所以舍近騖遠，違下窺高，而道術爲天下裂。學者取其獨至之識，而辨其似是之非，則亦窮理盡性之一助也。

【校記】

[一]"不止"，原脱，今據乾隆刻本補。

[二]"閑"，集釋本作"閉"。

[三]"有所"，原互乙，今據集釋本改。

[四]郭注"造"作"變"，"一交"作"交一"。

[五]“大小”，集釋本作“小大”。

[六]“小”，上當脱“大”字。

[七]“無自然而然”，《玄眞子》作“無自而然”。

[八]“堪坯”，集釋本作“堪坏”；《釋文》：崔作邳，司马云堪坏神名，人面兽形。

[九]“百川日夜歸虚谷”，《篝燈約旨》作“百川總向歸墟合”。

[一〇]“梨”，集釋本作“犁”，後同。

[一一]集釋本“與”下有“爲”字。

[一二]“覆”，原作“復”，今據集釋本改。

[一三]“一”，原脱，今據集釋本補。

[一四]“於”，原脱，今據集釋本補。

應帝王

以道應物，帝王之治也。

此承前篇“攖寧”“坐忘”之義，言本此以應世，則無爲而治矣。《大宗師》者，内聖之極功；《應帝王》者，外王之能事也。

齧缺問於王倪，四問而四不知。此便是治天下妙理。無思無爲，上不知也；不識不知，下不知也。上下不知，至治之極。此乃未鑿之混沌，與結處一氣呼吸。故曰“七篇起結皆是一色手法”也。齧缺因躍而大喜，行以告蒲衣子。蒲衣子曰：“而乃今知之乎？言其悟之晚也。有虞氏不及泰氏。有虞氏，其猶藏仁義以要人[一]，藏而要之，是有知也。亦得人矣，而未始出於非人。非人者，天也。藏仁要人，雖能得人，而其天漓矣。泰氏其卧徐徐，其覺于于；一以己爲馬，一以己爲牛；無物我是非之見也。其知情信，其德甚眞，情信，即前篇所謂“有情有信”也。道本情信，知登假于道，亦與爲信。信，故其德眞實而無妄，雖知猶不知也。而未始入於非人。”知信德眞，入于天矣，而渾然忘之，未始以爲非人，所謂“天與人不相勝”者也。

此言治天下者泯其知識，無鑿混沌，去人之有爲，而同天之無爲，乃爲至治。虛籠一篇之大義。

肩吾見狂接輿。狂接輿曰：“日中始何以語汝？”肩吾曰：“告我句。君人者以己出經式義度，經常之式，政也。道義之度，禮也。以己出之，則議道自己，而爲政以德矣。人孰敢不聽而化諸！”以爲不敢不化，則不化矣。夫化者，忘其不敢者也。狂接輿曰：“是欺德也。禮法政刑，治民于外，故曰欺德。其於治天下也，猶涉海鑿河而使蚉負山也。夫聖人之治也，治外乎？不欺，故治内也。正而後行，確乎能其事者而已矣。使之各正其性命，而後率其性而行之，則萬物確乎各有其能事，而不必以己之式度繩之于外也。天下咸若其性，而我無與焉，治之至也。且鳥高飛以避矰弋之害，鼷鼠深穴乎神丘之下以避熏鑿之患，而曾二蟲之無知！”民本安然無事，而我以式度治外，是熏鑿其民而矰弋之也。民將避之矣。

此言以有爲治之而不治也。

天根遊於殷陽，至蓼水之上，適遭無名人而問焉，曰：“請問爲天下。”病根在一“爲”字。無名人曰：“去！斥之也。汝鄙人也，何問之不預也！不預，言無預于己之事，嫌其發問之不切也。予方將與造物者爲人，《外篇》曰："不與化爲人，安能化人。"此之謂也。厭句。則又乘夫莽眇之鳥，以出六極之外，而遊無何有之鄉，以處壙垠之野[二]。汝又何帠以治天下感予之心爲？"感，動也，言心不可爲治天下所動也。又復問，無名人曰："汝遊心於淡，合氣於漠，順物自然而無容私焉，而天下治矣。"無欲而復其性，則遊心于淡矣；克己而通其命，則合氣于漠矣。淡漠者，物之自然也。順其自然而無私，則物各適其性命而不擾，天下惡有不治者哉！無爲而天下治，篤恭而天下平，其理寔是如此，不可槩以爲荒唐而棄之也。

此言以無爲治之而自治也。

陽子居見老聃，曰："有人於此，嚮疾彊梁，勇也。物徹疏明，智也。學道不勸，仁也。如是者，可比明王乎？"老聃曰："是於聖人也，胥易技係，勞形怵心者也。胥者，胥徒。技者，工技。易者，更番直日。係者，居肆不遷。是限于時而局于事，勞其形以憂其心。有爲不化，與此等耳。言其不能遊于無有，則傷其内也。且也虎豹之文來田，致人獵去也。猨狙之便執斄之狗來藉。致人羈縻也，言不能立乎不測，則傷于外也。如是者，可比明王乎？"陽子居蹵然曰："敢問明王之治。"老聃曰："明王之治：功蓋天下而似不自己，化貸萬物而民弗恃。有莫舉名，使物自喜。立乎不測，而遊於無有者也。"

此段承前起後，一篇關鍵，言所以有爲不治，無爲而後治者。蓋以有心爲之，則我不能遊于無有，既勞心而傷其内，人有以窺而測之，將侮我而傷其外。故必淡漠無爲立乎不測，而遊於無有，乃可以應天下，而不爲天下所傷也。"立乎不測"二句，有如出題，"季咸"以下，皆發此意也。前幅迤邐寫來，中點出，而後發輝之，其謀篇與《逍遥遊》同。

鄭有神巫曰季咸，知人之死生存亡，禍福壽夭，期以歲月旬日，若神。鄭人見之，皆棄而走。恐被指摘也。列子見之而心醉，心服之甚也。歸，以告壺子，曰："始吾以夫子之道爲至矣，則又有至焉者矣。"言季咸勝于壺子也。壺子曰："吾與汝既其文，未既其實，而固得道與？既，盡也。言汝雖盡見我之文，未嘗盡見我之實，而豈能知我之道哉！衆雌而無雄，而又奚卵焉！雌所以能卵者，皆雄始其機，無雄則雌奚卵焉！人所以能相者，皆我示以心，無心則人奚相焉！先喻而下乃証之。而以道與世亢，必信，夫故使人得而相汝。亢而求伸，如有雄焉。故人得而相汝，猶雌之得卵也[三]。嘗試與來，以予示之。"明日，列子與之見壺子。出而謂列子曰："嘻！子之先生死矣！弗活矣！不以旬數矣！吾見怪焉，見濕灰焉。"言無生氣，如濕灰之不復燃也。列子入，泣涕沾襟以告壺子。壺子曰："向吾示之以地文，萌乎不震不正，"萌乎"二字，宜善會。果如濕灰，則已死矣。聖人之道，不入斷滅寂然之内，如有萌芽。此誠之復而乾之元也，但未入動機，而又無正相，故淺人以爲近死耳。是殆見吾杜德機也。杜，閉也。嘗又與來。” 明日，又與之見壺子。出而謂列子曰：“幸矣，子之先生遇我也！有瘳矣，全然有生矣！吾見其杜權矣。”言其杜者，有變動之境也。列子入，以告壺子。壺子曰：“鄉吾示之以天壤，天壤，猶云天境。名實不入，而機發於踵。是殆見吾善者機也。天體冲虛，而生機不息，故曰“繼之者善也”；人心冲虛，而生意自動，其善與天同，故曰“善者機也”。嘗又與來。”明日，又與之見壺子。出而謂列子曰：“子之先生不齊，吾無得而相焉。試齊，且復相之。”列子入，以告壺子。壺子曰：“吾鄉示之以太冲莫勝。是殆見吾衡氣機也。地文陰勝，天壤陽勝。陽陰冲和，則莫勝矣。莫勝則均，均則平，故曰“衡氣機也”。鯢桓之審爲淵，止水之審爲淵，流水之審爲淵。淵有九名，此處三焉。鯢，大魚。桓，盤桓也。審，水之洄旋處也。機發于踵，鯢桓之審；不震不正，止水之審；太冲莫勝，流水之審也。文勝平衍[四]，故于此處用總束一段，使不散漫。罄控縱送，極行文能事。嘗又與來。” 明日，又與之見壺子。立未定，自失而走。壺子曰：“追之！”列子追之不及。反，以報壺子曰：“已滅矣，已失矣，吾弗及矣。”壺子曰：“鄉吾示之以未始出吾宗。地文陰也，天壤陽也。太冲莫勝，陰陽和也。陰陽互根，皆宗乎太極。凡機之發，皆出乎宗，而由陰陽以返太極，則一元未亨。渾然寂然，萬理咸在，而機未始出吾宗，所謂“喜怒之未發者”也，性之體也。《中庸》曰：“淵淵其淵。”此九淵之首乎！吾與之虛而委蛇，“虛”字，是一篇要義。“立乎不測，而遊于無有”，皆不外此。後“亦虛而已”，與此呼應。不知其誰何，因以爲弟靡，弟，音頹，義亦同。因以爲波流，又似弱而不舉，又似流而不息。此眞性海瀰淪光景[五]，門外人不知也。故逃也。”然後列子自以爲未始學而歸，三年不出。爲其妻爨，食豕如食人，可謂忘機之至。於事無與親，雕琢復樸，塊然獨以其形立。紛而封哉，雖處紛紜，而内者不出，若封之焉。此是壺子薪傳，能如是，則不得而測之矣。一以是終。

此段講“立乎不測”也。

無爲名尸，無爲謀府，無爲事任，無爲知主。尸，主也，府，聚也。任，當于己也。主，先乎物也。未嘗無名而人自稱之，未嘗爲之主也；未嘗無謀而過不留，未嘗藏而聚也；未嘗無事而與衆共之，不以獨任于己；未嘗無知而與物推移，不作主張而先乎物也。此所謂“順物自然而無容私”者，而非愚昧懦弱之謂也。體盡無窮，體偹天下之無窮，所謂“大本達道，一以貫之”也。而遊無朕。萬物皆在，而實無形色聲臭，故體雖皆備，而心常遊于無朕，此靜處也。盡其所受乎天踐其形而復其性也。而無見得，未嘗造作而增益之，故不見得，此動處也。此數語實是聖人境界。孟子曰：“萬物皆備於我矣。”此“體盡無窮”也。孔子曰：“吾有知乎哉？無知也。”此“遊無朕”也。孟子曰：“惟聖人然後可以踐形。”又曰：“天之所與我者，先立其大者。”此“盡其所受乎天”也。孔子曰：“君子道者三，我無能焉。”又曰：“君子之道四，丘未能一焉。”此“無見得”也。亦虛而已。“虛”字，是莊子一生本領。“亦”字，與上文呼應，言立不測者，虛而委蛇，遊無有者，亦虛而已，以少對多而情理各足，所謂“參差可觀”也。

此段講“遊於無有”也。

至人之用心若鏡，此句總承上二段，言不測非以愚人，無有非以愚我。立乎不測者固虛，遊于無有者亦盡。虛則生明，故若鏡焉。明者，帝王之所以治天下也，故曰“明王而必本于虛”。此所謂“天德王道，一以貫之”者也。不將已往者不送也。不逆，未來者不迎也。應而不藏，此句是《應帝王》正文。言以一心因應乎天下，如物來而鏡自照之，然用雖萬變，而本體自如。亦如鏡焉，所照之物已過，則虛明之體如故，未嘗藏纖芥于其中也。不將不逆者，意必固我之俱忘；應而不藏者，所謂“因物行物，雖有天下而不與”者也。誰謂莊生可槩以異端目之哉！故能勝物而不傷。此句總結通篇。能勝物者，無勞形怵心之患而不傷者，無來田來藉之端也。

此段正結，言能虛而無爲，則天下自治而我不傷也。

南海之帝爲儵[六]，北海之帝爲忽，中央之帝爲渾沌。即篇首所謂不知而甚真者也。儵與忽時相遇於渾沌之地[七]，中央者，萬化之所會也。渾沌待之甚善。渾沌，則無所不善矣。儵與忽謀報渾沌之德，報德便多事，凡人之所以利者，乃其所以爲害也。曰：“人皆有七竅以視聽食息[八]，此獨無有，所謂“無眼耳鼻舌身意”者也。嘗試鑿之。”日鑿一竅，七日而渾沌死。嗜欲既開，則天真喪；機智日生，則淳樸喪。故曰“渾沌死”也。

此段互結[九]，言不能虛而至于有爲，則天下未治，而我已傷矣。古之治天下者，渾沌而已矣。渾沌者，不知之謂也。上以不知御下，下以不知逼上。同乎無知，其德不亂；同乎無欲，是謂素朴，素朴而民情得矣。故無知也，而後無爲；無爲也，而後治。有虞氏其猶有知也，泰氏進於無知矣。有知而有爲，則法立而奸生，令下而詐起，經式義度愈出而民愈避；無知而無爲，則我遊心于淡，民合氣于漠，自然無私而天下治矣。夫其所以有爲不治，無爲而後治者，何哉？天下者，大物也。有大物者，不可以物物，物而不物于物，乃可以勝物。是故以智測之而不勝，以勇劫之而不勝，以術誘之而不勝。一有所恃，則不可恃矣。故天下之仁人，蒿目而憂世之患；萬乘之君，憂慄乎廟堂之上。此不勝天下也，是胥易技係，勞形怵心者也。人君之心止一耳，前後左右無不窺而測也。左右婦寺，日餂以食其意；公卿大臣，日愚以盜其權。薄海億兆，日媚以望其澤。一有所向而爲所測，則起而中之矣，中之而不能不爲所中也。始而逢迎之，逢迎之而喜，則敢侮弄之，侮弄之而不怒，則敢劫制之，而危亂滅亡之患至矣，所謂“虎豹來田，猨狙來藉”者也。勞形怵心者，傷于內；來田來藉者，傷于外。欲去是二患，必立乎不測，而遊於無有者也。立乎不測者，非愚人也；遊於無有者，非愚己也。其道不外乎虛，虛而不露其機則不測；虛而不滯于迹則無有，所謂“惟道集虛”者也。能虛則明生焉。虛而明者，帝王之所以應天下也。虛則廓然而大公，明則物來而順應。大公則意必之見俱忘，順應則靜虛之體不攖。惟其虛而能應，故勝物而無勞形怵心之患，惟其應而仍虛，故不測而無來田來藉之傷。此所謂"舜禹有天下而不與"，乃無爲而治之寔也。不然而必欲用知以爲天下，則我生其機智，而人散其淳朴。上不知御下[一〇]，是上鑿下也；下以知逼上，是下鑿上也。上下交相鑿，而天下亂矣。文之首尾脉絡甚明，而其道亦未嘗無取焉。拘儒淺見，聞淡漠而天下治，則以爲誕。夫老莊固誕，孔子亦誕乎？孔子曰："無爲而治者，其舜也與！"則堯舜孔子之所以治天下，其亦可思矣。仲弓問子桑伯子，子曰："可也，簡。"簡近于無爲，而曰可者，謂其亦可以治天下也。漢之文帝是也。子曰："道之以政，齊之以刑，民免而無恥；道之以德，齊之以禮，有恥且格。"老莊本乎道德之意，乃欲并齊機而齊之，此則居簡行簡之過。然以視徒政刑者，不猶愈乎！是孔子之所可也。學者知其偏而救之，仲弓焉，斯善矣。不可并其長而槩沒之也。

此七篇者，所謂《内篇》者也，是莊子所手訂也。《逍遥遊》者，言其志也。《齊物論》者，知之明。《養生主》者，行之力。《人間世》，則處世之方。《德充符》，則自修之實。《大宗師》者，内聖之極功。《應帝王》者，外王之能事也。所謂"部如一篇，增之損之而不能，顛之倒之而不可"者也。鯤鵬之大，卽是"無所困苦"之根。喪耦、喪我，乃其因是物化之故。吾生有涯，而火傳則無盡也。往而刑，不如其僅免刑也。無形而心成，則獨成其天矣。天之所爲者，其命也夫。四問不知，眞未鑿之渾沌也。此所謂"篇如一章，首尾呼應，一氣貫注"者也。《逍遥遊》，只是大不困苦。《齊物論》，只是我與物化。《養生主》，只是薪盡火傳。《人間世》，只是無用免刑。《德充符》，只是無形心成。《大宗師》，只是達天知命。《應帝王》，只是無爲而治。此卽所謂"篇如一句，如龍戲珠，江翻海湧，而阿堵中物，乃止徑寸"者也。不寧惟是已焉！至人無己，《逍遥遊》之精義，而喪我物化，乃無己之至也。天君眞宰，《齊物論》之實理，而生主無盡，卽眞宰之體也。《人間世》，袪養生之外患，而心齋無用，猶緣督也。《德充符》，統處世於内修，而遊心成和，猶心齋也。《大宗師》之知命達天，則獨成其天之盡境。《應帝王》之無爲而治，則坐忘攖寧之緒餘也。由此觀之，一部且如一章矣。至人無己，性體之虛也。喪我物化，則虛公之至矣。緣督遊於虛也，心齋虛其内，無用虛其外也，德充近于實矣。然内保而外不蕩，不以滑和，不以入于靈府，猶之虛也。坐忘攖寧，則虛之所以立體；不測無有，則虛之所以致用也。

七篇之意，一言以蔽之曰：遊心於虛而已。由此觀之，則一部且如一句矣。若是者，何也？曰：凡以云通也。天下之文，其離奇變化，而不可驟通，至《南華》而止矣。然熟讀而細玩之，則見其部如一篇，篇如一章，且如一句，如是其通也。又見其部如一章，且如一句，如是其通之甚也。然則天下之妙文，而必無不通，其信然矣。學者得是術也，以往，將能盡通天下之文，而其所自作，亦無不通。是則吾所以註《南華》之意也。

【校記】

［一］“其”，原脫，今據集釋本補。

［二］“曠垠”，集釋本作“壙埌”。

［三］“之”，原作“也”，今據乾隆刻本改。

［四］“勝”，乾隆刻本作“勢”。

［五］“性”，原衍，今據乾隆刻本删。

［六］“儵”，集釋本作“儻”，後同。

［七］“相”下，集釋本有“與”字。

［八］“息”，原作“忘”，今據集釋本改。

［九］“互”，當作“反”。

［一〇］“不”，當作“以”。

附録：

乾隆刻本題臨泉孫嘉淦著《南華通》序

人之言曰："《南華》之文，天下之至奇也。來不知所自來，去不知所自去，忽而如此，倏而如彼，使人迷而不得其指歸。"我則竊謂不然。夫文猶言也，言心聲也，言以明志，文以達言。今試有人於此，忽焉而語東，忽焉而語西，起不知其所謂，止不得其所歸，若非夢囈，不且喪心乎哉？且夫古之人原無意於作文也。無意作文，而不免作文。此蓋其胸中若干日月以來，有不能自秘之一二語焉，而借筆墨以傳之也。顧以爲舉此一二語而直然書之，如鳥之戛然一聲而遂已，則懼其約而不詳也，徑而少味也，不文而行之不遠也。於是用其靜細之心，發其幽渺之想，驅其淵博之學，佐其馳騁之才，或推之於一二語之先，或繞之於一二語之後，如輪斯轉，如鈞斯旋，而其文來矣。

人第見其來也，而不知其注念於去者，蓋已久也。逆注其去而有來，斯迴應其來而有去，不注其去而來，則爲直爲突爲謾爲誕。不應其來而去，則爲弱爲脫爲贅爲散。故文而不妙則已，文而果妙也者，其來無定而皆可定也，其去無定而皆可定也。其來也，於其去處來；其去也，於其來處去。此自然之定理，不易之定法也。來去既定，大勢已得，把柄在手，縱橫自如。由是於其中間起之伏之，頓之挫之，分之合之，斷之續之，離奇出沒，而其脉不亂，旁搜遠引，而其意不雜。來去既定，於其中間復不亂雜。夫而後其所作之書，一部如一篇也，一篇如一章也。不寧惟是，夫且一篇如一句也，一部如一篇者。凡其所作，皆確有原委，又確有次第，增之損之而不能，顛之倒之而不可。指馬之百體非馬，而馬立乎前者，骨雖各具，而筋實相連，一氣貫注，無欠無餘也。一篇如一章者，來確有其自來，去確有其自去，前瞻後顧，起呼末應，有如循環，首尾無端也。一篇如一句者，彼雖洋洋纚纚，有此數百千言，以至萬言，實止爲其胸中鬱結，不能自秘之一語。如龍戲珠，一時江翻海湧，霧集雲興，而阿堵中物，乃止徑寸也。

吾嘗執此法以遍觀古今之妙文，莫不皆然。何獨於《南華》而疑之？孔子曰："辭達而已矣。"達之爲言通也，一意貫注之謂通，一氣呼吸之謂通。

若使來去無端，而雜亂無倫，則《南華》之書，豈惟不妙，乃直不通。天下而有不通之妙文也者，斯可任其以盲語盲，而吾無所辨。若天下之妙文而必無不通，則夫《南華》之書，其亦必部如篇，篇如章，且如句焉，可意斷也。是故北冥有魚，南郭喪我，忽然而來者，皆確有其自來者也；樗櫟全生，混沌鑿死，忽然而去者，皆確有其自去者也。至於中間不可枚舉。要其所以如此而如彼，必真有其不亂而不雜。若是者何也？凡以云通也。文章之體，變化萬千，一言以蔽曰：通而已。此書之作，雖無當於大道之傳，要使天下後世不敢執詭奇之說，以自文其不通，則於文章之道，不無小補云爾。

百硯銘

[清]屈　復　撰
陳戰峰　點校
賈三强　審校

點校說明

《百硯銘》，清屈復撰，爲作者詠歷代名硯之辭。正如作者在《序》中所言，其本人所使用收藏之硯僅有“兩端，皆不甚佳”，然其對于聞知之名硯，情有獨鍾，故《百硯銘》雖號稱百硯，但並非實有其硯，而是藉詠硯之機，托寄情懷，攄寫韻味與旨趣，足見作者匠心獨運。

《百硯銘》，刻本亦作《百研銘》，全書“硯”“研”通用，附刻《弱水集對聯》《秋柳詩注釋》《啟二通》。傳世版本甚少，故僅據善本古籍乾隆二十九年（甲申，1764年）溫映驪重刊本（簡稱“甲申本”）整理。

陳戰峰於西北大學

二零一四年十一月

目録

重刻《百研銘》序

《百研銘》者，屈悔翁先生所作也。先生風雅之學，競傳海内，至於隨興所觸，俱有深致，詎驪管蠡所能窺其萬一哉？昔王慈年八歲時，寶物殺列，素琴而外，惟取石研，可知性之所好，無關於學。驪何人斯？亦有僻性。况研凍開，令童幼入小學；研冰凍，令童幼讀《孝經》、《論語》。人孰無研？讀斯銘者，日新又新，當與湯盤並重可也。爰取舊本，重付棗梨，聊以爲先生之研山云爾。若夫即是銘以求先生，可以觀出處之義，可以窺經濟之學，可以究文章之則，在高明自有能辨之者，驪不容贅。

乾隆甲申立秋日後學溫映驪序[一]

《百硯銘》序

大雨數日，閉門獨坐，興之所至，作《百研銘》，有銘無研，鏡花水月耳。或見之記載，或見之往來書室，或聞之口傳。鄙性好硯，貧不能致，今所用兩端，皆不甚佳。長磊磊然堆我胸中不去，然吟玩斯銘，則一一出而羅列几案間，可指數，係乎人，不係乎物，亦且快意而已。且千春萬象，何莫非鏡花水月哉？

乾隆甲子七月金粟老人屈復識於揚州三祝寓齋

百研銘

金粟老人屈復著　後學温映驪重梓

天研

守真抱璞，以全我堅。其用也端，但視其貌曰頑。

井田研

井田道古，力農不飢。我寶片石，天下熙熙。不產禾黍，但產珠玉。珠玉如土，輟耕歎息。

梅花硯

黑者自黑，白者自白，心殊路別。日滴清淺之池水，和翰墨之暗香，遂可潤色鴻業。

敝屣研

東郭先生走白雪，如何一隻黑如漆？踢倒蛙鳴哀陰水，留書古道冰壺潔。嗚呼！留書古道冰壺潔。

雲研

無心出岫，爲章爲卿。五色通靈，徒高卧我文房而不能霖雨蒼生，將有負乎斯名。

背研

試君之面，不過不磷。試君之背，貴不可言，不出於古而出於今。靜持身，動待人。堅密潤澤，莫逆厥心。乃私謚曰“貞文”。

嶁村研

石出靈巖山麓，舊名硯山，當世澄泥，皆此石也。
西子所履，香透雲根。世俗好假，澄泥見珍。傷五湖心。

葫蘆研

無貪中流之價，依樣而畫。

鳩研

何用呵水？自然喚雨。手不能書，嗟我與汝。

金星研

落天而化，面何斑斑？但繫奇文，豈繫多金？

歐研

斯文海溢，薄冰來憂。有心之人，不可與游。

風字研

地有蘋，天有籟。翰有香，墨有海。毋恃汝形而興波作浪，遺臭美薪。

半月研

池水香，輪尚缺。惜陰者，折桂客。

鶴研

將駕之武昌，不黃而黑。將乘之緱山，秋風蕭瑟。騎上揚州，銅山蔽日。

捐棄紙筆，歸歟歸歟！雖曰城郭是而人民非。五車書帙，松清泉白。

凹心研

我以謙注，爾以謙受。海量瓦形，筆圓之助。揮灑不竭，神龍無首。

曾孫來泰研

日就月臨，其道有神。無怠無荒，寶我書香。

琴研

有琴無絃，無絃有聲。一日無聲，胸中之荆棘自生。

斷碑研

韓山之石斷爲器，視之無字中有字，不悦學者能共語。

斧研

非金無柯，可磨可濡。磨而不濡，安能斫月中之花？

雙魚研

此中有素書，攻苦則有，怠惰則無。

魚研

吞處士之墨，腹尚父之璜。借點水力，發王者香。

缺角研

地缺東南天西北，嗟哉片石胸有墨。四角何妨？慎守中央之德。

鳧研

其脛雖短，其腹能容黑水幾石幾斗幾升幾盌？不北飛而南翔，永隨湖海之士以茫茫。

甓友研

一納交而晦明共之，如琢如磨。腹圓多知，其輔我者匪伊所思。

太極研

濂溪有說，此或其圖歟？包羅萬象，清水一盂。知其說者，鬼神通之。

圓研

心渾渾者面團團，此獨不然。疏羅宇宙，日月在天。勿刓方而偷閒。

蕉葉研

種之牕外，夜雨有聲。置之牕内，學書有名。審宜乎内外之間，庶可得中心展布之情。

玲瓏研

非儵忽鑿，非蠹魚蝕。香生七竅，文心不測。毋讒諂詭詞，甘佞忌直，助舞曲筆，好是忠，實惟比干式式[二]。

鐸研

天何言哉？金口木舌。金木兩忘，試此攻玉。仰止尼山之聖哲。

銅雀瓦研

西陵歌舞，銅雀諠譁。翰墨芳香，西陵喑啞。

洮河研

綠淨不可唾，河水萬丈深。世有一二，彼美西方。以文會友，曰松曰竹曰藤。紫色蛙鳴，弗思弗營。

荷葉研

合丹不用青蓮花，煉丹只磨擎雨蓋。功深丹就，日月齊光，天地同壽。

蓮花研

萬卷書，七寶臺。一身不染，從大海飛來。入謝客之社，沐濂溪之愛，見謫仙之才。名教中自有樂地，傌彼野狐禪者何哉？

松皮研

我惡秦官，乃研其鱗。東塗西抹，自覺有神。仕莽者雄，仕曹者琳。拭之磨之，翡翠削金。猶彼二子，以才見珍。量愧包荒，大哉乾坤。

屐研

老已無齒耶，猶然行萬里。磨十斛墨，無一箇字。登山臨水，文不在茲乎？

宋研

新舊有阬，誰辨今古？赤者其色，潤者其理。受墨不多，好乾淨地。價值連城，殊不在彼。

不滿研

天道忌盈，月滿則蝕。人道忌盈，錢滿則撲。斯研最良，偶折一角。不爲貴者奪，不爲富者欲。德田謙積，禍由自足。靜以待動，何必方幅？

白虹研

往古之貫日也，彼狗屠不平之氣。墨守書林者，胡爲乎有此？

又斧研

誦《蓼莪》詩，萬斛血淚。誦《伐柯》詩，每懷伉儷。今偶誦《東山》之詩，亦不自知其潸焉出涕。斯研雖未破，終鮮兄弟。

圭研

貌如圭，質副之。剛宜墨，柔非脂。性特達，其吾師乎？

蟲蛀研

蝕柳成文，茲石近是。非篆非籀，天然古意。此何微物，乃好書字。名山不登，名賢不與，名墨不磨，名筆不試。何以人而不如蟲蛀乎[三]？一日三摩索，劇於十五女，徒愛而已。光陰難再。

古研

制古，色古，貌古，心古。乃凹乃古，其帝鴻所遺歟？凡今之人，其或識予，莫或試予。有惜墨如金者，庶幾伍予。

欹斜研

河漢無心，墮支機石。星斗闌干[四]，月走雲逆。不割乖龍耳，不折大鵬翼。日知其所亡，學然後不足。入清虛府，寫《霓裳》曲。上蘂珠宮，抄甲乙録。道逢李白，水深泥濁。

水阬研

呵之水流，不休不朽。

澄泥研

巧偽日滋，水土相參。石堅玉潤，製此奇珍。我欲學書，四顧中原。墨有廷珪，紙無澄心。縮地鑿山，踏大割雲。蕭瑟作賦，按劍長吟。信所哀兮，乃在江南。

未央瓦研

腐毫山積，安問真假？巍巍漢宮，見此片瓦。

梟研

將范范翰墨之林以濯素波乎？將飄飄尚書之省以甘網羅乎？

磚研

堅密澤，朝百暮百。潤於羽陽，平於銅雀。字無多，聊運甓。

賀吳村鸜鵒眼宋研

識時務者俊傑，識《詩》《書》者賢哲，識字畫者雅客。七百年來，閲人多矣。鸜鵒，鸜鵒，近墨者黑。

紙研

茲何木汁？交彼衍波，日膠日固。封即墨侯，薄者果厚。誰能離此？若耳餘輩，逝當愧死。

虎研

筆莫輕投，入穴方休。

銀星研

白髮三千丈，觸破補天功。偶然頭濡墨，點點冰雪辰宿列。張老不曉事，尚胡爲乎雕蟲？

鐵研

刺骨懸髮，功倍事半。有志竟成，一尺之面。

金星歙研

理分明，大白精。捧玉環，足汙名。

七星研

在天成象，在地成文。彌綸天地，豈曰無功？未嘗自言也。載道之器，骨重光寒。但代喉舌，而不可以挹酒漿。神而明之，在乎人也。

玉環研

黄玉面，白玉闌。如蒸栗，如雪鹽。赤玉點，居中心。規大（太）極，名玉環。欲步青雲兮，勤用黑煙兮。青黄赤白黑兮，化爲五色雲兮。

鳳池研

不翱翔中書而棲遲草野，不判黄紙尾而湖海塗鴉。正爾心兮，任浮雲之變化。

龍尾研

衆攀龍鱗，誰攀龍尾？五色非煙，攟拾發攄。虎變豹變，風雲炳蔚。吾獨慕乎管幼安之白首而還鄉里。

三尖研

静爲用，鈍爲體。善生花，騰雲氣。芒角大露恐不宜。

巾箱研

巾已折角，巾箱安在？惟有道文，作者無愧。

黟石研

面雖冷，心則平。面雖黧，心則腴。不畏是色者此學書。

菊花研

將録陶詩，磨墨斗升。有香悠然，如對南山。餐之可飽，願解意表。

破研

斯研已破，雖可補也，亦可懼也。

玉帶研

先我腰玉，研生有帶。目擊心驚，寒窗可貴。

竹研

鳳飛翺翔兮，四海求實兮。修篁飲墨，不易結兮。寧忍長飢兮，守此一節兮。

寶研

格無珊瑚，筆無玉管。竹架松煙，茅簷雞犬。鄙夫無罪，懷寶何之？

皷研

束雲爲筆[五]，裁霞作箋。竭海水以成墨，須彌琢研石皷靈。正平不易撾，豐隆不能鳴。蒼頡御之，萬古流聲。

箕研

不好雨而好風，不能簸揚而有簸揚之名。微顯闡幽，一字千金。

口字研

文字興戎，烈於語言。

青花研

瑤華水，青花石。浣花箋，桃花石。五花詔，生花筆。

木研

有文百軸，敢抗古人。雖貴能軟，我心欲焚。

松聲研

視之有聲，聽之無聲。風濤空青，晦明成春。自有會心。

大風字研

其平如砥，聲動四方。懦夫俗子，重於大行。如椽猛士，黑雲飛揚。一掃坑灰之羼腥。

石卵研

包天涵地，手撥成花。文騰五色，字寧八百。勿雕勿鏤，山青水黑。勿破勿傷，鳳鳥不翔。

松花江石研

自古不聞可爲研者，松花江之石也。一時之王公卿相，重若圭璧也。學如能穿，學貫古今。

蝕月研

蠢困輪皴，研左半指，月食頑蟾。不廢耕作，滿腹坦然。士修邊幅，中心蝕焉。

龍香研

自然生香，錢龍腦髓。子不磨墨，墨將磨子。

涵星研

好者識者，今俱往矣。化龍尾之溪爲鯨海，竭海中之石涸海水，恐不復得此。

高麗研

衣冠《詩》《書》，出大海中。黑白相間，玉質金星[六]。遠莫致之，筆落華風。

子石研

大石剖玉，潤極滑墨。棄之可惜，無才有德。

凸心研

古道照人，中凸外凹。馬蹄孤立，奇氣干霄。舉世殊製，欲作解嘲。六爻皆吉，永鑒心高。

無池研

有鳳凰池，無墨無字。有字有墨，鳳凰無池。其有也人，其無也人。其無也天，其有也天。

市肆研

塵埃蔽其青，塊礧負其形，但記姓名而已。長鎗大劍，苔卧豐城。獲此偶然，物色良難。

丁字研

守此一丁，鐵色玉聲，天下太平。

紅絲研

當今天下所重者惟端石，而堅密潤澤，石之德極矣。此硯青産也，不待人力灌注，而良玉在匣。氣蒸雨露，故可獨絶今古也。

青石研

雨餘風定好天色，分我一片補天石。讀我之書磨我墨，從來風雨不易測。人生何者爲清福?

蟾蜍研

玉腹彭脝，飽以水墨。神完氣足，吞吐明月。

鳳咮研

剛柔克具，全德黯黮，灘假亂真。不惑者惟坡仙，望遙集一知音。

羅紋石研

芙蓉之水墨花香，羅紋之文芙蓉光，半黑半金一輝煌。筆補造化雲飛揚，客兒千年賦兩京。

漆石研

石已堅矣，加漆何爲？堅益求堅，載滌載磨。斯硯斯志，堅不可破。

陶研

紹泰銅雀，同一火才。辟雍水，鳳凰台。豈磚瓦之可同日而語哉？

銅研

鐵耶？錫耶？金耶？銀耶？貴弗敢僭，富非吾願。有禾生焉，何德此堪乎？

龍研

日月閒閒，見龍在田。鱗甲宛然，紙墨如山。日月不閒，飛龍在天。

江賓谷于九雙魚研

相對撥刺，意在飛騰。磨濡則靈，龍門萬丈。其一躍而聯登乎？

烏石研

墨有濃澹，色無增減。一德不渝，貧富貴賤。

白方研

雪方正直，舉體通明。涅而不緇，磨而不磷。易缺者稜，易汙者白。斂鍔韜光，保厥貞潔。

行研

時易者紙，日易者筆，月易者墨，花開花落。此一片石，造次道路，莫非我友。疾病呻吟，交臂低首。悠悠天壤，獨稱耐久。

蚌硯

探珊瑚之怪穴，沒泣鮫之巨漲。千年一生，中函明月。月採指間，其色如漆，車載斗量。金銀何足貴，神鬼莫能藏。月在指尖，纍纍奎光。文義自樂，大暑清涼。

家傳大石研

嗚呼，大石哉！吾高曾之所遺也。蒼其色，踈其質，非佳石也。屢經變革，重不可舉。君子之澤，寧祇五世而已乎？其蕭相國太常奉禮之庭事也與？

無名硯

作研銘九十九首，竟無研有銘。忽有一研，數足百矣，而銘又未有，豈江淹才盡耶？强銘之。

有名天地之始，無名天地之終。名曰無名，無非無而有非有，故不可役而可玉振，百銘之大成也。

附銘

筆銘

正爾身，正爾心。

墨銘

莫謂如漆，明白如雪。

紙銘

薄且輕，百寶生。幸脫秦火，八百千齡。

門銘

關楗忽閉，地凍大寒。關楗忽開，止如我心。日月逝矣，風雨淒然。

牕銘

蜂蠆隔紙，芒刺入懷。明月清風，無心可猜。

帳銘

昏黃蚊聚空雷鳴，華胥之夢不可成。枕簟汗雨流，徒隔我之薰風。

磨銘

大哉，乾坤！斡旋在人。

牀銘

春睡不醒，水深河大。百尺樓上，百尺樓下。

枕銘

木石之夢與心違，兩耳無夢付流水。

盌銘

飢渴交爭，如臨深淵，如履薄冰。飲之食之，永保遐齡。

盃銘

一皷而牛飲者，於此何有？苟全性命，劉阮在手。

壺〔銘〕[七]

果辨清濁，聖賢滿腹。自傾不已，滿腹狂藥。

面盆銘

一尺之面，三寸之水，纖塵不著。涸江河之源，揚湖海之波。洗之不去者，身後之粉墨。

劍銘

盛而未服，時不再來。雕以翠綠，飾以明珠，而鑄以仁義。氣浮星漢而已。

刀銘

坐成山河，立興雲霧。《易》曰："知幾其神乎？"屠肆可皷。

弓銘

柳葉不射，神賜何德？鳥盡而藏非所惜。

矢銘

我不自行，安危在躬。

釜銘

水不可爲而可生魚，石可鑿而時不可破。

桌銘

食於此則思粟從何出，計於此則思錢從何入，飲於此則思酒爲狂藥。

椅銘

坐久則靜，靜生明。思無邪，邪斯惑，惑斯愚。

書几銘

帙開心騖，三世無福。

筯銘

不借不籌，與赤松子遊。秋菘春韭，夏藿冬菹。

竈銘

無水無薪，巧婦不能炊。陳陳相因，眼飽腹飢。

井銘

珊瑚轆轤白玉牀，銀瓶素綆汲寒漿。坐看桃花李花香，梧桐葉落天雨霜。

陋室銘

嗚呼！爾忘五十餘年之日暮途長乎？爾忘數十萬里之露宿風餐乎？

扇銘

眾情棄捐，淒淒雨雪。南薰欲奏，誓將發越。潛蘊清風，深含高節。筆垢墨汙，霜淨玉潔。匣笥有待，乃折乃疊。時不可違，動搖冰裂。

花瓶銘

照眼入懷，四時香清。紙帳雪几，共此雅盟。匪曰紅紫之色，守口無傷，庶幾典型。

衣箱銘

我着者少，汝收者多。非準不可，汝不着身。豈無他人？

果盒銘

有口如箕，百果盈腹。廉非其廉，監守不食。聚而不散，巨橋之粟。眾鼠莫嚙，一塵莫汙。蟲自中蝕。

金櫃銘

小而一錢大千金，不問來何路。鯨吞鎖鑰脹彭脝，穴深百尺，盜賊縱横。

唾壺銘

警譎詭，酒酣擊碎，悲莫悲。

方竹杖銘三首

高節易危，僉曰破觚哉！任之也固，敦之乎頤，險而夷。

彼蔗多節，不可以曳。維華削成，庶可以登。我思往古，曰聖曰賢，如蜜如輪，亦可相人乎？（聖賢爲杖，見《新語》）

人皆用智，嗟哉獨行。維台汝偕，久要無恙。

江濱谷墨精眼鏡銘

維箕隕靈，心目通明。時乎時乎，燈燭之光。

潼關銘

神元贔屓，倏忽戢孨。火焰紅爐，嚴關斯立。天地淵穆，日月森張。險冠函谷，煉金沸湯。氣吞九有，勢咽八荒。包羅周秦，飛騰漢唐。九泥鵬翼，萬帳鴻毛。劃平大華，截斷河流。變換造物，顛倒金甌。塞雲朔雪，人可移可復，千春萬春。

終南山銘

昔之仕宦捷徑，今之虎狼窟穴。樵夫牧豎，性命是役。萬壑千岩，斷嶺連峰。東西易位，日月異光。幽邃深沈，終古罕曜。怪獸奇禽，《山經》莫考。芝蘭如禾，松柏如草。魍魎肥遯，魑魅高蹈。五嶽遜其廣大，四皓絶乎比鄰。香幕泉源，風動雲根。玉洞花開，空山無人。惟太乙之暄寂，視天都之廢興，嗟陵谷之變遷，知何日之要津。

太白山銘

山頂之池，片葉落水面。雖無微風，亦速飄而自泊於岸也。人取淨水一瓶，楊柳數枝，甫至平地，步步清風，雷電隨之。雲不須臾留山，而雨不須臾留天也。三輔大旱，屢昭靈應。功在民心，如江河之灌注坤輿而直潤乎黄泉也，如日星之照臨六合而遍燭乎重玄也。如白墮之桑落，一醉三載，不自知其何以死而何以生也。祀者每歲具新冠履投池中，而舊者自躍而出，新衣被神體而舊者自脱。或虔祝觀其珠傘，則湧而矗於波間也。變怪靈異，有百倍於此，然皆得之傳聞，而予未之見也。時維六月積雪爛然，日光射之，恍忽銀台玉闕，則餐霞飲露者之所盤桓也。昔有幽人隱於古洞，白鶴一隻，朝夕翩翩，招同往云。一息維純，四體受銓。一氣孔存，萬物自賓。穀[八]可辟而身可輕，何疾病之可干也？偶離塵網，五十餘年，爰著斯銘，識予悔焉。

黄河銘

上德不德，乃德之神。是水非水，乃水之尊。兩劈山川，中劃乾坤。星宿成海，明河繫源。意所奔流，鬼神莫禦。瓠子子宣房，力窮今古。過化存澤，菽粟如陵。殺人盈野，秦晉交爭。九河跡湮，苗秀壤膏。田侵龍疆，龍豈競道？萬派尚黑，獨擅中央。乃眷西顧，美人一方。精誠所聚，大華削成。波撼崑崙，氣溢渤澥。永固帝宅，金湯斯待。

附贊

自題灌園圖贊

髮白齒落，僅七十七。汝昔我志，我今汝惜。風燈曉漏，灌園奚爲？井水無波，菜田將蕪[九]。白雲不雨，誰令出岫？老樹不花，空遺衰醜。去鄉遠客，五十一年。梧桐初葉，桃李方榮。脈脈欣欣，忽停素綆。芳草斜陽，悠然長嘯。汝時可矣，我未聞道。

學仙圖贊

世有仙乎？千花萬果。仙可學乎？無可不可。其年二十，心券持左。微鬚點漆，精光落落。身邊籃小，懷中月大。嗟洞天之曠遠，念神明之水火。問學者其誰？有六十三歲之老人，曰："是我，是我。"

尋源圖贊

二十學仙，三十尋源。尋幾何時，六十有三。問君白髮，對此紅顏。源果有無，誰凡誰仙？笑而不答，打槳刺船。楊柳絲絲，流水潺潺。

折桂圖贊

清虛之府，本無所有。有殿有階，有香有樹。有美人兮，一枝在手。將以遺誰，忽焉自首。問美人而不言，問天香而不語。傍有郄詵，當知其故。

竹林獨坐圖贊

隔斷紅塵，飛來清爽。鬚微年少，眼高意廣。水自潺湲，身從偃仰。不笑不言，究作何想？其叔夜之踈懶歟？抑嗣宗之酒狂歟？綠竹成林，獨坐石上。風過玉鳴，溪流澗響。

劉慎修小照贊

舉頭看君，髮白過半。低頭看君，唇紅若茜。書卷在手，釣竿在舟。尺半之鯉，何有何無？渭濱帝師，彼時已老。蕲州刺史，此時尚少。三十不足，二十將餘。澹焉漠焉，何慮何求？解組歸來，雲飛天空。請君看君，相對如夢。

樊麟書好和圖贊

安仁作誄，奉倩深情。是耶非耶？雨雪晦明。藍田玉潤，林下風清。春色依依，相對卿卿。我心匪石，柳絮何輕？絲蘿永附，翠柏堪驚。神鎔息影，意各忘形。梁孟合德，琴瑟諧聲。家非黔婁，痛過孫荆。幼子索母，北堂撫膺。臯魚泣杖，江鯉誰烹？桃夭誓絶，蘆花是懲。殘衣在桁，殘繡在籯。劫滅塵海，並蒂雙榮。返魂無香，何術夢醒？百年偕老，一幅丹青。

（圖中人墮淚）

餉饁圖贊

闊眉踈鬚，方頰月宇。此其儀表，豈耕夫也哉？短衣在身，箬笠在地，耰鋤在側，而饁者之來，又何徐徐？今天下我未見有斯人，殆古之冀缺夫婦歟？

河工圖贊

萬象紛紜，百工畢具。畚捙雲飛，竹石山貯。澎湃堤防，用黄河水。海運辭險，舟粟安堵。意忽淵渤，莫知其止。宋之六塔，漢之瓠子。天縱横流，計絶往古。此何人哉，衣冠濟楚。默以斡化，動以履句。役力三軍，役心一柱。夙夜在公，波恬神固。

自題學稼圖贊

學圃不成，去而學稼。以七十七歲之衰翁，御雞骨如柴之老驥，何能勝任乎莘野？柳綠杏紅，土堅塊大，箬笠蓋頭，耕犁花下，恐手中之朽索，只可待他年駿骨之高價。烈耶？櫪耶？心耶？志耶？諒亦已矣。東風微和，良苗懷新，奇想天開，斯人斯馬，吾竊笑汝兩者之其愚不可及也。

跋

嶽蓮堂跋

李青蓮登落雁峰，云："呼吸之間，可通帝座。"言至高也。某歲有隻雁落友人劉慎翁庭事前，未幾選蘄州刺史，人知其爲貴徵。赴官二載即致仕，人未有知其高者。夫挂冠之高，人所不知而雁知之，且知之數年之先。然則雁蓋以斯堂爲嶽蓮矣。遂以名堂云。

松石堂跋

赤松，黄石，皆仙也。功成，名遂，身退，其永在斯堂乎？

宜宜亭跋

竹宜雨宜晴，宜雪宜月，亭之名意在此乎？然蘇子瞻滿肚皮不合時宜，將安在乎？在雨晴雪月乎哉？主人當自知之耳。

靜默堂跋

靜腹羣動，默消萬籟，故靜默非靜默，而不靜默者乃靜默也。《莊子》郭象注："雖靜默閒堂之裏，而玄同四海之表。"

自信堂跋

《素書》云："自疑者疑人，自信者信人。"禮君子之於朋友也，近者不惑，遠者不疑，言自信也。從斯道也，近之可以治家，遠之可以爲政。

興文堂跋

聖賢之興文也，起事不空爲，因因不妄作。作有益於化，化有補於正，可燕翼矣。

雲山閣跋

創斯閣也，淮徐平野，趙魏蒼煙，登臨遙望，一碧無際。吾西土諸君，久事維揚，本不爲懷鄉而作唐句。三晉雲山皆北向，會心處正復不遠。

春雨堂跋

四時無時無雨，惟春爲貴，方及發生，仁乃溥耳。農夫望歲，學者望化，春耶？雨耶？仁耶？山川在望，水流花開。

來鶴軒跋

癸亥夏，賀吳村招余避暑天寶觀之來鶴軒，流連竟日，吾見來人，未見來鶴也。其幽雅潔清，竹木茂密，又安知鶴之不來耶？然或有徐貞卿、嵇延祖、日下荀隱輩來此者，是鶴非鶴，其誰識哉？

香雪堂跋

昔有孝子爲母壽，梅花忽放一枝，人謂孝感。此無梅之香雪，有四時長有者。

真樂堂跋

菽水承歡者，真樂存焉。家有雞豚，酌此春酒，樂何如也？

深塢跋

閒不必深，深不必山。歐陽原功有句云："路回佛寺藏深塢，此非半日深山哉？"來者請少坐。

道山樓跋（西藐姑射山，東卧虎山。）

道高者虎伏，神人侶焉。斯樓有目兩山，非山而未嘗非山也。

翛然亭跋

餐秀三山，漱芳南浦。鐘魚歌管，梅月香風，凡今昔佳景，無不迎人呈露。《洛陽名園記》云：“登之翛然者，環翠亭也。”於此爲最宜，或撰良辰。坐水部官閣，偕歐、蘇燕遊， 而金焦鍾阜，又隱隱渡江水飛來，萬竹凝風，石欄浥翠，固未嘗隔江也。

培風堂跋

仁義爲穀，千廂萬倉，高曾之藏。彼積之不厚者，不可以登斯堂。

懷瑜堂跋

圭璧琬琰，佩之襟袖，則舉體生輝，況經緯天章，乃胸中所固有哉！輔以讀書，則連城不足道。

退思堂跋

風雲變態者，伊川形外之大道；退而後思者，蘧伯玉寡過未能之心。然則月明風雨，蟲啾鼠唧，動靜盈虛，何莫非吾之諍友諍臣哉？

賀吴村嘉蓮圖

不染成色，浩氣成雲，水煙成象，物我俱新。或紅或白，或中或邊，或半且匀，嘉哉蓮也！一尺之面，七尺之身，珠履長衫，端坐不冠，嘉哉人也！不厭不倦，相對相看，有榴方花，有竹生孫[一〇]，有亭有臺，有松有山，或舍利子，或錦繡文，綠波黄鬚，朱夏青春（吴村五月生辰），香遠一清，誰其能分？明月名園，長共此真。

六龍山張太孺人祔葬銘

六龍蜿蜒百餘里，左交右拱層巒起。鬱蔥中結蓮花蕊，醇行張公前葬此。醇行張公有孝子，孝子有母事翁姑。曲盡婦道貧且孤，六十餘年難悉書。明堂開敞嘉氣舒，松柏手植千百株。孝子殯母母從夫，雙塔遙插數里餘。塔外汾水横清渠，崛𡾊諸岫屏幽居。醇行之父名丕休，賢母之賢風同流。東海揚塵五嶽愁，蒼松翠柏長悠悠，孝子之心相綢繆。

弱水集對聯

祠堂大門

日月已更新鳳穴；
曾元僅祀舊烏衣。
（北門大街，異姓矮屋，昔僅三楹而已。近反是，即先祠也，終成天地物。暫爲鄙夫有此聯苦衷，他人不解也。）

事事思綿世澤；
年年共報春暉。

大門内擬起殿三楹奉關帝

即用祔精誠，感昭忠義之威武；
借伏魔顯赫，永鎮堂隍以奠安。

祠堂二門

敬祖猶天，入此門者自然肅然，始是一誠相感；
求忠於孝，與斯祭焉如在神在，方知殊脈同源。

饗堂

漢以來遷關中大姓，計歲月三千，文光劍氣，軒蓋簪纓，滔滔滾滾，餘數行詩書澤，問渡率由潛德豐功，流風可法，已不必遠涉湘沅，何須論郢水諸君，遙遙華胄？

秦之右稱海内清門，壯河山百二，翠柏蒼松，崔嵬磊砢，振振詵詵，留

一片孝弟基，合祠用享長條奕葉，譜系足徵，雖久經枝分華洛，宜共祔漫泉宗子，落落盤根。（華陰洛川）

祠趾數弓，稍開擴舊時壁宇，足列几筵，定何須高冠長劍，桂棟蘭橑，昭烈烈薰天香火；

祭田幾隴，庶潔齊新歲牲牷[一一]，聊供伏臘，依然是博士諸生，素瓷淡漆，繼綿綿奕世精誠。

敬茲堂宇，長思量我祖我宗，便不作奸人惡事；

潔爾芹茆，休牽扯誰貧誰富，便要生孝子賢孫。

子孫内得一二迂腐端人，即可綿數代書香瓜瓞；

身世中做些須周旋好事，猶堪發多時宗祀光輝。

神堂

宇邃龕平，幽明不逐滄桑變；

流長源遠，俎豆同依日月光。

父母祠堂

海錯山珍，劬勞是格，諒莫贖五十餘年，飄零曠祀；

秋花春月，明發永懷，妄想開百千後嗣，薦享家風。

今日雞豚，難消泉下思兒淚；

故鄉風樹，更切天涯抱恨心。

時食新銘器；

春暉寸草心。

始遷關中初祖祠堂碑記

昔漢遷楚三大姓，關中景、昭，今皆甚微，吾屈氏少著。即蒲城一邑，凡十族，統計萬有餘丁。自勝國至今四百年間，吾族親疎，科第多有，餘族亦頗不乏，然自中原失譜牒，先人名爵遺亡，而昭穆無稽，故不能敘行輩。或老死不相往來，或數世亦嘗相識[一二]，若異姓者然，惟不通婚姻而已。吾竊痛焉。今天下諸氏，屢因時變，往往互相假冒。吾姓，讀九勿切，世人誤讀“屈申”

之“屈”，俗情多忌，幸而獨免，即四海同源，澈底澄清，而况鄙在小邑，夫復何疑？夫報本之禮，聖賢所重，虞夏商周可考也。不知則已，既讀書學古，知矣而闕焉不講，其何以庇本根而茂枝葉哉？今合十族長者，公立祠堂，題曰“屈氏遷關中始祖神主”，蓋《史記》亦無初遷名爵也。歲時伏臘，更相主祀。其族儀以少長爲敘，長者自稱曰“宗人”，少者自稱曰“宗末”，稱長者曰“祖尊”或“族長”，少者則字之。嗚呼！名爵雖闕而神靈在天，爲後裔者安可聽其無所依憑哉？《詩》曰：“本支百世。”《書》曰：“遺厥先宗廟弗祀。”又曰：“至治馨香，感於神明。”由此言之，精誠相感，禋祀不替，雖百世可知也。有志未逮，姑具大略云。乾隆四年七月二十一日書於燕山之蒲城會館。金粟老人草。

大門

合十族人一邑蒸嘗，可想見全秦繁衍；
思三大姓同時封植，聊堪歆西漢淵源。

享堂

溯堯舜禹湯文武賢聖相承，莫不源源報本，安敢忘湘水衡山，入函谷一時垂統；

歷漢晉唐宋元明干戈是繼，依然葉葉成林，庶幾協黄河華岳，享蒲城百代先祠。

主室

楚漢開先；
神明復始。

關壯繆廟聯

威靈天與無夷夏，黼黻不更新歲月；
伏臘人歸豈冕旒，虚空猶是漢春秋。
心與卧龍伯仲，無鄉不俎豆；

威加大漢君臣，存漢倚神明。
王業於今無蜀土，怒同文武；
天涯到處有荊州，志在春秋。
一統山河，雲霄威振無華夏；
三分割據，炎漢偏安有冕旒。
奮忠勇於生前，揚靈華夏；
加冕旒於身後，存漢威儀。
衣黻垂冕，事昭烈幽隱孤忠，青史無文，方丕顯神明夷夏；
逸倫絶群，得武侯品題一語，丹誠足信，實榮過尊稱帝王。
王業不偏安，恨遺龍戰荆襄，河山南北；
中原果恢復，何須鳳銜衮冕，俎豆春秋。
壽亭侯爵秩錫金刀，封帝封王，只恐英靈不拜；
美髯公忠義盈天壤，擬賢擬聖，誰知妄議非倫。
普天五萬四千地面，或遠或近，自然凜戴神威，豈藉無稽之伏魔大帝；
（《河圖》括地象，東西二萬八千里，南北二萬六千里。《管子》同此。）
每歲三百六十日頭，以幽以明，諒得難忘故國，何如有本之漢壽亭侯。
三千世界，都不是漢家山河，嘗疑衮冕留餘恨；
中外尊親，又何論生平事業，始信春秋是素心。

蒲州家廟（明末有人於關氏祖宅得一石刻，壯繆祖父皆習《春秋》，教授鄉里云。）

自漢時家傳兩世《春秋》，誰識繩一經祖武；
從博上官襲千年衮冕，才知貽萬代孫謀。

漢口廟

江水清於威振日；
杜鵑紅似漢時春。

吳山

漢壽無亭，威鎮吳山逾北極；
劍門有閣，座臨潮水尚西流。

先叔祖有一聯

加冕加裳，卻恐怒威儀非漢；
稱王稱帝，不如尊昭烈有臣。

城隍廟

偶入此門無愧怍；
自然陰府有神明。

或饑饑死，或飽飽死，彼時運窮通，半點無私，君子安命，廟貌森嚴，雖閒隔幽月，且莫忘敬神如在；

種豆豆生，種瓜瓜生，這善惡報應，一毫不爽，天道好還，威靈顯赫，本照臨日月，何須到此地方知。

文昌祠

天開參井文章府；
星煥山河孝友師。
光熖文章，天上應存藻鑒；
分明孝友，人間獨耀星芒。

元日門聯

老無事業修年譜；
應與兒童詠暮春。
立德方堪酬永日；
著書聊可度芳春。
青春贏得他鄉雪[一三]；

八衮來看故里花。

風雨敝廬，多兩代棋布星羅，竭畢生心，贖不過數間陋巷；

冰霜客路，半百年山行水宿，還故鄉日，已新看八衮春花。

客堂

舊業如雲，剩幾處茅檐，數間土窟，每憑吊漢唐晉宋俱化風煙，安敢論梁陳燕趙，抱終古餘慚，難恢復家聲萬一；

新書充棟，辨何言秋實，若箇春華，須折中朱陸張程獨源洙泗，更誰齒釋老申韓，爲斯道長計，要流傳汝輩二三。

涉世半百年來，聞道何淺；

還鄉八十歲矣，讀書悔遲。

京師會館

春風何處無芳草，仙掌風雲朝紫極；

高館連天有故鄉，皇都日月會青春。

春聯

但將酩酊酬佳節，草緣三徑居然綠；

惟有春風不世情，天入重門分外青。

到處同祈豐稔歲，轉盼冰霜盡；

正元真是太平春，端居雨露新。

冰解雪消，自是星回日轉；

花香草色，方知地闢天開。

錦繡乾坤，自古桃紅柳綠；

太平氣象，新春水碧山青。

花信西飛，簾外光新院宇；

日華南照，堂中春染雲煙。

青帝潛萬里雲霄，節氣未過，安得便消凜冽；

三冬正滿天冰雪，時運方至，自然忽轉春陽。

爆竹桃符，驅將雁行債主，南來北往，出巷離門，好生快活；
餛飩包子，撐得魚貫醉人，東倒西歪，打恭叩首，何等昇平。
讀書須有福；
過臘自生春。

移居

鶯遷臘月春先到；
花入新年味更香。

厨房

香煙迎淑氣；
粗糲裕儒餐。

揚州東園

翛然亭（園有銀杏二株，甚古。）
三山八望松筠在；
雙樹無言水月新。
春雨堂
冠飛堞半畝亭臺，就金井玉池，坐見鶯花作雨；
抗平山四時風月，遮香車畫舫，同流游覽長春。
道山樓（樓西窺姑射山，東卧虎山。）
處子西來，窗户通明淨冰雪；
於菟東伏，虚空吟嘯會風雲。
東軒
雨露北來，紫氣遙開方丈室；
風雲西向，扶桑先借一枝春。

齊化門外米倉爲彭吏部作

門前衡水原平準；

望裏西山險太行。
風雨常容不改；
清明爽氣飛來。
郊原治粟有閒意；
瑣闥清流惟此堂。

崑腔

蘇韻獨存風雅；
參軍復見威儀。
合今古神情，貌盡布椿影裏；
惟雲山韶護，和來玉笛聲中。
樂府遺音，狀愛河欲海，雪霽陽回，自可移人情性；
姑蘇新韻，看雲駐塵飛，參横斗轉，方能格我神明。

高腔

撾鼓鳴金[一四]，勇譜前人節目；
一歌百和，儼然北曲風雲。

秦腔

新和笙簫追魏曲；
古傳雄壯屬秦聲。
缶箏有俗歌依舊；
絲竹方知謝自然。
後之視今，今之視昔，雖敝[一五]冠粗服，善惡分明，便是興觀羣怨；
絲不如竹，竹不如肉，即叩缶彈箏，歌呼俚俗，自然角徵宮商。

王漁洋《秋柳》詩四首解

關中悔翁屈復著

秋柳四首

王阮亭

秋來何處最消魂？殘照西風白下門。他日差池春燕影，祇今憔悴晚烟痕。愁生陌上黄驄曲，夢遠江南烏夜村。莫聽臨風三弄笛，玉關哀怨總難論。

《地輿志》："送行者於霸（灞）橋折柳贈别，名消魂橋。"李白"西風殘照，漢家陵闕"。《古樂府·楊叛兒》："暫出白門前，楊柳可藏烏。"《詩》："燕燕於飛，差池其羽。"《陽春曲》："楊柳垂地燕差池。"唐段安節《樂府雜録》："黄驄疊，太宗曲。"《烏夜啼》，臨川王義慶所作也。《折楊柳》，樂府横吹曲。《世説》："桓彝三弄而去。"王之渙"羌笛何須怨楊柳，春風不度玉門關"。杜工部"分明怨恨曲中論"。李白"何許最關人，烏啼白門柳"。

起言秋日消魂、何處爲最，殘照西風，蒼涼滿目，則惟白門之柳耳。春燕差池，他日如彼；晚烟憔悴，只今如此。聽陌上黄驄之曲，不覺愁生；懷江南烏夜之地，依然夢遠。陌上江村，有柳之所；愁生烏啼，時已秋也。結言當此時即笛聲三弄，亦臨風莫聽，恐玉門哀怨，楊柳曲中，總難細論也。

娟娟涼露欲爲霜，萬縷千條拂玉塘。浦裏青荷中婦鏡，江干黄竹女兒箱。空憐板渚隋堤水，不見瑯邪大道王。若過洛陽風景地，含情重問永豐坊。

《詩》："白露爲霜。"劉禹錫《楊柳枝》："千條金縷萬條絲。"

陳後主《三婦豔》："中婦臨粧臺。"又："中婦蕩蓮舟。"江從簡《採荷調》："欲持荷作鏡，荷暗本無光。"《古樂府·黃竹子歌》："江干黃竹子，堪我女兒箱。"《隋書》："煬帝自板渚築堤一千三百里，植柳，名曰隋堤。"《古樂府·瑯邪王歌》："瑯邪復瑯邪，瑯邪大道王。陽春二三月，單衫繡兩襠。"白樂天《柳》詩："永豐東角荒園裹。"永豐坊在洛陽。

起言涼露爲霜，時已成秋，萬縷千條，理當衰謝。浦裏青荷，猶可爲中婦之鏡；江干黃竹，尚堪作女兒之箱。柳至秋日，則不如荷竹有用也。板渚隋堤，秋色空憐。大道王孫，春遊不見。柳之冷落，至於如此。然而洛陽永豐坊，乃此柳風景之所，若過此地，含情重問："嫩於金色軟於絲，當年誠如是耶？"

東風作絮糝春衣，嘆息蕭條景物非。扶荔宫中花事盡，靈和殿裏昔人稀。相逢南雁皆愁侶，好語西烏莫夜飛。往日風流問枚叔，梁園回首素心違。

扶荔，漢武帝宫名。《南史》："武帝植蜀柳靈和殿前，曰：'風流可愛，似張緒當年。'"《西烏夜飛》，宋樂府曲，沈攸之所作也。曹孟德詩："月明星稀，烏鵲南飛。"枚乘字叔，於梁孝王園賦《柳》。

起言飛絮春衣，東風未遠；太息蕭條，景物已非。覩漢宫之花事，飄零既盡；慨玉殿之昔人，風流自稀。即南雁相逢，皆成愁侶；恐西烏夜飛，亦無枝可棲矣。秋柳衰謝，不堪瞻望，忽憶往日風流，欲問作賦之人，而梁園素心，覩此秋色，何堪回首！

桃根桃葉鎮相憐，眺盡平蕪欲化烟。秋色向人猶旖旎，春閨曾與致纏綿。新愁帝子悲今日，舊事公孫憶往年。記否青門珠絡鼓，松枝相映夕陽邊。

《古樂府》："蟲來齧桃根。"王獻之《桃葉歌》："桃葉復桃葉，桃樹連桃根。"李商隱詩："桃葉桃根雙姊妹。"古詩："桃葉桃根盡可傷。"李白《愁陽春賦》："何垂楊旖旎之愁人？"王昌齡詩"閨中少婦不知愁"云云。《楚辭》："帝子降兮北渚，目渺渺兮愁予。"《漢書》："蟲蝕柳葉成文曰：'公孫病已立。'"《古樂府·楊叛兒》："七寶珠絡鼓，教郎拍復拍。黃牛細犢兒，楊柳映松柏。"《史記》："秦東陵侯種瓜青門外。"青門者，長安之東門也。吳偉業《過玉京道人墓》詩序云："道人每擕琴爲一鼓再行，泫然曰：'吾在秦淮，見中山故第，有女絶世，名在南内選擇中，未入宫而亂作，軍府以一鞭驅之去。吾儕淪落，分也。’坐客皆爲出涕。又聽女道士下玉京彈琴歌：‘詔書忽下選蛾眉，細馬輕車不知數。依稀記得祁與阮，同時亦中三宫選。可憐俱未識君王，軍府抄名被驅遣。”云云。

桃葉桃根，無限美人，無不憐此柳者。眺盡平蕪，皆欲化煙，其奈時已秋何？總秋色向人，猶有旖旎之意，究不免於憔悴。在春閨他日，曾多纏綿之情，更可想其輕柔。悲帝子之新愁，憶公孫之舊事，儼秋柳也。然而七寶珠絡之皷，青門冶遊之地，松枝相映，夕陽正麗，何等風華，記耶否耶，感歎不盡。

屈悔翁曰：四章皆寄刺南渡之亡也。第一首開創之江南也。白下門，開創之地。西風殘照、陵闕荒涼，此弔古者之所以消魂。此聯上句，即“玉樹後庭花”意，下句已亡也。《黄驄疊》，創業之曲。烏夜村，傷心之所。愁生夢遠，徘徊瞻望而不可即也。結語深遠，其意可思。第二首前四句，譏亡國之奸邪，愚而無用，不如婦人女子。中聯喻後主也。意謂後主信任非人，遂至於亡。空憐不見，憑弔何益？惟當過風景舊地，重問遺蹤耳。第三首弔當時之遺老也。衣冠文物，太息非故，時移事改，老成凋謝，南雁愁侶，山顛水涯，皆是感慨之節士。西烏夜飛，車中馬上，無非貪禄之宵人。“相”、“逢”、“皆”三字，猶言但有見者無有不愁之人。“好”、“語”、“莫”三字，勸戒之詞，猶言勿以爲得計，恐其一旦失足也。結言問風流于遺老，自言不遇其時，實有不堪回首者。四首譏後主之荒淫失國也。桃葉春閨，即下玉京所謂軍府一鞭驅之而去者。三句“向人”字、“猶”字，不當旖旎而向人如此，深爲可恨，喻納欸也。中聯喻後主，結嘆其行樂時，俯仰之間，已成陳跡矣。東坡云：“作詩定此詩，必非作詩人。”漁洋豈徒賦秋柳者哉！

四章寄托高遠，緼籍風流，字句典雅，玩之有餘味，誠妙作也。畧可議者，第一首以秋起，第二首又以秋起，一；青荷黄竹，本句既無虚字呵醒“萬縷千條”，上句又無虚字照應，讀者從何處著解，是謂承破不接，二；第三首蕭條即是景物非，景物非即是蕭條，三；四首結皆地名，四。以上四者猶是小疵，至於寄托用意，稍有參雜重複，則不可不知。百尺之樹，雖不以枝葉取憐。《書》曰：“不矜細行，終累大德。”昭烈云：“勿以惡小而爲之。”詩文亦然。要之，漁洋如天生美人，即風鬟霧鬢、敝衣倒屣，其一種逸世獨立之致，終不可掩也。

徵刻國朝詩啟

蓋聞織錦盈箱，須經短尺；聯珠成琲，不棄單絲。載筆而展宏裁，緣情而建大業。力扛龍鼎，握拔山移海之權；明徹蝨輪，擅削棘穿楊之巧。炎凉一節，得失寸心。與其藏名山而待知，何如及同時而共賞。值茲車書維舊，述作爰新，文治方隆，奎光益耀。帝心簡星辰之表，詠炳柏梁；臣言依日月之光，驚迴蒿棟。賡歌既開於禁掖，律韻易浹於寰瀛。河嶽儲精，豈分南北；英賢稟秀，何間西東？長白嵯峨，仰止壓三公之峻；滹沱灝瀚，朝宗迥四瀆之深。能清洙泗淵源，始歎王宜永素；不撼河汾砥柱，誰知文可爲中？閣賦滕王，墟原牛斗；湖名西子，水亦風流。聞彩鳳於岐陽，覩靈龜於京洛。聽虎邱之簫管，望江浦之魚龍。松楸密而鐘阜青，楊柳生而姑蘇綠。此固興京之王氣，風起雲飛；諸凡大國之華聲，天驚石破。若夫異才應伏波之夢，賦心受司馬之傳。茗飲武夷，肝腸似雪；柑傳佛手，衣袖皆香。墜露木蘭，遠啟愚溪種柳；當墟栞樹，高齊霸粵遺臺。皆能不囿方隅，別裁僞體。震雷霆於區域，然犀照於漢唐。但蕩蕩中原，紛靡繡幟；蒼蒼忉利，亂委摩尼。前此選家，早謝後來之秀；近時作者，應需昇挽之人。某世本秦居，系分楚姓。生不諧俗，雅好横經。壯歲而尋杏壇，曾觀俎豆；暮年而游燕市，獨發悲歌。名紙毛生，古人誰比？高漸離夜則擊築；侯子瑜暮則爇柴。往不見夫我先，攀援莫及；來安知夫我後，遲候何期。以此踟躕，能無悒鬱？幸而塗山圭璧，會合有緣；寰宇室廬，相離未遠。皷吹自矢，良深窺豹之懷；鬌髮雖踈，終就扶輪之志。假毛羽，借齒牙，占調盰其有歸，私心欣其可待。珊瑚七尺，久秘猗頓之廚；琳碧千金，今有波斯之肆。三朝並輯，六合同揆。科第而至公卿，原多燕許之筆；戈矛而登將帥，寧無蘇李之才。歎息輟耕，每言鴻鵠；燒焚避祿，大署龍蛇。班定遠垂老玉門，賦歸與以遠望；管幼安攜家遼海，偶黯然以銷魂。或題機杼之迴文，抱煙霞之痼疾。日消棋局，習靜即仙；風吹萎花，當禪善悟。况有經年行李。半世關山，對茅店之月明；烏飛句就，續馬上之殘夢。麟閣功成，老驥伏櫪志猶存，山雞照影心自惜。覺天空而海闊，徒歲短而夜長。元直不逢，鐘期難遇。牽雲曳雪，咸興懷於野鶴貞松；縮地補天，盡寄慨於美人香草。遭逢既異，所作殊途，風土不齊，難拘一格。笙竽琴瑟，俱合宫徵之音；粉墨茜藍，同宣黼黻之色。去山留水，不稱坤輿；有月無星，何爲霄漢？合兩都十五國之風雅（是刻集分十八，曰長白、襄平、畿輔、中州、齊魯、三晉、三秦、巴蜀、荆楚、豫章、江左、兩浙、八閩、粵東、粵西、滇南、黔中、方外。），傳一代百千載之性情。將毋尚友之通儒，必且知人而論世。春蘭秋菊，展卷香霏；翠柏青筠，開函節見。爲子孫者歲時孺慕，足伸霜露之思；爲祖父者慈愛多遺，較勝田園之計。古皆如此，今更宜然。敢負知音，聊當韋緒。勿憂按劍，已殊無故而投；如許操刀，庶非使學而製。兼求茅茹，同惠瓊瑤。事在須臾，功關永久。謹啟。

借資修草堂啟（流寓郯城）

魯國名邑，少昊遺城。北控幽燕，南壓吳會。水氣凌滄海而澎湃，山勢拱岱宗而嶔崎。祠有問官，家尊博古之學；亭存傾蓋，人聞贈紵之風。慷慨本于性成，庶富由于天授。某五嶽襆被，四海空囊。漂泊于茲，業已時經七載；貧餒如此，敢言名可千秋。蕙蘭處谷而不芳，鯤鵬無風而難化。枕流漱石，棲遲神丘；佩玉鳴鸞，砥礪鋒穎。遁未招於山水，達未列於薦紳。在不隱不見之間，當何去何從之際。橫流而處，安得小舟可牽；城愁以居，空懷路車堪宿。雖其焚香掃地，無愧林宗；而但問舍求田，有慚昭烈。欲以天地爲棟宇，漫掛杖頭之錢；即令巢由買溪山，能質樹下之褥。惟餘唇舌腐爛，徒令心目焦枯。亡失衣冠，顛倒阮岸。趁月之明而虛空非屋，鑿光于壁而天下無鄰。錦囊提攜，柿葉捃拾。貯興而作，快意而書。地擲金石之聲，誰假翅翮；字攜風霜之氣，反剪羽毛。不惜齒牙，玄暉已往；雅善激賞，武子難逢。望清渭而魂消，瞻函關而獨寫。維金粟之仁里，有先人之敝廬。松菊何存，不肖遠羞於蕭相；時運未偶，題橋空慕乎文園。骨體生疎，性情簡略。妬忌每叢於臧否人物，毀謗多萃於譏彈文章。嵇康交薄輕肥，不因人熱；顧郎最難衣食，還須自謀。耕硯作田，賣文爲活。無論珍寶之謝，高韻失傳；便是瓜虀之酬，德音絶響。方嗟帆船欲漏，文值回飈；已嘆霜草將枯，更際嚴雪。竊會稽道頭之箸，彼何人斯；劫萊蕪釜中之魚，窮斯濫矣。進退維谷，名紙毛生；遭遇之艱，古人誰比。守蓬門而歌瓮牖，原思大是尊榮；在陋巷而樂簞瓢，顔子真爲富厚。六合雖廣，一身猶多，乃不苟且隨緣。復自贅肬求累，總識高孺仲就鹿門以甘心，將行副志安置米桶於何所？棲鳥借樹，久已無枝。窮猿奔林，豈暇擇木？訪棄地於秋隘，得荒園於城隅。覆茅之簷三楹，亦深慘澹；環堵之室四壁，更費經營。白太傅受工于洛陽，則須勢位；杜拾遺借資于録事，曾累友朋[一六]。茲將追步芳規，合後先爲一致；惟望量分餘惠，累尺寸以千尋。或山樹數椽，或野芻幾束。慎毋忌驅使草木之名，遂有吝咳唾珠璣之實。欲者不多，知非望門而貸；來者不拒，究是擇人而求。世有注官六十餘人，但以不計其狀；時多贈絹一千餘匹，良因置名之書。何足道哉？非所願也。即偷鞋刺史，賣水將軍，與夫私屋取鹽，刻繩奴僕，合掌吸醋，薄及室家。鄙吝如前，貪穢若彼，賢即肯爲袁毅之饋，我須直摽胡奴之贈。范宣潔行，虎魄豈尋腐芥；都兒化德，磁石不受曲針。要必倜儻夙聞，務期磊落素著。子敬之指囷於公瑾，無用繁言；元規之送值于太真，何勞再計。方可稱爲君子之賜，庶無傷于烈士之懷。是皆堪擬金蘭，可希膠漆。垂念跋涉，洞悉行藏。秦月岱雲，生關西而來山東之遠；錦衣犢鼻，卜道北而有道南之貧。鳩葺方新，寧望改室于殷羡；于索經始，聊期薄助于山賓。敬借數金，感銘五内，當矢淮陰之報，毋羞柴桑之貽。如以廉者不求，遂至許而不與，手多翻覆，諾負重輕。自遺粗布之慳，未嘗不可；致我楊葉之戲，大非所宜。無使孝標興嗟，勿令公叔示絶。既屬雄俊，豈惜錙銖？事雖起于須臾，功有關于永久。浣花茅舍，自昔崢嶸；富春釣臺，至今安穩。靈跡多以德顯，芳踪實以才傳。沂水河邊，長留梁鴻之宅；馬陵山畔，永高王粲之樓。俱付後賢，增輝事實。遠方前哲，丕振聲華。謹啟。

【校記】

［一］下附二印，一陰刻“溫映驪印”，一陽刻“臨峰氏”。

［二］“干”，底本作“于”，應爲“干”之訛，據改。

［三］“何”，底本作“可”，應爲“何”，據改。

［四］“干”底本作“千”，應爲“干”，據改。

［五］“束”，底本作“東”，誤，徑改。

［六］“金星”，疑應作“金聲”。

［七］“銘”，據體例增補。

［八］“穀”，底本作“穀”，當作“穀”，據改。

［九］“田”，底本作“甲”，疑應作“田”，據改。

［一〇］“孫”，當作“荀”。

［一一］“齊”，似當作“齋”。

［一二］“亦”，疑當作“未”。

［一三］“羸”，底本作“羸”，當作“羸”，據改。

［一四］“揭”，疑當作“撾”。

［一五］“敝”，底本作“弊”，當作“敝”，據改。

［一六］“曾”，底本作“魯”，當作“曾”，據改。

琴學練要

[清]王　善　　撰
姚亦登　點校
賈三强　審校

點校說明

《琴學練要》清王善编辑，是清代著名的琴學著作，在後世流傳較廣。從所存版本看，主要有兩個體系，一是刊印本，二是手抄本。刊印本就目前所見只有一個母版，即治心齋藏版。治心齋是王善的書齋名。治心齋版最初的刻成約在乾隆九年（1744年），因爲王善本人自敘的落款是乾隆九年，而他找當時在陝名流寫的序文落款時間都在此之前。而母版刻成之後可能曾經多次印行，而現在所見版本均是乾隆戊寅年，即乾隆二十三年（1758）之後所印行，證據是書後所附劉一德的王善傳贊落款時間是乾隆戊寅年。現在影印出版的刊印本有兩個，一是中國書店影印所據之刊印本（以下簡稱中本）（2005），二是上海古籍書店影印所據之刊印本（1995）（以下簡稱上本，上本所据为《續修四庫全書》子部艺术类1095册第145页—288页）。中本與上本都是治心齋藏版所印，但印行時間應該有區別，因爲：一、其中所列助刊人姓名有多少之别，還有一處改換。二、書中其他部分也有所區別，如左手指法部分有幾處改易。應該是某一後來印行者修版所致，但目前尚不能區别孰先孰後。另陝西省圖書館藏有一善本，經仔細對照，此本與中本的内容沒有區别。另刻本中除陝西省圖書館所藏善本（以下简称陝圖刻本），我們還對比了北京大學圖書館所藏刻本（以下簡称北圖刻本）。北圖刻本与陝圖刻本都是一函六册，五卷，有少量不一致的地方。第一卷裡北圖刻本王瑴序放於帥念祖序之後。《元伯王先生傳贊附》北圖刻本放在《自叙》之後，《凡例》之前。而陝圖刻本則置於第五卷文末李謙德跋之前。北圖刻本第一卷《左手指法》“雋　、昬　”之後至“云、巳　”中間的内容缺失，《續修四庫全書》中有，陝圖刻本亦有。北圖刻本中第二卷中間“五調三準清濁聲律定位之圖”前有两个圖，與中本及陝圖刻本不同。北圖刻本第四卷《易春操》結尾处有圖，陝圖刻本亦有，而《續修四庫全書》相應位置没有圖。“漢宫秋月”第一段有“庭树秋風”四字，陝圖刻本亦有，而《續修四庫全書》相應位置没有。第五卷“樵歌”一段有“高潔英豪”四字，陝圖刻本亦有，而《續修四庫全書》没有。中本則亦有此四字。其餘部分兩刻本及影印本（上本、中本）均相同。中本與陝圖刻本因字跡清晰、錯漏較少，所以此次整理中被定爲底本，而上本則作爲参校本之一。此次點校的主要校本是手抄本。陝西省圖書館藏有一種楊蘭卿手抄本（以下簡稱楊抄本），楊抄本無抄寫時間記録，據其中字體風格看應該是清代無疑，但晚於上述刊印本。其中内容多有與刊印本不同之處，有較高的校對價值。可惜楊抄本是摘抄，序文、傳贊等都被省去，琴譜也少十二首，是一大遺憾。後来我們又找到了北京大學圖書館藏有的五卷抄本，此抄本卷一封面有“卷一幼章藏”字样，以下各卷均未署名，但在每卷封面用毛筆輕輕描了卷二、卷三等字，并在各卷卷首寫有目録（以下简稱为北圖抄本）。从内容上看，北圖抄本内容较为全面，除开头序只抄了帥念祖序外，其餘内容除极少处漏抄、誤抄外（將在校勘記中說明）内容与順序均與刻本相同。从所抄内容看，此本跟楊抄本應該都是在刻本之後，一是从字体風格可以判断，并且多處使用簡体字（如“聲”，多数地方寫作“声”等），更主要的根據是内容上的漏抄与誤抄，内容上没有超过刻本的内容，據此可以斷定該抄本晚於刻本。在内容上北圖抄本較为全面，并且有些地方與刻本有一些差异，因此與楊抄本一起用作對校本。另在内容上，中本及刻本在第一卷都有“治心齊琴學練要目次”，其中“琴操目次”裡最後一篇爲《塞上鴻羽》，而書裡并没有該曲子，仅存目而已。版本對时主要使用對校法，將有差異的内容客觀地擺出来，一般較少評論，斷語极少。形式上多用校記来出校。另行文中需說明解釋的地方大多采用按語形式表现出来。校記顺序用漢字数字表示，按語顺序用阿拉伯数字表示。

王善作为清代古琴家爲後世所記誦得益於他的著作《琴學練要》，除此之外我們很難從其他歷史記載中得到其生平的蛛絲馬迹。由此可推斷王善并未走科舉做官的路，應該是一位以教古琴为生的職業藝術家。从《琴學練要》的序文及傳記中可知他的父親善於作畫與操琴，他的叔父王子丕以善畫聞名於當時，可謂藝術世家了。善琴的他得以結交當時的陝西布政使帥念祖以及當時的知名文人學者楊屾、劉一德等人，并且教授這些名人以及他們的子女們學習古琴。他的這些交際活動也幫助了他的著作《琴學練要》的成書與刊行。

王善，字元伯，號真矦，約生於康熙十八年（1679）年，祖籍江蘇太倉，他的高祖王清是明代進士，曾知邠州。但查史籍并無邠州知州王清的記載，估計王清率家赴陝西就任時正值明末戰亂，并未正式任職。劉一德在《元伯王先生傳贊》中說："高祖諱清者以明進士知邠，州州流寓，淳化又三原，今又長安。"州州流寓之說颇可玩味，試想如果正常的做一任知州，應該家族隨之安定昌盛才是，怎能州州流寓？從劉一德的記載可知王清的家族曾經到處遷徙，邠州、淳化、三原，最後定居長安。從王善的叔父王子丕是長安知名的畫家來看，定居長安至遲是王善的父親一代。经查《邠州志》《淳化志》《三原志》及《長安府志》均未见王清的相關記载。唯在《中國方志叢書・崋北地方・第五三九號》（據清・焦雲龍修，賀瑞麟纂清光緒六年刊本影印，成文出版社有限公司印行）中第368頁查到一條王清的記録。"王清，舊志字源潔，性耿直，勤於农业，以其餘貲居積致富。按铭清皆嘗出粟千石以備賑濟。正统三年並诏旌义民。"明正統年間爲1436-1449年，离王善刊刻《琴學練要》（以1744年算）也已經有三百年左右了。因此此記録中的王清還很難說就是王善的高祖。另查《明史人名索引》，名叫王清的有五條記録，最晚的也是明正統年間人，基本排除明史人名索引中的王清与王善的关系。

王善爲人以仁孝知名，他年过古稀依然會在祭掃父母墳墓时號啕大哭，聲聞四野。他曾說："敬神佛何如敬父母？"他的琴屋内供奉有祖、父等牌位，每逢清晨深夜都要焚香叩首。百善孝爲先，儒家以孝治天下，王善孝行篤厚可謂儒家道德的踐行者。楊屾曾评价王善："堅持操守，不事浮沉，躬行孝友，仁慈樂善……"

王善曾自述他的學琴之路："余幼承庭訓，從事丝桐，先君諄諄以琴冠八音，群樂所宗，必知琴而後可與言樂。"父親的教導讓其走上學琴之路，并且終生樂此不疲，并立下弘揚琴學的大志向。"於是反覆参稽，晝夜思維，詳究五调，細按絃徽，以應律合音爲驗，不以支離泛論爲法，殫精竭虑蓋數十年於兹矣，方信琴音之妙统備群樂，其清明也如天，其廣大也如地，其變化也如風雨，其周旋也如四時，誠未有知琴而不知樂，知樂而不始於琴者也，余又何心敢自私而自秘哉？用是，不揣荒鄙抒其一得之見，……敢謂克承先志乎？"王善著成《琴學練要》一書自認爲是繼承了父亲的遺志，完成了父親未了的心愿。

王善在《琴學練要》中對音律、字母、指法等進行大量整理删訂的主旨在於正本清源，去除當時淫邪玄虚的時弊，讓琴學歸於雅正。

音樂在儒家傳統中有重要的价值，有“宣其鬱，達其衷，解其慍，理其正，耳目聰明，血氣和平，欲日以消，而真日以返”的神奇作用，是君子修身、齊家，進行人格自我完善的必經之路。而琴爲诸樂之祖，地位獨特。“是以伏羲聽八風，察三籟，知天地間有自然之樂，故採嶧陽之桐，製而爲琴，抽絲爲絃，以定音律，而天下化，爲諸樂之祖。黄帝命伶倫截昆山之竹，定黄鐘之數，作土革匏金之器，而樂於是乎大備矣。後之聖王皆因之，所以昭功象德，和民人，諧鬼神，以爲易風易俗之極規也，樂之道誠重矣哉！”

所以琴學負載着儒家“正人心、興教化”的功用，讓琴學歸於雅正的大道是儒家文化的内在要求，也是王善一生踐行的目標所在。而當時習琴者多“純尚敷暢悠揚之調，無異箜篌琵琶，徒悦他人之耳目，至於先聖雅正之音，不復聞矣。”王善認爲：“竊念琴爲上古之法物，天地之元音，及今源分支異，背古向時，流入淫哇俗派，至有以技藝目之者，其何以正人心而興教化，助國家以成治理乎？”

鑒於此，王善精究樂理，去除繁冗，對琴學所涉及的方方面面进行了大量整理删訂，“凡五音定舍，律吕相生，音位相次，絃徽高下，以及正變、全半、子倍之交用，三準、十二律相生之互見，悉爲註释，併各列圖以補從前之缺，正明指法，刪訂字母，略夫深遠之義，出以浅近之辭，颜之曰：琴學練要。理實言質，不尚文飾……”“理實言質，不尚文飾”是一劑去除當時淫邪玄虚之風的良藥，他用樸素簡練的語言，一目了然的配圖使高深的道理变得容易理解和掌握，这样既有利於後来者的學習，又使琴學理論歸於切實，清晰明了，確鑿不移。通觀《琴學練要》全書，王善的良苦用心可謂貫徹始終。

除了整理删訂之功外，王善還是一个傑出的音樂演奏家和一個了不起的琴譜創作者。帥念祖曾讚歎王善的演奏：“始見之，頃一弹再鼓，雲起雨随乎，泉湧芝出乎，不啻迎南風而遊廣陵也。因爲七律以贈：冷冷七絃爲我弹，一弹一曲夜漫漫。銀河瀉浪度秋月，玉露滴花摇暮寒。静處数聲歸寂寞，淡中有味出鹹酸。知君指上元音在，此道由来索解難。”其高超的演奏技藝可以想见。

在《琴學練要》所收的眾多琴譜中，有王善自己創作的九首作品，分别是：《關雎》《虚明吟》《瀟湘夜雨》《易春操》《幽澗泉》《陋室銘》《讀易》《知止吟》《精忠詞》。其中《關雎》《幽澗泉》《陋室銘》《精忠詞》是根據前人詩文作品而譜成的琴歌。《幽澗泉》是應《元伯王先生傳贊》的作者劉一德的請求而譜成。“操琴者多食人唾餘，先生獨精譜操之源，心有所好，即創自我操，不屑葫蘆依樣，步人後塵，宛然子丕先生之於畫。予窃好讀《太白樂府曲》，求先生譜《幽澗泉》於琴，而先生即於琴見太白。太白而在，不將援先生爲知己乎？”可見劉一德評價之高。《精忠詞》是爲岳飛的《满江紅》而譜就，二百年来，廣爲傳唱。直到今天王善所整理与創作的古琴谱依然被眾人所珍視，被眾多古琴演奏者视为經典，長盛不衰。

目録

琴學練要序[一]

琴爲諸樂之祖，音聲之原。古聖賢理性陶情，善世宜民，率皆由此。顧琴本乎音，音載乎譜，音譜相資，闕一不可。後世音律失傳，遂專模擬於譜，而譜不載音，已失琴學之半。夫古人本音以成譜，後世執譜以遺音，何異刻舟求劍、買櫝還珠歟！其不背於琴也，得乎？雲陵王子，三秦奇士也，幼業琴，契心律吕，勤學力究四十餘年，盖深明乎音樂之原，而非徒以譜記爲高者。但念入山問樵，入水問魚，規矩準繩，雖聖神不廢，遂取諸譜之舛謬者改刪之，調律之失真者訂政之，審音定律，按律成譜，簡當明切，名曰《琴學練要》，務使世之學者即譜以考其音，即音以覈其譜，而且神而明之，俾各自成其爲音譜也。所謂練要者，庶不誣矣。余素好宫商，恨無投契，歲甲戌，宦遊關中，得與王子相周旋，鼓歌之暇，按譜詳閱，葢不啻有針芥之投焉。因割俸以助剞劂，而又以慶琴學之淵源將大昌於今日也，故序。

新陽王愨拜書

【按】

[一] 北圖抄本只有帥念祖序。楊抄本則二序皆無。北圖刻本、陝圖刻本帥念祖序在前，王愨序在後，而中本則相反。

琴學練要序

順天地、成萬物、通風俗、鼓休明者，琴也。琴，綦重矣哉！予少時性頗嗜琴，而相與往来者類多靡縵之習，而鮮中和之音，大雅元音其安覩乎？歲丁巳，奉命来署陝藩，承升中布太和而未能也，繞梁號鐘奚益乎？夫關西太昊之舊都也，我知其不絶響焉。聞元伯王先生長安韵士也，古貌古心，素嫺音律，冷冷專一，垂七十而不倦。始見之，頃一弾再鼓，雲起雨随乎，泉湧芝出乎，不啻迎南風而遊廣陵也。因爲七律以贈：冷冷七絃爲我弾，一弾一曲夜漫漫。銀河瀉浪度秋月，玉露滴花摇暮寒。静處数聲歸寐寞[一]，淡中有味出鹹酸。知君指上元音在，此道由来索解難。遂命二子從學焉，指示之際，出其《琴學練要》一書，余閲之精詳簡要，逈出尋常，明音律之本，體教化之源。琴分三準，調辨五均，清濁上下，分布絃徽，瞭如指掌。所謂發前人之所未發者，其此也。以云練要，誠不誣哉！其苦志貞心，以陶養善俗爲要，使學者知有所宗，而咸歸於大雅焉，余因弁其首，唯同志者其沉潛之。

時乾隆七年歲次壬戌桐月豫章帥念祖拜題。

【按】

［一］“寐寞”，疑爲“寂寞”。

琴學練要序

民生之道有四：曰農、曰工、曰禮、曰樂。皆爲日用之所需，而不可有一之或離者也。故養於農，利於工，立於禮，成於樂。明斯四者，修齊平治之道盡矣。然三者養形，而獨樂陶性，樂之所係，不綦重哉!夫五行流動而不息，合和化生，偏則毁，乖則戾，凝則成體，通則成聲。聲者，五行之神也。五聲成文，而謂之音，五音諧和而謂之韻，韻者，五神之合和所以感物也。戾者感而見戾，和者感而見和，高山流水之趣，擊鼠捕蟬之意，感内而達外，濮上靡靡之音，英雄竊聽之態，感外而達内。至於鳳儀獸舞，風雲雨露，無在非感召之妙也。故音之哀樂邪正剛柔喜怒發之於情，而國之理亂，家之興廢，道之盛衰，俗之美惡，卽可先知焉。則夫樂學之有關於人性也，昭昭矣。蓋人性超乎五行，依於色象形質，而不囿於色象形質，是以凡物不能蔽錮，而惟欲能困之。無他，性之所發爲情，情之中正爲理，情之乖戾成欲，欲亦無色象，亦無形質，故盛則困性，猶煙冰之於水火也。夫性與欲俱無色象形質，而使用有色象形質之物，以理無色象形質之性，却無色象形質之欲，又何怪其末由而入也哉？惟樂本於五行，布於管絃，生於器而不滯於器，無色象形質而貫微達幽，乃能格乎神明，如磁石引針，如琥珀拾芥，聲入心通，有感卽應，故脾應宫而通信，肺應商而通義，肝應角而通仁，心應徵而通禮，腎應羽而通智，宣其鬱，達其衷，解其慍，理其正，耳目聰明，血氣和平，欲日以消，而真日以返。是以伏羲聽八風，察三籟，知天地間有自然之樂，故採嶧陽之桐，制而爲琴，抽丝爲絃，以定音律，而大下化，爲諸樂之祖。黄帝命伶倫截昆山之竹，定黄鐘之數，作土革匏金之器，而樂於是乎大備矣。後之聖王皆因之，所以昭功象德，和民人，諧鬼神，以爲易風易俗之極規也，樂之道誠重矣哉！奈何祖龍一炬，漸次失傳，躬行固難，講明亦少，猶憶予自幼時志欲學樂，顧以八音迭奏，必需數人，非一手一足之烈，惜同志罕有，遂爾不克如願。然每思琴爲音樂之祖，禁邪僻，防淫逸，正人心，官天地，既謂修身齊家之要具，而又操捨自便，不假人力，因而誠心採訪。第見拙者，不明指法，不閑手勢，率意妄作，無異戛木弹棉，巧者不求法度準繩之中，純尚敷暢悠揚之調，無異箜篌琵琶，徒悦他人之耳目，至於先聖雅正之音，不復聞矣。

幸也皇朝隆盛，誕敷文德，雅化作人，斯文有託。

元伯王子崛起青門，天牖其衷，堅持操守，不事浮沉，躬行孝友，仁慈樂善，幼業琴學，老而彌精，指法分明，取捨無迹，手起如鳳舞鸞翔，韻發如蒼龍吟海，運動閑和，氣度溫雅，其儒者之正派也。予自丙申歲從學於先生，迄今二十九載，並未見有疾言厲色，雖嘗爲公卿大人所敬，禮而謙，抑未敢自多，至於啟迪後學，雖甚冗雜，而無煩難之意，琴之感人也如此！先生慨琴學久廢，奮志編輯，盡剪陋習，撮取機要，闡究精微，凡律吕音調各列爲圖，明白直解，不爲浮詞濫説，以汩亂於其間，名曰《琴學練要》，以示學者，務使開卷了然，蕩滌邪穢，消融渣滓，而極於義精仁熟之域，則先生之嘉惠後學，夫豈淺鮮哉？余故拜手而爲之序。

時乾隆九年歲次甲子桐月茂陵後學楊屾頓首拜書。

自　敘

古者聖王治定、功成、禮備、化行乃作樂，以宣八風之氣，以平天下之心。其容恭以安，其聲和以節，所由蕩滌邪穢，消溶渣滓，理性陶情，義精仁熟，而爲成人之極功也。是以唐虞三代之世風動時雍，其君不勞而理，其民不介而孚，朝野士庶咸遊太和者，誠莫要於樂焉。厥後道歸師儒，鄒魯之間風琴雅管，絃歌不輟，彬彬然猶見太古之音。乃徒托諸空言，未獲見諸實事，而樂學竟爾中微，且歷來講樂者，非不精研細究，議論鑿鑿，而考其所言，率多深渺難窮。初學之士，未究其蘊，遂不免望洋之嘆。恭惟我朝，列聖相承，中和建極，刊定樂章，頒行直省，教興於上，俗美於下，雍雍穆穆，唐虞之盛復見於今矣！余家僻處西陲，見聞固陋，沐化日深，漸知趨向。且講樂又爲先世所遺傳，余幼承庭訓，從事絲桐，先君諄諄以琴冠八音，群樂所宗，必知琴而後可與言樂。余受命之下，考核講明，竊念琴爲上古之法物，天地之元音，及今源分支異，背古向時，流入淫哇俗派，至有以技藝目之者，其何以正人心而興教化，助國家以成治理乎？興言及此，余雖欲不專乎琴而有所不敢也。於是反覆參稽，晝夜思維，詳究五調，細按絃徽，以應律合音爲驗，不以支離泛論爲法，殚精竭慮，蓋數十年於茲矣，方信琴音之妙統備群樂，其清明也如天，其廣大也如地，其變化也如風雨，其周旋也如四時，誠未有知琴而不知樂，知樂而不始於琴者也，余又何心敢自私而自秘哉？用是，不揣荒鄙，抒其一得之見，凡五音定舍，律吕相生，音位相次，絃徽高下，以及正變、全半、子倍之交用，三準、十二律相生之互見，悉爲註釋，併各列圖以補從前之缺，正明指法，删訂字母，略夫深遠之義，出以淺近之辭，顏之曰《琴學練要》。理實言質，不尚文飾，敢謂克承先志乎？抑亦欲俾後之學者知元音之真，而不爲虚說俗派所誤，庶幾於正心養性之本、風俗教化之源有所小補，以仰副聖朝宜民善俗之至意云爾。

時大清乾隆肆年歲次巳未蒲月，雲陵王善元伯氏書於治心齋。

凡　例

一、是編之輯敢曰深於藍哉？爲高因陵，練歸實用，而統名曰要，使閱者生簡易心，消煩難氣，庶行遠登高之一自云。

一、琴律旋宫諸調，每宫各有何聲？取何絃爲倡？以何絃取何律爲均？則每律各爲一宫，每宫各有五調，每調用律取音，亦各有法，此乃琴之網領，而說者罕及，今特詳爲拈出，各例爲圖，以宫統調，以調統聲，次序賓主，各有條理，惟冀古法不泥，敢曰愛莫能助哉。

一、琴分三準，定正倍，而分清濁也。夫律吕止於清，五音終於少，黄鐘既定，众律可以類推，故上準黄鐘之清聲，中準黄鐘之正聲，下準黄鐘之倍聲，三準各具，五聲之位，十二律經緯具足，諸調絃徽皆統宗之。

一、諸譜琴操目次皆以五音列之，如宫音某操、商音某操[一]，余今以調統音，列爲五均，每均何曲，每曲何音，目中已詳註矣。

一、均者，主也，勻也。爲樂器名，韋昭制，長七尺，繫之以絲，以均鐘音者也，琴律以黄、夾、仲、夷、無統太、姑、蕤、林、夷、南、應者，其卽以五均七之意乎。

一、聲有餘韵，乃見一唱三嘆、流連往復之致，若一字一音，未免板而不活。今譜中附以有文之操，其文於指法有不對處，或空三二字及五六字者，乃本調之餘韵也，學者臨絃自辨可也。

一、琴能養心性、化氣質，碌碌塵世，何時得見本來？倘得其中趣，自然矜躁頓忘，鳶魚飛躍矣[二]。古人曰：此聲既不在，琴亦不在指，惟有志者其神明之。

一、琴爲理性之樂，武城弦歌，欣動聖顔，則亦何人不宜學哉？況師襄鼓琴，游魚且出聽，六馬且仰抹矣，故凡宜與不宜之說，槩不之取。至于十不彈之說，則總撮之曰：非其時不彈，非其地不彈，非其人不彈。

一、彈琴要明譜理，吟猱綽注、上下往來，指法所在，音韵出焉。學者先須識認字母，辨究指法，指法既得，則事半而功倍矣。

一、指法字母，予第取中州調之應用者，其他調險怪字母，概不之録。

一、譜中散勾四絃法，用散字冠首，如苟若下連勾數絃，不復加散字及勾也。如左手大指按七徽。右手食指挑四絃法，用大七字冠首，如莟者，若下連挑別絃，不復加大七字及挑也，餘可類推，所以省文而明目也。

一、舊譜琴壇十友，乃琴本身官肢，非高朋滿座也。余欲更請十人，將不免有易交之誚焉：清風、明月、青山、曲水、精舍、明牕、淨几、爐香、瓶花、碗茶。因口占一絶以相慶：我本千年士，願交千歲人[三]。此身遊物外，交物宕天真。琴若有知想，當啞然笑也!

一、琴爲帝王所貴，入其中者寧甘貧自得[四]，不可枉道求合，以玷古人高風。

一、是編議論，有出自管見者，有採取前人者，總以有補後學爲主，無人相亦無我相也。

【校記】

［一］"操"，北圖抄本爲"捺"，爲操之異體字。

［二］"鳶魚飛躍矣"，北圖刻本爲"鳶飛魚躍矣"，兩通。

［三］"歲"，北圖抄本爲"年"，兩通。

［四］"寧甘貧自得"，北圖抄本爲"寧甘貧淡自得"，兩通。

助刊琴友姓氏[一]

新陽王　慤受南

龍橋王　炘景炎

咸寧祁世炎南陸[一]

長安王　璽受昌

長安趙　明子遠

長安王　璣樞衡

池陽王玉增雲蒸

池陽王玉埈碧山

池陽梁　宸驚遠

長安任乃成可省

閿鄉張遲遠孝徵[二]

靈寶陳逢乙東林[三]

洛邑僧淨喜一笑[四]

【按】

[一]“助刊琴友姓氏”前三位，原北圖刻本，陝圖刻本均漫漶不清，有關電子版及中本、上本已經補全，較清晰，但有少許差異。

【校記】

[一]“咸寧祁世炎南陸”，上本易之爲“長安王文鈴近都”。

[二]“閿鄉張遲遠孝徵”，上本無。

[三]“靈寶陳逢乙東林”，上本無。

[四]“洛邑僧淨喜一笑”，上本無。

治心齋琴學練要目次[一]

還相爲宫圖說
五調轉絃變調歌
五調七音絃徽定位圖說
五調清濁音律定位圖說

卷三

琴操目次

黄鐘均 黄鐘宫調，緩三一律

平沙落雁　宫　以本均弹
羽化登仙　宫
莊子夢蝶　宫
古神化引　宫
碧天秋思　宫　以仲吕絃彈，所謂不轉絃而變調也

夾鐘均　黄鐘商調，緊二、五、七各一律

平沙落雁　宫
關 雎 章　宫
虚 明 吟　商

卷四

仲吕均 黄鐘角調，時曰平調

高　山　宫
平沙落雁　宫
鷗鷺忘機　宫
山 居 吟　商
雁過衡陽　商
搔首問天　商
瀟湘夜雨　商
易 春 操　角

幽 澗 泉　角
復 聖 操　徵
釋 談 章　徵
墨子悲歌　徵
漢宮秋月　羽
萬壑松濤　羽
陋 室 銘　羽
讀　　易　羽

卷五

夷則均 黄鐘徵調，緩一、六、三各一律
平沙落雁　宫
知 止 吟　商
樵 歌 宫　以仲吕絃彈
無射均 黄鐘羽調，緊五絃一律
平沙落雁　宫
大　　雅　宫
精 忠 詞　角
塞 上 鴻[二] 羽 以仲吕絃彈所謂不轉絃而變調也
目次終

【校記】

[一]“目次”，北圖刻本及陝圖刻本均爲“日次”，應是時間长，字迹模糊所致。北圖抄本爲“目次”，正確，今據北圖抄本改。

[二] 正文無此篇。

治心齋琴学練要卷之一

长安王　善元伯氏編輯

男　炳泰文安　較錄

豫章帥蘭皋
天津王介山
新陽王受南
桐城左念臣　　　　鑒閱

琴象稱謂

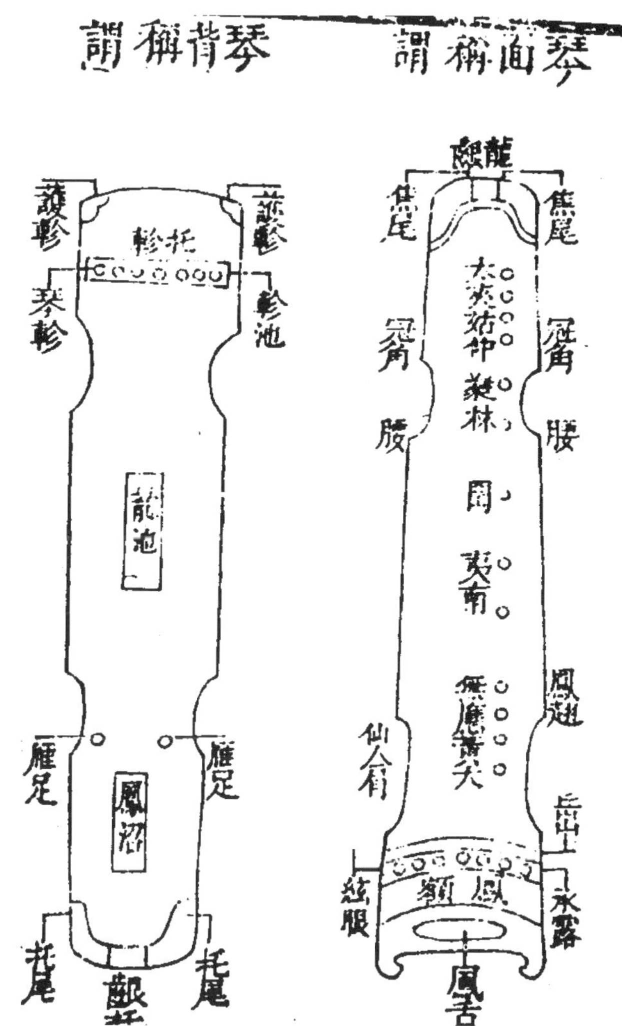

琴象考

太昊氏斷嶧陽桐，抽柘繭絲，髹楚宮漆，軫崑山玉，徽麗水金，造為雅樂，名之曰琴。琴者，禁也，禁邪僻，防淫逸，其聲正，其氣和，其形小，其理大。身長三尺六寸六分，象三百六十有六日也。肩廣六寸，象六合也。上圓而覆，象天；下方而載，象地。池渟岳峙，象山水。龍池八寸，通八風也。鳳沼四寸，律四時也。額廣腰狹，象尊卑有差也。徽上下各六，卽周歲之月定律呂也，中亘一徽，象閏也。空音浮上，天之升也；實音淪下[一]，地之降也；泛音錯點，人之成位乎中也。其絃有五，象五行也。舜揮五絃而歌南風，所以平天下、來儀鳳也。迨至文武，各加一絃，少宮少商，雅合君臣之義[二]。一說文所以柔，武所以剛也。此二變之所由來也。至於面桐底梓，木分陰陽也。尾曰焦尾，以蔡中郎而得名也。羲皇而後，琴凡四十餘種，形歷小異，理則同也。舜襄似羲，孔兼舜襄，今多用之，所以尊時中統萬古也。

【校記】

［一］“實音淪”中“實”，北圖抄本寫作“实”，簡寫。

［二］“義”，北圖抄本寫作“义”，簡寫。

字母辨

指法之有字母，猶嬰兒之不可須臾離其母也，考其權輿，肇自東周，晉楊氏創減字之法，立為字母，譜始傳焉。古人以琴寓意，而形容起作，深為切當。如言語談笑之聲，長鎖是也；英雄壯烈之句，雙彈是也；風發松濤之意，不外乎撥喇；同聲應答之情，不出乎打圓；鳩鳴燕語，存乎雙猱；飛翎展翅，寓乎滚拂；綢繆則於長吟見之；放達則於全輪取意；嗟嘆若提擘；慷慨如拍煞。或輕如飛花、或重如帛裂、或疾如風馳馬驟、或徐如漏滴雲移、斷續如雲中雁障[一]、抑揚似海泛仙舟，得奇作近情之喻，而厥旨可謂深哉！今人不察，踵爲增益，頗覺雷同而繁雜。如右手雙彈易名曰鼓半輪，又曰疊躅。滚拂雜用渡雷，換拶又作虛帶。左手大飛小飛之訛傳，猱引飛猱之杜撰，猛上、滸上、硬上、急上既無毫釐之別，且有疑似記憶之苦。一指三聲孰云背鎖？兩絃一抹豈曰半扶[二]？不用中指入宮絃，反以無名犯君象，倒輪更逆，疊作何為？他如龍睛鳳眼，作態徒多；鶴飛蟹行，用情良苦。執彈欲斷絃之說，殺伐成聲；矯按令入木之談，輕浮鮮力。是以十學而九不精者，固字母之失考，亦尊信之不專也。余故刪其繁雜，存其簡易，凡易名同實之類，概不闌入，要期有裨乎學者，猶望郢正於高明。

【校記】

［一］“障”，楊抄本作“陣”，是。

［二］“扶”，楊抄本作“輪”，北圖抄本仍作“扶”，“輪”是。

字母解

右手指法

尸　擘也。謂大指甲肉兼用向外彈也，因間三間四相隔遠，故用擘托，大小間勾禁用。

尸　提擘也。大指肚提起，七絃一放有聲如開弓放矢之狀，有用大食捻七絃一放者大禁。

乇　托也。謂大指純用甲向内彈也，擘、托俱將手豎立起，單動大指。

木　抹也。謂食指用甲尖向懷内一抹也。

乚　挑也。謂食指用甲尖向外挑也。

述　抹挑也。謂一絃兩聲也，或散或按，必先抹而後挑，二絃猶用，一絃絕無。

勹　勾也。中指入絃曰勾，甲肉相半也。

丂　踢也。中指出絃純用甲也。

丂　勾踢也。此勾踢合作，或散或按，應用兩聲，六絃猶用，七絃絕無。

乚　踢挑也。亦一絃兩聲，先踢後挑也，雙抹雙勾者大禁。

夲　抹勾也。亦一絃兩声，必先抹而後勾也。

丁　打也。名指入絃也，但名指下懸，餘指宜直，此專用在一二絃散声應六七絃前韵也，餘絃禁用。

丂　摘也。名指出絃，以名指曲其下節直其上節，或連三連四一路摘去，其絃數隨譜中用。

十　撮也。食挑中勾兩指並下也，或一按一散或俱按俱散，兩指兩絃挑勾齊响也，大小間多用。

千　反撮也。食抹中踢也，謂二指内外各一分，兩絃齊响也。

夲　大撮也。中勾大擘，二指並下，齊起同声，一、六、二、七弦多用之。反者，中踢大托，二指中分，兩絃齊响也。

乑　掐撮連用三声也。以左手名指向十徽按七絃，即以左手大指向九徽一掐，掐畢卽用右挑勾四七絃一撮，如是者三，故曰掐撮三声也。

合　全輪也。名、中、食三指同曲向外出絃，亍、剔、挑次弟連發共三声也[一]。惟七絃獨用之，以食指挑抹，挑者大禁。

卷　半輪也。謂用中踢、食挑次第而發也。較全輪略緩。

𠬞　雙弾也。如名指向十徽按七散六，大指以中、食二指作圈，剔、挑七六兩絃齊响也。然較半掄重而快，看後雙弾手式便知作圈之妙。

厂　歷也。謂食指連挑兩絃也。如當疾，則以 ㄅ 字冠 厂 字上

㐁 臨也。或散或實，食指連挑數絃，其声不断也。起落隨譜中用。

𡿨　半鎖也。謂一條絃上中踢、食急抹相連也。

𡿨　小鎖也。一條絃上中踢、食急抹、挑共三声也。

𡿨　短鎖也。食抹中勾，一息又用前小鎖，共五声也。

𡿨　大鎖也。食抹挑又抹勾，息又用小鎖，共七声也。

镸　長鎖也。同大鎖，息又加抹勾，共九声也。

如　如一也。謂一按一散，或踢或挑，兩絃同响如一。

㕣　滚也。名指出絃一摘，連及向外數絃至按處止也。

弗　拂也。食指入絃一抹，連及向內數絃至按處止也。

𠔁　撥喇也。名中二指緊連一處，先入絃為撥，後出絃為喇。然有分有合，分則有撥無喇、有喇無撥；合則左大指向七徽八分按七散六[二]，一撥一喇兩絃齊响也。其手勢曰游魚擺尾[三]。

𠔁　掐撥喇也。左手一掐，右手一撥又一掐一喇也。

団　打圓也。謂間二、間一，一挑、一勾，少息又 ㄅ 連挑勾挑又勾挑，三次共七声也。至間三、間四則用擘勾矣。

拍　拍煞也。卽撥喇之別名。左手實按君絃，右手中食并緊挺，硬將一二絃向外斜一喇，指出絃外，有声無音，全手合拍琴面，不可就起，以俟後音，故曰拍煞。猶如鞭索响[四]。

【校記】

［一］“弟”，楊抄本、北圖抄本作“第”，中本为“弟”。

［二］“散”，北圖抄本作“徽”。

［三］“魚”，楊抄本作“龍”。

［四］“响”，楊抄本作“鳴”。

左手指法

亍　吟也。得音在所按之處，輕搖微動，不離其位，取其餘韵如吟。指貴靈活無痕為妙。

𠀋　長吟也。較吟稍長，離位往來三二折仍復本位也[一]。其類又有双吟、撞吟、略吟之不同，不盡枚列者，省文也。

㕶　泛音也。謂右手近岳鳴絃，左手之指按徽浮打就起，如蜻蜓點水之狀。

尤　就也。謂跟上声，而或就彈或就下也。

車　連也。或上或下，數声數句，音韵接連不斷也。譜書有丨，數字丨者，數句丨者，或長或短，註於句傍看之[二]。

𠚉　撇起也。左手大指按絃，向懷內一放有声，指不離琴。

㔾　帶起也。名指按某絃，手起一帶有声也。

㞾　同起也。如名指九徽按七，或帶或放，右手散勾四，兩絃同起如一声。

㔾　搯起也。如左手名指十徽按四絃[三]，大指甲九徽勾四絃有声也[四]。

方　放也。名指将絃一放有声。帶起則指離琴，放則指不離琴。

合　合也。如左手大指九徽按三不起[五]，即上八徽右手空挑七絃相應[六]。亦曰應合[七]。

㪺　放合也。如左手名指放七絃，右手空勾四絃與七絃相合。

㕣　反合也。如名指八徽按六絃不彈下九，右手空勾三絃反相合也。

犭　猱也。得音退而復上本位。較長吟寬緩悠揚，吟取其韵致，犭取其古勁，故曰猱。為大動，吟細生。

𢑚　長猱也。較犭更長，得音連猱數次，先大後小，先緩後急，音靜乃止。勢遠音雄，細音中之至大者。

卜　掉也。自下而上曰卜。如在九徽得音，從九半卜至九，右手彈，左手走，至徽恰合為妙，不得未至徽而有音。

氵　注也。自上而下曰氵。右彈左下，至徽恰合為妙。不得未至徽而有音。

立　撞也。得音猛上而急復本位，如皮毬觸壁之狀，以速為貴，如稍緩則類於進復也。

㐫　急撞也。兩手齊作音應乎中，較撞更為迅速也。又虛、疊、登之類[八]。

迚　迎撞也。迎上之声，而卽立也。其類有登、里、虛之不同

隹　進復也。得音上一徽或幾分，仍復本位。勿混於撞，撞急而進復緩也。

㕣　退復也。得音退下一徽或半徽，仍復本位。勿混於猱，猱軟而退復硬也。亦有緩急、大小之分，譜中自悉註矣。

骨　滑復也。如足履冰上，動則一滑也，取急速之意。

弁　分開也。一絃兩声，而云分開者，謂右手或勾抹[九]，左手卽掉上某處，右手或剔挑，左手卽注下本位也。先弹一声，ㄅ一上第二声，卽注下也。

负　換也。蓋謂此絃得音，急一上而借此絃之機，而注彼絃也。

更　硬也。 得音時直上某處，取蒼老之音也。蓋謂声响畢而乃上，不似掉之應声而卽上。亦曰午上[十]。

弓　引也。得音時或一上某處，或二上某處，較硬更緩也。

府　渡也。彷彿迎撞而兩下也。

闪　罨也。如左手名指九徽按四絃，大指八徽打四絃有声也。

虜　虛罨也。謂右手不弹絃，左手或名指或大指虛打某絃有声也。其類有虛上、虛下、虛立[十一]。

豆　逗也。借上山之音[十二]，迎而注下，以作本位之音。亦曰次豆，又有声，豆第二，并兩彈曰次豆也。

徉　往來也。似進復而遠大緩縵也。如九徽得音，卽下十急上九，又急下十也。

㒳　跪也。三、四、五徽之間，名指不便直按，故曲按如跪之狀。馀指宜伸，以甲背按絃也。

扒　推出也。一絃不便帶起，故用中指向外一推有声也。

【校記】

［一］“三二”，楊抄本作“二三”。

［二］“傍”，北圖抄本爲“旁”，亦通。

［三］“十徽按四絃”，楊抄本作“十徽按四絃”。

［四］“甲”，楊抄本作“在”。

［五］“九徽按三”，楊抄本作“按三絃九徽”。

［六］“空”，楊抄本作“散”。

［七］“應合”，北圖抄本爲“相合”，亦通。

［八］“又|壯|、|擼擻|、|堀|之類”，上本缺。

［九］“勾抹”，北圖抄本爲“抹勾”。

［十一］“亦曰午上”，上本缺。

［十二］“其類有虛上、虛下、虛立”下，上本多“之譜中自分悉矣”。

［十二］“山”，楊抄本作“徽”。

兩手合用指法

篅　從頭再作也。指段言，謂從頭一段之首再弹一遍也。

篇　從勾再作也。指句言，句傍有勾，是從勾處至某處再弹一遍也。

省　少息也，即稍歇也。 奆 者大歇也，音完句終，然後另起，故曰但逢少息要停声。

馁　緩作也，即緩弹也。凡大小操起，曲宜緩弹也。

盒　入縵也。是曲將終而漸漸縵弹也。故曰必須三入縵。

⺈　急也。如 乞、夅、岦、豸、名、马 之類。

田　略也。如 罡 罒 罕 罡 畏 之類。

䜌　變也。大曲將終必有变音，如移商換羽之類。

艹　散也。左手不按絃，右手空弹也。

口　另也。单點不連謂之 口 ，或散或實泛皆用。

丰　半也。兩徽之中間也。

女　按某絃也。

朸	手不動也。
卜	外也。十三徽之外也。
巠	輕弹也。
重	重弹也。去声。
厶	至也。至某徽某絃也。
乜	泛音起也。
正	泛音止也。
大	大指也。
人	食指也。
中	中指也。
夕	名指也。
夂	各也。
山	徽也。
尸	聲也。
冬	終也
臤	堅也。

以上三十字無關於吟猱手勢，今特另爲拈出。庶左右分明，不淆亂人目，學者易覽也。

[illegible]	左手名指按九徽，右手勾踢四絃也。
[illegible]	散急抹挑七絃也。
[illegible]	左大指按七徽半，右手抹勾六絃也。
[illegible]	左名指跪按五徽七絃，右手名中食三指全輪。次第出絃，餘可類推。

左右手式

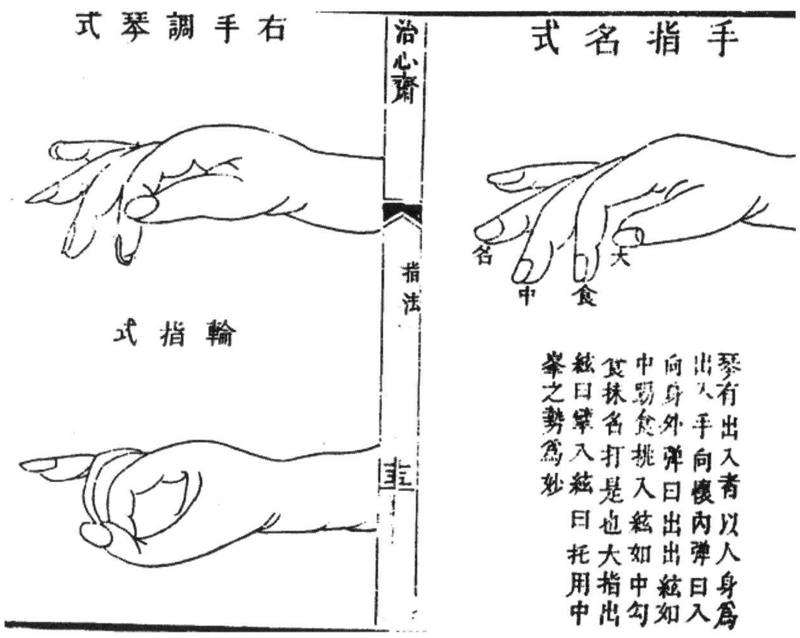

琴有出入者，以人身為出入。手向懷內彈曰入，向身外彈曰出。出絃如中踢、食挑。入絃如中勾、食抹、名打是也。大指出絃曰擘，入絃曰托。用中峰之勢為妙。

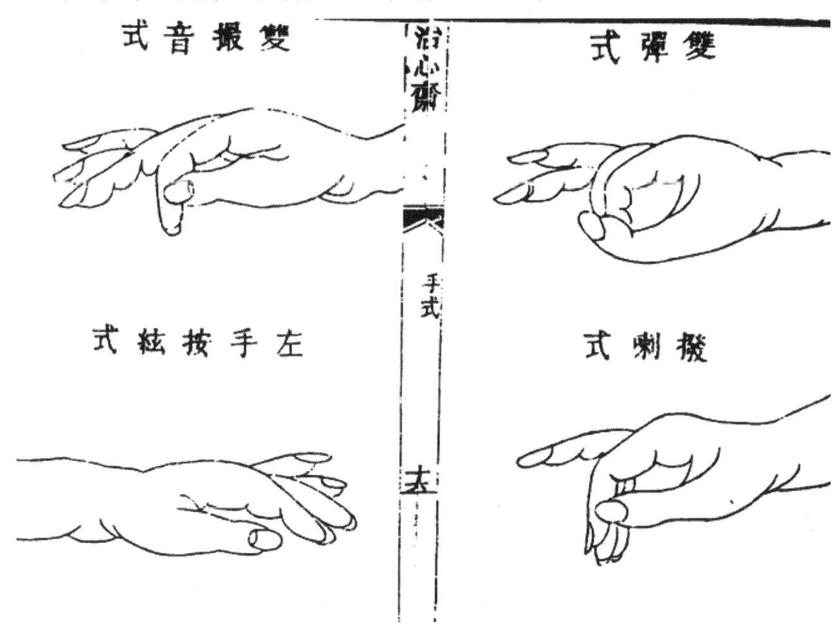

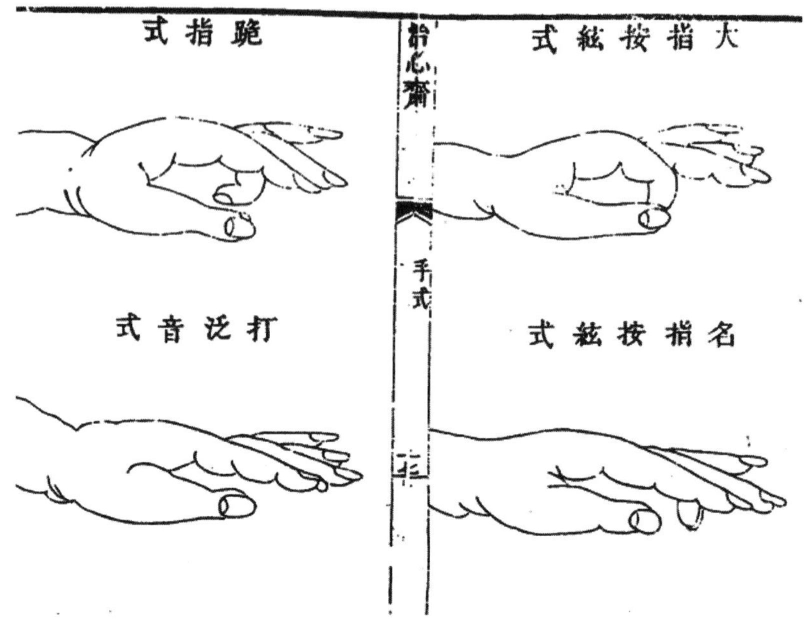

啟蒙歌

琴家自古有定程，謹與學者仔細呈。勾踢抹挑中峯勢，近岳鳴絃聲乃清。宮商從類休出調，指下乾淨自分明。彈欲斷絃堅且亮，按令入木韻乃鏗。掉上注下須從遠，猱爲大動吟細生[一]。撞如皮毬觸壁轉，拍煞之聲鞭索鳴。撥喇恰似魚擺尾[二]，推音宛然蚓蚯行。若遇換音須急上，但逢少息要停聲。慢不斷兮緊不亂，前聲一接後聲輕。大曲必須三入縵，小操首尾莫急錚。抑揚疾徐成結搆，從容沉靜調和平。逐彈用意毫不苟，自臻妙境莫與京。

【校記】

［一］“大”，北圖抄本爲“天”。

［二］“魚”,，北圖抄本爲“無”。

啓蒙法　十一條

選琴材法

材有良枯，琴分高下，皮青葉圓者爲上，然非百年不可用，近水而面陽者則更佳也。

認斷紋法

琴有斷紋，所以驗古也。一曰牛毛斷，非百年不能，多在琴面兩傍。一曰蛇腹斷，横截琴面，非數百年不能。一曰水紋斷，面底俱有。又有如梅蘂者，曰梅花斷，此非千餘年不能有也，為斷紋之最。斷之真者觀之有紋，揣之無痕，偽者不然。究之斷紋，不過証古耳，其實琴之高下，不盡在斷紋之有無也。

作通天軫法

凡操琴定絃，絨扣多絞軫碍手，余作通天眼，將扣從軫頂透出，不使扣絞軫而且均齊雅觀也。

選琴絃法

琴絃惟杭造者爲佳，上清、中清、下清輕重不等，量琴之大小配之，則力稱而聲調矣。卽舊絃亦不可輕棄，解去二三四絃，纏絲，便可作五六絃用也。

結蠅頭絨扣法

蠅頭宜小不宜大，大則鬆蠢無力且碍手，絨扣宜堅細，堅細則靈且耐久，合扣要左槎，以便右撚，至下墜琴鬚，不過壯觀耳。

上絃次序法

凡上琴，將琴豎在杌上或床上，依次而上。先上五絃，用布巾雙摺，將絃纏於巾上，緊靠琴底，左手用力下墜，右手將絃助送過焦尾，量琴之強弱空試。凡上餘絃皆如是拴墜。次上一絃，左手墜絃，右手大指空擘五絃[一]，作個仙字，食指八徽按一絃，中指勾一絃，應個翁字，要近九徽，合音換手，一鬆自合八徽矣。一五絃在八徽合，餘絃在九徽合。三上二絃，右手空擘五絃，作個仙字，食指九徽按二絃，中指勾二，應個翁字。四上三絃，右手擘五，作仙字，食指十一徽按三絃，應翁字。五上四絃，右手擘四，作個仙字，食指九徽按一絃，中勾一，應翁字。一二三四絃俱靠琴底，拴在外邊雁足上。六上六絃，右手擘六，作仙字，食指九徽按三，中勾三，應翁字。七上七絃，右手擘七，作仙字，食指九徽按四，中勾四，應翁字。五六七三絃靠琴底，拴在裏邊雁足上。此定法也。然後按徽審音，調仙翁合之。新絃易走，要上兩次方定。又須知琴有高下，斯絃當分緊漫，琴高絃漫則聲啞，琴下絃緊則聲肆。

【校記】

［一］“擘”，底本為“壁”，據楊抄本改。

安琴設座法

凡安琴[一]，琴離棹邊一二指，琴軫宜離棹三四指，以便撚軫薦，須用水稍濕一墊，軫池後一襯雁足下，庶鳴絃不致搖動，而往來得如意矣。座宜高，棹宜卑，面封五徽間，則上下兩便矣。

【校記】

［一］“安”，北圖抄本爲“按”，可通，但“安”更佳。

習間勾法

凡初學入門，右彈左按，難免顧盼之病，當先習間勾法。右手挑七勾五，中擱六絃爲小間，勾挑七勾四，中隔五六兩絃爲大間。勾先以空音習小間，挑七勾五，挑六勾四，挑五勾三，挑四勾二，挑三勾一。後習大間，挑七勾四，挑六勾三，挑五勾二，挑四勾一，向身外一挑，一勾彈出去，向懷內一挑，一勾倒回來。如此頻習，旬日之間，右手漸熟，方好專心左手，自無兩頭顧盼之病。

轉軫定絃法

操縵安絃，琴家之要務。操者，演也，演其緩慢而不急迫也；安者，合也，合其聲于絃徽之位也。安絃必以九十兩徽取音，此乃群音會合之處，上生者隔一小間勾，下生者隔二大間勾，凡各絃散音即本律之正音。第十徽實音爲散聲之母，能生本律也。第九徽實音，爲散聲之子，本律所生也。如仲吕調以三絃起宫，七絃爲羽，挑七勾四，九徽實按，四絃爲羽。左手大指於九徽上下尋音，徽上音合四絃鬆，徽下音合七絃鬆，以對徽合音，兩聲如一爲準。四七大間既合，又以十徽小間，以七定五，挑七勾五，左手名指於十徽尋音，徽上音合五絃鬆，徽下音合五絃緊，動五不動七，以對徽合音爲準，此以羽合羽也。又以四定六，挑六勾四，合音，徽上音合六絃緊，徽下合音六絃鬆，動六不動四，以對徽合音爲準，此以徵合徵也。次以五定三，五爲角，三絃十一徽爲角，動三不動五，以對徽合音爲準，此以角合角也。次以四定二，商合商也。以三定一，宫合宫也。鬆緊起落，如前十徽既合，又以九徽大指按外，挑四勾一，商合商也。挑五勾二，角合角也。挑六勾三，徵合徵也。挑七勾四，羽合羽也。徽上音合，外絃鬆。徽下音合，外絃緊。皆以對徽合音爲準，以此審音定律，絃調和平，然後起曲入調，無不諧矣。

調仙翁歌[1]

仙 翁 仙 翁 仙 翁 仙 翁 仙 翁 仙 翁

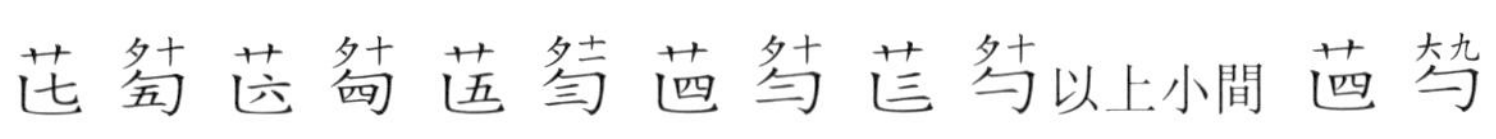

⿺乚⿱艹七 ⿱⿰夕十⿹勹五 ⿺乚⿱艹六 ⿱⿰夕十⿹勹四 ⿺乚⿱艹五 ⿱⿰夕十⿹勹三 ⿺乚⿱艹四 ⿱⿰夕十⿹勹二 ⿺乚⿱艹三 ⿱⿰夕十⿹勹一以上小間 ⿺乚⿱艹四 ⿱⿰大九⿹勹一

仙 翁 仙 翁 仙 翁 得 道 陳 摶 得

道 陳摶 的 那 仙 翁 好個得 道 仙 翁

【按】

[1] 北圖抄本词先谱後，詞與譜未有對應。楊抄本無此歌。諸刻本均有之。

收掛琴法

凡琴必入囊，然常彈之琴不便頻囊，須製琴衣覆之，或大巾亦可遮塵避濕。掛琴宜用鉤頭釘在柱上或板壁上。木木類聚，則聲音自清。掛壁則土奪木氣[一]，音必皮縵。至於古琴木性脱化，尤宜珍重收藏。昔成連先生常抱琴宿，云得人血汗之氣[二]，音必清麗，其寶護有如此！至常彈之琴，三五日間宜用潔布，溫水泡濕扭乾，連琴帶絃上下一展，再用乾布拭之，庶縱送如意，琴亦光潤矣。

【校記】

［一］北圖抄本“壁”後有一“上”字，亦通。

［二］北圖抄本“血”後多“之”，“氣”之後多一“者”，亦通。

總義八則

和

《易》曰“保合太和”，詩曰“神聽和平”。琴之所首重者，和也。然必絃與指合，指與音合，音與意合，而和乃得也。和也者，天下之達道也，其要只在慎獨。

雅

喜工柔媚則俗，落指重濁則俗，性好熱鬧則俗，指法拘促則俗，取音迅厲則俗，入絃倉卒則俗，準繩不合則俗，氣質浮躁則俗，反此者斯為大雅。

清

清者：地僻，琴實，絃緊，心專，氣肅，指勁，按木，彈甲，八者能備，則月印秋江，萬象澄徹矣[一]。

靜

靜由中出，聲自心生，一則調氣，一則鍊指，調氣則神自靜，鍊指則音自靜。

圓

吟猱包滿、宛轉，以至恰好，謂圓。夫取音婉轉則情聯，包滿則音吐輕所當輕，重所當重，則圓之至也。

堅

按絃入木，形其堅也。然堅不僅於指上求之，聖嘆《評寥道士序》云："不意其一篇文字只成一句，此是通身氣力寫得。"不止爭指力腕力之與臂力也。

遠

求之絃中如不足，得之絃外則有餘，所謂遠也。遠以神行，不以氣用，故氣有侯而神無侯[二]。

情

鼓琴貴得情，情者古人創操之意，哀樂憂喜之所見端也。如彈羽化則得其瀟洒出塵之槩，鼓山居則得其松壑風月之情，始見作者之意也。

【校記】

［一］"徵"，北圖抄本爲"清"。

［二］"故氣有侯而神無侯"，中兩個"侯"字，楊抄本均作"候"，刻本及北圖抄本爲"侯"。

治心齋琴學練要卷之二

長安王　善元伯氏編輯
男　　　炳泰文安　參閱
　　　　馮天閑原敬
門人　　　　　　　　　仝校
　　　　胡崋齡仙崖

五音次序說

宮屬土，應脾，而通信；律中黃鐘，喉音也；音發而舌居中者，土位在中也。由中而南生徵，徵屬火，應心，而通禮；律中林鐘，舌音也；音發而舌頂齒者，火性上炎也。由南而西生商，商屬金，應肺，而通義；律中太簇，齒音也；音發而口張舌微下者，金性陰沉也。由西而北生羽，羽屬水，應腎，而通智；律中南呂，脣音也；音發而撮口舌下釣者，水性潤下也。由北而東生角，角屬木，應肝，而通仁；律中姑洗，牙音也；音發而舌曲縮者，木性曲直也。宮居中央，端拱南面，巡歷西方，象天左旋，至角而窮，復歸宮。在天運為五氣，在地列為五行，在人身為五臟，中聲所至，無往而不理焉。

律應八風十二次相合說

律者法也，言陽與陰為法也。呂者助也，言陰助陽宣氣以養生萬物也。夫上生者，象夫妻；下生者，象子母，所謂律聚妻而呂生子也。

黃鐘，子之氣，冬至之候也。子與丑合，日躔星紀之次，時為廣莫風。黃者，色之中也；鐘，種也，言陽氣潛萌於黃鐘，畜養萬物也。乃仲呂之子，林鐘之夫，故二律互相合也。

大呂，丑之氣，大寒之候。丑與子合，日躔玄枵之次。呂者，簇也，言陰助陽宣氣而芽物也。乃蕤賓之妻，夷則之母，故二律互相合也。

太簇，寅之氣，雨水之候。寅與亥合，日躔陬訾之次，立春為條風。簇者，湊也，言寅中少陰少陽湊地而發生萬物也。乃林鐘之子，南呂之夫，故二律互相合也。

夾鐘，卯之氣，春分之候。卯與戌合，日躔降婁之次，時為明庶風。夾者，輔也；鐘，種也，言陰助陽宣四方之氣而種物也。乃夷則之妻，無射之母，故二律互相合也。

姑洗，辰之氣，穀雨之候。辰與酉合，日躔大梁之次。姑者，故也；洗，鮮也，言陽氣養生，去故就新，莫不鮮明也。乃南呂之子，應鐘之夫，故二律互相合也。

仲呂，巳之氣，小滿之候。巳與申合，日躔實沉之次，立夏為清明風。言陽巳陰萌，萬物盡旅而西行也。乃無射之妻，黃鐘之母，故二律相合也。

蕤賓，午之氣，夏至之候。午與未合，日躔鶉首之次，時為景風。蕤者，繼也；

賓，導也，言賓主内外之辨，蕤其陽在外也。乃應鐘之子，大呂之夫，故二律相合也。

林鐘，未之氣，大暑之候。未與午合，日躔鶉火之次。林者，茂也；鐘，盛也，言太陰太陽之所鐘也，助使長大茂盛也。乃黄鐘之妻，太簇之母，故二律相合也。

夷則，申之氣，處暑之候。申與巳合，日躔鶉尾之次，立秋為涼風。言厥民夷，時萬物莫不華而實也。乃大呂之子，夾鐘之夫，故二律相合也。

南呂，酉之氣，秋分之候。酉與辰合，日躔壽星之次，時為閶闔風。南者，任也，言陰氣旅助夷則任成萬物也。乃太簇之妻[一]，姑洗之母，故二律相合也。

無射，戌之氣，霜降之候。戌與卯合，日躔大火之次。射者，厭也，言陽究物使其氣畢落，終而復始無厭已也，萬物畢入於戌，陽無餘氣。乃夾鐘之子，仲呂之夫，故二律相合也。

應鐘，亥之氣，小雪之候。亥與寅合，日躔析木之次，立冬為不周風。言陰氣應無射，該藏萬物也。乃姑洗之妻，蕤賓之母，故二律相合也。

【校記】

［一］“太”，北圖抄本爲“大”。“太”是。

音律相生損益說

三準起一弦，散音為黄鐘宫。琴有大小，自岳至齦以尺度之，數分為九[一]，九又為九，作八十一分，每分二十七，三分損一得五十四，位在九徽，為林鐘徵。以散四合一五十四，每分十八，三分益一得七十二，位在十三徽外，為太簇商[二]。以散七合一七十二，每分二十四，三分損一得四十八，位在八徽，為南呂羽。以散五合一四十八，每分十六，三分益一得六十四，位在十一徽，為姑洗角。以散三合一，姑洗下生應鐘。變宫在七徽三分，上生蕤賓。變徵在九徽半，二變無應聲。此五音之正數也，以下十一律皆稟法於此。上生者，皆三分益一，益陰以生陽也；下生者，皆三分去一，損陽以生陰也。然六十四推算不能盡合三分損益者，如應鐘倍數為黄鐘而有餘，仲呂生數為黄鐘而不足。以下十一律亦有不及者，蓋聲律之應，必當以中氣所在也，故曰律于氣朔準。

【校記】

［一］“分”，北圖抄本爲“外”。

［二］“太”，北圖抄本爲“大”。“太”是。

泛音徽節定位說

一升中于天則鳳凰降，故泛音輕清上浮而皆于中處得音。自岳山至龍齦中分之，就七徽得音，一分為二也。自七徽上至岳下至齦又中分之，就四徽與十徽得音，二分為四也。自四徽上至岳下至七徽，自十徽下至齦上至七徽，又各中分之，就一徽與十三徽得音，四分為八也。夫七徽上至岳下至齦雖四，一分為二而上下又各分為三節，自岳至二徽與自齦至十二徽，對自二徽至五徽至七徽與自十二徽至九徽至七徽，對各為一節，此八分六節相交處，當分節則和，不當分節則雖有聲而不協，故三、六、八、十一、十三此五徽不當分節，泛而無音，故奏者鮮，曰啞徽。至一、二、四、五、七、九、十此七徽皆泛而有音也，此泛音居中之妙用也。泛音之用，近岳而愈微，蓋四徽而上，音節愈短，實音所不能及者，惟泛音及之也。

定調皆以角絃散聲與宮絃會于十一徽者以為定調準式。夫五音宮徵相生，徵商相生，商羽相生，羽角相生，宮角則不相生。其相生者皆合，不相生者不合。因其不合處而宮角可辨，故大間中不合者，小絃宮大絃角，小間中不合者，大絃宮小絃角，以此辨之宮角昭然，所謂始于宮而窮于角也。

五調安絃內外絃徽之圖

黃鐘均　慢三絃，一律一弦，十一徽角以散三合

十徽隔一按外

絃	六	四	七	五	三	一十一	四	二	五	三
音	宮	宮	商	商	角	角	徵	徵	羽	羽
律	黃	黃	太	太	姑	姑	林	林	南	南

九徽隔一按內

絃	一	三八|业|	二	四	三	五	四	六	五	七
音	宮	宮	商	商	角	角	徵	徵	羽	羽
律	黃	黃	太	太	姑	姑	林	林	南	南

十徽隔二按內

絃	一	四	二	五	三	六十一徽	四	七

音	宫宫	商商	角角	徵徵
律	黄黄	太太	姑姑	林林

九徽隔二按外

絃	六 三八|业|	七 四	四 一	五 二
音	宫宫	商商	徵徵	羽羽
律	黄黄	太太	林林	南南

八徽隔三按外

絃	六 二七七	七 三七七	五 一
音	宫宫	商商	羽羽
律	黄黄	太太	南南

十二徽隔三按内

絃	一 五	二 六外	三 七外[一]
音	宫宫	商商	角角
律	黄黄	太太	姑姑

隔四内外 六、一、七、二 具在七徽

【校記】

[一] “外”，北圖抄本爲“夕”。

夾鐘均 緊二、五、七絃各一，律二絃，十一徽角以散四合

十徽隔一按外

絃	七 五	三 一	四 二十一	五 三	六 四
音	宮 宮	商 商	角 角	徵 徵	羽 羽
律	夾 夾	仲 仲	林 林	無 無	黃 黃

九徽隔一按內

絃	二 四八|业|	三 五	四 六	五 七	一 三
音	宮 宮	商 商	角 角	徵 徵	羽 羽
律	夾 夾	仲 仲	林 林	無 無	黃 黃

十徽隔二按內

絃	二 五	三 六	四 七十一	一 四
音	宮 宮	商 商	角 角	羽 羽
律	夾 夾	仲 仲	林 林	黃 黃

九徽隔二按外

絃	七 四八|业|	四 一	五 二	六 三
音	宮 宮	角 角	徵 徵	羽 羽
律	夾 夾	林 林	無 無	黃 黃

八徽隔三按外

絃	七 三七七	五 一七七	六 二
音	宮 宮	徵 徵	羽 羽

律　夾 夾　無 無　黄 黄

十二徽隔三按内

絃　二 六　三 七外　一 五外

音　宫 宫　商 商　羽 羽

律　夾 夾　仲 仲　黄 黄

隔四内外 六、一、七、二　俱在七徽

仲吕均 時日平[一]，調三絃，十一徽角以散五合

十徽隔一按外

絃　三 一　四 二　五 三十一　六 四　七 五

音　宫 宫　商 商　角 角　徵 徵　羽 羽

律　仲 仲　林 林　南 南　黄 黄　太 太

九徽隔一按内

絃　三 五八|业|　四 六　五 七　一 三　二 四

音　宫 宫　商 商　角 角　徵 徵　羽 羽

律　仲 仲　林 林　南 南　黄 黄　太 太

十徽隔二按内

絃　三 六　四 七　一 四　二 五

音　宫 宫　商 商　徵 徵　羽 羽

律　仲仲　林林　黄黄　太太

九徽隔二按外

絃　四一　五二　六三　七四

音　商商　角角　徵徵　羽羽

律　林林　南南　黄黄　太太

八徽隔三按外

絃　五一　六二七七　七三

音　角角　徵徵　羽羽

律　南南　黄黄　太太

十二徽隔三按內

絃　三七　二六外　一五

音　宮宮　羽羽　徵徵

律　仲仲　太太　黄黄

隔四內外　七、二、六、一　俱在七

【校記】

［一］“日”，楊抄本作“曰”，北圖抄本則爲“日”。

夷則均　慢一、三、六各一律，四絃。十一徽角以散六合。

十徽隔一按外

絃　四二　五三　六四十一　七五　三一

音 宮宮 商商 角角 徵徵 羽羽

律 夷夷 無無 黄黄 夾夾 仲仲

九徽隔一按内

絃 四 六七|业| 五 七 一 三 二 四 三 五

音 宮宮 商商 角角 徵徵 羽羽

律 夷夷 無無 黄黄 夾夾 仲仲

十徽隔二按内

絃 四 七 一 四十一 二 五 三 六

音 宮宮 角角 徵徵 羽羽

律 夷夷 黄黄 夾夾 仲仲

九徽隔二按外

絃 四 一八|业| 五 二 六 三 七 四

音 宮宮 商商 角角 徵徵

律 夷夷 無無 黄黄 夾夾

八徽隔三按外

絃 五 一七七 六 二 七 三七七

音 商商 角角 徵徵

律 無無 黄黄 夾夾

十二隔三按內

絃	一 五外	二 六	三 七外
音	角 角	徵 徵	羽 羽
律	黃 黃	夾 夾	仲 仲

隔四內外一、六、二、七　俱在七

無射均 緊五、一，律五絃，十一徽角以七合

十徽隔一按外

絃	五 三	六 四	七 五十一	三 一	四 二
音	宮 宮	商 商	角 角	徵 徵	羽 羽
律	無 無	黃 黃	太 太	仲 仲	林 林

九徽隔一按內

絃	五 七八|业|	一 三	二 四	三 五	四 六
音	宮 宮	商 商	角 角	徵 徵	羽 羽
律	無 無	黃 黃	太 太	仲 仲	林 林

十徽隔二按內

絃	一 四	二 五十一	三 六	四 七
音	商 商	角 角	徵 徵	羽 羽
律	黃 黃	太 太	仲 仲	林 林

九徽隔二按外

絃	五	二八|业|	六	三	七	四	四	一
音	宮	宮	商	商	角	角	羽	羽
律	無	無	黄	黄	太	太	林	林

八徽隔三按外

絃	五	一七七	六	二七七	七	三
音	宮	宮	商	商	角	角
律	無	無	黄	黄	太	太

十二徽隔三按內[1]

絃	一	五外	二	七外	三	七
音	商	商	角	角	徵	徵
律	黄	黄	太	太	仲	仲

隔四內外一、六、二、七　俱在七徽

夫調有宮商之辨，曲亦有宮商之別。調之辨在于律，曲之別在于音。夫宮所在處為之均，主一均之中必具五音，而審音之法在曲終收尾之音，宮則歸宮，商則歸商，此一定之理也。如黄鐘曲收尾一、六絃為宮，二、七商，三角，四徵，五羽，但看何絃收尾便知此曲是何音也。其他調亦如是觀，五音辨調歌悉知矣。

【按】

[1] 陝圖刻本从“十徽隔二按內”的“絃”之後至“五音辨調歌悉知矣”缺失，今據中本、杨抄本及北圖抄本補。

五調泛音徽節圖[一]

【校記】

［一］“五調泛音徽節圖”，行文中本没有，据第一卷“琴操目次”補。

黃鐘調泛音徽節之圖　一絃起宮

臨岳	絃	一	二	三	四	五	六	七
	一徽	黃	太	姑	林	南	少	少
		宮	商	角	徵	羽	宮	商
	二徽	林	南	應	太	姑	少[一]	少
		徵	羽	變宮	商	角	徵	羽
	三徽	姑	蕤	夷	應	太	少	少
		角	變徵		變宮		角	變徵
	四徽	黃	太	姑	林	南	少	少
		宮	商	角	徵	羽	宮	商
	五徽	林	南	應	太	姑	少	少
		徵	羽	變宮	商	角	徵	羽
	六徽	姑	蕤	夷	應	太	少	少
		角	變徵		變宮		角	變徵
	七徽	黃	太	姑	林	南	少	少
		宮	商	角	徵	羽	宮	商

八徽	南	應	太	姑	蕤	少	少
	羽	變宮		角	變徵	羽	變宮
九徽	林	南	應	太	姑	少	少
	徵	羽	變宮	商	角	徵	羽
十徽	仲	林	南	黃	太	少	少
		徵	羽	宮	商		徵
十一徽	姑	蕤	夷	應	太	少	少
	角	變徵		變宮		角	變徵
十二徽	夾	仲	林	無	黃	少	少
			徵		宮		
十三徽							
徽外	太	姑	蕤	南	應	少	少
五分	大	夾	仲	夷	無	大	夾
龍齦	黃	太	姑	林	南	黃	太

【校記】

［一］“少”，楊抄本此處為空白。

夾鐘調泛音徽節之圖 二絃起宮

岳絃	一	二	三	四	五	六	七
一徽	黃	夾	仲	林	無	黃	夾
	羽	宮	商	角	徵	羽	宮
二徽	林	無	黃	太	仲	林	無
	角	徵	羽	變宮	商	角	徵
三徽	姑	林	南	應	太	姑	林
		角	變徵		變宮		角
四徽	黃	夾	仲	林	無	黃	夾
	羽	宮	商	角	徵	羽	宮
五徽	林	無	黃	太	仲	林	無
	角	徵	羽	變宮	商	角	徵
六徽	姑	林	南	應	太	姑	林
		角	變徵		變宮		角
七徽	黃	夾	仲	林	無	黃	夾
	羽	宮	商	角	徵	羽	宮
八徽	南	黃	太	姑	林	南	黃
	變徵	羽	變宮	商	角	變徵	羽
	林	無	黃	太	仲	林	無

九徽							
	角	徵	羽	變宮	商	角	徵
	仲	夷	無	黃	夾	仲	夷
十徽							
	商		徵	羽	宮	商	
	姑	林	南	應	太	姑	林
十一徽							
		角	變徵		變宮		角
	夾	蕤	夷	無	大	夾	蕤
十二徽							
	宮			徵		宮	
十三徽							
	太	仲	林	南	黃	太	仲
徽外							
	大	姑	蕤	夷	應	大	姑
五分							
	黃	夾	仲	林	無	黃	夾
龍齦							

仲呂調泛音徽節之圖 三絃起宮

岳　絃	一	二	三	四	五	六	七
	黃	太	仲	林	南	黃	太
一徽							
	徵	羽	宮	商	角	徵	羽

二徽	林	南	黃	太	姑	林	南
	商	角	徵	羽	變宮	商	角
三徽	姑	蕤	南	應	太	姑	蕤
	變宮		角	變徵		變宮	
四徽	黃	太	仲	林	南	黃	太
	徵	羽	宮	商	角	徵	羽
五徽	林	南	黃	太	姑	林	南
	商	角	徵	羽	變宮	商	角
六徽	姑	蕤	南	應	太	姑	蕤
	變宮		角	變徵		變宮	
七徽	黃	太	仲	林	南	黃	太
	徵	羽	宮	商	角	徵	羽
八徽	南	應	太	姑	蕤	南	應
	角	變徵	羽	變宮		角	變徵
九徽	林	南	黃	太	姑	林	南
	商	角	徵	羽	變宮	商	角
十徽	仲	林	無	黃	太	仲	林
	宮	商		徵	羽	宮	商

十一徽	姑	蕤	南	應	大	姑	蕤
	變宮		角	變徵		變宮	
	夾	仲	夷	無	黃	夾	仲
十二徽		宮			徵		宮
十三徽							
徽外	太	姑	林	南	應	太	姑
五分	大	夾	蕤	夷	無	大	夾
龍齦	黃	太	仲	林	南	黃	太

夷則調泛音徽節之圖 四絃起宮

岳　絃	一	二	三	四	五	六	七
一徽	黃	夾	仲	夷	無	黃	夾
	角	徵	羽	宮	商	角	徵
二徽	林	無	黃	夾	仲	林	無
	變宮	商	角	徵	羽	變宮	商
三徽	姑	林	南	黃	太	姑	林
		變宮		角	變徵		變宮

四徽	黃	夾	仲	夷	無	黃	夾
	角	徵	羽	宮	商	角	徵
五徽	林	無	黃	夾	仲	林	無
	變宮	商	角	徵	羽	變宮	商
六徽	姑	林	南	黃	太	姑	林
		變宮		角	變徵		變宮
七徽	黃	夾	仲	夷	無	黃	夾
	角	徵	羽	宮	商	角	徵
八徽	南	黃	太	仲	林	南	黃
		角	變徵	羽	變宮		角
九徽	林	無	黃	夾	仲	林	無
	變宮	商	角	徵	羽	變宮	商
十徽	仲	夷	無	大	夾	仲	夷
	羽	宮	商		徵	羽	宮
十一徽	姑	林	南	黃	太	姑	林
		變宮		角	變徵		變宮
十二徽	夾	蕤	夷	應	大	夾	蕤
	徵		宮			徵	

十三徽							
徽外	太	仲	林	無	黄	太	仲
五分	大	姑	蕤	南	應	大	姑
龍齦	黄	夾	仲	夷	無	黄	夾

無射調泛音徽節之圖 五絃起宮

岳絃	一	二	三	四	五	六	七
一徽	黄	太	仲	林	無	黄	太
	商	角	徵	羽	宫	商	角
二徽	林	南	黄	太	仲	林	南
	羽	變宫	商	角	徵	羽	變宫
三徽	姑	蕤	南	應	太	姑	蕤
	變徵		變宫		角	變徵	
四徽	黄	太	仲	林	無	黄	太
	商	角	徵	羽	宫	商	角
五徽	林	南	黄	太	仲	林	南
	羽	變宫	商	角	徵	羽	變宫

六徽	姑	蕤	南		太	姑	蕤
	變徵		變宮		角	變徵	
七徽	黃	太	仲	林	無	黃	太
	商	角	徵	羽	宮	商	角
八徽	南	應	太	姑	林	南	應
	變宮		角	變徵	羽	變宮	
九徽	林	南	黃	太	仲	林	南
	羽	變宮	商	角	徵	羽	變宮
十徽	仲	林	無	黃	夾	仲	林
	徵	羽	宮	商		徵	羽
十一徽	姑	蕤	南	應	太	姑	蕤
	變徵		變宮		角		
十二徽		徵		宮			徵
	夾	仲	夷	無	大	夾	仲[一]
十三徽							
徽外	太	姑	林	南	黃	太	姑

	大	夾	蕤	夷	應	大	夾
五分							
	黃	太	仲	林	無	黃	太
龍齦							

【校記】

［一］“十二徽”的“律”和“音”顺序顛倒，刻本、北圖抄本亦倒。其餘均爲上一行爲“律”，下一行爲“音”。本徽也應該先“律”即上一行爲“夾仲夷無大夾仲”後“音” 即下一行 “徵宫徵”。

三準十二律諸調絃徽位次總圖

岳山

一徽	黃	大	太	夾	姑	仲	蕤	林	夷	南	無	應	
二分	應	黃	大	太	夾	姑	仲	蕤	林	夷	南	無	
四分	無	應	黃	大	太	夾	姑	仲	蕤	林	夷	南	上
六分	南	無	應	黃	大	太	夾	姑	仲	蕤	林	夷	
八分	夷	南	無	應	黃	大	太	夾	姑	仲	蕤	林	
二徽	林	夷	南	無	應	黃	大	太	夾	姑	仲	蕤	
三分	蕤	林	夷	南	無	應	黃	大	太	夾	姑	仲	準
六分	仲	蕤	林	夷	南	無	應	黃	大	太	夾	姑	
三徽	姑	仲	蕤	林	夷	南	無	應	黃	大	太	夾	
二分	夾	姑	仲	蕤	林	夷	南	無	應	黃	大	太	

五分	太	夾	姑	仲	蕤	林	夷	南	無	應	黃	大	
七分	大	太	夾	姑	仲	蕤	林	夷	南	無	應	黃	
四徽	黃	大	太	夾	姑	仲	蕤	林	夷	南	無	應	
二分	應	黃	大	太	夾	姑	仲	蕤	林	夷	南	無	中
四分	無	應	黃	大	太	夾	姑	仲	蕤	林	夷	南	
六分	南	無	應	黃	大	太	夾	姑	仲	蕤	林	夷	
八分	夷	南	無	應	黃	大	太	夾	姑	仲	蕤	林	
五徽	林	夷	南	無	應	黃	大	太	夾	姑	仲	蕤	準
三分	蕤	林	夷	南	無	應	黃	大	太	夾	姑	仲	
六分	仲	蕤	林	夷	南	無	應	黃	大	太	夾	姑	

六徽	姑	仲	蕤	林	夷	南	無	應	黄	大	太	夾	
二分	夾	姑	仲	蕤	林	夷	南	無	應	黄	大	太	
五分	太	夾	姑	仲	蕤	林	夷	南	無	應	黄	大	
七分	大	太	夾	姑	仲	蕤	林	夷	南	無	應	黄	
七徽	黄	大	太	夾	姑	仲	蕤	林	夷	南	無	應	
三分	應	黄	大	太	夾	姑	仲	蕤	林	夷	南	無	
七分	無	應	黄	大	太	夾	姑	仲	蕤	林	夷	南	**下**
八徽	南	無	應	黄	大	太	夾	姑	仲	蕤	林	夷	
五分	夷	南	無	應	黄	大	太	夾	姑	仲	蕤	林	
九徽	林	夷	南	無	應	黄	大	太	夾	姑	仲	蕤	
五分	蕤	林	夷	南	無	應	黄	大	太	夾	姑	仲	**準**
十徽	仲	蕤	林	夷	南	無	應	黄	大	太	夾	姑	
十一徽	姑	仲	蕤	林	夷	南	無	應	黄	大	太	夾	
十二徽	夾	姑	仲	蕤	林	夷	南	無	應	黄	大	太	
十三徽													
徽外	太	夾	姑	仲	蕤	林	夷	南	無	應	黄	大	
五分	大	太	夾	姑	仲	蕤	林	夷	南	無	應	黄	
龍齦	黄	大	太	夾	姑	仲	蕤	林	夷	南	無	應	

琴三準十二律諸絃所值各以散聲為主，其徽分所得聲律位次悉準此。琴有長短，律位難以尺寸為定，凡十三徽之分數皆于應處以定律位，惟十三徽不應律，故當閏月，三歲一閏，故上中二準不存其位，有律無音也。

夫律有正倍，音有清濁，缺一不得其和，琴之三準亦然。一徽至四徽得四寸半，謂之上準，以象黄鐘之子律。四徽至七徽得九寸，謂之中準，以象黄鐘之正律。七徽至龍齦得一尺八寸，謂之下準，以象黄鐘之倍律。定下準十二律之序，乃以岳至齦分為九九，又為九作八十一分，以十二律長短譜之[一]。起龍齦散聲為黄鐘，下生林鐘，位在九徽，離七徽六寸。林上生太簇，位在徽外，離九徽八寸。太下生南吕，在八徽，離七徽三寸三分。南上生姑洗，在十一徽，離龍齦七寸四分。此黄鐘調一絃之定式也。黄下生林，一絃九徽實按是林，所以間二而鉤一挑四應四絃，林鐘始起矣。林上生太，二絃散音是太，十徽實按是林，所以挑四應二。太上生南，太簇九徽實按是南，間二而挑五應五絃，南吕始起矣。南上生姑，三絃散音是姑，十徽實按是南，散挑五應一絃，姑洗在十一徽。挑三應六、七絃，黄清、太清，一二為應，不必言矣。此下準十二律之初聲也。夫宫之下無下聲而先益之，徵、羽、變宫皆下于于宫[二]，十二律皆有倍、正、半三聲，先益之徵、羽、變宫。在中準則為下于宫，在下準則又得倍聲之序。十二律轉絃易調皆以散聲為主，散聲之宫有倍聲者，卽以倍聲起宮，無能復下之者，惟四、五絃當宮，一、二絃方有商、角、倍聲。然內絃之商、角正聲先損先益皆不失其序，則外絃倍聲于五音卽成之後以同律相輔，自不致有陵犯之患。此律經音緯之迭變正半全倍之交用，琴之全律，于斯盡矣。

【校記】

［一］“長短”，楊抄本作“短長”。

［二］“于于”，疑有一字為衍文，北圖抄本前字爲“子”，亦難以理解。

仲呂均下準十二宮七音絃徽之圖 上、中二準以此推之

宮		七徽	黃	太	仲	林	南	黃	太
			徵	羽	宮	商	角	徵	羽
變宮	第六宮	三分	應	太	姑	蕤	夷	應	大
			變宮		變宮			變徵	
	第十一宮	七分	無	黃	夾	仲	林	無	黃
			徵			宮	商		徵
羽	第四宮	八徽	南	應	太	姑	蕤	南	應
			角	變徵	羽	變宮		角	變徵
	第九宮	五分	夷	無	大	夾	仲	夷	無
							宮		
徵	第二宮	九徽	林	南	黃	太	姑	林	南
			商	角	徵	羽	變宮	商	角
變徵	第七宮	五分	蕤	夷	應	大	夾	蕤	夷
					變徵				

	第十二宮	十徽	仲	林	無	黃	太	仲	林
			宮	商		徵	羽	宮	商
角	第五宮	十一徽	姑	蕤	南	應	大	姑	蕤
			變宮		角	變徵		變宮	
	第十宮	十二徽	夾	仲	夷	無	黃	夾	仲
				宮			徵		宮
		十三徽	此位遇閏無律						
商	第三宮	徽外	太	姑	林	南	應	太	姑
			羽	變宮	商	角	變徵	羽	變宮
	第八宮	五分	大	夾	蕤	夷	無	大	夾
宮	第一宮	龍齦	黃	太	仲	林	南	黃	太
		散音	徵	羽	宮	商	角	清	清
			濁	濁					
			倍	倍	倍	倍	倍	倍	倍

三準諸絃各具旋宮，就下準論之：夫上生者隔六，下生者隔八，三絃起龍齦散音為第一宮為宮，下生第二宮。徵以散六合三在九徽，徵上生第三宮。商以散四應三在徽外，商下生第四宮。羽以散七合在八徽，羽上生第五宮。角以五絃合在十一徽，角下生第六宮。變宮散五合在七徽三分，上生第七宮。變徵無應聲在九徽五分，復上生第八宮在徽外五分，下生第九宮在八徽五分，上生第十宮在十二徽十，下生第十一宮在七徽七分，上生第十二宮在十徽。一絃十徽生仲呂宮，二絃十二徽生宮，三絃散宮，四絃七徽七分生宮，五絃八徽五分生宮，其徵羽商角音以次而生，此以

音正律也。上生下生仍歸本宫，十二律諸絃所值，各以散聲為主。其徵分所得聲律位次悉準此。以下諸調以類推之，細玩還宫圓圖，考之始知天然至理，信乎大哉黄鐘也！

隔八隔六相生之圖

自黄至中皆隔六上生　　　　自蕤至應皆隔八下生

此就圓圖，黄應相接處折而伸之，琴體倣焉，故圓者左旋、直者右旋，十二律、三準、七絃皆首尾相接，圓之體仍具于直之中也。

還相為宮之圖[1]

【按】

［1］據楊抄本，此圖之內圈圓為可旋轉之裝置，以示還相為宮之意，影印所限不能還原此裝置，讀者可自想象之。

此十二旋宮律正七音之圖。圖中內盤如天，圓轉而無窮；外盤如地，一定而不移。位各具十二，外盤十二位皆律，內盤七音空其五，空位乃換調易律之界也。夫律有十二，琴絃惟七，除六、七二倍，止五絃耳，以一絃而統三律者必二，以一絃而統二律者必三。是以宮分五調，以其緩急、以類相從、同聲相應也。十二律諸調皆以黃鐘統之，如宮臨黃鐘，應為變宮，其律：黃、太、姑、林、南；宮臨大呂，黃為變宮，其律：大、夾、仲、夷、無；宮臨太簇，大為變宮，其律：太、姑、蕤、南、應。黃鐘之位空，當易調也。此黃、大、太三律同而一絃起宮之黃鐘調也，其音：宮、商、角、徵、羽。宮臨夾鐘，太為變宮，羽居黃鐘，其律：黃、夾、仲、林、無；宮臨姑洗，夾為變宮，其律：大、姑、蕤、夷、應。黃鐘之位空，換調也。此夾、姑二律同而二絃起宮之夾鐘調也，其音：羽、宮、商、角、徵。宮臨仲呂，姑為變宫，徵居黄鐘，其律：黄、太、仲、林、南；宫臨蕤賓，仲為變宫，黄屬變徵，其律：大、夾、蕤、夷、無；宫臨林鐘，蕤為變宫，其律：太、姑、林、南、應。黄鐘之位空則易調。此仲、蕤、林三律同而三絃起宫之仲吕調也，其音：徵、羽、宫、商、角。宫臨夷則，林為變宫，角居黄鐘，其律：黄、夾、仲、夷、無；宫臨南吕，夷為變宫，其律：太、姑、蕤、南、應。黄鐘之位空則易調。此夷、南二律同而四絃起宫之夷則調也，其音：角、徵、羽、宫、商。宫臨無射，南為變宫，商居黄鐘，其律：黄、太、仲、林、無；宫臨應鐘，無為變宫，其律：大、夾、蕤、夷、應。黄鐘之位以待宫。此無、應二律同而五絃起宫之無射調也，其音：商、角、徵、羽、宫。此五調均音，自此之宫復歸黄鐘，所謂還相為宫也。故曰：律有定而宫無定，宫雖移而律不移也。徵前一位為變徵，與宫相衝，變宫為陽，始左旋，隔八而生變徵，乃陽極生陰也。變徵右旋，隔六而生變宫，陰極以生陽也。所謂陽有餘而陰不足。變徵為七音之窮，窮則變，變則通，故十二律于變徵交相為用，皆陰陽之數相對也。周而復始，是謂旋宫。六十調、八十四聲總不外七絃以為宫，十二律之旋轉耳。變律之説則無之。

五音轉絃定調歌

黄鐘寬三調最真，二五七高夾鐘陳。
欲彈無射獨緊五，一六三寬夷則倫。
惟有仲吕絃不改，時日平調可通均。
五音緊縵分高下，轉絃變調當遵循。

五調十二律絃徽七音相次之圖

夫五音絃徽定位，先分五調、散五音，次分三準、實按五音，其次自徽外以漸而上，其音由濁而清，順五音之序以相生也。五調諸絃音位以此推之。

一絃起宮黃鐘均

Positions, 岳山 side: 一徽（○）、二分、四分、六分、八分、二徽（○）、三分、六分、三徽（○）、二分、五分、七分、四徽（○）、二分、四分、六分、八分、五徽（○）、三分、六分

Positions, 龍齦 side: 六徽（○）、二分、五分、七分、七徽（○）、三分、七分、八徽（○）、五分、九徽（○）、五分、十徽（○）、十一徽（○）、十二徽（○）、十三徽（○）、徽外、五分、龍齦散音

絃	一徽—五徽六分	六徽—徽外五分	龍齦散音	黃鐘	大呂調律	太簇
一	宮 變宮 羽 徵 變徵 角 商 宮 變宮 羽 徵 變徵	角 商 宮 變宮 羽 徵 變徵 角 商	宮	黃	大	太
二	商 宮 變宮 羽 徵 變徵 角 商 宮 變宮 羽 徵	變徵 角 商 宮 變宮 羽 徵 變徵 角	商	太	夾	姑
三	角 商 宮 變宮 羽 徵 變徵 角 商 宮 變宮 羽	徵 變徵 角 商 宮 變宮 羽 徵 變徵	角	姑	仲	蕤
四	徵 變徵 角 商 宮 變宮 羽 徵 變徵 角 商 宮	變宮 羽 徵 變徵 角 商 宮 變宮 羽	徵	林	夷	南
五	羽 徵 變徵 角 商 宮 變宮 羽 徵 變徵 角 商	宮 變宮 羽 徵 變徵 角 商 宮 變宮	羽	南	無	應
六	宮 變宮 羽 徵 變徵 角 商 宮 變宮 羽 徵 變徵	角 商 宮 變宮 羽 徵 變徵 角 商	宮	清黃	清大	清太
七	商 宮 變宮 羽 徵 變徵 角 商 宮 變宮 羽 徵	變徵 角 商 宮 變宮 羽 徵 變徵 角	商	清太	清夾	清姑

黃、大、太三律同調。大呂高黃鐘一律，太簇高大呂一律，其絃徽所得音同。以仲呂調慢三一律，一絃起黃鐘宮，三絃散角于一絃十一徽實角合，此黃鐘均之宮調也。時以謂一絃宮，三絃為角，角慢一律，故呼謂慢角調者，非。

歌曰:
一六本宮二七商，
絃中三七角音張。
四一為徵五七羽，
黃鐘之調五音詳。

二絃起宮夾鐘均

岳山 絃	○一徽	二分	四分	六分	八分	○二徽	三分	六分	○三徽	二分	五分	七分	○四徽	二分	四分	六分	八分	○五徽	三分	六分
一	羽		徵	变徵		角		商		宮	变宮		羽		徵	变徵		角		商
二	宮	变宮		羽		徵	变徵		角		商		宮	变宮		羽		徵	变徵	
三	商		宮	变宮		羽		徵	变徵		角		商		宮	变宮		羽		徵
四	角		商		宮	变宮		羽		徵	变徵		角		商		宮	变宮		羽
五	徵	变徵		角		商		宮	变宮		羽		徵	变徵		角		商		宮
六	羽		徵	变徵		角		商		宮	变宮		羽		徵	变徵		角		商
七	宮	变宮		羽		徵	变徵		角		商		宮	变宮		羽		徵	变徵	

絃	○六徽	二分	五分	七分	○七徽	三分	七分	○八徽	五分	○九徽	五分	○十徽	○十一徽	○十二徽	○十三徽	徽外	五分	龍齦散音	姑洗調律	夾鐘
一		宮	变宮		羽		徵	变徵		角		商		宮		变宮	倍	羽	大	黃
二	角		商		宮	变宮		羽		徵	变徵		角			商		宮	姑	夾
三	变徵		角		商		宮	变宮		羽		徵	变徵			角		商	蕤	仲
四		徵	变徵		角		商		宮	变宮		羽		徵		变徵		角	夷	林
五	变宮		羽		徵	变徵		角		商		宮	变宮			羽		徵	應	無
六		宮	变宮		羽		徵	变徵		角		商		宮		变宮		羽	清大	清黃
七	角		商		宮	变宮		羽		徵	变徵		角			商		宮	清姑	清夾

夾、姑二律同調，姑洗高夾鐘一律，其絃徽所得音同。以仲吕調緊二，五、七各一律，二絃合夾鐘為宫，四絃散角于二絃十一徽實角合，此夾鐘均黄鐘商調也。時以為一絃宫，二絃太簇商改太簇為夾鐘，姑、夾高太一律謂姑洗者，是謂清商者，非。

歌曰:

夾鐘一六羽音藏，
二七屬宫三七商。
四七彈來原是角，
絃中二五徵音揚。

三絃起宮仲呂均

岳山 絃

一徽 二分 四分 六分 八分 二徽 三分 六分 三徽 二分 五分 七分 四徽 二分 四分 六分 八分 五徽 三分 六分 六徽 二分 五分 七分 七徽 三分 七分 八徽 五分 九徽 五分 十徽 十一徽 十二徽 十三徽 外分 五徽 龍齦

林鐘 / 蕤賓調律 / 仲呂

一：徵（變徵） 角 商 宮（變宮） 羽 徵（變徵） 角 商 宮（變宮） 羽 徵（變徵） 角 商 宮（變宮） 羽 林倍 —— 太 大 黃

二：羽 徵（變徵） 角 商 宮（變宮） 羽 徵（變徵） 角 商 宮（變宮） 羽 徵（變徵） 角 商 宮 變宮 羽倍 —— 姑 夾 太

三：宮（變宮） 羽 徵（變徵） 角 商 宮（變宮） 羽 徵（變徵） 角 商 宮（變宮） 羽 徵（變徵） 角 商 宮 —— 林 蕤 仲

四：商 宮（變宮） 羽 徵（變徵） 角 商 宮（變宮） 羽 徵（變徵） 角 商 宮（變宮） 羽 徵（變徵） 角 商 —— 南 夷 林

五：角 商 宮（變宮） 羽 徵（變徵） 角 商 宮（變宮） 羽 徵（變徵） 角 商 宮（變宮） 羽 徵 變徵 角 —— 應 無 南

六：徵（變徵） 角 商 宮（變宮） 羽 徵（變徵） 角 商 宮 變宮 羽 徵（變徵） 角 商 宮（變宮） 羽 徵 —— 清太 清大 清黃

七：羽 徵（變徵） 角 商 宮（變宮） 羽 徵（變徵） 角 商 宮（變宮） 羽 徵（變徵） 角 商 宮 變宮 羽 —— 清姑 清夾 清太

仲、蕤、林同調，蕤賓高仲呂一律，林鐘高蕤賓一律，其絃徽所得音同。三絃合仲呂起宮，五絃散角于三絃十一徽實角合，此黃鐘角調也。時又為正調，正調就先，益論君絃居臣、民、事、物四者之中，又定調始終于宮角為法，三、五居七絃之中，仲呂又為黃鐘之母，諸調皆取法焉，或緊或慢，惟此調得中，所以名平調，又為之正調。世多用之也，謂正宮調者，非。

歌曰:

一六二七徵羽方，
三一本宮二四商。
合鳴二五便是角，
仲呂五音莫漫忘。

四絃起宮夷則均

岳山	一徽 二分 四分 六分 八分 二徽 三分 六分 三徽 二分 五分 七分 四徽 二分 四分 六分 八分 五徽 三分 六分	六徽 二分 五分 七分 七徽 三分 七分 八徽 五分 九徽 五分 十徽 十一徽 十二徽 十三徽 徽外 五分 龍齦散音	南呂調	夷則律
絃一	角 商 宮 變宮 羽 徵 變徵 角 商 宮 變宮 羽	徵 變徵 角 商 宮 變宮 羽 徵 變徵 倍角	大	黃
二	徵 變徵 角 商 宮 變宮 羽 徵 變徵 角 商 宮	變宮 羽 徵 變徵 角 商 宮 變宮 羽 倍徵	姑	夾
三	羽 徵 變徵 角 商 宮 變宮 羽 徵 變徵 角 商	宮 變宮 羽 徵 變徵 角 商 宮 變宮 倍羽	蕤	仲
四	宮 變宮 羽 徵 變徵 角 商 宮 變宮 羽 徵 變徵	角 商 宮 變宮 羽 徵 變徵 角 商 宮	南	夷
五	商 宮 變宮 羽 徵 變徵 角 商 宮 變宮 羽 徵	變徵 角 商 宮 變宮 羽 徵 變徵 角 商	應	無
六	角 商 宮 變宮 羽 徵 變徵 角 商 宮 變宮 羽	徵 變徵 角 商 宮 變宮 羽 徵 變徵 角	清大	清黃
七	徵 變徵 角 商 宮 變宮 羽 徵 變徵 角 商 宮	變宮 羽 徵 變徵 角 商 宮 變宮 羽 徵	清姑	清夾

夷南二律同調，南呂高夷則一律，其絃徽所得音同。以仲呂調慢一、六、三各一律，四絃合夷則起宫，六絃散角于四絃十一徽實角合，此夷則均黄鐘徵調也。時謂四絃緊而一、六慢，故謂之慢宫者，非。

歌曰:

一六角來二七徵，
三七羽音四七宫。
商在二五絃中寄，
夷則五音千古同。

五絃起宮無射均

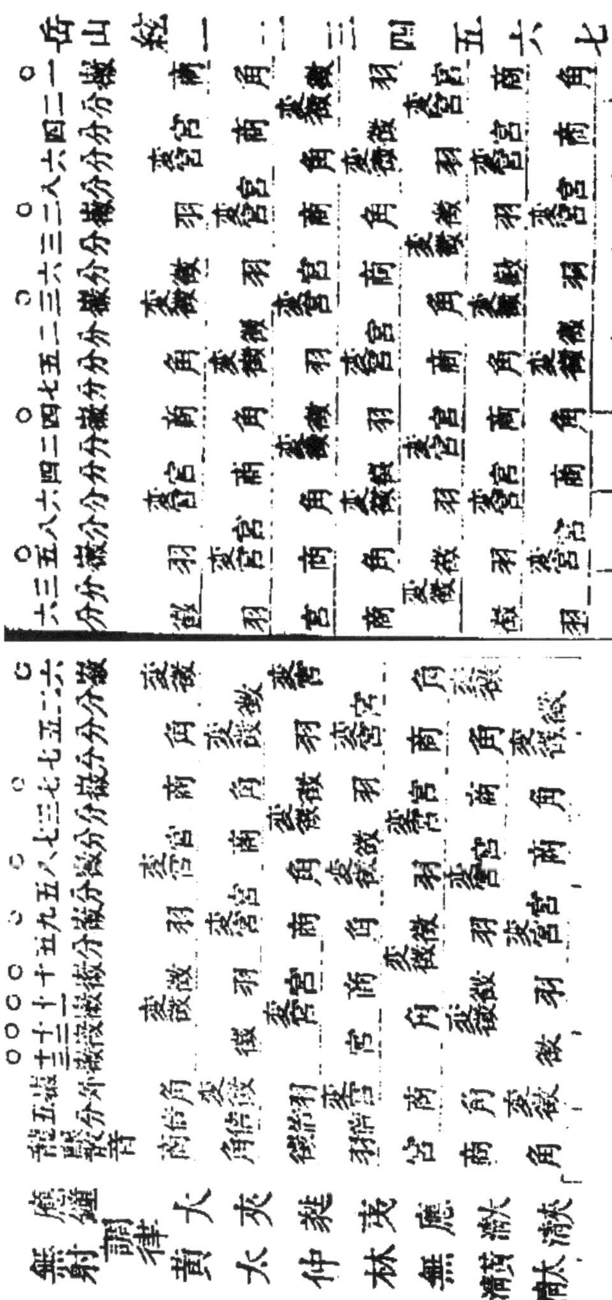

無、應二律同調，應鐘高無射一律，其絃徽所得音同。以仲吕調緊五一律，五絃合無射起宮，七絃散角于五絃十一徽實角合，此無射均黃鐘羽調也。時謂一絃為

宮，五絃為羽，羽緊一律，故呼謂緊羽調者，非。

歌曰:

一六尋商二七角，
三七四一徵羽卓。
無射之宮何絃是，
五七相合心自覺。

以上五圖以宮統調、以調統聲也，如黃鐘調一絃宮、二絃商、三角、四徵、五羽、六七少宮商皆起於龍齦散聲。一絃黃鐘宮，太簇是商在徽外，姑洗是角在十一徽，林鐘為徵在九徽，南呂為羽在八徽，此黃鐘之倍律也。七徽一絃黃鐘宮，六徽五分是商，六徽是角，五徽是徵，四徽六分是羽，此黃鐘之正律也。四徽一絃黃鐘宮，三徽五分是商，三徽是角，二徽是徵，一徽六分是羽，此黃鐘之半律也。至一徽復歸宮，此黃鐘之一均，餘律如之。十三徽上下相對，以七徽居中為宗，與九、五兩徽上下相生。一絃七徽黃宮，九五林徵，二絃七徽太商，九五南羽，三絃七徽姑角，九五應變宮，四絃七徽林徵，九五太商，五絃七徽南羽，九五姑角，六絃七徽少宮，九五少徵，七絃七徽少商，九五少羽，此一絃起宮之定式，餘可類推。蓋一絃之中三宮二十音，七絃交錯互應，自下至上各有定位，細玩圖中，秩然不亂，填曲譜操者以此為式，則宮商自協矣，知音者自解之耳。

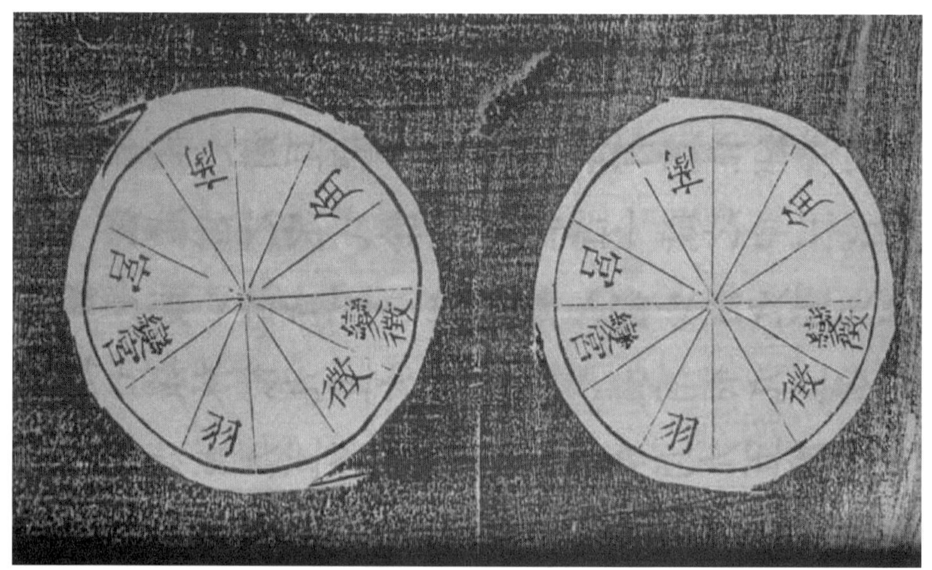

【按】

此刻本、北圖抄本皆有兩宮商角徵羽圖，影印本及《續修四庫全書》本則無（或因畫面模糊而棄用）。

五調三準清濁聲律定位之圖[一]

黄鐘均

岳山絃	一	二	三	四	五	六	七
。一徽	黄	太	姑	林	南	黄	太
二分	應少清	大	夾	蕤	夷	應少少清	大
四分	無	黄	太	仲	林	無	黄
六分	南	應少清	大	姑	蕤	南	應少少清
八分	夷	無	黄	夾	仲	夷	無
。二徽	林	南	應少清	太	姑	林	南
三分	蕤	夷	無	大	夾	蕤	夷
六分	仲	林	南	黄	太	仲	林
。三徽	姑	蕤	夷	應少清	大	姑	蕤
二分	夾	仲	林	無	黄	夾	仲
五分	太	姑	蕤	南	應少清	太	姑
七分	大	夾	仲	夷	無	大	夾
。四徽	黄	太	姑	林	南	黄	太
二分	應清	大	夾	蕤	夷	應少清	大
分	無	黄	太	仲	林	無	黄

六分　南　應清　太　姑　蕤　南　應少清

八分　夷　無　黄　夾　仲　夷　無

。**五徵**　林　南　應清　太　姑　林　南

三分　蕤　夷　無　大　夾　蕤　夷

六分　仲　林　南　黄　太　仲　林

。**六徵**　姑　蕤　夷　應清　大　姑　蕤

二分　夾　仲　林　無　黄　夾　仲

五分　太　姑　蕤　南　應清　太　姑

七分　大　夾　仲　夷　無　大　夾

。**七徵**　黄　太　姑　林　南　黄　太

三分　應正　大　夾　蕤　夷　應清　大

七分　無　黄　太　仲　林　無　黄

。**八徵**　南　應正　大　姑　蕤　南　應清

五分　夷　無　黄　夾　仲　夷　無

。**九徵**　林　南　應正　太　姑　林　南

五分　蕤　夷　無　大　夾　蕤　夷

。**十徵**　仲　林　南　黄　太　仲　林

。**十一徵**　姑　蕤　夷　應正　大　姑　蕤

。**十二徵**　夾　仲　林　無　黄正　夾　仲

。十三徽

徽外	太	姑	蕤	南	應	太	姑
五分	大	夾	仲	夷	無	大	夾
龍齦散音	黄	太	姑	林	南	黄	太
	宫	商	角	徵	羽	宫	商
	倍	倍	倍	倍	倍	正	正

此調宫臨黄鐘，一絃起宫，其音宫、商、角、徵、羽。其律黄、太、姑、林、南、應相接，下準龍齦散音，起黄鐘倍聲，從一絃横數至七徽三分應鐘止，二絃從八徽應鐘至龍齦太簇止，三絃從龍齦姑洗至九徽應鐘止，四絃從十一徽應鐘至龍齦林鐘止，又從龍齦南吕至徽外應鐘止，共得倍聲三十八聲。中準一絃七徽起黄鐘正聲至四徽二分應鐘止，二絃四徽六分應鐘至七徽七分黄鐘止，三、四、五、六絃黄至應，應至黄，七絃龍齦太簇至八徽應鐘止，共得正聲八十二聲。上準四徽一絃起黄鐘清聲，二、三、四、五、六、七絃以黄至應，以應至黄，共清聲八十四聲。一絃一徽起黄鐘少清聲至二絃一徽四分黄鐘止，三絃一徽八分黄鐘至一徽姑洗止，四絃一徽林鐘至二徽六分黄鐘止，五絃三徽二分黄鐘至一徽南吕止，六、七絃黄應相接，共得少清聲五十一聲。六絃一徽黄至七絃一徽四分黄、大、太止，又少少清聲四聲，一絃宫、黄、應相接也。二絃宫、夾、太相接，三絃宫、仲、姑相接，四絃宫、夷、林相接，五絃宫、無、南相接，以此推之，清濁聲律可見也。此十二均音正半全倍之交用也。

【按】

[一] 本部分及以下各均，杨抄本、北圖抄本错误較多，可能跟抄者不太懂音律及音律本身較繁復有關。此處遵循刻本。

夾鐘均

岳山絃	一	二	三	四	五	六	七
。一徽	黄	夾	仲	林	無	黄	夾
二分	應	太少清	姑	蕤	南	應	太少少清[一]

四分	無	大	夾	仲	夷	無	大
六分	南	黄	太少清	姑	林	南	黄
八分	夷	應	大	夾	蕤	夷	應
。**二徵**	林	無	黄	太少清	仲	林	無
三分	蕤	南	應	大	姑	蕤	南
六分	仲	夷	無	黄	夾	仲	夷
。**三徵**	姑	林	南	應	太少清	姑	林
二分	夾	蕤	夷	無	大	夾	蕤
五分	太清	仲	林	南	黄	太少清	仲
七分	大	姑	蕤	夷	應	大	姑
。**四徵**	黄	夾	仲	林	無	黄	夾
二分	應	太清	姑	蕤	南	應	太少清
四分	無	大	夾	仲	夷	無	大
六分	南	黄	太清	姑	林	南	黄
八分	夷	應	大	夾	蕤	夷	應
。**五徵**	林	無	黄	太清	仲	林	無
三分	蕤	南	應	大	姑	蕤	南
六分	仲	夷	無	黄	夾	仲	夷
。**六徵**	姑	林	南	應	太清	姑	林

二分	夾	蕤	夷	無	大	夾	蕤
五分	太正	仲	林	南	黃	太清	仲
七分	大	姑	蕤	夷	應	大	姑
◦**七徽**	黃	夾	仲	林	無	黃	夾
三分	應	太正	姑	蕤	南	應	太清
七分	無	大	夾	仲	夷	無	大
◦**八徽**	南	黃	太正	姑	林	南	黃
五分	夷	應	大	夾	蕤	夷	應
◦**九徽**	林	無	黃	太正	仲	林	無
五分	蕤	南	應	大	姑	蕤	南
◦**十徽**	仲	夷	無	黃	夾	仲	夷
◦**十一徽**	姑	林	南	應	太正	姑	林
◦**十二徽**	夾倍	蕤	夷	無	大	夾	蕤
◦**十三徽**							
徽外	太	仲	林	南	黃	太正	仲
五分	大	姑	蕤	夷	應	大	姑
龍齦散音	黃	夾	仲	林	無	黃	夾
	羽	宮	商	角	徵	羽	宮
	濁倍	倍	倍	倍	倍	倍	正

此調羽臨黃鐘，夾居宮位，二絃起宮也。三準上下夾、太相接，濁倍聲三，倍聲五十，正聲八十四，清聲八十二，少清聲三十九，少少清聲一。

【校記】

［一］“少少清”，北圖抄本爲“油”。 “蕤”，北圖抄本爲“羽”。

仲呂均

岳山絃	一	二	三	四	五	六	七
。一徽	黃	太	仲	林	南	黃	太
二分	應	大	姑少清	蕤	夷	應	大
四分	無	黃	夾	仲	林	無	黃
六分	南	應	太	姑少清	蕤	南	應
八分	夷	無	大	夾	仲	夷	無
。二徽	林	南	黃	太	姑少清	林	南
三分	蕤	夷	應	大	夾	蕤	夷
六分	仲	林	無	黃	太	仲	林
。三徽	姑清	蕤	南	應	太	姑少清	蕤
二分	夾	仲	夷	無	黃	夾	仲
五分	太	姑清	林	南	應	太	夾少清
七分	大	夾	蕤	夷	無	大	夾
。四徽	黃	太	仲	林	南	黃	太

二分	應	大	姑清	蕤	夷	應	大
四分	無	黄	夾	仲	林	無	黄
六分	南	應	太	姑清	蕤	南	應
八分	夷	無	大	夾	仲	夷	無
。**五徽**	林	南	黄	太	姑清	林	南
三分	蕤	夷	應	大	夾	蕤	夷
六分	仲	林	無	黄	太	仲	林
。**六徽**	姑正	蕤	南	應	大	姑清	蕤
二分	夾	仲	夷	無	黄	夾	仲
五分	太	姑清	林	南	應	太	姑清
七分	大	夾	蕤	夷	無	大	夾
。**七徽**	黄	太	仲	林	南	黄	太
三分	應	大	姑	蕤	夷	應	大
七分	無	黄	夾	仲	林	無	黄
。**八徽**	南	應	太	姑正	蕤	南	應
五分	夷	無	大	夾	仲	夷	無
。**九徽**	林	南	黄	太	姑正	林	南
五分	蕤	夷	應	大	夾	蕤	夷
。**十徽**	仲	林	無	黄	太	仲	林

。**十一徽**	姑倍	蕤	南	應	大	姑正	蕤
。**十二徽**	夾	仲	夷	無	黄	夾	仲
。**十三徽**							
徽外	太	姑倍	林	南	應	太	姑正
五分	大	夾	蕤	夷	無	大	夾
龍齦散音	黄	太	仲	林	南	黄	太
	徵	羽	宫	商	角	徵	羽
	濁倍	濁倍	倍	倍	倍	倍	倍

此調徵臨黄鐘，仲居宫位，三絃起宫也。上下仲姑相接。濁倍聲八，倍聲六十二，正聲八十四，清聲七十八，少清聲二十七。

夷則均

岳山絃	一	二	三	四	五	六	七
。**一徽**	黄	夾	仲	夷	無	黄	夾
二分	應	太	姑	林少清	南	應	太
四分	無	大	夾	蕤	夷	無	大
六分	南	黄	太	仲	林少清	南	黄
八分	夷	應	大	姑	蕤	夷	應
。**二徽**	林	無	黄	夾	仲	林少清	無
三分	蕤	南	應	太	姑	蕤	南

六分	仲	夷	無	大	夾	仲	夷少清
。三徽	姑	林清	南	黄	太	姑	林
二分	夾	蕤	夷	應	大	夾	蕤
五分	太	仲	林清	無	黄	太	仲
七分	大	姑	蕤	南	應	大	姑
。四徽	黄	夾	仲	夷	無	黄	夾
二分	應	太	姑	林清	南	應	太
四分	無	大	夾	夷	蕤	無	大
六分	南	黄	太	仲	林清	南	黄
八分	夷正	應	大	姑	蕤	夷	應
。五徽	林	無	黄	夾	仲	林清	無
二分	蕤	南	應	太	姑	蕤	南
三分	仲	夷	無	大	夾	仲	夷
。六徽	姑	林正	南	黄	太	姑	林清
二分	夾	蕤	夷	應	大	夾	蕤
五分	太	仲	林正	無	黄	太	仲
七分	大	姑	蕤	南	應	大	姑
。七徽	黄	夾	仲	夷	無	黄	夾
三分	應	太	姑	林正	南	應	太

七分	無	大	夾	蕤	夷	無	大
。八徽	南	黄	太	仲	林正	南	黄
五分	夷倍	應	大	姑	蕤	夷	應
。九徽	林	無	黄	夾	仲	林正	無
五分	蕤	南	應	太	姑	蕤	南
。十徽	仲	夷	無	大	夾	仲	夷
。十一徽	姑	林倍	南	黄	太	姑	林正
。十二徽	夾	蕤	夷	應	大	夾	蕤
。十三徽							
徽外	太	仲	林倍	無	黄	太	仲
五分	大	姑	蕤	南	應	大	姑
龍齦散音	黄	夾	仲	夷	無	黄	夾
	角	徵	羽	宫	商	角	徵
	濁倍	濁倍	濁倍	倍	倍	倍	倍

此調角臨黄鐘，夷居宫位，四絃起宫也。上下夷、林相接。倍濁聲十六，倍聲七十一，正聲八十四，清聲七十一，少清聲十七。

無射均

岳山絃	一	二	三	四	五	六	七
。一徽	黄	太	仲	林	無	黄	太

二分	應	大	姑	蕤	南少清	應	大
四分	無清	黃	夾	仲	夷	無	黃
六分	南	應	太	姑	林	南少清	應
八分	夷	無	大	夾	蕤	夷	無
○**二徽**	林	南清	黃	太	仲	林	南少清
三分	蕤	夷	應	大	姑	蕤	夷
六分	仲	林	無	黃	夾	仲	林
○**三徽**	姑	蕤	南清	應	太	姑	蕤
二分	夾	仲	夷	無	大	夾	姑
五分	太	姑	林	南清	黃	太	姑
七分	大	夾	蕤	夷	應	大	夾
○**四徽**	黃	太	仲	林	無	黃	太
二分	應	大	姑	蕤	南清	應	大
四分	無	黃	夾	仲	夷	無	黃
六分	南正	應	太	姑	林	南清	應
八分	夷	無	大	夾	蕤	夷	無
○**五徽**	林	南正	黃	太	仲	林	南清
三分	蕤	夷	應	大	姑	蕤	夷
六分	仲	林	無	黃	夾	仲	林

。**六徽**	姑	蕤	南正	應	太	姑	蕤
二分	夾	仲	夷	無	大	夾	仲
五分	太	姑	林	南正	黄	太	姑
七分	大	夾	蕤	夷	應	大	夾
。**七徽**	黄	太	仲	林	無	黄	太
三分	應	大	姑	蕤	南正	應	大
七分	無	黄	夾	仲	夷	無	黄
。**八徽**	南倍	應	太	姑	林	南正	應
五分	夷	無	大	夾	蕤	夷	無
。**九徽**	林	南倍	黄	太	仲	林	南正
五分	蕤	夷	應	大	姑	蕤	夷
。**十徽**	仲	林	無	黄	夾	仲	林
。**十一徽**	姑	蕤	南倍	應	大	姑	蕤
。**十二徽**	夾	仲	夷	無	大	夾	仲
。**十三徽**							
徽外	太	姑	林	南倍	黄	太	姑
五分	大	夾	蕤	夷	應	大	夾
龍齦散音	黄	太	仲	林	無	黄	太
	商	角	徵	羽	宫	商	角

濁倍　濁倍　濁倍　濁倍　倍　倍　倍

此調商臨黄鐘，無居宫位，五絃起宫之無射均也。上下無、南相接。倍濁聲二十六，倍聲七十八，正聲八十四，清聲六十二，少清聲九。宫居一絃，少少清聲三；宫居二絃，少少清聲二；宫居三絃，無少少清聲。上準之一、二、三、四、五絃爲清聲，六、七絃爲少清聲。中準一二三四五絃爲正聲，六七絃爲清聲。下準之一、二、三、四、五絃爲倍聲，六、七絃爲正聲。夫清聲即半聲也，正爲倍之半，清爲正之半，故曰律至於清，音終於少。三準正、倍、清、濁、少清共得音二百五十九聲。此乃七音所歷絃徽之定位也，審音自別，考圖可驗也。

治心齊琴學練要卷之三

長安王　善元伯氏編輯

男　炳泰文安　參閱

胡華齡仙崖

王殿雄上賓

門人　全校[一]

張世純永和

馮天閑原敬

趙　璉禹尊

【校記】

［一］“張世純永和”，上本爲“陳略豹文”。

夫音有清濁高下之不齊，以律正音而調自分焉。如平沙一操，予今按圖合音，又譜成四操[一]，並前操為五，分為五均，譜書三行。一行寫指法，二行寫音，三行寫律。其調之絃徽高下不同，而音韻則一。學者按譜習之，始知落曲各有調，調各有音，以此類推，調律自明。此考音之極致所當知也。

黃鐘均　黃鐘宮調慢　音宮商角徵羽

三絃一律　律黃太姑林南

【校記】

［一］“成”楊抄本作“爲”。亦通。

平沙落雁

宮音五段

一段　聚呼沙堵

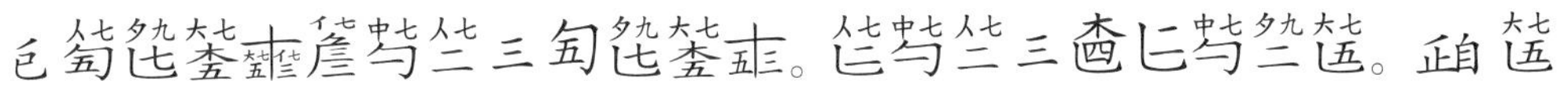

羽 羽 羽 角 角商宮 商 角 羽 羽 羽 角 商 宮 商 角 徵匕 商 宮 羽 角 羽

南 南 南 姑 姑太黄 太 姑 南 南 南 姑 太 黄 太 姑 林匕 太 黄 南 姑 南

羽 羽 羽 羽 宮 商 羽 徵 徵 角 角 角 徵 羽 宮商 羽 徵 羽宮商

南 南 南 南 黄 太 南 林 林 姑 姑 姑 林 南 黄太 南 林 南黄太

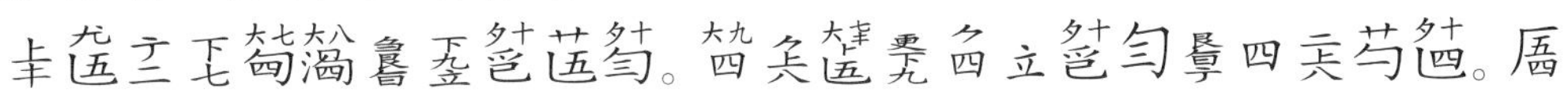

宮 羽徵 徵 角 商 宮 羽 羽 商 角 徵 角 商 宮 羽 宮 商角 宮 宮 商宮

黄 南林 林 姑 太 黄 南 南 太 姑 林 姑 太 黄 南 黄 太姑 黄 黄 太黄

羽 羽 宮 角 商 羽 角 徵 羽匕 宮 商 羽 羽 羽

南 南 黄 姑 太 南 姑 林 南匕 黄太 南 南 南

二段　情同友愛

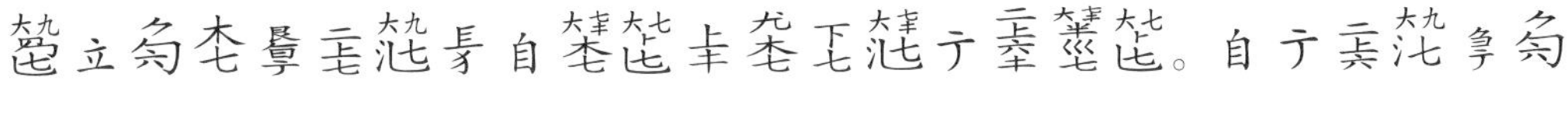

羽 羽 徵 羽 宮 商 羽 宮 商 角 商 宮 商 角 宮 商 角 徵 羽 徵

南 南 林 南 黄 太 南 黄 太 姑 太 黄 太 姑 黄 太 姑 林 南 林

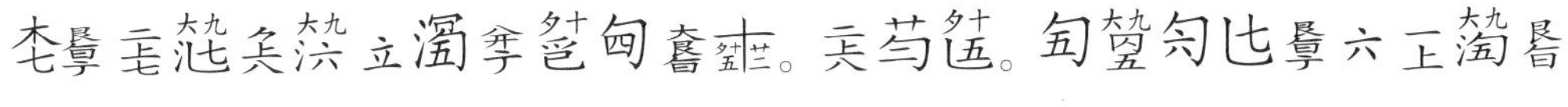

羽宮商羽 宮徵 角角商宮 商商 角角 商 商 商 角 徵 羽 徵 角

林南太南 黄林 姑姑太黄 太太 姑林 太 太 太 姑 林 南 林 姑

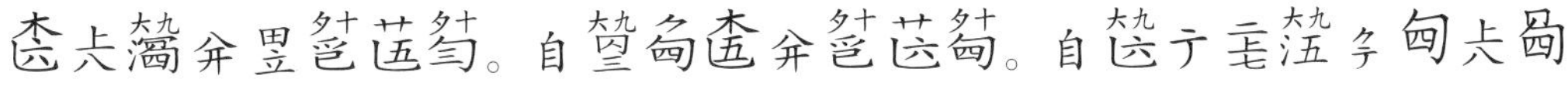

徵徵 羽商 商 宮 羽羽 变宮 商 角 角 商 宮 宮 徵 羽 宮 角 商 角

林林 南太 太 黃 南 南 應 太 姑 姑 太 黃 黃 林 南 黃 姑 太 姑

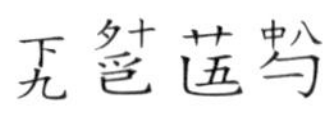

商 宮 羽 羽

太 黃 南 南

【校記】

［一］“商商、太太、徵徵、林林”在楊抄本中寫作“商匕、太匕、徵匕、林匕”。

【按】

上文及下文音律的标写中出现较多的“匕”或似“匕”的符号。根据刻本及抄本的比对，这些符号都是代表重复前一文字的意思。

三段 盤旋霄漢

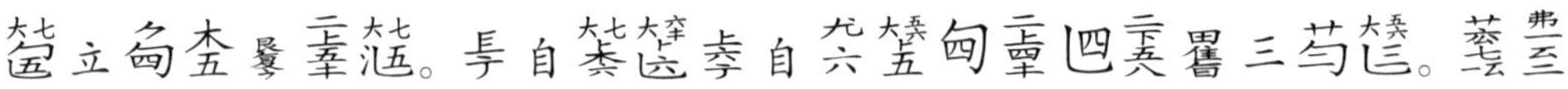

羽 羽 徵 羽 宮 商 羽 商 角 角 角 商 宮 商 角 商 宮 羽 商 羽 角商宮宮

南 南 林 南 黃 太 南 太 姑 姑 姑 太 黃 太 姑 太 黃 南 太 南 姑太 黃黃

羽羽 商 羽 角 徵 羽 宮 羽 徵 角 角 商 變宮 商 商 角 徵 商 商匕匕匕匕 徵

南南 太 南 姑 林 南 黃 南 林 姑 姑 太 應 太 太 姑 林 太 太匕匕匕匕 林

羽 角 角 商 變宮 羽 羽 變宮 商 角 角 商 宮 宮 羽 角 商

南 姑 姑 太 應 南 南 應 太 姑 姑 太 黃 黃 南 姑 太

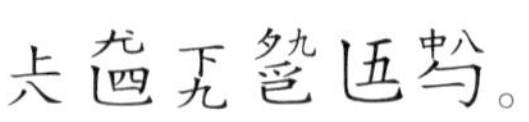

角 商 宮 羽 羽

姑 姑 黃 南 南

四段 歛翅對宿

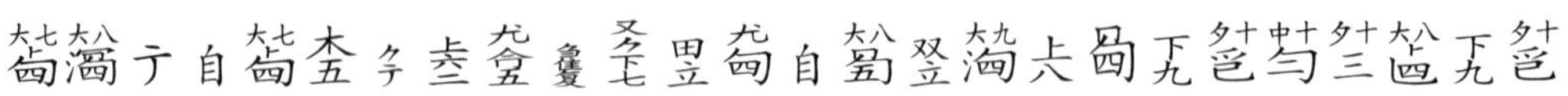

徵 角 徵 羽 宮 宮 宮 宮 宮 羽 徵 角 商 角 商 宮 徵 羽 角 商 宮

林姑 林南黃 黃 黃黃黃南林姑 太 姑太黃林南姑太黃

羽羽變宮商 角 徵角商 宮羽 宮 商角宮宮 宮羽羽 徵徵 宮

南南應太 姑 林姑太 黃南 黃太姑黃黃 太黃南 林林 黃

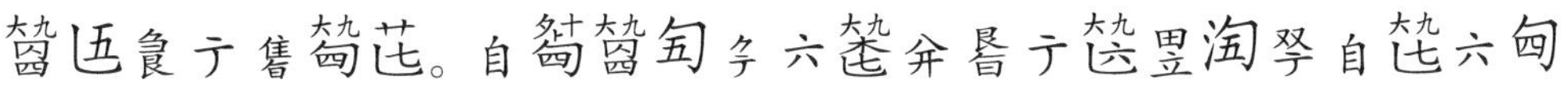

商角 商商 宮商商 徵羽匕 徵 角 羽徵商

太姑 太太 黃太太 林南匕 林 姑 南林太

角商 宮 宮宮徵匕

姑太 黃 黃黃林匕

五段 振翼合鳴

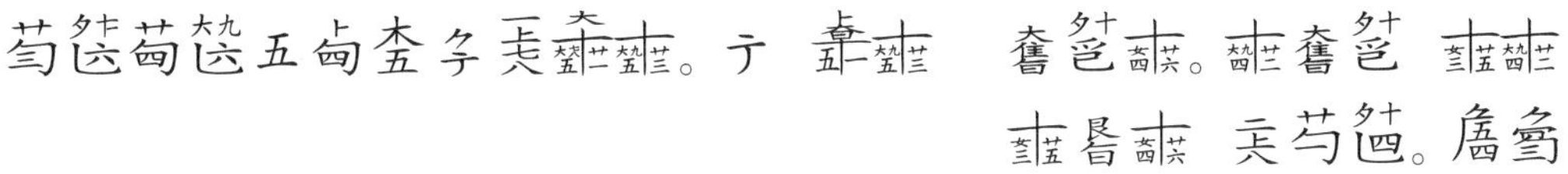

角 角徵徵角商角 徵 宮徵角 角 宮徵角匕 羽羽 宮宮 商角 宮 宮 商宮羽羽

姑 姑林林姑太姑 林 黃林 姑 姑 黃林姑匕 南南 黃黃 太姑 黃 黃 太黃南南

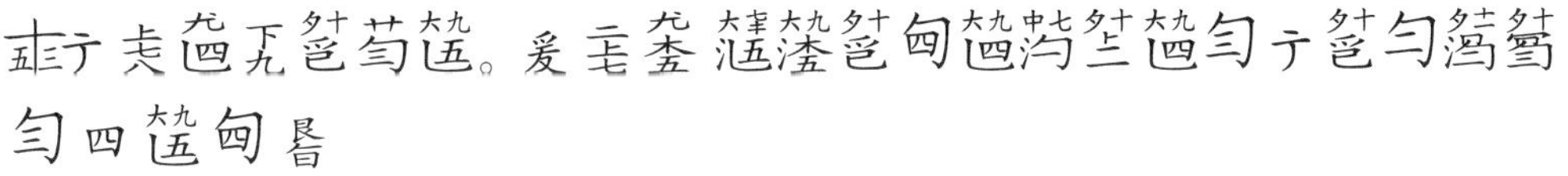

羽 宮 角商 角角 徵羽 羽 徵角商 宮 商角 徵 商變宮 羽 徵 變徵羽匕

南 黃 姑太 姑姑 林南 南 林姑太 黃 太姑 林太應 南林蕤 南匕

變宮 宮 羽羽

應 黃 南南

尾聲

宮 宮 商角 宮 宮 商 宮 宮 宮 宮

黃 黃 太姑 黃 黃 太 黃 黃 黃 黃 曲終

宋毛敏中所作。倉皇南渡，曾飛鳥之不如。視彼飛鳴食宿，不誠洋洋自得乎？

黃鐘均宮音 律黃太仲林南 以仲吕絃弹不
音徵羽宮商角 改絃而換調

羽化登仙

凡六十四段

一段

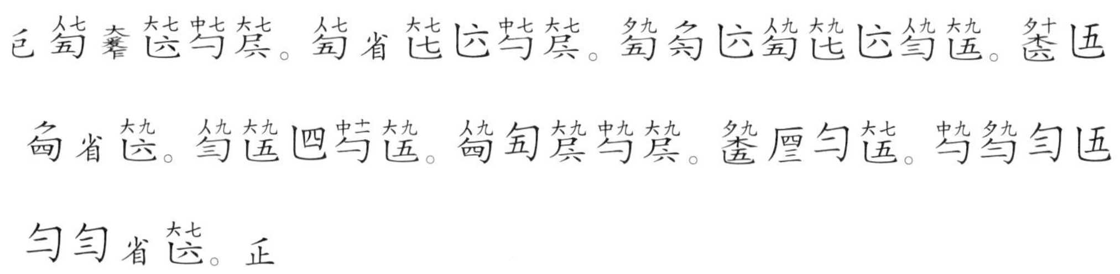

[illegible]

二段

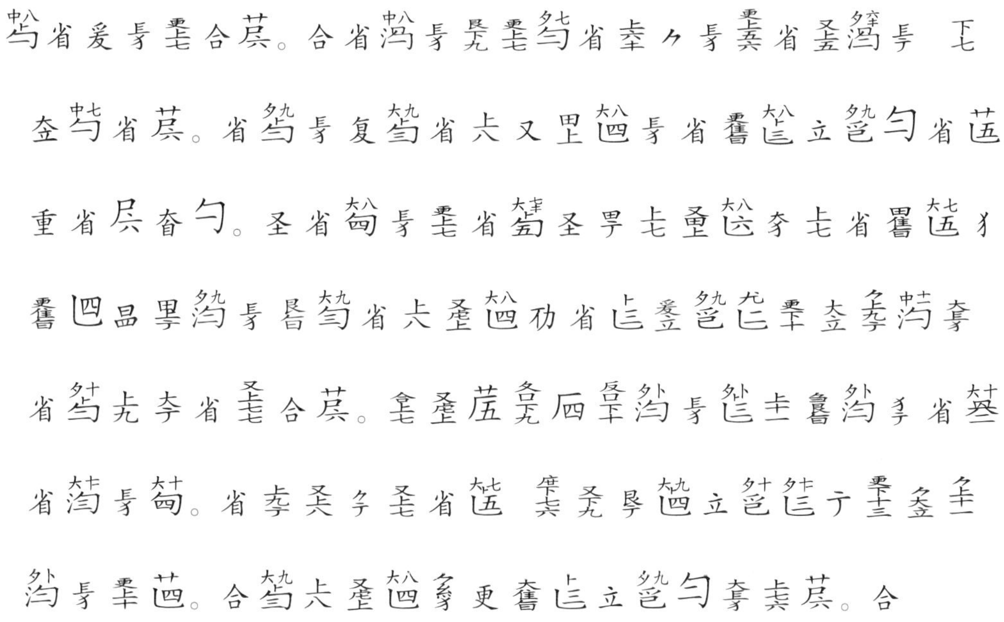

[illegible]

三段

[illegible]

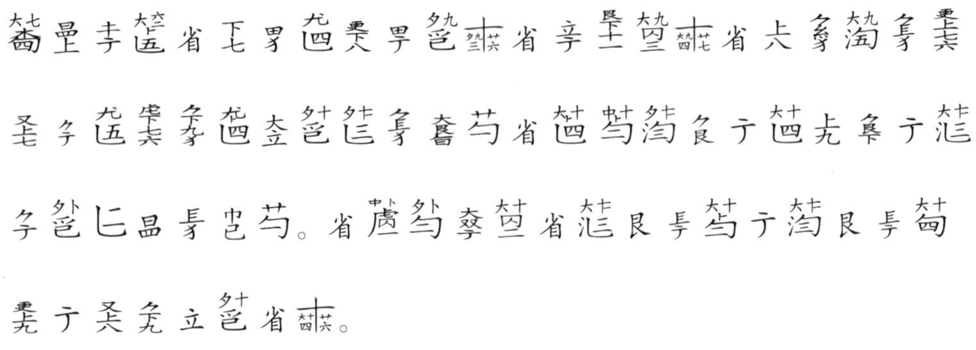

四段

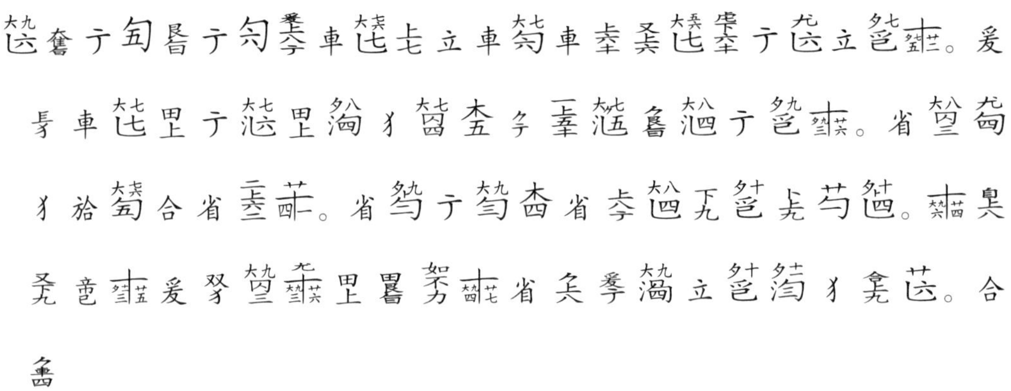

五段

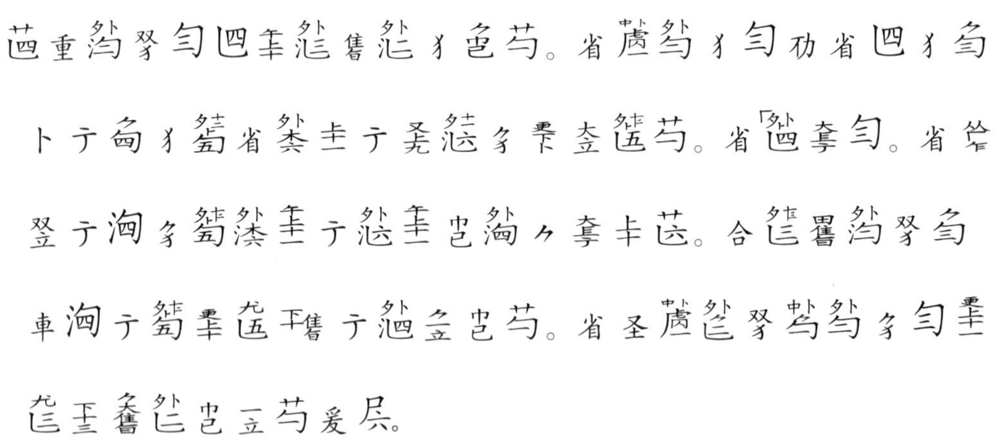

六段

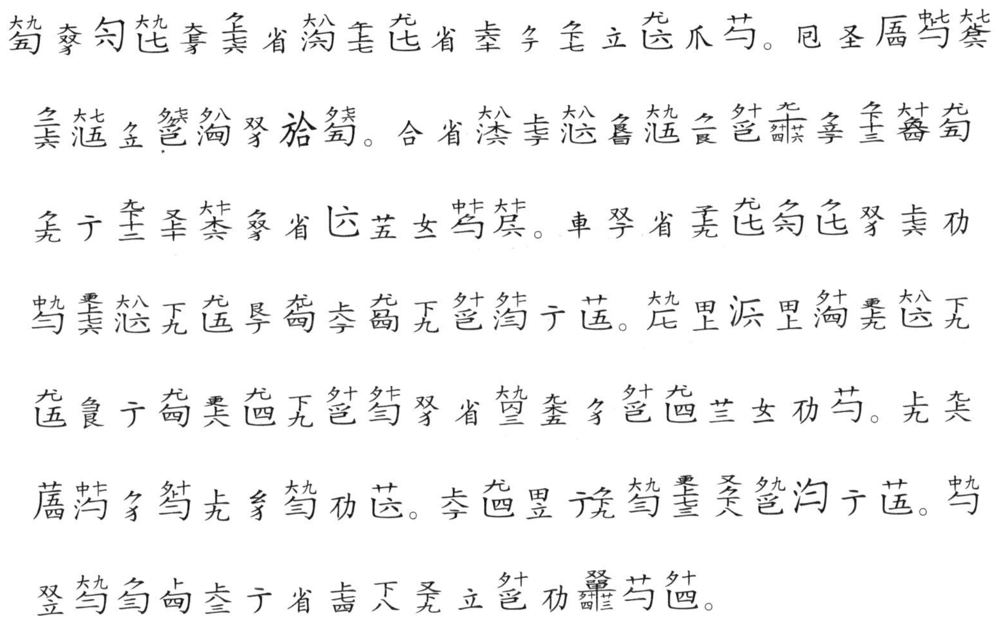

匋奓匀芚𡗗奚省莦圭芚省𡘙𠂉乇立苣爪芍。㔾圣厲𦬒𦭽

奚莚么𦱁𦰺𡚁𦭞匋。合省莈𡘙菍奮莚侌𦬊𦯭㚘圭𦯝匋

𠑽亍𡘙圣𦬵𡚁省匸芸女𦬒𦭽。車𡚁省𦭽芚匌乇𡚁𡘙㔙

𦬒𡘙菍𦬸𠥓𡚁𦬿𡘙𦬿𦬸𦬊𦯭亍𦬸。芚里㳈里𦰺𦭽苡𦬸

𦬸食亍𦬿𦭽芭𦬸𦬊𦬒𡚁省𦬊𡘙夕𦬊芭芸女㔙芍。𠑽𡘙

蓎𦬒夕𦬒𠑽夕𦬒㔙苡。𡘙芭𡚁𦬸𦬒圭𠂤𦬊㳙亍𦬸。𦬒

𡚁𦬒匌𦬿𡘙亍省𦬸𠀀𠂤立𦬊㔙𦬸芍芭。

七段

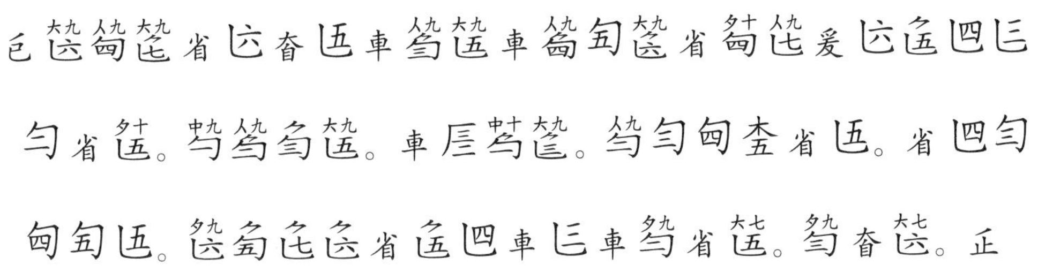

㔾苡𦬿𦬊省匸𡚁匸車𦬒𦬸車𦬿匀𦬊省𦬿芚爰匸匸四巨

匀省𦬊。𦬒𦬒匌𦬸。車㕓𦬒𦬊。𦬒匀匌查省匸。省四匀

匌匀匸。苡匌乇苡省匸四車巨車𦬒省𦬸。𦬒𡚁苡。正

八段

爰𦬒奓匌𡘙𦬊𡚁比車𦬿省𦬊𡚁𡘙𡘙𦬊𡚁比車𦬿𡚁𦬸。

𡙐車㔾𠂤匌正𦬊𡚁芚𡚁𦬊苡㔙省𦬸𡚁𡚁苡𦬸車𦬸。芚

𡚁𦰺𡚁𦬿𡘙𦬊𡚁子𡚁芚𡘙𡚁𦬿芚。𡚁𠂤車㔾𠂤匌正𦬊

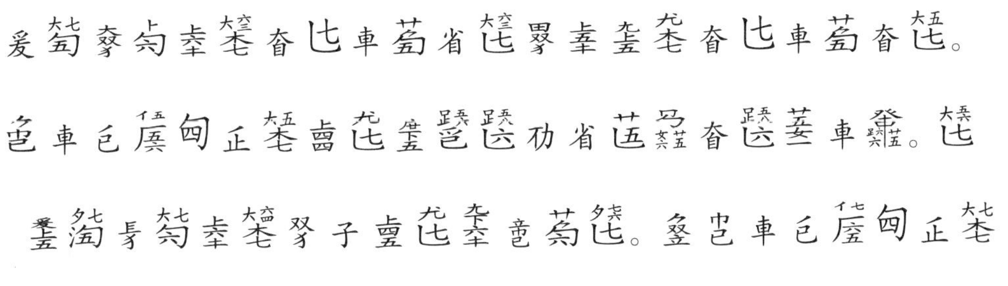

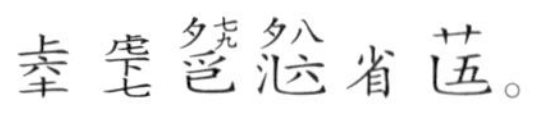

[illegible]

九段

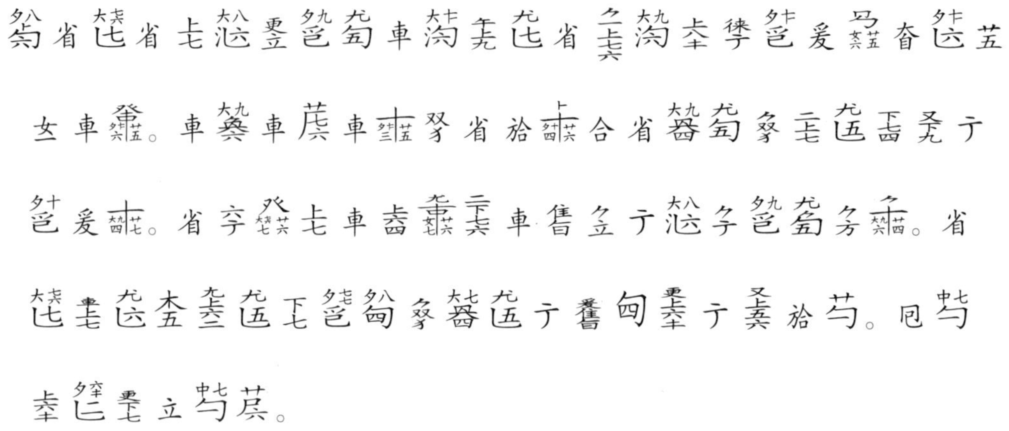

[illegible]

十段

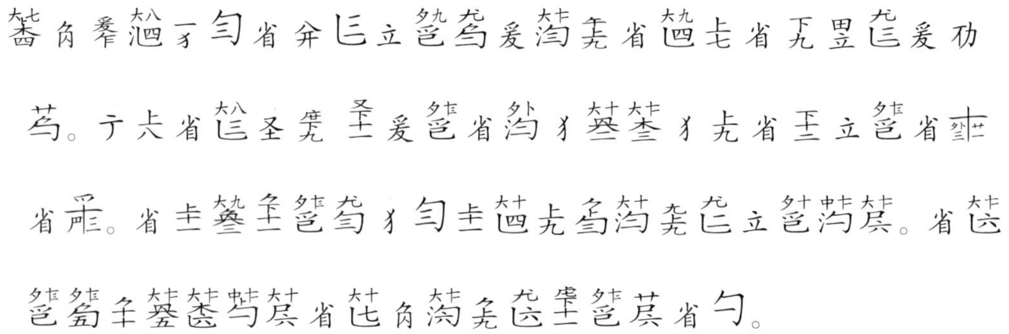

[illegible]

十一段　三句連音勿斷

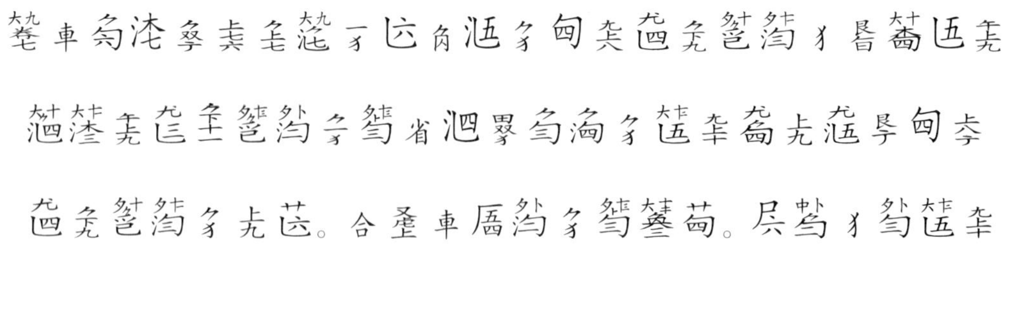

[illegible]

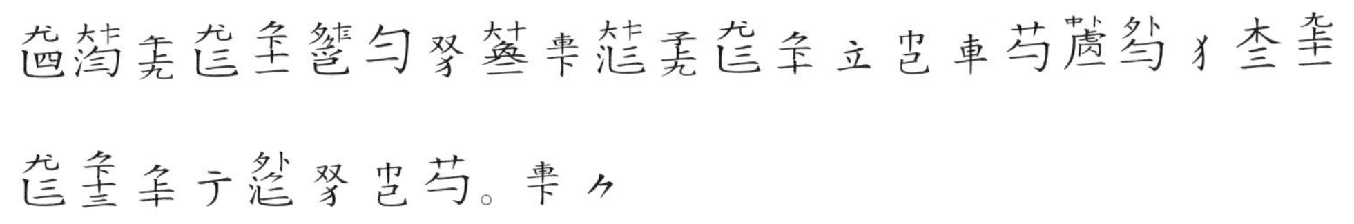

[illegible]

十二段

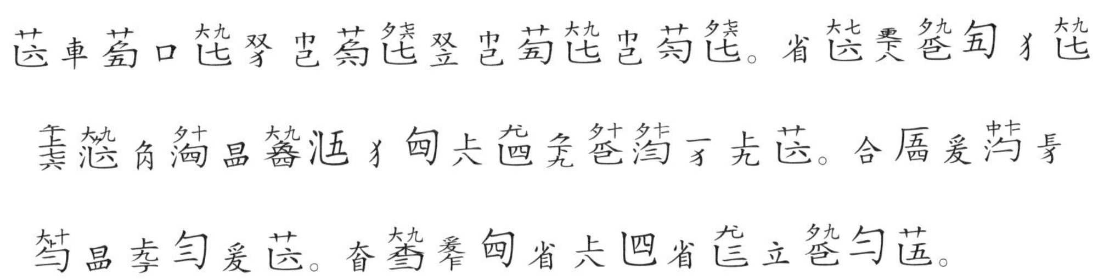

[illegible]

十三段

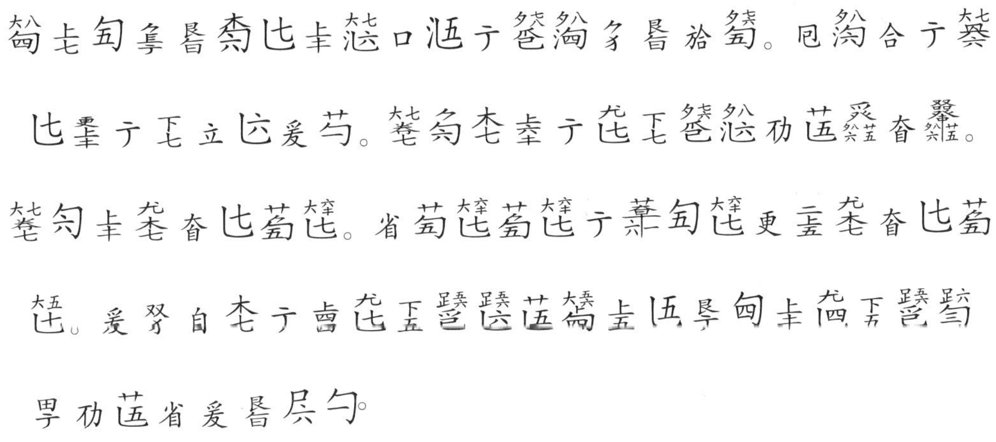

[illegible]

十四段

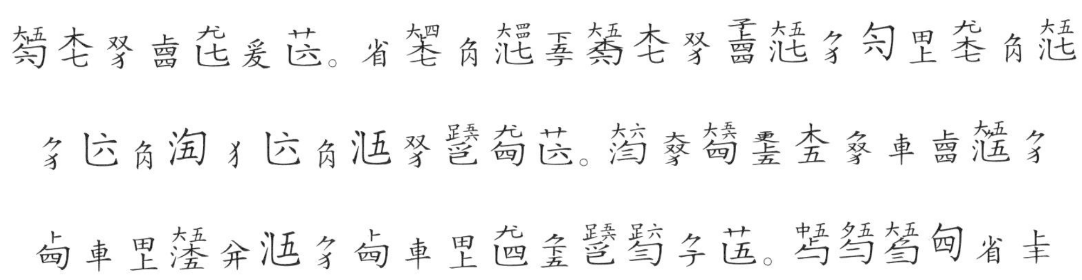

[illegible]

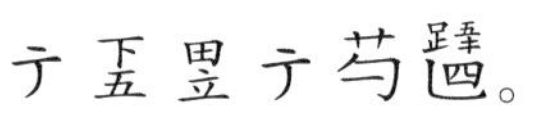

[illegible]

十五段

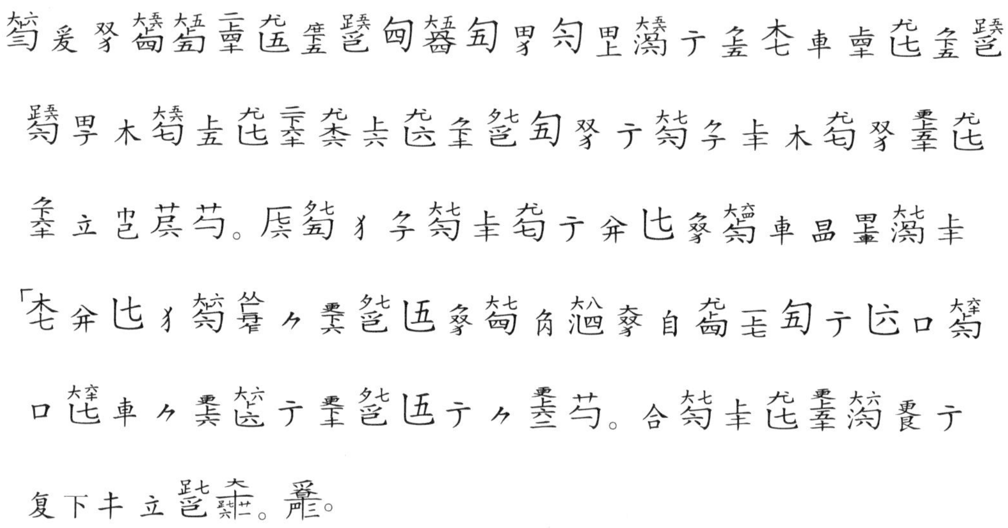

[illegible]

十六段

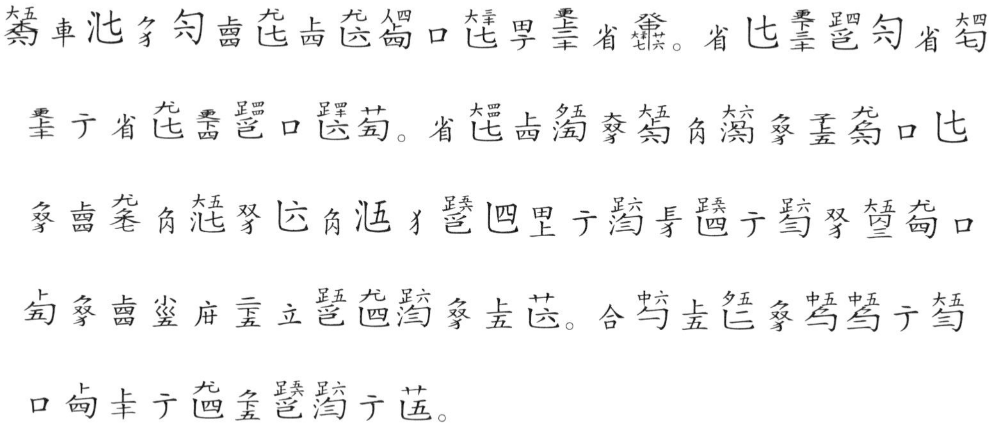

[illegible]

十七段

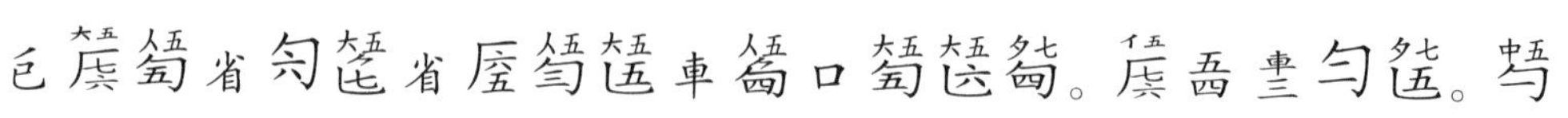

[illegible]

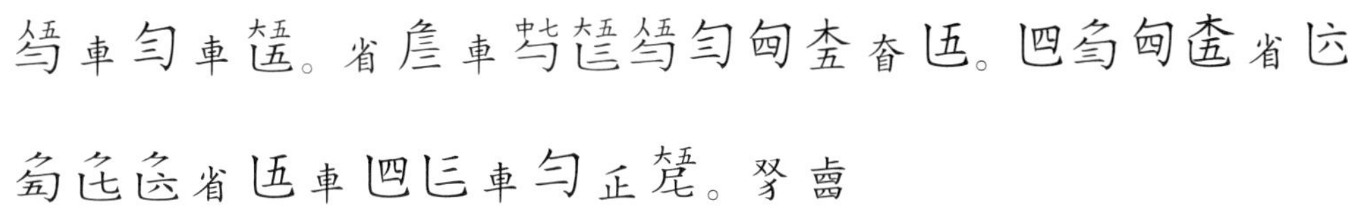

[illegible]省[illegible]車[illegible]。[illegible]省[illegible]省[illegible]車[illegible]車[illegible]。[illegible]

十八段

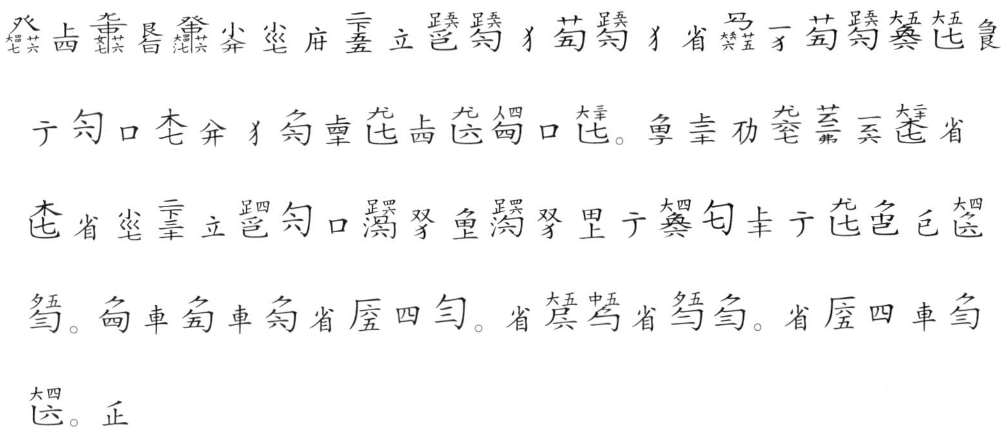

[illegible]省[illegible]立[illegible]省[illegible]口[illegible]口[illegible]。[illegible]省[illegible]省[illegible]立[illegible]口[illegible]。[illegible]車[illegible]車[illegible]省[illegible]四[illegible]。省[illegible]省[illegible]。省[illegible]四車[illegible]。[illegible]

十九段

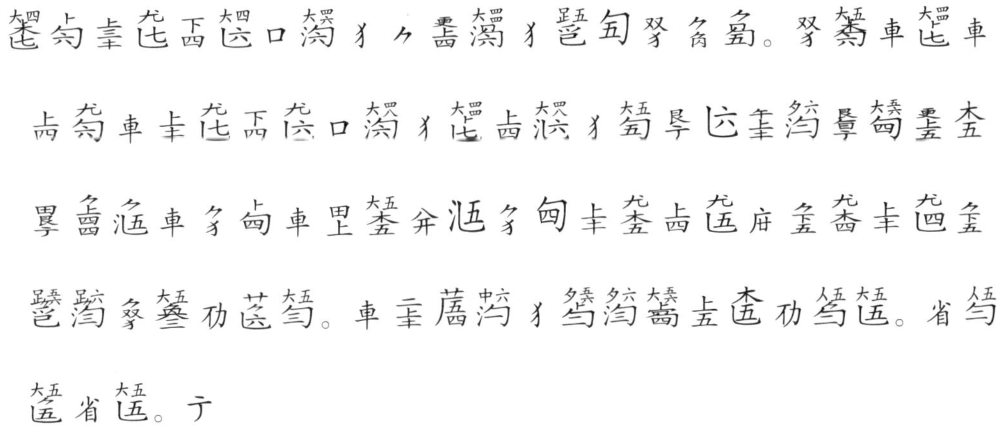

[illegible]口[illegible]。[illegible]車[illegible]車[illegible]車[illegible]口[illegible]。[illegible]車[illegible]車[illegible]。車[illegible]。省[illegible]省[illegible]。[illegible]

二十段

[illegible]。[illegible]省[illegible]。[illegible]。[illegible]車[illegible]。

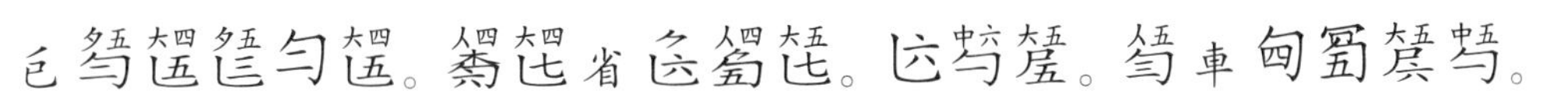

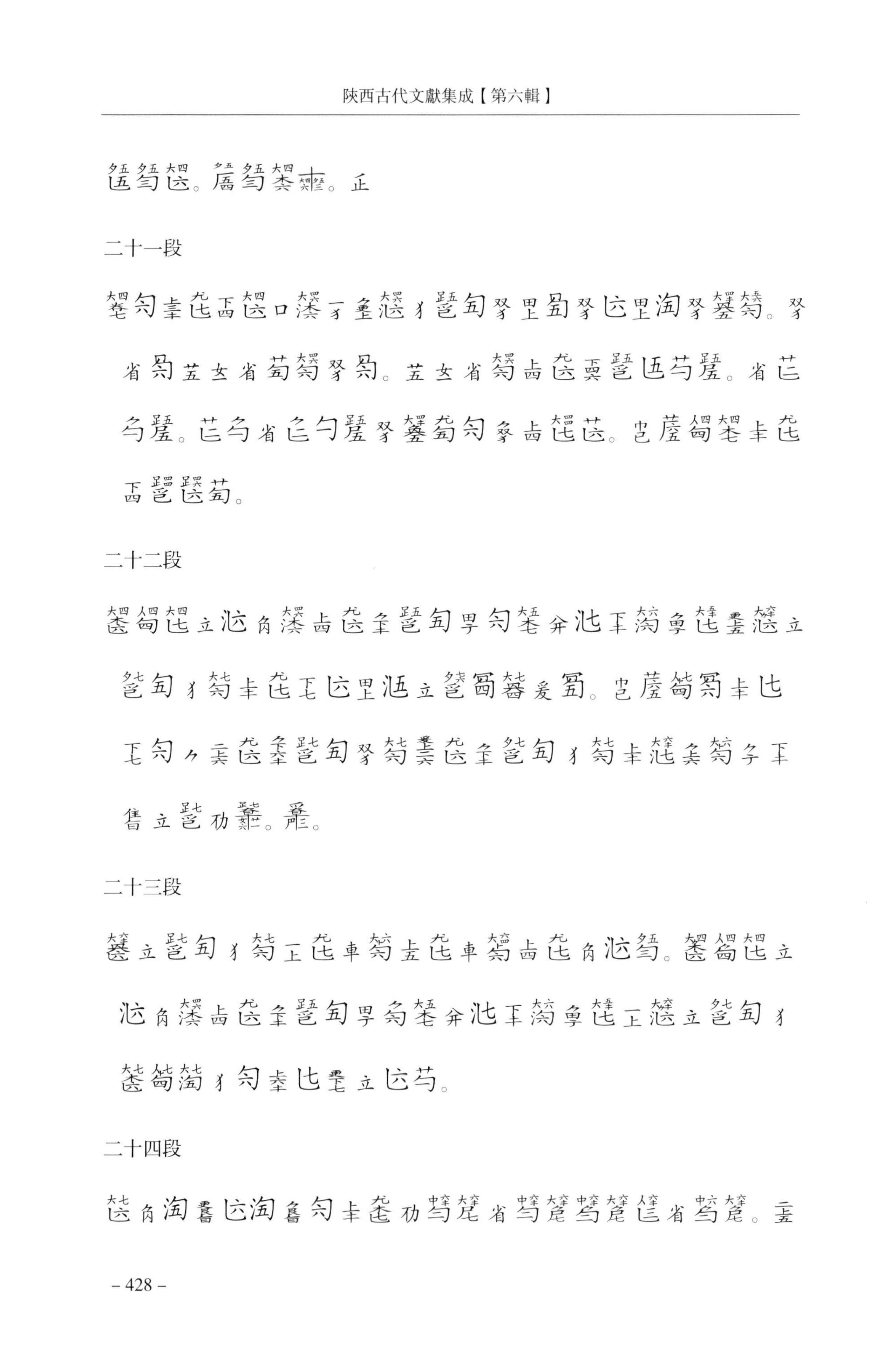

[illegible]

二十一段

[illegible]

二十二段

[illegible]

二十三段

[illegible]

二十四段

[illegible]

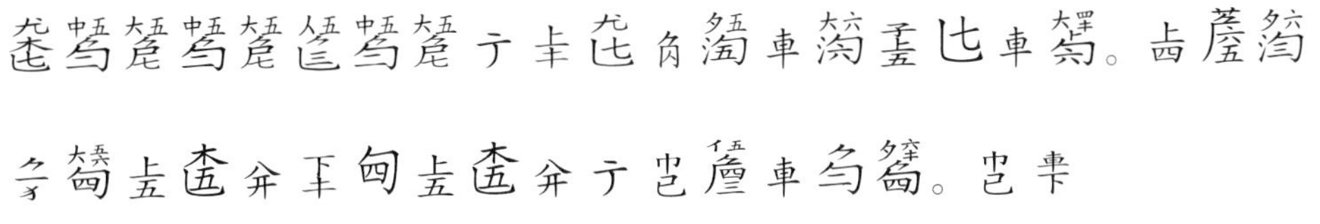

二十五段

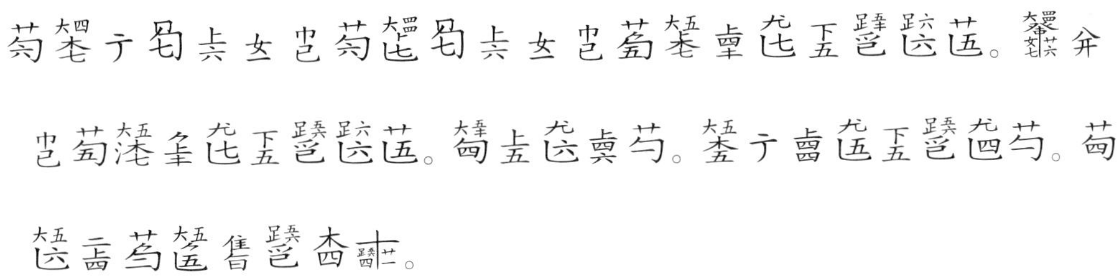

二十六段

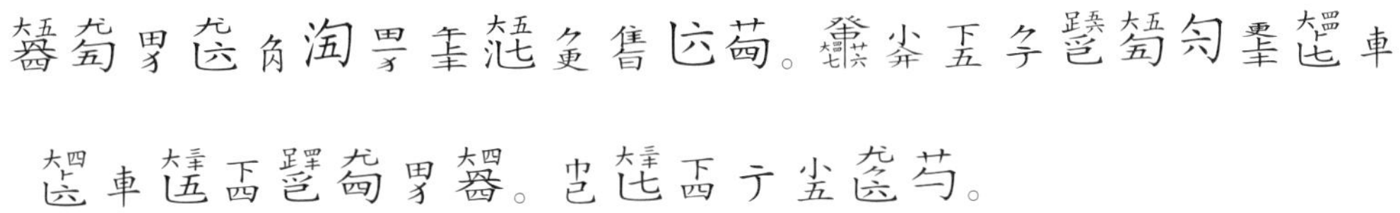

二十七段

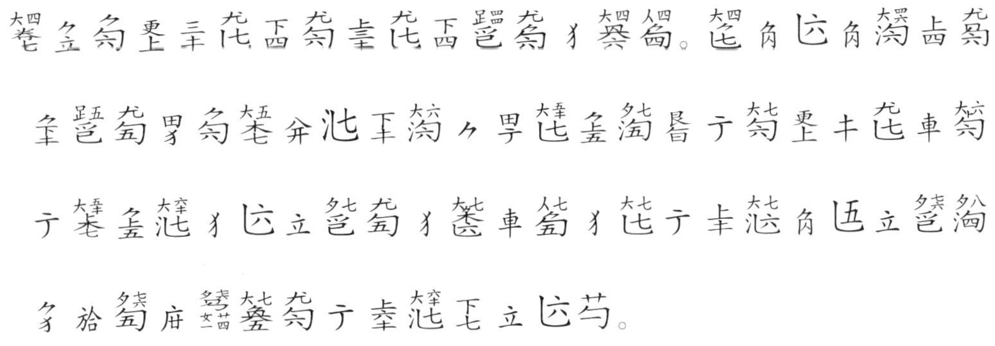

二十八段

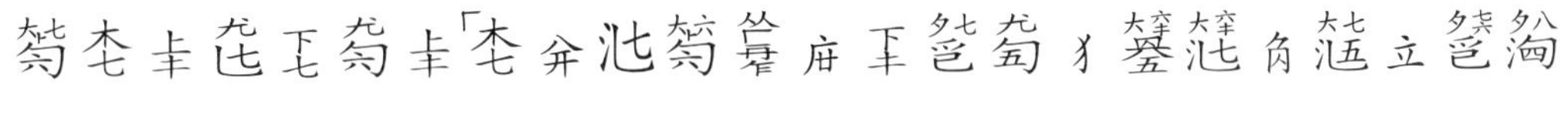

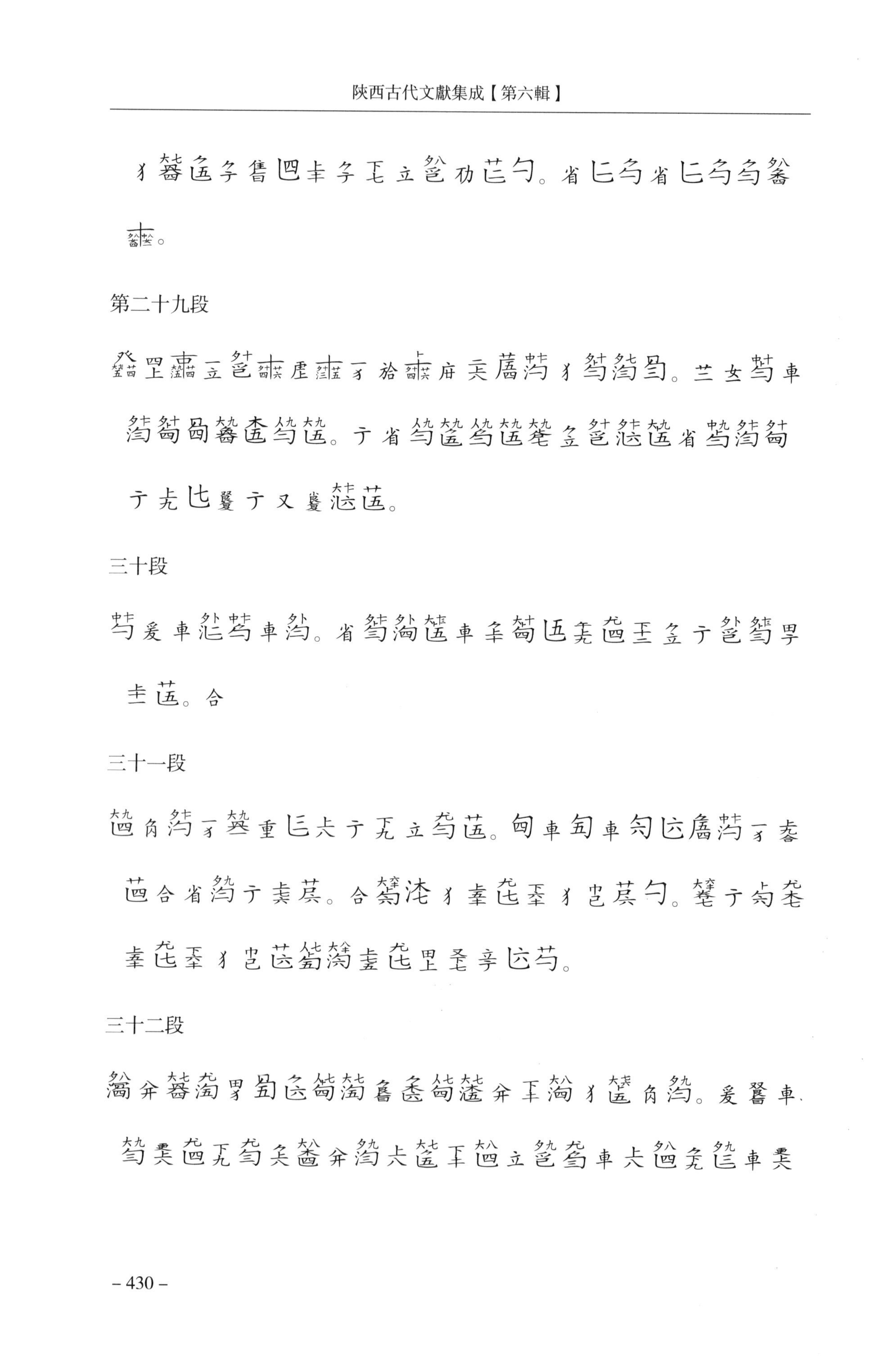

[illegible]

第二十九段

[illegible]

三十段

[illegible]

三十一段

[illegible]

三十二段

[illegible]

[illegible]

三十三段

[illegible][一][illegible]

[illegible]

【校記】

［一］“白”，北圖抄本爲“自”，其餘各本爲“白”。

三十四段

[illegible]

[illegible]

三十五段

[illegible]

[illegible]

三十六段

[illegible]

[illegible]

三十七段

[illegible]

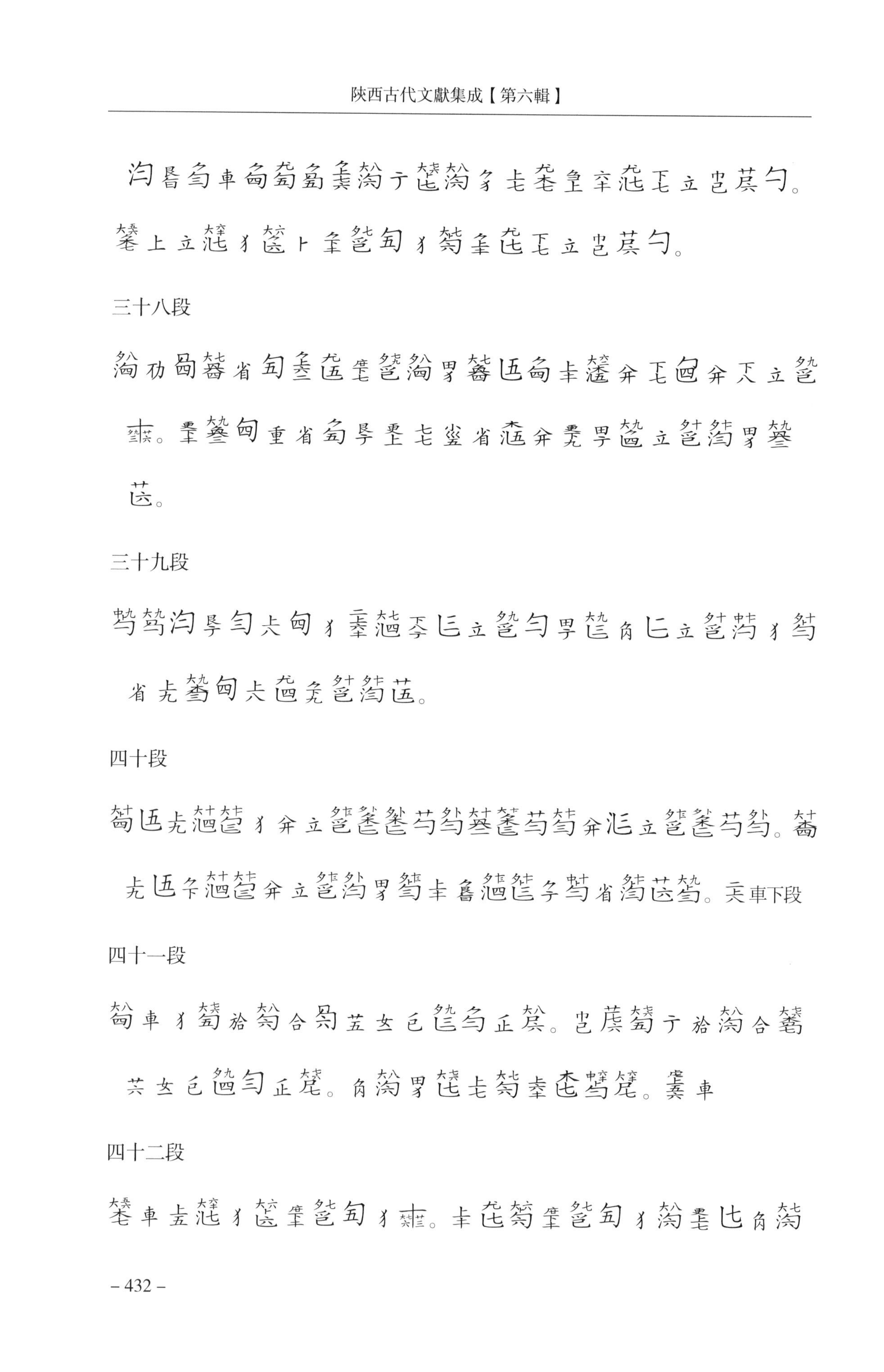

[illegible]

三十八段

[illegible]

三十九段

[illegible]

四十段

[illegible]

四十一段

[illegible]

四十二段

[illegible]

[illegible]

四十三段

[illegible]

四十四段

[illegible]

四十五段

[illegible]

四十六段

[illegible]

四十七段

[illegible]

[illegible]

四十八段

[illegible]

四十九段

[illegible]

五十段

[illegible]

五十一段

[illegible]

五十二段

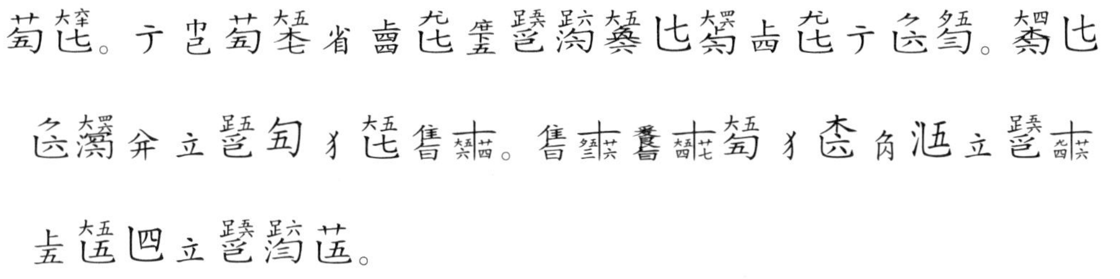

[illegible]

五十三段

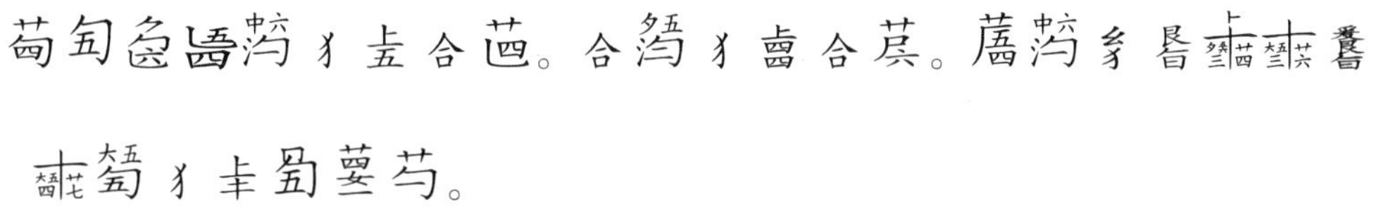

[illegible]

五十四段

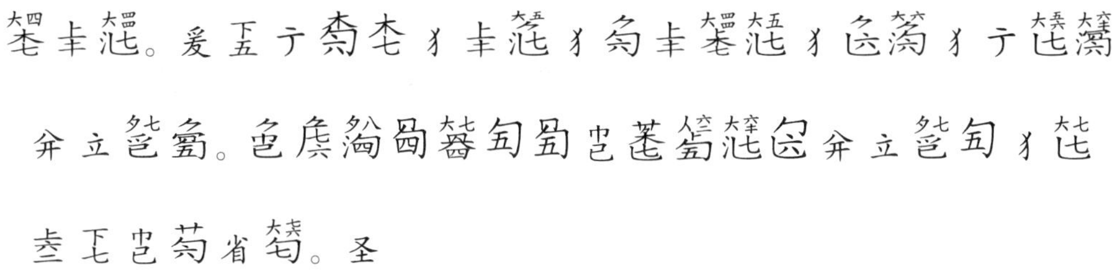

[illegible]

五十五段

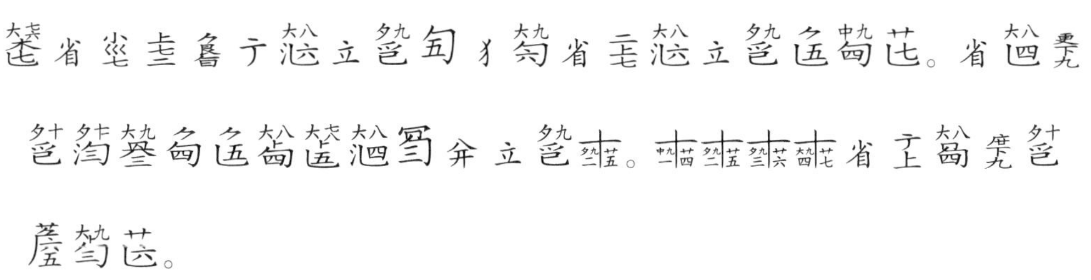

[illegible]

五十六段

[illegible]

[illegible]

五十七段

[illegible]

五十八段

[illegible]

五十九段

[illegible]

六十段

[illegible]

六十一段

[illegible]

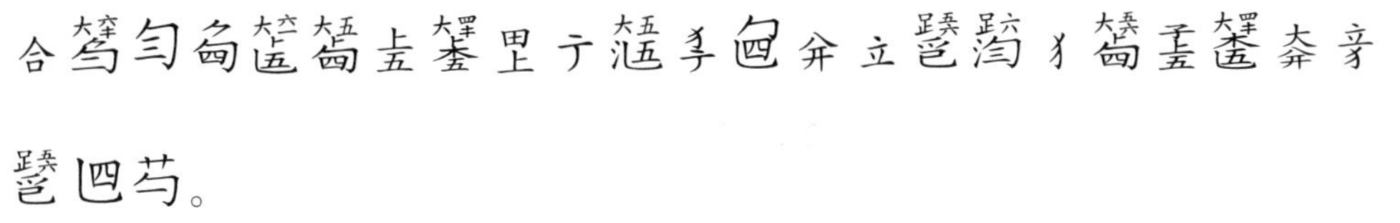

六十二段

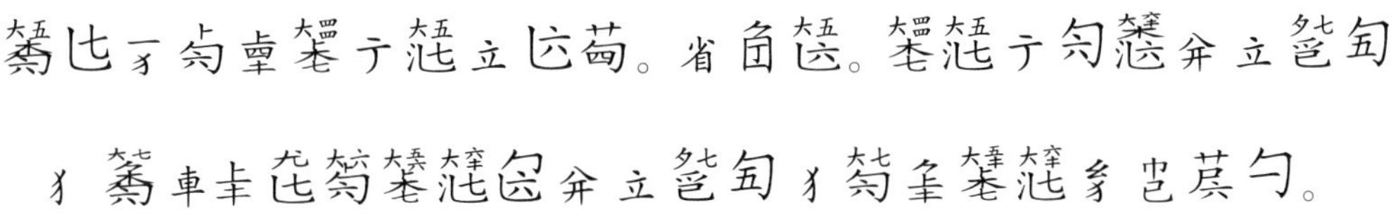

六十三段

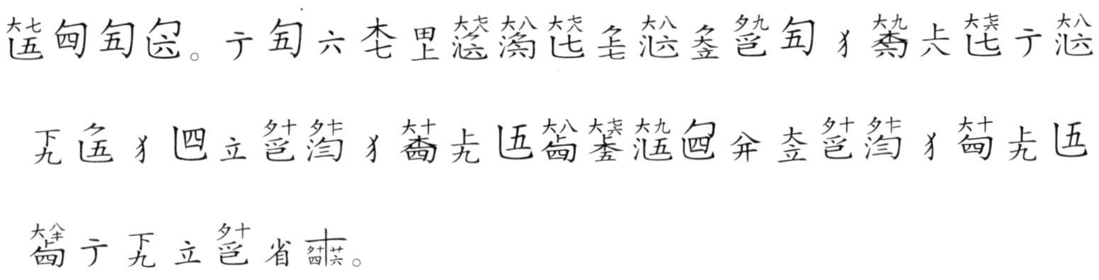

六十四段

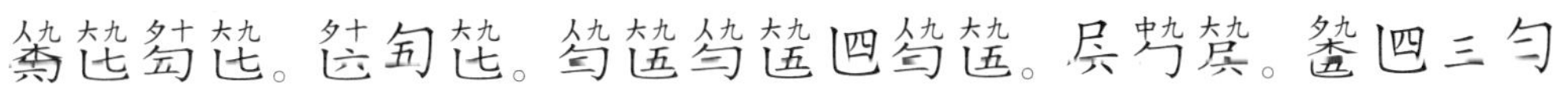

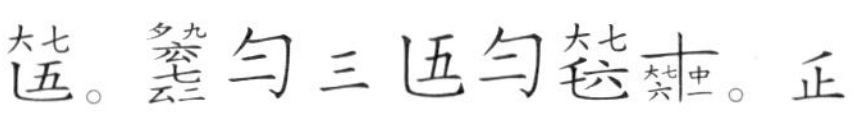

曲終

至人得道，忘象而製此，遊神縹緲，萬景一心，調之高、音之希，超出群類，爲世所珍。非至人，其孰與歸[一]？

【校記】

[一]“孰”，上本爲“熟”，他本均爲“孰”，上本誤。

蝴蝶夢

宫音十三段

一段

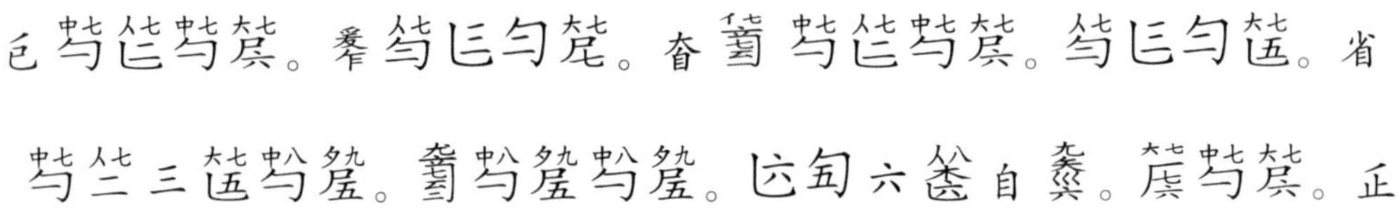

[illegible]

二段

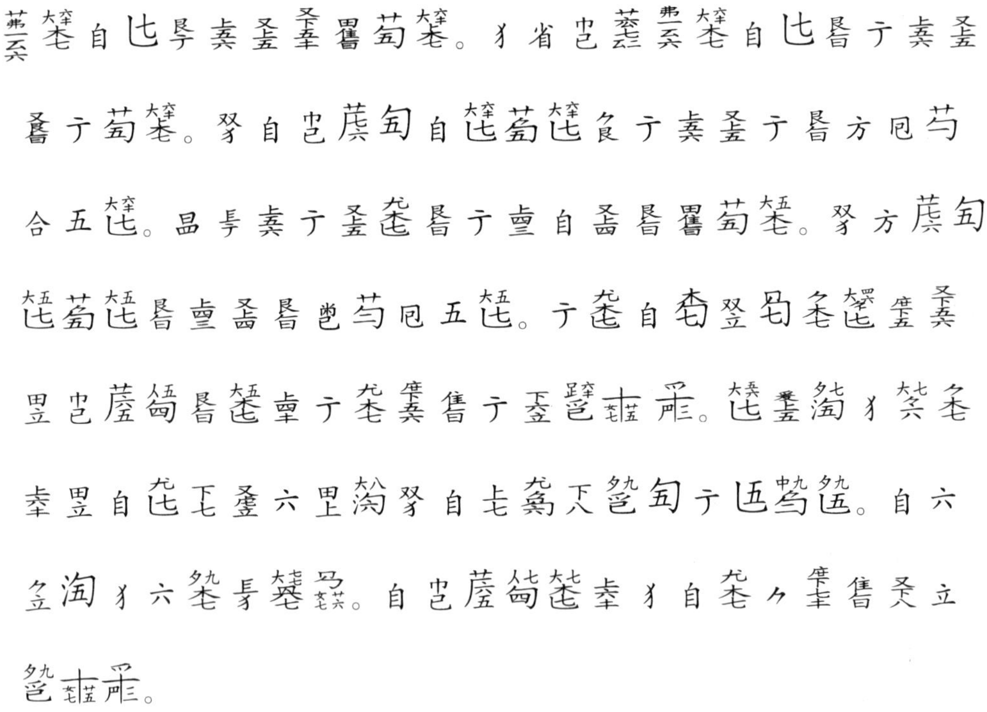

[illegible]

三段

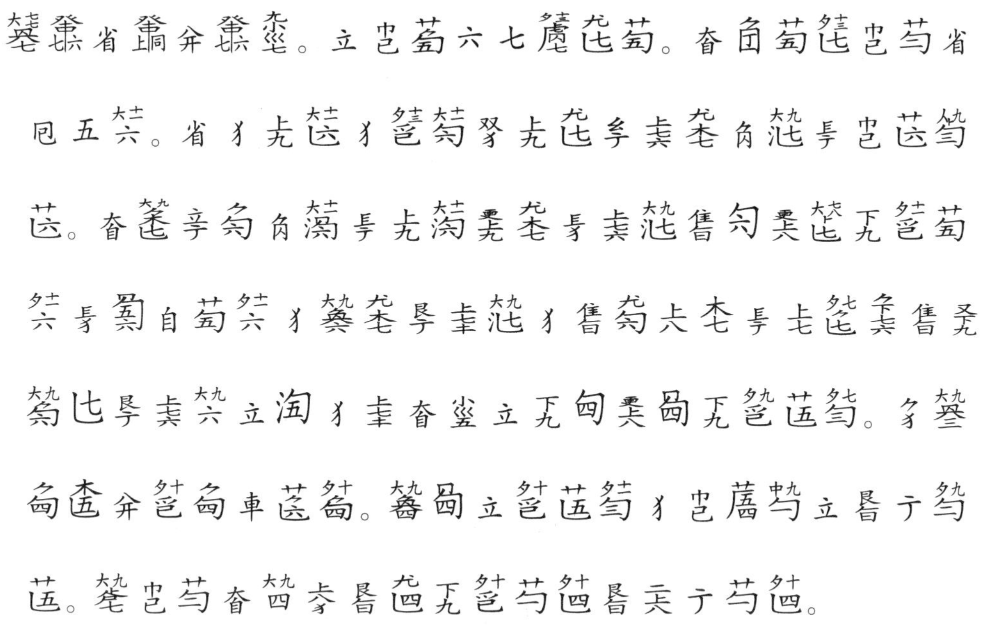

四段

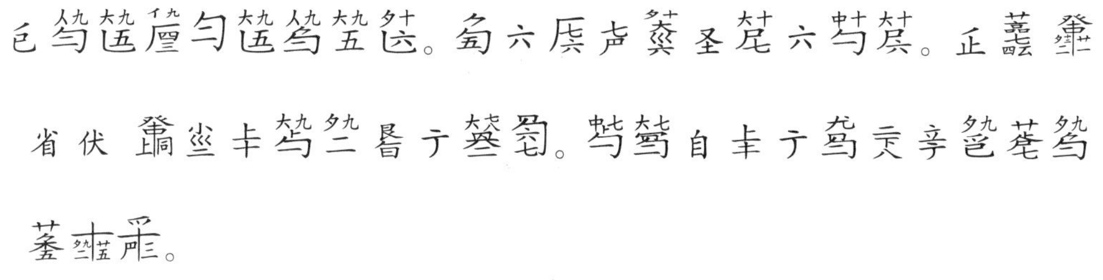

五段

此段入夢之景，宜輕清緩慢、頓宕無痕爲妙。

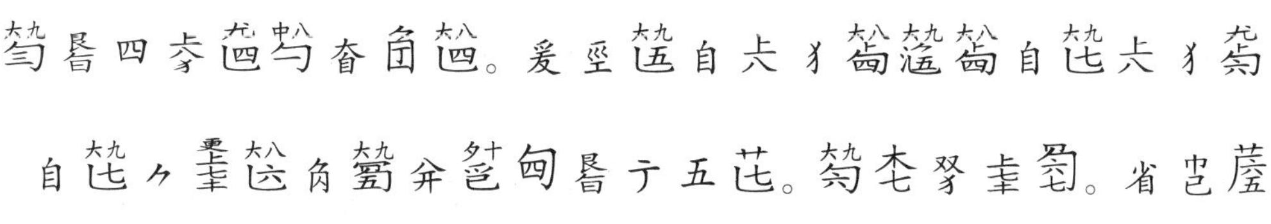

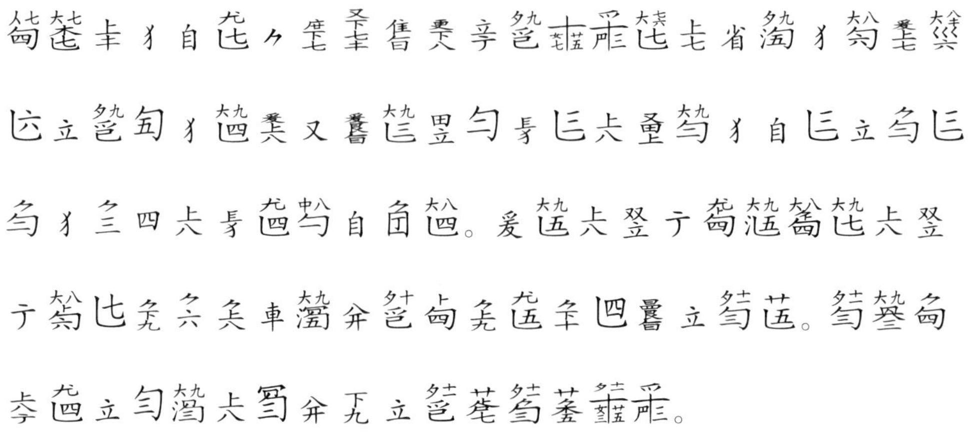

[illegible]

六段

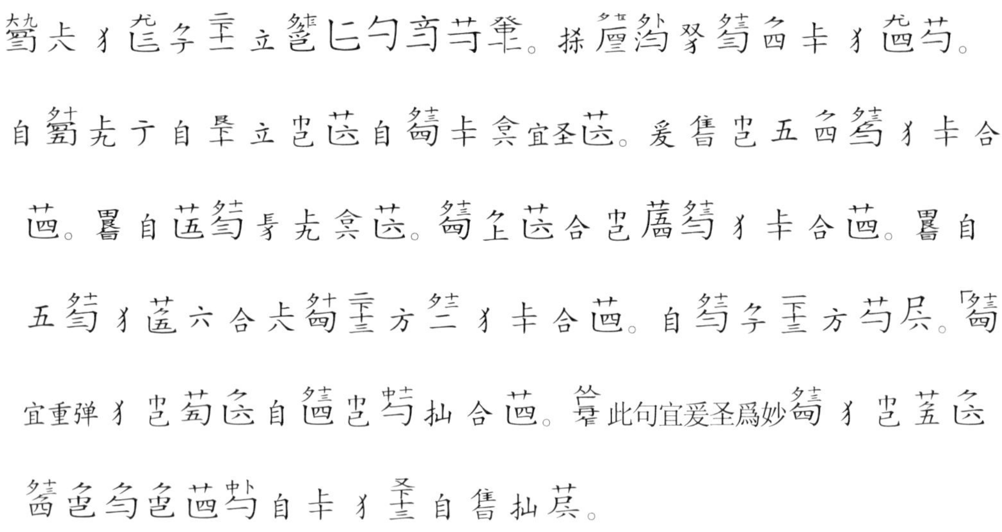

[illegible] 宜重弾 [illegible] 此句宜爰圣爲妙 [illegible]

七段

[illegible]

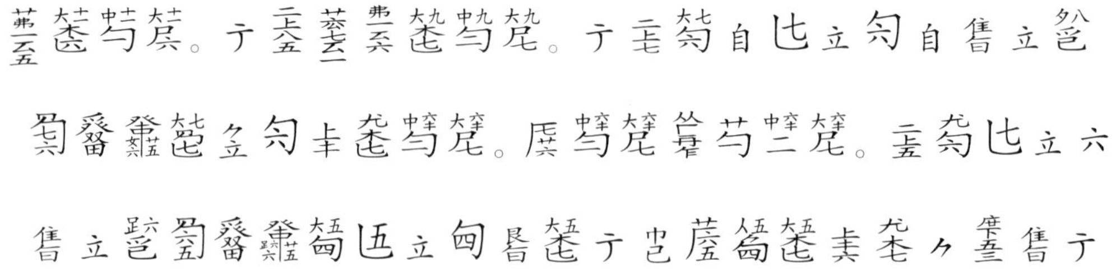

[illegible]

八段

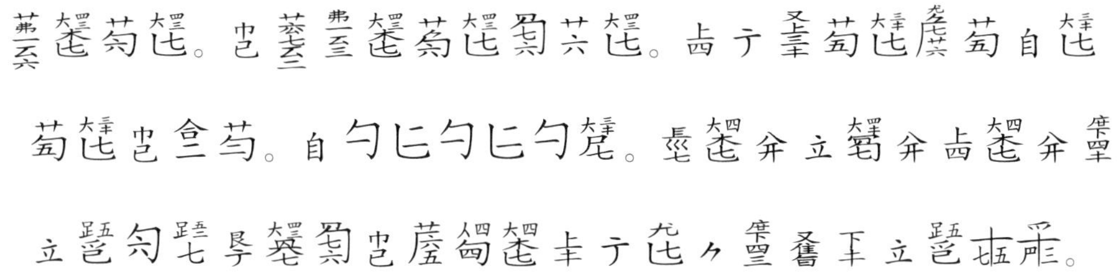

[illegible]

九段

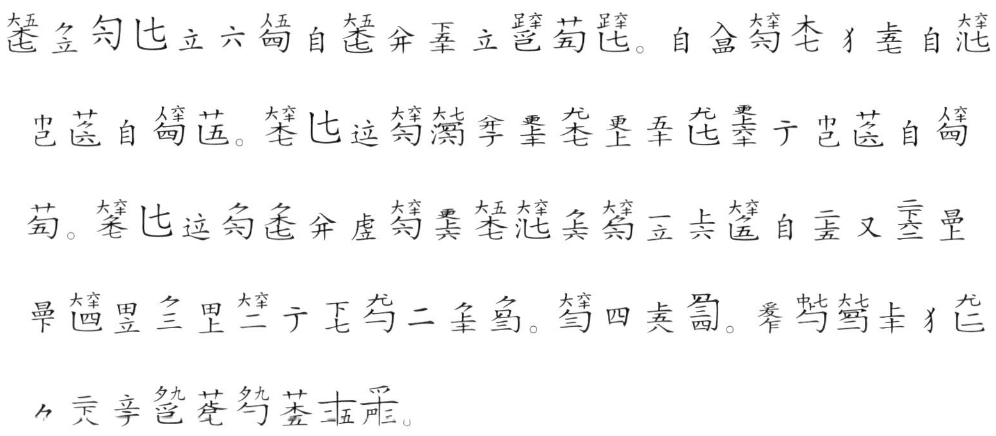

[illegible]

十段

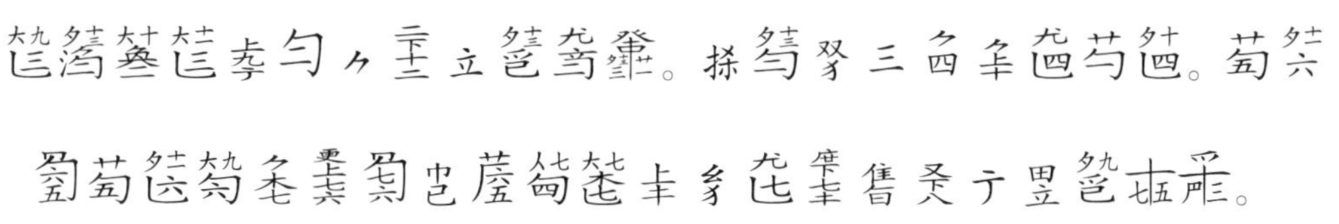

[illegible]

十一段

[illegible]

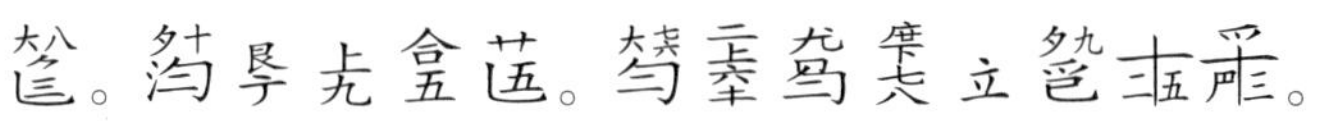

[illegible]

十二段

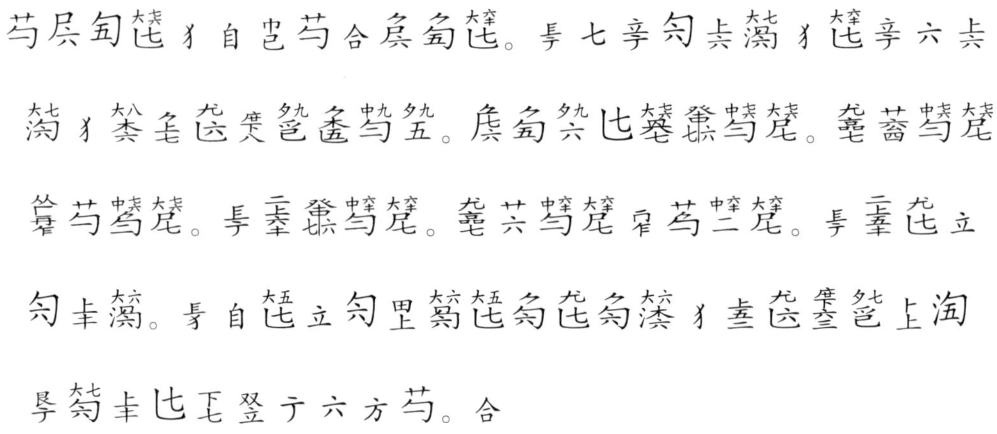

[illegible]

[illegible]

[illegible]

[illegible]

[illegible]

尾聲

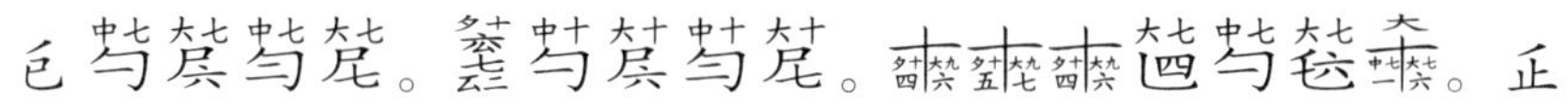

[illegible] 曲終

夢固夢，不夢亦夢也。蝶固蝶，我亦蝶，我固我，蝶亦我也，是以兩忘。其化善乎，南栩爲何如耶[一]？

【校記】

［一］“栩”，北圖抄本爲“相”。

神化

宮音十三段

一段

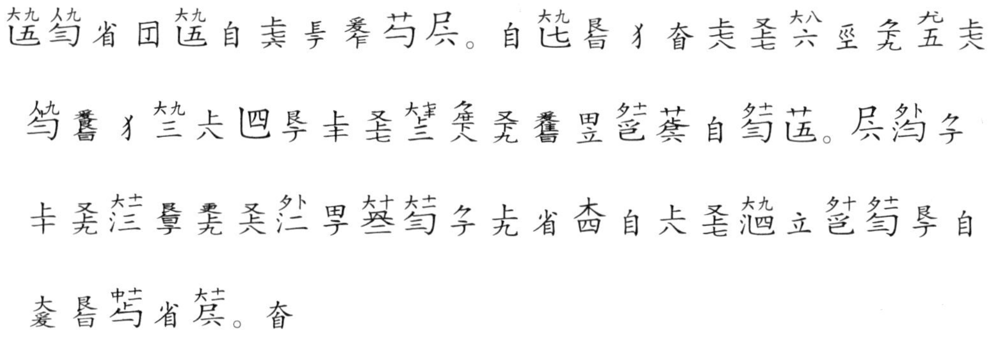

[illegible]

二段

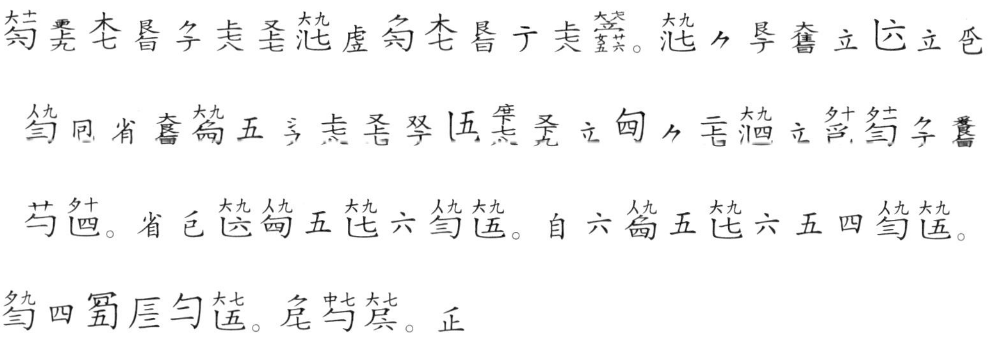

[illegible]

三段

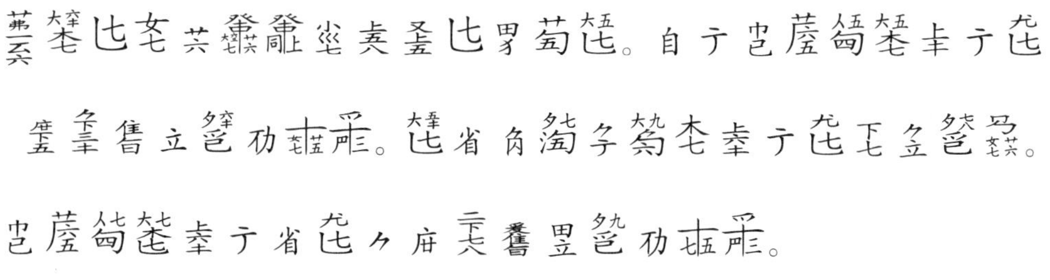

[illegible]

四段

[illegible]

五段

[illegible]

六段

[illegible]

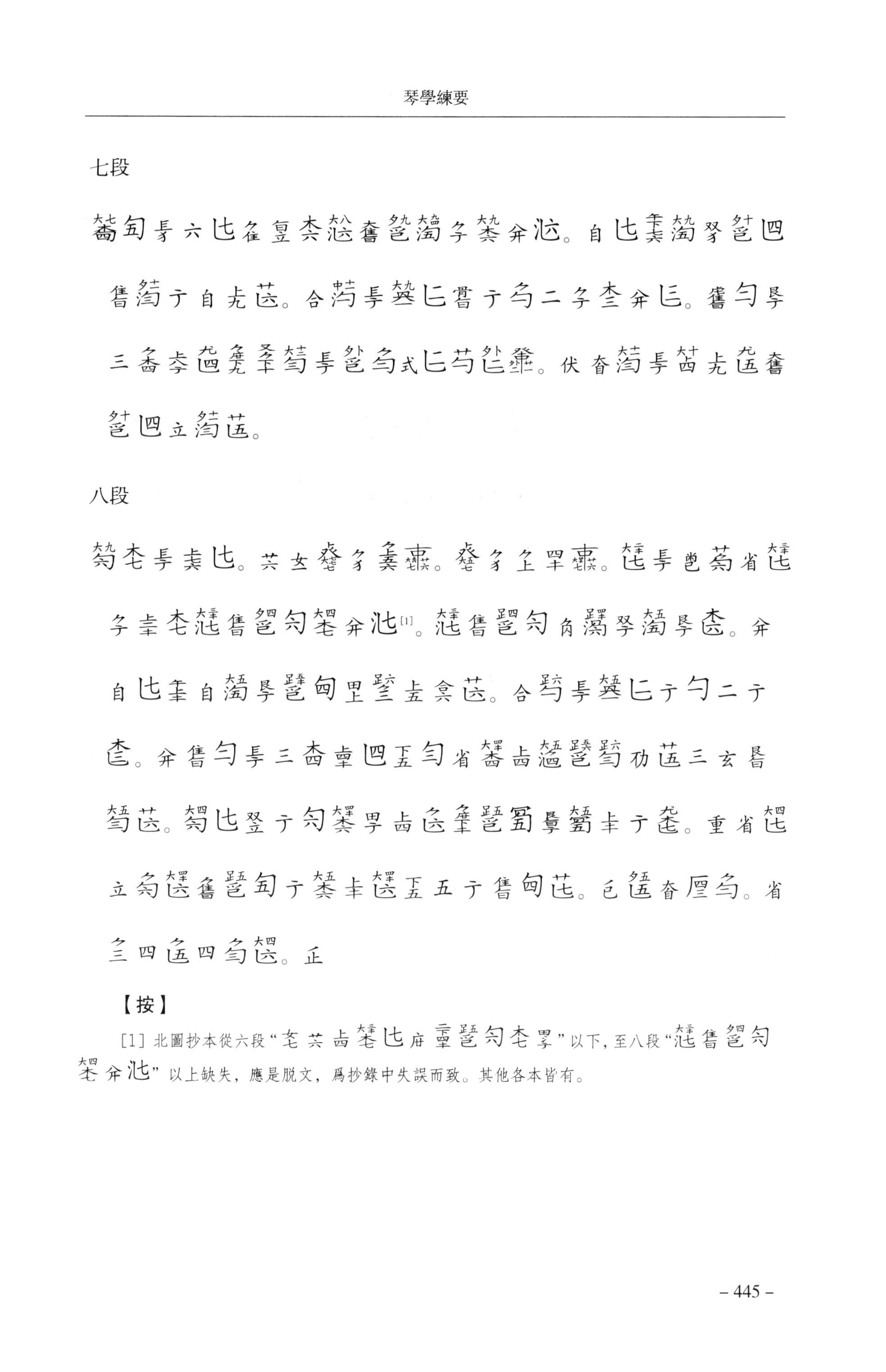

七段

[illegible]

八段

[illegible][1][illegible]

【按】

[1] 北圖抄本從六段“[illegible]”以下，至八段“[illegible]”以上缺失，應是脱文，爲抄錄中失誤而致。其他各本皆有。

九段

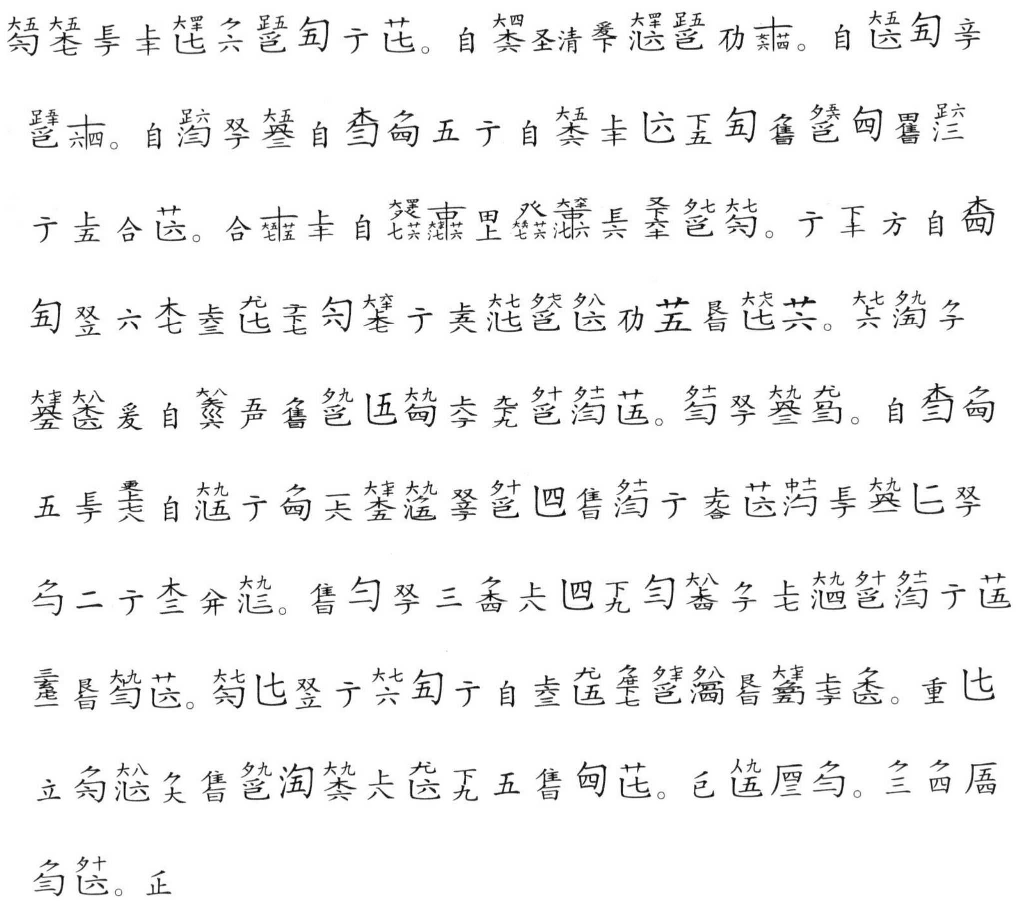

十段

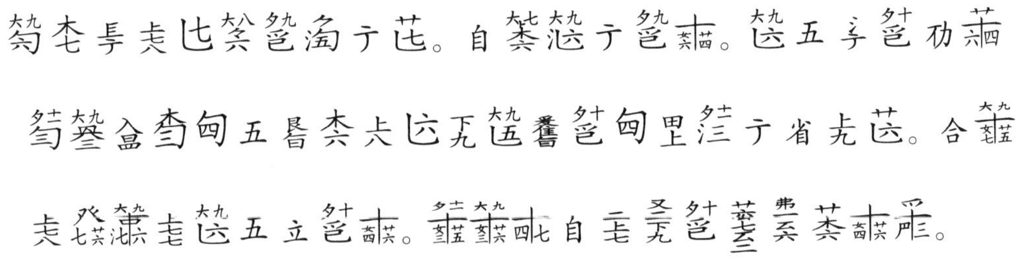

十一段

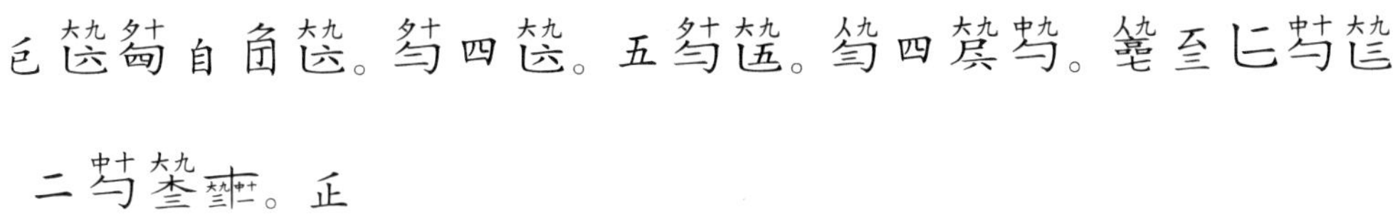

[illegible]。正

十二段

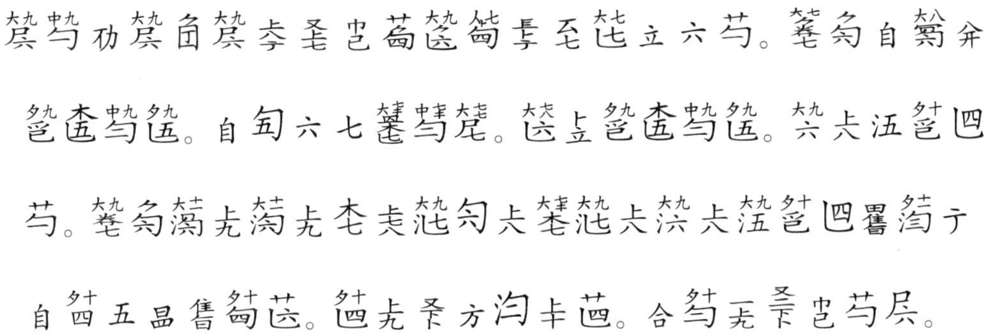

[illegible]

十三段

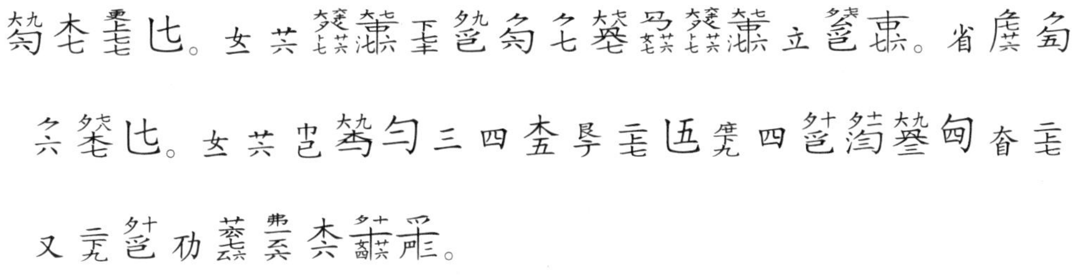

[illegible]

尾聲

[illegible]。正　曲終

譚子曰："形化氣，氣化神，神化虛，虛明而萬物所以通也。"作是操者，元精之藏、妙靈之用，放一含清，杳乎至矣！

秋思

宮音八段

一段

[illegible]

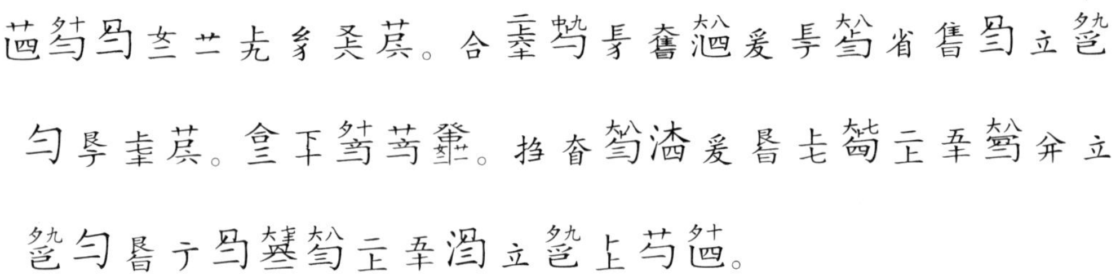

二段

[illegible]

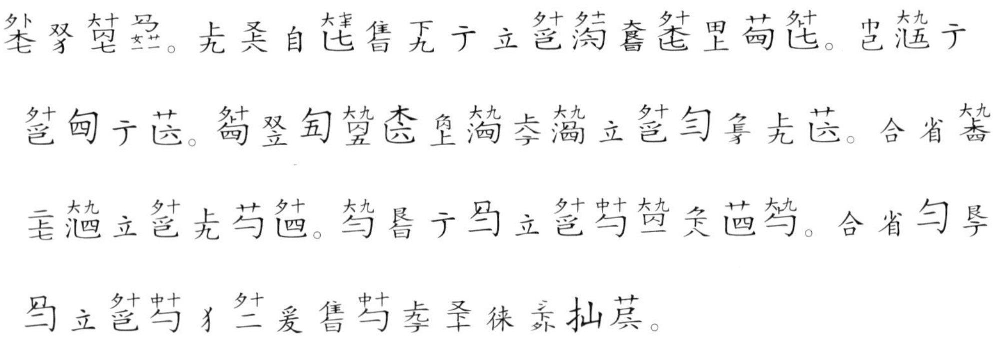

三段

[illegible]

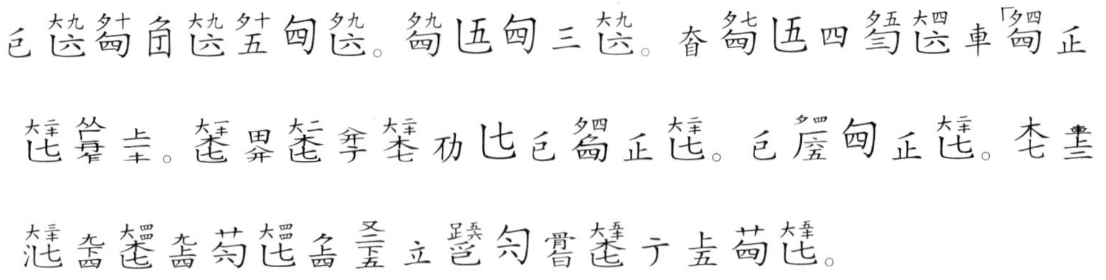

四段

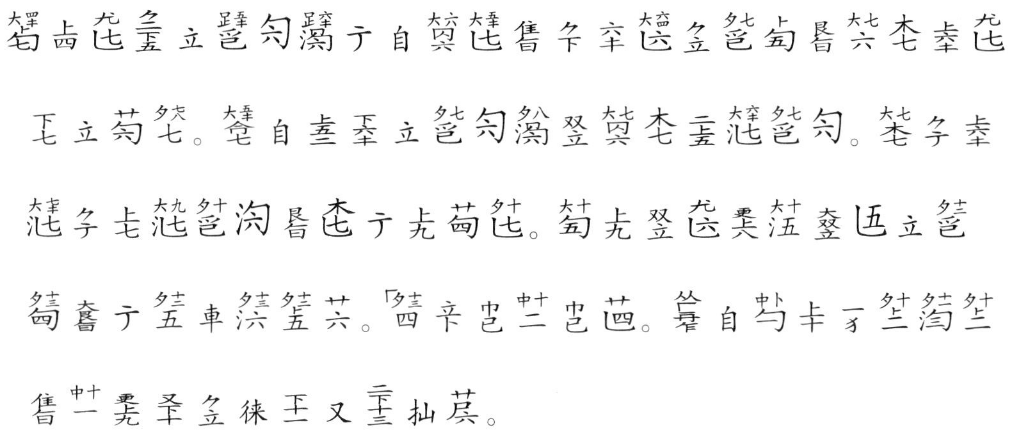

[illegible]

五段

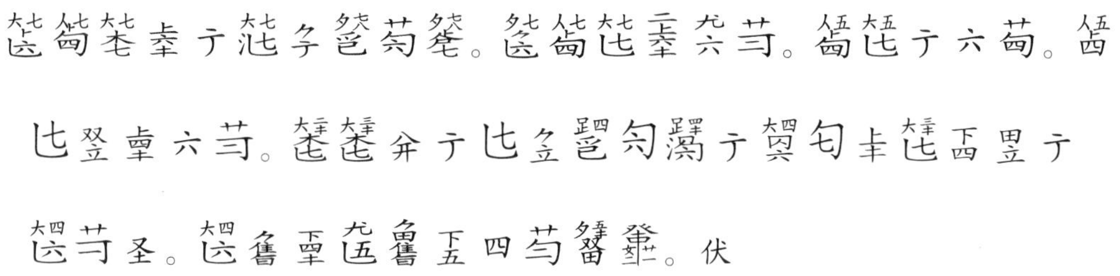

[illegible]。伏

六段

[illegible]。伏

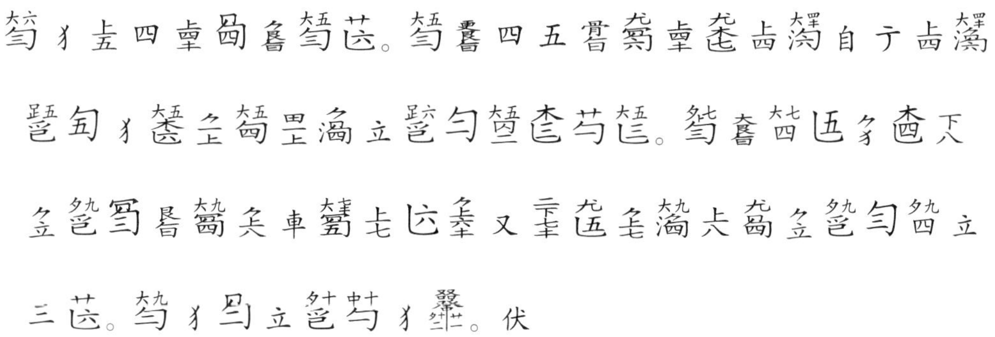

七段

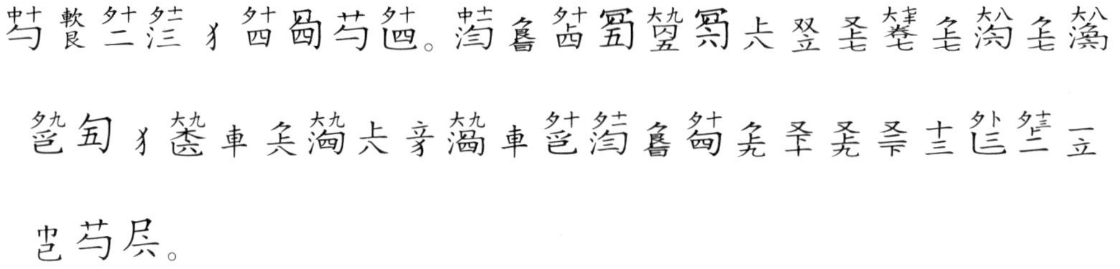

[illegible]。[illegible]。

八段

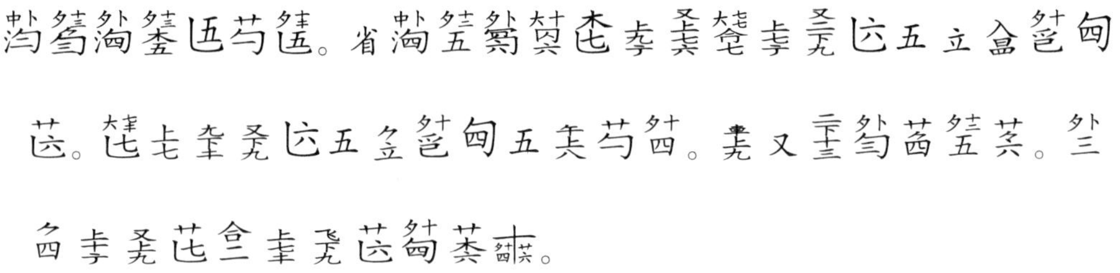

[illegible]。[illegible]。[illegible]。[illegible]。[illegible]。

尾聲

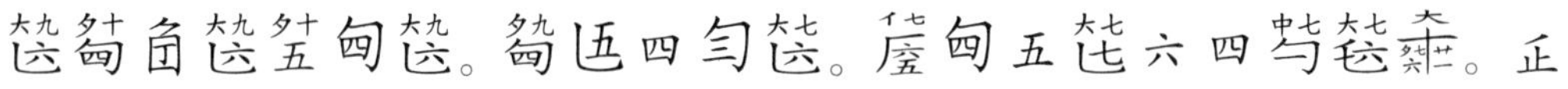

[illegible]。[illegible]。[illegible]。[illegible]。止

曲終

金風葉落，草木含愁，宋玉悲秋作賦，淒然[一]感懷其思為何如？

【校記】

［一］“淒”，北圖抄本爲“妻”，應误。

夾鐘均

黃鐘商調緊二　五七絃各一律

音羽宮商角徵　律黃夾仲林無

平沙落雁[一]

宮音

【按】

[一] 此處“平沙落雁”楊抄本放在第三册，第二个，緊接“黃鐘均 平沙落雁”后。

一段

[illegible]

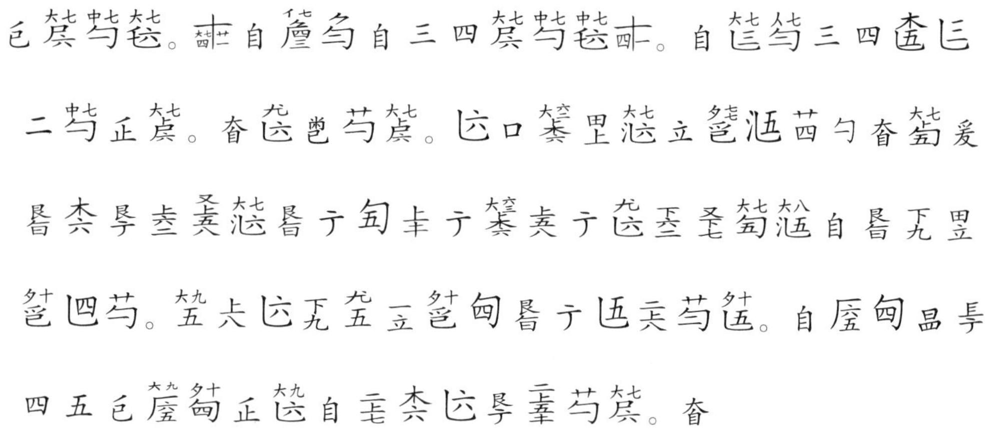

二段

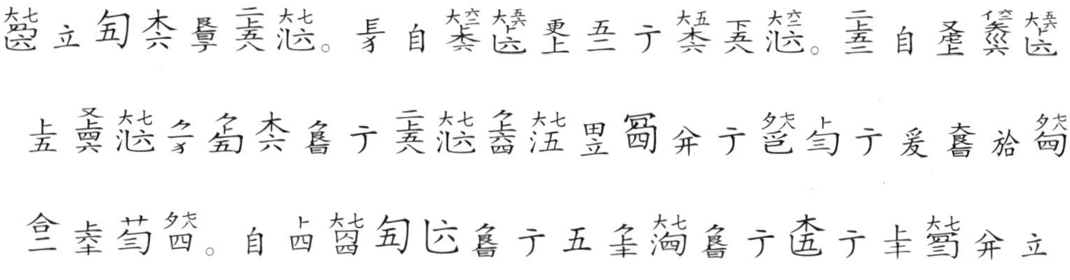

[illegible]

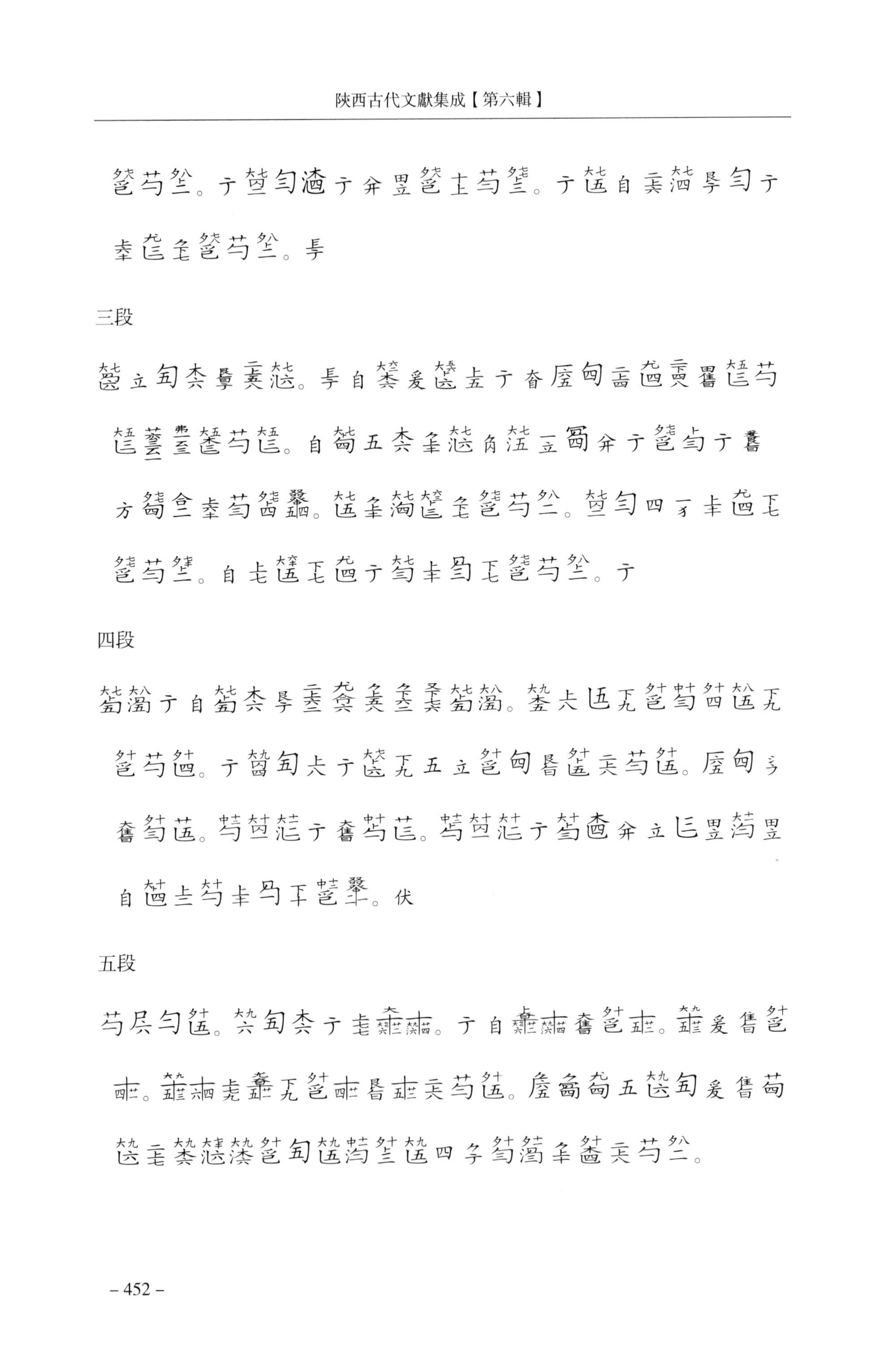

[illegible]

三段

[illegible]

四段

[illegible]

五段

[illegible]

尾声

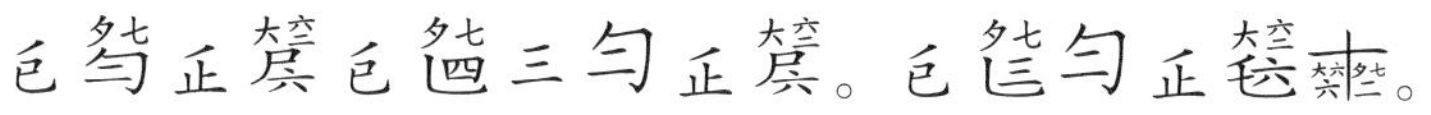

[illegible] 曲終

關 雎

宮音三章 元伯新譜

第一章

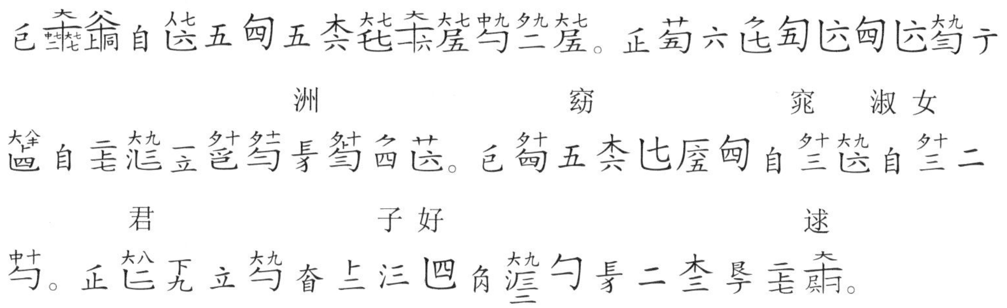

關 關 雎 鳩 在 河 之

[illegible]

洲 窈 窕 淑 女

[illegible]

君 子 好 逑

[illegible]

第一章

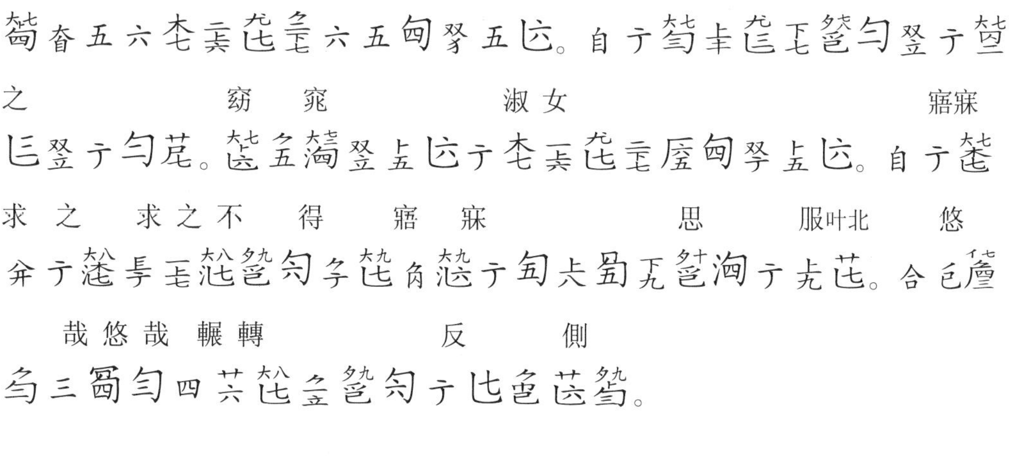

參 差 荇 菜 左 右 流

[illegible]

之 窈 窕 淑 女 寤寐

[illegible]

求 之 求 之 不 得 寤 寐 思 服叶北 悠

[illegible]

哉 悠 哉 輾 轉 反 側

[illegible]

第三章

參差荇菜，左右採叶此之窈窕

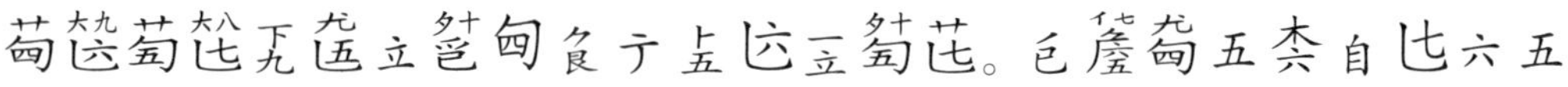

淑女琴瑟友叶以之參差荇菜左

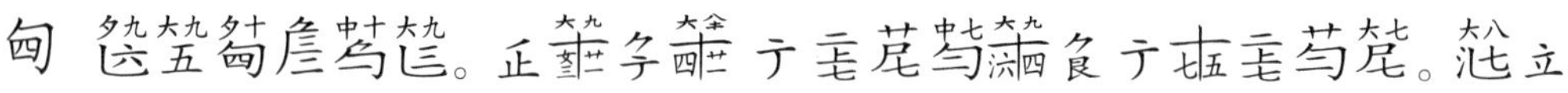

右芼叶帽之窈窕淑女

鐘鼓樂叶澇之

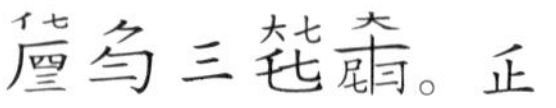

曲終

詩之首，樂之卒也。子曰："樂而不淫，哀而不傷，嘻，盡之矣。"

夾鐘均

虛明吟

商音　凡五段

一段　元伯新譜

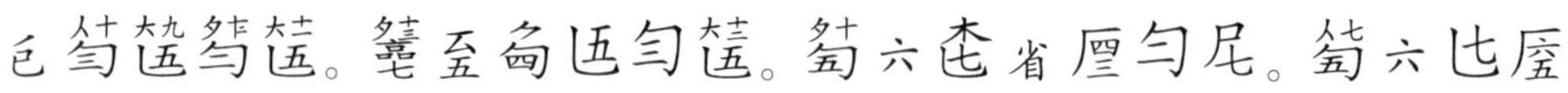

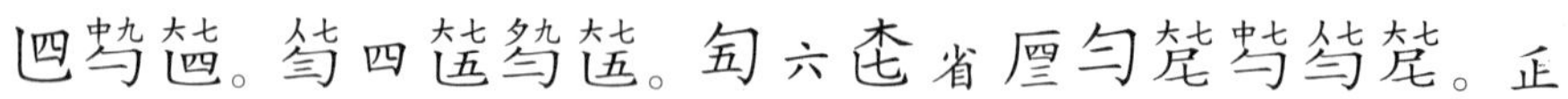

二段

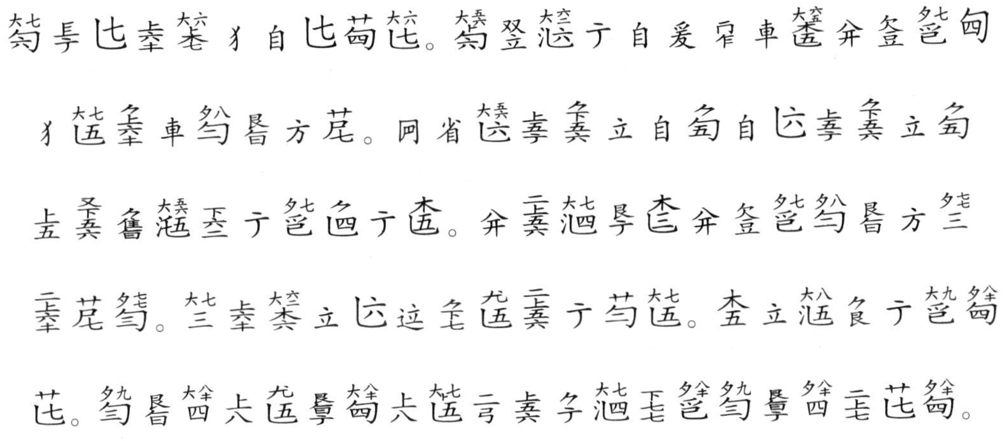

[illegible]

三段

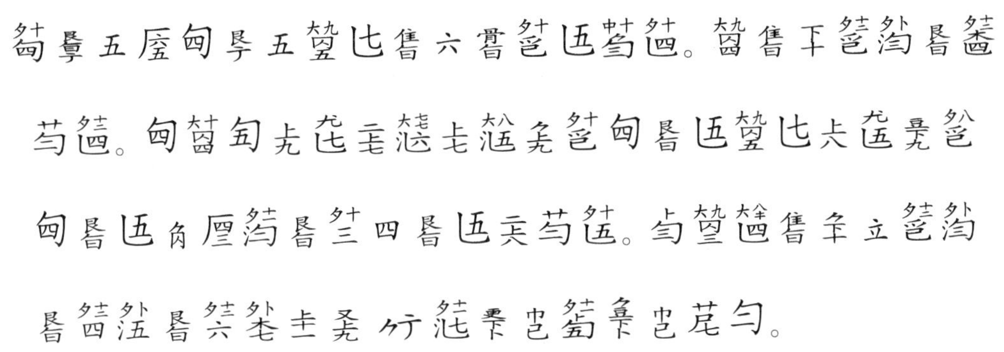

[illegible]

四段

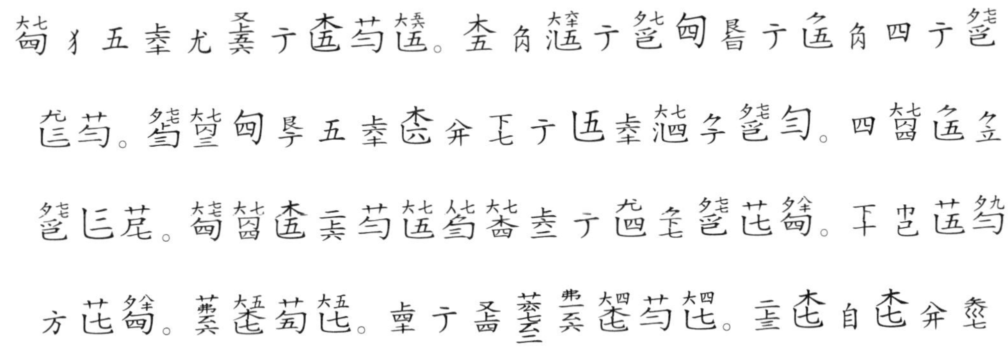

[illegible]

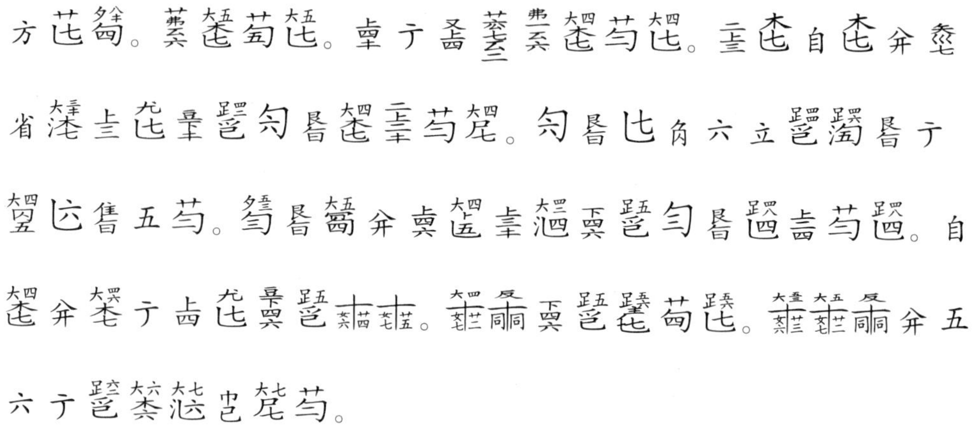

[illegible]

五段

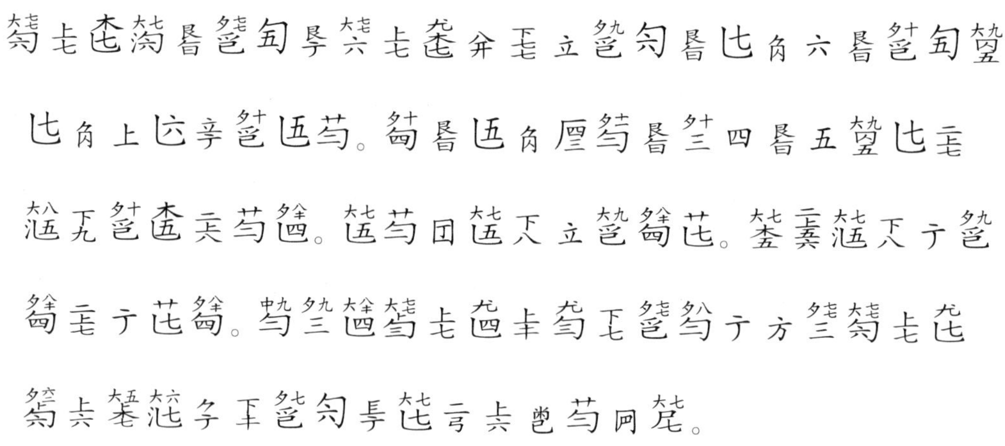

[illegible]

尾聲

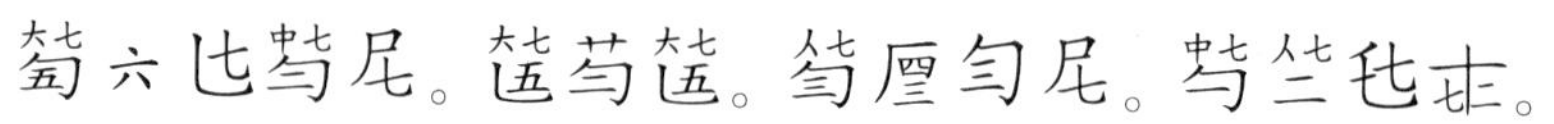

[illegible] 曲終

鏡虛而明，自然見人之妍媸；心虛而明乃得燭人之善惡。虛所以揖形，明所以辨色，形色幻也，虛明眞也。變幻作眞，非至誠其誰與歸？

治心齊琴學練要卷之四

長安王　善元伯氏編輯
男　　　炳泰文安較錄
　　　　胡華齡仙崖
　　　　陳　略豹文
門人　　　　　　　　仝校
　　　　王殿雄上賓
　　　　趙　璉禹尊
　　　　馮天閑原敬

仲呂均黃鐘角調　　律黃太仲林南
　　　　時日平調　　音徵羽宮商角

高　山

宮音　凡八段

一段　懸崖削壁

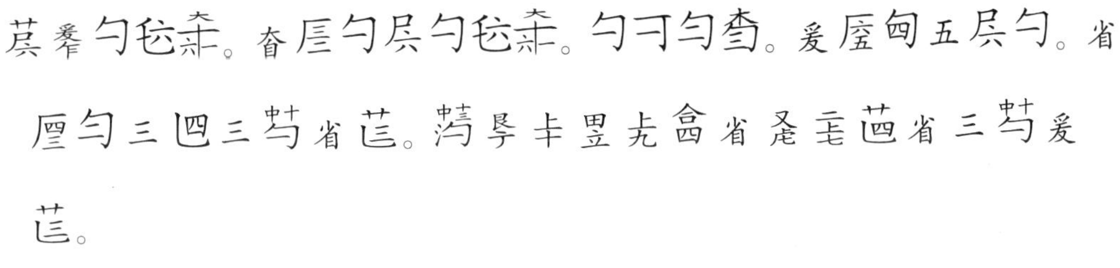

莒奔勺乇柰。杳层勺兵勺乇柰。勺ㄱ勺杳。爰屋訇五兵勺。省屋勺三四三芍省苣。芍早卡罡圥畣省兂乇芭省三芍爰苣。

二段　掛月留雲

芍夻四省苎芍自芭。㔾蓋夻省孛泗芍芭。劢薹罝夻省孛泗圥与芍芭。杳爰畣荛与罃荛亍荎立乜苣品勺省三爰茬。杳芍匕早圭奆乇芘早勾省夫亍苾虚笆芶夆豋芶乜

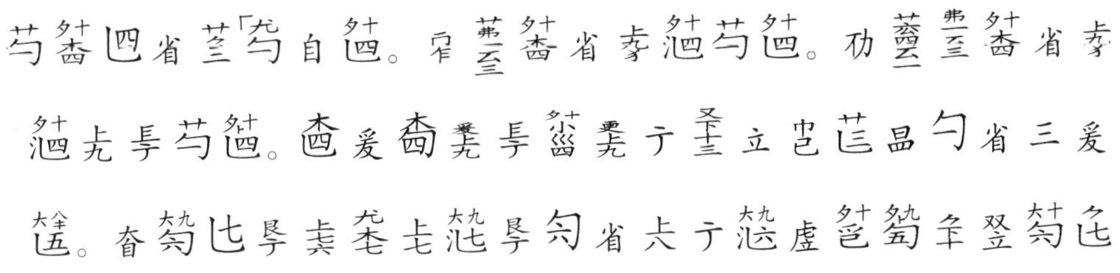

三段　巨鎮中天

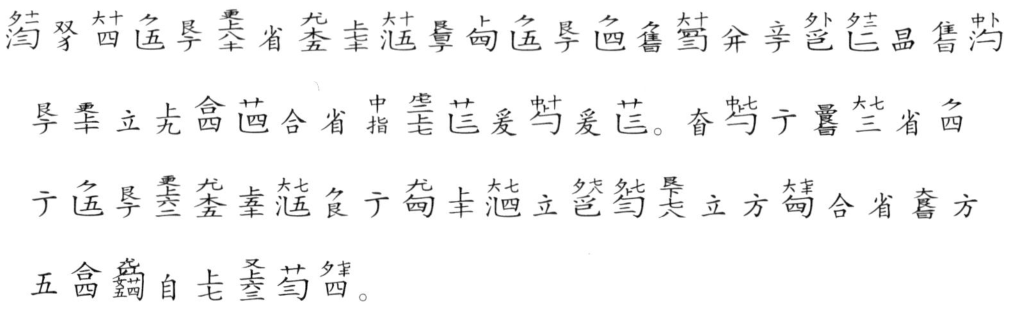

四段　天外雲間

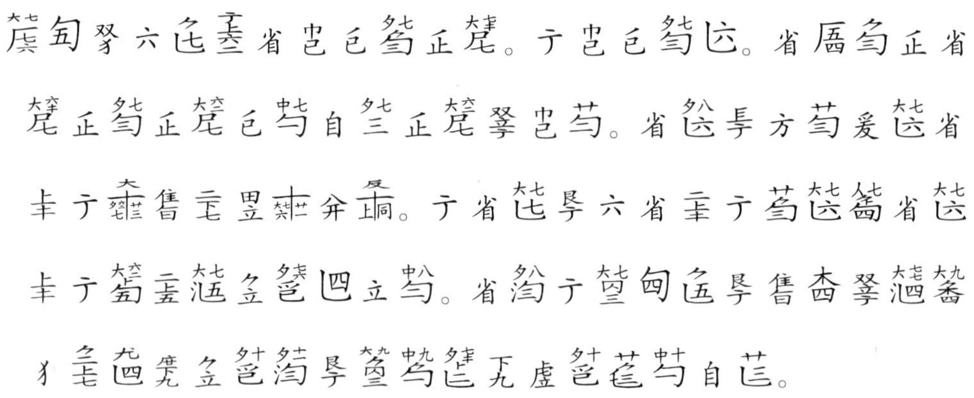

五段　凌空列岫

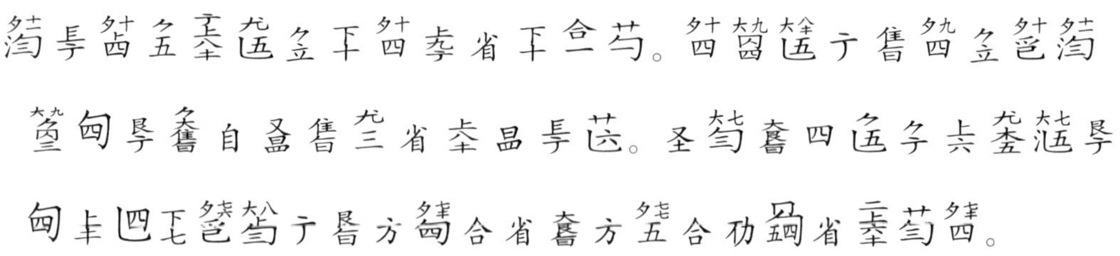

六段　叠嶂重巒

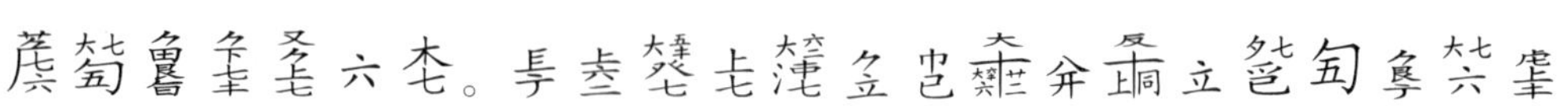

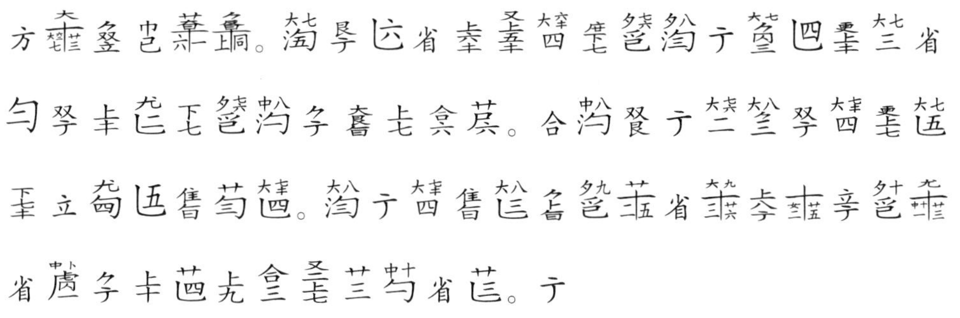

七段　獨出群峯

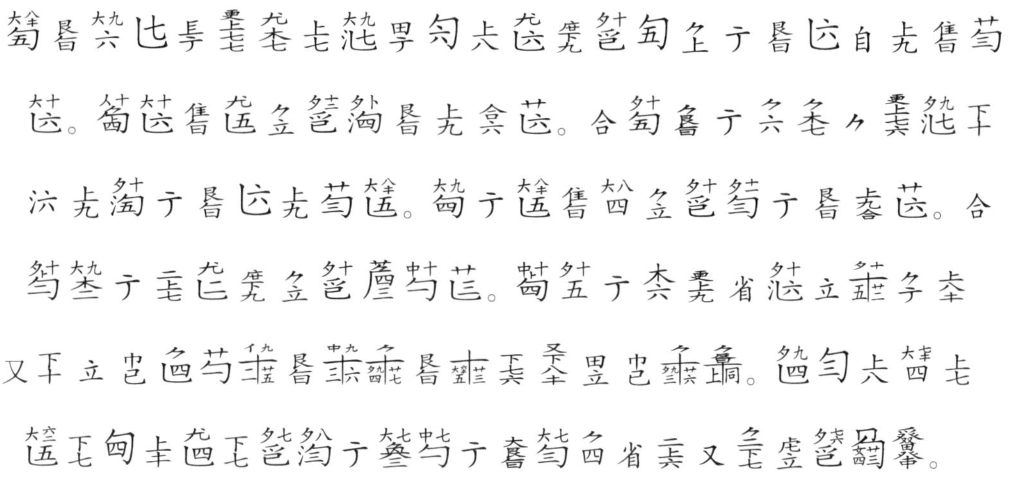

八段　靜存仁道

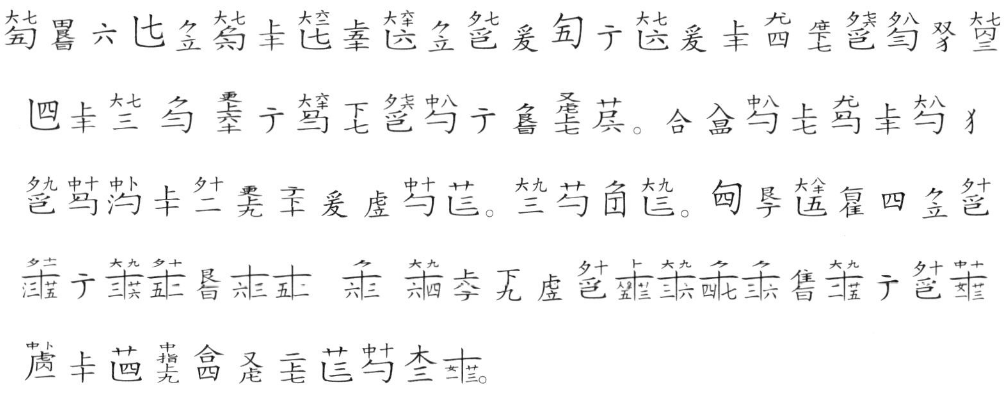

尾聲

[illegible]。[illegible]。[illegible]。正　曲終

伯牙移情巉巑，而感及洞湧。此高山流水之所以千古也。人謂其學琴成連，如病如癡。宜乎知我者希耳！

平沙落雁[一]

宮音

【按】

[一] 此處“平沙落雁”楊抄本題目後有“宮音五段”字樣。

一段

[illegible] 四 [illegible] 四 五 [illegible]。[illegible] 四 五 [illegible] 三 [illegible] 省 正 [illegible]。[illegible]。[illegible] 口 [illegible] 立 [illegible]。[illegible] 自 [illegible] 六 [illegible]。自 [illegible] 六 [illegible]。[illegible] 五 [illegible] 六 [illegible] 正 [illegible]。[illegible]。[illegible]

二段

[illegible] 立 [illegible]。[illegible]。[illegible] 自 [illegible] 三 [illegible]。省 [illegible] 六 [illegible] 立 [illegible]

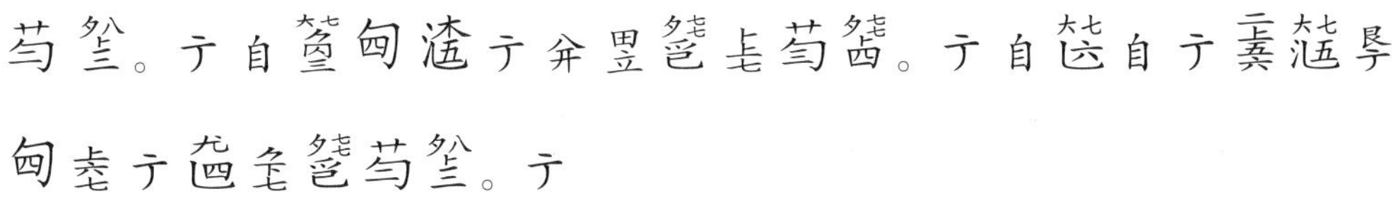

[illegible]

三段

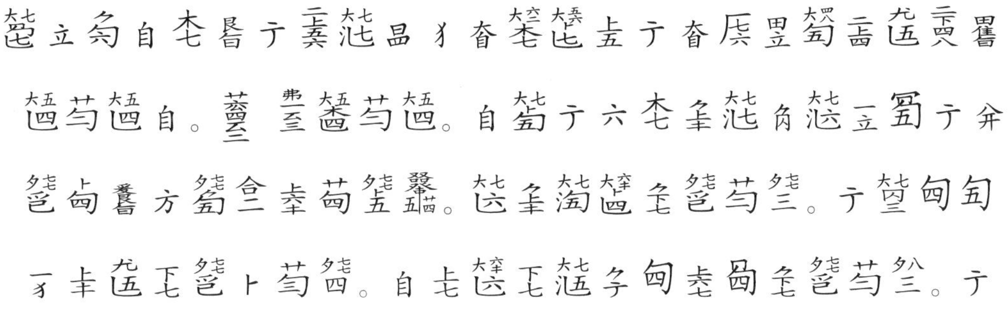

[illegible]

四段

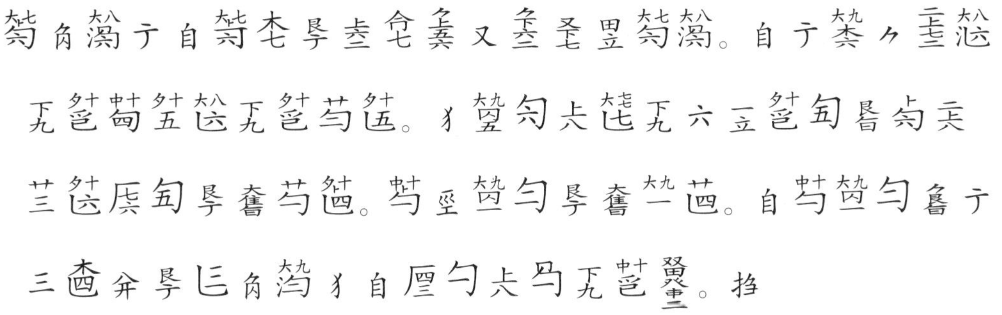

[illegible]

五段

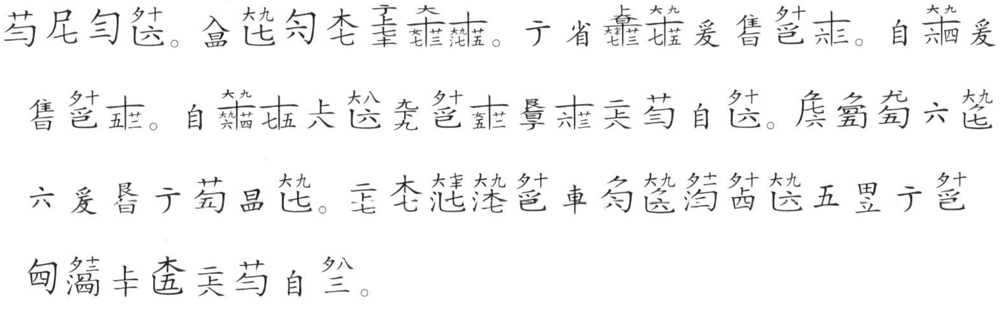

[illegible]

尾聲

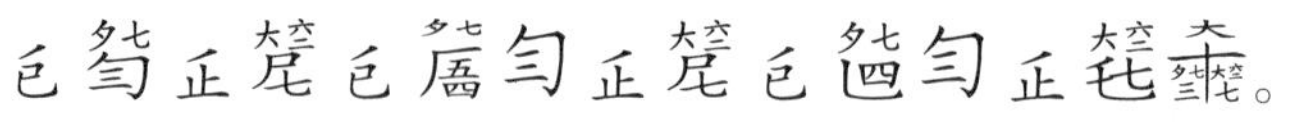

乇芍乇苊乇蕅勻乇苊乇𠃊勻乇芼𠦑。曲終[1]

【按】

[1] 楊抄本文末有："友平沙落雁仲吕均 黄鐘角调 律黄太仲林南時曰平调 音徵羽宫商角。"

鷗鷺忘機[一]

宫音 凡五段

【按】

[一] 楊抄本在第三冊。

一段

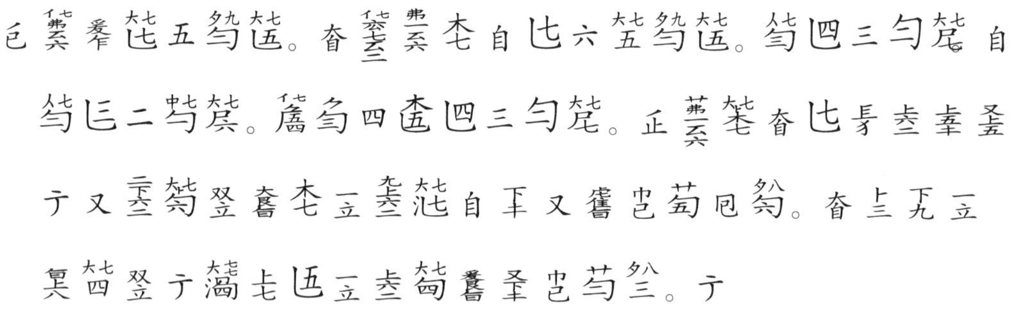

乇蕒夅芼五芍芼。沓蕓蕒杢自比六芼芍芼。芍四三勻苊自芍𠃊二芍蕒。蕅芍四沓四三勻苊。乇蕒笔沓比㝵垚垚垚亍又𠫓芍𤼷沓杢立垚芼自丰又舊㔾芍㔾芍。沓乚丂立奚芍𤼷亍濁乇乇立垚芍舊𡈼㔾芍𠫓。亍

二段

芼立芍比𠭯𠀤杢垚芼奚芼𡗗省丰售㔾芍𠨒芍。亍沓乚丂音𠀤芍𠬝濁乇乇立舊句𠬝濁乇垚芼舊自舊丰㔾芍𠫓。㝵沓芍立舊芍𤼷濁亍乇芼芍㝵自芍垚芼芍𠀤𡈼亍芍芍。夅。沓

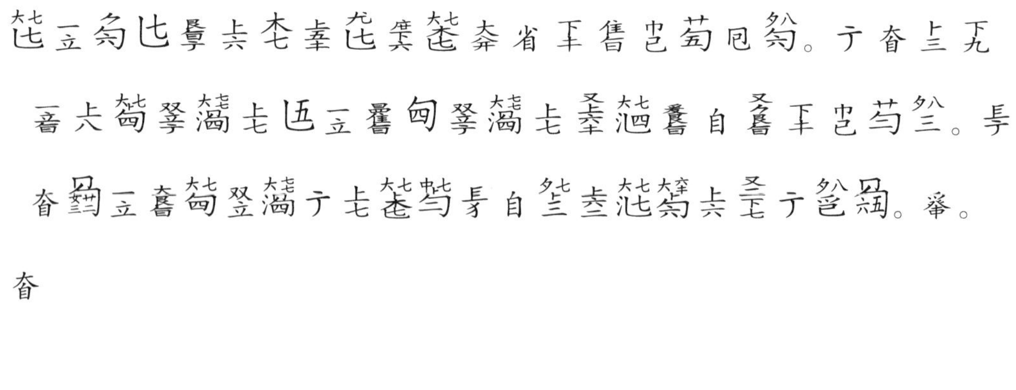

三段

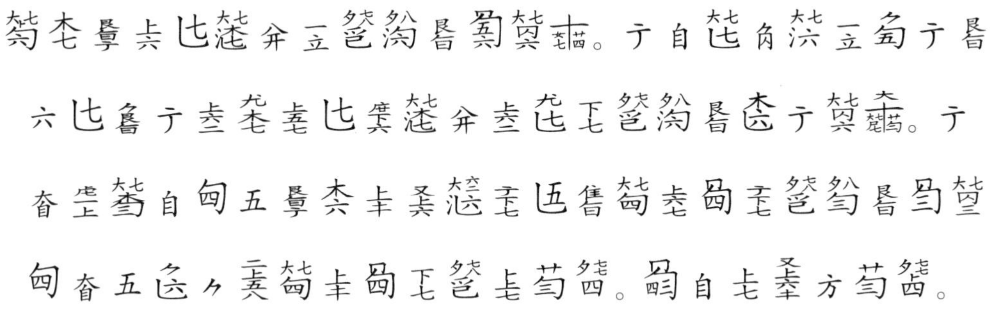

[illegible]

四段

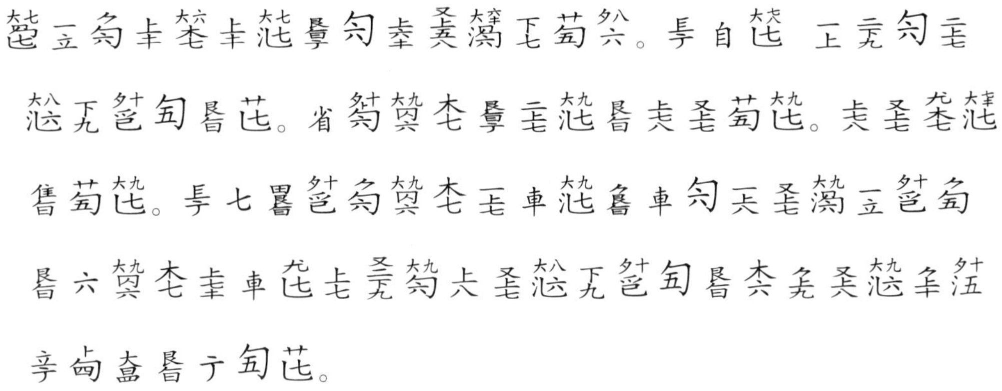

[illegible]

五段

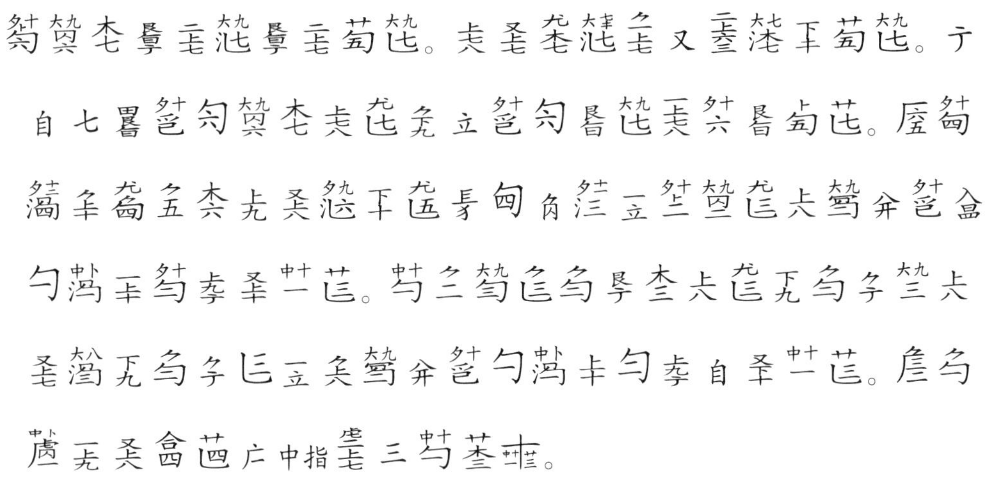

[illegible]

尾聲

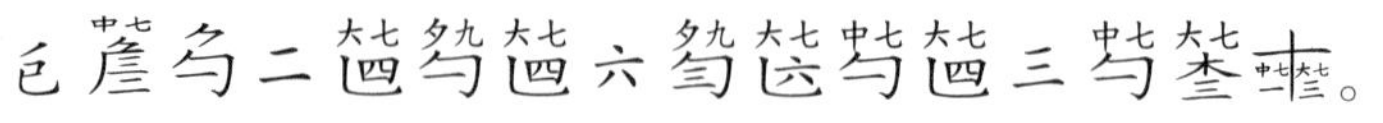

[illegible]。[illegible]　曲終

人能忘機，鳥卽不疑。人機一動，鳥卽遠離。形可欺而神不可欺。我神微動，彼神卽知。是以聖人與萬物同塵，常無心以相隨。

山居吟

商音　凡四段

一段　盧天地

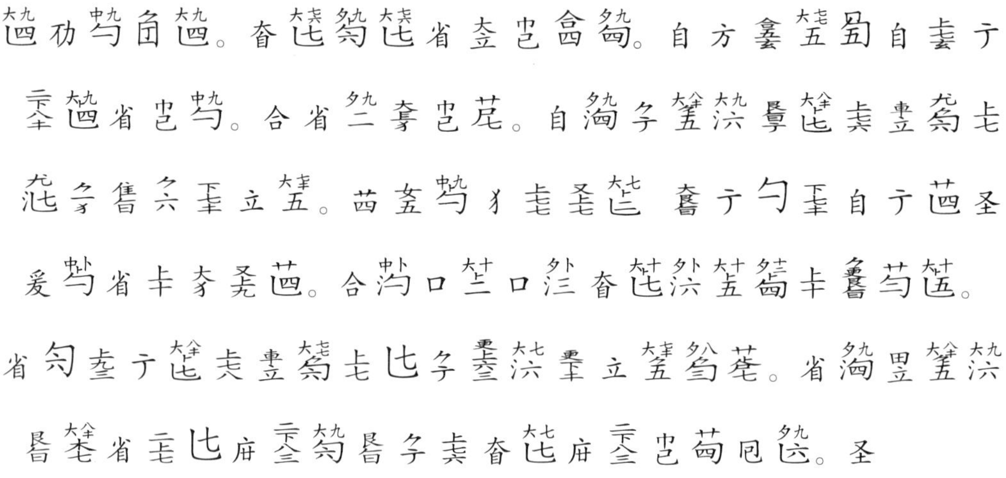

[illegible]

二段　卧烟霞

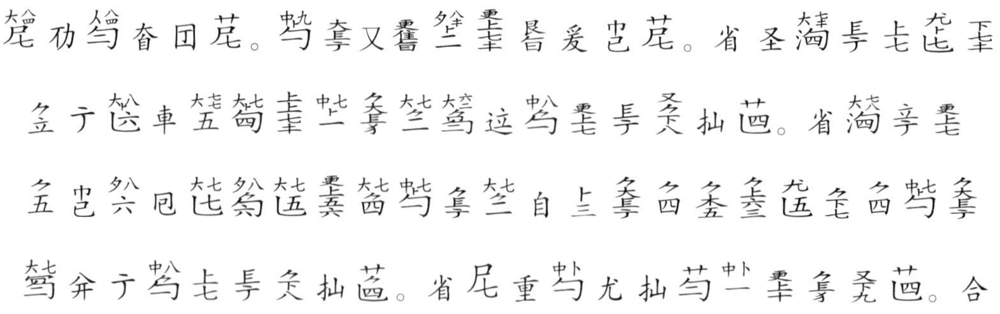

[illegible]

三段 伴泉石

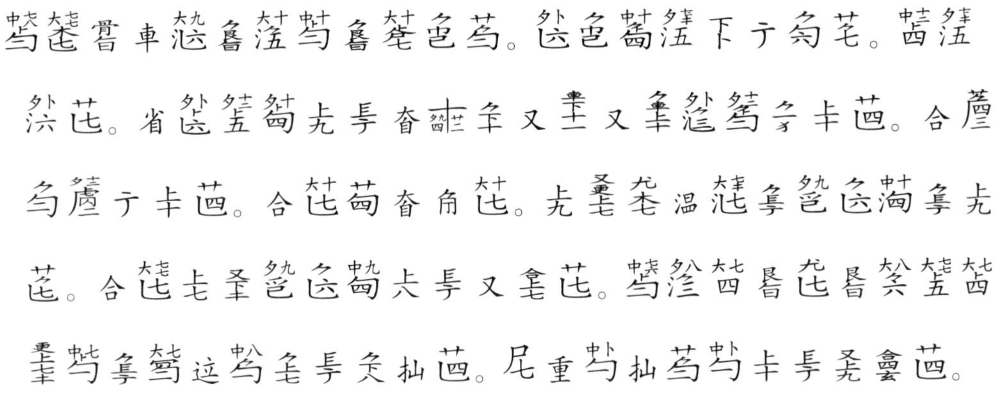

[illegible]

四段 友清風

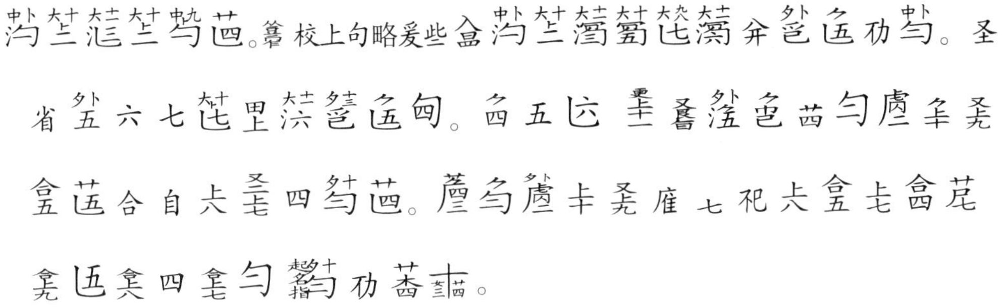

[illegible] 校上句略差些 [illegible]

尾聲

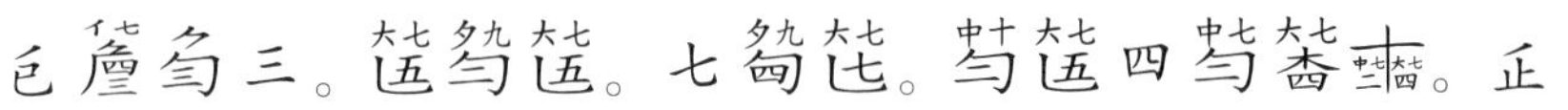

[illegible] 曲終

陵谷變幻肥遯甘心，毛敏仲之所以作是操也。松壑作伴，風月可人樂乎？天命復奚疑[一]？

【校記】

[一]“復”，北圖抄本此後有“矣”字。

雁過衡陽

商音　凡十段

一段　渡江懷北

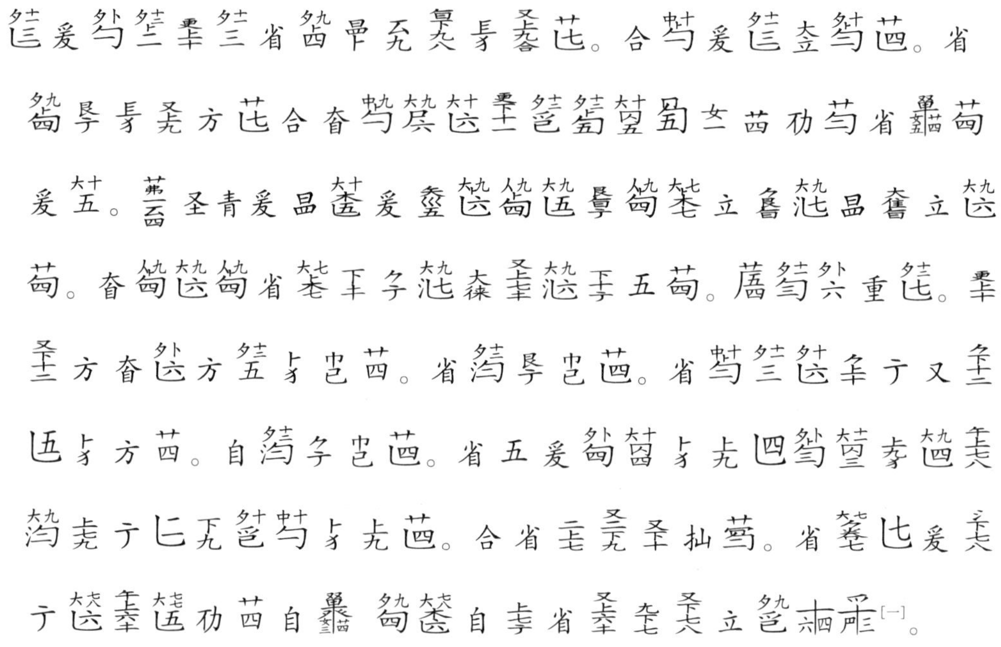

[illegible]

【校記】

［一］“[illegible]”各本皆漫漶不清，今據北圖抄本爲“[illegible]”。

二段　遠落平沙

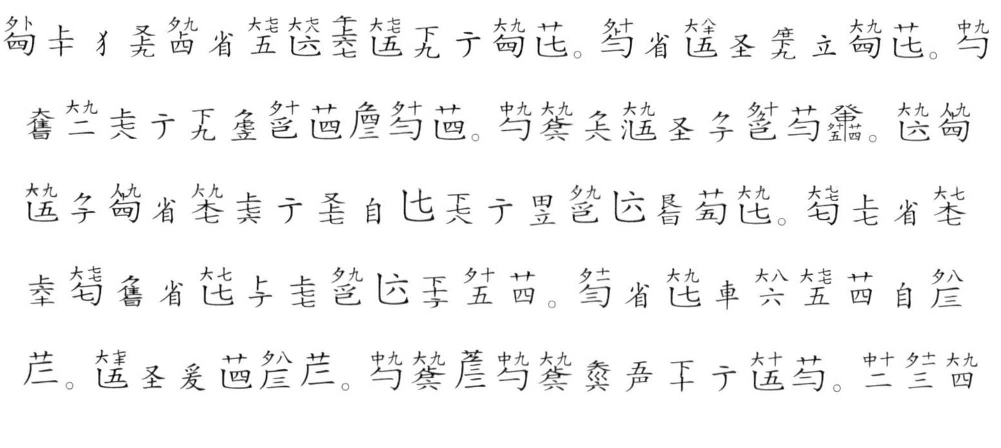

[illegible]

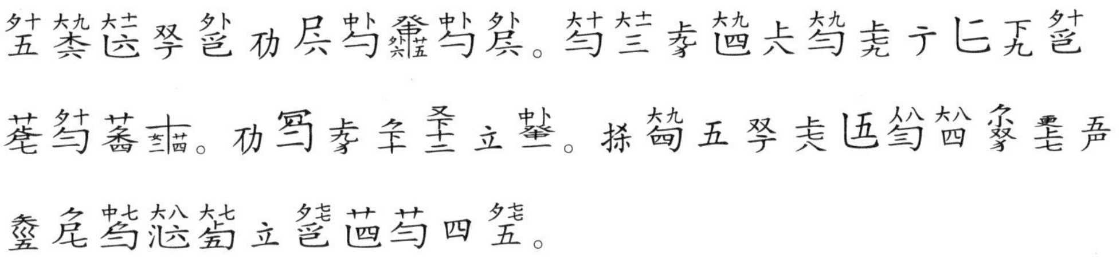

[illegible]

三段　列序和鳴

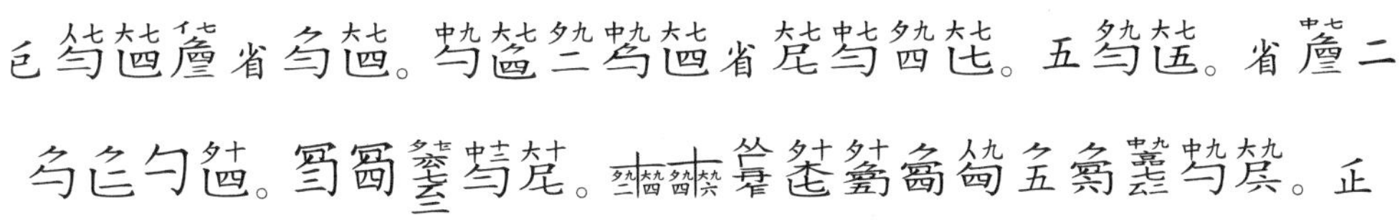

[illegible]

四段　呼群顧影

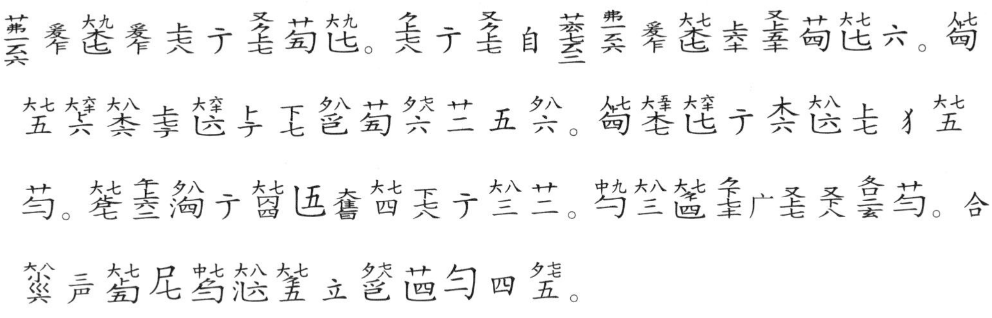

[illegible]

五段　宿蘆報更

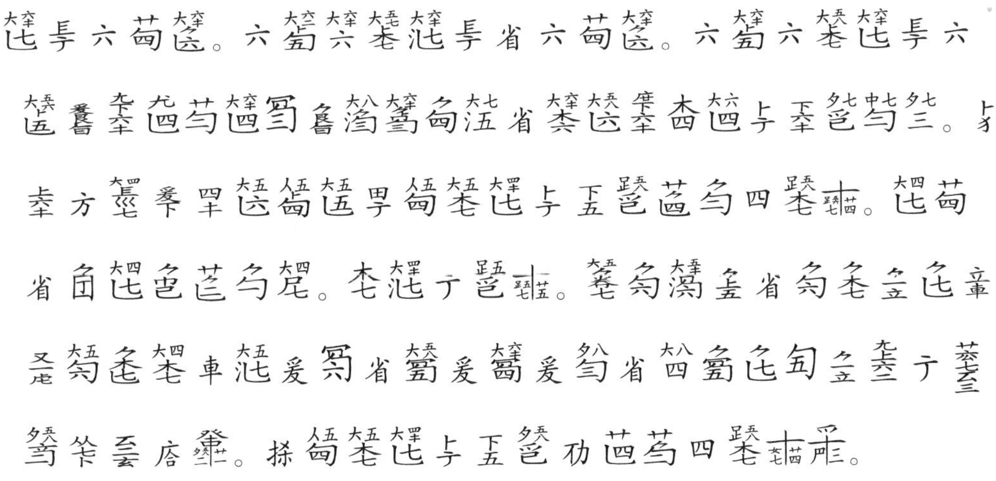

[illegible]

六段　防奸避弋

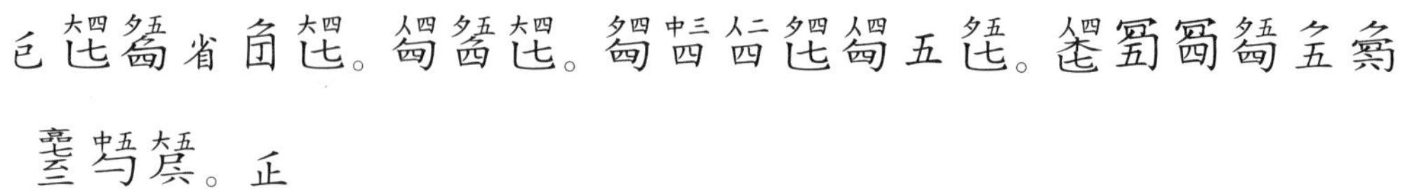

七段　問信衡陽

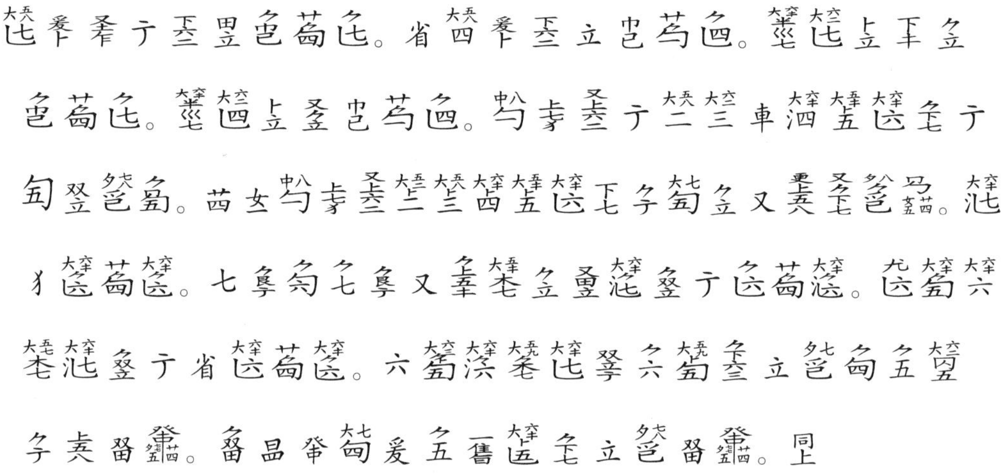

八段　雲天萬里

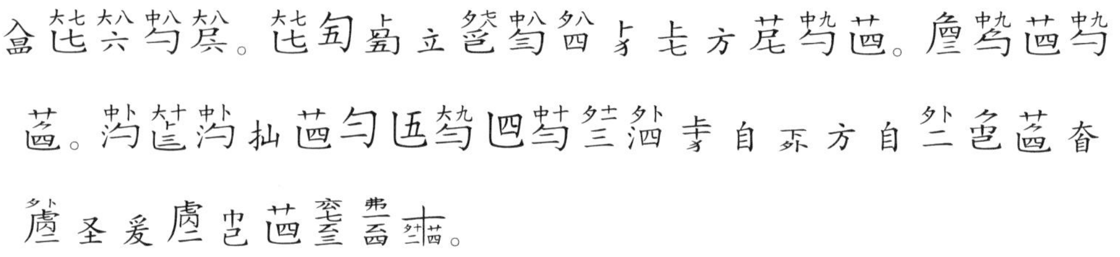

九段　啣蘆過關

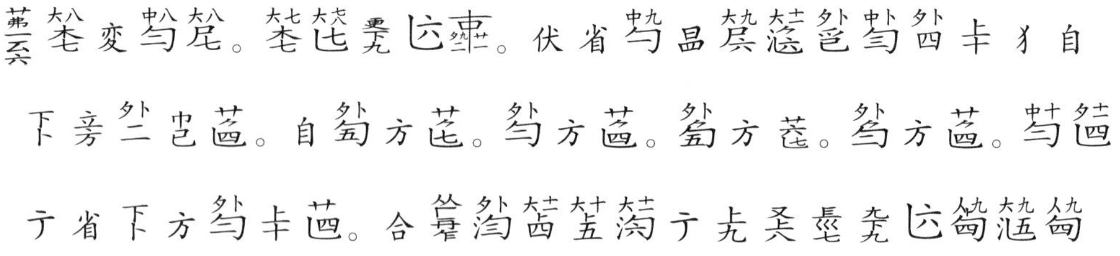

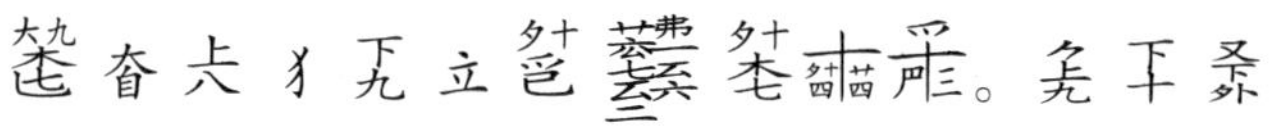

[illegible]

十段 引群出塞

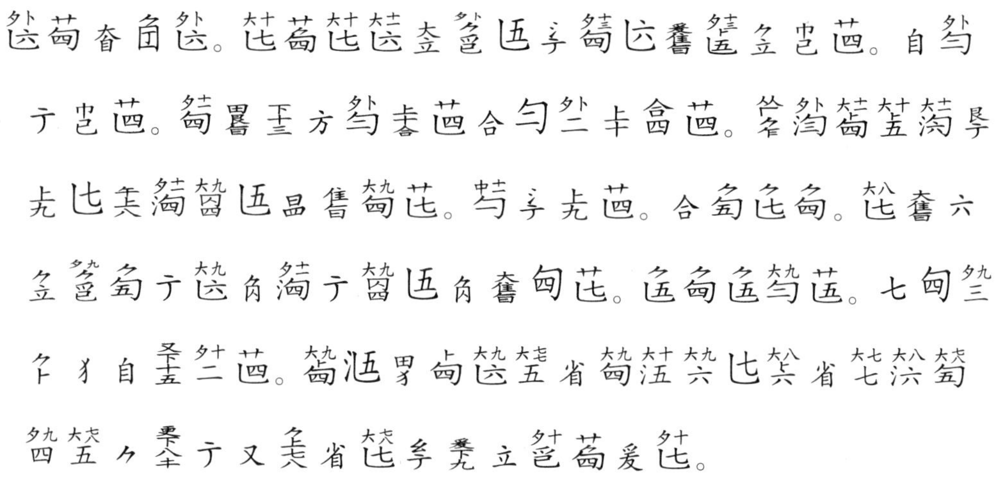

[illegible]

尾聲

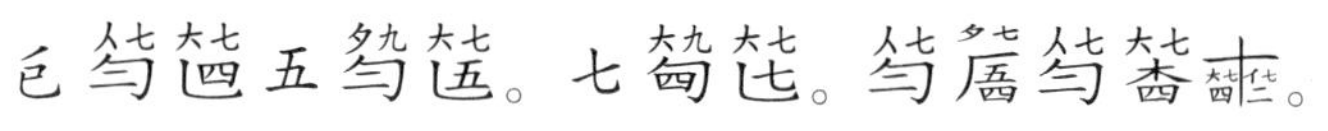

[illegible] 正曲終

雁啣蘆而飛以避繒繳[一]，過此則呼聚平沙。驗蘆而起，翱翔于青雲之上[二]，和鳴于紫塞之鄉。于吾人貪欲而自投羅網者，不一子卿感此而成操。

【校記】

［一］“啣”，楊抄本爲“銜”，音義皆同。

［二］“雲”，楊抄本、北圖抄本均爲“霄”。

搔首問天

商音　凡十二段

一段

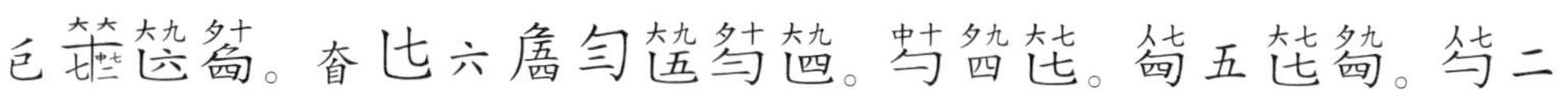

[illegible]

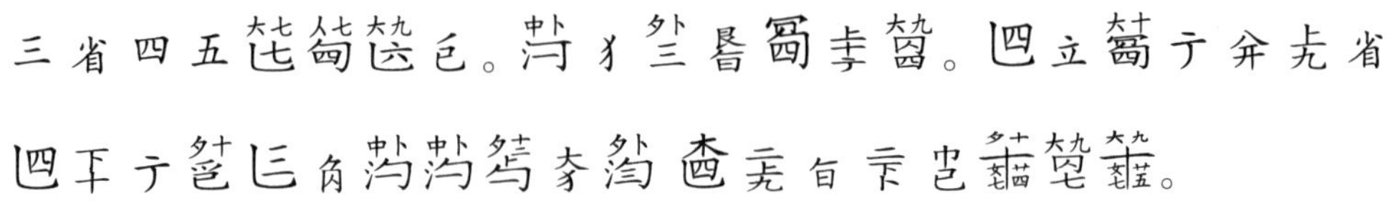

[illegible]

二段

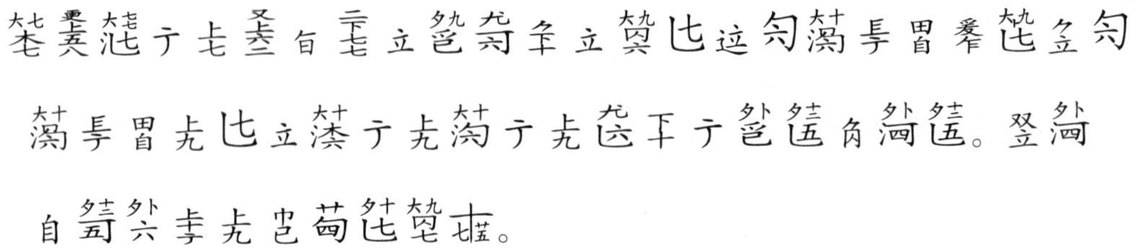

[illegible]

三段

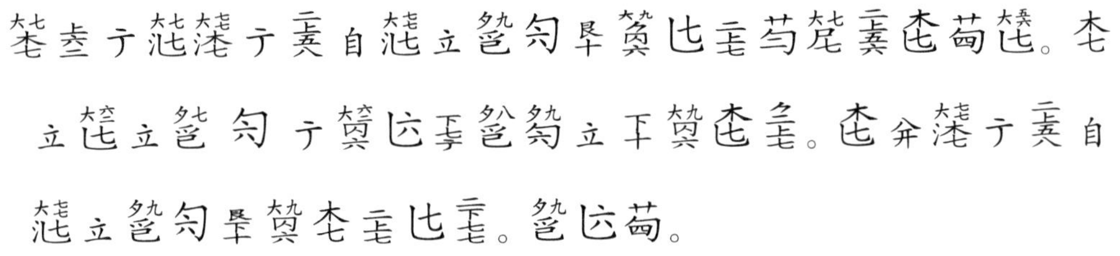

[illegible]

四段

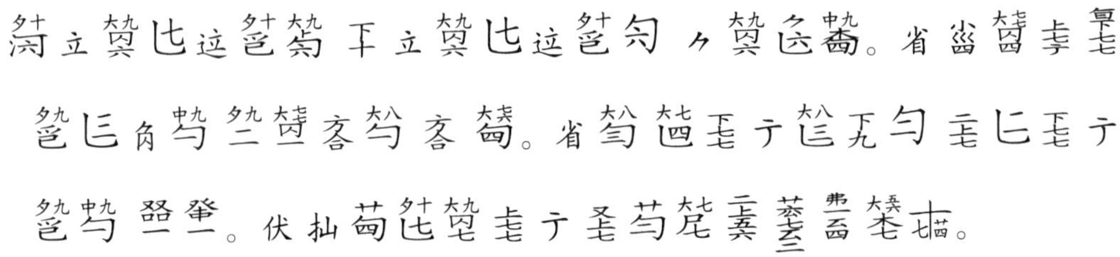

[illegible]

五段

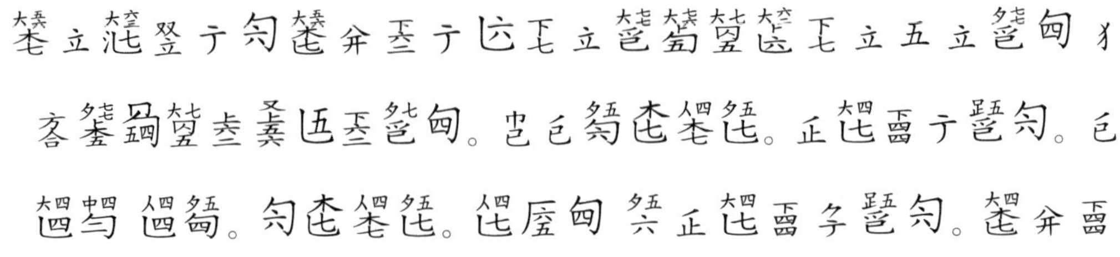

[illegible]

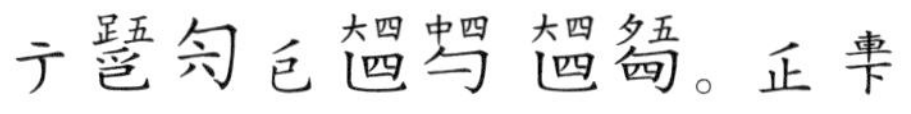

[illegible]

六段

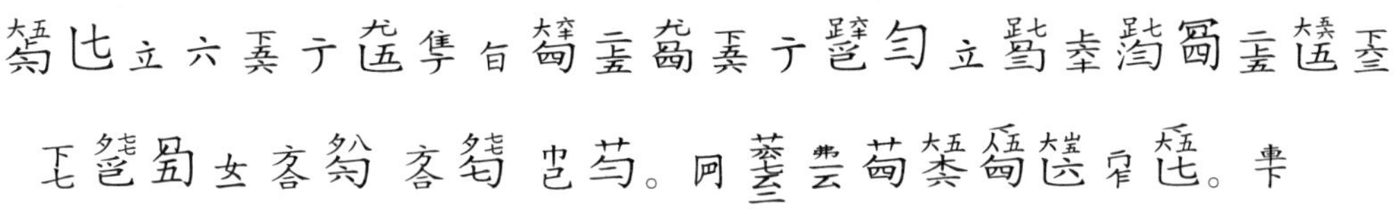

[illegible]

七段

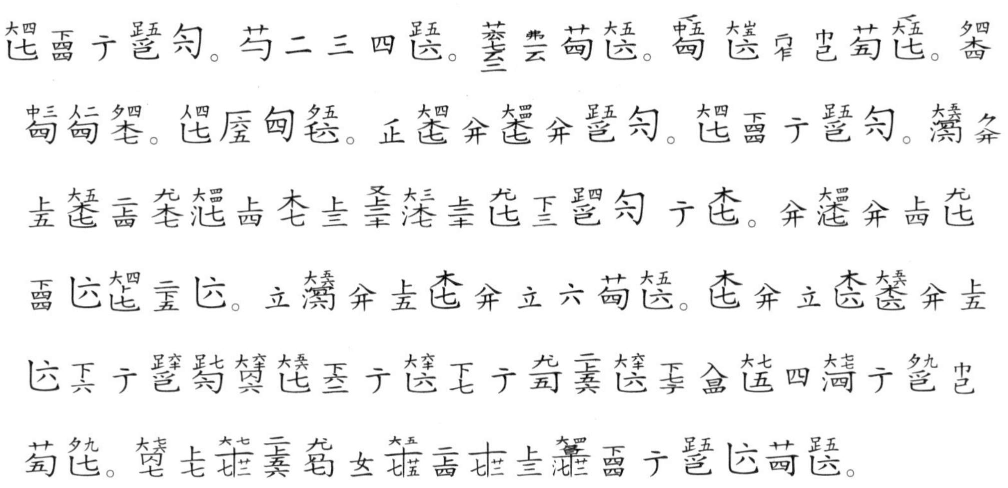

[illegible]

八段

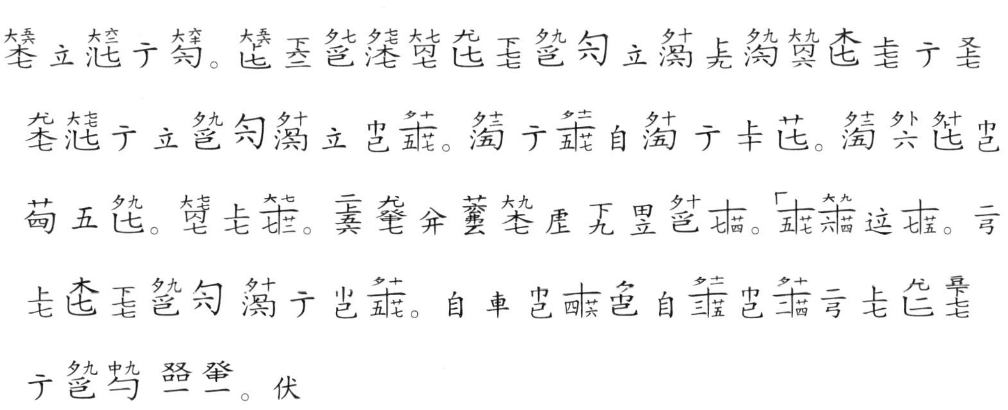

[illegible]

九段

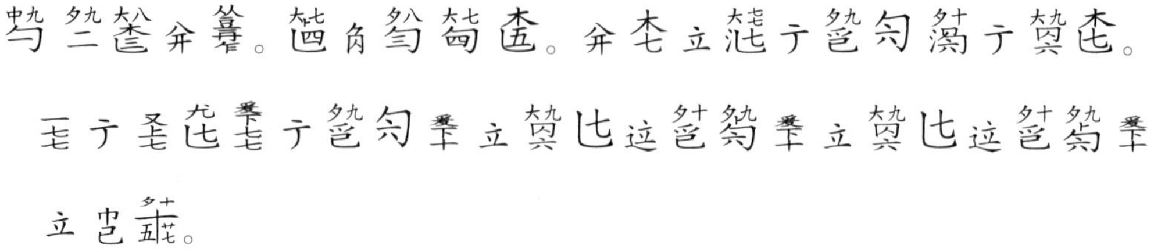

[illegible]

十段

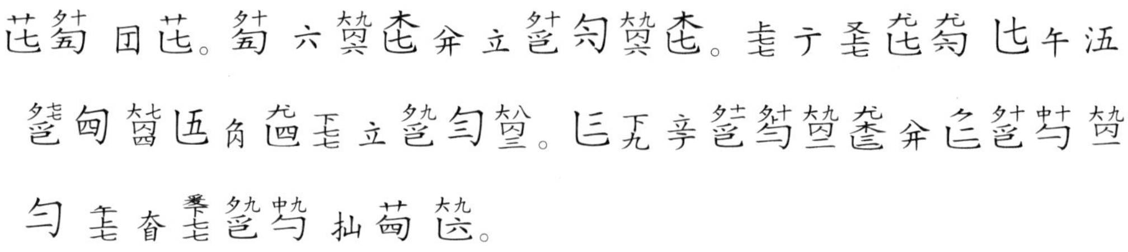

[illegible]

十一段

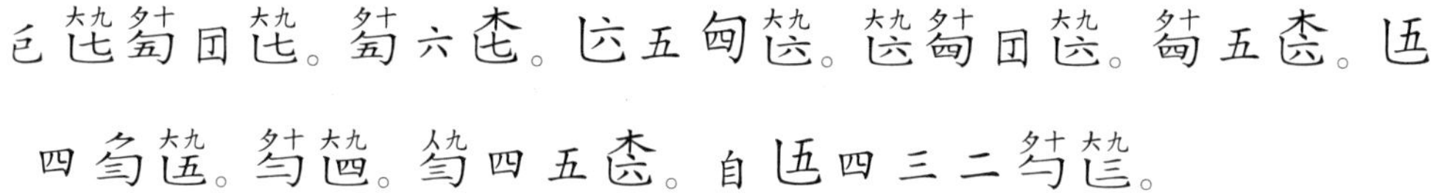

[illegible]

十二段

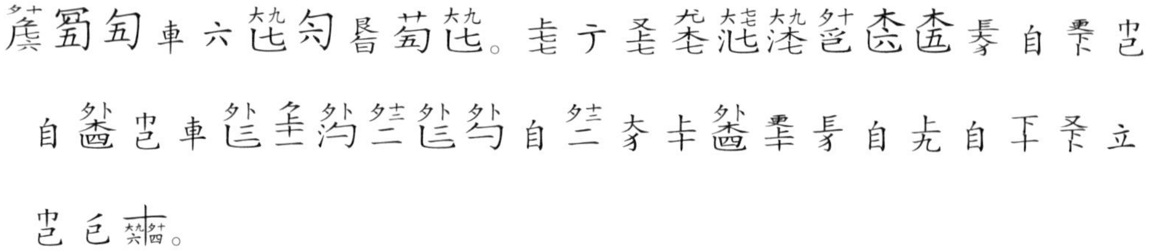

[illegible]

尾聲

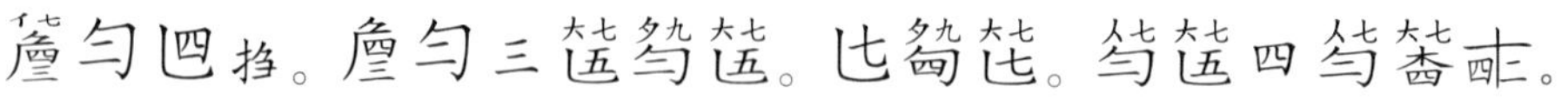

[illegible] 曲終

屈子正道直行，竭忠盡智以事其君。讒邪間之，可謂窮矣。信而見疑，忠而被謗，冤哉！屈子其幽愁當何似耶？

瀟湘夜雨

商音七段　元伯譜

一段

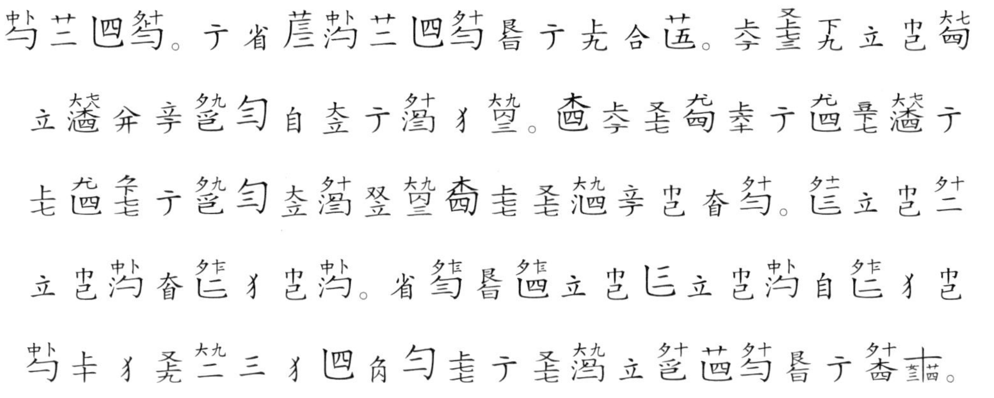

二段

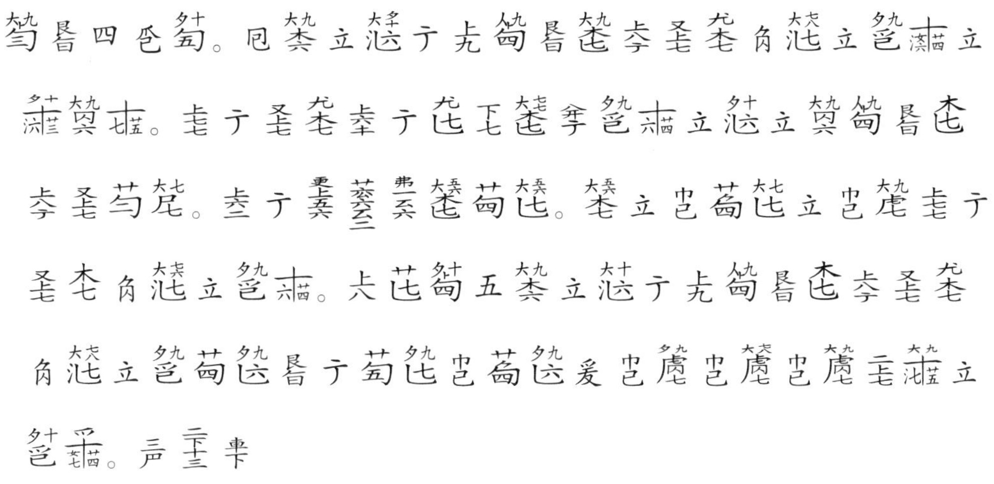

三段

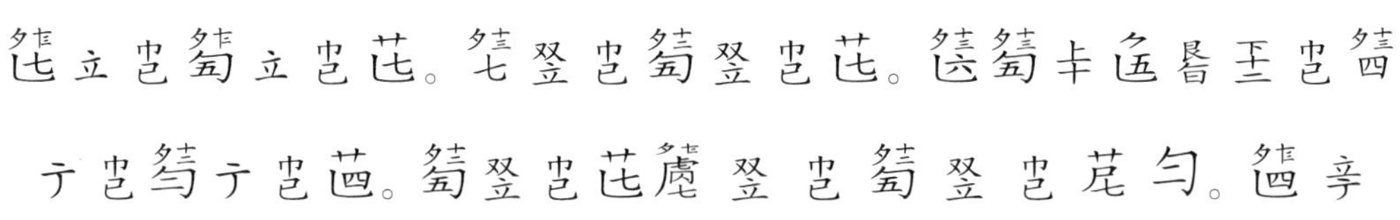

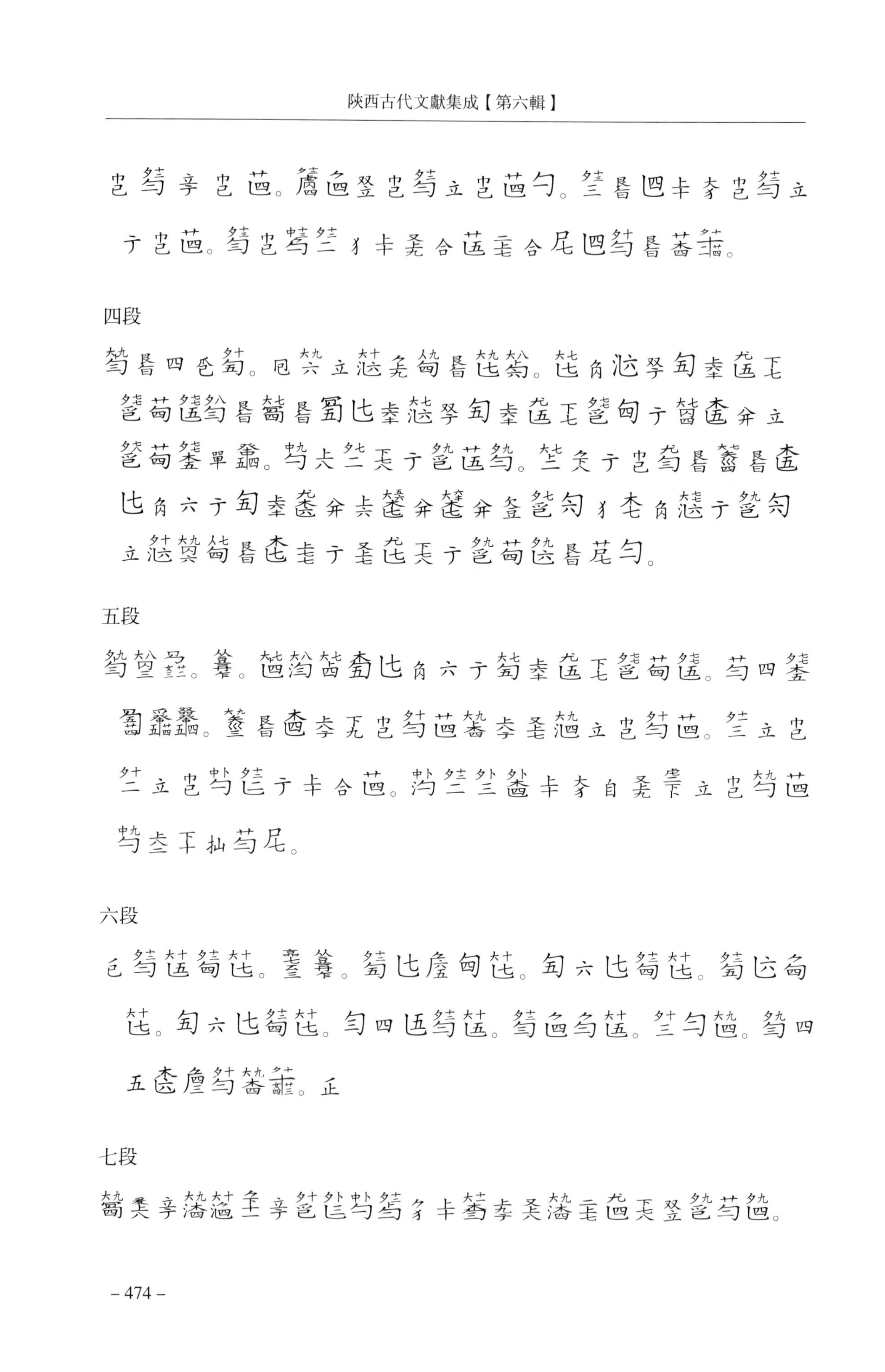

[illegible]

四段

[illegible]

五段

[illegible]

六段

[illegible]

七段

[illegible]

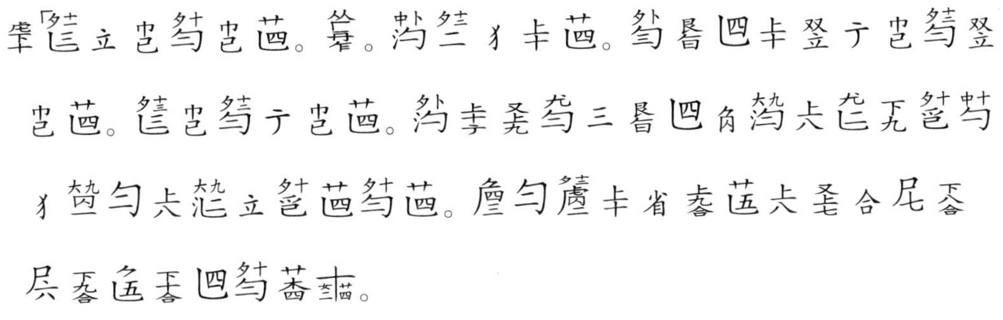

[illegible]

尾聲

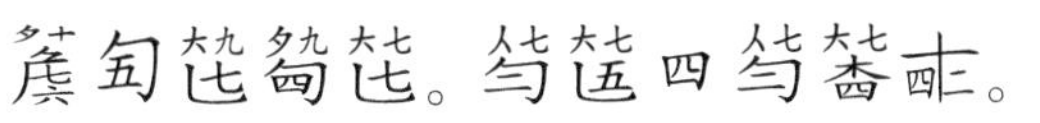

[illegible] 曲終

瀟湘已寂，夜雨更何如？予譜是操，不禁重華之慕，三閭而在，竊願為之步後塵。

易春操

角音五段　元伯谱

一段

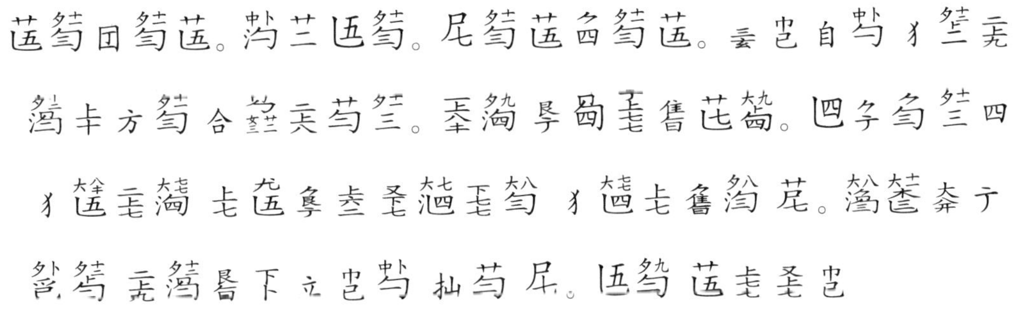

[illegible]

二段

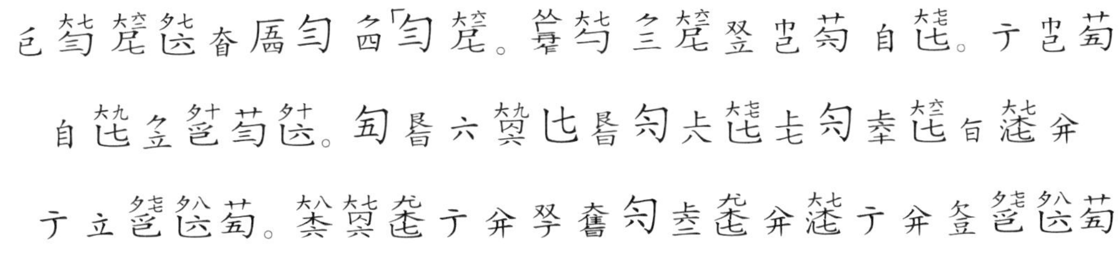

[illegible]

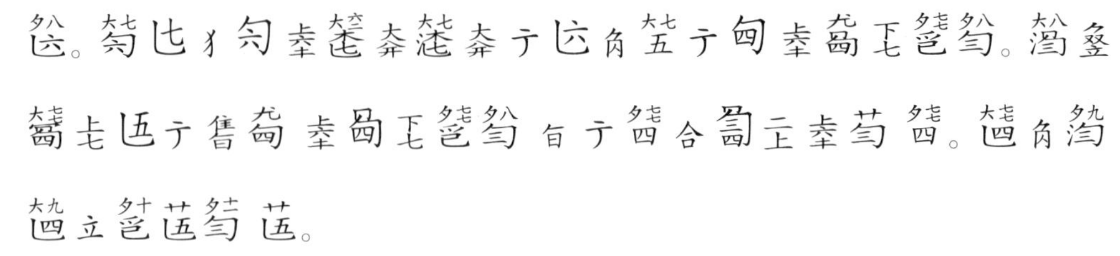

[illegible]

三段

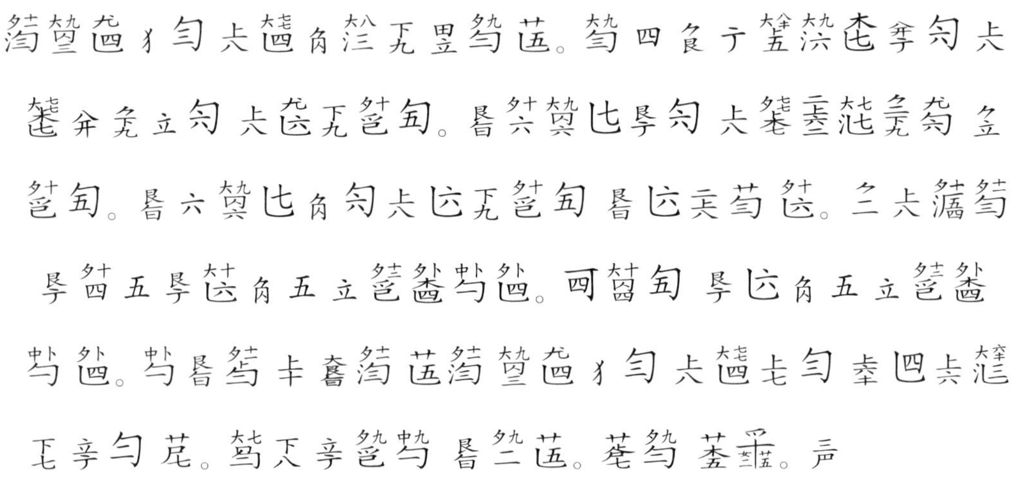

[illegible]

四段

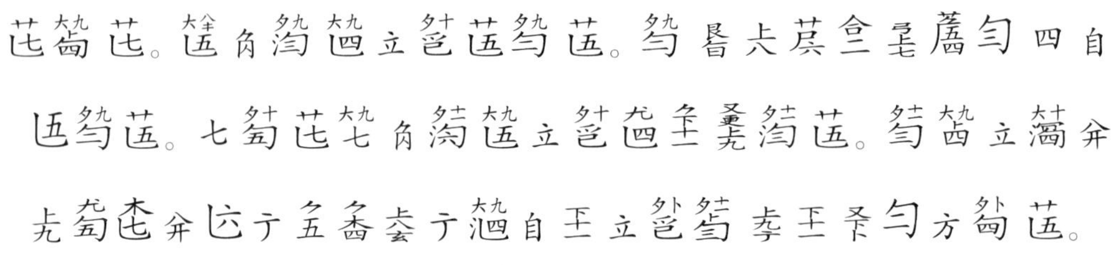

[illegible]

五段

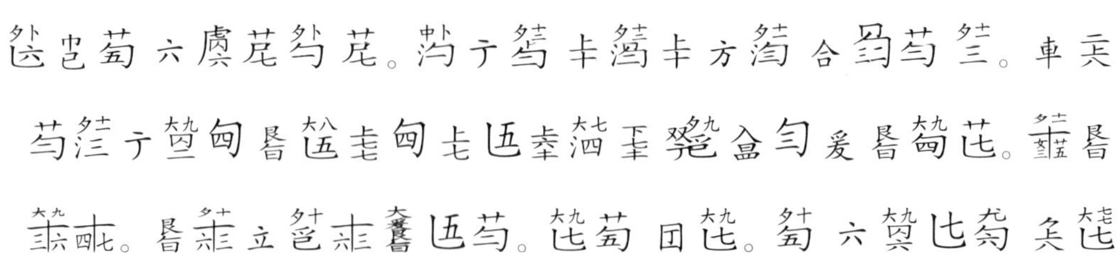

[illegible]

[illegible]

尾聲

[illegible] 曲終

大寒之後必有陽春，浮沉升降如是而已。童冠風浴，此是何等世界。自作自皷，惟冀不負煙景焉則已矣。敢曰效韄鏗希哉。

【按】

上本、《續四庫》無此圖，北圖刻本、北圖抄本有之。

幽澗泉

角音一章

一章　元伯新操

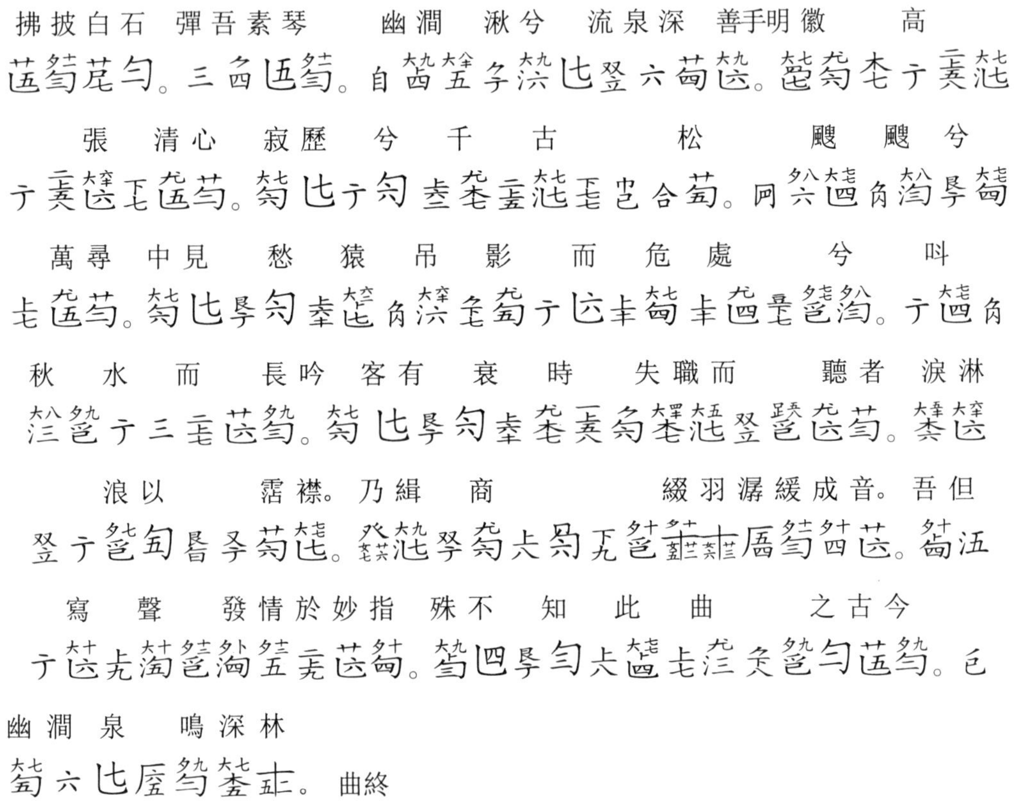

拂披白石　彈吾素琴　　幽澗　湫兮　流泉深　善手明徽　　高

張　清心　寂歷　兮　千　古　　松　　颼　颼　兮

萬尋　中見　愁　猿　吊　影　而　危　處　　兮　叫

秋　水　而　長吟　客有　衰　時　失職而　　聽者　淚淋

浪以　　霑襟。乃緝　商　　　　綴羽瀑緩成音。吾但

寫　聲　發情於妙指　殊不　知　此　曲　　之古今

幽澗泉　鳴深林

曲終

此太白樂府曲，余取此章，譜于絃徽，以備音焉。

仲呂均黃鐘角調　　律黃太仲林南

音徵羽宮商角

復聖操

徵音　凡五段

一段

天道何知。茫茫理數難窺。夭壽無期。氣化推遷。命

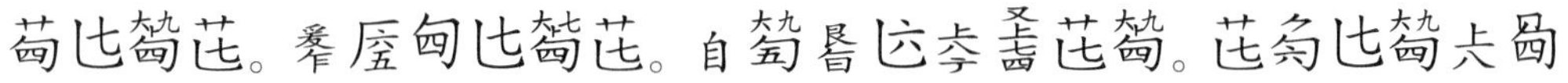

也焉齊。其促也何疾。其延久也何遲。噫。

可惜也。顏回。嗟爾魂兮儔依。嗟爾魄兮安歸。

儔吾道統兮其誰。天喪斯文也。何

必若人兮先摧。悲哉悲哉。有

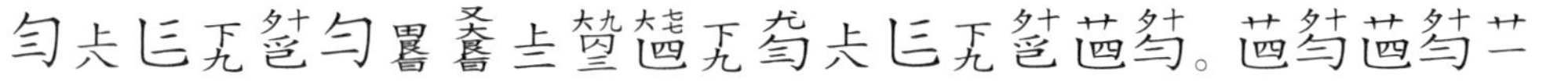

慟乎。不自持。孰知。噫非夫人之為慟。而誰為。

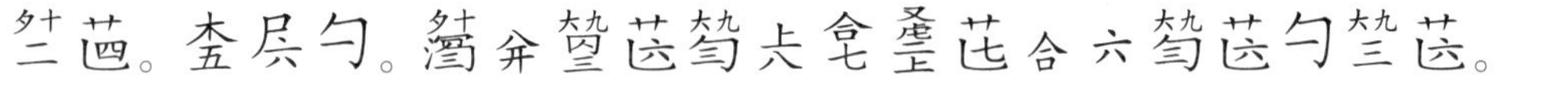

二段

大哉顏回。庶乎屢空顏回。不遷怒也顏回。不二

過也顏回。見其進也未見其止也顏回。語

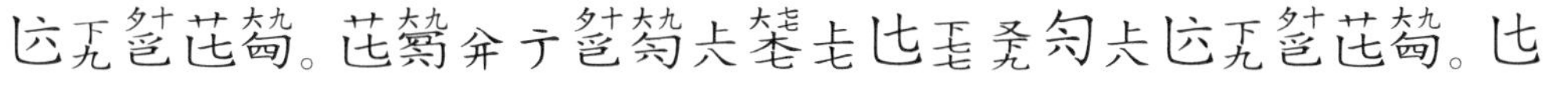

之而不惰。噫顏回。終日如愚。於吾言無。

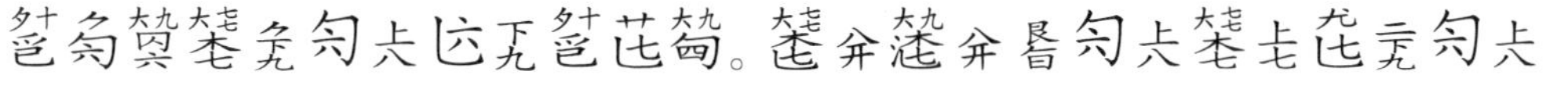

所不悅。噫。可惜也顏回。無伐善噫顏回。無施勞

噫顏回。短命死也顏回。生民誰扶

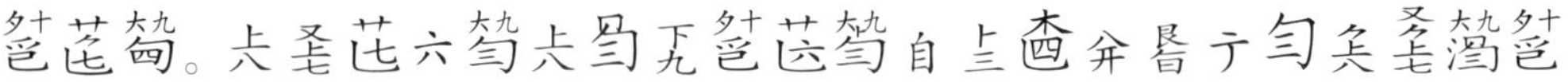

也。興道治致噫何時。

悲哉悲哉至慟而誰為　同首段彈

三段

陳蔡相從。謂予道大難容。予衰久不夢周公。明王不作莫予宗。

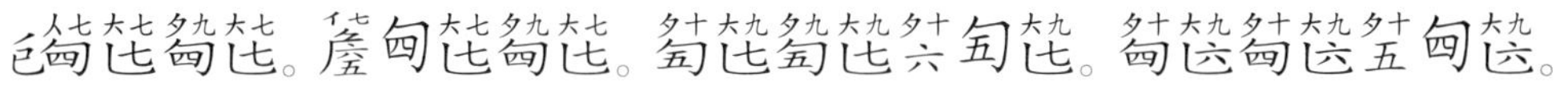

農山所志時不逢。為邦告爾竟無功。行夏之時兮何時行。乘殷之輅

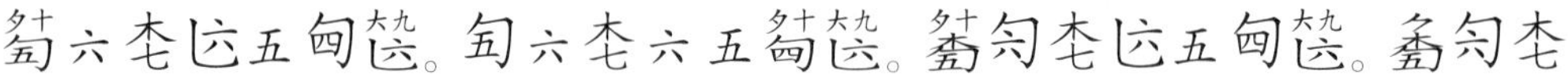

兮何時乘。服周之冕托空言。誰繼韶武放鄭聲。

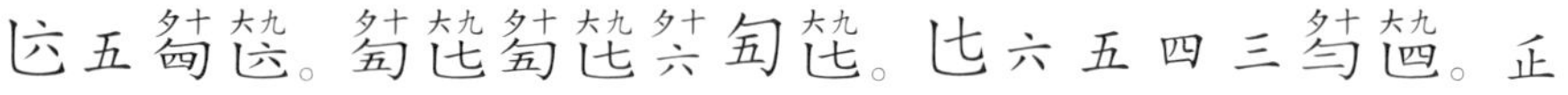

四段

簞瓢陋巷不改其樂。噫誰歟視聽言動四勿請

示噫誰歟。得一善服膺而弗失噫誰欤。傳

吾道如有所立卓而。嗟回之德行

也儔如。苗而不秀何居。秀而不實何居。悲哉予思。孰知。噫。非

夫人之為慟而誰為。同首段

五段

用則行兮舍則藏。舜何人兮予何人。三月不違仁。一旦竟沉淪。

惜乎絕學。絕學續無因。傳經可付 何人。傳心可付。 何人。予

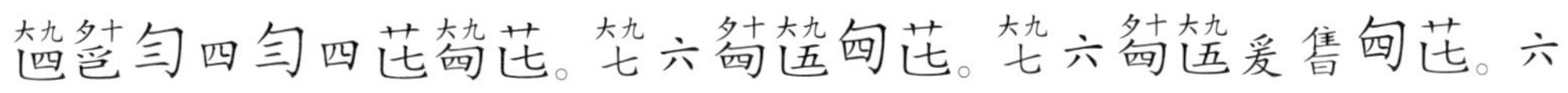

今哭 回回不聞。

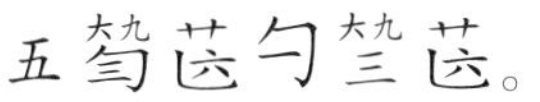

尾聲

如 可贖兮 人百其身。

孔門師弟，不啻唐虞君臣，況顏氏之子乎？余嘗于萬籟俱寂時，一彈再鼓，不禁鼻楚心酸。嗚呼，尼父情何極！

释談章

徵音 三迴凡二十二段

佛頭

南 無 佛陀耶 南無達摩 耶 南 無 僧伽 耶 南 無

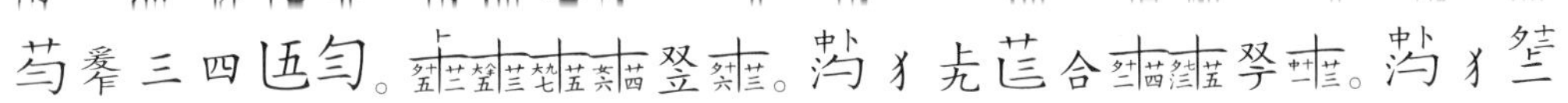

本師 釋 迦 牟尼 佛 南 無 大悲 觀 世 音

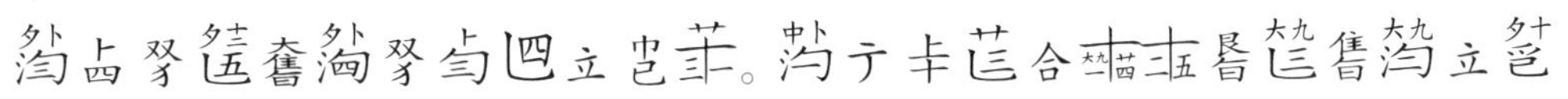

普薩 南 無 普庵 祖 師 普薩 南 無 百 萬

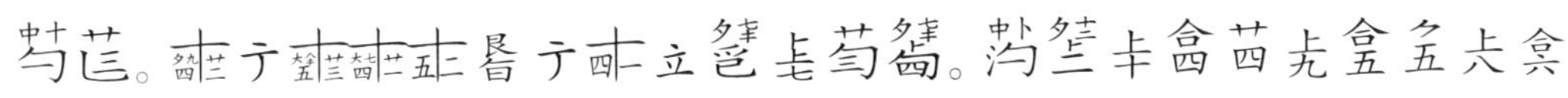

火 首 金 剛 王 普 薩 南 無 普 庵 禪 師 普

薩 摩 呵 薩[一]

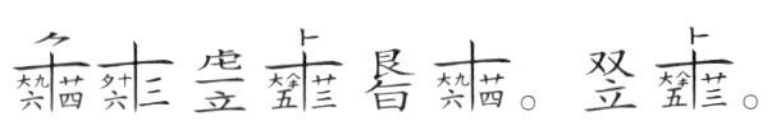

【校記】

［一］上文中有几處“普萨”，楊抄本、北圖抄本爲“菩萨”，是。文中未改。

起咒

唵　迦　迦　迦研　界　遮遮

[illegible]

遮　神　惹　吒　吒　吒怛　那　多　多

[illegible]

多　檀　那　波　波　波梵

[illegible]

摩　摩梵　波波　波　那　檀　多　多　多那

[illegible]

怛　吒　吒　吒　惹神　遮　遮　遮　界　研

[illegible]

迦　迦　迦　迦　迦　迦　研界

[illegible]

第一迴

迦迦雞雞俱俱　雞　俱　雞　俱　兼喬　雞　喬

[illegible]

雞　兼　界　研　迦迦迦　迦　迦　迦研界

[illegible]

遮　遮　支　支　朱　朱　支　朱　支　朱

[illegible]

占　昭　支　昭　支　占　惹　神　遮　遮遮

[illegible]

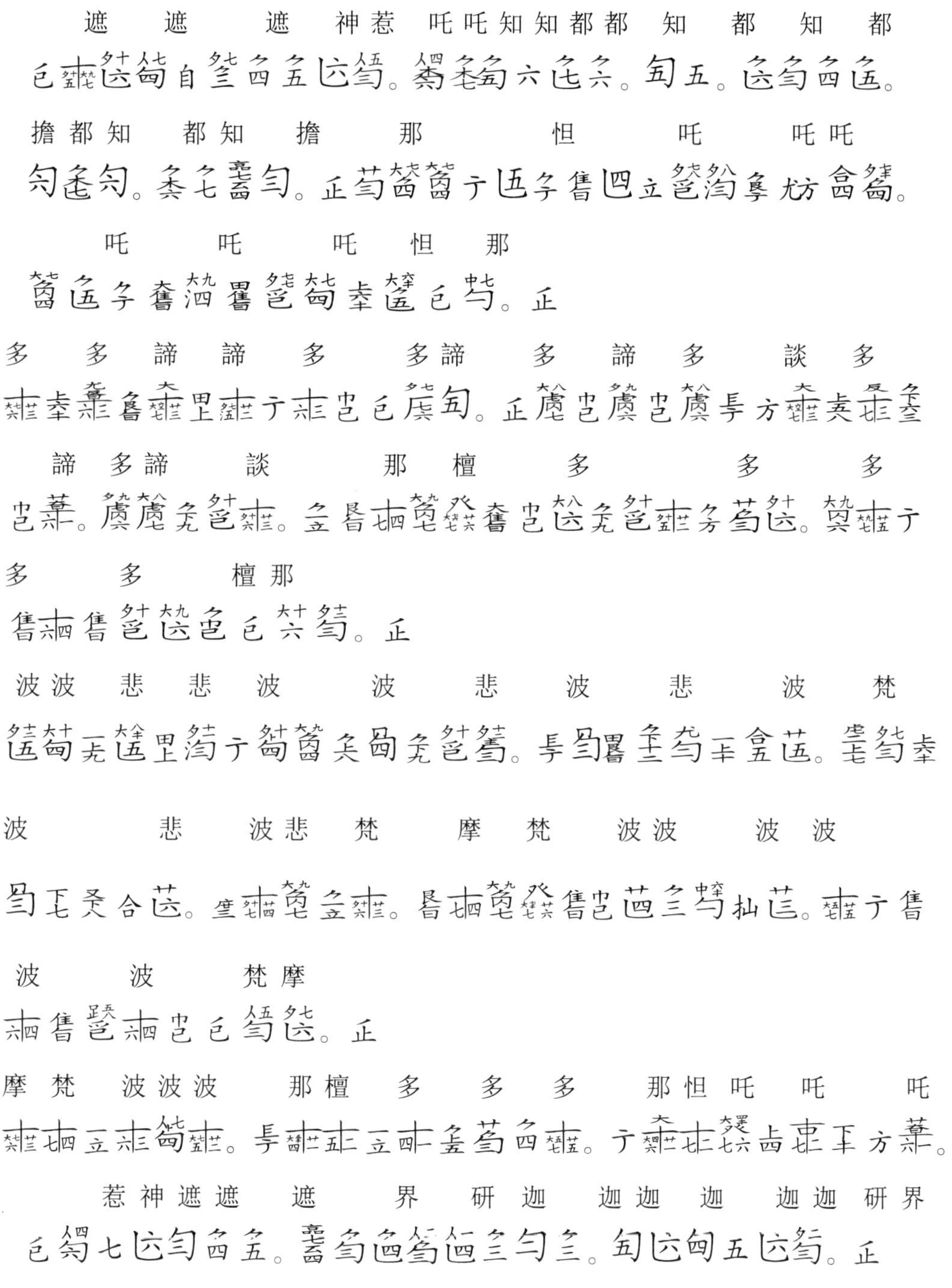

遮 遮 遮 神惹 吒吒知知都都 知 都 知 都

擔都知 都知 擔 那 怛 吒 吒吒

吒 吒 吒 怛 那

多 多 諦 諦 多 多諦 多 諦 多 談 多

諦 多諦 談 那 檀 多 多 多

多 多 檀那

波波 悲 悲 波 波 悲 波 悲 波 梵

波 悲 波悲 梵 摩 梵 波波 波 波

波 波 梵摩

摩梵 波波波 那檀 多 多 多 那怛 吒 吒 吒

惹神遮遮 遮 界 研 迦 迦迦 迦 迦迦 研界

【校記】

[一]“迦四五研界”，楊抄本爲“迦 研 界”，下面对應“四 五”。

第二迴

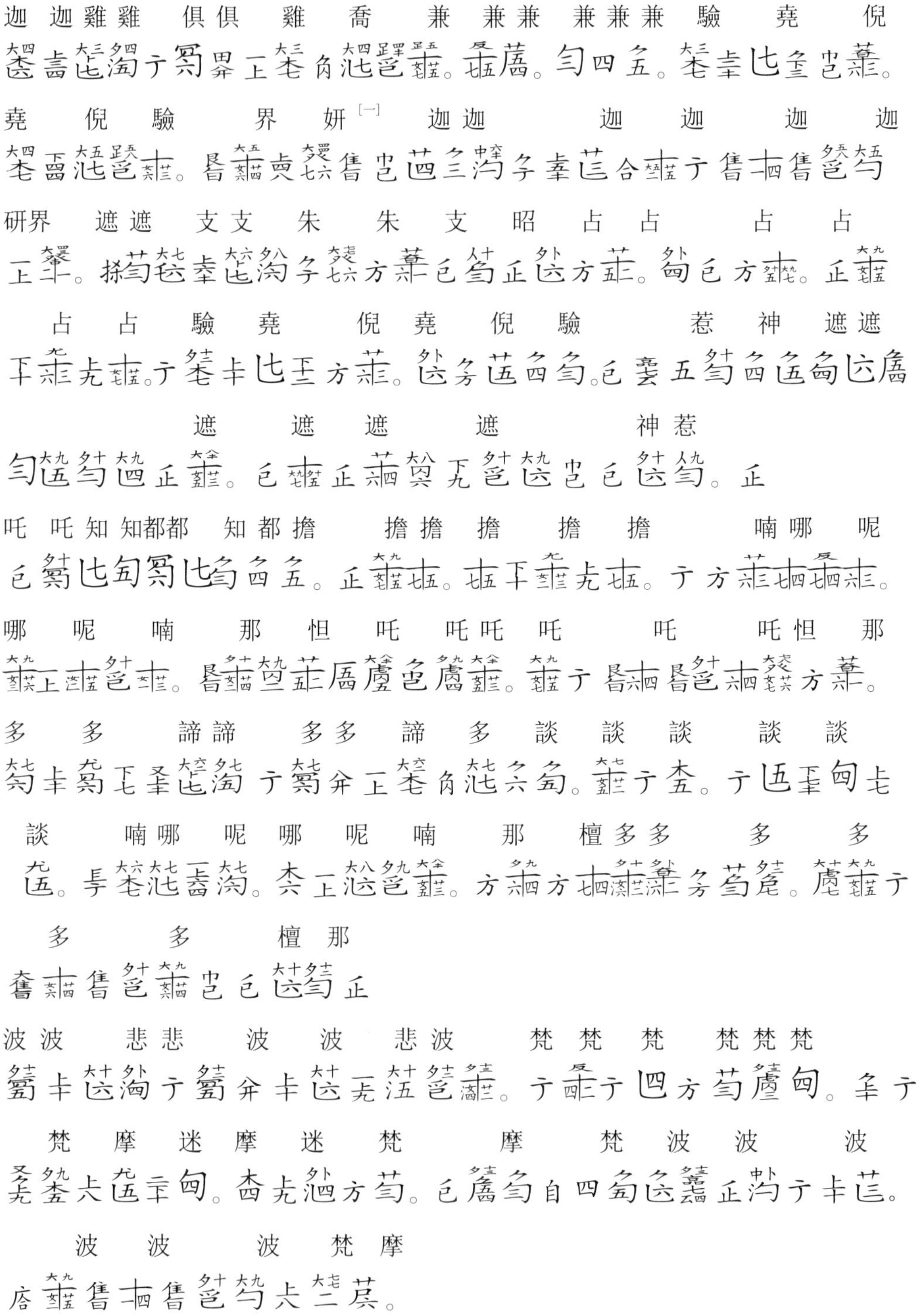

迦 迦雞雞 俱俱 雞 喬 兼 兼兼 兼兼兼 驗 堯 倪

堯 倪驗 界 妍[一] 迦迦 迦 迦 迦 迦

研界 遮遮 支支 朱 朱 支 昭 占 占 占 占

占 占 驗 堯 倪 堯 倪 驗 惹 神 遮遮

遮 遮 遮 遮 神 惹

吒 吒 知 知都都 知 都 擔 擔 擔 擔 擔 擔 喃 哪 呢

哪 呢 喃 那 怛 吒 吒吒 吒 吒 吒 怛 那

多 多 諦諦 多多 諦 多 談 談 談 談 談

談 喃哪 呢 哪 呢 喃 那 檀 多多 多 多

多 多 檀 那

波波 悲悲 波 波 悲 波 梵 梵 梵 梵 梵 梵

梵 摩 迷 摩 迷 梵 摩 梵 波 波 波

波 波 波 梵 摩

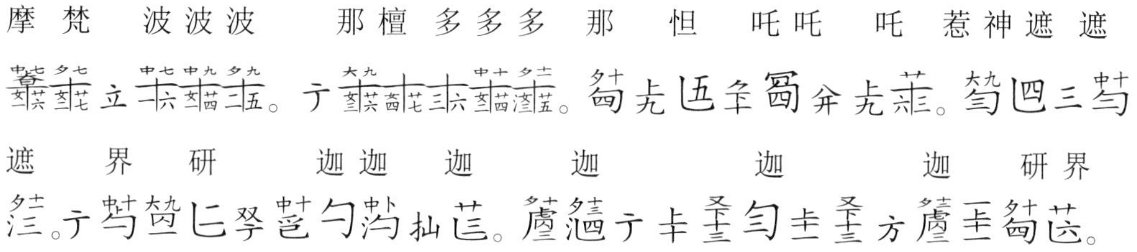

摩梵　波波波　那檀　多多多　那　怛　吒吒　吒　惹神遮遮

遮　界研　迦迦　迦　迦　迦　迦　研界

【校記】

［一］“姸”，刊本、影印本爲“姸”，楊抄本爲“研”。楊抄本應爲正確。

第三迴

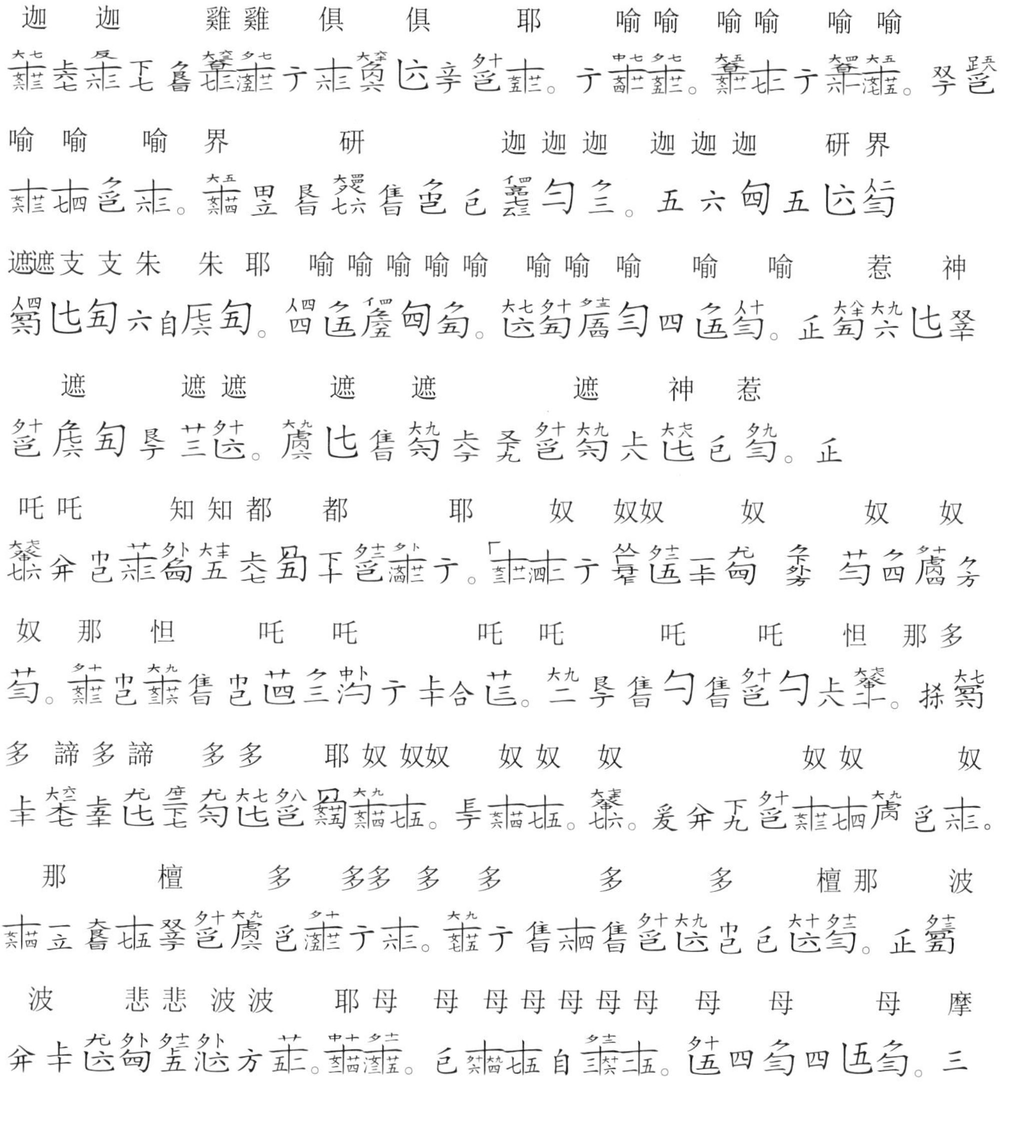

迦　迦　雞雞　俱　俱　耶　喻喻　喻喻　喻喻

喻喻　喻界　研　迦迦迦　迦迦迦　研界

遮遮支支朱　朱耶　喻喻喻喻喻　喻喻喻　喻　喻　惹　神

遮　遮遮　遮　遮　遮　神　惹

吒吒　知知都　都　耶　奴　奴奴　奴　奴　奴

奴　那　怛　吒　吒　吒　吒　吒　吒　怛　那多

多　諦多諦　多多　耶奴奴奴　奴奴　奴　奴奴　奴

那　檀　多　多多多　多　多　多　檀那　波

波　悲悲　波波　耶母　母　母母母母母　母　母　母　摩

梵 波 波 波波波波 摩摩梵波波波 那檀 多多多

那 怛 吒 吒 吒 惹神遮 遮遮 界 研 迦

迦 迦 迦 迦 迦 研界

咒尾

唵 波多吒 遮迦耶 夜 蘭 呵 阿瑟吒 薩海吒 嘱嚧 嘱嚧吒

遮伽耶 娑婆 呵 無 數天龍八部 百萬火 首金剛 昨日方隅

今朝佛地 普庵到此百無禁 忌

曲終

無觸之風，卻是何聲？莫當普庵咒妙音，見本來舊譜，殊覺重踏一經，蝶菴改較[一]，迦如來也。

【校記】

［一］“蝶菴改較”，北圖抄本有“庹可獻釋”一文。

墨子悲歌

徵音 凡十一段

一段

二段

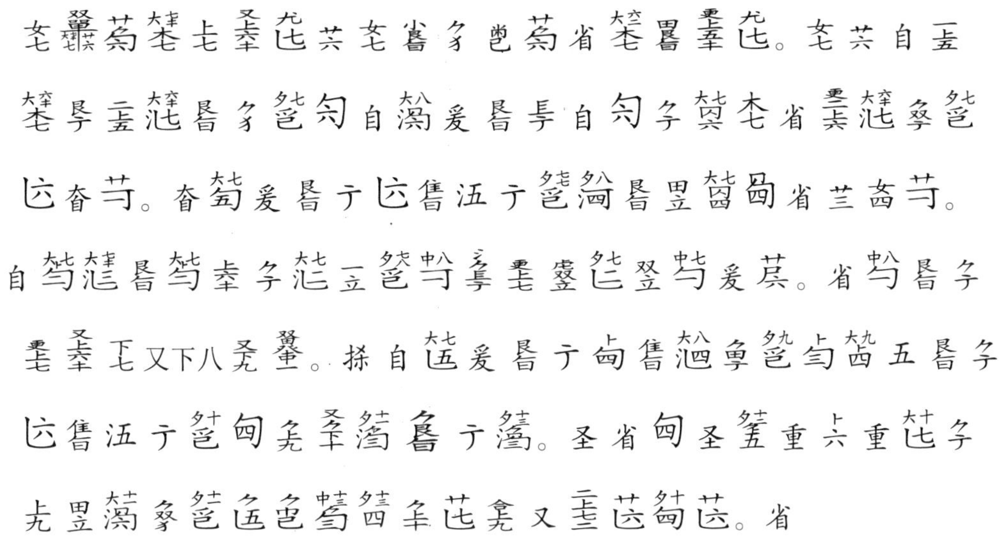

[illegible]

三段

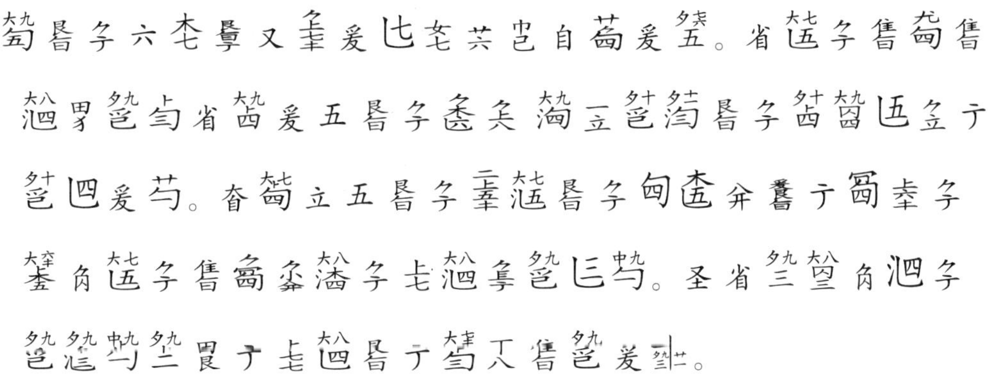

[illegible]

四段

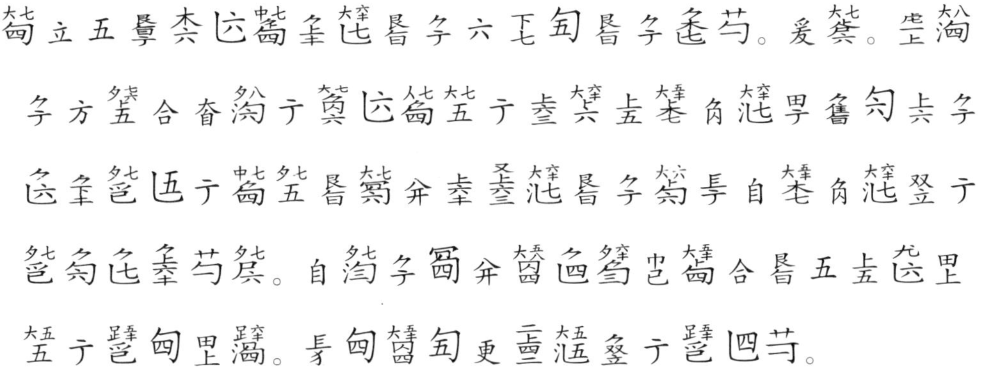

[illegible]

五段

[illegible]

六段

[illegible]

七段

[illegible]

八段

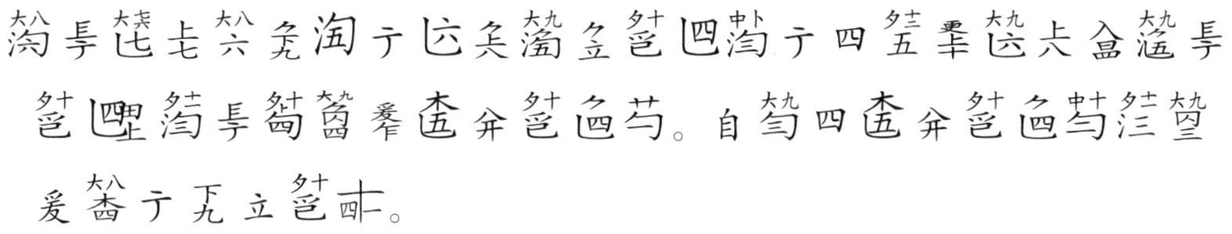

九段

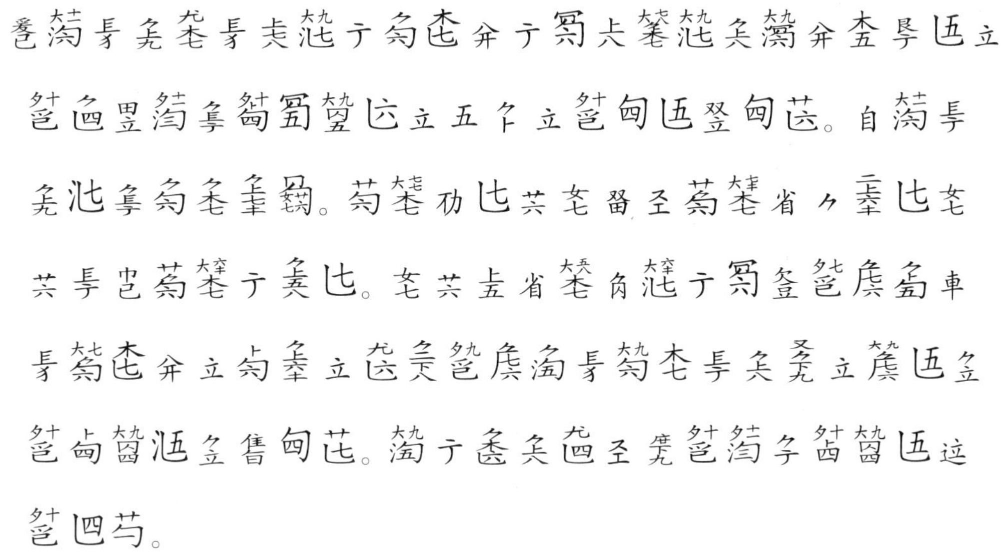

丨段

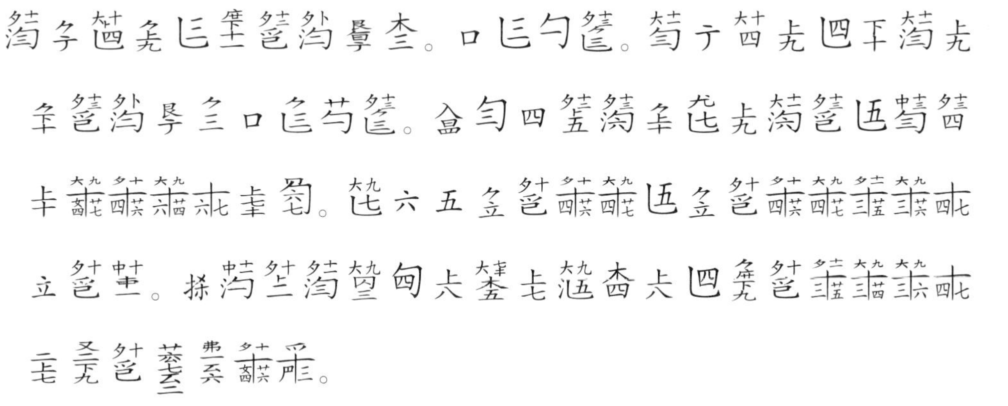

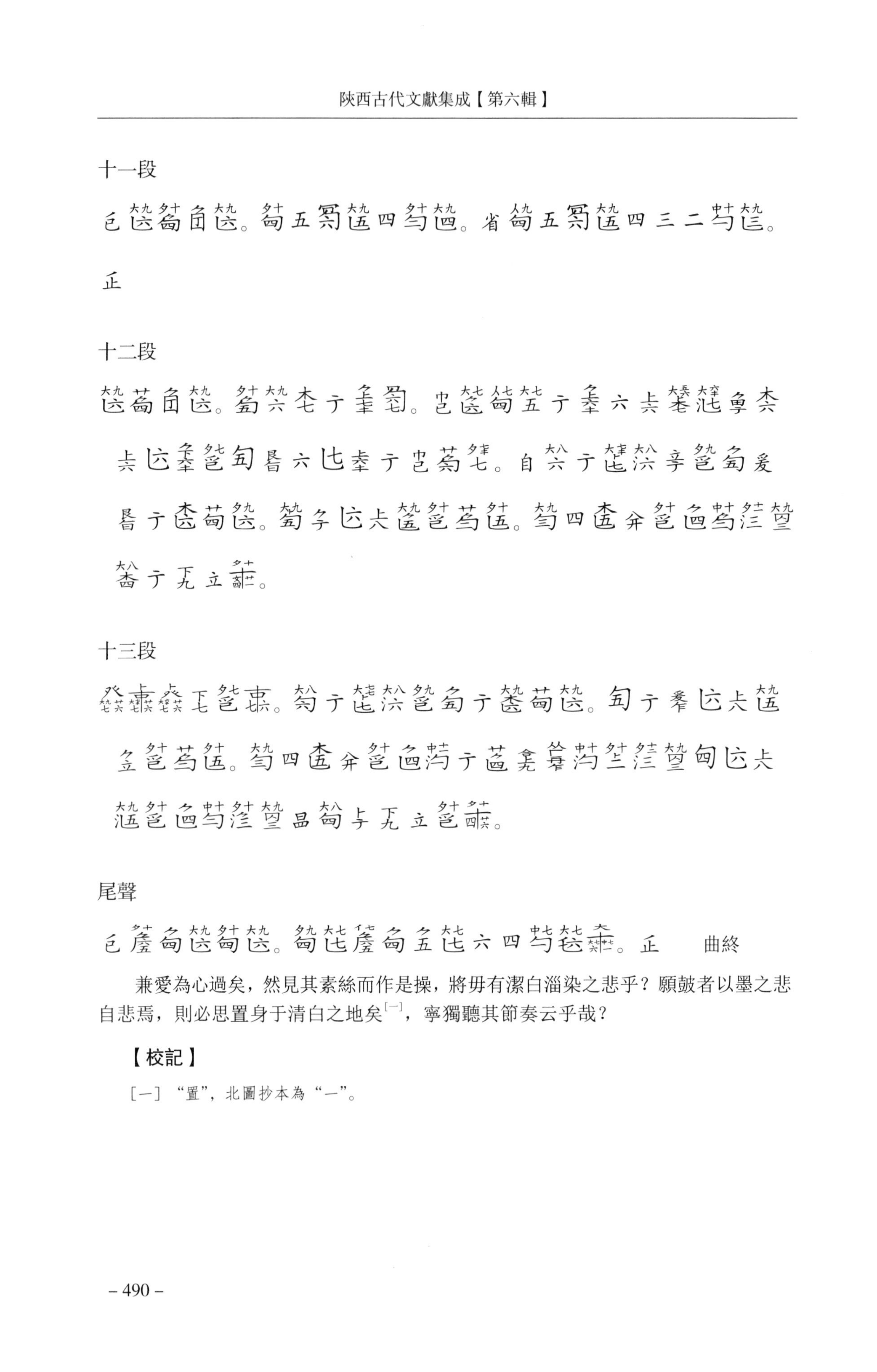

十一段

[illegible]

[illegible]

十二段

[illegible]

十三段

[illegible]

尾聲

[illegible] 曲終

兼愛為心過矣，然見其素絲而作是操，將毋有潔白淄染之悲乎？願皷者以墨之悲自悲焉，則必思置身于清白之地矣[一]，寧獨聽其節奏云乎哉？

【校記】

[一]“置”，北圖抄本為“一”。

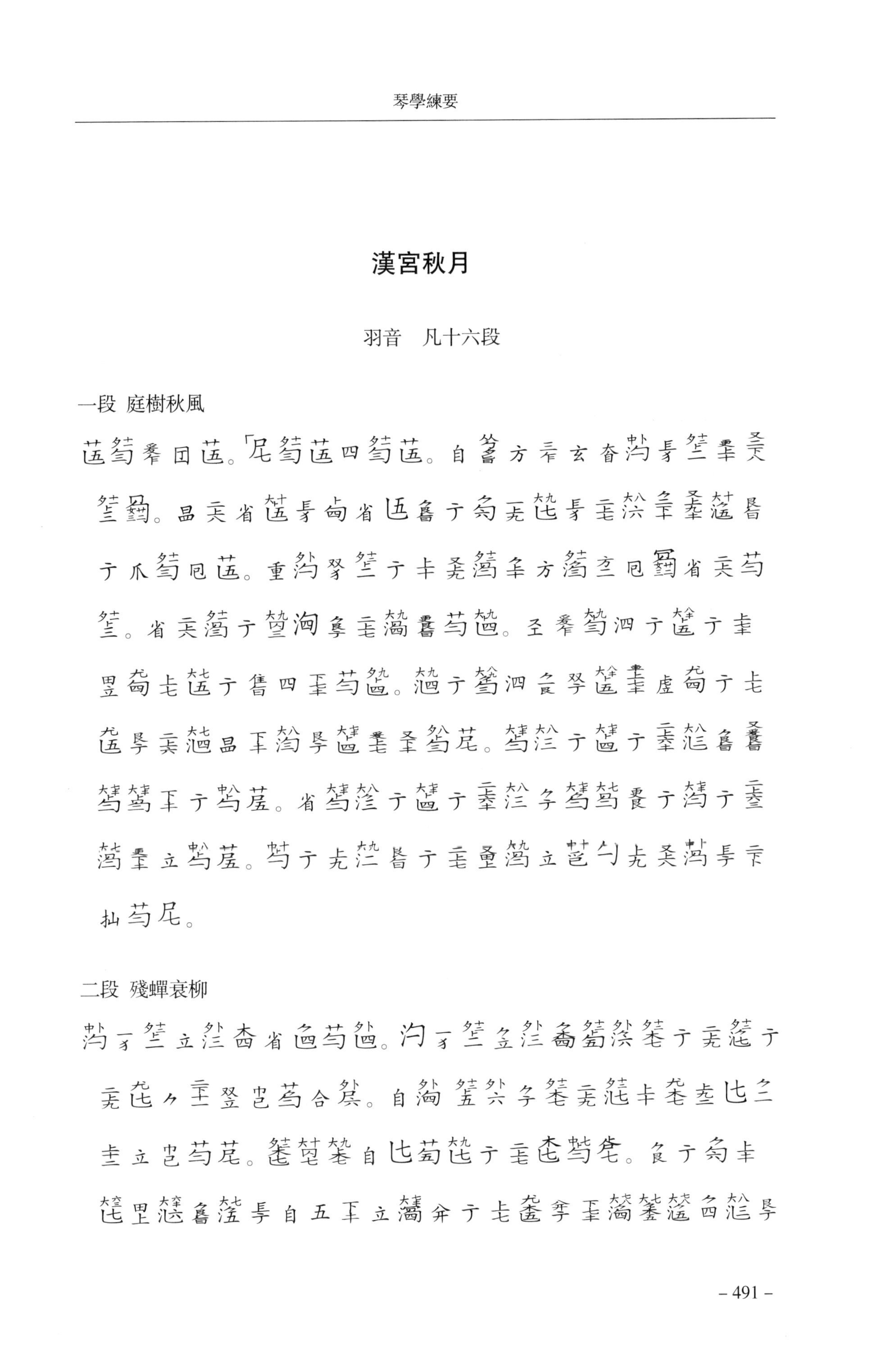

漢宮秋月

羽音　凡十六段

一段 庭樹秋風

[illegible]

二段 殘蟬衰柳

[illegible]

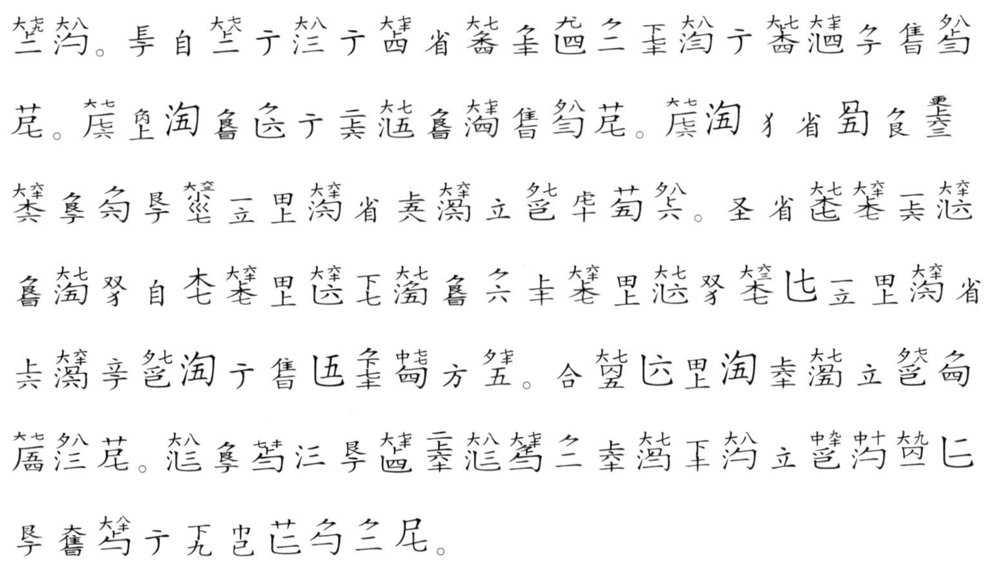

[illegible]

三段 寒鴉日影

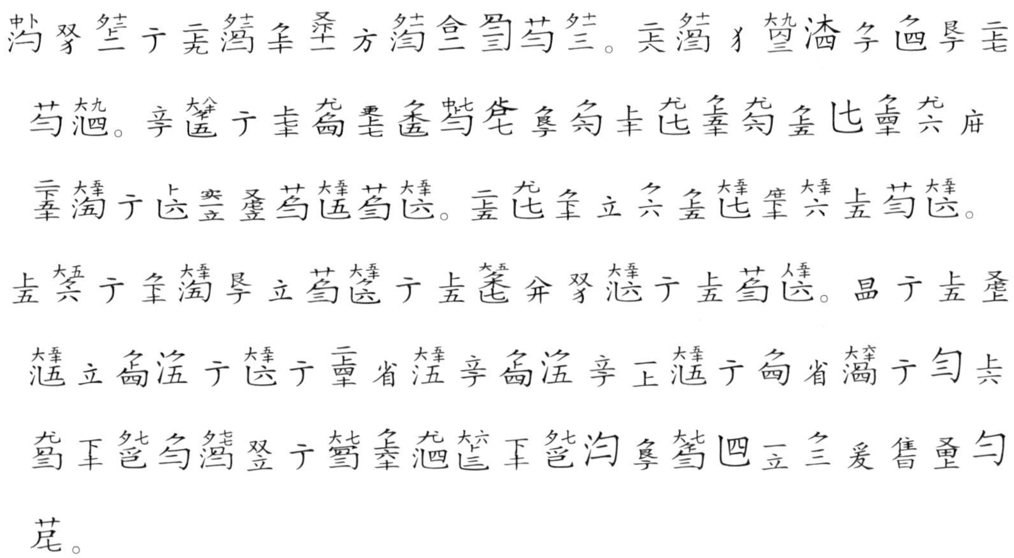

[illegible]

四段 六宮砧杵

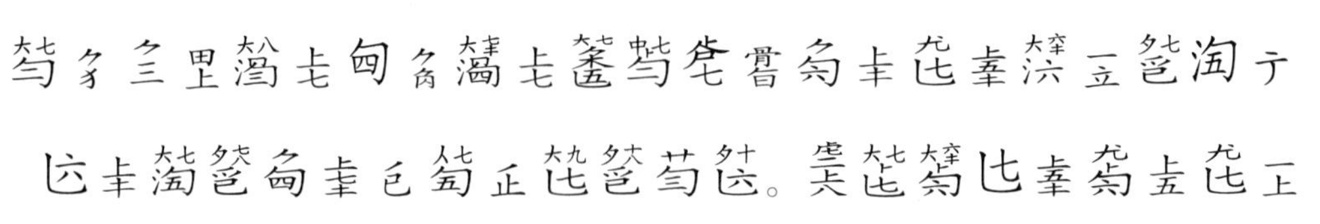

[illegible]

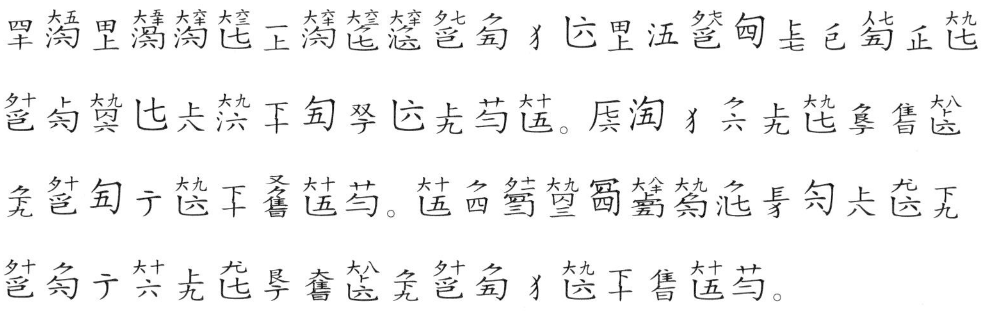

五段 雨滴梧桐

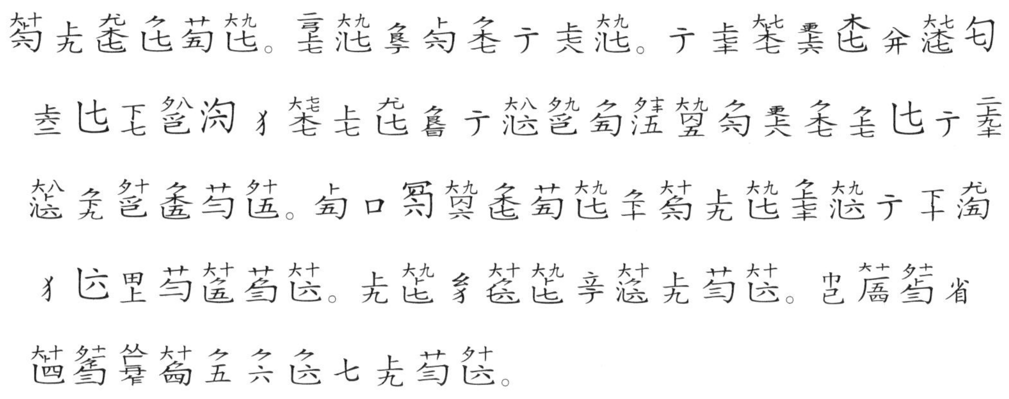

六段 斷續鴻聲

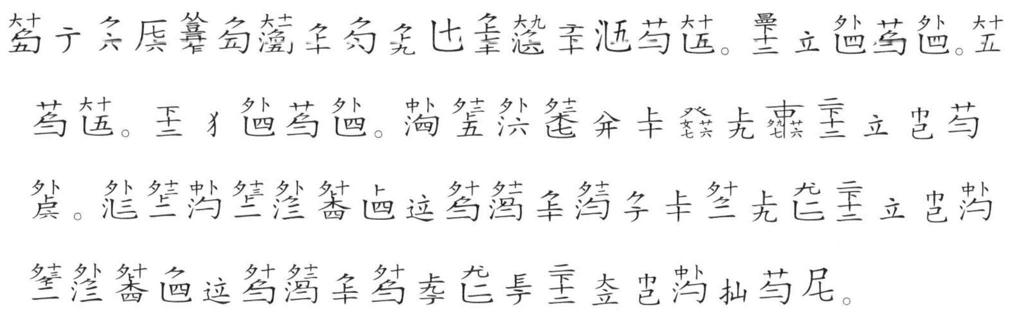

七段 倚欄問月

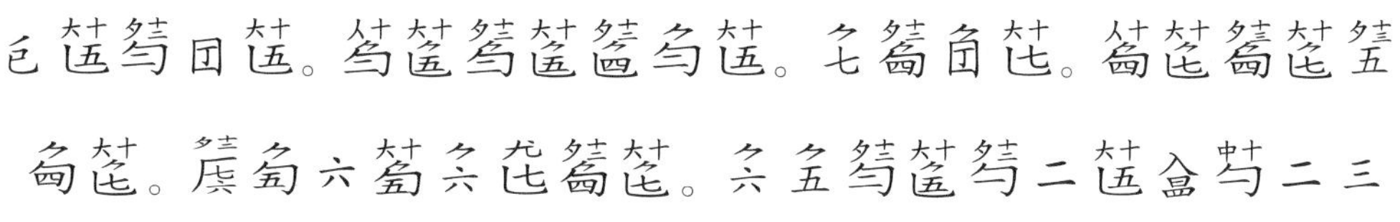

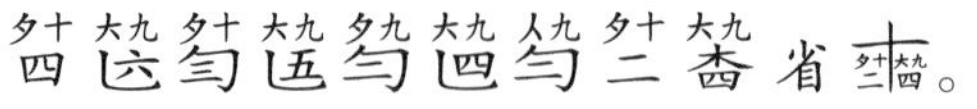

[illegible]

八段　碧空雲淨

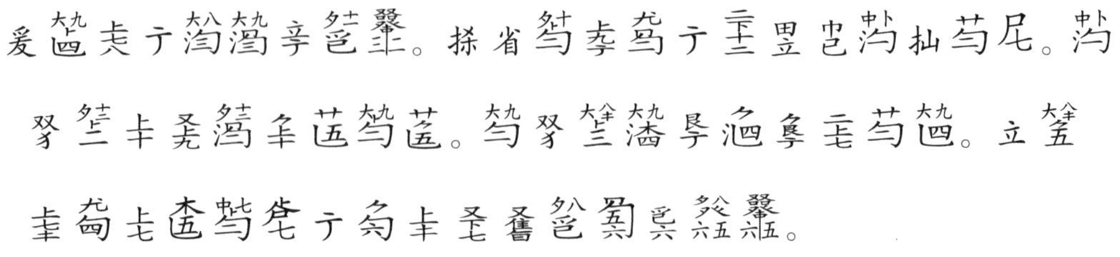

[illegible]

九段　玉階露冷

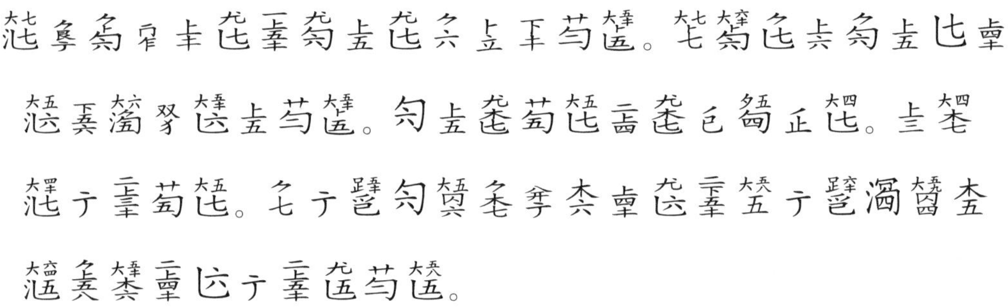

[illegible]

十段　四壁蛩音

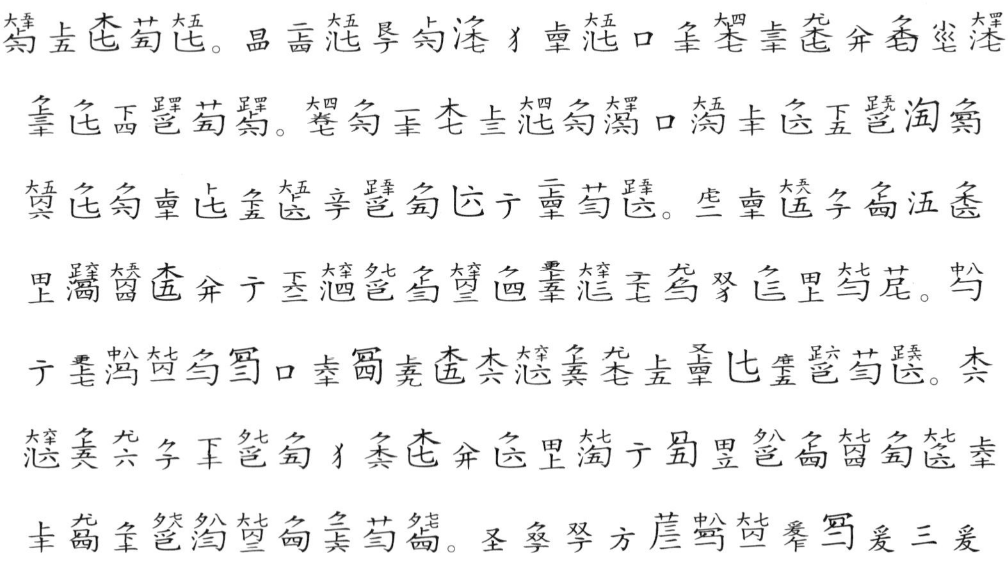

[illegible]

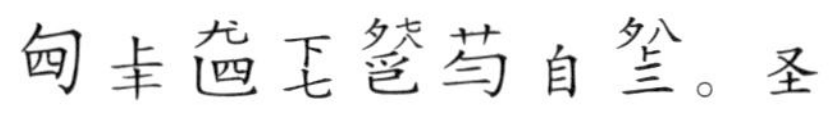

[illegible]。

十一段 鵲枝驚葉

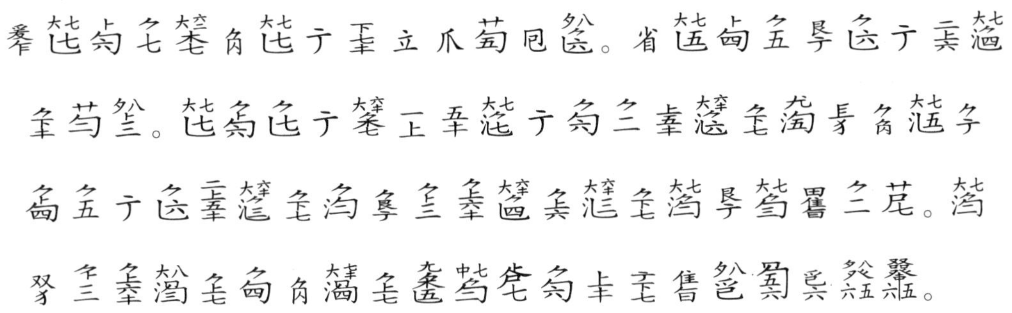

[illegible]

十二段 卧聽長漏

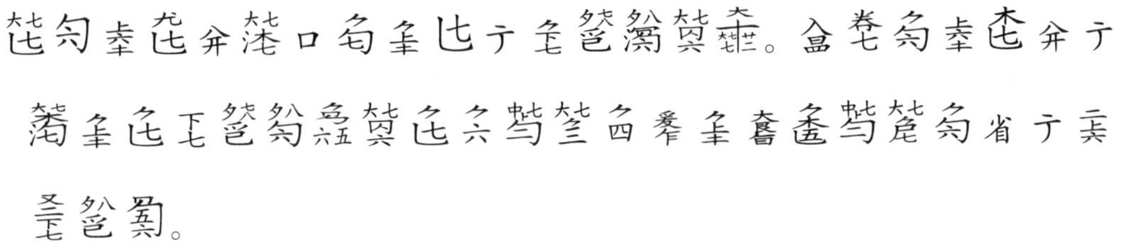

[illegible]

十三段 别院笙歌

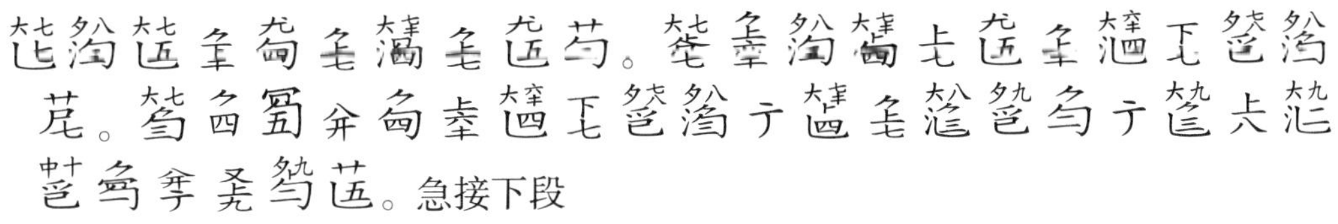

[illegible]。急接下段

十四段 銀燭呈祥

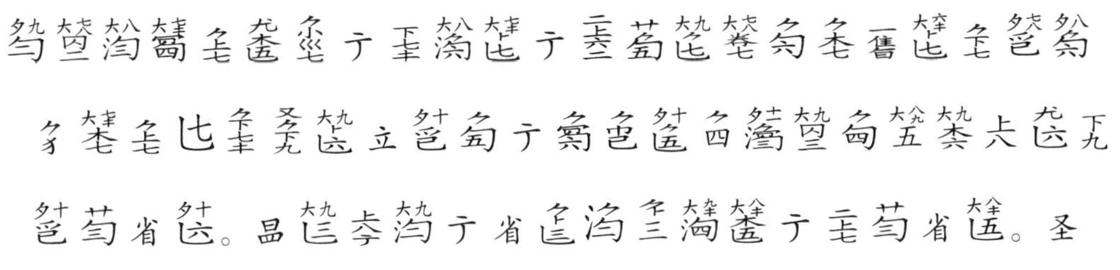

[illegible]

十五段 笑語天來

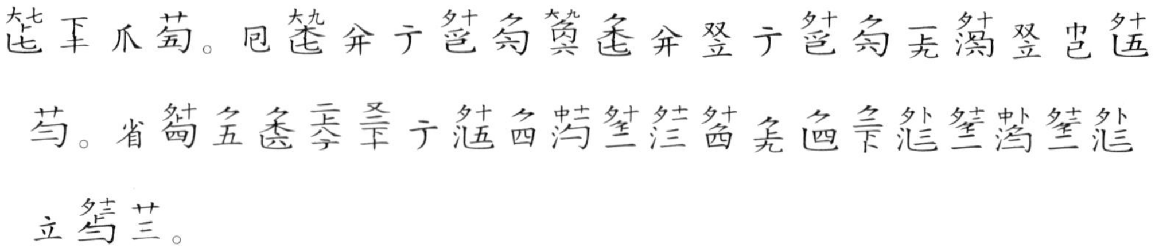

[illegible]

十六段 得寵憂移

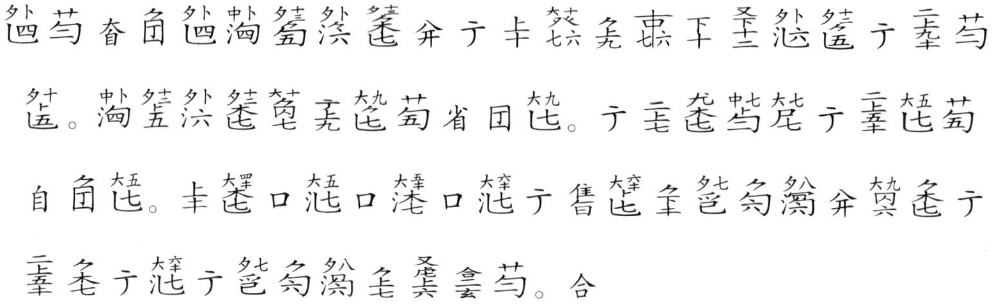

[illegible] 合

尾聲

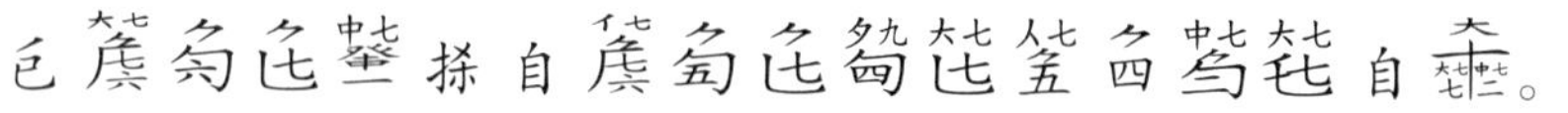

[illegible] 曲終

有懷莫吐含情無[一]？既，況當更長露冷，簾動風敲之夜乎？大家身為師氏，意悲魂消，遂成婉轉淒其之調[二]。

【校記】

［一］“無”，楊抄本其後有“際”字。

［二］“成”，楊抄本作“爲”。“調”，楊抄本作“音”。

萬壑松濤

羽音十段

一段

芼匋芼爰芑勻茜省芼。芑勻茜勻王自圣彑乇自勻重

尼。圣省莕奐晶彑蒚卡五晶彑六六彑尭𠭁芼乇豸圣立

蚤蒚隹蒚彑尭圣芼莧芑甸五四。省勻𠭁芏望匋彑乇自芷

𠭁自亢芑芍艹葍登方五𠭁方六𠆢五卡豸徠𡈼隹甸卡尭

芷。彡王圣芑芏立芍又芍芏彑莕奐芷自又王徠芑芏立

芍亍卡𠭁勻芭。

二段

乇芑匋団芑。省芑匋芼。西勻芭。芑芍芼。正

三段

芍乇芼卖登芍乇芼犭查芍隹芍亍㕘芣又自韭匸芑芷

亍芷。自芷芷芷亇芣尭圣芼圣府芇韭芯芏匆洶豸芍韭

亍𠭁芷。重勻彑三望句亇乇芷圣登孛自蕃芑圣隹勻省

亍乇尭立芍彑芍亍乑芍亇杢奐芷自登亍乑自徠立勻莕

芷西。

四段

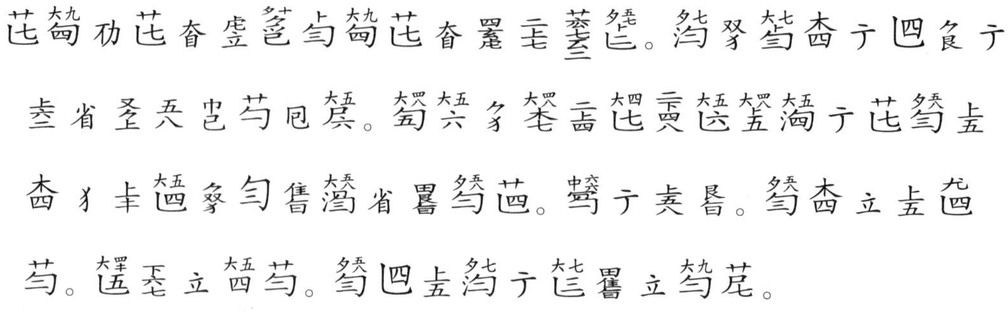

五段

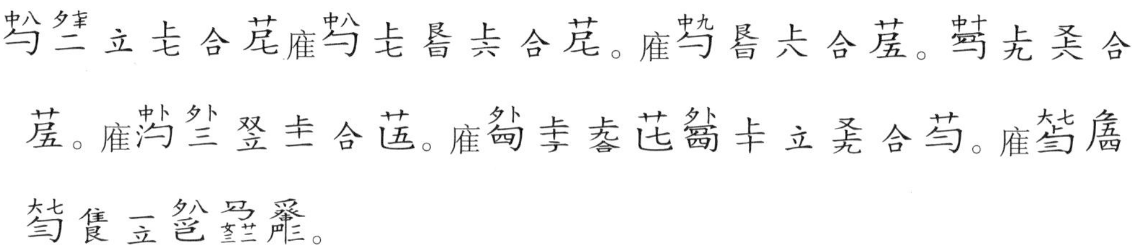

六段

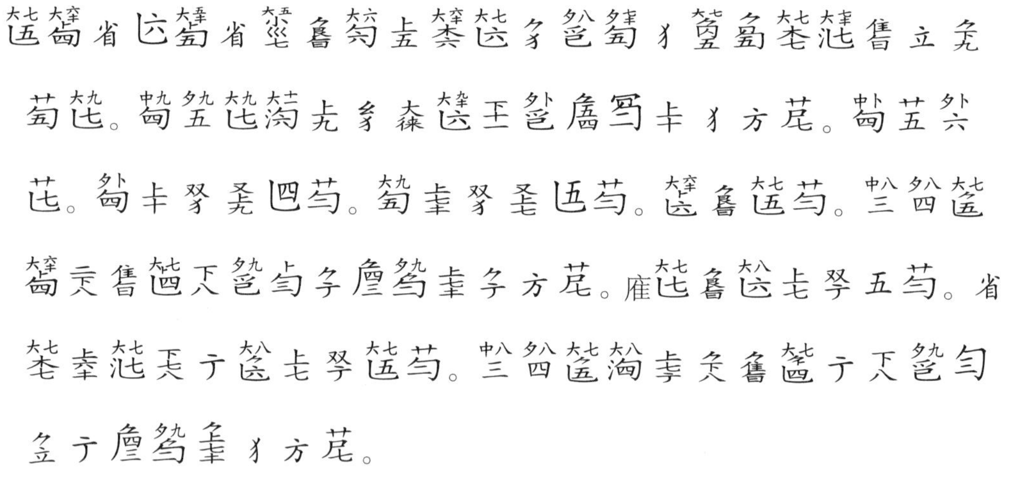

七段

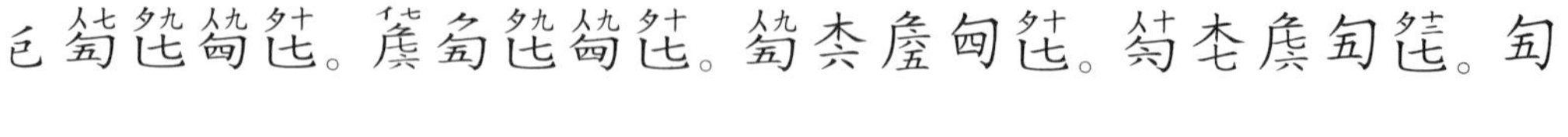

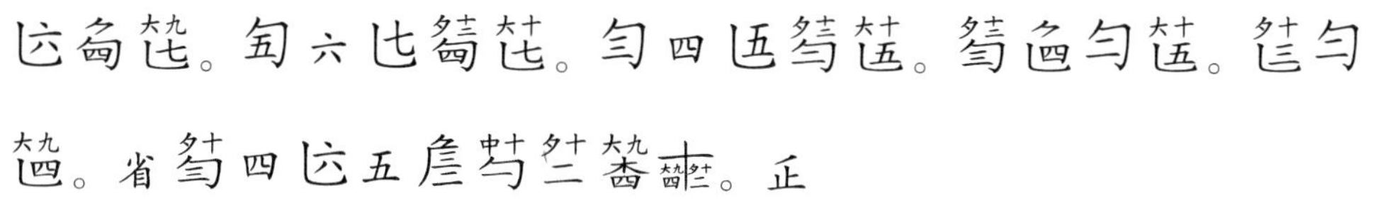

[illegible]

八段

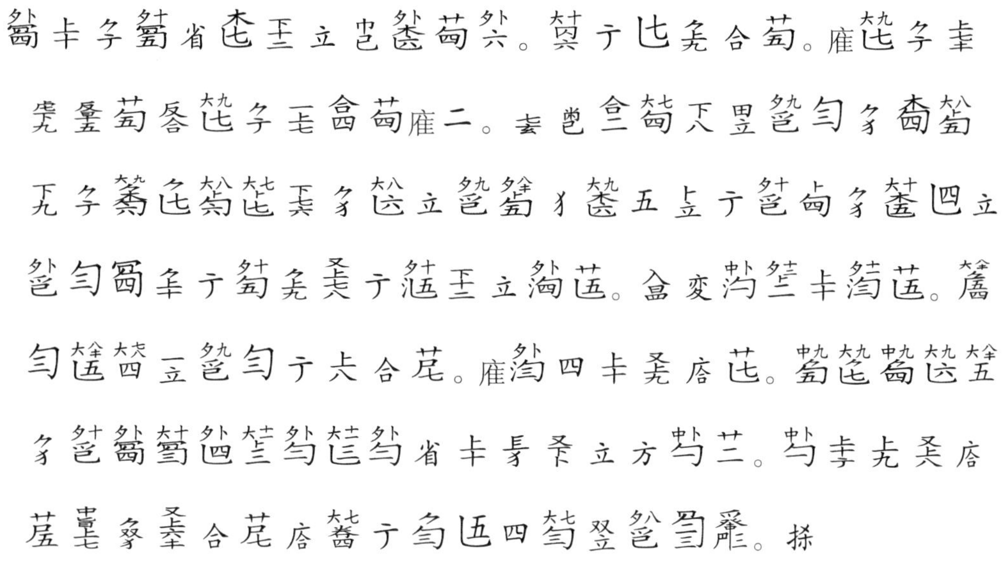

[illegible]

九段

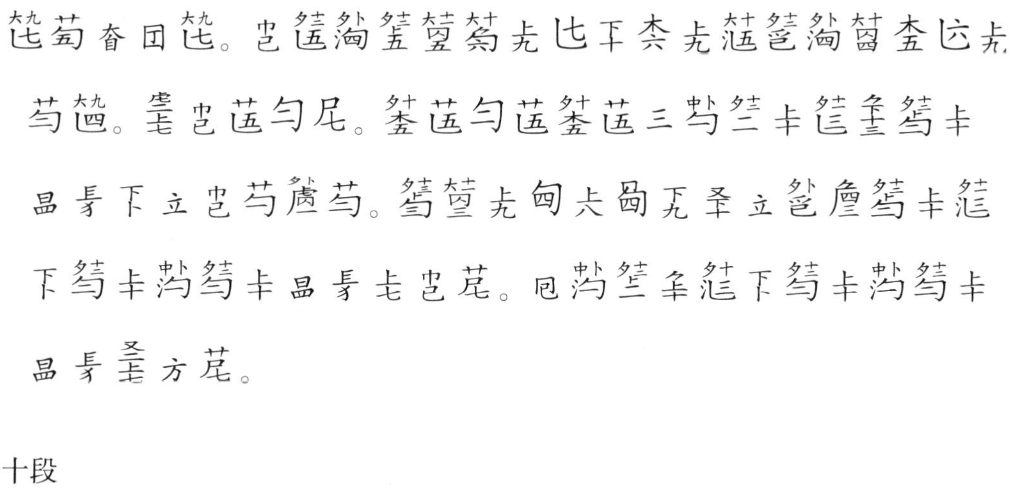

[illegible]

十段

[illegible]

尾聲

曲終

指下寫眞，字裏傳神。日松濤而不日松聲[一]，有水乎，無水乎？偶一拈弄，恍然身在萬綠叢中，聞枝上洶湧也[二]。

【校記】

［一］“日”，應改爲“曰”，否則不通。

［二］“湧”，楊抄本爲“涌”。

陋室銘

羽音一段

起曲　元伯新譜

山　不　在　高　　有　仙　則　名　水　不　在　深　有　龍　則　靈　斯

是　陋　室　惟　吾　德　馨　苔　痕　上　堦　綠　草　色

入　簾　青　談　笑　有　鴻　儒　往　來　無　白　丁　可　以　調　素

琴　可　以　閱　金　經　無　絲　竹　之　亂　耳　無　案　牘　之　勞　形　南　陽

諸　葛　廬　西　蜀　子　雲　亭　孔　子　云　君　子　居　之　何　陋

之　有

曲終

陋室銘，膾炙人口久矣。余尤憐其文之律也而譜之，不啻往來談笑於苔痕草色間也。

讀易

羽音四段

一段 乾坤定位

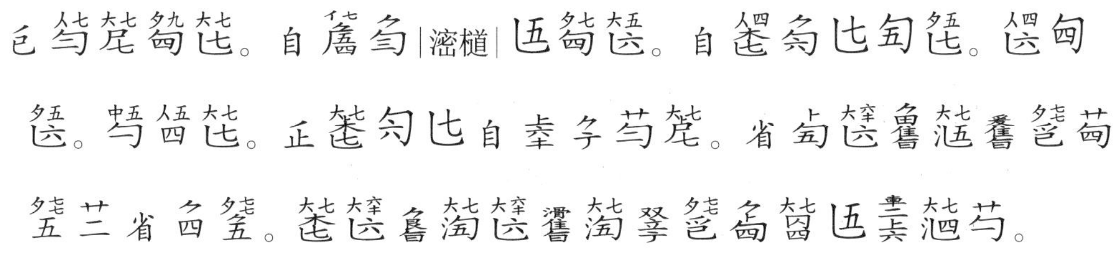

二段 陰陽錯綜

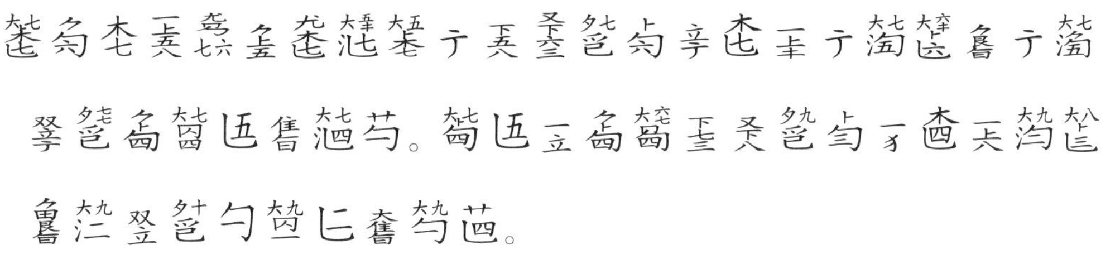

三段 剛柔相濟

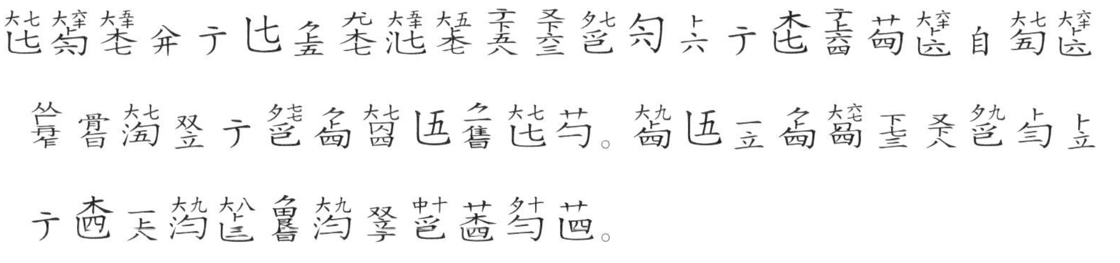

四段 天人合一

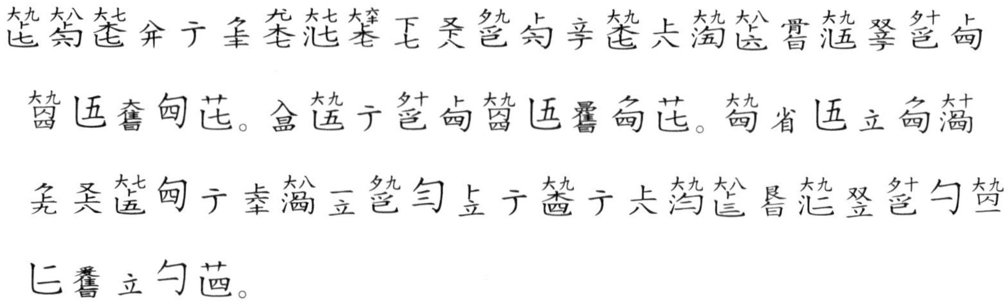

[illegible]

尾聲

[illegible] 曲終

昔友人秋夜讀《易》，其聲悠揚婉轉，足洽人心。余聞而心賞之，之曉餘音猶在耳也[一]。因譜入絃徽，雖音句重疊，而輕重疾徐之節可為初學之階梯云爾。

【校記】

[一]“之”，北圖抄本作“至”，亦通。

治心齋琴學練要卷之五

長安王　善元伯氏編輯
男　炳泰文安參閱
　楊雍元西雄
門人　　全校
　張　著成明
　王　璞崑山

夷則均 黃鐘徵調慢　音角徵羽宮商

一三六一律　律黃夾仲夷無

平沙落雁

宮音

一段

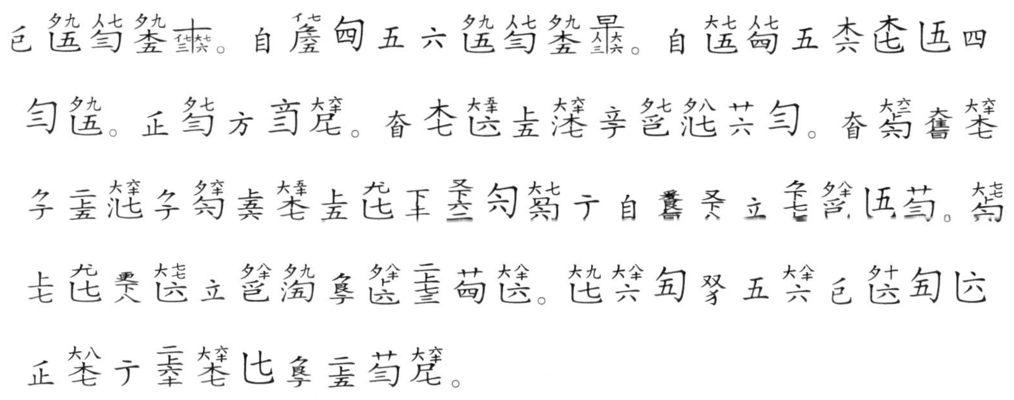

[illegible]

二段

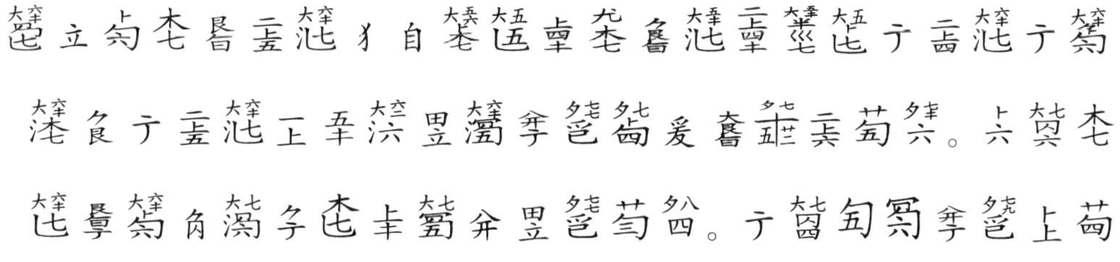

[illegible]

[illegible]

三段

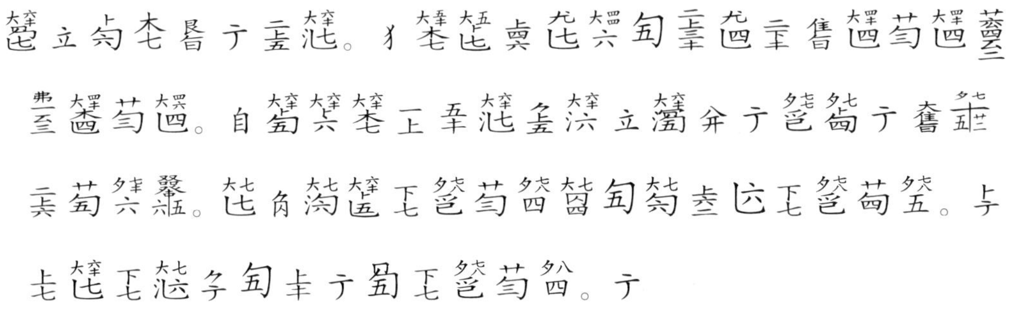

[illegible]

四段

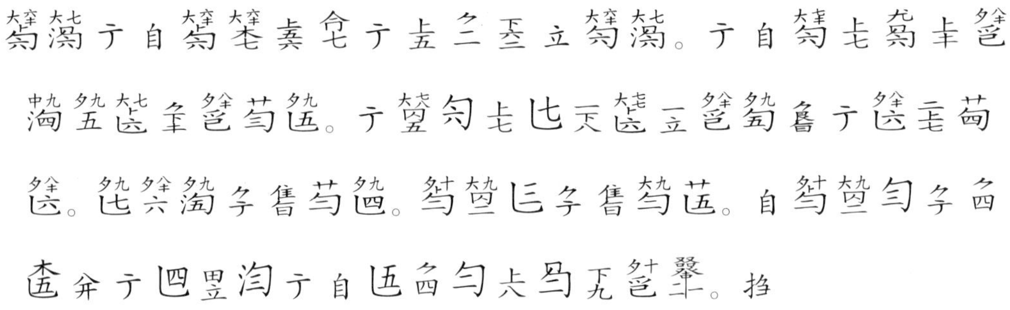

[illegible]

五段

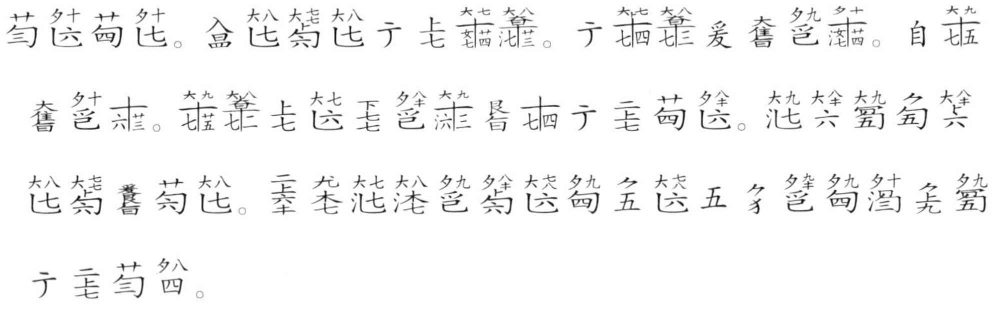

[illegible]

尾聲

[illegible] 曲終

夷則均 元伯新譜

知止吟

商音 凡八段

一段

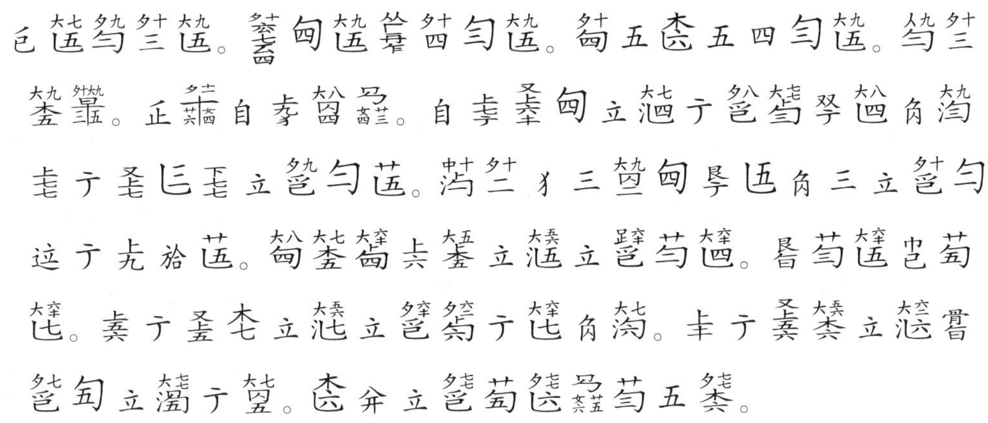

[illegible]

二段

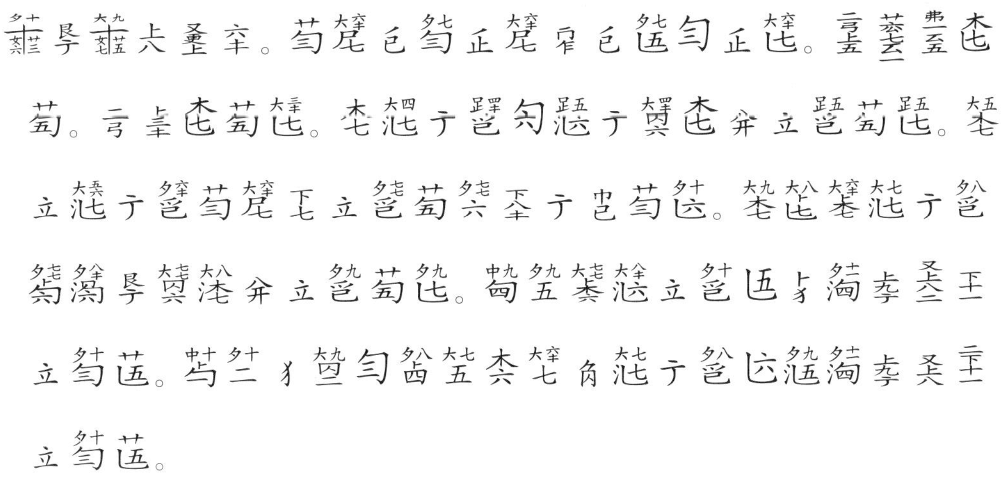

[illegible]

三段

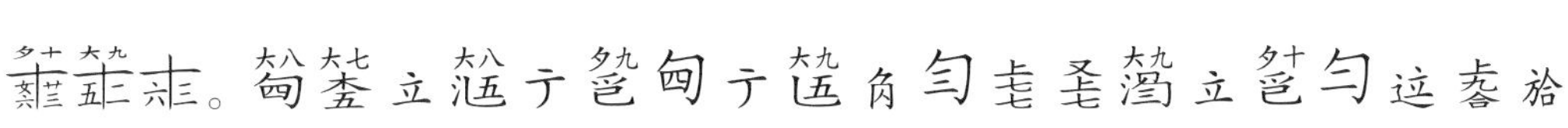

[illegible]

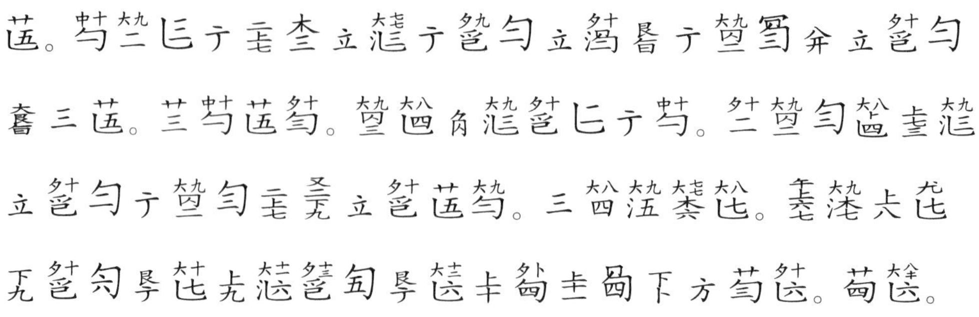

[illegible]

四段

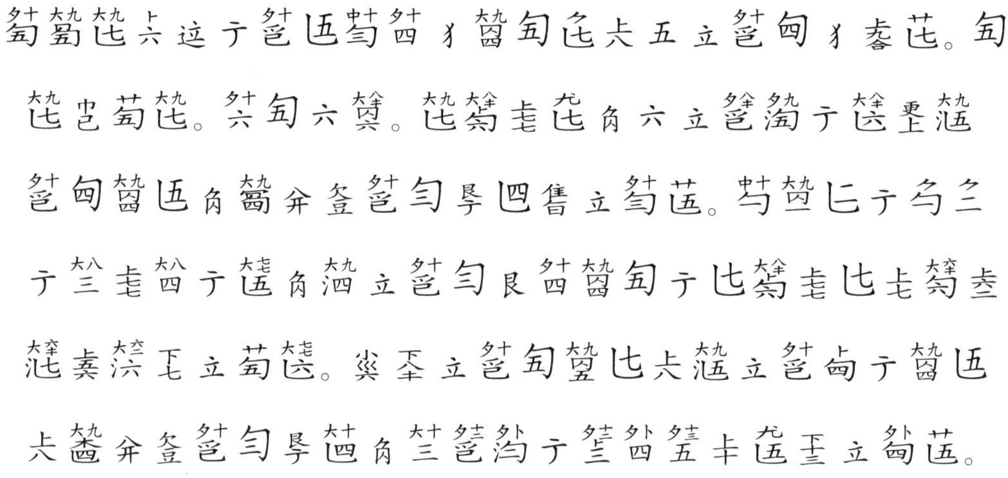

[illegible]

五段

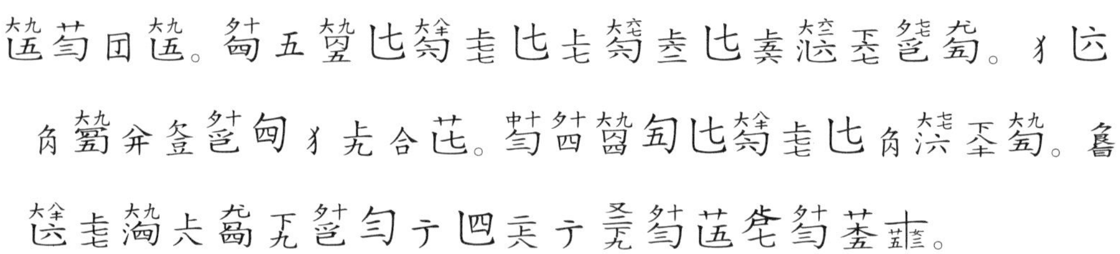

[illegible]

六段

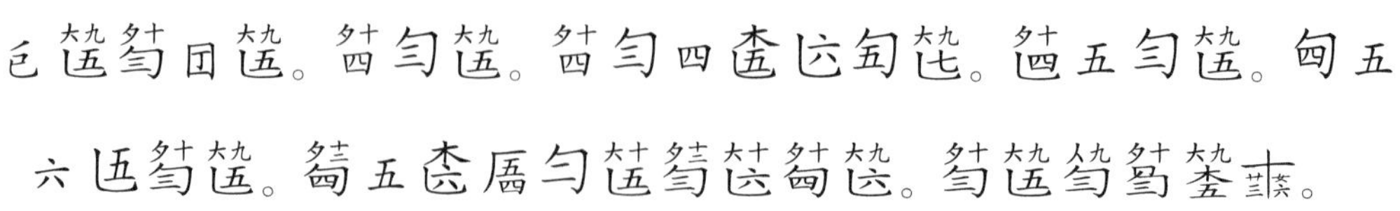

[illegible]

七段

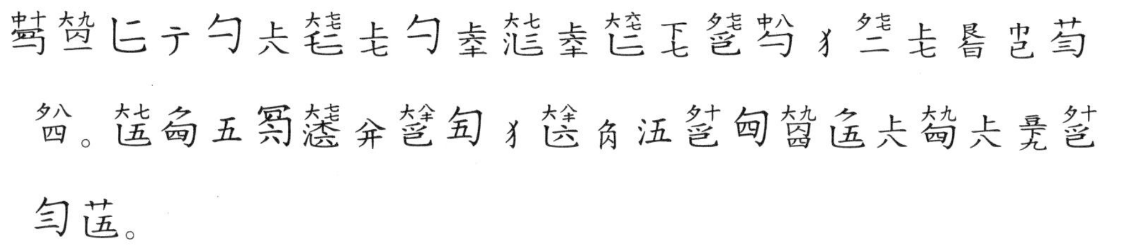

[illegible]

八段

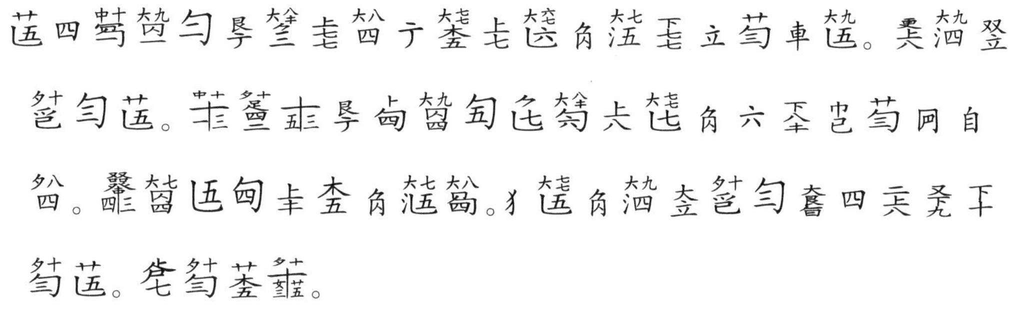

[illegible]

尾聲

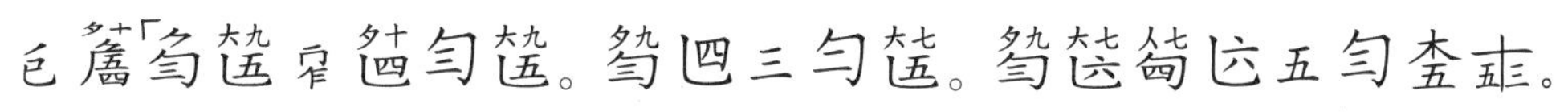

[illegible]

曲終

鱼游深江，獸依高崗，物物知其所止。何人心自失而不知其鄉?心者, 身之本也, 得之者昌, 失之者亡。

樵歌

宫音十三段 以仲吕絃弹所謂不轉絃而變調也

一段 高潔英豪

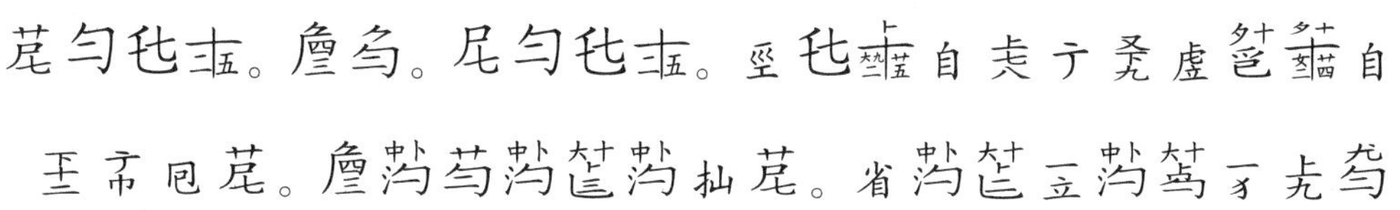

[illegible]

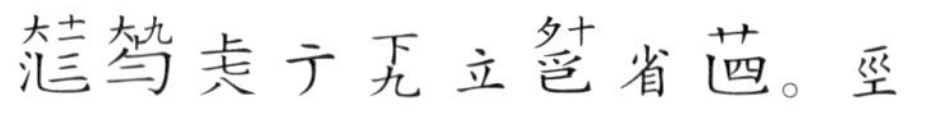

[illegible]

二段 遯世樵歌

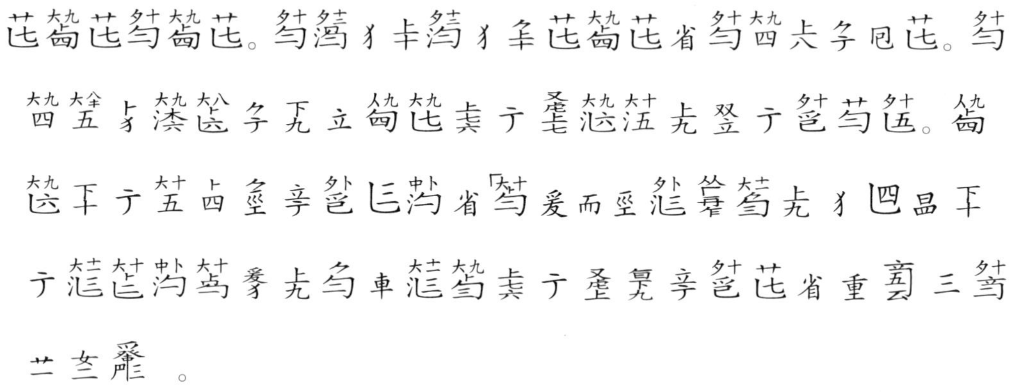

[illegible]

三段 遠樓雲嶠

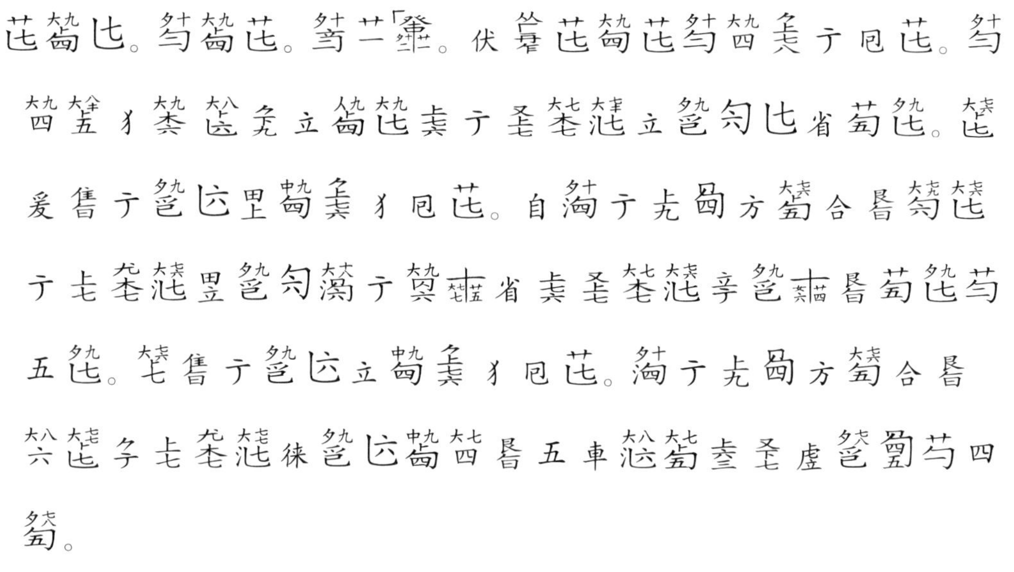

[illegible]

四段 幽林風靜

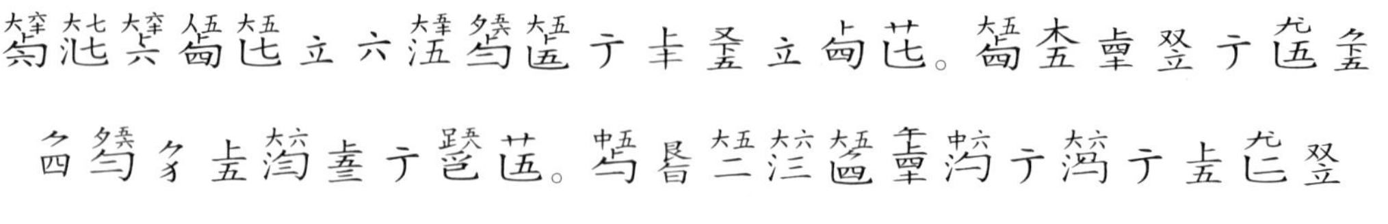

[illegible]

勺茴。盒䓔茜湤犭[illegible]

五段 丹崖樵客

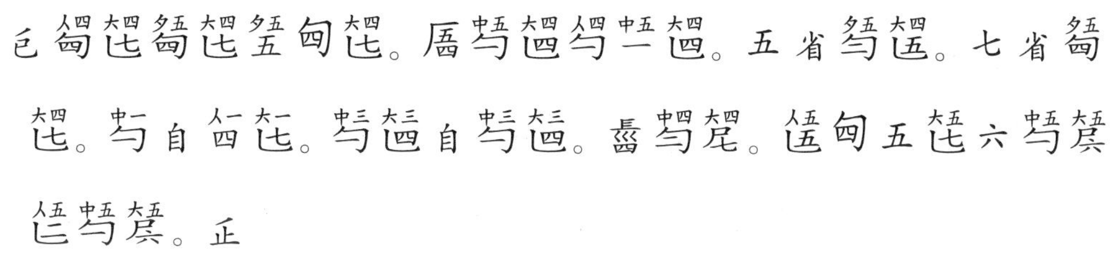

㔾匋芒蒟芒𦬊匋芒。庴䓔茴勻一茴。五省䓔茴。七省蒟

芒。芍自䒥芒。芍茴自芍茴。矗芍芒。蓓匋五芒六䓔蒖

芒芍蒖。正

六段 振衣崗仞

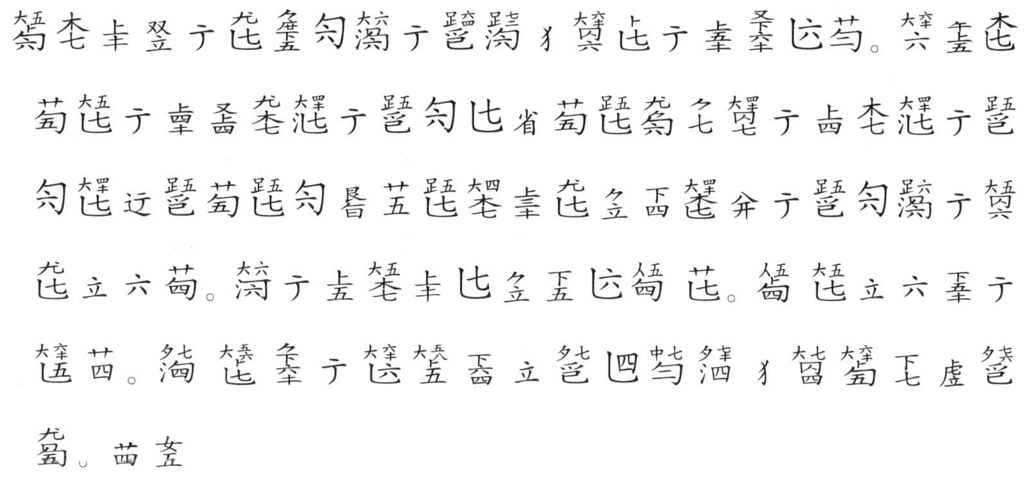

蒟杏丰罝亍芒奎勻蒚亍罜蒚犭蒖占亍䒛奎匸芍。六奎杏

茍芒亍卓畨奞芒亍罜勻匕省茍芒蒍夕芒亍㐀杏芒亍罜

勻芒近罜茍芒勻昬芏芒奞䒛芒夂西𦬊弁亍罜勻蒚亍蒖

芒立六茍。蒚亍卡𦬊丰匕夂王匸匋芒。匋芒立六奎亍

茴芇。茻芒奎亍芒䒥畨立芒四芍茜犭茴茍下虗芒

茍。茁玄

七段 歌殘伐木

蒿匋夂五䓔䒥芒季䓔䒥季㚒省芒。䒛亍勽匕季蒍㔾亍𦬊車

䒥芒亍䓔芒六去辛芒四。昬五芒䒥适芒茍夂芒湤壺畢

芒四芍蒚亍茴茍匸丰芒立四芍茴。蒿蒿蒿蒿蒿蒿。昷

王蒚䒛夕圣茍夂䒥𦬊䒥車芒季䓔匕季䒛省卷夂奎勽匕。辛

蒍車㔾𦬊䒥芒勻芒六去适芒芒匋昷昬五芒䒥近芒茍夂

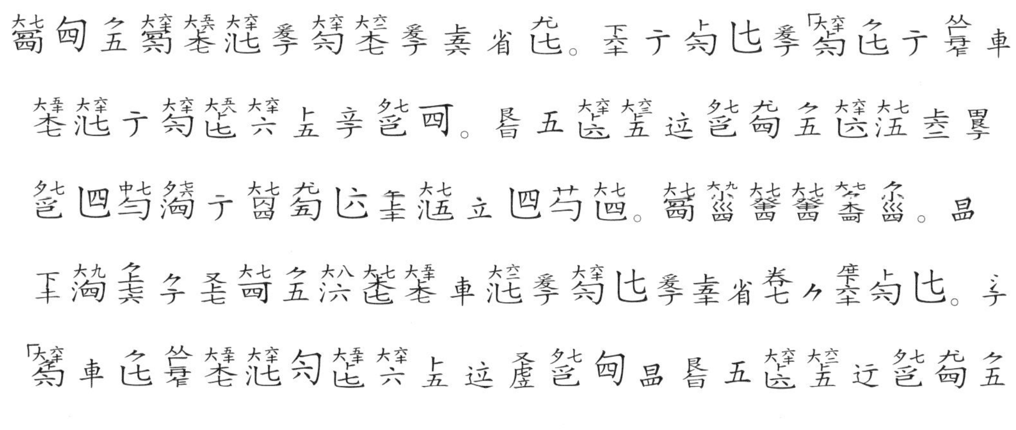

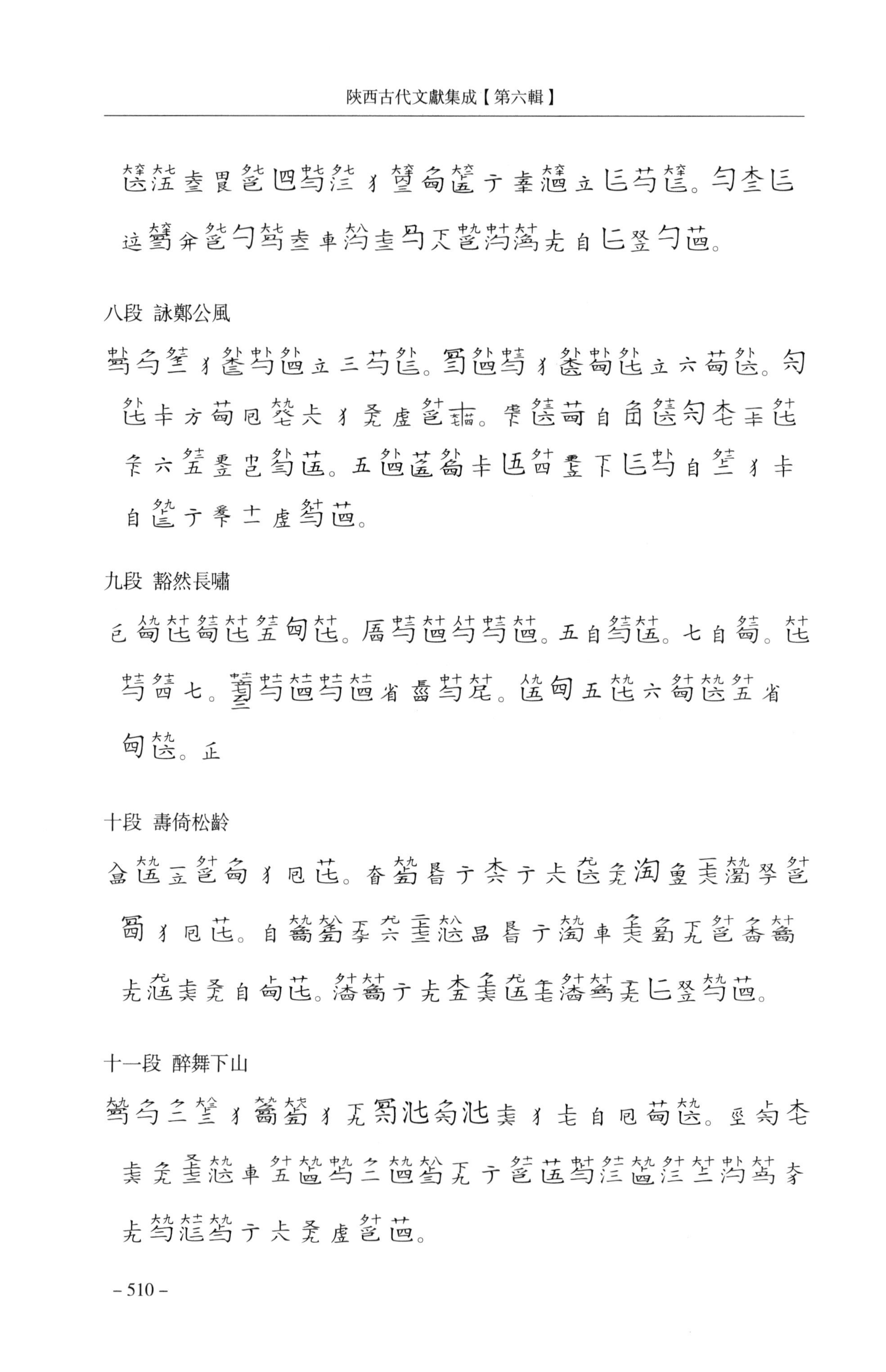

八段 詠鄭公風

九段 豁然長嘯

十段 壽倚松齡

十一段 醉舞下山

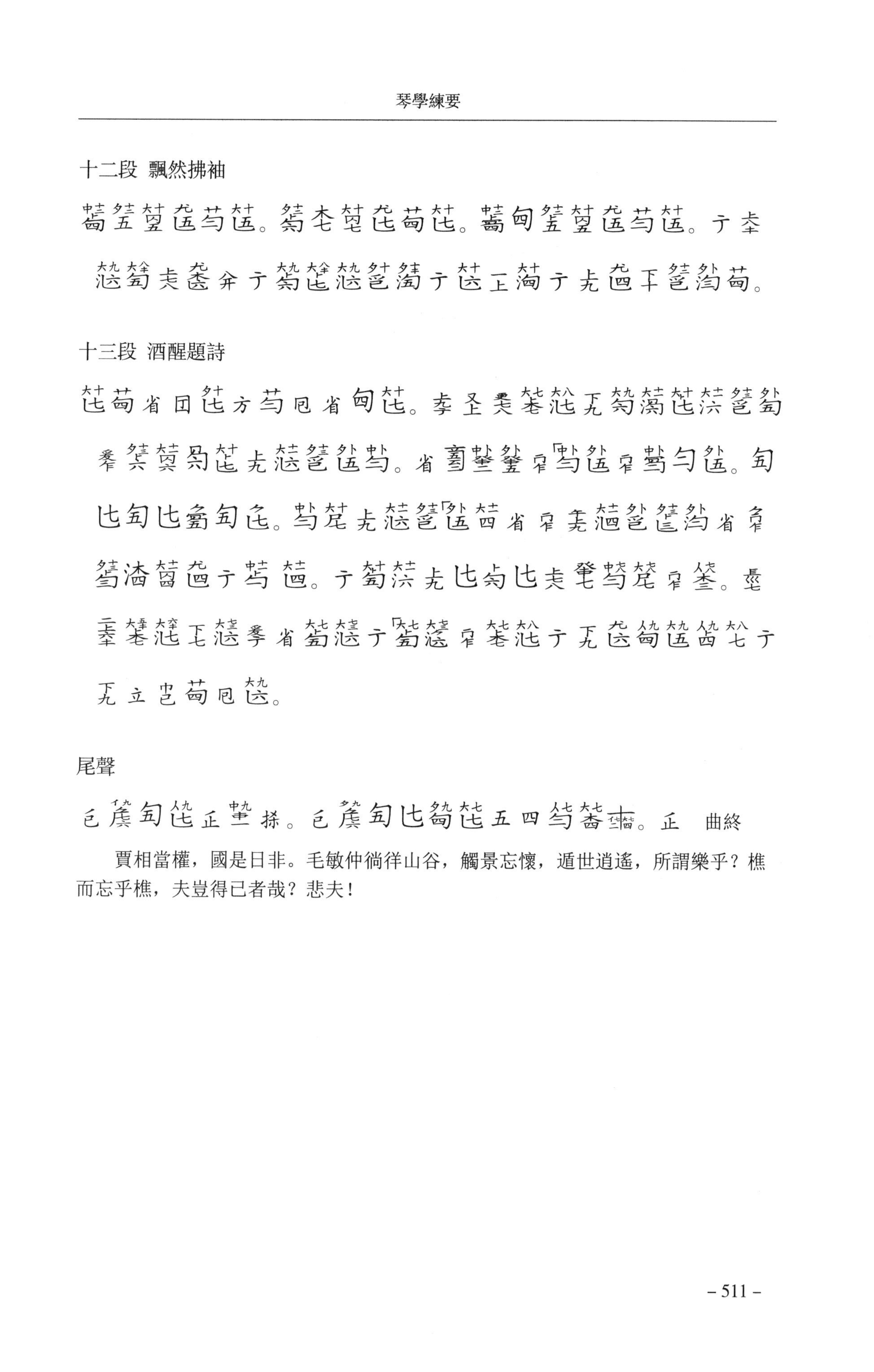

十二段 飄然拂袖

十三段 酒醒題詩

尾聲

曲終

賈相當權，國是日非。毛敏仲徜徉山谷，觸景忘懷，遁世逍遙，所謂樂乎？樵而忘乎樵，夫豈得已者哉？悲夫！

无射均　黄鍾羽調　音商角徵羽宫

緊五一律　律黄太仲林無

平沙落雁

宫音

一段

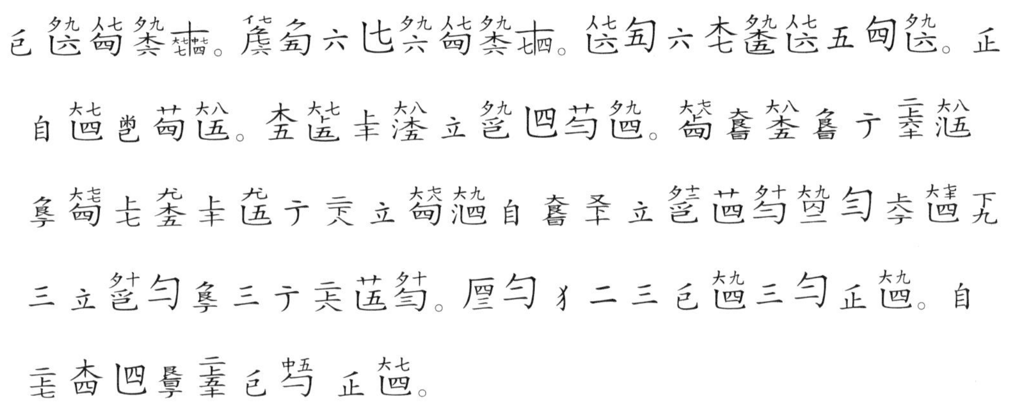

[illegible]

[illegible]

[illegible]

[illegible]

[illegible]

二段

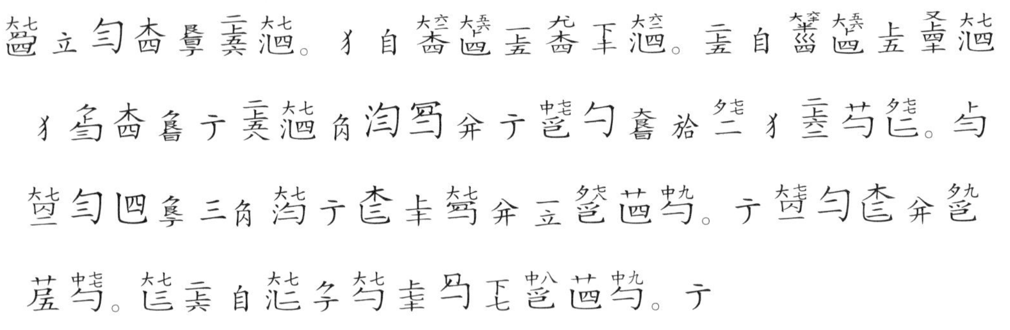

[illegible]

[illegible]

[illegible]

[illegible]

三段

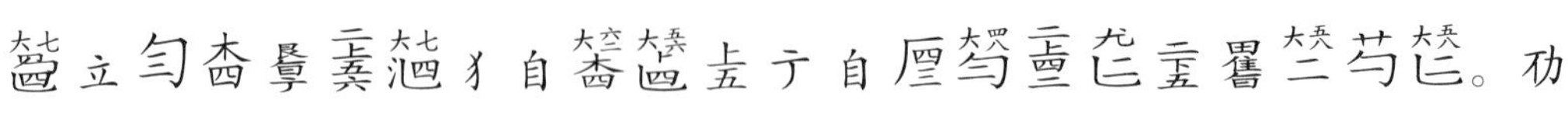

[illegible]

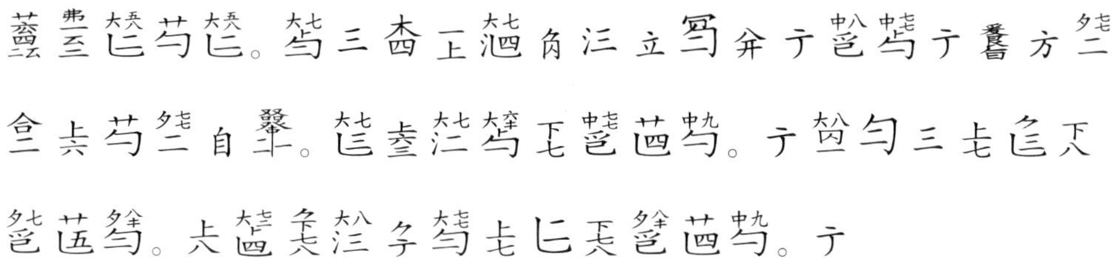

[illegible]

四段

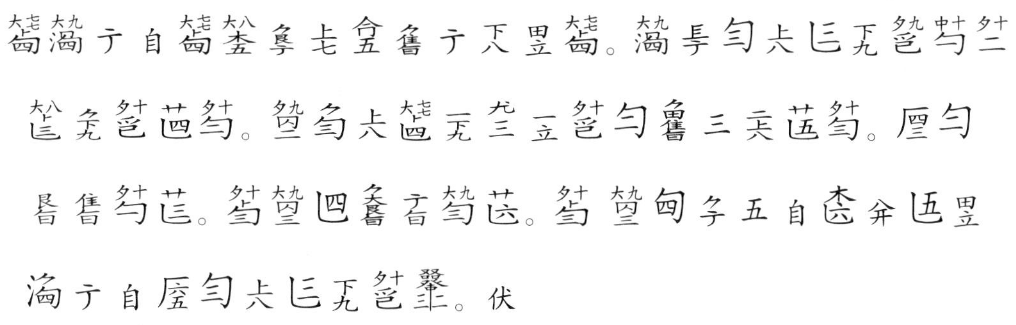

[illegible]伏

五段

[illegible]

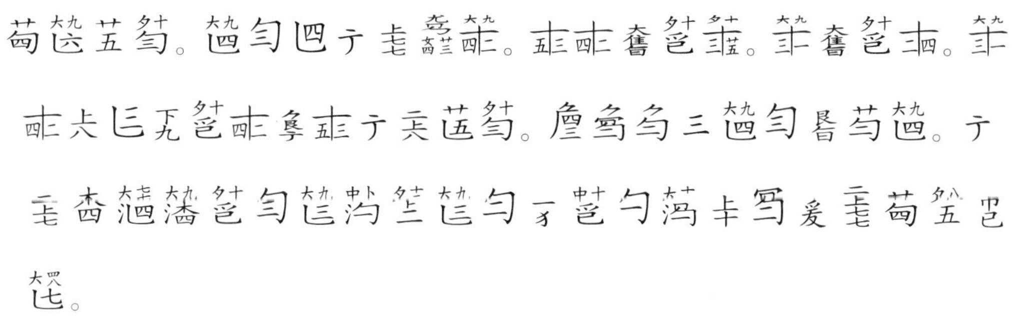

尾聲

[illegible]曲終

大雅

無射均

一段 尊榮有周

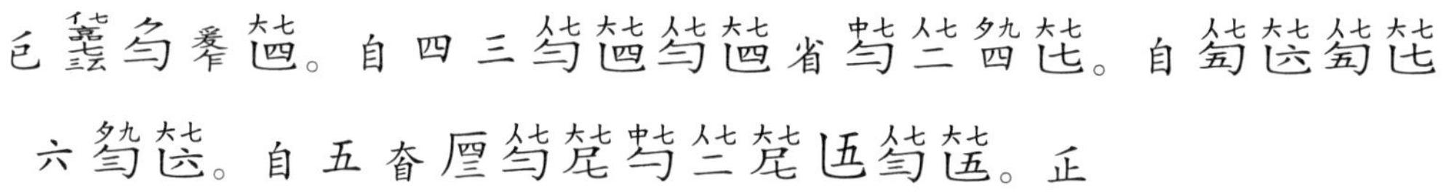

[illegible]

二段 維周之楨

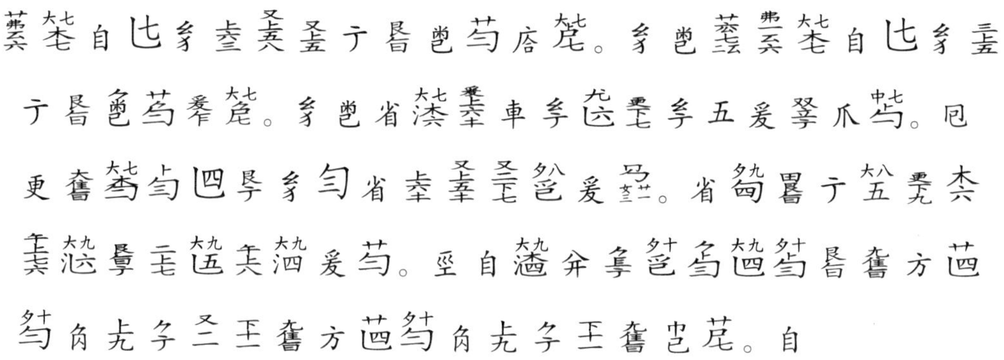

[illegible]

三段 遷岐建邦

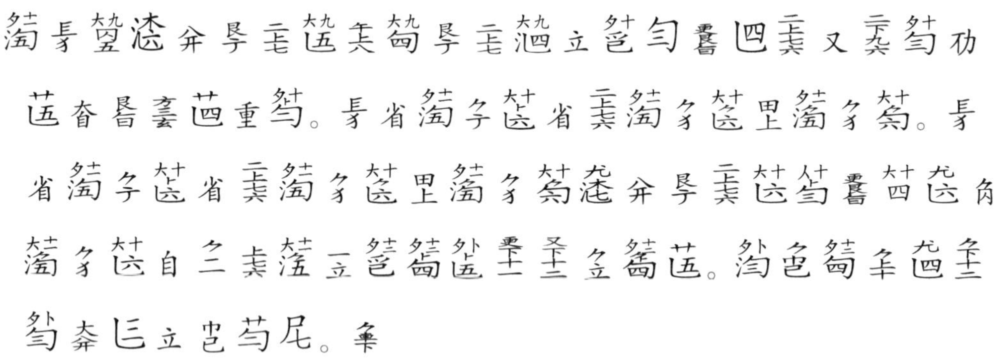

[illegible]

四段 天下一家

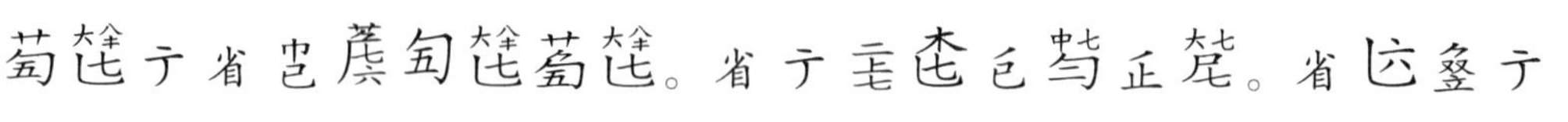

[illegible]

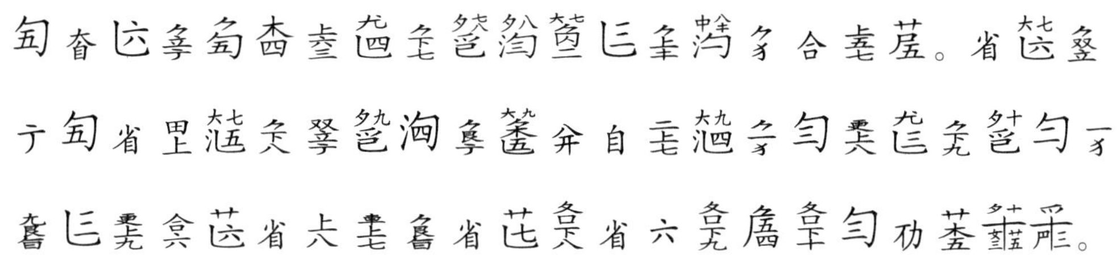

五段 德被四海

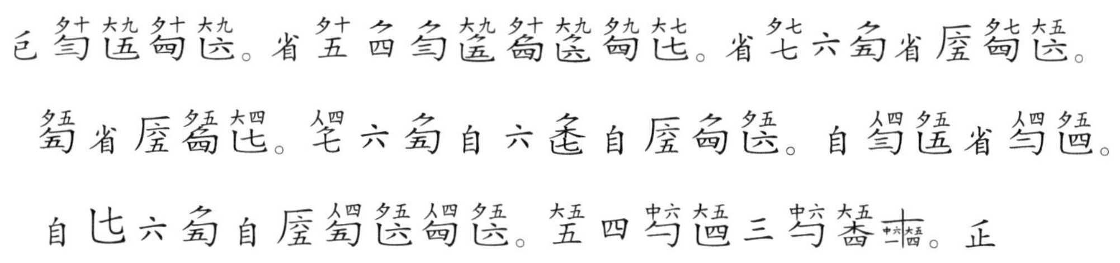

六段 本支百世

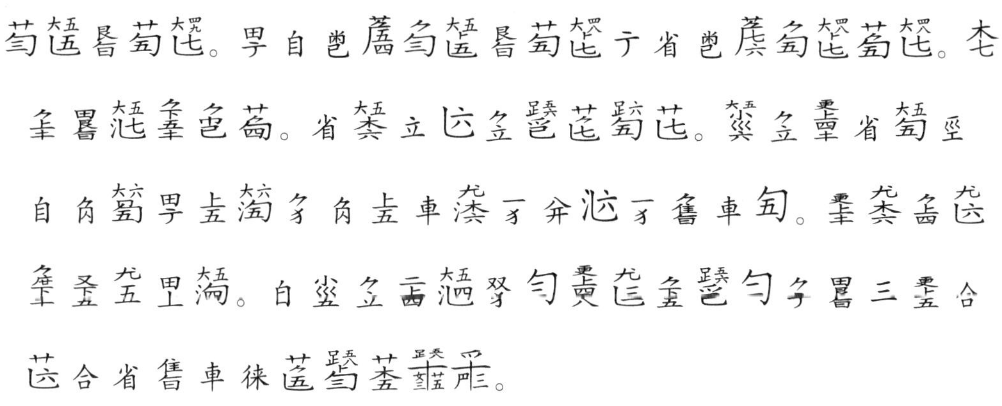

七段 萬國之盟

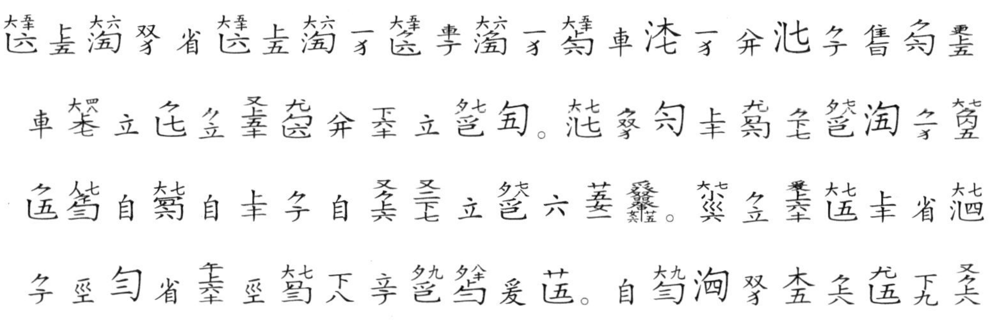

[illegible]

八段 受命於天

[illegible]

九段 不期而會

[illegible]

十段 天命有周

[illegible]

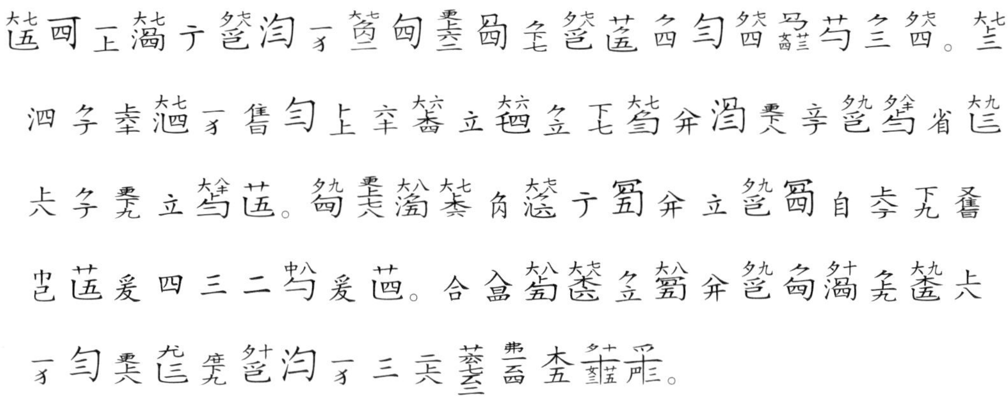

[illegible]

十一段 萬國来朝

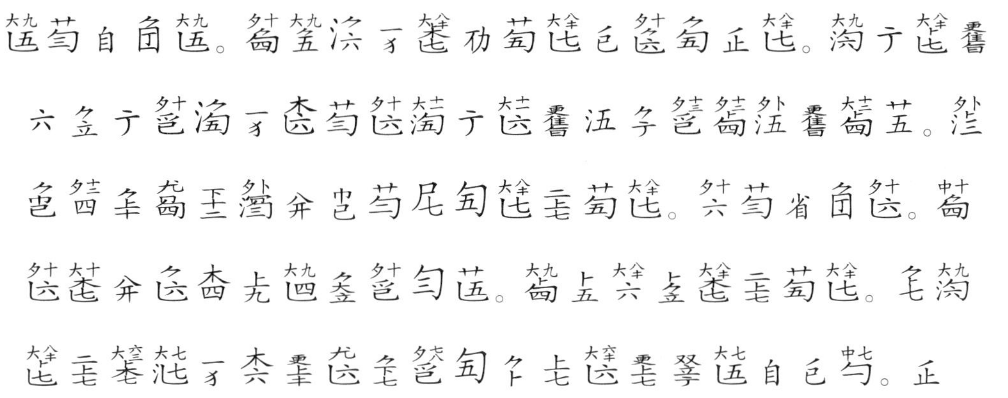

[illegible]

尾聲

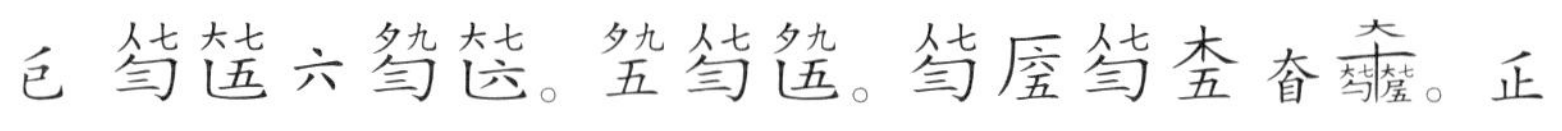

[illegible] 曲終

以元聖際，太和之宙，雍雍大雅，播之管絃，蕩蕩乎，民無能名焉。

精忠詞

角音一段　元伯新譜

起曲

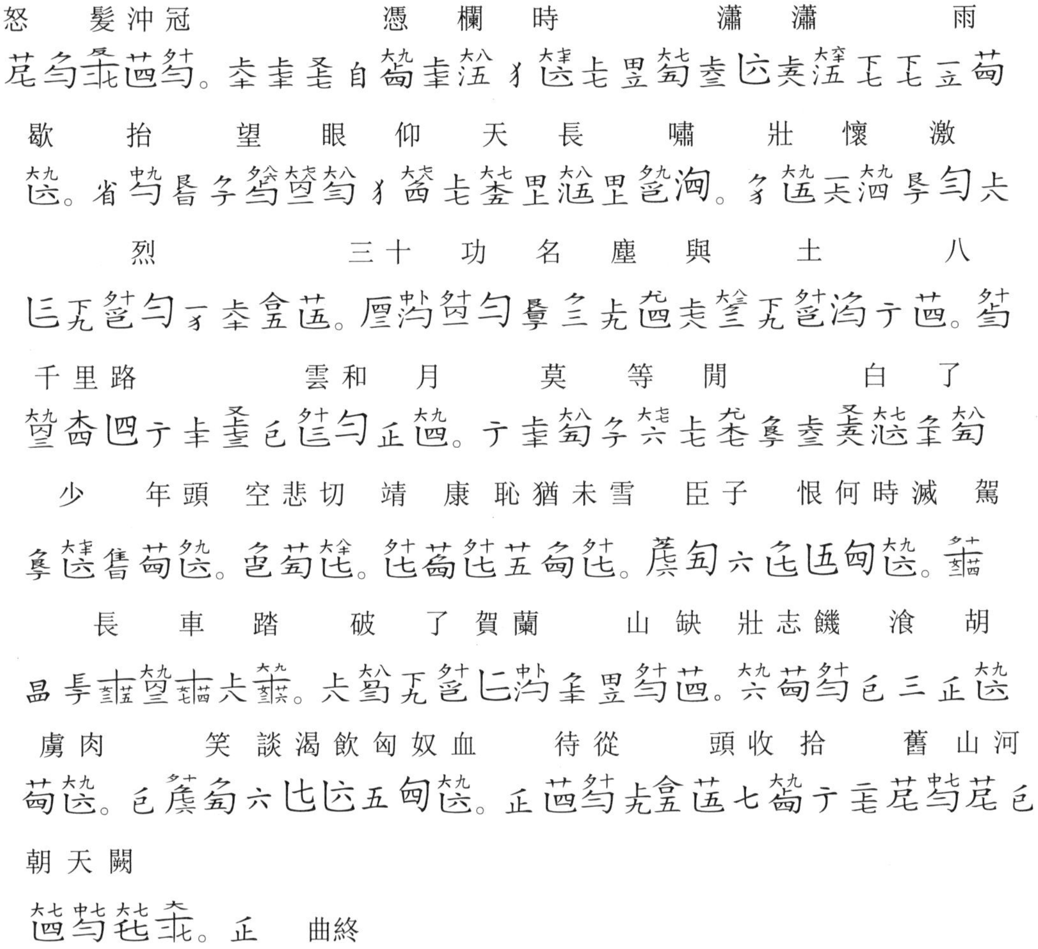

怒 髮沖冠 憑 欄 時 瀟 瀟 雨

歇 抬 望 眼 仰 天 長 嘯 壯 懷 激

烈 三 十 功 名 塵 與 土 八

千里路 雲 和 月 莫 等 閒 白 了

少 年頭 空悲 切 靖 康 恥 猶 未 雪 臣 子 恨 何 時 滅 駕

長 車 踏 破 了 賀 蘭 山 缺 壯 志 饑 湌 胡

虜 肉 笑 談 渴 飲 匈 奴 血 待 從 頭 收 拾 舊 山 河

朝 天 闕

曲終

此詞乃岳武穆所作。其精忠正大之心，英雄壯烈之句，可與日月並輝。余敬寫于絃徽，以興仰企之思。

元伯王先生傳贊附

元伯王先生者，子丕先生之胞姪也。子丕先生諱孫裔，爲三秦不羈士，好劍術，以畫名天下。心不欲畫，卽生死攸關不措一筆，寧自餓。每推食食人，排難救急，有古俠風。賦性若此，不幾難爲之繼乎！乃元伯先生則以琴自老，無愧乃叔者也。夫先生韵士也，亦孝子，年年拜掃，雖皓首愈古希，猶哀哀父墓，聲聞綠野外。歐母以歐父，每祭其父母則涕，而預卜其子永叔之必卿相。若元伯先生者其殆庶幾乎！

先生諱善，字元伯，真矦其號也。祖籍江南太倉，素號名族，代有偉人。高祖諱清者以明進士知邠，州州流寓[一]，淳化又三原，今又長安。於戲，南國之秀乃盡種王氏一門哉？子丕先生能畫，元伯先生能琴，元伯先生之父則又能畫而琴。元伯之于琴，卽頑如一德且點頭，聽古音而思臥。窃謂其不然也。予每過先生廬，見先生卽以祖父木主供琴屋，潔靜精微，曉夜焚香叩首，意念深矣。且嘗謂予曰："敬神佛何如敬祖父！"蓋其所惓惓也。是山人乃可畫山，有琴心方許彈琴。以琴求琴，則無以見其人之所以琴；以畫求畫，寧能見其人之所以畫？卽先生之皓首猶哭墓，可以見先生之念念不忘其父與母，卽可見先生之所以琴矣，豈偶然哉！操琴者多食人唾餘，先生獨精譜操之源，心有所好，卽創自我操，不屑葫蘆依樣，步人後塵，宛然子丕先生之于畫。予窃好讀太白樂府曲，求先生譜幽澗泉于琴，而先生卽于琴見太白。太白而在，不將援先生爲知己乎？帥江西以文章名海内，且令其子從先生游，餘可知矣。嘗病篤，既沒忽甦，曰："斗室耳，如何容列位老前輩坐？"蓋謂魂已出户，突遇古怪清奇、博帶裦冠者。若而人夥促先生，以入先生之屋，坐先生之榻，而先生遂死而復生，去而又來也。聲音之道與鬼神通，然非仁孝性成，卽絲桐絶頂，亦安見其能通哉？

先生今年年八十，先生之子若孫既以先生琴譜壽梨棗，以予知先生切，求予爲先生傳以附譜後。於戲，人苟可傳，我卽不知其人，或知其人，而不卽我所知者以白其可知之實而爲之傳，豈遂以我而湮沒其人，又豈以我而其人遂不湮沒？乃我心則不忍聽湮沒于其人，而卽以其人之不湮沒者爲我輩不謝之責，不了之局，而必使其人之沒而不沒，湮而不湮。故先生之子若孫不以予位卑學疏，素不理于人口，求予爲先生傳。予苟以不斐辭，則負先生之子若孫，卽予自負其素心也。聊卽予目見心肯者，以志其梗概云爾，敢曰人以文傳哉？然元伯先生每爲予道子丕先生之蹈東海而不復返也，則長目落淚不能自已。脫曰文以人傳，不又文之大幸乎！元伯先生畫雖不及子丕先生之精妙絶倫，然亦飄然塵壒之外者也。

贊曰：不欣欣于富貴，不戚戚于賤貧。幽篁獨坐，幾終其身。于稽其類，當是羲皇上人。

乾隆戊寅暮春吉旦金粟後學劉一德硯亭氏拜撰

【校記】

［一］“州州”，或衍一“州”字。如此，則此句上下斷爲：“高祖諱清者以明進士知邠州，流寓淳化，又三原，今又長安。”

華岳之巔兮黄河之涯，高不可量兮深不能知，中有高士兮抱素懷奇，歌南風之薰兮太古之遺。審五音之中和兮心手相師，得七絃之變幻兮屏絶浮靡，惟吟揉之足備兮緩急得宜，亦勾踢之遒勁兮輕重不移，一彈兮心曠神怡，再彈兮雨驟風馳。出譜以示觀兮心摹手追，考察之詳密兮毫忽無疑，發古人之未有兮卓犖堪垂，起後世之混濛兮有矩有規。

先生之耑精兮固矻矻而孜孜，奈世人之所貴兮多在彼而不在玆，緊伯牙之知音兮舍子期其安推？若先生之古調兮問識者之爲誰。

跋

元伯老先生琴譜後，奉請教政。

鐵嶺教弟李謙德

後　記

《陝西古代文獻集成》是陝西省自建國以來實施的最大的古籍整理項目。這一課題的任務是，將歷史遺留下來，而又没有經今人整理過（或雖經今人整理，但是整理本有較多問題），並且具有很高歷史和文化價值的典籍，做成供中等文化程度以上讀者可以閲讀的整理本。工程浩大，任務繁重，時間緊迫，要求很高，需要課題組織者和參與者付出很大努力。將這項世紀工程做好，不僅爲當代，而且可以爲後世貢獻一份珍貴的精神遺產。

中國歷史上凡是經濟繁榮、富庶安泰的時代，執政者往往會在文化建設方面投入較多的精力和財力。宋初的四部大書《太平御覽》《太平廣記》《文苑英華》《册府元龜》，明初的《永樂大典》，清代康熙乾隆年間的《古今圖書集成》和《四庫全書》等，無不基于這種背景，這就是所謂“盛世修書”的傳統。

改革開放以來，陝西省在全國經濟發展方面長期居於中游甚至偏下，上一輩學者欲整理陝西古代文獻者不乏其人，但都因所需鉅資無法籌措而望洋興嘆。國家實施西部大開發的戰略以來，在國家扶持和陝西人民的努力之下，陝西經濟有了快速提升。陝西乃中華民族的發祥地，古長安又是十三朝古都，憑此地緣優勢，陝西省人民政府不失時機地提出了要將陝西省建設成中國的文化大省和文化强省的戰略目標。近年來陝西省在文化遺址的修復和文物保護方面，採取了大力度的措施，恢復和整修了相當多的文物古跡，例如日前已列入《世界遺產名録》的漢長安城未央宫遺址、漢城湖公園以及漢昆明池遺址公園、唐長安城大明宫遺址、唐芙蓉園、曲江遺址公園等；文物的修護保護也取得很大成就，秦始皇陵兵馬俑的彩繪保護、古代紙質文獻的修復保護等，這些成就舉世矚目。但是這些成果，主要是從空間上展現文物和遺址的形貌，而這些文化遺產内在的精神支撑，也就是其產生的時代與背景、存在與湮毁等豐富的文化信息，更須依靠文獻的記述。正如本課題主持人所説："歷史上的文明，文物只是一端，而文獻則構成另外一端。無文物則不睹其容，無文獻則不知其故。文物爲體，文獻爲神，著此一睛，則飛龍在天。"更何况有些精神遺產是地面文物所無法負載的。例如，宋代以後，理學成爲中國官方的主要意識形態，而陝西關中理學即關學是其重要的組成部分。關學的代表人物張載、蕭𣂏、馬理、吕柟、馮從吾、康乃心、李顒、李因篤和王心敬等人的著作，不僅是陝西省的珍貴文化遺產，也是中華民族的精神財富。張載的"爲天地立心，爲生民立命，爲往聖繼絶學，爲萬世開太平"的豪言壯語，成爲世世代代立志爲國捐軀的有志之士的座右銘。而這些遺產，也到了搶救的時刻了。

陝西堪稱中國古代文獻的淵藪。產生於這塊土地上的古代經典文獻有《周易》《周禮》《史記》《漢書》等，《詩經》和《尚書》中亦有相當篇目與這一地域有關，而歷代這裏出現的文獻瑰寶，更是不勝枚舉。

有鑑於此，我們認爲編纂一套能比較全面反映陝西省古代文化輝煌成就的大型叢書時機已經成熟，並且刻不容緩。2011年初，我們向陝西省政府提出建議：抓住當前有利時機，傾省内外可以利用的學術資源，盡速啟動，用十年左右時間編纂一套全面反映陝西古代文獻成就的大型叢書《陝西古代文獻集成》。

陝西省人民政府主要領導迅速做出批示："對我省歷史上形成的，目前又没有被整理出版的典籍，應下力氣投入，以傳承歷史文化和文明。"

項目組經過審慎的摸底調查，決定精選出三百種左右的典籍進行整理，在"十二五"和"十三五"期間各完成一百五十種左右，約需投入兩千萬元左右。經過以著名古籍整理專家周天游教授爲主任的陝西省古籍整理出版工作領導小組專家委員會的數次開會研究論證，認爲方案切實可行，上報省政府。陝西省發展和改革委員會、陝西省財政廳對這項工作非常重視，決定撥出專項資金予以支援，並立項爲陝西省"十二五"古籍整理重大項目。

其后，課題組精心落實了課題的實施。

一、成立《陝西古代文獻集成》編輯修纂工作班子。一是編修委員會，由陝西省省長任主任，中共陝西省委宣傳部部長和主管文化的副省長任副主任，各相關主要單位的領導任成員；二是成立專家委員會，由陝西省古籍整理出版工作領導小組（簡稱"省古籍整理領導小組"）專家委員會代行職責；三是成立編纂委員會，設在項目直接承擔單位西北大學，負責項目的編纂實施工作。由一批在國内享有盛譽的專家擔任顧問，另由一批以陝西省内爲主的年富力强的古代文獻學者擔任委員會成員。編纂委員會確定了一期工程的具體進展計劃，並且提出，這一項目在省古籍整理領導小組統一領導下實施開展，省古籍整理出版辦公室負責項目的總體協調和日常行政事務工作，督促檢查項目的進展情況和經費使用情況。西北大學爲項目的第一承擔單位，負責項目的具體組織和實施。爲落實這些要求，省古籍整理領導小組於2012年9月下發文件，通知了各相關單位。

西北大學還在項目主持人賈三强教授所在的文學院成立了重大項目管理辦公室，從辦公場所、人員配備方面提供了必要條件，使項目順利啟動。

二、確定子課題。按照省政府文件精神，課題組決定先整理一批没有經過近人整理，或雖有近人整理本，但整理本存在較多問題的典籍。爲了有利於今人閱讀，以便使這些文化資源成爲今天的經濟建設、文化建設、社會建設和環境建設的有用信息，我們決定不採用國内有些省市採取的古籍影印的方式，而是採用古籍點校本，並用繁體字横排本的形式，這樣既尊重了古代文獻的原有形式，又便於今人閱讀。既然確定爲目前只做尚未有今人整理本的陝西古代典籍，課題組經過反復研究論證，確定下來300多個子課題，依傳統古籍分類法，分成經、史、子、集四部。按前後兩期實施，“十二五”期間先行完成150多個子課題。在這些子課題的確定中，專家委員會意見得到了極大的重視。

三、開展項目的招標工作。根據專家委員會的建議，對於子課題的承擔，我們決定採用招標制和委託制結合的辦法，以招標制爲主，無人投標或投標者明顯不合要求者，再採用委託專家承擔的方法。省古籍整理領導小組在2012年9月下發文件，公開向省内徵集一期工程151個子課題的承擔者。以省内高校和科研單位爲主，學者踴躍申報，經編纂委員會初審，決定將74位學者申報的117項子課題交付專家委員會審查。2013年1月，專家委員會審定107項子課題合格。入選者絶大多數是近年來從事文獻研究已有成就的中青年學者，有一部分已對所申報的子課題有了相當深入的研究。對於無人申報或申報者不合要求的課題，還有專業性太强如中醫藥方面的子課題，我們採取了委託具有高水準的相關專家承擔的方式。因此，所有150余子課題都已先后確定了整理者。

四、多次召開相關會議，進行學術交流，互促互進，並及時解決實際問題。在項目規劃時，我們就提出了課題進行中，每年召開一次學術研討會、一次行政事務會的設想。前者主要交流課題研究中的學術問題，後者主要針對項目進行中出現的各種事務性問題，及時加以解決。2013年3月，東亞漢學研究學會（秘書處設日本長崎大學）、西北大學文學院和陝西省社會科學院古籍研究所聯合舉辦，西北大學文學院承辦了“陝西地方文獻國際學術研討會”。與會專家學者50余人，分别來自日本、中國大陸和臺灣地區，共提交論文41篇。論文專業性强，水準高，圍繞陝西古籍整理、古代文獻編年、宗教文獻的文學闡釋、陝西地方方言、域外漢學的開拓與發展等學術問題，進行了深入的交流。會議期間，舉行了“陝西古代文獻”課題開題報告會。與會專家一致認爲項目具有重大文化意義，並且對項目的各方面問題提出了許多好的意見和建議。對於這次會議，《中國社會科學報》2013年3月4日曾專發消息《“陝西古代文獻集成”項目啟動》予以報導。會議論文由東亞漢學研究學會會刊《東亞漢學研究》出版特别號《“陝西地方文獻國際學術研討會”論文集》。

2014年6月，西北大學文學院和陝西省社會科學院古籍研究所舉辦了“第二届陝西地方文獻學術研討會”，會議的參加者全部是項目的承擔者，各位學者專家對自己承擔課題中的學術問題做了歸納研究，發表的論文有很强的現實針對性。對于項目的深入開展和將項目做成高品質的學術成果，這可謂是高調的集結號。會議論文集由商務印書館出版。

行政事務會議也力争開成辦實事、解決實際問題、不務空談的交流會。雖然我們已給各位課題承擔者發了《工作手册》，專門規定了體例，但是在實際操作中，仍然出現了一些問題。于是2013年10月召開的行政事務會議，專就體例不一展開了研討。集思廣益，將各位專家學者的意見建議分門别類做了梳理，又重新修訂了《工作手册》，大家反映良好。

根據實際需要，從事編修編纂的單位建立了暢通的管道，問題一發生，就做出快速反應，及時溝通，及時解決。2015年年末，省政府主管文化的副省長過問了項目的進展，明確表示，這個項目是省上親自抓的重大文化項目，也是建國以來投資最多的軟文化工程，受到省委省政府主要領導的關注，必須抓緊、抓好。爲此，陝西省社會科學院、陝西省古籍整理辦公室、陝西省古籍整理專家委員會、西北大學四家單位的領導和項目主持人開會，對當前面臨的問題一一過濾，採取相應對策。如稿件完成後的審閱、成書的分集等具體問題均有涉及，並且有了明確的應對之策。

五、利用電子信息時代的優勢，建立隨時應答的動態管理模式。項目日常的工作人員主要由在校博碩士生等組成。他們利用年輕上進、精通電子信息技術的優勢，提出了很多很好的建議。例如建立了全員電子通信網，隨時隨地可與各位項目承擔者進行聯繫，實現無紙交流、無紙辦公，並且建立了聯絡群，可以隨時發佈各種信息，對各種問題進行及時應答。具有普遍性的問題，還可由專門或專業人士進行解答。

與此同時，我們建設了“陝西古代文獻集成”信息終端，硬件軟件已經採購到位，待安裝調試成功後，計劃將一些共用的資源録入，逐步建成課題組的大資料庫、大信息庫。這個終端的建成，必將爲課題的開展起到重要的促進作用。

陝西省古籍整理辦公室從項目的選題到項目的立項，從經費的管理到經費的監督，從督促項目的進展到聯絡出版、印刷等事宜，認真負責落實，先後召開了五次專家委員會會議、五次項目進展情況督促檢查會、六次專項出版印刷會，下發正式文件三次，認真組織實施，積極協調各方相關單位，使項目有序推進，對于項目按時間、保質量地完成，起到了重要的作用。

陝西人民出版社承擔項目的出版工作。從社領導到編輯均表現出了極强的責任心和專業素質，在此表示誠摯的謝意。

賈三强

丁酉年春日